MODERNES MITTELALTER

Neue Bilder einer populären Epoche

Herausgegeben von Joachim Heinzle

Insel Verlag

1. Auflage 1994

Druck: Offizin Andersen Nexö, Leipzig
Printed in Germany

MODERNES
MITTELALTER

Inhalt

GEDÄCHTNIS

REDE UND SCHRIFT

DIE SCHRIFT DER BILDER

Joachim Heinzle
Einleitung: Modernes Mittelalter

> »[...] je neuzeitlicher die Neuzeit wird, desto nötiger werden die Mediävisten [...]«
>
> *Odo Marquard*[1]

Das Mittelalter hat Konjunktur, in Deutschland wie in anderen Ländern, deren Zivilisation der abendländischen Tradition verpflichtet ist.[2] Das offenbar ständig wachsende Interesse einer breiteren Öffentlichkeit äußert sich nicht nur in einer Flut von (überwiegend zweifelhaften) Mittelalter-Büchern aller Art und im Massenbesuch immer neuer Mittelalter-Ausstellungen (der sich zum guten Teil einem unspezifischen Reiz des Exotischen verdanken wird, der von den Sauriern so gut ausgeht wie von den Saliern); es zeigt sich, gewichtiger, etwa auch darin, daß immer öfter selbst hochspezialisierte mediävistische Forschung in Blättern der Publikumspresse vorgestellt und diskutiert wird.[3] Dem gesteigerten Interesse an der Forschung entspricht ein gesteigertes Interesse der Forschung selbst an ihrem Gegenstand. Wer die Arbeit der verschiedenen Disziplinen mustert, kann den Eindruck gewinnen, daß die Hinterlassenschaft des Mittelalters seit den Anfängen der Mediävistik in der ersten Hälfte des 19. Jahrhunderts nicht mehr mit der Intensität umgewendet und befragt worden ist wie heute. Zwei

1 Odo Marquard, *Neuzeit vor der Neuzeit? Zur Entdramatisierung der Mittelalter-Neuzeit-Zäsur*, in: Jan P. Beckmann u a. (Hg.), *Philosophie im Mittelalter*, Hamburg 1987, S. 369-373, hier S. 369.

2 Hinweise bei Peter von Moos, in diesem Band S. 33 ff.

3 Zu entsprechenden Erscheinungen in Frankreich vgl. Peter von Moos, in diesem Band S. 37, Anm. 14.

Denkfiguren bestimmen die Struktur der Fragestellungen: *Alterität* und *Kontinuität.*

Die Position der Alterität[4], die Vorstellung von der essentiellen Andersartigkeit des Mittelalters gegenüber der Neuzeit, ist sozusagen die genuine: aus ihr ist der Mittelalter-Begriff als solcher ja erwachsen.[5] Seine Konstruktion beruhte auf dem Gedanken einer »Zentralzäsur«[6], die ein älteres Zeitalter radikal vom gegenwärtigen: eben der ›neuen Zeit‹ schied. Die Konstruktion ist wertbesetzt mit wechselnder Auszeichnung. Der »klassisch promodernistischen Aufklärung« ist das Mittelalter »finster, wir haben es (nicht Gott, sondern) uns sei Dank hinter uns, und wo wir es noch nicht hinter uns haben – d. h. wo es mittelalterliche Komponenten in der europäischen Neuzeit (noch) gibt – z. B. immer noch Metaphysik, immer noch Glauben, immer noch Theologie –, ist das günstigstenfalls ganz und gar schlimm und schrecklich«.[7] Dem »Antimodernismus« hingegen ist das Mittelalter »das erleuchtete und strahlende Vorbild, von dem die Neuzeit abgefallen ist: die Neuzeit ist – als der Abfall Europas von der Christenheit (Novalis) – gerade dadurch definiert, keine oder zu wenige mittelalterliche Komponenten zu haben: sie müssen also – als dort fehlende – erst in die Neuzeit hinein gebracht werden«.[8]

»Die beiden konträren Auffassungen und Deutungen des Mittelalters ziehen sich durch die ganze Moderne, und zwar in steter Gemengelage.«[9] Durch die Renaissance (die das Mittel-

---

4 Den Begriff hat bekanntlich Hans Robert Jauß populär gemacht. Sein Programm: »die Modernität mittelalterlicher Literatur in ihrer Alterität zu entdecken«, gehört zu den folgenreichen Entwürfen, die das neue Interesse am Mittelalter vorangetrieben haben: Hans Robert Jauß, *Alterität und Modernität der mittelalterlichen Literatur*, München 1977, S. 25.

5 Zuletzt dazu: Dieter Mertens, *Mittelalterbilder in der Frühen Neuzeit*, in: Gerd Althoff (Hg.), *Die Deutschen und ihr Mittelalter*, Darmstadt 1992, S. 29-54, hier S. 32 ff.

6 Marquard [Anm. 1], S. 370.

7 Ebda.

8 Ebda.

9 Otto Gerhard Oexle, *Das Bild der Moderne vom Mittelalter und die moderne Mittelalterforschung*, in: FMSt 24 (1990), S. 1-22, hier S. 2.

alter erfunden hat) und die Aufklärung auf der einen, die Romantik auf der anderen Seite geprägt, sind ihre ideologischen Affekte bis in die avancierte Forschung unserer Tage hinein wirksam: in offen wertenden oder scheinbar wertfreien Kategorisierungen der Alterität, die die Topik der Verachtung oder Verehrung des Zeitalters fortschreiben und damit nichts oder nur wenig von diesem, aber viel »von den Selbst-Deutungen und den Obsessionen der Moderne« verraten.[10] Doch ist auch nicht zu übersehen, daß das Arbeiten mit dem Schema von hermeneutischem Vorteil sein kann, wenn man sich seiner Künstlichkeit bewußt ist: wenn man es nicht einfach voraussetzt, sondern gezielt benutzt. So konnte Hans Belting wichtige Einsichten zutage fördern, indem er ganz schemagerecht einen Prozeß der Transformation des mittelalterlichen Kultbilds ins Kunstwerk der Neuzeit konstruierte – im Bewußtsein davon, daß es »keine historischen Zäsuren« gibt, »an denen sich der Mensch zum Nicht-Wieder-Erkennen verändert hätte«.[11]

Gerade solch reflektierter Umgang mit dem Schema (er ist die Ausnahme) macht indes deutlich, wie übermächtig es ist. Seine Verächter, die annehmen, »daß das Verhältnis von Moderne und Vormoderne, von Moderne und Mittelalter sehr viel komplexer« ist, und sich darum bemühen, jenseits der »vorgegebenen Denkformen und Auffassungen [...] neue Spielräume für die Erkenntnis zu gewinnen«[12], kommen schwer dagegen an. So ist es symptomatisch, wenn Odo Marquard, der mit der Parole vom Mittelalter als einer ›ersten Neuzeit‹ oder ›Neuzeit vor der Neuzeit‹ gegen die Alteritäts-These zu Felde zog, um »die an großem Abstand von Mittelalter und Neuzeit interessierten Einstellungen«[13] ad absurdum zu führen, eben doch mit *zwei* Neuzeiten operiert, die mit den wohlbekannten

10 Otto Gerhard Oexle, in diesem Band S. 323. – Instruktive Beispiele bei Oexle, *Bild der Moderne* [Anm. 9], sowie dems., *Das entzweite Mittelalter*, in: *Die Deutschen* [Anm. 5], S. 7-28.

11 Hans Belting, *Bild und Kult*, München ²1991, S. 27.

12 Oexle, *Bild der Moderne* [Anm. 9], S. 22.

13 Marquard [Anm. 1], S. 372.

Klischees der Alteritäts-These gegeneinander abgegrenzt werden.[14] Immerhin darf man feststellen, daß die Versuche, das Moment der Kontinuität zur Geltung zu bringen, zahlreicher werden. Das hat zur Folge, daß »zäsurunterlaufende Tatbestände«[15] nun auch dort zutage treten, wo die Alteritäts-Position uneinnehmbare Bastionen zu haben schien: so, um nur ein Beispiel zu nennen, in der Boccaccio-Forschung, deren Glauben an die das Mittelalter mit einem Schlag beendende innovative Potenz des *Decameron* Walter Haug mit guten Gründen entgegenhielt, »daß mit Boccaccio und seinen Nachfolgern bis ins 16./17. Jahrhundert hinein weniger die moderne Novelle sich zu entfalten beginnt, als daß die mittelalterliche Kurzerzählung ihre Erfüllung und ihr Ende findet«.[16]

Man muß mit diesen Denkfiguren vertraut sein, wenn man sich in der Fülle und Vielfalt der mediävistischen Forschungen orientieren will, die heutzutage betrieben werden. So steht denn eine kritische Analyse des Mittelalter-Begriffs auch am Beginn dieses Bandes, der sich zum Ziel gesetzt hat, einen Beitrag zu solcher Orientierung zu leisten. Die in ihm versammelten Studien stehen exemplarisch für eine Reihe von Ansätzen, von denen der Herausgeber meint, sie seien – quer durch die

14 Marquard bezieht sie von Hans Blumenberg (*Die Legitimität der Neuzeit*, Frankfurt/Main 1966). Vgl. zu diesem Oexle, *Das entzweite Mittelalter* [Anm. 10], S. 20. – Was für Marquard im Anschluß an Blumenberg Mittelalter und Neuzeit verbindet, sie zu Epochen »von gleichem Schrot und Korn« macht (S. 372), läßt den Historiker eher kühl: »gelöst werden« müsse in beiden Epochen »dasselbe Problem: die Abwehr der Gnosis, der heilseschatologischen Negation der vorhandenen Welt, und zwar durch Bemühung um conservatio mundi« (S. 372). Der Historiker wird vorrangig an der »Auffindung substantiell identischer Inhalte (Theorieinhalte, Traditions- und Institutionsinhalte) diesseits und jenseits der Mittelalter-Neuzeit-Zäsur« (S. 372) interessiert sein, die der Philosoph mit leicht verächtlicher Geste beiseite schiebt.

15 Marquard [Anm. 1], S. 371.

16 Vgl. Joachim Heinzle, *Vom Mittelalter zur Neuzeit? Weiteres zum Thema ›Boccaccio und die Tradition der Novelle‹*, in: Johannes Janota u. a. (Hg.), *Festschrift Walter Haug und Burghart Wachinger*, Bd. 2, Tübingen 1992, S. 661-670, hier S. 670.

Disziplinen – vorrangig geeignet, unser Verständnis der (vermeintlichen) Epoche zu fördern.[17]

*

Die *Gefahren des Mittelalterbegriffs*, die erkenntnishemmenden Vorurteile, die ihm zugrunde liegen und die sein Gebrauch befördert, stellt *Peter von Moos* in scharfer forschungskritischer Analyse heraus (S. 33-63). Er erläutert am Beispiel Italiens, Frankreichs und Deutschlands, daß die einschlägige Begriffsbildung gemäß den verschiedenen politischen und kulturellen Traditionen von Nation zu Nation je anders akzentuiert ist, und diskutiert davon ausgehend die wichtigsten Versuche, »mit der Krise umzugehen, in die der traditionelle Mittelalterbegriff [...] geraten ist«: »Abschaffung, Ausdehnung oder Einmauerung des ›Mittelalters‹ « (S. 41). Keiner dieser Versuche kann das Problem lösen. Nötig ist vorderhand eine Reflexion auf die »Logik« und »die geschichtliche Bedingtheit von Periodisierungen« (S. 53), die von Moos zu einem Plädoyer »für einen bewußten Gebrauch von Epochenschablonen« führt (S. 57). Einfach abschaffen läßt sich der Mittelalterbegriff nicht: er »kann in der historischen Arbeit gemieden, umschrieben, in Anführungszeichen gesetzt werden: all dies bleibt dennoch bezogen auf ein verdrängtes, aber lexikalisch weiterbestehendes Wort, das derart seinem umgangssprachlichen Wildwuchs unkontrolliert überlassen wird. Man kann in diesem Spiel Spielverderber oder Mitspieler sein. Das Spiel bleibt. Die bewußte, aktive Teilnahme hat mindestens die Gewinnchance, der eige-

17 Die Konzeption des Bandes durfte ich mit Joachim Bumke und Ursula Peters besprechen: für fruchtbare Kritik und guten Rat möchte ich ihnen auch an dieser Stelle herzlich danken. – Daß bei weitem nicht jede Fragestellung, die von Bedeutung sein könnte, vertreten ist, weiß ich wohl. Die Auswahl, der der Zuschnitt des Bandes enge Grenzen setzte, bleibt subjektiv, doch hoffe ich, daß man die Relevanz des Ausgewählten nicht bezweifeln kann. Nicht leicht gefallen ist mir vor allem der Verzicht auf Beiträge, die den beträchtlichen Zuwachs an materieller Kenntnis der Überlieferung hätten verdeutlichen können, den wir der Arbeit der Kodikologen und Archäologen verdanken: der Fortschritt dieser Basis-Disziplinen gehört wesentlich zum Bild der heutigen Mediävistik.

nen Sinngebung des ›Mittelalters‹ Geltung zu verschaffen, obsolete, substantialistische und ideologische Verwendungsarten in Verruf zu bringen« (S. 58). Konkret bedeutet das, daß »volle historische Einsicht« aus der Vermittlung der Alteritäts-Position und der Kontinuitäts-Position erwächst, »aus dem Hin und Her zwischen dem Zäsurbewußtsein und dem Kontinuitätsbewußtsein. So werden wir gleicherweise vor naiver Vereinnahmung des Fremden wie vor nicht weniger naiver Erfolgs- und Fortschrittshistorie bewahrt« (S. 61).

Bei der Beschreibung der nationalen Akzentuierungen des Mittelalterbegriffs weist von Moos auch darauf hin, daß in Frankreich die der Annales-Schule verdankte Popularität des Mittelalters einen gewissen »Reiz des Verbotenen« (S. 38) hat: bei unverändert humanistischer Organisation der kulturhistorischen Fächer wirkt, wer dort sich mit dem Mittelalter beschäftigt, »fortschrittlich entmythologisierend; er triumphiert zeitgemäß über obsolete, ehemals ›fortschrittliche‹ Bildungsfetische« (S. 38). Daraus erklärt sich vieles an der Besonderheit der Forschungen der Annales-Schule. Es ist wichtig, sich das bewußt zu machen, denn diese Schule dominiert mit ihrem Programm einer ›Nouvelle Histoire‹ – als *histoire totale* oder *anthropologie historique* – heute weltweit die Mediävistik. Wer ihre Arbeiten naiv rezipiert, läuft Gefahr, Manifestationen eines sehr gegenwärtigen kulturpolitischen Diskurses mit historischer Erkenntnis übers Mittelalter zu verwechseln.

Zu den wirkungsmächtigsten Axiomen der Annales-Schule gehört die (im Kreis ihrer Erfinder heute freilich schon relativierte) Vorstellung, in der mittelalterlichen Gesellschaft hätten sich schroff eine Kultur der Oberschicht und eine Kultur der (bäuerlichen) Unterschicht gegenübergestanden, wobei sich im Bereich der Oberschichten-Kultur eine geistliche (klerikale) und eine profane (adlig-kriegerische) Komponente unterscheiden ließen. Hier setzt die Reihe der thematisch gruppierten Aufsätze dieses Bandes an.

Die der ersten Gruppe erkunden die Kultur der adligen Oberschicht des hohen Mittelalters, die – nach den großen Fürstenhöfen, an denen sie entwickelt und praktiziert wurde – ›höfisch‹ genannt wird.

In der einleitenden Studie untersucht *Joachim Bumke* (S. 67-102) den für diese Kultur charakteristischen Erziehungsgedanken, der auf einen Zusammenhang zwischen »körperlicher Ertüchtigung« und »Einübung von höfischer Haltung und Gesinnung« (S. 68), »zwischen körperlicher Bewegungskontrolle und Gesellschaftsmoral« (S. 69) ausgerichtet ist. Ältere Ansätze der Forschung aufgreifend und fortführend, kann er in einer Analyse von Hugos von St. Victor Schrift *De institutione novitiorum* (um 1120/30) herausarbeiten, »daß wesentliche Aspekte der höfischen Erziehungslehre« (in bezug auf Sprache, Gestik, Kleidung, Tischsitten) »von gebildeten Geistlichen formuliert worden sind« (S. 70). Daß »höfische Bildung und höfische Kultur [...] am höfischen Körper manifest« werden (S. 96), verweist auf eine vorliterarische Gesellschaftsorganisation, in der »Kultur sichtbar und hörbar« war (S. 96), doch macht es die Besonderheit der höfischen Kultur aus, daß sich die Gesellschaft, die sie trug, »bereits im Übergang zur Schriftlichkeit befand und daß Schriftlichkeit und Mündlichkeit bereits in vielfachem Austausch standen« (S. 97). Und erst die Verschriftlichung auch des adligen Lebens war es, die diese Kultur ermöglicht hat: »Die Fähigkeit, körperliche Darstellungsmittel als Kultursignale einzusetzen und zu verstehen, war der vorliterarischen Gesellschaft eigen. Aber erst dadurch, daß lateinisch Gebildete an die Laiengesellschaft Ordnungsbegriffe und -kategorien vermittelten, die es erlaubten, die Ausdrucksformen von Körperkultur begrifflich zu fassen, zu ordnen, abzugrenzen und zu definieren, wurde es möglich, ein Programm höfischer Vorbildlichkeit zu formulieren, das sich als höfisches Zeremoniell und als höfische Gesellschaftslehre darstellen ließ. Insofern muß die höfische Kultur aus dem Zusammenwirken von Schriftlichkeit und Körperlichkeit verstanden werden« (S. 97 f.). Mit dieser Einsicht erledigt sich die früher gängige und bis heute nachwirkende Vorstellung, die klerikale und die adlig-höfische Kultur hätten in einem strikt antagonistischen Verhältnis zueinander gestanden.

Einem wichtigen – vielleicht *dem* wichtigsten – Moment der höfischen Kultur und ihres Erziehungsideals, dem in der höfischen Literatur wieder und wieder artikulierten Gedanken der idealen Liebe, ist speziell ein Beitrag von *Rüdiger Schnell* gewidmet (S. 103-133). Auf der von Bumke gezeichneten Linie versucht er, »den poetischen Diskurs über das ideale Lieben als Teil eines weitgefächerten adligen Kulturmusters zu begreifen und insbesondere die Unterwerfungs- und Dienst-Thematik an die mittelalterliche ethische Diskussion über die Dialektik von Herrschaft und Unterwerfung anzubinden« (S. 108). Indem der Minnesang – nicht anders als andere Manifestationen der höfischen Kultur wie Beizjagd, Turnier und Fest, Tischsitten – auf »Selbstbeherrschung, Affektkontrolle, Gewaltverzicht« abhebt, rekurriert er auf Verhaltensnormen, die auch »zur Repräsentation und Legitimation von Herrschaft eingesetzt« werden (S. 117 f.). Das Programm der höfischen Liebe erscheint damit in einem Verbund »ethischer, sozialer und politischer Anstrengungen einer neu sich bildenden Schicht [...], vor sich und vor anderen ein neues Selbstverständnis zu entwerfen und diesen neuen Anspruch an sich selbst für eine neue Legitimation von Herrschaft über andere zu instrumentalisieren« (S. 131 f.). Daß dabei an eine Tradition der Herrscherlehre angeknüpft wird, die klerikal vermittelt war, belegt erneut die Verflechtung der beiden Bereiche.

Schnells Deutungsansatz läßt ein grundlegendes methodologisches Problem der funktionsgeschichtlichen Auswertung mittelalterlicher (höfischer) Dichtung erkennen, das *Ursula Peters* im dritten Beitrag der Gruppe diskutiert (S. 134-162): den Umstand, daß »zwischen der Ebene der gesellschaftlichen Fakten und der der literarischen Konstruktion von Wirklichkeit« eine Kluft besteht, und die Frage, ob und wie diese Kluft »durch diverse Zwischenschichten der kollektiven Mentalitäten aufzufüllen sei« (S. 134). Demonstrationsobjekt ist das vor allem von Georges Duby vorangetriebene Forschungsinteresse an der Bedeutung von Familie und Verwandtschaft für das Selbstverständnis und die gesellschaftliche Praxis des (höfischen) Adels. Ursula Peters beschreibt eindringlich das »*lignage*-orientierte Verständnis der höfischen Adelsdichtung«, das »Georges Dubys Diktum von der Adelsfamilie als des grundlegenden, alle Lebensbereiche durchdringenden Faktors der mittelalterlichen Gesellschaft [...] in literarhistorische Phantasie« umsetzt (S. 150). Die Analyse einer Reihe von einschlägigen Dichtungen führt freilich zu einem ernüchternden Ergebnis. Es zeigt sich, daß »die volkssprachige Dichtung nicht unbedingt im Umfeld des Herrschaftsraums der Fürstenfamilie angesiedelt ist und hinsichtlich ihrer ideologischen Programmatik oder Funktionsbestimmung nur in Ausnahmefällen deutlicher auf die Erwartungen und Interessen historischer Adels- bzw. Fürstenfamilien bezogen ist« (S. 161). Wie »andere scheinbar historische Gesellschaftsthemen« bezeichnet offenbar auch »der Problembereich Familie in der höfischen Dichtung [...] als ein ideologisches Konstrukt eine eigene Welt, in der spielerisch und modellhaft – und oft dezidiert gegen den Ernst und das Gewicht der historischen Adelsfamilie – Probleme diskutiert, normative Handlungskonzepte vorgeführt, Verhaltenskonstellationen erprobt und Lösungsmöglichkeiten entworfen werden« (S. 162). Der energische Hinweis auf die *Differenz* zwischen lebensweltlicher Realität und literarischer Phantasie zielt auf die Bestimmung des besonderen historischen Quellenwerts einer bestimmten Art von Literatur, die nicht einfach das ›Leben‹ abklatscht, sondern ausdrückt und zur Anschauung bringt, wie die Lebenden das Leben dachten, wünschten, fürchteten. Da auch solche Gedanken, Wünsche, Ängste historische Realität waren und in die Lebenswelt hinein gewirkt haben, geht es auch dieser Art der Quellenbefragung um die Erkenntnis historischen Lebens: nichts wäre verkehrter, als sie einer Position des l'art pour l'art subsumieren zu wollen.

Bumke und Schnell betonen, daß das höfische Erziehungsideal auf Distinktion »gegenüber allem« angelegt war, »was nicht zum Hof gehörte und was nicht den Normen entsprach, nach denen das Leben am Hof organisiert war« (S. 79): »die glanzvolle Zurschaustellung herrschaftlich-adligen Selbstverständnisses diente zugleich der Abgrenzung gegenüber denjenigen, die zu dieser Selbstkontrolle nicht fähig waren« (S. 130). Die Frage, wer diese ›anderen‹ denn gewesen seien, führt wieder auf jenes Zweischichtenmodell. Mit dem in ihm postulierten Gegenpol der Oberschichten-Kultur: der Kultur des ›Volkes‹ befassen sich die Aufsätze der zweiten Themengruppe.

Hans-Jörg Gilomen gibt in einem grundlegenden Beitrag über *Volkskultur und Exempla-Forschung* (S. 165-208) zunächst einen forschungsgeschichtlichen Überblick, der vorführt, wie das Zweischichtenmodell der Annales-Schule – »das Konzept einer zur Hochkultur im Gegensatz stehenden Volkskultur« (S. 165) – mit Vorstellungen operiert, die in der deutschen Forschung eine recht anrüchige Tradition haben (sie ist vor allem mit dem Namen Hans Naumann und dem Begriff des ›gesunkenen Kulturguts‹ verbunden). Daß man diese bedenkliche Ahnschaft nicht gesehen oder ignoriert hat, wird nicht zuletzt daran gelegen haben, daß das Modell ganz »im Trend der historischen Forschung der letzten Jahrzehnte« lag, »die sich von Haupt- und Staatsaktionen, den großen Individuen und der elitären Geistesgeschichte abwandte« und »die Lebenswelt des kleinen Mannes und der Randständigen, die Alltags- und Mentalitätsgeschichte« in den Mittelpunkt rückte (S. 169) – was, außerhalb Frankreichs kaum wahrgenommen, auch mit den Besonderheiten jenes innerfranzösischen kulturpolitischen Diskurses zu tun hat. Die Kritik des Zweischichtenmodells in seinen verschiedenen Ausprägungen, die Gilomen ebenso behutsam wie unerbittlich führt, mündet unausweichlich in die Frage: ob sich das Volk – was immer man darunter versteht – überhaupt »eine eigene Kultur geschaffen habe, die sich als autonomes System von der dominanten Kultur klar unterscheidet und die geradezu als Gegenkultur gedeutet werden kann« (S. 178)? Die Schwierigkeit, diese Frage zu beantworten, liegt im Quellenproblem: wir benötigten schriftliche Zeugnisse, aber es gibt im Mittelalter kein »volkstümliches Schrifttum«, das »frei von gelehrten Einflüssen« wäre (S. 184). Es bleibt der Rekurs auf »jene Zeugnisse [...], welche, ohne künstlerischen Anspruch zu erheben, für die direkte Kommunikation zwischen klerikaler Elite und Volk überhaupt geschaffen wurde« (S. 184). Gilomen wählt als Beispiel das Predigt-Exempel als diejenige Textsorte, in der »dem Volk die Inhalte der christlichen Lehre durch leicht faßliche, seinem Erfahrungsbereich und Wertsystem nahestehende Beispiele erläutert wurden« (S. 184). Es ergibt sich, daß »von den Exemplaquellen her [...] eine einigermaßen klare Trennung volkstümlicher und elitärer Vorstellungen im Sinne einer sozialen Zuordnung« *nicht* erkennbar ist: »eine Einheitlichkeit oder Widerspruchsfreiheit der kulturellen Äußerungen war zu keiner Zeit und auf keinem kulturellen Niveau gegeben« (S. 203 und 207). Statt mit »undefinierbaren Großsystemen« zu operieren, sollte sich die Forschung deshalb – dies die Quintessenz aus Gilomens Erwägungen – mit »klar definierten und relativ kleinen Gruppen« befassen, deren »Mentalität« (im Sinne von František Graus) als gruppen-, nicht als sozialspezifische Erscheinung in den Blick nehmen und von daher versuchen, »ein zutreffenderes Bild kulturellen Austauschs und kultureller Umformungsprozesse zu zeichnen, mit dem Ziel, das Zusammenleben verschiedener Gruppen und Schichten in einer Gesellschaft und ihre Konflikte besser zu verstehen« (S. 208).

Zu einem im ganzen integrativen Bild des Verhältnisses der sozialen Schichten in der kulturellen Praxis gelangt von ganz anderer Seite her auch *Werner Mezger*. In faktengesättigter Analyse arbeitet er (S. 209-243) mit einem in der Volkskunde entwickelten kulturanalytischen Modell heraus, daß die geistlichen Spiele des Spätmittelalters »eine gemeinsame Kulturleistung von Angehörigen verschiedenster Stände« waren, daß sie »weder als Angelegenheit kleiner Eliten« zu verstehen sind »noch als Sache der breiten Unterschichten, sondern als wirkliches Gemeingut nahezu aller Kräfte des gesellschaftlichen Lebens« (S. 233). Dies freilich nicht – und das ist wichtig – als statische Gegebenheit, sondern als Produkt eines »dynamischen Kulturprozesses« (S. 242), der von einer »permanent fortschreitenden Interessendiskrepanz zwischen klerikaler Vorgabe und profaner Umsetzung« (S. 241) angetrieben wurde. Vorrangig erscheint so nicht »das Erkennen von Kontinuitäten«, sondern »die Analyse des Wandels« *innerhalb* des Mittelalters selbst: »in den lang- und mittelfristigen Veränderungen der geistlichen

Spiele [...] begegnen uns [...] wichtige Indikatoren für die Umbrüche in der Religiosität, im Denken, im Bewußtsein und in den Wertvorstellungen breiter Bevölkerungsschichten« (S. 242 f.).

Die Beiträge von Gilomen und Mezger zeigen ein nüchternes Bild von der Kultur des ›Volkes‹, dem die Züge des Subkulturellen und Subversiven abgehen, die den (nicht nur von der Annales-Schule gepflegten) Mythos von der ›Volkskultur‹ für viele so attraktiv machen. Sie fügen sich in die Reihe der Versuche, das Mittelalter-Bild realistischer zu zeichnen, die die folgenden zwei Arbeiten unter dem Rubrum *Friede und Recht* weiterführen.

Am Beispiel der Rechtspraxis der *Genugtuung* nimmt *Gerd Althoff* (S. 247-265) »eine Korrektur verbreiteter Vorstellungen über die Bedingungen und Regeln« vor, »die auf dem Felde mittelalterlicher Gewaltanwendung herrschten und zu beachten waren« (S. 247). Althoff läßt zwar keinen Zweifel daran, daß im Mittelalter »das Recht auf Anwendung von Waffengewalt zum adligen Leben« gehörte (S. 247), hebt aber hervor, daß es falsch ist, den mittelalterlichen ›Staat‹ »von seinen Defiziten«, darunter dem fehlenden Gewaltmonopol, her zu zeichnen (S. 248). Der »Sicht vom waffenklirrenden und fehdefreudigen Mittelalter« (S. 248) hält er »die in allen Jahrhunderten des Mittelalters praktizierten Formen gütlicher Konfliktbeilegung« entgegen, »die vor und [...] während der bewaffneten Auseinandersetzung zu beobachten sind und für die es [...] feste Regeln und einen festen Personenkreis gab, der sich für sie verantwortlich fühlte« (S. 248). Wichtig ist dabei die Feststellung, daß im Prozeß »der Ausformung staatlicher Strukturen« (S. 263) das Verfahren der Konfliktregelung zwar im ganzen auf ›staatliche‹ Instanzen verlagert wurde, Formen der »gütlichen Konfliktbeilegung« (S. 263) aber nach wie vor, im öffentlichen wie privaten Bereich, eine Rolle spielen und in der modernen Gesellschaft womöglich zunehmend spielen werden.

Der andere Aufsatz (S. 266-294) beleuchtet jenen Prozeß der Ausformung staatlicher Strukturen aus der Sicht der Literaturwissenschaft. Er versucht zu zeigen, daß der Prozeß – als Entwicklung von Strategien der Sicherung des Friedens – auch von der Ausbildung eines »institutionalisierten Informationssystems« abhing, das, »auf Breitenwirksamkeit ausgerichtet«, der Integration diente, »auf die komplexe Gesellschaften angewiesen sind« (S. 285). Eine wichtige Rolle spielten dabei offenbar die Franziskaner, deren volkssprachige Textproduktion quer durch die Gattungen – vom Rechtsbuch bis zum aszetisch-mystischen Traktat – darauf zielt, »die Welt zu verändern, indem der Geist der Menschen verändert wird« (S. 292). Die Fallstudie, die zeigt, wie sich prägende Züge unserer gegenwärtigen Welt im 13. Jahrhundert zu entfalten beginnen, führt auf zwei methodische Probleme von grundlegender Bedeutung. Zum einen will sie plausibel machen, daß Literatur im Mittelalter prinzipiell als außerliterarisch wirkende Größe zu begreifen ist. Das verpflichtet die Literaturwissenschaft, vorrangig »nach den Trägern der Literatur« zu fragen, »nach dem *Interesse*, das diese veranlaßte, die Texte hervorzubringen und zu rezipieren, zu fördern und zu tradieren« (S. 268). Zum andern rückt sie das Problem des Verhältnisses zwischen Soziogenese und Psychogenese, die Grundfigur der Zivilisationstheorie von Norbert Elias, in eine neues Licht. Mit der Rolle, die das Christentum und seine Institutionen im Zivilisationsprozeß gespielt haben, gerät eine Dimension dieses Prozesses in den Blick, die Elias abgeblendet hatte. Ihre Berücksichtigung scheint die Chance zu eröffnen, die Theorie derart neu zu formulieren, daß sie der Erfassung der abendländischen Geschichtsentwicklung jenseits der falschen Dichotomie ›Mittelalter‹ vs. ›Neuzeit‹ als übergreifender Verständnisrahmen dienen könnte.

Die anvisierte Kritik der Zivilisationstheorie geht von der Vermutung aus, es müsse nicht zwingend die soziale ›Realität‹ sein, die die psychische begründe (wie die Theorie will): das Begründungsverhältnis könne von Fall zu Fall auch umgekehrt sein und stelle sich jedenfalls wesentlich komplizierter dar. Die Vermutung wird gestützt durch die Erforschung eines fundamentalen Phänomens gesellschaftlicher Praxis, das »seit einigen Jahren in fast allen Kulturwissenschaften ein geradezu stürmisches Interesse« findet: der »Memoria«, der »Überwindung des Todes und des Vergessens durch ›Gedächtnis‹ und ›Erinnerung‹«. *Otto Gerhard Oexle*, aus dessen Beitrag (S. 297-323) die zitierten Sätze stammen (S. 297 f.), beschreibt Memoria als »Form des sozialen Handelns von Individuen und Gruppen, das aus bestimmten Denkformen hervorgeht und seinerseits soziale ›Wirklichkeit‹ erzeugt, nämlich Institutionen und kulturelle Hervorbringungen, Texte und Bilder, Literatur und Kunst« (S. 299). Er erörtert ihre Grundlagen im Mittelalter, skizziert »ihre Erscheinungsformen und ihre Bedeutung für die Erkenntnis der mittelalterlichen Gesellschaft« und stellt ihre »konstitutive Bedeutung [...] für die Kultur des Mittelalters« heraus (S. 300). Mit »dem Beginn der Moderne um 1800« sieht Oexle die über die Jahrhunderte zu beobachtenden (wenn auch ständig sich wandelnden) Formen der Memoria »weitgehend erloschen« (S. 322). Hier liegt ohne Zweifel eine der höheren Schwellen, die die geschichtliche Entwicklung seit dem Ende der Antike zäsurieren. Bezeichnenderweise unterläuft die Analyse der Memoria gleichwohl die Zäsur, indem sie eine zentrale Vorstellung »gängiger Mittelalter-Bilder« widerlegt: »daß es nämlich im Mittelalter keine Individualität gegeben, daß im Mittelalter vielmehr die ›Gemeinschaft‹ jegliche Individualität aufgesogen habe und daß Individualität demnach ein Phänomen sei, das erst im Zuge von Modernisierungs-Schüben in Erscheinung getreten sei, sich erst mit Renaissance und Reformation und eigentlich erst am Ende des Ancien régime und mit dem Beginn der modernen Welt um 1800 habe durchsetzen können« (S. 322). In Wahrheit ist Memoria »immer auf das Individuum gerichtet« und verweist damit »auf einen wesentlichen Grundzug der Sozialgeschichte des Okzidents, nämlich auf die Bedeutung des sozialen Handelns der Individuen in solchen Gruppen, die durch Konsens, Vertrag und Einung zustandekommen, weil sich die Individuen darin zum Handeln nach frei gesetzten Zielen verbinden können. ›Individuum‹ und ›Gemeinschaft‹ oder Gruppe als Grundgegebenheiten von ›Gesellschaft‹ sind [...] auch im Mittelalter also nicht Antagonisten [...], sie sind vielmehr komplementäre Erscheinungsformen menschlichen Handelns« (S. 323) – wie sich auch in den Verfahren »gütlicher Konfliktbeilegung« und in der Literatur der Franziskaner zeigte, »die zugleich die Institutionalisierung der Lebensordnung des Kollektivs befördert und auf die Entfaltung der Kräfte des Individuums hingewirkt hat« (S. 294).

Die »mit Memoria verbundenen mentalen Vorstellungen über die sozialen und rechtlichen Bindungen zwischen Lebenden und Toten und die daraus resultierenden Formen des sozialen Handelns« (S. 319) haben nicht zuletzt in bildlichen Darstellungen Ausdruck gefunden: in ›Memorialbildern‹. *Heide Wunder* präsentiert in einem zweiten Aufsatz zum Thema (S. 324-354) einen ebenso wichtigen wie wenig beachteten Typ des Memorialbilds: die von Frauen hergestellten Bildteppiche, deren prominentester Vertreter wohl der von Bayeux ist. Diese besondere Form des »Überlieferns von Geschichte in der handarbeitlichen Memoria von Frauen« (S. 346) wird an einem reichen Belegmaterial herausgearbeitet, das auch erkennen läßt, daß und wie sich seit dem 16. Jahrhundert »Form und Inhalt des Gedenkens« (S. 349) änderten, indem das Gedächtnis der »Taten der Verstorbenen« zurücktrat hinter der Thematisierung der Lebenden, die »das Gedenken tragen« (S. 350). Mit der Abwertung der hier untersuchten »Formen der Aneignung und Tradierung« von Geschichte hat die » ›exakte‹ und ›allgemeine‹ Geschichtswissenschaft« seit dem 18./19. Jahrhundert auch den »Anteil der Frauen am Schreiben von Geschichte aus dem Gedächtnis getilgt« (S. 354). Indem sie ihn wieder freilegt, leistet Heide Wunder einen wegweisenden Beitrag zur Rekonstruktion des vollen historischen Lebens – nicht zuletzt dadurch, daß sie einer Neubestimmung der Geschlechter-Rollen im Mittelalter vorarbeitet, die geeignet ist, der blind machenden Verbissenheit und Beflissenheit entgegenzuwirken, die heute auf diesem Feld herrschen.

Memoria ist ein Teil der Überlieferung, die in der mittelalterlichen Gesellschaft produziert und aufrecht erhalten wurde, um Identität zu stiften und zu bewahren. Alle Gesellschaften sind auf solche Gedächtnispflege angewiesen, wenn sie bestehen wollen. Das Besondere der mittelalterlichen liegt – worauf bereits Joachim Bumke in seinem Beitrag hinwies – darin, daß die Traditionsbildung hier auf zwei Ebenen stattfindet, die bei grundsätzlicher Trennung vielfach miteinander verbunden sind und sich durchdringen: Mündlichkeit und Schriftlichkeit. Den je eigentümlichen Status von und das eigentümliche Verhältnis zwischen Rede und Schrift im Mittelalter – neben der Memoria heute *das* Paradethema der Mediävistik – behandeln die drei Beiträge der vorletzten Themengruppe.

Aus souveräner Kenntnis der umfangreichen Forschung beschreibt *Ursula Schaefer* (S. 357-375) die Bedingungen mündlicher Kommunikation als Momente einer Kulturform mit charakteristischen, uns (als den Angehörigen einer völlig alphabetischen Kultur) fremden »Denkweisen und Denkstrukturen«, denen bestimmte »Diskursformen« und eine bestimmte »Diskursorganisation« entsprechen (S. 365). Um diese in ihrer mittelalterlichen Ausprägung zu verstehen, ist es erforderlich, sich – von der anderen Seite her – bewußt zu machen, wo die *Schriftlichkeit* »in der Gesamtheit der Kultur vor allem des frühen Mittelalters angesiedelt war« (S. 367). Dies führt u. a. auf die wichtige Frage nach »Spuren der Mündlichkeit« (S. 374) in der schriftlich fixierten volkssprachigen Dichtung, die Ursula Schaefer anhand des zentralen Phänomens der sprachlichen Formelhaftigkeit erläutert. Die Verwendung der Formel, des formelhaften Ausdrucks – dies ihr Ergebnis – kann als besondere, der Mündlichkeit zugeordnete »Technik der Sinnvermittlung« (S. 373) auch im Feld der Schriftlichkeit die spezifische Situationsbezogenheit der Mündlichkeit herstellen (oder imitieren) und so zurückverweisen in eine Welt, in der – in der Gemeinschaft von Produzenten und Rezipienten – »das *shared social meaning* gilt« (S. 373).

Wie sich zwischen Mündlichkeit und Schriftlichkeit eine Dichtungstradition entfalten kann, zeigt dann *Walter Haug* am Beispiel der Heldenepik (S. 376-397). Demnach ist »die mündlich-heroische Tradition dadurch charakterisiert, daß die historischen Fakten«, auf denen sie allemal aufbaut, »in zwei Stufen fiktional überformt werden, durch allgemeine narrative Muster und dann durch eine typusspezifische Stilisierung. Das ergibt im Hinblick auf den Akt des Tradierens Handlungsgerüste, die die Identität eines Stoffes garantieren und die dem Sänger die Improvisation ermöglichen. Diese variierende Improvisation besitzt einen Freiraum, dessen Fiktionalität [...] bewußt wird, die aber, solange eine Erzählung ihre Identität bewahrt, formaler Natur bleibt« (S. 387). Mit der Verschriftlichung der Tradition ändert sich die Rezeptionsweise kategoriell: »es gibt [...] keine Wiederholung« in einer fortwährend neu geknüpften Kette variierender Vorträge »mehr, über die das Handlungsmuster und damit die Wahrheit quer zur Variation heraustreten könnte, so daß die Identität der Erzählung und damit ihr Sinn faßbar würden« (S. 387). »Der Sinn der Erzählung tritt nicht mehr selbstverständlich heraus« (S. 388), sondern muß per Interpretation erschlossen werden. Das macht prinzipiell den »Übergang zur bewußten Fiktionalität des Textes« (S. 388) möglich – aber gerade dieser Schritt wird nicht glatt und ein für allemal vollzogen, das »Verhältnis zwischen Welt und Fiktion« (S. 396) bleibt vielmehr labil, beweglich, spannungsreich.

Haugs historisch-theoretischer Entwurf macht deutlich, daß das Bemühen um ein Verständnis mündlich geprägter Kulturzustände auf die Erkenntnis von Prozessen textualer Sinnvermittlung zielt, die mit den uns geläufigen Vorstellungen und Begriffen nicht zu fassen sind. Es trifft sich darin mit einem methodologischen Vorstoß amerikanischer Mediävisten, der, unter der Losung ›New Philology‹ geführt, in den letzten Jahren viel Staub aufgewirbelt hat. Dabei geht es – so *Karl Stackmann* im dritten Beitrag der Themengruppe (S. 398-428) – um nichts weniger als um den Vorwurf, »die Mittelalter-Philologie« habe »von den Anfängen in der ersten Hälfte des vorigen Jahrhunderts an ihren Gegenstand unter falschen Kategorien bearbeitet und ihn daher niemals in seiner Eigenart erfaßt. Denn weil sie die besonderen Bedingungen der mittelalterlichen Handschriften-Kultur verkannte, verfuhr sie mit den Texten so, als müsse man sie nach Analogie der für Verbreitung durch den Buchdruck bestimmten Texte aus der eigenen Gegenwart behandeln« (S. 399). Vehement formuliert hatte diesen Vorwurf der französische Romanist Bernard Cerquiglini in einem 1989 erschienenen und mittlerweile ebenso berühmt wie berüchtigt gewordenen Büchlein mit dem schönen Titel *Eloge de la variante*. »Die Schlüsselrolle kommt« in Cerquiglinis Kritik, auf die sich die Theoretiker der ›New Philology‹ immer wieder beziehen, »dem Vorwurf zu, die traditionelle Philologie habe zu Unrecht die Kategorien *Autor* und *Werk* auf volkssprachliche Texte aus dem Mittelalter angewandt« (S. 400). Grob zusammengefaßt, macht sie die Annahme geltend, daß die Varianten der mittelalterlichen Überlieferung nicht bedauerliche Abweichungen von einem philologisch zu rekonstruierenden Original sind, sondern – in ihrer jeweiligen Gesamtheit – die genuine Existenzform der betreffenden Texte darstellen, die mithin nicht als geschlossene und unantastbare ›Werke‹ eines Autors aufzufassen wären, der Eigentumsrechte an seiner Hervorbringung zu beanspruchen hatte. Stackmann zeigt in behutsamer Gegenkritik, daß das von Cerquiglini gezeichnete Bild mittelalterlicher Textualität so nicht zutrifft, in seinen Grundzügen der historischen Wirklichkeit aber näher kommt als die attackierten Vorstellungen der herkömmlichen Philologie. Die ist nun freilich ohnehin im Aussterben begriffen: Cerquiglinis Überlegungen treffen sich da glücklich mit Tendenzen, die in der mediävistischen Philologie (vor allem der germanistischen) schon seit längerem wirksam sind, sie können diese Tendenzen bestätigen und sie können sie befördern, indem sie Anstöße geben »zur Beseitigung von Einseitigkeiten, die mit dem Anspruch der Philologie auf universelle Erfassung ihres Gegenstandes nicht vereinbar sind« (S. 423). Im übrigen ist die Anti-Kritik über die philologischen Belange hinaus von Bedeutung, insofern sie ein neuerliches Exempel für die Auflösung starrer Alteritäts- ebenso wie Identitäts-Fronten gibt: einerseits hat das uns vertraute »Authentizitäts-Prinzip« (S. 402) in der mittelalterlichen Überlieferung weithin keine Gültigkeit, andererseits fehlt es aber »durchaus nicht an Zeugnissen dafür, daß man im Mittelalter einen entwickelten Sinn für die Rolle des Autors haben konnte« (S. 403).

Kommunikation und Traditionsbildung bedienen sich nicht

nur des Wortes, des gesprochenen und des geschriebenen, sondern auch des Bildes. Dem Beitrag von Heide Wunder, der dies in den Blick rückte, treten die beiden letzten Aufsätze des Bandes zur Seite, die die Probleme erörtern, vor die die Entzifferung der Schrift der Bilder den Historiker des Mittelalters stellt.

Am Beispiel des Salomo-Portals der Kathedrale von Chartres diskutiert *Beat Brenk* (S. 431-450) die Frage nach der »Funktionalität der Kunst« in einem Spannungsfeld, in dem »der Concepteur, der Auftraggeber, der Künstler und das Zielpublikum« zusammenwirken (S. 434). Das gewählte Beispiel ist sachlich und methodologisch von besonderem Interesse: »die Programmatik dieses Portals ist in höchstem Maße ungewöhnlich, denn ihre Entität besitzt keine Vorläufer und Nachfolger nur bedingt« (S. 434). Wie – so lautet die Frage – läßt sich ermitteln, an wen sich »die Botschaft dieser selten dargestellten und daher wohl nicht a priori verständlichen Szenen« richtete (S. 434). Brenk beantwortet sie mit einem Verfahren kombinatorischer Analyse von Texten, Bildtraditionen und Fakten der Ereignisgeschichte, das exemplarisch vorführt, wie »eine Wissenschaft, die per se Logik, Kohärenz und Einheitlichkeit fordert, mit dem Unkanonischen« umgehen kann (S. 434).

Indem sie darauf insistiert, daß Kunst eine außerkünstlerische Funktion hat, schlägt die Studie von Brenk eine Brücke zurück zu den Erörterungen über die außerliterarische Funktion der Literatur (S. 266ff.). Der Beitrag von *Wolfgang Kemp* (S. 451-476) sondiert das Feld weiter am Beispiel der Bilderdecke der Kirche von Dädesjö (Schweden). Er zeigt, wie die Erzählung der Bilder dort – weit davon entfernt, »in jener Funktion« aufzugehen, »welche die Theologie« der Kunst des Mittelalters »zugedacht hatte: als Bilderbibel die Unterweisung der Laien zu unterstützen« (S. 451) – im Bezug zu schriftlicher und mündlicher Überlieferung die Vermittlungs- und Stütz-Funktion ausübt, die nötig war, um die Bibel »als heilige Schrift in die Kreisläufe praktischer Religion« zu integrieren und »dieses eine Buch in der Mitte einer religiösen Kultur« zu erhalten (S. 451). Als schönes Beispiel für »Bachtins Unterscheidung von autoritärem Wort und Heteroglossia« (S. 468) baut die Erzählung in den kanonisch biblischen Nativitätszyklus mit der Geschichte von Stephan und den Pferden ein unkanonisch legendarisches Ereignis ein, das offensichtlich aus mündlicher Tradition stammt. Dies ist für Kemp Anlaß, eine Beschreibung der Bildlichkeit zu erproben, die sich an den Kategorien von Mündlichkeit und Schriftlichkeit orientiert (S. 472f.): »Auffällig« ist am Stephan-Medaillon »die Durchdringung und völlige Beanspruchung aller eingeführten Elemente. Die Ökonomie des Oralen, die nicht Sparsamkeit, sondern weisen Verbrauch der richtigen, notwendigen Formeln meint, ist das Kennzeichen einer (Bild-)›Sprache‹, die unter anderen Bedingungen funktioniert als die ›Schrift‹ und ihr visuelles Äquivalent«. Die ›schriftliche‹ Erzählung des biblischen Geschehens instrumentalisiert »jene Qualität, die Schrift und Bild gemeinsam haben: die Fläche und die ihr eigene Topo-Logik. So werden der Aufbau, das Beziehungsgefüge, kurz: das System zur eigentlichen Botschaft.« Dagegen lebt der ›mündliche‹ Einschub »von einer anderen Art von Stimmigkeit, keiner topo-logischen, sondern einer topischen, von einer Konstellation«, die – entsprechend den Bedingungen mündlicher Kommunikation – »ihren ganz bestimmten Ort, ihre ganz bestimmte Zeit und ihre ganz bestimmten Adressaten hat« (S. 473). Mittels einer raffinierten Bildstrategie scheint der Erfinder des Programms indes einem »inneren Vorbehalt der kirchlichen Autoritäten, die Stephan lizensiert, aber nicht kanonisiert wissen« wollte (S. 475), Geltung zu verschaffen: »Die Kirche behält das erste und das letzte Wort, welches die Schrift ist. *Scripta, non verba manent.* Nur: ein ›Skript‹ hat für die Bilderdecke wohl nie existiert. Wer diesen ›Text‹ lesen will, muß vorher vieles gehört haben« (S. 476). Das ist auch eine Antwort auf die Frage nach den ›Kulturen‹ des Mittelalters und ihrem Verhältnis zueinander, von der die Vorstellung der Beiträge dieses Bandes ausgegangen war.

*

Interesse an der Geschichte ist Interesse an der Gegenwart. Wenig belegt das so eindrucksvoll wie die Projektionen, für die die Chiffre ›Mittelalter‹ steht. Insofern mögen die neuen Bilder von jener Zeit, die in diesem Band gezeigt werden, manchen enttäuschen. Sie führen vor Augen, daß das Mittelalter keineswegs die Gegenwelt des anderen Lebens ist, nicht die Insel der Seligen und nicht die Hölle der Verdammten, nicht das Paradies der Kindheit und nicht das Tollhaus der Verblendeten. Die Jahrhunderte, die man ihm zurechnet, gehören zum *Zusammenhang* der Entwicklung der ›modernen‹ Welt. Wo man diese Entwicklung beginnen lassen will, ist eine Frage der historiographischen Zweckmäßigkeit. Faßt man die Spanne von der Spätantike bis zur Gegenwart ins Auge, so bemerkt man da in breiter Streuung Kontinuitäten ebenso wie Umbrüche, mehrere ›Epochenschwellen‹[18], aber keine herausragende »weltgeschichtlich frontenbildende Zäsur«[19]. Eine Mediävistik, die das akzeptieren wollte, müßte sich von liebgewordenen Klischees trennen und wohl auch Einbußen an der Aura des Besonderen hinnehmen, die sie umgibt. Um so wirkungsvoller könnte sie beitragen zur Lösung der Aufgabe, die aller Geschichtswissenschaft gestellt ist: zu erhellen, wie die Welt geworden ist, in der wir leben, und die historischen Bedingungen ihrer Fortentwicklung zu bedenken.

---

18 Vgl. Oexle, *Das entzweite Mittelalter* [Anm. 10], S. 21.
19 Marquard [Anm. 1], S. 371.

EPOCHE?

Peter von Moos

Gefahren des Mittelalterbegriffs

Diagnostische und präventive Aspekte

»Aus so krummen Holze, als woraus der Mensch gemacht ist, kann nichts Gerades gezimmert werden.«
Immanuel Kant[1]

Mit »Mittelmeer« wurde lange jenes gefährliche, an sich uninteressante Wasser zwischen den wohnlichen Küsten mediterraner Kultur bezeichnet. Später wurde daraus metaphorisch und mythisch ein »Medium«, ein Vermittlungsraum, politisch ein *mare nostrum* und kulturanthropologisch der erste Sinnträger des Abendlands, den danach der Atlantik ablösen sollte.[2] Ähnlich ist es in der Zeitdimension dem Mittelalterbegriff ergangen: obwohl seiner Herkunft nach inhaltsleer und nichtssagend, ein terminologischer Lückenbüßer für das Niemandsland zwischen zwei relevanten Epochen, wurde daraus allmählich ein Bild des Zentrums zwischen Peripherien, ein Mittler-Alter, und schließlich ein Ursprungsraum (»unsere Heimat«, »unsere Mutter«, »unsere Kindheit«, »unsere lange Jugend«) und sogar eine Klimax: »unsere mittlere Lebenszeit« (die der besten Mannesjahre), ein weltgeschichtliches *in mezzo del cammin di nostra vita.*[3] Heute meldet sich viel Skepsis gegen

1 *Idee zu einer allgemeinen Geschichte in weltbürgerlicher Absicht* (1784), in: *Kants gesammelte Schriften,* Berlin 1910 ff., Bd. 8, S. 23.

2 Vgl. Fernand Braudel, *La Méditerranée et le monde méditerranéen à l'époque de Philippe II*, Paris 1949; zu dieser Metaphorik und zum Diskurs der Annales-Schule insgesamt vgl. jetzt Jacques Rancière, *Les mots de l'histoire. Essai de poétique du savoir*, Paris 1992.

3 Zu diesen Metaphern vgl. Jacques Le Goff, *Le Moyen Age de Michelet*, in: ders., *Pour un autre Moyen Age*, Paris 1977, S. 19-45; A. Peillon, *Infantilisme et*

beide Vorstellungen, gegen die Verlegenheitslösung »leere Zwischenzeit« ebenso wie gegen die des sinnerfüllten »Reichs der Mitte«. Es gibt bereits Mediävisten, die allen Ernstes die Abschaffung des Mittelalterbegriffs durchsetzen wollen.

Zur nationalen Vielfalt der Mittelalterbegriffe

Die wohlbekannte Geschichte des Wortes »Mittelalter« braucht nicht nochmals erzählt zu werden[4]; doch am Beispiel dreier Länder sei kurz an einige unterschiedliche Vorstellungs-Traditionen erinnert, die dem gegenwärtigen Unbehagen vorausliegen. In Italien sind bekanntlich die humanistischen (zuerst rein latinistischen) Voraussetzungen[5] für den erst im späten 17. Jahrhundert in Deutschland eingeführten Periodenbegriff für die Zeit von 500 bis 1500 geschaffen worden. Zu wenig bekannt ist jedoch, daß der italienische Vater der Mediävistik, L. A. Muratori (1672-1750), in seinen monumentalen Editionswerken den Ausdruck »Mittelalter« äußerst selten (erst seit 1717 unter dem Einfluß seines Korrepondenten Leibniz)

primitivité du Moyen Age. A propos de quelques lieux communs d'une historiographie moderne, in: *Moyen Age, mode d'emploi* = Médiévales 7 (1984), S. 87-105, über Robert Fossier, *Enfance de l'Europe*, Paris 1982; H. Günther, *Neuzeit, Mittelalter, Altertum*, in: *Historisches Wörterbuch der Philosophie,* Bd. 6, Basel, Stuttgart, Darmstadt 1984, Sp. 781-798, bes. 791 f.; Jacob Burckhardt, *Historische Fragmente*, Stuttgart 1957, S. 32-41 zur »langen Jugend der heutigen Welt«, gefolgt von der Bemerkung (S. 40): »Für unseren Niedergang ist das Mittelalter nicht verantwortlich [...] Es war eine Zeit der selbstverständlichen Autoritäten« – statt dessen seien wir »den Wogen der Majoritäten von unten herauf verfallen«. Zu den »mittleren Jahren« vgl. Fabio Troncarelli, *»Nella mia fine è il mio principio«. Il fantasma del Medioevo in Joyce ed Eliot*, Quaderni medievali 19 (1985), S. 94-130.

4 Vgl. Günther [Anm. 3] mit weiterführender Bibliographie; immer noch lesenswert ist Johan Huizinga, *Zur Geschichte des Begriffs Mittelalter* (1921), in: ders., *Geschichte und Kultur*, hg. v. Kurt Köster, Berlin 1954, S. 213-227.

5 Es ist in unserer schon fast lateinlosen Gegenwart schwer sich vorzustellen, daß die Epochalität der Renaissance (und damit der Neuzeit) in letzter Instanz von dem Anspruch herrührt, die Reinheit des klassischen Lateins wiederherzustellen.

und zwar mit unverkennbarer Zurückhaltung gebraucht hat, indem er einschränkend von *historiae* [...] *et chronologiae medii ut aiunt aevi*, vom »sogenannten mittleren Zeitalter«, sprach.[6] Seine rekurrenten Bezeichnungen sind die der gängigen pejorativen Terminologie der Humanisten: »niedere Jahrhunderte«, »barbarische, eiserne, finstere Zeiten«. Dies entsprach bereits mehr dem Zeitgefühl der Aufklärung als dem der Renaissance. Nicht die Antikeverehrung, sondern der Glaube an den »Prozeß der Zivilisation« hin zur eigenen Gegenwart bestimmten den Vergleich früherer Roheit »alla gentilezza e al buon Gusto del secolo nostro«.[7] Dieser damals selbst für einen Mittelalterliebhaber noch ganz selbstverständliche Sprachgebrauch wird allerdings von einer gelehrtenspezifischen Deutung des Wortes »finster« ironisch gebrochen. Muratori nennt seinen tausendjährigen Forschungsgegenstand »dunkel« nämlich auch im Sinne von »unbekannt«, »erschließenswert«[8], wie wir etwa von wissenschaftlichem Neuland sprechen. Vor allem aber glaubte er, daß er Geschichte der römischen Vergangenheit Italiens schreibe. Es sei eine Überheblichkeit, sagt er, die Vergangenheit »unserer aller Mutter Rom« nur in ihren Glanzzeiten, nicht auch in ihren Unglückszeiten aufzuarbeiten. Muratori hatte weder ein Gefühl für das Mittelalter als Epoche noch ein Periodisierungsbedürfnis gegenüber den von ihm unterschiedslos *Antiquitates* genannten Zeiten. Die wichtigste Binnenzäsur, die er andeutet, ist die Zeit des tiefsten Verfalls um das Jahr 1000, gefolgt vom allgemeinen Aufstieg nach 1050. Für ihn gab es zwischen Antike und Gegenwart nur *eine* Zeit, die der Jahrhunderte der »patria mia« und *italici populi*. Er hatte den »siche-

---

6 Einleitung zum 10. Bd. seiner anonym herausgegebenen *De Italia medii aevi dissertatio chorographia* von 1727 nach Eugenio Dupré Theseider, *Sull'uso del termine »medioevo« presso il Muratori*, in: *Miscellanea di studi Muratoriani, Atti e memorie del convegno* [...] *in onore di L. A. Muratori,* Modena 1951, S. 418-434, hier S. 429.

7 *Riflessioni sopra il Buon Gusto* von 1708 nach Dupré Theseider [Anm. 6], S. 421.

8 Dupré Theseider [Anm. 6], S. 423 (die Antike hingegen war seiner Meinung nach schon damals »paese esausto ed occupato da altri«).

ren Instinkt eines Historikers, sich gegen die ahistorische Manier aufzulehnen, jene Jahrhunderte, denen er seine Forscherleidenschaft zuwandte, als anonyme, ungestalte Vermittlerin zwischen einer vorangehenden und einer nachfolgenden Epoche, zwischen Antike und Moderne zu definieren«.[9] Die Idee einer ungebrochenen historischen Kontinuität auf italienischem Boden, die durch die nach-glossatorische Jurisprudenz der frühen Neuzeit[10] und dann vor allem durch das »risorgimento« zusätzliche politische Bedeutung erhielt, dürfte bis heute das nur mäßige Interesse an der Perpetuierung der radikalen humanistischen Umbruch-These erklären. In keinem anderen Land ist der seit der ersten Hälfte unseres Jahrhunderts überall ausgebrochene Rangstreit zwischen Mediävisten und Renaissanceforschern um die kulturelle Bedeutung ihrer Epochen maßvoller geführt und ausgewogener – im Konsens über den Wandel in der Kontinuität – beendet worden.[11] Auf dem Glauben an die eigene Langzeit-Identität der *Roma aeterna* ruht auch institutionell die philologische Fächerunion von Italianistik und Mittellatein sowie von Mittelalter- und Humanismusforschung, wie sie etwa heute die AMUL *(Associazione per il Medioevo e l'Umanesimo latini)* repräsentiert. Andererseits findet sich bei Muratori bereits jene bis heute auffällige, nördlich der Alpen befremdliche Neigung, die eigene Gegenwart ohne Respekt vor der »Legitimität der Neuzeit« unmittelbar mit dem Mittelalter zu verknüpfen.[12]

---

9 Dupré Theseider [Anm. 6], S. 433 f. als Zusammenfassung des Aufsatzes.

10 Vgl. Myron P. Gilmore, *Humanists and Jurists. Six Studies in the Renaissance*, Cambridge (Mass.) und London 1963, S. 26-30 (auch hierin liegt ein Unterschied zu Frankreich).

11 Vgl. Armando Sapori, *Moyen Age et Renaissance vus d'Italie. Pour un remaniement des périodes historiques* in: Annales 11 (1956), S. 433-457; Eugenio Garin, *Moyen Age et Renaissance,* Paris 1969, S. 80-88; Antonio Viscardi, *Medioevo e Rinascimento* (1956), in ders., *Ricerche e interpretazioni Mediolatine e Romanze*, Mailand 1979, S. 549-587; Raffaelo Morghen, *Civiltà medioevale, al tramonto*, Bari 1971, S. 195-212. – Vgl. auch Verf., *Das 12. Jahrhundert – eine »Renaissance« oder ein »Aufklärungszeitalter«?*, in: Mlat. Jb. 23 (1988), S. 1-10.

12 Vgl. unten S. 47

Andere Voraussetzungen gelten in Frankreich.[13] Die Spannung zwischen zwei Wertvorgaben, der Herleitung des Nationalstaats aus der ehrwürdigen Periode vor 1500 (von der lange nur die Anfänge vom 5. zum 10. Jahrhundert den Namen Mittelalter trugen) und der humanistischen Abwertung dieser »mittleren und niederen« Zeiten, hat sich auch nach der vorübergehenden Mittelalterbegeisterung der Romantik (als Reaktion auf die antikisierenden und antiklerikalen Revolutionsgesten) bis ins späte 19. Jahrhundert nicht lösen lassen. Trotz der nach 1870 etablierten kritischen Mediävistik blieb der Konflikt zwischen nationaler oder bildungselitärer Bewertung auf außerwissenschaftlichen Gebieten virulent. Erst heute scheint sich mit der schwindenden öffentlichen Geltung des sog. Schulhumanismus eine Wende abzuzeichnen. Die Annales-Schule hat seit 1950 der Geschichte insgesamt und dem Mittelalter insbesondere zu erstaunlicher Popularität bis in die Medien hinein verholfen.[14] Nirgendwo in der Welt, nicht einmal in den so mittelalterbegeisterten USA, dürfte das Wort »Mittelalter« eine solch magische Anziehungskraft haben. In diesem gemäß Braudels Identitätsvorgabe »mittelalterlichen« Land, das die Renaissance aus Italien erworben hat, aber trotz aller Anstrengungen nicht als eigenes Erbe werten kann und

13 Jürgen Voss, *Das Mittelalter im historischen Denken Frankreichs. Untersuchungen zur Geschichte des Mittelalterbegriffs und der Mittelalterbewertung von der zweiten Hälfte des 16. bis zur Mitte des 19. Jahrhunderts*, München 1972; über kein Land liegt eine ähnlich minutiöse begriffsgeschichtliche Untersuchung vor wie diese unter K. F. Werner abgeschlossene Dissertation. Zur Folgezeit vgl. auch Claude Foucart, *Le mythe du moyen âge dans la littérature française à la fin du XIXe siècle*, Diss. Kiel 1969.

14 Heute berichtet z. B. die Tageszeitung ›Le Monde‹ fast jede Woche Neues über die Fortschritte der Mediävistik, und mindestens ein- bis zweimal im Monat führen am Sender ›France Culture‹ Jacques Le Goff und Roger Chartier Rundfunk-Seminare über mediävistische (bzw. prä- und postmediävistische) Neuerscheinungen mit den Autoren durch; andere führende Mittelalterspezialisten halten dort Radio-Vorlesungen zur besten Sendezeit. Georges Duby ist als mediävistische Berühmtheit Mitglied der Académie française und Direktor des Europasenders ›Arte‹ geworden und macht durch Interviews und andere publikumswirksame Aktionen viel von sich sprechen.

das die Reformation aus Deutschland schon früh offiziell verworfen hat, wäre die Abschaffung des Mittelalterbegriffs zweifellos ein sprachliches Sakrileg. Daß aber im Bildungswesen desselben Landes aufgrund der notorisch allen Entwicklungen nachhinkenden Kultusbürokratie (dazu noch einer zentralistischen) mehr als irgendwo sonst die kulturhistorischen Fächer weiterhin humanistisch organisiert geblieben sind – man unterrichtet dort so gut wie allein über die beiden Epochen Antike und Neuzeit[15] –, verleiht dem unterdrückten Mittelalter einen gewissen Reiz des Verbotenen.[16] Das Mittelalter scheint in Frankreich »alternativ« geworden zu sein: Wer sich damit beschäftigt, wirkt fortschrittlich entmythologisierend; er triumphiert zeitgemäß über obsolete, ehemals »fortschrittliche« Bildungsfetische. Von außen betrachtet, läßt sich die französische Mittelalter-Vorstellung einer »genealogischen« Selbstvergewisserung zuordnen. Man versichert sich seiner Ahnen. »Mittelalter« ist als universaler Wertbegriff für die nationale Vergangenheit aber auch ein Schwammbegriff geworden, da das Wort nun oft eine gigantische Epoche bezeichnet, die vom 3. Jahrhundert bis zur Gegenwart reichen kann.

In Deutschland hat sich zwar im 17. Jahrhundert das klassifikatorische Dreierschema »Antike, Mittelalter, Neuzeit« erstmals enzyklopädisch etabliert, aber als Wertbegriff hat »Mittelalter« seine Karriere erst seit den Befreiungskriegen gegen Napoleon begonnen.[17] Es galt auch hier zunächst als ein na-

---

15 Régine Pernoud hatte darum nach Umfragen bei Gymnasiasten eine ebenso deprimierende wie belustigende Anekdotensammlung über die in diesem Milieu verbreitete Unkenntnis und Vorurteilsstruktur dem Mittelalter gegenüber mit einer Art Pamphlet verbunden: *Pour en finir avec le Moyen Age*, Paris, 1977.

16 Die Ecole des Hautes Etudes en Sciences sociales, zu der die Annales-Schule gehört, wußte ihn zu propagieren. Nach Pierre Bourdieu, *Homo academicus*, Paris 1984, S. 141-144, neigen die Grandes Ecoles seit je mehr zur intellektuellen Opposition als zum akademischen »establishment«.

17 Freilich gab es gelegentlich schon in der Barockzeit Fälle von Gelehrtenstreit über Wert und Unwert des Mittelalters, vornehmlich auf dem Hintergrund des protestantischen Epochenverständnisses. Vgl. Giorgio Falco, *La concezione del Medio Evo nella storiografia generale dall'unanesimo al*

tionales Erkennungszeichen, hat dabei im Unterschied zur restaurativen französischen Romantik aber vorerst eine utopische, die spätere Einigung der Nation ankündigende Bedeutung, die dann nach 1870 selbstherrlich »reichsromantisch« wurde.[18] Ähnlich wie in Italien, dem andern Teil des einstigen Reiches, bleibt in der ersten Hälfte des 19. Jahrhunderts noch eine Kontinuitätsvorstellung wirksam, die ein bis zur Gegenwart reichendes, wenn auch herabgekommenes (d. h. vom Virus der französischen Aufklärung infiziertes) Mittelalter bezeichnet, hinter dem das »wahre«, das »klassische« Mittelalter als Sehnsuchtsobjekt ähnlich strahlt wie die Winckelmannsche Antike.[19] Entsprechend war auch die Konkurrenz der beiden »Traumzeiten« hier besonders stark. Der Mittelalterbegriff setzte sich zu einem guten Teil als »konfessionelle, völkische und kleinbürgerliche Reaktion gegen die weltbürgerlich liberale Vorliebe für die Kultur der Renaissance«[20] durch. Dies dürfte wohl am meisten zur Abkoppelung der (zuvor immerhin noch als mittelalterliche Verfallszeit verstandenen) Neuzeit

---

romanticismo, in: *Atti del III congresso naz. die Studi Romanzi*, Bd. II, Bologna 1935, S. 124-131; Harald Zimmermann, *»De medii aevi barbarie« – Ein alter Gelehrtenstreit,* in: Karl Hauck/Hubert Mordek (Hg.), *Geschichtsschreibung und geistiges Leben im Mittelalter. FS. f. Heinz Löwe*, Köln und Wien 1978, S. 650-669 (zu Polycarp Leyser; dazu s. auch unten Anm. 28).

18 Aus dieser politischen Semantik erklärt sich heute die international belächelte Vorliebe deutscher Mittelalterhistoriker für die Herrschaftsgeschichte des Früh- und Hochmittelalters, der Glanzzeit des Kaisertums, und deren Abneigung gegen alle seit dem 12. Jahrhundert in die Neuzeit hinaufweisende »intellectual history« sowie gegen das als »Herbst« oder zerrissene Verfallszeit gewertete Spätmittelalter mit seinen verdächtig »guelfischen« oder »eidgenössischen« Neuansätzen, die anderswo, in reichsunabhängig gewordenen Ländern das Nationalgefühl beschwingen (in der Schweiz heute nicht zufällig sogar ein anti-europäisches).

19 Entscheidend ist dabei der Unterschied, daß die damaligen romantischen Mittelalterverehrer zwischen sich und *ihre* Idealzeit noch keinen Kulturbruch, keine epochale Totalfinsternis einzuschieben brauchten (wie die Humanisten zwischen Renaissance und Antike). Sie waren stolz auf ihre eigene Mittelalterlichkeit. Dazu vgl. Marcel Beck, *Finsteres oder romantisches Mittelalter?*, Zürich 1950, S. 14-28.

20 Günther [Anm. 3], Sp. 791.

beigetragen haben. Die nähere Vergangenheit und Gegenwart wurden als Epoche der Verweltlichung, Säkularisation und zuletzt »der vollkommenen Sündhaftigkeit« (Fichte) immer mehr einem Mittelalter gegenübergestellt, das zum harmonisch geordneten, in sich geschlossenen »Zeitalter des Christentums« wurde, zum Kontrapost und idealen Fluchtraum für das nachchristliche Massenzeitalter der technischen Zivilisation.[21] Bis heute hat das deutsche Mittelalterkonzept die spezifischen Konnotationen Abgeschlossenheit und Christlichkeit bewahrt. Seiner Abschaffung stünden tiefersitzende, schwerer aussprechbare Widerstände als in Frankreich im Wege.[22] Überdies wurde wohl nirgends über die exakte Grenzziehung zwischen Mittelalter und Renaissance eifriger gestritten als in Deutschland.[23] Noch immer sind die oft byzantinisch wirkenden Diskussionen über die Zuordnung von Schlüsselgestalten der Übergangszeit nicht abgerissen. (Giotto, Boccaccio, Johannes von Tepl oder Nikolaus von Kues: »noch mittelalterliche« oder »schon neuzeitliche« Menschen?) Auch die »Epochenillusion« der Renaissance-Humanisten scheint von deren deutschen Spezialisten (spiegelbildlich zur mediävistischen Hypostasierung eines eigenen Mittelalter-»Kosmos«) länger als anderswo gläubig übernommen zu werden, und eine gelegentlich durch unerschütterliche Mittelaltervergessenheit glänzen-

---

21 Hierzu demnächst Verf., *Wolfram von den Steinen, ein Historiker des Überhistorischen*, in: Mlat. Jb. 27 (1992) erscheint 1994; vgl. Norman F. Cantor, *The Meaning of the Middle Ages*, Boston 1973; Alice Chandler, *A Dream of Order. The Medieval Ideal in Nineteenth Century English Literature*, Lincoln 1979, zu der hier aus Raumgründen übergangenen ähnlich gelagerten angelsächsischen Situation.

22 Unten S. 49 f.

23 Vgl. etwa die Besprechung von: H. U. Gumbrecht (Hg.), *Literatur in der Gesellschaft des Spätmittelalters* (Begleitreihe zum GRLMA), Heidelberg 1980, durch Ulrich Schulz-Buschhaus, *Überlegungen zur literarhistorischen Epochenschwelle zwischen Mittelalter und Renaissance*, in: ZfrPh 100 (1984), S. 112-29. – Bezeichenderweise sind bis heute Jahreszahlen, nicht dehnbare Grenzsäume, der Streitpunkt; so etwa noch im Artikel *Mittelalter* im LMA VI, Sp. 684-7, von E. Pitz, oder bei Josef Fleckenstein, *Ortsbestimmung des Mittelalters: Das Problem der Periodisierung*, in: Ruprecht Kurzrock (Hg.), *Mittelalterforschung*, Berlin 1981, S. 9-21.

de Humanismusforschung ist hier immer noch in ihrem sicher umzäumten Jagdrevier aktiv.[24] In einem Land, in dem die vorgegebenen und lehrplanmäßig vorgeschriebenen Periodisierungen eine obrigkeitliche, beinahe dogmatische Bedeutung bewahrt haben, ist es darum schon ein kleiner Akt der Rebellion, wenn sich in letzter Zeit auf mehreren Kongressen immer deutlicher eine Interessengemeinschaft unter dem identitätstiftenden Sammelbegriff »Spätmittelalter und Frühe Neuzeit« langsam doch zu etablieren beginnt.

Abschaffung, Ausdehnung oder Einmauerung des »Mittelalters«

Dies sind die drei derzeit wichtigsten (z. T. durch die eben skizzierten nationalen Besonderheiten bedingten) Versuche, mit der Krise umzugehen, in die der traditionelle Mittelalterbegriff vor allem nach der zunehmenden Problematisierung der Epochenschwelle des 15. Jahrhunderts geraten ist.

Der m. E. fundierteste und provokanteste (doch in der Mediävistik kaum zur Kenntnis genommene) Aufruf zur Beseitigung des Mittelalterkonzepts stammt von Karl Ferdinand Werner.[25] Der schon über zehn Jahre alte Beitrag verdient hier, ausführlicher als andere Einzelvoten vorgestellt und nochmals ins Gespräch gebracht zu werden. Werner hält den Epochenbegriff »Mittelalter« für »nicht nur unberechtigt, sondern sogar schädlich« (S. 30). Er sei unlogisch, weil »alt« und »neu« disjunktive Begriffe sind und weil der Einschub »mittel« sich auf jede beliebige Übergangszeit beziehen läßt. Es gibt bekannt-

24 Kritisches hierzu bei Joachim Heinzle, *Boccaccio und die Tradition der Novelle*, in Wolfram-Studien 5 (1979), S. 41-62; ders., *Vom Mittelalter zur Neuzeit? Weiteres zum Thema »Boccaccio und die Tradition der Novelle«*, in: *Festschrift Walter Haug und Burghart Wachinger*, Tübingen 1992, S. 661-670; Verf., *Geschichte als Topik*, Hildesheim und New York 1988 (Ordo 2), S. 525-527, 531-536.

25 *Das »Europäische Mittelalter«. Glanz und Elend eines Konzepts,* in: *Geschichte Europas für den Unterricht der Europäer*, Braunschweig 1980 (Studien zur Internat. Schulbuchforschung 27), S. 23-35.

lich keine Zeit, die, solange Zukunft denkbar ist, nicht Übergang, also ein »Mittelalter«, wäre (S. 25). Die Unlogik entspreche der ausgesprochenen oder verschwiegenen Absicht, ein ganzes Jahrtausend abzukapseln und zu überspringen bzw. den damit beschäftigten »Fachidioten« zu überlassen. Der Begriff sei sachlich irreführend, »weil er Zusammengehöriges trennt, Nichtzusammengehöriges vereint«. Die Begriffsgeschichte zeige, daß er sich auf »Ignoranz«: d. h. »nicht auf die historische Kenntnis von heute, sondern auf die Unkenntnis von einst« – auf die durch die Folgezeit relativierte Selbstüberschätzung der Humanisten – stützt (S. 25, 29 f.).

Als das Spezifikum der abendländischen Entwicklung sah Werner ein religionsgeschichtliches Langzeitphänomen: die in der römischen Nachfolgekultur der sog. Spätantike entstandene »christliche Monokratie« und deren seit dem 12. Jahrhundert, dem Beginn der Neuzeit, vorbereiteten, im 19. Jahrhundert mit der modernen Toleranzidee und Privatreligion abgeschlossenen Zerfall. Eine Zeit, in der es radikal verboten war, Nicht-Christ zu sein, galt ihm als eine periodisierungswürdigere Kulturstufe als etwa die (nach Ernst Robert Curtius ebenfalls bis ins 18. Jahrhundert reichende) europäische Bildungsepoche der Antikerezeption mit ihren diversen Berg- und Wellentälern rund um »das lateinische Mittelalter«. Der interkulturelle Aktualitätswert dieses religionsgeschichtlichen Kriteriums ermißt sich heute besser als 1980 daran, daß der Islam die Stufe der Theokratie im Unterschied zu unserer Entwicklung nicht überwunden hat und sie sogar – als Selbstschutz gegen westliche Ansteckung – erst recht zu befestigen sucht. Werner bekämpft die Vorstellung einer kulturellen Einheit des sog. Mittelalters auch darum, weil sie die Bedeutung einer grundlegenden Wende innerhalb »der Periode der christlichen Monokratie«, der Zeit vom 11. zum 12. Jahrhundert, ungebührlich aus dem Blickfeld rückt, und schlägt darum an ihrer Stelle zwei Epochen vor, eine ältere, »archaische«, spätantik-frühmittelalterliche und eine jüngere, spätmittelalterlich-frühneuzeitliche Periode, die weniger miteinander zu tun haben, als der bisherige Mittelalterbegriff sich vorzustellen erlaubt. (Das 4. und das 8. Jahrhundert und das 14. und 18. Jahrhundert gehören danach mehr zusammen als das 8. und 14., was Georges Duby kürzlich medienwirksam so personalisierte, daß Jeanne d'Arc uns Menschen des 20. Jahrhunderts näher stehe als Karl dem Großen.)[26]

Werner publizierte sein »Manifest« gegen den Mittelalterbegriff (und die damit verbundenen Assoziationen einer »Epochenpersönlichkeit«, eines mittelalterlichen Zeit-Wesens und gar eines »mittelalterlichen Menschen«) nicht zufällig in einer der Schulbuchforschung gewidmeten Zeitschrift, weil er sich für die Verbreitung seiner ikonoklastischen These im allgemeinen Bildungsbewußtsein einsetzen wollte. Darum distanziert er sich mit kämpferischen Optimismus von Karl Bosl (S. 34), der den Sinn des Mittelalter-Konzepts in seinen sozialgeschichtlichen Arbeiten zwar ebenfalls radikal anzweifelt und doch schreibt: »Es wäre ein nutzloses Unterfangen, die Begriffe Mittelalter – Neuzeit – Moderne ersetzen zu wollen; diese technischen Schablonen sind so nichtssagend und nützlich-allgemein zugleich, daß es schwer wäre, die Menschen an sachlich richtigere und aussagekräftigere Begriffe zu gewöhnen«.[27] Steht hier ein Don Quijote gegen den »gesunden Menschenverstand« oder ein Pionier des sauberen Denkens und Redens gegen das Gesetz der Trägheit – »mittelalterlich« gesprochen also »Wahrheit« gegen »Gewohnheit«?[28]

Werners kompromißlose Parteinahme für die Abschaffung

26 Ebda., S. 26-30. – Ernst Robert Curtius, *Europäische Literatur und lateinisches Mittelalter*, Bern 1948. – Georges Duby und Bronislaw Geremek, *Passions communes, Entretiens avec Philippe Sainteny*, Paris 1992, S. 69.

27 Karl Bosl, *Europa im Aufbruch. Herrschaft, Gesellschaft, Kultur vom 10. bis 14. Jahrhundert*, München 1980, S. 13.

28 Interessant ist hier die polemische Umkehrung des Gewohnheitsarguments, die im 18. Jahrhundert Polycarp Leyser gegen humanistische Mittelalterverunglimpfung vortrug: *Hinc quaerunt saepe quae dudum inventa fuerunt, scribunt quae scripta jam leguntur* (»Daher suchen sie oft, was längst gefunden, und schreiben, was schon geschrieben worden ist und gelesen wird«); denn der Buchdruck habe zur Verbreitung von Vorurteilen beigetragen und selbständiges Denken behindert. Siehe Zimmermann [Anm. 17], S. 660, 662.

des Mittelalterbegriffs ist eine Außenseiterposition. Auch wenn es sich herumgesprochen hat, daß es mindestens zwei Mittelalter gibt mit einer »Schwelle« in der Mitte, etwa 1050-1150, und obwohl es bereits zur *opinio communis* gehört, daß die Übergänge, hier von der sog. Antike her, dort nach der sog. Neuzeit hin, aus verschiedenen Gründen mehr als nur »fließend« sind – Werner führt zahlreiche wissenschaftliche Kronzeugen dafür an, und die Autoritätenliste ließe sich heute leicht verlängern –, so lebt das Wort »Mittelalter« doch nach wie vor fröhlich im internationalen Sprachgebrauch und prangt stolz im Titel zahlreicher Zeitschriften. Man könnte sich übrigens fragen, wäre dies nicht etwas kleinlich, ob Werner selbst es in seinen späteren Arbeiten wirklich überall auszumerzen vermocht hat. In die Tiefe der Begriffsproblematik führt hingegen die Feststellung, wie auffällig diese »Mittelalter«-Destruktion noch der Gegenauffassung, der spezifisch deutschen Vorstellung vom Mittelalter als »Zeitalter des Christentums« verhaftet bleibt. Werner setzt diesen Terminus ausdrücklich für seine – nun freilich von Konstantin bis 1789 erweiterte – Epoche ja gerade an die Stelle des nichtssagenden »Mittelalters« und erhebt damit einen altehrwürdigen kirchengeschichtlichen Gesichtspunkt zum leitenden Periodisierungskriterium. Diese Option soll hier keineswegs in Frage gestellt werden – ich finde sie wesentlich überzeugender als andere, etwa kunst- und literaturgeschichtliche oder wirtschaftsgeschichtliche Aspekte. Aber man muß die geringen Chancen ihrer Durchsetzbarkeit in ihr selber sehen. Aufstieg und Fall des Staatskirchentums, abgegrenzt gegen vorkonstantinischen Synkretismus und modernen Pluralismus: diese Formel würde, wie Werner selbst andeutet[29], die Entchristlichung der letzten

29 Als Zeugnis für seine These beruft er sich S. 35 auf eine bekenntnishafte Aussage H. I. Marrous, der die Lage der heutigen Christen wieder als quasi vorkonstantinisch beschreibt, als die »einer Minorität in einer ihnen feindlichen Welt«. – Auch Blumenbergs Bedürfnis, die nach-kopernikanische, »neugierige« und kreative Neuzeit zu legitimieren – außerhalb Deutschlands könnte dies leicht als Einrennen offener Türen mißverstanden werden – läßt sich nur als Antwort auf die Macht einer spezifisch deut-

zweihundert Jahre epochalisieren und sanktionieren, was je nach Standpunkt als Selbstverständlichkeit oder als Zumutung erschiene.

Ein anderes seltenes Beispiel für die Ablehnung des Mittelalterbegriffs[30] findet sich in dem differenziert interpretierenden Beitrag von H. Günther zur Begriffstrias »Neuzeit, Mittelalter, Altertum« im Historischen Wörterbuch der Philosophie (1984). Den Artikel beschließt folgende eher müde Absage an die drei Zeitbegriffe[31]: »So hoch die Verständigungsfunktion bei gleichartigen Voraussetzungen sein kann, so gering ist ihr heuristischer Wert. Hypostasiert werden sie zu Identifikationen und Feindbildern, die seit je eine Rolle in politischen und ideologischen Auseinandersetzungen spielen. Die historische Arbeit verwandelt sie, kann aber auch nahezu auf sie verzichten.« Der ganze Artikel bestätigt in der Sache K. F. Werners These und impliziert zugleich, daß ein »Zeitalter der christlichen Monokratie« kaum anders als der bisherige Mittelalterbegriff zum Katalysator unausgesprochener Weltanschauungskonflikte würde.

Auf der Gegenseite mangelt es – vor allem in der französischen Mediävistik – nicht an vermeintlichen Apologien des Mittelalterbegriffs, die sich jedoch, genau betrachtet, als Varianten zu der Position K. F. Werners herausstellen, da das Mittelalter sich hier zu einem »langen Mittelalter«, ja sogar »unbe-

schen Mittelalter-Ideologie würdigen: Hans Blumenberg. *Die Legitimität der Neuzeit*, Frankfurt/Main 1966, und *Die kopernikanische Wende*, Frankfurt/Main 1965 (es 138). – Die Verdrängung weltanschaulicher Ambivalenzen im historischen Umgang mit den Epochen müßte eigens behandelt werden. Theoretisch hilfreich wäre dabei: Alain Besançon, *Vers une histoire psychanalytique*, in: Annales 24 (1969), S. 594-616, 1011-33.

30 Natürlich sind skeptische Äußerungen über den Sinn der Begriffsverwendung wie die oben S. 43 zitierte von K. Bosl sehr verbreitet; aber meist enden sie wie diese mit der resignierten Hinnahme der Sprachkonvention. Unter den kritischsten vgl. etwa noch Francis Oakley, *The Medieval Experience*, Toronto 1988, S. 5; Kurt Flasch, *Das philosophische Denken im Mittelalter*, Stuttgart 1986 (RUB 8342), S. 563; Jean Devisse, *Que faire du »Moyen Age«?*, in: Médiévales 7 (1984), S. 79-86.

31 [Anm. 3], Sp. 769.

weglichen Mittelalter bis heute« ausgedehnt hat und seiner herkömmlichen Identität (»500-1500«) längst entkleidet worden ist. Am meisten für die Verbreitung dieses »Mittelalters« hat bekanntlich Jacques Le Goff getan, der nach seinem Aufsatz »Pour un long moyen âge« (zuerst 1983)[32] nicht müde wird, in und außerhalb des wissenschaftlichen Forums jenen vom 3. zum 19. Jahrhundert reichenden Epochengiganten vor allem nach sozial- und wirtschaftsgeschichtlichen Kriterien gegen die bloß geistesgeschichtlich-idealistische Konstruktion einer mit der Renaissance einsetzenden Neuzeit zu propagieren. Sein Hauptanliegen ist dabei klar die Umwertung des pejorativen Mittelalterbegriffs humanistischer Provenienz. Darum läßt er über die Anfänge des Mittelalters noch mit sich reden: Man könnte die Spätantike (als Konservierungs- und Imitationskultur) auch bis zum 10. Jahrhundert ausdehnen. Aber daß das »zentrale« Mittelalter etwa von der ersten Jahrtausendwende bis zur Pest von 1347/48, und das Spätmittelalter von der Pest bis zum Ende des »ancien régime«, ja noch darüber hinaus reicht (Karl X. wurde 1825 noch mit dem Öl des hl. Remigius gesalbt), ist ihm aufgrund des Braudelschen Axioms vom langsamen Entwicklungsrhythmus mentaler Strukturen eine unumstößliche Überzeugung. Sie wird mittlerweile von vielen ernstzunehmenden Historikern geteilt. Jean Delumeau z. B. schreibt unablässig Bücher über verschiedene Gefühlszustände der Menschen (Angst, Gewissensnot, Geborgenheit) zwischen dem 13. und dem 17. Jahrhundert[33] und dokumentiert damit, wie einheitlich die Volksfrömmigkeit dieses Zeitraums war.

In der Logik einer Argumentationsfigur, die das Mittelalter

32 Ebda.; vgl. auch das Vorwort zu dem dort zitierten Aufsatzband *L'imaginaire médiéval;* Fernandel Braudel, *Histoire et histoire sociale. – La »longue durée«*, in: Annales 13 (1958), S. 725-53. Der Begriff »langes Mittelalter« dürfte heute in Frankreich bereits allgemeinsprachlich geworden sein. – Bis in den Titel hinein sprechend ist etwa die wirtschaftshistorische Arbeit von Philippe Wolff, *Automne du Moyen Age ou printemps des temps nouveaux?* Paris 1986.

33 Z. B. *La peur en Occident*, Paris 1978; *Le péché et la peur. La culpabilisation en Occident*, Paris 1983 u. a. m.

soweit ausdehnt, als mittelalterliche Relikte im Denken und Verhalten oder in den Institutionen feststellbar sind, liegt es, daß sie auch vor dem 20. Jahrhundert nicht halt macht. Was man in anderer Terminologie als Mittelalter-Rezeption oder mit František Graus als »lebendige Vergangenheit«[34] bezeichnen könnte, führt danach in nicht bloß metaphorischer Weise zur Vorstellung unserer heutigen Mittelalterlichkeit. Symptomatisch sind Äußerungen französischer Historiker wie diese: Der eurozentrische Überlegenheitswahn und die westliche Verachtung fremder Kulturen seien Langzeit-Folgen der Kreuzzüge und der Ostexpansion in unserer Mentalität, die »monarchische Faszination« lebe im französischen Präsidialsystem fort[35], oder der Blick auf die heutige »Allgegenwart des gewalttätigen Mittelalters« (mit Ausnahme der veränderten wirtschaftlichen Verhältnisse) sei der beste Schutz gegen das Vorurteil von den barbarischen »Dark Ages«.[36] (Wobei freilich der Weg zur umgangssprachlichen Rede von den »mittelalterlichen Zuständen« etwa im heutigen Ex-Jugoslawien nicht weit ist.) Kaum jemand hat im übrigen der längsten denkbaren Mittelalter-Kontinuität mehr öffentliche Beachtung verschafft als Umberto Eco mit seinem Roman *Der Name der Rose* und mehreren essayistischen Beiträgen über das von uns noch immer »bewohnte« Mittelalter (die Akropolis als Museum; die Kathedrale von Chartres als Gotteshaus) und über die wesentlich mehr mittelalterlichen als antiken Wurzeln des europäisch-westlichen Sonderwegs unter den heutigen Kulturen.[37] Die »Gegenwart des Mittelalters« ist, wie schon erwähnt, ein in Italien von altersher gepflegter Topos. Man braucht allerdings

---

34 František Graus, *Lebendige Vergangenheit, Überlieferung im Mittelalter und in den Vorstellungen vom Mittelalter,* Köln und Wien 1975.

35 Devisse, [Anm. 30].

36 Robert Fossier in seinen Anworten auf die Motivationsumfrage [Anm. 3], S. 46-49.

37 Vgl. etwa Umberto Eco, *Auf dem Wege zu einem Neuen Mittelalter,* in: ders., *Über Gott und die Welt,* München und Wien 1985, S. 8-35; Weiteres bei Verf., *Umberto Ecos offenes Mittelalter,* in: Max Kerner (Hg.), *»... eine finstere und fast unglaubliche Geschichte«?*, Darmstadt 1988, S. 128-168.

nicht von der Vogelschau- in die Fliegenperspektive zu geraten, wenn man sich (um Periodisierung besorgt) zu fragen beginnt, was eigentlich noch mittelalterlich ist, wenn am Ende fast alles mittelalterlich wird. Vielleicht läßt sich das »Mittelalter« effizienter durch Banalisierung als durch gelehrte Polemik aus der Welt schaffen.

Die Abschaffung und die aktualisierende Erweiterung des Mittelalterbegriffs folgen letztlich demselben Denkmuster, entsprechen demselben Grundbedürfnis, die überbewertete Epochenschwelle zu Beginn der sog. Renaissance oder Neuzeit im großen Stil einzuebnen. Da sich dies dem Verdacht eines mediävistischen Zunftexpansionismus aussetzt, sind in der Sache ähnliche Urteile von Neuzeitspezialisten von Interesse. So haben in letzter Zeit etwa der Historiker Thomas Nipperdey[38] oder der Philosoph Odo Marquard[39] mit triftigen Argumenten für eine Fernperspektive plädiert, in der spezifisch Neuzeitliches an der Sonderrolle der europäischen Moderne wesentlich durch das sog. Mittelalter geprägt erscheint, so daß die ominöse Epochenschwelle des 15. Jahrhunderts endlich »entdramatisiert« werden kann. Ein gewisser interdisziplinärer Konsens dürfte heute jedenfalls über die ungleich größere Bedeutung der Epochenzäsur um 1800 als derjenigen um 1500 feststehen.

Dagegen sticht freilich eine in Deutschland besonders beliebte Gegenbewegung ab: Das traditionelle »Mittelalter« wird

---

38 Thomas Nipperdey, *Die Aktualität des Mittelalters. Über die historischen Grundlagen der Modernität*, in: ders., *Nachdenken über die deutsche Geschichte*, München 1986, S. 21-30. Zum mittelalterlichen Ursprung der Sonderwegproblematik in der heutigen Weltzivilisation vgl. auch Oakley [Anm. 30], S. 6 f.; Alain de Libéra, *Penser au Moyen Age*, Paris 1991, S. 98-142.

39 Odo Marquard, *Temporale Positionalität – Zum geschichtlichen Zäsurbedarf des modernen Menschen*, in: R. Herzog und R. Koselleck (Hg.), *Epochenschwelle und Epochenbewußtsein*, München 1987 (Poetik, und Hermeneutik 12), S. 343-352; *Neuzeit vor der Neuzeit? Die Futurisierung des Antimodernismus und die mediävistischen Implikationen von Blumenbergs Neuzeitthese*, in: J. Szövérffy (Hg.), *Mittelalterliche Komponenten des europäischen Bewußtseins*, Berlin 1983, S. 1-6. – Eben erschienen ist: Günther Mensching: *Das Allgemeine und das Besondere. Der Ursprung des modernen Denkens im Mittelalter*, Stuttgart 1992.

hier – trotz gelegentlich mutiger begriffstheoretischer Vorstöße transgressorischer Periodisierung – nicht bloß als sprachliche Konvention und institutionelle Gegebenheit, sondern weiterhin (oft aus nach-historistischen Bedenken heraus) als schützenswertes Kulturgut verteidigt. Symptomatisch sind hierfür mediävistische Beiträge in der theoretisch angelegten Kongreßpublikation *Epochenschwelle und Epochenbewußtsein* von 1987[40], die in letzter Instanz aus dem Zeit- oder Epochengefühl früherer Menschen das entscheidende Argument herausholen, um das Periodisierungsrecht der Nachgeborenen, das *ex post*-Urteil darüber, ob die Folgezeit der damaligen Selbsteinschätzung auch entsprochen habe oder nicht, in Zweifel zu ziehen.[41] Da wird etwa vorgebracht, »das Mittelalter« habe nur die *eine* heilsgeschichtliche Epochenschwelle gekannt, die Inkarnation Christi, und nach dieser sei bis zum Jüngsten Tage keine weitere mehr zu erwarten gewesen.[42] Alle geschichtlichen Veränderungen seien nur noch typologisch als Erfüllungen des Alten im Neuen oder imitativ als Fortsetzungen des Heilsereignisses verstanden worden, und dieses absolute Periodisierungsprinzip habe andere Zeiteinteilungen ausgeschlossen, wesentlich Neues in der Zukunft unvorstellbar gemacht. Der Zwang, »das« Mittelalter zu denken, wie es sich gedacht hat (oder vielmehr, wie der Deuter es denken sieht), führt hier

40 Vgl. Anm. 39.

41 Dieses Recht fordert F. Graus gegen seine Fachkollegen in dem einzigen dieser »Mittelalter«-Abkapselung theoretisch zuwiderlaufenden Beitrag des Bandes nachdrücklich ein: *Epochenbewußtsein im Spätmittelalter und Probleme der Periodisierung* (S. 153-166) sowie seine Diskussionsvoten *Epochenbewußtsein – Epochenillusion* (S. 531-534) und *Die Struktur einer Epoche* (S. 541 f.).

42 Walter Haug. *Die Zwerge auf den Schultern der Riesen – Epochales und typologisches Geschichtsdenken und das Problem der Interferenzen* (S. 167-194). Dieser theoretisch fundierte Beitrag würde eine ausführlichere Diskussion verlangen, als sie hier möglich ist, weil darauf vornehmlich zutrifft, daß die geschichtstheoretische Hand vielversprechend gibt, was die mediävistische hinterher wieder zurücknimmt. So entspricht Haugs im ersten Teil gewagter (stark von Kracauer, Th. S. Kuhn und der »nouvelle histoire« bestimmter) Vorstoß in Richtung auf eine »multiple Periodisierung«, die das »einsinnige Zeitraster Mittelalter« als humanistischen Anachronismus auflöst, genau der unten S. 55 angestellten Erwägung.

wiederum zur Befestigung des geschlossenen mittelalterlichen Weltbilds. Übersehen wird, daß der heilsgeschichtliche Zeitbegriff nichts »Mittelalterliches«, sondern einen elementaren christlichen Glaubensinhalt darstellt.[43] (Selbst die am ehesten mittelalterlich anmutende Vorstellung vom sechsten oder definitiv letzten Weltalter findet sich noch in Religionsschulbüchern des 19. Jahrhunderts.[44]) Und diese Glaubensvorgabe, dieses transzendente »grobe Raster«[45] hat weder im sog. Mittelalter noch später jemanden daran gehindert, in das letzte Aevum vor dem ungewissen Zeitpunkt der gewissen Parusie Binnengliederungen (etwa aufgrund von Regierungszeiten oder bildungsgeschichtlichen Veränderungen) einzulegen und nicht nur innerweltlich (insbesondere naturwissenschaftlich) Neues, sondern sogar – unter der Führung des Heiligen Geistes – Dogmenfortschritte und unerhörte *reformationes in melius* für die Kirche zu erwarten.[46] Leben wir übrigens heute nicht auch in einem Zeitalter, das *per definitionem* kein weiteres mehr zu konzipieren erlaubt, in der »Neuzeit«, die höchstens noch zu »neuester Zeit« gesteigert werden kann? Und doch gliedern auch wir diese immer länger werdende letzte Zeit auf unsere Weise. (Die »Post-Moderne« ist im übrigen ein vergleichsweise absurder Versuch, dieser sprachlich erzwungenen Endzeit zu ent-

43 Werner [Anm. 25], S. 30, hat dieses voraussehbare, weil alles andere als neue Argument für die Einheit des Mittelalters so abgewiesen: Der Heilsplan von der Schöpfung zum Jüngsten Gericht sei »eine Vorstellung, die eben nicht ›mittelalterlich‹ ist, sondern jüdisch-christlich: jeder kann an ihr ablesen, wie christlich sein Weltbild heute noch ist«.

44 Laut dankenswerter Mitteilung meines Kollegen Gert Melville. Im übrigen weist Ernst Benz *(Kosmische Bruderschaft*, Freiburg 1979) darauf hin, daß für Kolumbus und die Kolonisatoren Amerikas gerade der heilsgeschichtliche Glaube an die erst nach der Bekehrung der letzten nichtchristianisierten Menschen denkbare Wiederkunft Christi für ihr heute so »neuzeitlich« scheinendes Tun die Legitimation abgab. Devisse [Anm. 30], S. 80, findet das christliche (= vormittelalterliche) »A und O« der Heilsgeschichte noch in der Kosmologie Teilhards de Chardin wieder.

45 Graus [Anm. 41] S. 154; es folgen Belege für mittelalterliche Binnengliederungen.

46 Vgl. Verf., *Geschichte als Topik* [Anm. 24], S. 84f., 238-43, 380-83 mit weiterführender Literatur.

rinnen, wogegen die bloß sektorial motivierte Überzeugung der keineswegs heidnischen Humanisten, in einer neuen Epoche der *renovatae litterae* zu leben, sich sinnvoll in oder neben das christliche Heilszeitschema stellen ließ.)

Merkwürdigerweise finden sich in demselben Sammelband über das Epochale auch Beiträge über die im sog. Spätmittelalter aufbrechende neue Zeiterfahrung, die der christlichen Weltzeitalterklammer gerade nicht zuwiderläuft, sondern sie mit konkreten Inhalten eines erhöhten produktiven Endzeitbewußtseins füllt.[47] Vom 13. zum 15. Jahrhundert (man könnte leicht die Zeit bis zu Luther ausdehnen) entwickelt sich, wie etwa Klaus Schreiner[48] eindrücklich zeigt, auf den verschiedensten Gebieten eine krisenzeitliche Erwartungshaltung (intensivierte Selbstreflexion angesichts der wahrgenommenen Kürze der eigenen Lebenszeit, Fortschrittsgefühl angesichts allgemein feststellbarer Wissenserweiterung, gesteigertes Arbeitsethos im Kontext wirtschaftlichen Aufstiegs, politischrechtliche Flexibilität im Ausdenken alternativer gesellschaftlicher Institutionen

---

47 Dies trifft auf den erwähnten Beitrag von F. Graus und auf K. Schreiners zu besprechenden zu. Auch Hans Belting berührt dieses Thema in seiner für das Trecento wichtigen kunsthistorischen Vorlage: *Wandmalerei und Literatur im Zeitalter Dantes* (S. 53-79). An der Periodisierungsfrage nicht interessiert, da es »für die Zeit zwischen Mittelalter und Renaissance keinen Begriff« gebe, bleibt Belting zwar der herkömmlichen Zeiteinteilung verhaftet, bietet jedoch ähnlich wie Schreiner eindrückliche »Indizien« für das spätmittelalterliche Krisenbewußtsein in der spezifisch stadtitalienischen Ausprägung, wobei eine neue rhetorisch-politische »Weltkonstruktion« (nach der Terminologie von Berger und Luckmann) von unten – vom Volk, von der Erfahrung, vom »Volgare« und von der Bildsprache her – innovativ und angsterzeugend zugleich in Spannung gerät zur überwölbenden, von oben gepredigten christlichen Providenzordnung. Das Beispiel der von Cola di Rienzo propagandistisch eingesetzten Wandbilder zeigt diese Doppeldeutigkeit paradigmatisch in der Verbindung altrömischer Geschichts-Exemplarität mit weltlich umbesetzter apokalyptischer Allegorie. (Die millenaristische Bedeutung der Hl. Geist- und Pfingst-Symbolik als Bindeglied verdient dabei als Argument gegen die These vom totalitären Weltbildcharakter der Heilszeit Beachtung).

48 *»Diversitas temporum« – Zeiterfahrung und Epochengliederung im späten Mittelalter* (S. 381-428).

und vor allem ein verstärkter Glaube an die Reformfähigkeit des Christentums dank der neuen Mönchsorden und religiösen Bewegungen). Das sog. Greisenalter der Menschheit entwickelte vielleicht Angsttriebe, aber es stieg jedenfalls in seinem Epochenbewußtsein wie die Eule der Minerva auf, um die letzte verbleibende Heilszeit in ganz anderer als in der damals schon nahezu obsoleten »typologisch-imitativen« Weise fruchtbar zu machen. (Dieser Eindruck hätte sich durch einen Hinweis auf die ungeheure Breitenwirkung des joachimitischen Millenarismus noch verstärken lassen[49].) Doch trotz all dieser Illustrationen für die Denkkategorie des »möglichen« (herbeigewünschten oder gefürchteten) Neuen im sog. Mittelalter, aus denen ein überzeugender Brückenschlag zur sog. frühen Neuzeit leicht hätte gebaut werden können, bleibt die herkömmliche Epochengrenze unangetastet. Wie lesen vielmehr die mehr bekenntnishaften als theoretisch argumentierenden Sätze:[50]

> Zu behaupten, daß die Gliederung der Zeit in geschichtliche Zeitalter entbehrlich sei, widerspricht dem in Tradition und Theorie [?] verankerten Aufgabenkanon des Faches Geschichte. Periodisierungen wird gemeinhin eine »klärende« und »didaktische Bedeutung« zugeschrieben. Wer nämlich [...] die »Grenzen eines Zeitalters« festzulegen suche, sei gehalten, dessen Wesen zu bestimmen: »Periodisierung als Wesensbestimmung großer Zeitalter vereinfacht die Geschichtswirrnis [...] Die politische Geschichte, und nur sie, liefert die Epochen eines Zeitalters« [Hermann Heimpel]. Politisch ausgerichtete Epochengliederung verdeutlicht die Eigenart gewesener Zeit. Die Rekonstruktion von Epochenschwellen ist ein unabdingbarer Bestandteil historischer Arbeit.

Anders gesagt: Am »Mittelalter« darf es nichts zu rütteln geben; denn es ist ein »Wesen« und ein »großes Zeitalter«. Ange-

---

49 Vgl. Herbert Grundmann, *Studien über Joachim von Fiore* (1927), Darmstadt 1966; M. Reeves, *The Influence of Prophecy in the Later Middle Ages*, London 1969.

50 [Anm. 48] S. 382; man kann sich an der oben S. 45 zitierten Stelle von H. Günther, gegen den sich Schreiners (von Heimpels Autorität gestützte) Apologie richtet, davon überzeugen, daß dort nicht das Periodisieren überhaupt, sondern die Trias Antike/Mittelalter/Neuzeit als verzichtbar angesehen wird.

sichts solcher Apodizität wird die kritische Leitidee hinter dem (außerhalb Deutschlands eher kurios wirkenden) Aufruf K. F. Werners zur Abschaffung des Mittelalterbegriffs erst richtig verständlich, und man ermißt, wie dringlich diese Herausforderung hierzulande eigentlich ist.[51]

Zur Logik und geschichtlichen Bedingtheit von Periodisierungen

»[...] le Passé est chose toute mentale. Il n'est qu'images et croyance.«
Paul Valéry[52]

Der ontologische Status der historischen Realität dürfte heute theoretisch unsäglich geworden sein, auch wenn er als verschämte Grundannahme im praktischen Diskurs der Historiker untergründig weiterlebt. Philosophische Historik und Sprachlogik stimmen weitgehend darin überein, daß das Faktum eine Fiktion, ein »mentales Produkt« der historischen Rekonstruktionsarbeit ist, daß die Geschichte ohne Objekt wäre, wenn es möglich wäre, Gewesenes und nicht mehr Bestehendes (»wie es eigentlich gewesen ist«) durch direkte semantische Referenz definitiv auszusagen. Die Unterscheidung von Dingen, wie sie waren, und von Dingen, wie wir sie sehen, ist von vornherein »eine leere Geste«, weil wir *ausschließlich* einer durch Interpretationen gefilterten und zu interpretierenden Auswahl sprachlich verfaßter Denkwürdigkeiten (bzw. »Fakten«) aus Miriaden von Ereignissen gegenüberstehen. Die Vergangen-

51 Seit Lucie Varga (*Das Schlagwort vom »finsteren Mittelalter«*, Baden, Wien und Leipzig 1932) hat es immer wieder scheinbar ideologiekritische Arbeiten gegeben, die allen humanistischen und romantischen Klischees zu Leibe rücken, nur nicht dem petrifizierten Mittelalterbegriff selbst; in diesem Sinne vgl. die oben Anm. 15, 19 erwähnten Arbeiten von Pernoud und Beck oder neuerdings: Norbert Brieskorn, *Finsteres Mittelalter? Über das Lebensgefühl einer Epoche*, Mainz 1991.

52 Paul Valéry, *Discours de l'Histoire (1932)*, in: P. V., *Œuvres*, Bd. 1, hg. v. Jean Hytier, Paris 1957 (Bibliothèque de la Pléiade), S. 1130.

heit wird aus vieldeutigen Sätzen (auch solchen über materielle Relikte), nicht aus Direkterfahrung erkannt. Es gibt insofern nur eine hermeneutische »histoire connaissance«; die »histoire réalité« aber ist ein Phantom, es sei denn, eine totalitäre Prätention (Gott oder der Hegelsche Weltgeist) fordere das *sacrificium intellectus* gegenüber einer so und nicht anders gegebenen Geschichtsrealität, die jenseits von falsch und richtig steht und nur entweder gläubig akzeptiert oder ungläubig verworfen werden kann. Was vom Faktum gilt, trifft um so mehr auf die Epoche, die höchste Abstraktion über den Faktenreihen, zu. Wenn Fakten und Epochen sprachliche Konstrukte sind, kann ihnen gegenüber als wissenschaftlicher Parameter auch ausschließlich der aus dem Konflikt der Interpretationen hervorgehende Konsens oder die Akzeptanz einer im gegebenen Zeitpunkt wissenschaftsintern oder gesellschaftlich plausiblen Hypothese bzw. »Sicht der Dinge« gelten (Kuhns Paradigma, extensiv verstanden, bzw. Foucaults »epistème«[53]). Mit anderen Worten: wenn das, was um 1900 als »Mittelalter« galt, heute weltweit auffällig in Frage gestellt wird, so mag es dagegen viele Gründe geben, doch der Rekurs auf das »wirkliche Mittelalter«, mag er mit noch so vielen Dokumenten und Autoritäten gestützt werden und sich noch so didaktisch gebären, ist und bleibt eine *petitio principii*. Dasselbe Belegmaterial kann hingegen sehr wohl einer Begründung dienen, die den Historiker selbst als Mitglied seiner Zeitgenossenschaft und sogar als ein vielleicht ganz isoliertes, originell opponierendes Subjekt in das Gespräch über die Vergangenheitsinterpretamente einbezieht, weil seine einzige Objektivität letztlich die der redlichen Wiedergabe seiner eigenen gegenwärtigen Sicht ist.[54]

Man kann dasselbe auch in psychologischen Termini sagen.

---

53 Hierzu vgl. jedoch auch die kritischen Aspekte bei Manfred Frank, *»Ein Grundelement der historischen Analyse: die Diskontinuität« – Die Epochenwende von 1775 in Foucaults »Archäologie«*, in *Epochenschwelle* [Anm. 39], S. 131-152, und Severin Müller, *Paradigmenwechsel und Epochenwandel*, in: Saeculum 32 (1981), S. 1-30.

54 Dieser Abschnitt bildet eine Zusammenfassung des scharfsinnigen sprachtheoretischen Aufsatzes von L. M. De Rijk, einem Spezialisten mit-

Die Analogie zwischen Weltgeschichte und Individualgeschichte ist zwar oft zu unsinnigen biologistischen Kurzschlüssen mißbraucht worden (Michelets Mittelalter als »unsere Kindheit«)[55], doch in einem Punkt ist sie theoretisch aufschlußreich: Im Unterschied zum Biographen, der postum einem abgeschlossenen Einzelleben von einer höheren Warte aus runden Sinn zu geben sucht, steht der Autobiograph seiner eigenen Vergangenheit gegenüber spürbar in einer dem Historiker vergleichbaren, dem »totalitären« Geschichtsmetaphysiker konträren Situation: Weil sein Leben noch weitergeht, kann er darüber nie Bilanz ziehen. Mehr als ein Zwischensaldo ist ihm nicht vergönnt, das seine gegenwärtige Selbstreflexion auf dem Hintergrund seiner jeweiligen Interessen und Erwartungen zusammenfaßt und das schon morgen nach andern Erfahrungen ganz anders aussehen könnte. Auch die Gliederung seines bisherigen Lebens in aufregend schnelle und uninteressante, monoton dahinfließende Perioden unterliegt dem Gesetz des Perspektivenwandels. Wer geschichtliche Phänomene im Kontakt mit kompetenten Fachgenossen ordnet, ist gegen eine solche Art von Revidierbarkeit nie gefeit, weil er selbst Teil der unabgeschlossenen Geschichte ist und weder den lieben Gott spielen noch die Einsichten des hypothetisch am Ziele seiner Reise durch die Jahrhunderte angelangten Ahasver vorwegnehmen kann.[56] Doch ebensowenig wie die

telalterlicher Logik, der auch einige historische Arbeiten verfaßt hat: *Facts and Events: The Historian's Task*, in: Vivarium 17 (1979), S. 1-42. – Vgl. auch Paul Ricoeur, *Zeit und Erzählung*, Bd. I: *Zeit und historische Erzählung*, München 1988, S. 214-262, zur subjektiv »narrativen« Struktur aller, selbst der systematisch argumentierenden Historie nach A. Danto, H. White u. a. Geschichtstheoretikern, insbesondere aber auch nach dem Historiker Paul Veyne, der in seinem aus der Forschungspraxis heraus geschriebenen Werk *Comment on écrit l'histoire*, Paris 1971, alle historische Arbeit als »Fabelkomposition« bezeichnet.

55 Vgl. Anm. 3.

56 Abgesehen von diesem Bild verdanke ich seit Jahren die meisten Einsichten auf geschichtstheoretischem Gebiet Siegfried Kracauers *Geschichte vor den lezten Dingen,* in: Schriften, Bd. 4, Frankfurt/Main 1971; zur Theorie der Periodisierung vgl. bes. S. 133-154.

gewissenhafte Selbsterforschung wird die historische Forschung durch ihren labilen Gegenwartsbezug verantwortungslos oder ideologisch, solange sie daraus nicht anachronistische Erklärungen, sondern einen Katalog brennender zeitadäquater *Fragen* zu ziehen sucht. Wenn Humanisten und Romantiker im 15. Jahrhundert eine Epoche zu Ende gehen sahen, so waren sie aufgrund ihrer damaligen Präferenzen und Intentionen dazu ebenso legitimiert, wie wir es heute sind, die Dinge von uns her anders zu beurteilen.[57] Nicht irgendein nominalistischer Zeitgeist, sondern unser Erfahrungszuwachs in den letzten Jahrhunderten führt dazu, die jeweiligen »Gleichzeitigkeiten des Ungleichzeitigen« oder koexistierenden Kontinuitäten und Diskontinuitäten an den für uns relevanten Schnittstellen zu bündeln und die mit verschobenen Rhythmen, nach eigenem Zeitplan unterschiedlich ablaufenden mikrohistorischen Entwicklungen (in Gesellschaft, Kunst, Bildung usw.) makrohistorisch an den für *uns* epochemachenden Durchlaufpunkten zusammenzufassen.[58] Daß das letzte Wort darüber nie gesagt sein kann – schon vor dem Jahr 3000 werden unsere Periodisierungen überholt sein –, ist kein Unglück, sondern gehört zum Wesen der Human-, d h. Diskussionswissenschaften.

---

57 Vgl. Reinhart Koselleck, *Standortbindung und Zeitlichkeit*, in ders., *Vergangene Zukunft. Zur Semantik geschichtlicher Zeiten*, Frankfurt/Main 1979, S. 176-210; vor allem S. 191: »Die Vergangenheit [...] wird im kritischen Verfahren rekonstruiert. Jede große Begebenheit ist immer für die Zeitgenossen, auf welche sie unmittelbar wirkt, in einen Nebel verhüllt, der sich nur nach und nach, oft kaum nach einigen Menschenaltern wegzieht.«

58 Vgl. die erwähnten Arbeiten von Kracauer und Koselleck sowie die ausgezeichnete mediävistische Transposition durch Haug [Anm. 42], S. 171-179. Anregend, weil nicht nur theoretisch, sondern historisch auch angewandt, zeigt sich dieser Pluriperspektivismus bei: Christian Meier, *Kontinuität – Diskontinuität von der Antike zum Mittelalter*, in: Hans Trümpy (Hg.), *Kontinuiät, Diskontinuität in den Geisteswissenschaften*, Darmstadt 1973, S. 53-95.

Für einen bewußten Gebrauch von Epochenschablonen

So sehr es zutrifft, daß keine Begriffswahl harmlos ist (dafür hat man im Land der nationalsozialistischen Sprachregelungen einen hellen Sinn), so wenig lassen sich die Grenzen des in einer Sprache verfügbaren Wortschatzes mit einem Willensakt überspringen. (Die in Deutschland geradezu moralische Verpflichtung, den Berufsstand von Frauen ins Femininum zu setzen, ist z. B. im Französischen unerfüllbar, weil die Grammatik diese Flexion in den meisten Fällen gar nicht vorsieht.) Die Sprache ist wegen dieser Begrenzung, wie Roland Barthes an hörbarer Stelle sagte[59], grundsätzlich ein soziales Zwangssystem von Stereotypen, eine Institutionalisierung des »Herdentriebs« und darum eher ein Unterdrückungs- als ein Kommunikationsmittel. Daß er dabei (um seine These rhetorisch zu profilieren) die Freiheitsnischen in der geschlossenen Anstalt Sprache, die unendlichen kombinatorischen Spielmöglichkeiten innerhalb des prästabilierten Kodes voller abgestandener, »herumliegender« Konzepte, unerwähnt gelassen hat, tut hier nichts zu Sache, wo es um die Kritik des begriffsrealistischen Köhlerglaubens an das *liberum arbitrium* im Umgang mit dem vorgegebenen »kollektiven Diskurs« geht. Es liegt nicht beim einzelnen Sprachteilnehmer, einen über Jahrhunderte der Konvention, des unbewußten allgemeinen Konsenses eingebürgerten Begriff dekretorisch aus der Welt zu schaffen, mag dieser – wie der Mittelalterbegriff – auch eine trübe Herkunft und eine anachronistische, ja absurde Verwendungsgeschichte haben. Ebensowenig aber ist ein Begriff, nur weil er da ist, ein eindeutiger Sinnträger und als solcher ein Geßlerhut, vor dem wir uns zu beugen hätten. Das einzige, was dem semantisch gewissenhaften Benützer solch unverwüst-

59 Antrittsrede zur Aufnahme ins Collège de France: *La Leçon*, Paris 1978; vgl. kritisch dazu Umberto Eco, *Sette anni di desiderio*, Mailand 1986, S. 183-195: »La lingua, il potere, la forza«, und Verf., *Introduction à une histoire de l'endoxon*, in: Christian Plantin (Hg.), *Lieux communs, topoi, stéréotypes, clichés*, Actes du Colloque intern., Université Lumière Lyon 2, 1992 [im Erscheinen].

licher Sprachrelikte übrigbleibt, heißt (gegen den Sinn des heiligen Bildes): neuen Wein in alte Schläuche gießen.

Der Mittelalterbegriff kann in der historischen Arbeit gemieden, umschrieben, in Anführungszeichen gesetzt werden: all dies bleibt dennoch bezogen auf ein verdrängtes, aber lexikalisch weiterbestehendes Wort, das derart seinem umgangssprachlichen Wildwuchs unkontrolliert überlassen wird. Man kann in diesem Spiel Spielverderber oder Mitspieler sein. Das Spiel bleibt. Die bewußte, aktive Teilnahme hat mindestens die Gewinnchance, der eigenen Sinngebung des »Mittelalters« Geltung zu verschaffen, obsolete, substantialistische und ideologische Verwendungsarten in Verruf zu bringen. Hierzu möchte ich zunächst pragmatisch vorschlagen, gleichviel, ob man das »lange Mittelalter« Le Goffs oder das klassische, zentrale Mittelalter (mit oder ohne »Frühmittelalter«) meint – beides hat entweder Tradition oder heutige Akzeptanz –, klar den Kontext zu kennzeichnen, indem der *flatus vocis* »Mittelalter« für operationell (»working«) erachtet wird. Die Gebrauchanleitung muß angeben, *welches* Mittelalter *ad hoc* gemeint ist.

Dieselben sprachtheoretischen Gründe, die einer Abschaffung des Begriffs entgegenstehen, sprechen heute auch gegen dessen antikonformistische Ausdehnung über das 19. Jahrhundert hinaus, die höchstens metaphorisch zu gewissen Pointen geeignet sein mag. Von der Sache her wäre es ein Zeichen der Geschichtsblindheit, die beispiellose Veränderung der mentalen Strukturen (gerade auch im Verhältnis zur Vergangenheit), die mit der Beschleunigung der technischen Zivilisation in den letzten zweihundert Jahren einherging,[60] aufgrund unbestreit-

---

60 Vgl. dazu z. B. Gianni Vattimo, *Die transparente Gesellschaft*, Wien 1992 (Passagen 35); Wolfram von den Steinen, *Geschichte als Lebenselement*, Bern 1969, S. 9-13, 122-124, und dazu Verf., *Wolfram von den Steinen* [Anm. 21]; Hermann Lübbe, *Zeit-Verhältnisse. Zur Kulturphilosophie des Fortschritts*, Graz, Wien und Köln 1983, insbesondere zur Interdependenz von lebensweltlicher Dynamisierung und mentalem Musealisierungsbedürfnis. Die derzeitige Mittelalter-»Welle« gehört übrigens zu dieser Dialektik und setzt ihre mediävistischen Zulieferer ins Brot, wie allein schon die um sich greifenden Mittelalter-Ausstellungen der letzten Jahre *ad nauseam* beweisen.

bar aus Alteuropa mitgeschleppter Anachronismen geistreich mit dem Etikett »unsere eigene Mittelalterlichkeit« überspielen zu wollen. Auf der Gegenseite scheint mir nichts unhaltbarer als die Einigelung der Epoche vom 5. zum 15. Jahrhundert in das Konstrukt eines abgesonderten, monolithischen Weltbilds, womit (aus geheimen Gründen[61]) schlichtweg tabuisiert wird, daß »gerade wesentlich mittelalterliche Strukturen, sozusagen das Mittelalterliche am Mittelalter [...] zu den Grundlagen des Neuzeitlichen der Neuzeit gehören«[62] (d. h. eben jener Neuzeit, die nach der »nouvelle histoire« noch das »lange Mittelalter« ausmacht). Der Mediävist hat Besseres zu tun, als der Mittelalterunkenntnis der Neuzeitspezialisten ein Alibi zu liefern.[63]

Viel wichtiger als der akademische »Universalienstreit« um den Referenten des Epochenstereotyps »Mittelalter« ist darum die Bewußtwerdung zugrunde liegender Motive, die uns damit eine Zeitspanne *grosso modo* bis 1500 oder bis 1800 abrufen lassen; Motive, die uns im einen Fall mehr die Diskontinuität, im andern mehr die Kontinuität der letzten Jahrhunderte der »Herrschaft von Kirche, Monarch und Adel«[64] betonen lassen; uns bald von der radikalen Fremdheit, bald von der erstaunlichen Vertrautheit der freiverantwortlich gewählten kürzeren oder längeren Periode sprechen lassen. »Das Mittelalter: unsere fremde Vergangenheit« lautet der denkwürdig paradoxe Titel eines kürzlich erschienenen Tagungsberichts[65]; er war als Appell zur Stellungnahme über unsere fachspezifischen und

---

61 Ein Versuch, sie zu benennen, bei Verf., *Geschichte als Topik*. [Anm. 24], S. XXXVII-XLVI.

62 Nipperdey [Anm. 38], S. 22; vgl. auch Verf., *Das 12. Jahrhundert* [Anm. 11].

63 Forschungspraktische Beispiele s. bei Verf. *Geschichte als Topik* [Anm. 24] ö. und S. XLI (das ganze Buch ist gegen diese verhängnisvolle Abschottung geschrieben).

64 Werner [Anm. 25], S. 29, erinnert daran, daß diese »mittelalterlichen« Institutionen in Frankreich im selben Augenblick niedergeworfen wurden, mit Symbolwirkung für den Rest der Welt.

65 Joachim Kuolt, u. a. (Hg.), Stuttgart 1990. Mit Ausnahme der theoretisch anregenden Einleitung, ist in den Beiträgen freilich von unserer heutigen Alteritäts-Modernitäts-Paradoxie weniger die Rede als von dem *mittelalterlichen* Formen der Vereinnahmung oder Abstoßung des Fremden.

individuellen Einstellungen zum labilen Gleichgewicht von »Alterität und Modernität« an der mit Mittelalter bezeichneten Epoche gemeint. Dieses Problem, der kontrastive oder aktuelle Gegenwartsbezug des Objektbereichs, stand auch im Zentrum einer vor einigen Jahren in Frankreich bei verschiedenen renommierten und unbekannten Mediävisten (bzw. Studenten mediävistischer Fächer) durchgeführten Umfrage über die Beweggründe ihres Mittelalterinteresses.[66] Das Resultat war (nach dem Erfolg der Jaußschen Formel nicht anders zu erwarten) ein mehrheitliches »Sowohl als Auch«, hinter dem sich freilich stellenweise jene subtilere Variante des touristischen Vergnügens an der »familiarisierten Exotik« des halb Vertrautgebliebenen, halb Fremdgewordenen, also eine Kitschhaltung[67], abzeichnete. Die ernstzunehmenden Aspekte, unter denen die Thesen: »Begegnung mit dem Andern« und: »Das Mittelalter mitten unter uns«, vertreten wurden, gehen am besten aus einzelnen extremen Stellungnahmen hervor: Vertreter der Literaturwissenschaft oder »intellecutal history« legen Wert auf die Alterität, ja »Irreduktibilität« des Mittelalters,[68] weil sie vor der anachronistischen Identifikation mit uns scheinbar na-

66 Mediévales 1984 [Anm. 3], S. 46-55.

67 Ebda., S. 48: »Verfremdung ist attraktiv«; vgl. Ludwig Giesz, *Phänomenologie des Kitsches*, München 1971; Verf. *Mittelalterforschung und Ideologiekritik*, München 1974, S. 117-121.

68 Etwa Paul Zumthor sagt ebda., S. 48: Die auffälligste Verdrehung mittelalterlicher Alterität bestehe im üblichen Gebrauch unseres Literaturbegriffs für das Mittelalter; »[...] je suis profondément convaincu que rien (ou à peu près) des idées, des images et présupposés qu'elle [la ›littérature médiévale‹] véhicule n'est applicable à l'époque antérieure à la diffusion de l'imprimerie«, was seinen Thesen in *Essai de poétique médiévale*, Paris 1972, bes. S. 37-44, und *La lettre et la voix. De la »littérature« médiévale,* Paris 1987, entspricht. Vgl. auch die Zustimmung von Hans Robert Jauß, *Alterität und Modernität der mittelalterlichen Literatur*, München 1977, S. 16-17. – Flasch [Anm. 30], S. 17-20, 563-567, verwirft zwar den Mittelalterbegriff, da er epochal »künstlich eine Einheit« herstellt, »die nie existiert hat«, befürwortet jedoch gewissermaßen diätisch dessen Gebrauch zugunsten von »mehr Zäsurbewußtsein«, damit etwa individuelle Unterschiede zwischen den Platonismen des 12. und des 15. Jahrhunderts nicht kontinuitätsideologisch wegerklärt werden. Gegen weltanschauliche Instrumentalisierun-

hen Denk- und Ausdrucksformen warnen wollen, die, in ihr historisches Umfeld zurückversetzt, einen völlig ungewohnten Sinn ergeben; Sozialhistoriker, aber auch Kirchenhistoriker bevorzugen Kontinuitäten, um die sich autonom wähnende Moderne negativ oder positiv an ihre verdrängten Ursprünge im Mittelalter zu erinnern.[69] In dem historisch-ethnologichen Dilemma, andere Menschen (soweit wie möglich) von innen, aus deren Selbstverständnis, oder von außen, aus unserer Beobachterposition heraus, zu beschreiben, setzen die philologisch-ideengeschichtlichen Alteritätsbefürworter aus methodisch-didaktischen Gründen auf das erstere, die Selbstdistanzierung; die entwicklungs- und institutionsgeschichtlichen Vertreter der Kontinuität aus objektbezogenen Gründen auf das letztere, die Gegenwartsperspektive. Beide Sehweisen haben ihre Berechtigung; aber volle historische Einsicht wächst aus ihrer Vermittlung, aus dem Hin und Her zwischen dem Zäsurbewußtsein und dem Kontinuitätsbewußtsein. So werden wir gleicherweise vor naiver Vereinnahmung des Fremden wie vor nicht weniger naiver Erfolgs- und Fortschrittshistorie bewahrt. Die Zäsuren ergeben sich bei der Konzentration auf jeden Einzeltext oder jede Textreihe von selbst und brauchen nicht einem vorgegebenen allgemeinen Epochenraster entnommen zu werden; die Kontinuitäten sind als »lebendige Vergangenheit« auch dem Mediävisten erkennbar, wenn er nicht nur im Mittelalter zuhause ist. Ernst Robert Curtius hat unvergeßlich gesagt. »Man kann das Mittelalter nicht verstehen, wenn man *nur* das Mittelalter erforscht.«[70]

Die institutionellen Voraussetzungen für eine solche »nach

---

gen des »mittelalterlichen Weltbilds« richtet sich auch sein Aufsatz: *La concezione storiografica della filosofia in Baeumker e Grabmann*, in: *Gli studi di filosofia medievale fra otto e novecento*, Rom 1991, S. 51-73.

69 Z. B. Fossier, in: Médiévales 7 [Anm. 3], S. 46: »Si je vois le Moyen Age partout [...] parce qu'il continue dans l'ignorance générale à marquer nos comportements«, oder Yves Congar, O.P., ebd. S. 49: »Le Moyen Age est pour nous, dominicains, comme notre lieu connaturel.«

70 Ernst Robert Curtius, *Gesammelte Aufsätze zur romanischen Philologie*, Bern und München 1960, S. 107.

oben offene« Mittelalterforschung[71] sind in den deutschsprachigen Ländern nach wie vor denkbar ungünstig. Die unter nationalen Gesichtspunkten ursprünglich diachron (vom Mittelalter zur Gegenwart) angelegten historisch-philologischen Kulturfächer haben sich immer deutlicher in ältere und neuere Abteilungen aufgespalten, die (mit der eingeschränkten Ausnahme der Romanistik[72]) gegenseitig wenig Notiz voneinander nehmen. Gleichzeitig entwickelte sich das Schulterschluß-Bedürfnis der Mittelalterdisziplinen, das in den 60er Jahren in der Forderung nach eigenen Instituten für »Mittelalterkunde« so ungestüm wurde, daß Herbert Grundmann sein berühmt gewordenes Pamphlet gegen eingebildete »Berufsmediävisten« und »Mittelaltersimpel« schreiben mußte.[73] In der Folge wurden den im frei gewählten Ghetto unter sich bleiben wollenden Mediävisten wenigstens einige (semi-universitäre) Sonderforschungsbereiche zugestanden. Was hingegen ebenso dringend, heute sogar dringender gebraucht würde, wären Foren und Einrichtungen, die den Kooperationsschwund zwischen den Neuzeit- und Mittelalterfächern in- und außerhalb der Universitäten etwas kompensieren könnten.[74] Wenn sich auch die inzwischen etablierte Spätantikeforschung daran beteiligen ließe, wäre endlich für die von K. F. Werner und von J. Le Goff gemeinsam als Einheit verstandene – nur unterschiedlich benannte – Epoche der »mittelalterlichen« oder »monokratisch-christlichen« Kultur Europas vor der zweiten Hälfte des

---

71 Nach unten ist sie unproblematisch offen, weil dies am Gegenstand selbst liegt, wie jedermann seit Curtius, *Europäische Literatur* [Anm. 26], weiß. Huizinga sagte (*Geschichte und Kultur* [Anm. 4]), S. 167, von den mittelalterlichen Schriftstellern insgesamt: »[...] das Alterum hatten sie allezeit bei sich«.

72 Entgegen der eigenen Fachtradition gibt es heute z. B. an der Universität Münster keine echte ältere Romanistik mehr.

73 Euphorion 61 (1967), S. 132-140.

74 Lobenswerte Pionierleistungen erbringen insofern z. Zt. etwa der SFB (»Übergänge und Spannungsfelder zwischen Mündlichkeit und Schriftlichkeit«) in Freiburg oder die von Aleida und Jan Assmann geführte Tagungsreihe »Archäologie der literarischen Kommunikation« an der Reimers-Stiftung, Bad Homburg.

18. Jahrhunderts ein adäquater institutioneller Rahmen geschaffen. Diese Epoche dauerte zu lang, als daß sie zur Domäne einer einzigen Disziplin werden könnte. Ihre Erforschung steht und fällt mit dem Gespräch unter Spezialisten für einzelne Zeitabschnitte – für das sog. Hochmittelalter oder das Aufklärungszeitalter, das Trecento oder die Reformationszeit usw.; auch die Humanismusforscher würden (wenn sie sich zu entsprechender Kolloquialität herbeiließen) ein wichtiges Wort mitzureden haben.

HÖFISCHE KULTUR

Joachim Bumke
Höfischer Körper – Höfische Kultur

zuht unde hövescheit

Die adlige Laiengesellschaft des hohen Mittelalters hat die neue Kultur, die im 12. Jahrhundert an den Fürstenhöfen entstand, selbst als »höfisch« bezeichnet, und sie hat das Programm dieser Kultur in den Begriff *hövescheit* gefaßt, der nach dem Vorbild von lateinisch *curialitas* und französisch *cortesie* gebildet wurde und im Neuhochdeutschen durch »höfisches Wesen«, »höfische Bildung« umschrieben werden muß. Befragt man die zeitgenössischen Texte, was *hövesch* und *hövescheit* bedeuten, so trifft man auf die Begriffe *zuht* und *vuoge*, die ebenso unübersetzbar sind. *zuht* und *vuoge* sind Erziehungsbegriffe, die durch lateinisch *disciplina* und *decorum* glossiert werden könnten. In diesem Sinn kann *hövescheit* als »Wohlerzogenheit« verstanden werden: »Ihr sollt gewißlich wissen, daß Beherrschtheit *(zuht)* und höfische Wohlerzogenheit *(hövescheit)* durch Übung *(gewonheit)* erreicht werden«.[1] Wenn *hövescheit* das Ergebnis eines Erziehungsprozesses ist, kommt dem Erziehungsgedanken in der höfischen Kultur eine zentrale Stellung zu.

Höfische Erziehung muß man nach Anspruch und Wirklichkeit unterscheiden. Das Erziehungsprogramm kommt am deutlichsten in der didaktischen Literatur zum Ausdruck, in den Hoflehren und Fürstenspiegeln, die zumeist von Geistlichen verfaßt worden sind. Wichtige Hinweise findet man auch in der höfischen Dichtung. Viel schlechter bezeugt sind die

1 *ir sult wizzen sicherlîchen / daz beidiu zuht und hüfscheit / koment von der gewonheit* (Thomasin von Zerklaere, *Der welsche Gast,* hg. v. Heinrich Rückert, Quedlinburg und Leipzig 1852, V. 656-58).

tatsächlichen Erziehungsverhältnisse, weil die historischen Quellen nur selten Einblicke in das Privatleben der Adelsgesellschaft gestatten. Offenbar ist die Praxis vielfach hinter der Theorie zurückgeblieben; aber in den beiden wichtigsten Punkten stimmen die Belege überein: in der Bindung der höfischen Erziehung an den Hof und in der Unterscheidung zwischen körperlicher Ertüchtigung und der Einübung von höfischer Haltung und Gesinnung.

Ritterliche Körperübung

Körperliche Ertüchtigung hieß für die jungen Adligen in erster Linie Einübung der ritterlichen Waffentechnik, vor allem der Beherrschung des Pferdes beim Anritt mit der Stoßlanze und der richtigen Haltung des Reiters beim Zusammenprall in der Tjoste. Beim ritterlichen Zweikampf kam es mehr auf Geschicklichkeit und Kunstfertigkeit als auf bloße Kraft an. Von Iwein und Gawein heißt es bei Hartmann von Aue: »Sie hatten es von Kindheit an geübt, das wurde hier deutlich. Und ich versichere euch: die Übung lehrt selbst einen Ängstlichen, daß er es sich zutraut und daß er besser kämpft als ein kühner Held, der es vorher nicht geübt hat. Sie bewiesen Geschicklichkeit und Kraft. Sie konnnten die hohe Schule der Ritterschaft zeigen«.[2] – Das körperliche Training bei der ritterlichen Waffenübung förderte eine Haltung und Gesinnung, die als Ausdruck adligen Selbstbewußtseins und eines sozialen Überlegenheitsanspruchs verstanden werden kann. Auf vielen Fürsten- und Adelssiegeln dieser Zeit ist der Siegelnde, der auf der Randumschrift namentlich genannt wird, in Gestalt und mit den Attributen eines gewappneten Ritters zu Pferde abgebildet:

---

2 *ez was ir unmuoze / von kinde gewesen ie: / daz erzeicten sî wol hie. / ouch sî iu daz vür wâr geseit: / ez lêret diu gewonheit / einen zagehaften man / daz er getar unde kan / baz vehten danne ein küener degen / der es ê niht hât gepflegen. / dô was hie kunst unde kraft: / sî mohten von rîterschaft / schuole gehabet hân* (Hartmann von Aue, *Iwein*, hg. v. Georg F. Benecke und Karl Lachmann, neu bearb. v. Ludwig Wolff, Berlin ^{7}1968, Bd.1, V. 6994-7005).

diese Reitersiegel zeigen, wie adlige Gesinnung sich in körperlicher Haltung ausdrückte.

Höfische Umgangsformen

Noch deutlicher ist der Zusammenhang zwischen körperlicher Bewegungskontrolle und Gesellschaftsmoral in dem Teil der adligen Erziehung, der auf die Einübung einer spezifisch höfischen Haltung ausgerichtet war. Von den jungen adligen Männern wurde erwartet, daß sie eine gewisse Redegewandtheit erwarben, Hygienevorschriften beachteten, die Beizjagd mit abgerichteten Vögeln erlernten, Schach spielen konnten und manches andere. Historische und literarische Quellen bezeugen, daß die beste Schule dafür der Dienst am Hof war. Von Herzog Welf V. († 1120) wird berichtet, daß sein Hof in so hohem Ansehen stand, daß die Vornehmsten im Land »ihm ihre Söhne zur Lehre und Erziehung anvertrauten«.[3] Wie der Dienst am Hof im einzelnen aussah, ist aus den Quellen nur undeutlich zu erkennen. Sicher ist, daß der Tischdienst an der herrschaftlichen Tafel dabei eine wichtige Rolle spielte; außerdem mußten die Knappen dem Herrn und der Herrin zu persönlichen Diensten zur Verfügung stehen. In den literarischen Texten wird betont, daß die jungen Männer besonders zum richtigen Benehmen gegenüber den Damen angehalten wurden.

Der Gedanke, daß den adligen Mitgliedern der Hofgesellschaft feines Benehmen wohl anstand, hatte eine lange Vorgeschichte, deren Aufhellung vor allem C. Stephen Jaeger zu verdanken ist, der gezeigt hat, daß bereits im 10. und 11. Jahrhundert, besonders in den Kreisen der deutschen Hofkapelle und der Bischofskirchen, Vorstellungen und Begriffe, die zum großen Teil aus der römischen Moralphilosophie und Gesellschaftslehre stammten, zu einem Programm der feinen Hof-

3 [...] *filios suos eius magisterio educandos certatim commendaverunt* (*Historia Welforum*, hg. und übers. v. Erich König, Stuttgart und Berlin 1938, S. 22).

sitte (*elegantia morum, urbanitas, elegantia probitatis, venustas morum* etc.) ausgearbeitet wurden, das in der Folgezeit eine große Ausstrahlungskraft auch auf die adlige Laiengesellschaft entfaltete.[4] Es kann heute als gesichert gelten, daß wesentliche Aspekte der höfischen Erziehungslehre von gebildeten Geistlichen formuliert worden sind. Die geistlichen Fürstenhöfe waren bereits Mittelpunkte der höfischen Kultur zu einer Zeit, als die weltlichen Höfe in Deutschland gerade erst begannen, sich gesellschaftlich neu zu orientieren.

Hugo von St. Victor: »De institutione novitiorum«

In diesem Zusammenhang ist ein lateinischer Text von Hugo von St. Victor († 1141) von Interesse. Es ist eine kleine Schrift über die Erziehung der Klosterschüler *(De institutione novitiorum)*, die wahrscheinlich zwischen 1120 und 1130 verfaßt worden ist und die zu den am weitesten verbreiteten Werken Hugos von St. Victor gehört.[5] Die kulturgeschichtliche Bedeutung der Schrift liegt darin begründet, daß der Verfasser den Akzent nicht auf die geistliche Ausbildung gelegt hat, sondern auf den Zusammenhang zwischen der inneren Einstellung und dem äußeren Auftreten. Gegliedert ist das Werk nach dem Psalmwort: »Lehre mich Gutsein, Zucht und Wissen«.[6]

---

4 C. Stephen Jaeger, *The Origins of Courtliness. Civilizing Trends and the Formation of Courtly Ideals, 939-1210*, Philadelphia 1985, S. 17 ff.

5 Die Schrift von Hugo von St. Victor ist veröffentlicht in Mignes *Patrologia Latina*, Bd. 176, Paris 1879, Sp. 928-952. *De institutione novitiorum* ist in 172 Handschriften überliefert, vgl. Rudolf Goy, *Die Überlieferung der Werke Hugos von St. Victor. Ein Beitrag zur Kommunikationsgeschichte des Mittelalters*, Stuttgart 1976 (Monographien zur Geschichte des Mittelalters 14), S. 340 ff. Eine ausführliche Analyse der Schrift bei Jean-Claude Schmitt, *La raison des gestes dans l'occident médiéval*, Paris 1990 (Bibliotheque des histoires), S. 173 ff. Außerdem: C. Stephen Jaeger, *Humanism and Ethics at the School of St. Victor in the Early Twelfth Century* (im Druck). Ich danke Stephen Jaeger dafür, daß er mir das Manuskript seines noch nicht veröffentlichen Aufsatzes zugänglich gemacht hat.

6 *Bonitatem, et disciplinam, et scientiam doce me* (*Psalmus* 118,66).

In der Vorrede hat Hugo von St. Victor die pädagogische Reihenfolge dieser Begriffe im Sinne eines Weges zur Vollkommenheit erläutert: durch Wissen *(scientia)* gelangt man zur Zucht *(disciplina)*, durch Zucht zum Gutsein *(bonitas)*, durch Gutsein zur Seligkeit *(beatitudo)*, dem Ziel des religiösen Lebens. Tatsächlich behandelt werden nur die ersten beide Schritte: Wissen (Kap. 1-9) und Zucht (Kap. 10-21). Für unser Thema ist vor allem der zweite Teil wichtig, in dem es um *disciplina* geht. Hugo von St. Victor hat eine sehr interessante Definition dieses Begriffs gegeben: »*disciplina* ist der gute und würdige Lebenswandel; ihr ist es zu wenig, nichts Böses zu tun; vielmehr ist sie bemüht, in dem, was sie Gutes tut, in jeder Beziehung untadelig zu erscheinen. Ebenso ist *disciplina* die geordnete Bewegung aller Glieder und die geziemende Haltung in jeder Lage und bei jeder Handlung«.[7] Der Nachsatz verdeutlicht den Gesichtspunkt, auf den es dem Autor in erster Linie ankam: die Verbindung von innerer und äußerer Disziplin, von Disziplin des Geistes und Disziplin des Körpers: »Wie nämlich aus der Unbeständigkeit des Geistes die ungeordnete Bewegung des Körpers entsteht, so wird der Geist auch an die Beständigkeit gebunden, wenn der Körper durch Beherrschung *(disciplina)* in Zaum gehalten wird«.[8] »Die Vollkommenheit der Tugend ist gegeben, wenn die Glieder des Körpers durch die innere Kontrolle des Verstandes auf geordnete Weise gelenkt werden«.[9] Aus diesem Grundgedanken wird das ganze Erziehungsprogramm abgeleitet, das darauf abgestellt ist, die Korrespondenz von innerer und äußerer Disziplin in verschiedenen Bereichen sichtbar zu machen: »Es gibt vornehmlich vier Bereiche, in denen *disciplina* bewahrt werden muß, nämlich in der Kleidung, in

---

7 *Disciplina est conversatio bona et honesta, cui parum est mala non facere, sed studet etiam in iis quae bene agit per cuncta irreprehensibilis apparere. Item disciplina est membrorum omnium motus ordinatus, et dispositio decens in omni habitu et actione* (Sp. 935).

8 *Sicut enim de inconstantia mentis nascitur inordinata motio corporis, ita quoque dum corpus per disciplinam stringitur, animus ad constantiam solidatur* (ebda.).

9 *Integritas ergo virtutis est, quando per internam mentis custodiam ordinate reguntur membra corporis* (ebda.).

der Gestik, in der Sprechweise und am Tisch, das heißt beim Essen«.[10] Diese vier Bereiche werden nacheinander abgehandelt, wobei der Gestik und der Sprache mehr Platz eingeräumt ist als der Kleidung und den Tischsitten.

Die Erziehungslehre Hugos von St. Victor kann auch für das Verständnis der höfischen Kultur fruchtbar gemacht werden. Ebenso wie der Begriff *disciplina* in Hugos Definition zielt der mittelhochdeutsche Begriff *zuht* in Verbindung mit *höveschеit* auf die Korrespondenz von innerer und äußerer Haltung; und ebenso wie bei Hugo von St. Victor wird in den Hoflehren die Tugendhaftigkeit als eine vorbildliche Gesinnung dargestellt, die das äußere Benehmen reguliert und zugleich ihrerseits durch die Disziplinierung des Körpers eingeübt und gefördert wird. Darüber hinaus erweisen sich die vier Bereiche, in denen Hugo von St. Victor die Wirksamkeit der *disciplina* verfolgt, zugleich als die Hauptbereiche, in denen auch höfische Gesinnung verwirklicht werden sollte. In der adligen Laiengesellschaft, die in Deutschland noch weitgehend schriftlos lebte, obwohl sie mit der Schriftkultur der Kirche und der Literazität der Hofgeistlichen in Berührung kam, muß die Vorstellung, daß körperliche Bewegungen kulturelle Zeichen sind und daß die Verfeinerung der Kultur sich in der Disziplinierung des Körpers bezeugt und durch diese bewirkt wird, durchaus lebendig gewesen sein.

Höfische Sprache

Das Kapitel über die Disziplinierung der Sprache beginnt bei Hugo von St. Victor mit den Worten: »Beim Sprechen sind fünf Dinge zu beachten, nämlich was gesprochen wird, mit wem gesprochen wird, wo gesprochen wird, wann gesprochen wird und wie gesprochen wird«.[11] Manchen Einzelheiten sind

---

10 *Quatuor sunt praecipue in quibus servanda est disciplina, in habitu, in gestu, in locutione, in mensa, id est comestione* (ebda.).

11 *In locutione quinque res sunt observandae, hoc est quid dicatur, cui dicatur, ubi dicatur, quando dicatur, quomodo dicatur* (Sp. 943).

speziell auf die Situation im Kloster bezogen, besonders das Kapitel »Wo gesprochen werden soll«; aber der Entwurf einer Sprachlehre unter dem Gesichtspunkt der Sprechkontrolle ist auch für die höfische Erziehung von Bedeutung. Thomasin von Zerklaere, der zwischen 1210 und 1220 die erste umfassende Hoflehre in deutscher Sprache verfaßt hat, hat seinen Ausführungen über höfisches Sprechverhalten dieselbe Einteilung zugrunde gelegt: »Ich will euch sagen: wenn ein Mann nicht vernünftig unterscheiden kann, über wen, was, wie und wann er sprechen soll, so wird er Schaden nehmen«.[12] Wahrscheinlich hat Thomasin die Schrift Hugos von St. Victor direkt als Vorlage benutzt.[13] Der Gedanke, daß höfisches Wesen sich im Sprechverhalten manifestiert, stammt aus einer Tradition, die in der Begriffsgeschichte von *urbanitas* und *curialitas* greifbar ist. In den frühen provenzalischen Definitionen von *cortes* und *cortezia* wird vor allem gepflegtes und maßvolles Sprechen gefordert: »*Cortezia* kann derjenige für sich in Anspruch nehmen, der Maß zu halten weiß [...]. Maßhalten besteht im vornehmen Sprechen«.[14] Auch in Deutschland wurden die jungen Adligen unterwiesen, »höfisch zu sprechen«.[15] Bereits im 12. Jahrhundert heißt es bei Wernher von Elmendorf: »Gib acht, was man dich lehrt: gepflegte Worte und Gebärden; darum sollst du dich bemühen«.[16] Gepflegte Rede zeigt sich nach

12 *ich wil iu sagen, swelich man/mit sinne niht erahten kan/von wem, ze wem, waz, wie und wenne/er rede, ez schadet im etwenne* ([Anm. 1], V. 553-556).

13 In den Untersuchungen zu den Quellen von Thomasins *Wälschem Gast* ist die Erziehungsschrift Hugos von St. Victor bisher nicht berücksichtigt worden. Im Abschnitt über die Sprecherziehung bei Thomasin (V. 537 ff.) finden sich verschiedene wörtliche Anklänge.

14 *De Cortesia is pot vanar/Qui ben sap Mesur' esgardar/*[...] *Mesura es de gen parlar* (Marcabru, hg. v. J. M. L. Déjeanne, Toulouse 1909, Nr. 15, V. 3, 1-2; 4,1).

15 *[...] mit zühten sprechen* (Wirnt von Grafenberg: *Wigalois*, hg. v. J. M. N. Kapteyn, Bonn 1926, V. 1240).

16 *Noch merke, waz man dich lere:/kushe wort vnd schone gebere,/dar an saltu dich vlizen* (Wernher von Elmendorf, hg. v. Joachim Bumke unter Mitarbeit von Udo Gerdes, Joachim Heinzle und Gerhard Spellerberg, Tübingen 1974, V. 855-857).

Wernher von Elmendorf darin, daß man »seine Worte schön beschneidet«.[17]

Auf die Frage, »was gesprochen werden soll«, antwortet Hugo von St. Victor mit einer Warnung vor Weitschweifigkeiten jeder Art. »Weitschweifig ist alles, was schädlich oder ungehörig oder überflüssig ist«.[18] Was schädlich, ungehörig oder überflüssig ist, wird einerseits »nach der Beschaffenheit der Dinge, von denen gesprochen wird«, definiert, andererseits »nach der Beschaffenheit der Personen, von denen oder zu denen oder über die gesprochen wird«.[19] Für die »Beschaffenheit der Personen « gilt, daß man seine Rede nach Alter, Bildungsstand, Amt und Stellung der Gesprächspartner regulieren soll. Das gilt auch für die Erziehung am Hof. Daß man auch das Geschlecht der Gesprächspartner berücksichtigen sollte, wird von Hugo von St. Victor nicht erwähnt: wie man zu Frauen spricht, war kein Thema der Klostererziehung. Um so größer ist die Bedeutung dieses Punktes in der Hoflehre. Viele höfische Sprachregeln beziehen sich speziell auf das Gespräch mit adligen Damen. Das Buch über die Liebe von Andreas Capellanus *(De amore)* besteht zum großen Teil aus Musterdialogen zwischen Männern und Frauen verschiedenen Standes. Auch von den höfischen Dichtern wurde das Gespräch zwischen Rittern und Damen als ein Höhepunkt höfischer Redekunst inszeniert. Dabei erweist sich oft die Frau als die witzig-überlegene Rednerin. – Was andererseits die »Beschaffenheit der Dinge« betrifft, über die gesprochen werden soll, so lautet die wichtigste Regel der höfischen Sprachlehre, beim Reden alles zu vermeiden, was sich am Hof nicht ziemt: »In den Ohren vornehmer Zuhörer klingt ein schickliches Wort angenehmer als eines, das man aus der Apotheker-Büchse nimmt. Solange ich es verhindern kann, will ich mich davor hüten, jemals ein Wort zu gebrauchen, das euren Ohren mißfällt und euren Ge-

17 *[...] sine wort schone besnidet* (V. 862).

18 *Otiosa autem sunt omnia, quae sunt aut nociva, aut inhonesta, aut inutilia* (Sp. 944).

19 *[...] secundum qualitatem rerum de quibus locutio sit, et secundum qualitatem personarum per quas, vel ad quas, vel de quibus locutio fit* (ebda.).

schmack verletzt. Lieber will ich von allem weniger berichten, als daß ich eine Geschichte unerfreulich und unangenehm mache durch eine Sprache, die den Regeln des Hofes nicht entspricht«.[20] Gottfried von Straßburg begründet mit diesen Worten, warum er auf die Heilkünste der irischen Königin nicht näher eingegangen ist. An anderer Stelle wird mit ähnlicher Begründung abgelehnt, über die Speisefolge beim Festmahl genauere Angaben zu machen. Auf diese Weise werden ganze Gegenstandsbereiche tabuisiert: alles Alltägliche, alles Niedrige wird verdrängt. Außerdem wird die Wortwahl einer strikten Reglementierung unterworfen: nur »anständige Wörter«[21] sind der Rede des Hofes gemäß.

Bei der Frage, »mit wem man sprechen soll«[22], hat Hugo von St. Victor an gute und schlechte Menschen gedacht, an weise und weniger weise. Im höfischen Bereich wird vor allem davor gewarnt, sich den »Kläffern« anzuvertrauen.[23] Größere Bedeutung hat die Frage, »wann geschwiegen und wann gesprochen werden soll«.[24] Auch die Lehrer der höfischen Redekul-

---

20 *in edelen ôren lûtet baz/ein wort, daz schône gezimt,/dan daz man ûz der bühsen nimt./als verre als ichs bedenken kan,/sô sol ich mich bewarn dar an,/daz ich iu iemer wort gesage,/daz iuwern ôren missehage/und iuwerm herzen widerstê./ich spriche ouch deste minner ê/von iegelîcher sache,/ê ich iu daz maere mache/unlîdic unde unsenfte bî/mit rede, diu niht des hoves sî* (Gottfried von Straßburg, *Tristan*, hg. v. Karl Marold, besorgt von Werner Schröder, Berlin [3]1969, V. 7946-7958).

21 *[...] kushe wort* (Wernher von Elmendorf [Anm. 16], V. 856).

22 *Cui loquendum* (Sp. 944).

23 *dehein man sol dem klaffaere/sagen tougenlîchiu maere* (Thomasin von Zerklaere [Anm. 1], V. 559-560).

24 *Quando tacendum et quando loquendum* (Sp. 946). Hugo von St. Victor hat dabei nicht nur an die religiöse Andacht im Kloster gedacht, sondern er hat das Schweigen als wichtiges Element der Gesprächsführung interpretiert: »Zeit zu schweigen ist, wenn ein anderer zuerst zu sprechen beginnt, damit wir seine Rede nicht durch das Aussprechen unserer Worte unterbrechen und dadurch den, der spricht, und die, die ihm zuhören, gleichermaßen verletzen. Zeit zu schweigen ist auch, wenn wir feststellen, daß der Sinn der Zuhörer noch nicht bereit ist für das, was wir sagen wollen. Zeit zu schweigen ist auch, um Vielrederei zu meiden und wenn wir selber, die wir sprechen wollen, noch nicht die angemessene Form der Rede gefunden haben; denn der Sinn der Zuhörer wird mehr verletzt, wenn die Rede,

tur kannten die erzieherische Bedeutung des Schweigens.[25] Die Mahnung, nicht zu viel zu sprechen, und der Hinweis, daß in manchen Situationen Schweigen angemessener sei als Reden, findet sich in vielen Hoflehren: »Wenn ein junger Mann wohlerzogen zu reden weiß und zu schweigen, wo es ihm zukommt, so steht es gut mit ihm«.[26] In verschärfter Form findet sich das Schweigegebot in Lehren, die sich an Frauen wenden: »Eine junge Dame soll selten etwas sagen, wenn man sie nicht fragt. Und auch eine erwachsene Dame soll nicht viel sprechen, wenn sie meinen Worten vertraut; besonders beim Essen soll sie nicht reden«.[27]

Die größte Aufmerksamkeit gebührt der Frage, »wie ge-

---

die sie erbauen soll, verworren und ungeordnet geäußert wird. Zeit zu schweigen ist, wenn die Anwesenden nicht so geartet sind, daß wir das Wort an sie richten sollen« (*Aliquando tacere debemus propterea quod alter prior loqui coepit, ne forte si sermonem ejus verborum nostrorum prolatione interrumpimus, et eum qui loquitur, et eos qui audiunt pariter offendamus. Aliquando tacendum est propterea, quia ad id quod dicere volumus, animos auditorum paratos adhuc non esse consideramus. Aliquando tacendum est propter multiloquium vitandum, vel etiam propterea quod ipsi qui locuturi sumus, nondum apud nosmetipsos congruam loquendi formam invenimus, quia profecto animus auditorum magis offenditur, si sermo qui aedificare debet, confusus et inordinatus proferatur. Aliquando tacendum est propterea quod ii, qui praesentes habentur, nequaquam tales sunt, ad quos verbum debeamus facere* [Sp. 946 f.]). Vgl. Carla Casagrande, *La regola del parlare e del tacere: la ›disciplina in locutione‹ di Ugo di San Vittore*, in: Quaderni della fondazione G. G. Feltrinelli 23 (1983), S. 127-147.

25 Vgl. Volker Roloff, *Reden und Schweigen. Zur Tradition eines mittelalterlichen Themas in der französischen Literatur*, München 1973 (Münchener romanistische Arbeiten 34); Uwe Ruberg, *Beredtes Schweigen in lehrhafter und erzählender deutscher Literatur des Mittelalters*, München 1978 (Münstersche Mittelalter-Schriften 32); Silvia Nagel und Silvana Vecchio, *Il bambino, la parola, il silenzio nella cultura medievale*, in: Quaderni storici 37 (1984), S. 719-763; Katharina Wallmann, *Minnebedingtes Schweigen in Minnesang, Lied und Minnerede des 12. bis 16. Jahrhunderts*, Frankfurt/Main, Bern, New York, Nancy 1985 (Mikrokosmos 13).

26 *swenne der junge man / mit zuhten wol gesprechen kan / unde swîgen dâ er sol, / sô stât sîn dinc wol!* (*Kaiserchronik*, hg. v. Edward Schröder, Hannover 1895, V. 1648-1651).

27 *ein juncvrouwe sol selten iht / sprechen, ob mans vrâget niht. / ein vrowe sol ouch niht sprechen vil, / ob si mir gelouben wil, / und benamen swenn si izzet, / sô sol sie sprechen niht* (Thomasin von Zerklaere [Anm. 1], V. 465-70).

sprochen werden soll«.[28] Nach Hugo von St. Victor beruht die »Beschaffenheit« *(qualitas)* bzw. die »Wirksamkeit« *(motus)* der Rede auf dreierlei, »nämlich mit welcher Gebärde, in welchem Ton und mit welcher Bedeutung etwas gesagt werden soll«.[29] Der Autor erläutert diese Aussage folgendermaßen: »Die *disciplina* fordert, daß dem Sprecher eine maßvolle und demütige Gebärde, ein gedämpfter und lieblicher Ton und eine wahrhafte und angenehme Bedeutung eigne. Die Gebärde des Sprechenden soll maßvoll sein, damit er beim Sprechen nicht seine Glieder in ungeordneter, schamloser oder unruhiger Weise bewegt und nicht durch Blinzeln mit den Augen oder durch ungehörige Züge oder Veränderungen des Gesichts das Wohlgefallen seiner Rede vermindert. Die Gebärde des Sprechenden soll demütig sein, damit seine Rede bei den Zuhörern Wohlwollen findet. Der Klang seiner Rede soll gedämpft sein, damit er seine Zuhörer nicht durch Lärm und übertriebene Lautstärke zu Unrecht schreckt oder zu Recht beleidigt. Die Rede soll lieblich sein, damit sie nicht durch die Schroffheit der Aussprache dem Sinn der Zuhörer um so beschwerlicher und unerfreulicher sei, je härter sie in die Ohren dringt. Die Bedeutung, daß heißt der Sinn der Rede, soll wahr sein, weil ein falsches Wort, auch wenn es redegewandt und wohlgesetzt gesprochen wird, nichts desto weniger vom Hörer, wenn es wahr

---

28 *Quomodo loqendum sit* (Sp. 948).

29 *[…] quo gestu, quo sono, qua significatione quid dicatur* (ebda.). – In der Mitte des 13. Jahrhunderts hat Albertanus von Brescia in seiner Schrift *De doctrina loquendi et tacendi* (gedruckt bei Thor Sundby, *Brunetto Latinos. Levnet og Skrifter*, Kopenhagen 1869, Tillaeg, S. LXXXV-CXIV) fünf Punkte genannt, die bei der Frage »Wie gesprochen werden soll« (*Quomodo loquendum sit* [S. CXII]) zu beachten seien: »Darbietung« *(pronuntiatio)*, »Schnelligkeit« *(velocitas)*, »Langsamkeit« *(tarditas)*, »Länge« *(quantitas)* und »Beschaffenheit« *(qualitas)*. Besonders interessant sind die Ausführungen über die Darbietung: »*pronuntiatio* ist die den Gegenständen und dem Sinn angemessene Würde der Worte und die Beherrschung des Körpers« (*Pronuntiatio est verborum dignitas, rebus et sensibus accomodata, et corporis moderatio* [S. CXII]). Das wird vom Autor genauer begründet. Die Schrift von Albertanus von Brescia könnte auch für das Verständnis der höfischen Sprechkultur nutzbar gemacht werden.

wird, für schädlich und überflüssig gehalten wird. Aber es ist nötig, daß die Rede des Sprechenden zusammen mit der Wahrheit auch Lieblichkeit besitzt, weil die Wahrheit dem Hörer häufig bitter gemacht wird, wenn sie ohne Rücksicht oder ohne Liebe, das heißt schroff oder unbesonnen, ihm gegenüber ausgesprochen wird«.[30] Diese Passage könnte aus einer höfischen Sprachlehre stammen. Auch für die höfische Rede gilt, daß die Gebärden des Sprechers von höfischer *zuht* bestimmt werden (»wenn die Edelknappen vor ihren Herrn treten oder vor ihrem Herrn stehen, sollen sie nicht flüstern, lachen oder herumblicken«[31]); daß Lautstärke und Tonfall der Rede kontrolliert werden (»eine junge Dame soll freundlich und nicht laut sprechen«[32]); daß die Rede wahrhaftig sei und von Zuneigung getragen werde (»wer tugendhaft gesinnt ist, der soll nur Gutes sagen; und das Gute soll er auf gütliche Weise sagen, wenn er wohlgesittet sprechen will«[33]). Die Forderung der Wahrhaftigkeit ist eine besonders wichtige Kategorie der höfischen Sprachlehre. Sie äußert sich häufig in der Warnung vor Selbstlob, Lüge und Spott: »Selbstlob, Lüge, Spott: wer diese drei besitzt, ist nicht wirklich frei [...] Es ist ein Gebot der Er-

30 *Disciplina jubet ut loquentis sit gestus modestus et humilis, sonus demissus et suavis, significatio verax et dulcis. Modestiam debet habere gestus loquentis, ut nec inordinate, nec impudice, nec turbulenter inter loquendum membra moveat, neque oculorum nutibus, aut indecenti conformatione sive transmutatione vultus, placorem sui sermonis imminuat. Humilis debet esse gestus loquentis, ut apud auditores gratiam sermo ejus inveniat. Sonus loquentis esse debet demissus, ne strepitu, et immoderata clamositate auditores suos aut injuste terreat aut juste offendat. Suavis debet esse, ne prolationis asperitate tanto fiat animis audientium onerosior, quanto ad aures durior venit, et injucundior. Significatio, id est sententia sermonis, ideo debet esse vera, quia fallax verbum etiam si facunde aut composite dicitur, nihilominus tamen ab auditore aut noxium aut otiosum (si fuerit intellectum) reputatur. Sed et cum veritate necesse est, ut sermo loquentis dulcedinem habeat, quia saepe etiam veritas auditori amara efficitur, si aut sine ratione, aut sine dilectione, hoc est, vel importune, vel impie contra eum proferatur* (Sp. 948).

31 *swenn diu kint vür ir herren gênt / ode vor ir herren stênt, / rûnen, lachen, umbe sehen / sol von in dâ niht geschehen* (Thomasin von Zerklaere [Anm. 1], V. 577-580).

32 *Ein juncvrouwe sol senfticlîch / und niht lût sprechen sicherlîch* (ebda., V. 405-406).

33 *swer hât tugenthaften muot, / der sol niht sprechen niwan guot. / daz guot man güetlîchen sol / sprechen, swer wil sprechen wol* (ebda., V. 561-564).

ziehung, daß niemand über einen anderen spotte und daß weder Frau noch Mann einen anderen anlügen«.[34]

In welchem Umfang diese Sprechkultur in der höfischen Gesellschaft verwirklicht wurde, läßt sich schwer abschätzen. Sicher ist jedoch, daß die Forderungen und Vorschriften der geistlich Gebildeten beim Laienadel auf die Bereitschaft trafen, die eigene Sprechweise dem höfischen Protokoll zu unterwerfen. Die adlige Hofgesellschaft fand ihr Selbstverständnis in der Abgrenzung gegenüber allem, was nicht zum Hof gehörte und was nicht den Normen entsprach, nach denen das Leben am Hof organisiert war. Alles, was nicht »höfisch« war, wurde als »bäurisch« *(dörperlich)* ausgegrenzt und dem Spott und der Verachtung preisgegeben. Die Hofgesellschaft wollte sich sichtbar und hörbar von den »Dörpern« unterscheiden, im Benehmen, in der Kleidung und auch in der Sprache. Höfische Sprache ist durch soziale und kulturelle Ausgrenzung geprägt, durch die Ablehnung einer »Sprache, die den Regeln des Hofes nicht entspricht«.[35] Selektion ist daher das wichtigste Kennzeichen der höfischen Sprache, das sich am deutlichsten im Wortschatz nachweisen läßt. Wer höfisch reden will, »soll ›keusche‹ Wörter benutzen, denn das ist die Krönung der Erziehung«.[36] Die höfische Literatur bietet ein reiches Anschauungsmaterial für die höfische Sprachkultur; und es ist sehr wahrscheinlich, daß die literarischen Darstellungen von Redesituationen in vielen Fällen einen Appellcharakter für das höfische Publikum besaßen.[37]– Der Wortschatz der höfischen

34 *Ruom, lüge, spot, swer die drî/hât, der mac niht heizen vrî/[...] daz ist der zühte gebot/daz niemen habe des andern spot,/und daz weder wîp noch man/niht enliege den andern an* (ebda., V. 217-218, 221-224).

35 *[...] rede, diu niht des hoves sî* (Gottfried von Straßburg [Anm. 20], V. 7958).

36 *si sulen haben kiuschiu wort,/wan daz ist der zühte hort* (Thomasin von Zerklaere [Anm. 1], V. 389-390).

37 Als die deutschen Fürsten im Jahr 1211 Gründe für die Absetzung Kaiser Ottos IV. suchten, machten sie u.a. seine »rohen Sitten« *(inconcinnos mores)* namhaft, die sich besonders in seiner mangelnden Sprachkultur zeigten, da er »Äbte als Mönche und ehrwürdige Frauen als Weiber bezeichnete« (*abbates monachos, reverendas matrones mulieres appellans* [*Chronica S. Petri Erfordensis moderna*, hg. v. Oswald Holder-Egger, Hannover 1899 (MGH SSrG 42), S. 209]).

Dichtung ist negativ durch die Vermeidung unhöfischer Wörter charakterisiert, positiv vor allem durch die Verwendung zahlreicher französischer Wörter und französischer Bedeutungsnuancen. Das meiste davon war literarischer Import; es gibt jedoch sichere Anhaltspunkte dafür, daß der deutsche Hofadel im 12./13. Jahrhundert nicht nur in seinem Gesellschaftsstil, sondern auch in seinem Sprechverhalten nach Frankreich orientiert war.[38]

Ein weiteres Kennzeichen der Hofsprache ist die Ritualisierung des Sprechkontakts. Der Umgang am Hof wurde von einem sprachlichen Zeremoniell reguliert, dessen kulturelle Leistung sich am deutlichsten in den ritualisierten Formen der Höflichkeit zeigt. Dazu gehörten die differenzierten Anredeformen, die sprachlichen Mittel der Begrüßung und eine Fülle sprachlicher Umgangsformen, besonders für das verbale Verhalten gegenüber den Damen. Während der höfische Wortschatz bereits gut erforscht ist, muß das Sprachritual am Hof noch genauer beschrieben werden.

Höfische Gestik

Ein Geste ist nach der Definition von Hugo von St. Victor eine »Bewegung« *(motus)* und eine »Ausdrucksform« *(figuratio)* des Körpers im Hinblick auf die gesamte Befindlichkeit des Menschen.[39] Der Gedanke, daß die äußere Bewegung der Glieder

38 Nach dem Zeugnis von Thomasin von Zerklaere galt es an den deutschen Höfen als vornehm, »wenn einer sein Deutsch mit Französisch *strîfelt*, wie es sich gehört. Denn dabei lernt ein Deutscher, der nicht Französisch kann, viele feine Wörter« (*[...] swer strîfelt sîne tiusche wol/mit der welhsche sam er sol;/wan dâ lernt ein tiusche man,/der niht welhische kan,/der spaehen worte harte vil* [Anm. 1], V. 41-45). Tannhäusers Lied Nr. 3, in dem französische Fremdwörter in parodistischer Absicht gehäuft sind, hätte seine Wirkung auf das höfische Publikum verfehlt, wenn es nicht als höfisch gegolten hätte, die Rede mit französischen Wörtern zu schmücken.

39 *Gestus est motus et figuratio membrorum corporis, ad omnem agendi et habendi modum* (Sp. 938). Eine Würdigung dieser Definition bei Jean-Claude Schmitt [vgl. Anm. 5], S. 177 ff.

und die innere Bewegung des Geistes sich gegenseitig bestimmen, ist grundlegend für Hugos Auffassung der Gestik. Einerseits »entsteht die ungeordnete Bewegung des Körpers aus der Unbeständigkeit des Geistes«; andererseits »wird der Geist an die Beständigkeit gebunden, wenn der Körper durch Beherrschung *(disciplina)* im Zaum gehalten wird«.[40] Ziel der Erziehung ist die Harmonie von Innen und Außen. Um dies Ziel zu erreichen, müssen die körperlichen Bewegungen der »Wachsamkeit der Beherrschung« *(custodia disciplinae)* unterworfen werden. Hugo von St. Victor nennt dafür zwei Hauptregeln: ein jedes Glied soll erstens nur die Funktion ausüben, für die es geschaffen worden ist (damit »nicht etwa die Hand spricht, der Mund hört und das Auge das Amt der Zunge übernimmt«[41]); und zweitens soll jedes Glied »sein Werk anständig und sittsam erfüllen, damit es nicht durch Zügellosigkeit die Augen der Betrachter verletzt«.[42] Dem ersten Punkt liegt die Auffassung zugrunde, daß »der menschliche Körper gewissermaßen wie ein Staat ist, in dem die Ämter auf die verschiedenen Glieder verteilt sind«.[43] Deswegen sollen die Bewegungen der einzelnen Glieder »nicht auf ungeordnete Weise vermischt werden«.[44] Das zweite Gebot der Anständigkeit wird von Hugo von St. Victor durch abschreckende Beispiele erläutert. Lächerlich und verabscheuenswürdig ist der Mensch, der die Augen rollt, das Gesicht verzieht, den Mund aufsperrt, sich die Haare rauft, beim Reden mit den Fingern zeigt, mit den Armen rudert, seine Kleidung auffällig drapiert, beim Sitzen die Beine ausstreckt usw. Der Erziehungslehre des gestischen Verhaltens geht es um die Beherrschung aller körperlichen Bewegungen.

---

40 *Sicut enim de inconstantia mentis nascitur inordinata motio corporis, ita quoque dum corpus per disciplinam stringitur, animus ad constantiam solidatur* (Sp. 935).

41 *[...] ut neque loquatur manus, neque os audiat, nec oculus linguae officium assumat* (Sp. 941).

42 *[...] suum opus tam decenter ac modeste impleat, quatenus per indisciplinam aspicientium oculos non offendat* (ebda.)

43 *Est enim quasi quaedam respublica corpus humanum, in quo singulis membris sua officia distributa sunt* (Sp. 943).

44 *[...] inordinate permisceantur* (ebda.)

Jede Bewegung soll angemessen und anständig sein. Dabei ist besonders auf die Kontrolle des Gesichts zu achten. »Das Gesicht ist nämlich ein Spiegel der *disciplina*, ein Spiegel, der um so mehr kontrolliert werden muß, je weniger man verbergen kann, wenn in ihm ein Fehler ist«.[45] Deswegen soll »das Gesicht beherrscht sein und in seinem Ausdruck wie leblos, so daß es nicht auf unziemliche Weise aufgewühlt wird und nicht durch Weichlichkeit entstellt wird, sondern stets eine strenge Lieblichkeit und eine liebliche Strenge aufweist«.[46]

Diese Theorie der Gestik[47] und besonders der Gedanke, daß sich in den Bewegungen des Körpers die Gesinnung des Menschen ausdrückt und daß durch Körperkontrolle der innere Sinn beherrscht werden kann, ist auch für die höfische Gebärdensprache grundlegend. Der Maßstab der Angemessenheit und des Anstands gilt am Hof ebenso wie im Kloster. Am Hof war der körperliche Bewegungsspielraum des einzelnen in charakteristischer Weise durch das höfische Protokoll eingeschränkt, das die adligen Mitglieder der Hofgesellschaft einem kollektiven Bewegungszeremoniell unterwarf, auf dessen Einübung die höfische Körpererziehung zum guten Teil ausgerichtet war. Dieses Zeremoniell trat besonders bei festlichen Anlässen in Erscheinung, wenn die Gesellschaft sich in feierlicher Form um den Herrn und die Herrin des Hofes gruppierte. In der *Halberstädter Bischofschronik* wird ausführlich beschrieben, wie »scharfsinnig und klug« der Reichskanzler Konrad von Querfurt am Weihnachtstag des Jahres 1201 den großen Festzug organisierte, mit dem König Philipp von Schwaben seinen Anspruch auf das Königtum in Magdeburg

45 *Est enim facies, disciplinae speculum, cui tanto major custodia adhibenda est, quanto minus si quid in ea peccatum fuerit, celari potest* (Sp. 942).

46 *Temperanda est igitur facies et mortificanda in gestu suo, ita ut nec proterve exasperetur, nec molliter dissolvatur, sed semper habeat et rigidam dulcedinem, et dulcem rigorem* (ebda.).

47 Übergangen werden hier die Ausführungen Hugos von St. Victor zur Systematik der negativen Gesten, die er mit einer Systematik der Laster in Zusammenhang gebracht hat; vgl. dazu J.-C. Schmitt [vgl. Anm. 5], S. 179ff.

demonstrierte: umgeben von den Großen des Reiches und geleitet von den Würdenträgern der Kirche zogen der König und die Königin im Schmuck ihrer Herrschaftszeichen durch die Stadt.[48] Hartmann von Aue erzählt, daß zur Hochzeit von Erec und Enite, die am Artushof gefeiert wurde, zehn Könige kamen, die sich auf dem Weg zum Hof zu einem festlichen Zug formierten: die fünf jungen Könige waren alle gleich gekleidet und trugen Falken auf der Hand, die alten Könige trugen Habichte.[49] Auch der Einzug in den Festsaal gab Gelegenheit zur Entfaltung eines reichen Zeremoniells, und die Sitzordnung beim Mahl unterlag einer strengen Ordnung. Deren Einhaltung überwachte der Truchseß, den bildliche Darstellungen mit dem Stab in der Hand zeigen. Daß er diesen Stab auch zur körperlichen Züchtigung benutzte, wenn gegen das Protokoll des Hofes verstoßen wurde, ist bezeugt. Auch bei den ritterlichen Übungen spielte die koordinierte Bewegung eine wichtige Rolle: ebenso wichtig wie die individuelle Beherrschung der neuen Waffentechnik war die Einübung des Formationsritts. Auf den Turnieren wurde das Reiten in geschlossenem Verband geprobt, und auch der festliche Buhurt war ein Formationsritt, der Körperkontrolle und Geschick erforderte. In der Beherrschung des kollektiven Zeremoniells dokumentierte sich die Zugehörigkeit zu einer Gesellschaft, die für sich in Anspruch nahm, in ihren kontrollierten Körperbewegungen eine Gesinnung zum Ausdruck zu bringen, die als spezifisch höfisch angesehen wurde.

In vielen Punkten knüpfte die höfische Gebärdensprache an alte Traditionen an. Der ganze Bereich des öffentlichen Lebens war gestisch vorgeprägt. Recht und Herrschaft stellten sich in bedeutungsvollen Bewegungen und symbolischen Gegenständen sichtbar dar; Religion wurde in traditionellen Ritualgebärden zum Ausdruck gebracht. Auch diejenigen Teile des Privat-

48 *Gesta Halberstadensis ecclesiae pontificum,* hg. v. Ludwig Weiland, in: MGH SSrG 23, Hannover 1874, S. 113 f.

49 Hartmann von Aue, *Erec*, hg. v. Albert Leitzmann, besorgt von Christoph Cormeau und Kurt Gärtner, Tübingen [6]1985, V. 1941 ff.

lebens, die von anderen wahrgenommen werden sollten, unterlagen überkommenen Ritualen; das gilt vor allem für die Klagegestik sowie für die symbolischen Zeichen, die die Hauptstationen des Lebenslaufs – Geburt, Hochzeit, Tod – begleiteten. Manche dieser traditionellen Formen wurden in der höfischen Zeit in charakteristischer Weise ausgestaltet; das Neue und Eigene der höfischen Gestik zeigt sich jedoch am deutlichsten in der Ritualisierung der gesellschaftlichen Umgangsformen. Das ganze Leben am Hof wurde einer Bewegungskontrolle unterworfen, die von denselben Prinzipien geleitet wurde, wie sie Hugo von St. Victor für die Klostererziehung formuliert hat: Angemessenheit und Anstand, *zuht* und *schoene site*, sollten die Umgangsformen am Hof bestimmen.

Dabei spielten geschlechtsspezifische Gesichtspunkte eine große Rolle. Höfische Vorbildlichkeit sollten Frauen in anderen Gesten bezeugen als Männer. Grundsätzlich wurden die körperlichen Bewegungen der Frauen stärkeren Beschränkungen unterworfen als die der Männer. In den Hoflehren des 12. und 13. Jahrhunderts wurden die adligen Frauen dazu angehalten, sich bei allen Bewegungen die größte Zurückhaltung aufzuerlegen. »Eine Dame soll beim Gehen niemals zu stark auftreten oder zu große Schritte machen«[50]; »eine Dame soll beim Reiten nicht ihre Hand aus dem Kleid herausstrecken; sie soll Augen und Kopf stillhalten«[51]; »eine Dame soll einen fremden Mann nicht direkt ansehen«[52]; »der Anstand verbietet es allen Damen, beim Sitzen ein Bein über das andere zu schlagen«[53]. Die höfische Erziehungslehre war nicht auf die Selbstverwirklichung der Frau angelegt, sondern wollte die Frauen auf eine überwiegend passive Rolle in der Gesellschaft festlegen: sie sollten eine Zierde der Hofgesellschaft sein und durch die Sittsamkeit ihres Auftretens als Repräsentantinnen höfischer Tugend-

---

50 *ein vrouwe sol ze deheiner zît/treten weder vast noch wît* (Thomasin von Zerklaere [Anm. 1], V. 417-418).

51 *ein vrouwe sol recken niht ir hant,/swenn si rît, vür ir gewant;/si sol ir ougen und ir houbet/stille haben* (ebda., V. 437-440).

52 *ein vrouwe sol niht vast an sehen/einn vrömeden man* (ebda., V. 400-401).

53 *zuht wert den vrouwen alln gemein/sitzen mit bein über bein* (ebda., V. 411-412).

haftigkeit erscheinen. Dieses höfisch-pädagogische Leitbild war sicherlich nicht ohne Einfluß auf die Wirklichkeit.

Kennzeichnend für die höfische Gebärdensprache ist die Unterwerfung aller körperlichen Bewegungen unter das Gesetz höfischer Angemessenheit und höfischen Anstands. Wie im Kloster spielten am Hof die Kontrolle des Gesichtsausdrucks, der Kopfhaltung und des Blickverhaltens eine wichtige Rolle. Vom höfisch erzogenen Adligen wurde aber nicht, wie vom Mönch, Ausdruckslosigkeit der Gesichtszüge gefordert, sondern Freundlichkeit und Entgegenkommen. Rahewin hat in den *Gesta Frederici* den Gesichtsausdruck Kaiser Friedrichs I. mit den Worten aus Einhards *Vita Karoli magni* beschrieben: »Seine Augen sind scharf und durchdringend, die Nase ist schön, der Bart rötlich, die Lippen sind schmal und nicht durch breite Mundwinkel erweitert, und das ganze Antlitz ist fröhlich und heiter«.[54] Für die Bewegungen von Armen und Beinen, Händen und Füßen gab es ein reiches Zeremoniell. Hartmann von Aue erzählt, daß der junge Erec in Tulmein keine Herberge fand, weil die Stadt von Gästen überfüllt war, und daß er schließlich ein »altes Gemäuer« betrat, das er unbewohnt glaubte, um dort zu nächtigen. In dem verfallenen Haus fand er jedoch einen alten Mann. Da legte er sofort sein Obergewand ab und »hielt seine Hände vor sich ausgestreckt, wie es sich für einen wohlerzogenen Mann gehörte, und ging auf den Alten zu«.[55] Der Königssohn Erec vollführte vor dem verarmten Alten eine Unterwerfungsgebärde: wie ein Unfreier, der seine Hände zur Fesselung darbietet, trat er vor den Wirt des Hauses. Die alte Rechtsgebärde ist zur Höflichkeitsform geworden, die die Ehrerbietung des Gastes vor dem Wirt zum Ausdruck bringt. In solchen Gesten bezeugten sich höfische Erziehung und höfische Gesinnung.

54 *Orbes oculorum acuti et perspicaces, nasus venustus, barba subrufa, labra subtilia nec dilatati oris angulis ampliata totaque facies leta et hylaris* (*Gesta Frederici*, hg. v. Franz-Josef Schmale, übers. v. Adolf Schmidt, Darmstadt 1965, Buch IV, Kap. 86, S. 708).

55 *sîn hende habete er vür sich, / einem wol gezogenen manne gelich, / und gienc dâ er den alten sach* (*Erec* [Anm. 49], V. 298-300).

Eine Darstellung der höfischen Gestik müßte nach den Anwendungsbereichen gegliedert werden, in denen die Gebärdensprache besonders reich ausgebildet war. Das gilt für das Ritual des ritterlichen Zweikampfs, für das Begrüßungszeremoniell und für die Körpersprache der höfischen Liebe. Überall kam es darauf an, durch Eleganz, Vornehmheit und Anstand in den körperlichen Bewegungen eine Haltung zu dokumentieren, die von dem Grundgedanken höfischer Mäßigung und Tugendhaftigkeit geprägt war.

Höfische Kleidung

In der höfischen Zeit war die Kleidung ein kulturelles Signal, das ganz verschieden bewertet wurde: wärend die an asketischen Idealen orientierten Geistlichen den Kleiderprunk an den Höfen als Teufelswerk verurteilten, konnten die höfischen Dichter, die den Reichtum der höfischen Gewandung bis in die Einzelheiten der Herstellungs- und Verarbeitungsverfahren hinein beschrieben haben, der Zustimmung ihres Publikums sicher sein, weil die adlige Hofgesellschaft in der Pracht ihrer Kleidung einen Ausweis ihrer gesellschaftlichen und kulturellen Sonderstellung sah. Der Franziskaner Salimbene von Parma berichtet zum Jahr 1240, daß ein päpstlicher Legat »alle Frauen verschreckte« mit der Verordnung, »daß die Frauen kurze Kleider tragen sollten, die nur bis zur Erde und eine Handbreit darüber gingen«: die Frauen bevorzugten damals Kleider mit Schleppen, die »anderthalb Armlängen auf dem Boden« lagen.[56] Der Legat ließ die neue Verordnung von den Kanzeln verkünden und drohte, den Frauen die Absolution zu verweigern, wenn sie dagegen verstießen. »Das war den Frauen bitterer als der Tod«, weil ihnen »die Schleppe wichtiger war

---

56 *[...] turbavit mulieres omnes cum quadam constitutione quam fecit; in qua continebatur quod mulieres haberent vestimenta curta usque ad terram et tantum plus, quanta est unius palme mensura. Trahebant enim prius caudas vestimentorum per terram longas per brachium et dimidium* (*Chronica*, hg. v. Guiseppe Scalia, Bari 1966, Bd. 1, S. 246).

als jedes andere Kleidungsstück«[57]. Trotz dieses Gegensatzes der Standpunkte konnten sich beide Seiten darüber verständigen, daß die Kleidung ein zentrales Thema war, wenn es um Anstand und Erziehung ging, weil die Kleidung ebenso wie der Ausdruck des Gesichts und die Bewegung der Glieder bei der Disziplinierung des Körpers eine Rolle spielte.

Hugo von St. Victor beginnt das Kapitel »Über die Disziplin, die in der Kleidung zu bewahren ist«[58] mit folgenden Worten: »In der Kleidung wird die Beherrschung *(disciplina)* in fünffacher Weise bewahrt: im Material *(genus)*, in der Beschaffenheit *(qualitas)*, in der Farbe *(color)*, im Zuschnitt *(formatio)* und in der Schicklichkeit *(coaptatio)* der Kleidung«.[59] Im Hinblick auf die Klostererziehung werden diese fünf Punkte hauptsächlich durch negative Bestimmungen erläutert: »Im Material soll unsere Kleidung nicht zu kostbar sein; in der Beschaffenheit soll sie nicht zu fein und nicht zu zart sein; in der Farbe nicht zu glänzend [...]. Im Zuschnitt soll die Kleidung sittsam sein«.[60] Mit dem fünften Punkt, der Schicklichkeit, zielte der Verfasser vor allem auf »die törichten Menschen, die anderen Törichten zu gefallen suchen und ihre Kleidung mit großer Künstlichkeit um sich ordnen«.[61] Diese fünf Punkte können auch dazu dienen, die Eigenheiten der höfischen Kleidung zu beschreiben; dabei müssen allerdings die inhaltlichen Aussagen jedesmal in das Gegenteil verkehrt werden:

– Als *Material* waren die kostbaren Stoffe besonders gefragt: die orientalischen Seiden, die man über Byzanz bezog oder auf den Messen in der Champagne kaufte, und die engli-

57 *[...] quod fuit mulieribus amarius omni morte. Nam quedam mulier familiariter dixit michi, quod plus erat ei kara illa cauda totum aliud vestimentum quo induebatur* (ebda.).

58 *De disciplina servanda in habitu* (Sp. 936).

59 *In habitu quinque modis disciplina custoditur, in genere et qualitate, in colore et formatione et coaptatione vestimentorum* (ebda.).

60 *In genere, scilicet ne sint vestimenta nostra nimis pretiosa. In qualitate, ne nimis sint subtilia vel mollia. In colore, ne nimis sint nitida [...] In formatione, ut sint decenter [...]* (ebda.).

61 *[...] nam sunt quidam stulti qui stultis placere cupientes, quodam artificio vestimenta sua circa se componunt* (ebda.).

schen und flandrischen Wollstoffe, die von Kaufleuten aus Köln und aus Flandern angeboten wurden, außerdem Pelze, Edelsteine, Perlen und anderes, was zum Schmuck der Kleider verwendet wurde.

– Bei der *Beschaffenheit* wurde besonders auf die Feinheit des Materials geachtet: gegenüber den groben einheimischen Wollstoffen bevorzugte man die fein gewebten ausländischen Tuche. Bei den Seiden waren die dünnen, feinen Stoffe ebenso geschätzt wie die schweren Brokatseiden mit eingewebten Mustern.

– Die *Farbe* war ein weithin sichtbares Zeichen der Zugehörigkeit zur Adelsgesellschaft. Während den Bauern nur schwarzgraues und graublaues Material zugestanden wurde (zum ersten Mal »gesetzlich« festgeschrieben im *Bayerischen Landfrieden* von 1244)[62], zeichnete sich die Adelskleidung durch ihre Farbigkeit aus, die manchmal zu pfauenhafter Buntheit gesteigert wurde. »Weiß, rot, gelb, grün, schwarz, grau, blau war ihre herrliche Erscheinung«.[63]

– Der *Zuschnitt* der höfischen Kleidung war durch das Vorbild der französischen Mode geprägt. Die adligen Damen und Herren wollten Kleider »im französischen Schnitt« tragen.[64] Kennzeichen des französischen Schnitts war die Körperbetonung, besonders beim Oberteil des Frauenkleides, das sich so eng an den Körper anpassen sollte, daß die Frauen regelrecht eingeschnürt werden mußten. Die dadurch erreichte Zurschaustellung der Körperformen wurde von den geistlichen Kritikern der höfischen Mode besonders scharf verurteilt.

– Über die *Schicklichkeit* der Kleidung hat sich Hugo von St. Victor am ausführlichsten geäußert. »Die einen breiten ihre

62 *Bayerischer Landfriede*, hg. v. Ludwig Weiland, in: MGH Const. 2, Hannover 1896, S. 577.

63 *wîz, rôt, gel, grüene, swarz, grâ, blâ / was ir wünneclicher schîn* (Konrad von Würzburg, *Partonopier und Meliur*, hg. v. Karl Bartsch, Wien 1871, V. 12448-12449).

64 *[...] in dem snite von Franze* (Gottfried von Straßburg [Anm. 20], V. 10905-10906).

Kleider aus, um sich noch prächtiger aufzuführen, und spannen sie noch weiter auseinander, soviel sie können. Andere ziehen ohne Grund die Falten in eins zusammen; andere umhüllen sich, indem sie die Kleidung herumschwingen und herumschlingen; andere schnüren und schlitzen sie, soviel sie können, und enthüllen alle Formen ihres Körpers, um sie mit schamlosester Unsittlichkeit den Blicken der Betrachter darzubieten. Andere offenbaren die Leichtfertigkeit ihres Geistes durch das Bewegen ihrer Kleidung, indem sie die Gewänder unruhig hin und her schwingen. Andere fegen beim Gehen die Erde mit bauschigen Schleppen«.[65] Fast alles, was aus der Sicht Hugos von St. Victor an der »Art des Tragens« *(modus portandi)* falsch und tadelnswert war, galt an den Höfen als Kennzeichen der modernen Mode: ganz enge und weit fließende Gewänder, reicher Faltenwurf, ganz kurze und überlange Kleider, Schleppen und Schmuckärmel.

Die höfische »Art des Tragens« zeigt sich am deutlichsten im Zusammenspiel von Körperhaltung und Kleidung. Im ›Jüngling‹ von Konrad von Haslau heißt es: »Manch junger Adliger trägt seine Kleider auf unrechte Weise: Seine Schnürung hängt herunter, steht offen, sein Unterhemd ist sichtbar. Er ist wohl niemals mit Schlägen oder mit Worten bestraft worden. Die Tür zur guten Erziehung ist vor ihm verschlossen«.[66] Die Dichter haben die höfische Vorbildlichkeit von Rittern und Damen im Zusammenspiel von vornehmer Kleidung, körperlicher Schönheit, gemessener Bewegung (ruhigem Gang, aufrechter Haltung usw.) und elegantem Benehmen sichtbar ge-

65 *allii autem ut pompam de se faciant, explicant ea, et quantum possunt, latius distendunt. Alii temere corrugata in unum colligunt, alii contorquentes et complectentes involvunt. Alii toto conamine stringentes et findentes ea, omnia corporis sui lineamenta, inverecundissima quadam turpitudine aspicientibus numeranda exponunt. Alii jactando et ventilando pannos suos, levitatem mentis suae ex ipsa habitus sui mobilitate ostendunt. Alii incedentes sinuoso syrmate terram verrunt […]* (Sp. 936).

66 *So treit manik edel kneht/sine kleider gar unreht:/sin prisvadem hanget nider,/er rucket den gurtel uf und wider,/sin busem ist offen, sin hemde blecket./ich wen er selden ist erschrecket/mit slegen oder mit worten./er blibet vor der Zuhte porten […]* (*Der Jüngling*, hg. v. Walter Tauber, Tübingen 1984, V. 91-98).

macht. Außerdem war am Material, am Zuschnitt und an der Tragweise der Kleidung die adlige Abstammung direkt erkennbar. Auf dem Siegel, das Perrenelle de Maubuisson im Jahr 1247 benutzt hat, ist eine adlige Dame in langem Kleid und Mantel abgebildet, die mit der linken Hand in die Tasselschnur greift (das ist die Schnur, die den Mantel oben zusammenhält) und mit der rechten den Mantel öffnet, so daß man die Figur der Dame und das kostbare Pelzfutter sehen kann.[67] Aus anderen Quellen wissen wir, daß der Griff in die Tasselschnur ebenso wie das Aufschwingen des Mantels Gebärden waren, die höfische Gesinnung und Haltung auf vorbildliche Weise bezeugten.

Höfische Kleidung war nicht nur ein Standesabzeichen und besaß, auf Grund ihres materiellen Wertes, nicht nur einen hohen Rang in der Ausstattung der adligen Gesellschaft, sondern nahm auch im Programm der höfischen Erziehung einen wichtigen Platz ein, weil die vorbildliche »Art des Tragens« ebenso erlernt und eingeübt werden mußte wie das höfische Sprechverhalten und die körperliche Bewegungskontrolle.

Höfische Tischsitten

Um zu verstehen, warum in der Erziehungslehre Hugos von St. Victor neben Sprache, Gestik und Kleidung auch das Benehmen bei Tisch als ein Bereich genannt wird, in welchem Gesinnung sich in körperlicher Bewegung ausdrückt, ist an die grundlegende gesellschaftliche Bedeutung der Mahlzeit zu erinnern. Die Versammlung zum gemeinsamen Essen unterlag von Alters her bestimmten Ritualen, die entweder mehr genossenschaftlich oder mehr herrschaftlich organisiert waren. Das gemeinsame Speisen war ein Rechtsakt, durch den die Tischgenossenschaft zu einer Friedens- und Freundschaftsge-

67 Abbildung bei Elke Brüggen, *Kleidung und Mode in der höfischen Epik des 12. und 13. Jahrhunderts*, Heidelberg 1989, Abb. 143. Vgl. die Darstellung der Königin von Saba in Abb. 2 des Beitrags von Beat Brenk in diesem Band.

meinschaft wurde. Gerd Althoff hat gezeigt, daß der frieden- und bündnisstiftende Charakter des Mahls in den historischen Quellen seit dem frühen Mittelalter hervortritt.[68] Wenn ein Herrscher aus politischem oder familiärem Anlaß die Großen seines Landes um sich versammelte, war die festliche Mahlzeit die zentrale Veranstaltung, in der die Existenz der politischen Gemeinschaft und das Funktionieren von Herrschaft öffentlich sichtbar wurden. Welche Bedeutung dabei der körperlichen Präsenz des einzelnen zukam, ist an den Rangstreitigkeiten über die Hierarchie der Sitzordnung abzulesen, die manchmal den Friedenscharakter der Versammlung in Frage zu stellen drohten. In der höfischen Zeit trat der hierarchische Charakter der Mahlzeiten immer stärker hervor, und gleichzeitig wurden die Mahlzeiten an den Höfen immer festlicher ausgestaltet und einem höfischen Protokoll unterworfen, das den Ablauf der Veranstaltungen bis in die einzelnen Bewegungen hinein regulierte.

Hugo von St. Victor hatte bei seinen Ausführungen »Über die Disziplin, die bei Tisch zu bewahren ist«[69], die Speisegemeinschaft im Kloster vor Augen. Dennoch sind seine Erziehungsregeln auch in diesem Punkt für das Verständnis der Hofkultur von Bedeutung. Er unterscheidet zwei Bereiche, in denen körperliche Bewegungskontrolle bei Tisch wirksam werden sollte: »Bei Tisch gibt es ein doppeltes Gebot der Beherrschung *(custodia disciplinae)*. Der Mensch soll dort Beherrschung in seinem Benehmen zeigen und Beherrschung bei seinem Essen. Beherrschung im Benehmen meint dreierlei: Disziplin des Schweigens, Disziplin des Blicks und Disziplin des kontrollierten Verhaltens«.[70] Schon diese ersten Sätze zei-

---

68 Gerd Althoff, *Der frieden-, bündnis- und gemeinschaftstiftende Charakter des Mahles im früheren Mittelalter*, in: Irmgard Bitsch, Trude Ehlert, Xenja von Ertzdorf (Hg.), *Essen und Trinken in Mittelalter und Neuzeit*, Sigmaringen 1987, S. 13-25.

69 *De disciplina in mensa servanda* (Sp. 949).

70 *In mensa est duplex custodia. Ibi enim debet homo servare disciplinam in habitu suo, et disciplinam in cibo suo. Disciplinam in habitu, tribus modis, in disciplina tacendi, in disciplina videndi, in disciplina continendi sese* (ebda.).

gen, daß das Benehmen bei Tisch als eine Zusammenfassung der gesamten Erziehungslehre verstanden werden kann, da hier auch die Vorschriften über die Kontrolle von Sprache und Gestik zur Anwendung kamen.[71] Der zweite Punkt der Tischlehre betrifft das Essen selbst. Hier unterscheidet Hugo von St. Victor eine »dreifache Disziplin beim Essen«[72], die in drei Kapiteln abgehandelt wird und die die Regeln dafür gibt, »was man ißt, wieviel man ißt und wie man ißt«.[73] Unter dem ersten Punkt wird vor den verschiedenen Freuden des Gaumens gewarnt; der zweite Punkt zielt darauf, daß man nicht mehr ißt, als der Anstand gebietet und die Notwendigkeit erfordert. Der

---

71 Aus Platzgründen muß darauf verzichtet werden, die einzelnen Punkte genauer zu verfolgen. Von der Kontrolle der Zunge hatte Hugo von St. Victor schon vorher gesprochen (Sp. 943 ff.). Die Kontrolle des Blicks wird hier zum ersten Mal angesprochen. In der höfischen Erziehung spielte dieser Punkt besonders in der Frauenlehre eine Rolle. In dem Gedicht *Die Winsbekin* lehrt eine Mutter ihre Tochter: »Schieße nicht zu viele wilde Blicke!« *(schiuz wilder blicke niht ze vil* [Winsbeckische Gedichte, hg. v. Albert Leitzmann, bearb. v. Ingo Reiffenstein, Tübingen ^{3}1962, V. 5,9]). Auf die Rückfrage der Tochter, »was wilde Blicke sind« (*wie wilde blicke sîn gestalt*, 6,8), antwortet die Mutter: »Wie man mich bei Hofe unterrichtet hat, spricht man von wilden Blicken, wenn eine Frau, anstatt geradeaus zu sehen, ihre Augen hin und her fliegen läßt, als ob sie einen unsteten Sinn hätte und keine Beherrschung« (*Ez heizent wilde blicke wol,/als ich ze hove bewîset bin,/als ein wîp vür sich sehen sol,/daz ir diu ougen vliegent hin,/sam ob si habe unstaeten sin,/und âne mâze daz geschiht*, 7,1-6). Vgl. dazu Trude Ehlert, *Die Frau als Ärztin. Zum Bild der Frau in hochmittelalterlicher deutscher Lehrdichtung*, in: ZfdPh 105 (1986), S. 57; Michael Schröter, *Wildheit und Zähmung des erotischen Blicks. Zum Zivilisationsprozeß von deutschen Adelsgruppen im 13. Jahrhundert*, in: Merkur 41 (1987), S. 468-481 – Die »Disziplin des kontrollierten Verhaltens« (*disciplina continendi sese*) wird von Hugo von St. Victor so erläutert: »Die Disziplin des kontrollierten Verhaltens darf beim Essen nicht vernachlässigt werden, damit nicht im Benehmen oder in der Gestik etwas Unanständiges oder Unwürdiges geschieht. Nichts soll mit Lärm oder Unrast gemacht werden, sondern alle Glieder sollen mit Sittsamkeit und Ruhe durch Beherrschung in Zaum gehalten werden« (*Custodia quoque continendi sese ibi negligenda non est, quatenus videlicet neque in habitu, neque in gestu indecens aliquid aut inhonestum agatur. Nihil cum strepitu aut tumultu fiat, sed omnia membra cum modestia, et tranquillitate in disciplina contineantur* [Sp. 949]).

72 *[...] triplex observatio disciplinae* (Sp. 950).

73 *[...] quid sumat, [...] quantum sumat, [...] quomodo sumat* (ebda.).

dritte Punkt regelt, »wie man sauber und ordentlich ißt«.[74] Was damit gemeint ist, wird an Negativbeispielen erläutert: man soll nicht die Finger in den Becher tauchen, nicht die fettigen Hände am Gewand abwischen und dann wieder ins Essen greifen, nicht beim Auflegen die Finger statt des Löffels benutzen usw. Einige dieser Regeln tauchen fast wörtlich in den höfischen Tischzuchten wieder auf.

Bereits im 12. Jahrhundert sind eine Reihe von lateinischen Texten entstanden, die das Benehmen bei Tisch zum Gegenstand haben, zum Teil im Rahmen umfangreicherer Anstandslehren (Petrus Alfonsi: *Disciplina clericalis*; *Disticha Catonis*; *Facetus Cum nihil utilius*), zum Teil selbständig (*Quisquis es in mensa*; *Dum manducatis*). Diese lateinische Tischzuchtliteratur war die Quelle, aus der im 13. Jahrhundert die volkssprachigen Hoflehren ihren Lehrstoff bezogen. Auf deutsch ist das Benehmen bei Tisch zuerst im *Wälschen Gast* von Thomasin von Zerklaere ausführlich behandelt worden. Die ersten selbständigen Tischzuchten in deutscher Sprache sind die *Rossauer Tischzucht* und Tannhäusers *Hofzucht*. Kein anderes Thema der Anstandslehre hat damals so viel Beachtung gefunden: darin spiegelt sich die Bedeutung der gemeinsamen Mahlzeit im mittelalterlichen Gesellschaftsleben. An keinem anderen Thema kann man die inhaltlichen Zusammenhänge zwischen den Erziehungslehren der Geistlichen und den Regeln der Hofetikette in der Laiengesellschaft so genau verfolgen. Die höfischen Dichter haben zwar in ihren Beschreibungen festlicher Mahlzeiten den Akzent meistens auf die Ausschmückung des Festsaals, das Zeremoniell der Bedienung und die Feierlichkeit des ganzen Ablaufs gelegt; aber aus manchen Bemerkungen ist zu erkennen, daß ihnen auch die Regeln für das anständige Verhalten des einzelnen beim Essen vertraut waren. Bemerkenswert ist, daß die Dichter beim Thema Essen und Trinken, anders als zum Beispiel in ihren Kleiderbeschreibungen, den Komplex der Herstellung und Zubereitung ausgeklammert haben. In keinem deutschen Text des 13. Jahrhunderts wird die Speisefolge

74 [...] *quam munde et quam temperate* (Sp. 951).

bei einem höfischen Festmahl genau beschrieben. Erwartungen des Publikums, die in diese Richtung gingen, haben die Dichter mit unfreundlichen Worten zurückgewiesen: »Wenn mich jetzt jemand fragt, wann sie etwas gegessen haben, der soll lieber zu anderen Fressern gehen und sich dort vom Essen erzählen lassen«.[75] »Ich bin kein solcher Küchenmeister, daß ich die Speisen einzeln angeben könnte, die da mit höfischem Anstand aufgetragen wurden«.[76] Alles, was zur Küche gehörte, galt am Hof als unfein. In den übrigen Punkten stimmt die höfische Tischlehre mit den Unterweisungen Hugos von St. Victor überein. Auch die höfischen Regeln für das Benehmen bei Tisch beziehen sich nicht nur auf die Nahrungsaufnahme, sondern umfassen das ganze Programm der Körperbeherrschung: Sprechkontrolle und Bewegungskontrolle. Die Hoflehren machen zum Teil sehr detaillierte Angaben über Körperhaltung und Armhaltung beim Essen sowie über die Formen des Sprechkontakts mit den Tischnachbarn. Eine größere Rolle als im Kloster spielte am Hof der gesellschaftliche Status der einzelnen Mitglieder der Tischgesellschaft. In manchen Tischlehren werden die Benehmensregeln danach gestuft, ob man mit einem Höhergestellten, einem Gleichrangigen oder einem Tieferstehenden speist. Besondere Regeln gab es für das Benehmen der Männer gegenüber den Damen bei Tisch. Alles sollte nach Anstand und Maß geregelt sein. Das galt besonders auch für die Frage, »wieviel gegessen werden soll«.[77] »Unmäßigkeit im Essen und Trinken bringt den Menschen häufig Schaden an Leib und Seele, an Ansehen und Besitz«.[78] Ein vorbildlicher Ritter benahm sich so wie Erec vor

75 *ob mich nu ainer vragt / wenne si iht aezzen, / der ge zu andern vraezzen / und la von spise im sagen* (Johann von Würzburg, *Wilhelm von Österreich*, hg. v. Ernst Regel, Berlin 1906, V. 15176-15179).

76 *ine bin solch küchenmeister niht, / daz ich die spîse künne sagn, / diu dâ mit zuht wart für getragn* (Wolfram von Eschenbach, *Parzival*, in: Wolfram von Eschenbach, hg. v. Karl Lachmann, Berlin und Leipzig [6]1926, V. 637, 2-4).

77 *[...] quantum comedendum* (Sp. 950).

78 *Trinkens und ezzens unmêzikeit / Bringet manigen liuten ofte leit / An lîbe, an sêle, an êren, an guote* (Hugo von Trimberg, *Der Renner*, hg. v. Gustav Ehrismann, Bd. 2, Tübingen 1909, V. 9569-9571).

dem Turnier. »Keiner Fresserei gab er sich hin: von einem Huhn biß er dreimal ab, das war ihm genug«.[79]

Höfischer Körper – Höfische Kultur

In der berühmtesten Liebeslehre der höfischen Zeit, dem französischen *Rosenroman*, unterrichtet der Gott der Liebe persönlich darüber, was höfische Liebe ist. Zur Liebe ist nur derjenige fähig, der alles »Bäurische« *(vilanie)* abgelegt hat. Höfisches Wesen zeigt sich zuerst in der Sprache: der Liebende soll »sanft und vernünftig im Reden« sein[80], das heißt, er soll »keine schmutzigen und häßlichen Worte gebrauchen«[81]. Außerdem soll er »sich vornehm betragen«.[82] Das betrifft vor allem seine Kleidung: »schöne Kleidung und Schuhwerk«[83] lassen den höfisch erzogenen Mann erkennen. Schmuckärmel und eng anliegende Stiefel, Handschuhe, Taschen und Gürtel gehören zur höfischen Kleidung. Ebenso wichtig ist die Körperhygiene: »Wasch dir die Hände, putz dir die Zähne! Wenn unter deinen Nägeln etwas Schwarzes erscheint, laß es da nicht bleiben. Knüpf deine Ärmel eng, kämm dir das Haar!«[84] Der höfisch Liebende soll »Heiterkeit bewahren«[85]; dazu gehört, daß er »spielt, lacht und sich unterhält«[86], daß er »ein guter Reiter« ist[87] und es versteht, »Lanzen zu brechen«[88], daß er »eine helle und

79 *deheines vrâzes er sich vleiz;/abe einem huone er gebeiz/drîstunt, des dûhte in genuoc* (Hartmann von Aue, *Erec* [Anm. 49], V. 8648-8650).

80 *De paroles douz e raisnables* (Guillaume de Lorris, *Roman de la rose*, übers. v. Karl A. Ott, Bd. 1, München 1976, V. 2100).

81 *[...] que tu ne dies / Ces orz moz ne ces ribaudies* (V. 2109-2110).

82 *[...] cointement mener* (V. 2134).

83 *[...] de robe e de chaucemente* (V. 2142).

84 *Lave tes mains, tes denz escure:/S'en tes ongles pert point de noir,/Ne l'i laisse pas remenoir./Cous tes manches, tes cheveus pigne* (V. 2166-2169).

85 *[...] D'envoiseüre maintenir* (V. 2176).

86 *[...] Ou l'en jeue e rit e envoise* (V. 2180).

87 *[...] bien a cheval* (V. 2197).

88 *[...] lances brisier* (V. 2199).

klare Stimme« hat[89] und die Gesellschaft mit »schönem Gesang« erfreut[90], und daß er auch »etwas vom Geigen versteht, vom Flötenspiel und vom Tanzen«[91].

Höfische Bildung und höfische Kultur werden am höfischen Körper manifest. In der Praxis wird die Kultur des Adels hauptsächlich als Imponiergehabe und materieller Prunk in Erscheinung getreten sein. Als der junge Parzival zum ersten Mal einen Ritter erblickte, fiel er vor ihm auf die Knie, weil er glaubte, Gott stünde vor ihm, von dem seine Mutter gesagt hatte, er sei »lichter als der Tag«.[92] Der Ritter, vor dem Parzival kniete, trug goldene Schellen an den Steigbügeln und an seinem rechten Arm, die beim Reiten und bei jedem Schwertschlag erklangen, so daß seine ritterliche Überlegenheit nicht nur im Glanz seiner Waffen sichtbar, sondern zugleich auch im Klang der Glöckchen hörbar war. Die materielle Zurschaustellung der gesellschaftlichen Sonderstellung dem Gebot von Anstand und Maß zu unterwerfen, war die Aufgabe der höfischen Erziehungslehre.

In der vorliterarischen Gesellschaft war Kultur sichtbar und hörbar. Selbst der engere Bereich des literarischen Lebens muß von den körperlichen Vermittlungs- und Darstellungsformen her verstanden werden: Höfische Lyrik wurde gesungen und getanzt; höfische Epik ist in der Laiengesellschaft zuallermeist hörend, beim Vortrag, aufgenommen worden. Man konnte Literatur auch sichtbar machen: in den Miniaturen und Federzeichnungen der Bilderhandschriften, in der figürlichen Verzierung von Gebrauchsgegenständen und vor allem in den Wandbemalungen, die zum größten Teil verlorengegangen sind, von denen aber die Iwein-Fresken auf der Südtiroler Burg Rodeneck eine Vorstellung vermitteln.

Die neuen Fragestellungen der Historischen Anthropologie haben den Blick für die Bedeutung des Körpers in der Kultur

---

89 *[...] la voiz clere e saine* (V. 2203).
90 *[...] biaus chanters* (V. 2206).
91 *[...] il sache de vieler,/De fleüter e de dancier* (V. 2208-2209).
92 *[...] noch liehter denne der tac* ([Anm. 76] V. 119, 19).

vorliterarischer Gesellschaften geschärft. Auch die höfische Kultur des hohen Mittelalters erscheint von daher in einem neuen Licht. Dabei darf allerdings nicht übersehen werden, daß sich die Gesellschaft dieser Zeit – auch die noch weitgehend schriftlos lebende Adelsgesellschaft – bereits im Übergang zur Schriftlichkeit befand und daß Schriftlichkeit und Mündlichkeit[93] bereits in vielfachem Austausch standen.[94] Fast alles, was wir über die kulturelle Funktion des Körpers in der höfischen Zeit wissen, stammt aus schriftlichen Quellen (ein kleiner Teil aus bildlichen Darstellungen) und ist durch das Medium der Schrift geprägt. Hugo von St. Victor, dessen lateinische Erziehungslehre uns hilft, die Kultur der Höfe vom Programm der Disziplinierung des Körpers her zu verstehen, war ein gebildeter Schriftgelehrter. Das System von Begriffen und Kategorien, unter das er die verschiedenen Phänomene kultureller Körperlichkeit geordnet hat, war eine Errungenschaft ausgeprägter Schriftlichkeit. Die Fähigkeit, körperliche Darstellungsmittel als Kultursignale einzusetzen und zu verstehen, war der vorliterarischen Gesellschaft eigen. Aber erst dadurch, daß lateinisch Gebildete an die Laiengesellschaft

---

93 Das Begriffspaar Mündlichkeit – Schriftlichkeit verdeckt ein wichtiges Kennzeichen der vorliterarischen Kultur: Sinnstiftung und Sinnvermittlung erfolgten nicht nur durch ein einziges Medium, wie später durch die Schrift, sondern durch ein Zusammenspiel verschiedener Ausdrucksmittel: ebenso wichtig wie die Stimme waren Augen- und Bewegungssignale, das heißt alle Mittel der körperlichen Darstellung. Insofern wäre Körperlichkeit ein besserer Gegenbegriff zu Schriftlichkeit; vgl. Hans U. Gumbrecht, *Beginn von ›Literatur‹ / Abschied vom Körper?*, in: Gisela Smolda-Koerdt, Peter M. Spangenberg, Dagmar Tillmann-Bartyllla (Hg.), *Der Ursprung von Literatur. Medien, Rollen, Kommunikationssituationen zwischen 1450 und 1650*, München 1988, S. 15-50. – Vgl. auch Ursula Schaefer in diesem Band, S. 359 f.

94 Vgl. Hans U. Gumbrecht, *Schriftlichkeit in mündlicher Kultur*, in: Aleida und Jan Assmann, Christof Hardmeier (Hg.), *Schrift und Gedächtnis, Beiträge zur Archäologie der literarischen Kommunikation*, München 1983, S. 158-174; Walter J. Ong, *Orality, Literacy, and Medieval Textualization*, in: NLH 16 (1984), S. 1-12; Klaus Grubmüller, *Mündlichkeit, Schriftlichkeit und Unterricht. Zur Erforschung ihrer Interferenzen in der Kultur des Mittelalters*, in: DU 41 (1989), H. 1, S. 41-54 (mit Literatur).

Ordnungsbegriffe und -kategorien vermittelten, die es erlaubten, die Ausdrucksformen von Körperkultur begrifflich zu fassen, zu ordnen, abzugrenzen und zu definieren, wurde es möglich, ein Programm höfischer Vorbildlichkeit zu formulieren, das sich als höfisches Zeremoniell und als höfische Gesellschaftslehre darstellen ließ. Insofern muß die höfische Kultur aus dem Zusammenwirken von Schriftlichkeit und Körperlichkeit verstanden werden. Dieses Zusammenwirken genauer zu beschreiben, ist eine Aufgabe künftiger Forschung.[95]

Literaturverzeichnis

Gerd Althoff, *Der frieden-, bündnis- und gemeinschaftstiftende Charakter des Mahles im früheren Mittelalter*, in: Irmgard Bitsch, Trude Ehlert, Xenja von Ertzdorff (Hg.), *Essen und Trinken in Mittelalter und Neuzeit. Vorträge eines interdisziplinären Symposions vom 10.-13. Juni 1987 an der Justus-Liebig-Universität Gießen*, Sigmaringen 1987, S. 13-25.

Manfred Beetz, *Frühmoderne Höflichkeit. Komplimentierkunst und Gesellschaftsrituale im altdeutschen Sprachraum*, Stuttgart 1990.

Robert G. Benson, *Medieval Body Language. A Study of the Use of Gesture in Chaucer's Poetry*, Kopenhagen 1980 (Anglistica 21).

Diane Bornstein, *The Lady in the Tower. Medieval Courtesy Literature for Women,* Hamden/Conn. 1983.

Georg Braungart, *Hofberedsamkeit. Studien zur Praxis höfisch-politischer Rede im deutschen Territorialabsolutismus,* Tübingen 1988 (Studien zur deutschen Literatur 96).

Elke Brüggen, *Kleidung und Mode in der höfischen Epik des 12. und 13. Jahrhunderts*, Heidelberg 1989 (Beihefte zum Euphorion 23).

Elke Brüggen, *Kleidung im Mittelalter. Fiktion und Realität*, in: Jahrbuch für Volkskunde N. F. 14 (1991), S. 7-23.

Joachim Bumke, *Höfische Kultur. Literatur und Gesellschaft im hohen Mittelalter*, 2 Bde., München 1986 (dtv 4442).

Joachim Bumke, *Höfische Kultur. Versuch einer kritischen Bestandsaufnahme*, in: Beitr. 115 (1993), S. 414-492.

Mary J. Carruthers, *The Book of Memory. A Study of Memory in Medieval*

95 Für ihre Hilfe bei der Übersetzung der lateinischen Texte danke ich Barbara Kierdorf.

Culture, Cambridge 1990 (Cambridge Studies in Medieval Literature 10).

Carla Casagrande und Silvana Vecchio, *I peccati della lingua. Disciplina ed etica della parola nella cultura medievale*, Rom 1987 (Bibliotheca biographica. Sezione storico-antropoligica 12).

Louise Colas, *Chrétien de Troyes. Le corps et le geste*, in: Europe 60 (1982), S. 105-113.

Michel Feher, Ramona Naddaff, Nadia Tazi (Hg.), *Fragments for a History of the Human Body*, 3 Teile, New York 1989 (Zone 3-5).

Lutz Fenske, *Der Knappe: Erziehung und Funktion*, in: Josef Fleckenstein (Hg.), Curialitas (s. dort), S. 55-127.

Josef Fleckenstein (Hg.), *Curialitas. Studien zu Grundfragen der höfisch-ritterlichen Kultur*, Göttingen 1990 (Veröffentlichungen des Max-Planck-Instituts für Geschichte 100).

Peter Ganz, *curialis/hövesch*, in: Gert Kaiser und Jan-Dirk Müller (Hg.), *Höfische Literatur* (s. dort), S. 39-56.

François Garnier, *Le langage de l'image au moyen âge*, Bd. 2: *Grammaire des gestes*, Paris 1989.

Hans U. Gumbrecht, *Beginn von ›Literatur‹ / Abschied vom Körper?*, in: Gisela Smolka-Koerdt, Peter M. Spangenberg, Dagmar Tillmann-Bartylla (Hg.), *Der Ursprung von Literatur. Medien, Rollen, Kommunikationssituationen zwischen 1450 und 1650*, München 1988 (Materialität der Zeichen), S. 15-50.

Werner Habicht, *Die Gebärde in englischen Dichtungen des Mittelalters*, München 1959 (Bayerische Akademie der Wissenschaften, Phil.-hist. Klasse, Abhandlungen, N. F. 46).

Nikolaus Henkel, *Litteratus – illitteratus. Bildungsgeschichtliche Grundvoraussetzungen bei der Entstehung der höfischen Epik in Deutschland* (Manuskript).

C. Stephen Jaeger, *Beauty of Manners and Discipline (›schoene site‹, ›zuht‹): An Imperial Tradition of Courtliness in the German Romance*, in: Martin Bircher, Jörg-Ulrich Fechner, Gerd Hillen (Hg.), *Barocker Lust-Spiegel. Studien zur Literatur des Barock. Festschrift für Blake L. Spahr*, Amsterdam 1984 (Chloe. Beihefte zum Daphnis 3), S. 27-45.

C. Stephen Jaeger, *The Origins of Courtliness. Civilizing Trends and the Formation of Courtly Ideals, 939-1210*, Philadelphia 1985.

C. Stephen Jaeger, *Humanism and Ethics at the School of St. Victor in the Early Twelfth Century*, in: Mediaeval Studies 55 (1993).

C. Stephen Jaeger, *Charismatischer Körper – Charismatischer Text: Anti-Mimesis im höfischen Roman* (Manuskript).

Mark D. Johnston, *Treatment of Speech in Medieval Ethical and Courtly Literature*, in: Rhetorica 4 (1986), S. 21-46.

Gert Kaiser und Jan-Dirk Müller (Hg.), *Höfische Literatur – Hofgesellschaft – Höfische Lebensformen um 1200. Kolloquium am Zentrum für Interdisziplinäre Forschung der Universität Bielefeld (3. bis 5. Nov. 1983)*, Düsseldorf 1986 (Studia humaniora 6).

Wolfgang Kemp, *Sermo corporeus. Die Erzählung der mittelalterlichen Glasfenster,* München 1987.

Jacques Le Goff, *Phantasie und Realität des Mittelalters,* Stuttgart 1990 (*Der Körper*: S. 141-168).

Rosemarie Marquardt, *Das höfische Fest im Spiegel der mittelhochdeutschen Dichtung (1140-1240),* Göppingen 1985 (GAG 449).

Peter von Moos, *Hildebert von Lavardin (1056-1133). Humanitas an der Schwelle des höfischen Zeitalters,* Stuttgart 1965 (Pariser Historische Studien 3).

Jan-Dirk Müller, *Die ›hovezuht‹ und ihr Preis. Zum Problem höfischer Verhaltensregulierung in Ps.-Konrads ›Halber Birne‹*, in: Jahrbuch der Oswald von Wolkenstein Gesellschaft 3 (1984/85), S. 281-311.

Jonathan Nicholls, *The Matter of Courtesy. Medieval Courtesy Books and the Gawain-Poet*, Woodbridge 1985.

August Nitzschke, *Bewegungen in Mittelalter und Renaissance. Kämpfe, Spiele, Tänze, Zeremoniell und Umgangsformen*, Düsseldorf 1987 (Historisches Seminar 2).

August Nitzschke, *Körper in Bewegung. Gesten, Tänze und Räume im Wandel der Geschichte*, Zürich 1989.

Walter J. Ong, *Oralität und Literalität. Die Technologisierung des Wortes*, Opladen 1987.

Nicholas Orme, *From Childhood to Chivalry. The Education of the English Kings and Aristocracy, 1066-1530*, London und New York 1984.

Amos Parducci, *Costumi ornati. Studi sugli insegnamenti di cortigiania medievali,* Bologna 1928.

Dietmar Peil, *Die Gebärde bei Chrétien, Hartmann und Wolfram. Erec – Iwein – Parzival,* München 1975 (Medium aevum 28).

Hedda Ragotzky und Horst Wenzel (Hg.), *Höfische Repräsentation. Das Zeremoniell und die Zeichen*, Tübingen 1990.

Gabriele Raudszus, *Die Zeichensprache der Kleidung. Untersuchungen zur Symbolik, des Gewandes in der deutschen Epik des Mittelalters*, Hildesheim, Zürich, New York, 1985 (Ordo. Studien zur Literatur und Gesellschaft des Mittelalters und der frühen Neuzeit 1).

Danielle Regnier-Bohler, *Der Körper*, in: Philippe Aries und Georges Duby (Hg.), *Geschichte des privaten Lebens*, Bd. 2, Frankfurt/Main 1990, S. 341-355.

Renate Roos, *Begrüßung, Abschied, Mahlzeit. Studien zur Darstellung höfischer Lebensweise in Werken der Zeit von 1150-1320*, Diss. Bonn 1975.

Ruth Schmidt-Wiegand, *Gebärdensprache im mittelalterlichen Recht*, in: FMSt 16 (1982), S. 363-379.

Ruth Schmidt-Wiegand, *Mit Hand und Mund. Sprachgebärden aus dem mittelalterlichen Rechtsleben*, in: FMSt 25 (1991), S. 283-299.

Jean-Claude Schmitt, *The Ethics of Gesture*, in: Michel Fehrer (Hg.), *Fragments for a History of the Human Body* (s. dort), Bd. 2, S. 128-147.

Jean-Claude Schmitt, *La raison des gestes dans l'occident médiéval*, Paris 1990 (Bibliothèque des histoires).

Jean-Claude Schmitt (Hg.), *Gestures*, London 1984 (History and Anthropology 1 [1984/85], Heft 1).

Rüdiger Schnell, *Kirche, Hof und Liebe. Zum Freiraum mittelalterlicher Dichtung*, in: Ernstpeter Ruhe und Rudolf Behrens (Hg.), *Mittelalterbilder aus neuer Perspektive. Würzburger Kolloquium 1985*, München 1985 (Beiträge zur romanischen Philologie des Mittelalters 14), S. 75-108.

Klaus Schreiner, *Hof (›curia‹) und höfische Lebensführung (›vita curialis‹) als Herausforderung an die christliche Theologie und Frömmigkeit*, in: Gert Kaiser und Jan-Dirk Müller (Hg.), *Höfische Literatur – Hofgesellschaft – Höfische Lebensformen um 1200* (s. dort), S. 67-138.

Klaus Schreiner und Norbert Schnitzler (Hg.), *Gepeinigt, begehrt, vergessen. Symbolik und Sozialbezug des Körpers im Spätmittelalter und der frühen Neuzeit*, München 1992.

Martin J. Schubert, *Zur Theorie des Gebarens im Mittelalter. Analyse von nichtsprachlicher Äußerung in mittelhochdeutscher Epik. Rolandslied, Eneasroman, Tristan*, Köln und Wien 1991 (Kölner Germanistische Studien 31).

Rudolf Suntrup, *Die Bedeutung der liturgischen Gebärden und Bewegungen in lateinischen und deutschen Auslegungen des 9. bis 13. Jahrhunderts*, München 1978 (Münstersche Mittelalter-Schriften 37).

Horst Wenzel, *Partizipation und Mimesis. Die Lesbarkeit des Körpers am Hof und in der höfischen Literatur*, in: Hans U. Gumbrecht und K. Ludwig Pfeiffer (Hg.), Materialität der Kommunikation, Frankfurt/Main 1988 (stw 750), S. 178-202.

Horst Wenzel, *Die Zunge der Brangäne oder die Sprache des Hofes*, in: Danielle Buschinger (Hg.), *Sammlung – Deutung – Wertung. Ergebnisse, Probleme, Tendenzen und Perspektiven philologischer Arbeit. Mélanges de littérature médiévale et de linguistique allemande offerts à Wolfgang Spiewok à l'occasion de son soixantième anniversaire par ses collègues et amis*, o. O. [Amiens] 1988, S. 357-367.

Horst Wenzel, *Von der Höflichkeit des Adels: ›leben âne dörperheit‹*, in: Essener Universitätsberichte 5 (1991), H. 1, S. 5-13.

Horst Wenzel, *Imaginatio und Memoria. Medien der Erinnerung im höfischen*

Mittelalter, in: Aleida Assmann und Dietrich Harth (Hg.), *Mnemosyne. Formen und Funktionen der kulturellen Erinnerung*, Frankfurt/Main 1991 (Fischer Wissenschaft 10724), S. 57-82.

Gerd Zimmermann, *Ordensleben und Lebensstandard. Die Cura corporis in den Ordensvorschriften des abendländischen Hochmittelalters*, Münster 1973 (Beiträge zur Geschichte des alten Mönchtums und des Benediktinerordens 32).

Thomas Zotz, *Urbanitas. Zur Bedeutung und Funktion einer antiken Wertvorstellung innerhalb der höfischen Kultur des hohen Mittelalters*, in: Josef Fleckenstein (Hg.), *Curialitas* (s. dort), S. 392-451.

Rüdiger Schnell
Unterwerfung und Herrschaft

Zum Liebesdiskurs im Hochmittelalter

Die mediävistische Forschung zum Phänomen ›Liebe‹ hat sich in einem weiten Problemzusammenhang zu bewegen.[1] Es geht um so grundsätzliche Fragen wie das Verhältnis von Kirche und Laienwelt, von gesellschaftlichen Normen und individuellen Glücksansprüchen, von persönlicher Erfahrung und poetischer Stilisierung, von sozialen Prozessen und literarischen Entwürfen und schließlich um das Verhältnis von Innovation und Tradition. Daß ein so komplexer Gegenstand wie das Entstehen der volkssprachlichen höfischen Liebesdichtung im 12. Jahrhundert unterschiedliche Thesenbildung provoziert, darf daher nicht überraschen. Für den heutigen Betrachter ist es in der Tat nicht leicht einzusehen, wie die poetische Verherrlichung der Idee ›Frau‹ und die Vorstellung von der Unterwerfung des Mannes unter den Willen der Frau (›Frauendienst‹) als ein Leitbild in dem weitgehend patriarchalisch organisierten Mittelalter fungieren konnte[2], einem Mittelalter überdies, das in Medizin und Moraltheologie die Inferiorität der Frau lehrte. Doch wäre die Frage zu stellen, ob wir mit der Umkehrung der Geschlechterhierarchie (Mann dient der Frau) das (einzige) entscheidende Merkmal des poetischen Liebesdiskurses im 12. Jahrhundert fassen. Läßt man sich auf die

1 Auf die Frage, ob es im Mittelalter überhaupt Liebe im heutigen Sinne gegeben hat, kann hier nicht eingegangen werden.

2 Vgl. etwa Rainer Warning, *Lyrisches Ich und Öffentlichkeit bei den Trobadors*, in: Christoph Cormeau (Hg.), *Deutsche Literatur im Mittelalter. Kontakte und Perspektiven. Hugo Kuhn zum Gedenken*, Stuttgart 1979, S. 120-159; Warning spricht von der »Institutionalisierung neuer Normen im Verhältnis von Mann und Frau«: Erhöhung und Verehrung der Frau (S. 159).

These von der ›Entdeckung der Liebe im 12. Jahrhundert ein[3], so wäre doch zu präzisieren, inwieweit die Liebe als persönliche Erfahrung oder als poetisches Sujet entdeckt und ob sie vielleicht ›nur‹ wiederentdeckt wurde. In jedem Falle wäre nach dem Eigenen, Neuen des mittelalterlichen laikalen Diskurses über die Liebe und nach dessen besonderen Entstehungsbedingungen zu fragen.

Gegenüber den Versuchen, die höfische Liebesdichtung literar-historisch von anderen (früheren) Dichtungstraditionen abzuleiten – von der antik-lateinischen Liebeselegie, von mittellateinischer erotischer Dichtung, von hispano-arabischen Liebesliedern –, ist zu Recht eingewandt worden, daß damit noch nicht erklärt sei, warum diese Einflüsse gerade im 12. Jahrhundert wirksam geworden sind und warum gerade der Feudaladel diese Dichtungstraditionen rezipiert haben soll. Derselbe Einwand gilt für die geistes- und ideengeschichtlichen Herleitungen der höfischen Liebesvorstellungen: aus mystischen Strömungen, aus dem Marienkult, aus katharischen Lehren, aus neuplatonischem Gedankengut.[4]

Seit den 60er Jahren dieses Jahrhunderts haben Historiker verschiedener Disziplinen (Sozialgeschichte, Literatursoziologie, Psychohistorie, Sozialpsychologie, Mentalitätsgeschichte, Zivilisationsgeschichte, Geschlechtergeschichte) verstärkt den Versuch unternommen, zwischen dem literarischen Phänomen

---

3 Charles Camproux, *Le joy d'amor des troubadours*, Montpellier 1965, S. 7; Henri-Irénée Marrou, *Les troubadours*, 1961 (Nachdruck Paris 1971), S. 99-111 (»L'amour, cette invention du XIIe siècle«); Hans Eggers, *Die Entdeckung der Liebe im Spiegel der deutschen Dichtung der Stauferzeit*, in: Wolfgang Böhme (Hg.), *Geist und Frömmigkeit der Stauferzeit*, Stuttgart und Frankfurt/Main 1978, S. 10-25, S. 11; Régine Pernoud, *La femme au temps des cathédrales*, Paris 1980, S. 111-128 (dt. Fassung 1991, S. 86-100); Peter Dinzelbacher, *Über die Entdeckung der Liebe im Hochmittelalter* in: Saeculum 32 (1981), S. 185-208; ders., *Sozial- und Mentalitätsgeschichte der Liebe im Mittelalter*, in: Ulrich Müller (Hg.), *»Minne ist ein swaerez spil.« Neue Untersuchungen zum Minnesang und zur Geschichte der Liebe im Mittelalter*, Göppingen 1986 (GAG 440), S. 75-110, S. 75, 86, 88 ff., 98.

4 Vgl. als erste Übersicht Roger Boase, *The origin and meaning of courtly love. A critical study of European scholarship*, Manchester 1977.

Minnesang (bzw. Trobadorlyrik) und dessen gesellschaftlichem ›Sitz im Leben‹ einen Kausalnexus herzustellen und so die Frage zu klären, welche sozialen Gruppierungen sich davon angesprochen fühlten und welche Interessen sie mit dieser Dichtung (und dem darin vermittelten Liebeskonzept) verbanden.[5]

Diesen Erklärungsansätzen gegenüber, die hier nicht näher vorgestellt werden können, sind prinzipielle Bedenken angebracht:

1. Die Mannigfaltigkeit der Ansätze und Thesen zur gesellschaftlichen Situierung des Minnesangs und des darin vorgestellten höfischen Liebesideals legt Zeugnis ab von der Komplexität des zu beschreibenden Phänomens: wenn für das Entstehen und die Funktion des Minnesangs laikale Emanzipation und kirchlicher Einfluß verantwortlich gemacht werden können, Aufstiegsambitionen inferiorer Schichten und Herrschaftsinteressen, gesellschaftbedrohende und ordnungstabilisierende Kräfte, dann darf kein Erklärungsmodell Anspruch auf alleinige Wahrheit erheben. Die Widersprüchlichkeiten zwischen und innerhalb der Erklärungsmodelle deuten auf vielfältige historische Schichtungs- und Transformationsprozesse hin, bei denen unterschiedliche Leitbilder zu einem neuen komplexen, schillernden Ideal verschmolzen wurden. Dies hätte ein neues Erklärungsmodell zu berücksichtigen.

2. Viele der skizzierten Theorien sind noch dem biographischen Deutungsmodell verpflichtet: das Dienst-Motiv z. B. sei denkbar nur im Munde sozial niedrigstehender Personen. Die soziale Position wird als Konditionierung des realen Sängers verstanden, die Einfluß auf die Textgestalt hat.[6] Dieser Auf-

5 Vgl. Rüdiger Schnell, *Die ›höfische Liebe‹ als Gegenstand von Psychohistorie, Sozial- und Mentalitätsgeschichte*, in: Poetica 23 (1991), S. 374-424.

6 Nach Ingrid Kasten, *Frauendienst bei Trobadors und Minnesängern im 12. Jahrhundert. Zur Entwicklung und Adaption eines literarischen Konzepts*, Heidelberg 1986 (GRM-Beiheft 5), S. 11 und S. 18-20, ist die charakteristische Grundsituation des Minnesangs (»die Dominanz der Frau und die Unterwerfung des Mannes in dienender Ergebenheit«) bedingt durch die soziale Stellung des Sängers (Rolle des Berufsdichters) und durch die Lebensform der Frau als Herrscherin (in Südfrankreich).

fassung gegenüber müßte der Einsicht Rechnung getragen werden, daß es sich um Rollenlyrik handelt. Zwischen realem Sänger der externen Rezeptionsebene und der Sprecher-Rolle der internen Textebene ist zu unterscheiden.

3. Es wird nicht recht deutlich, warum eigentlich gerade der Hochadel eine Dichtung gefördert hat, die angeblich fast ausschließlich als Sprachrohr sozial inferiorer Schichten diente. Was war es eigentlich, das den herrschenden Adel dazu brachte, sich mit dem Unterwerfungs-Ideal und der Dienst-Thematik zu identifizieren?

4. Grundsätzliche Bedenken gegen einige mentalitätsgeschichtliche und sozialpsychologische Deutungen der *fin'amour* diskutiert Ursula Peters.[7] Sie weist auf die prekäre Quellenlage zur *sensibilité* einzelner Sozialgruppen hin, die in Ermangelung außerliterarisch dokumentierter affektiver Einstellungen »notwendigerweise zu einem zirkulären Verfahren der Rekonstruktion verborgener psychohistorischer Fakten aus der literarischen Darstellung führt«.[8] Überdies biete der literarische Typus des *grant chant courtois* – Ich-Aussagen des Sängers über seinen aussichtslosen Dienst an einer höfischen Dame – »gerade nicht das Psychogramm eines masochistisch-liebenden Sängers«, sondern greife in anderen literarischen Bereichen bereits gängige, vor allem geistliche Postulate einer Adelsethik auf (adelige Unterwerfung, Dienstbereitschaft, *humilitas* und Ausharren im Leid, *conversio*-Gedanke) und binde sie zu einem

7 Ursula Peters, *Literaturgeschichte als Mentalitätsgeschichte? Überlegungen zur Problematik einer neueren Forschungsrichtung*, in: G. Stötzel (Hg.), Germanistik – Forschungsstand und Perspektiven, Bd. 2, Berlin und New York 1985, S. 179-198.

8 Peters, *Literaturgeschichte* [Anm. 7], S. 188 f. Freilich läßt sich auch Dichtung als mentalitätsgeschichtliche Quelle auswerten, doch gilt es dabei spezifisch literarische Konditionierungen zu berücksichtigen. Vgl. dazu Jan-Dirk Müller, *Aporien und Perspektiven einer Sozialgeschichte mittelalterlicher Literatur. Zu einigen neueren Forschungsansätzen*, in: Albrecht Schöne (Hg.), *Akten des VII. Internationalen Germanisten-Kongresses Göttingen 1985*, Bd. 11: *Historische und aktuelle Konzepte der Literaturgeschichtsschreibung. – Zwei Königskinder? Zum Verhältnis von Literatur und Literaturwissenschaft*, Tübingen 1986, S. 56-66, bes. S. 61-63.

spezifischen Liebesprogramm zusammen.[9] Peters versteht also die Konzeption der *fin'amors* als Umsetzung geistlicher Modelle adliger Selbstdarstellung in ein Liebesprogramm. Diese ideengeschichtliche These scheint zunächst einen mentalitätsgeschichtlichen Ansatz auszuschließen. Doch ist die Mentalitätsgeschichte dann wieder gefordert, sobald man nach den besonderen Interessen fragt, die der Adel an dieser Transformation geistlicher Legitimationsmuster in ein Liebesprogramm gehabt hat.[10] Weiterführende Einsichten scheint der mentalitätsgeschichtliche Ansatz dort zu versprechen, wo die Ebene adeliger Ideologiebildung mitberücksichtigt wird.[11] Es wird also bei dem Versuch, den ›Sitz im Leben‹ des höfischen Liebesdiskurses zu bestimmen, viel davon abhängen, inwieweit nicht nur erschlossene, vermutete kollektive psychische Befindlichkeiten, sondern auch die ausformulierten Ansprüche und Selbstpräsentationen einer Gruppe Berücksichtigung finden.[12]

5. Es wäre grundsätzlich die Frage zu stellen, ob Literatur stets nur Nachvollzug sozialer bzw. geistiger Prozesse ist.[13] Sollte der Literatur nicht dank einer gewissen Realitätsenthobenheit die Möglichkeit zugestanden werden, sich von sozialen Bedingungen zu lösen und auf überzeitliche kollektive Wunschbilder zu rekurrieren, so daß sie Modelle individuellen und gemeinschaftlichen Glücks entwirft, die sich erst nach vielen Jahrhunderten in der Realität durchsetzen?[14] Berücksichtigt man aber diese jahrhundertealten Träume der Menschen, die sich unabhängig von bestimmten sozialen Konstellationen

9 Peters, *Literaturgeschichte* [Anm. 7], S. 189.
10 Ebda., S. 190.
11 Ebda., S. 192.
12 Dabei darf und muß zuweilen von einem Widerspruch zwischen Selbstverständnis und realem Handeln ausgegangen werden.
13 Vgl. die kritische Besprechung einschlägiger Arbeiten bei Ursula Liebertz-Grün, *Zur Soziologie des »amour courtois«. Umrisse der Forschung*, Heidelberg 1977 (Beihefte zum Euphorion 10).
14 Z. B. das Ideal der Freiwilligkeit und Gegenseitigkeit in einer Liebesbeziehung.

in der Literatur Gehör verschaffen[15], dann wird man einigen Dichtungen einen gegenüber sozialen Bedingungen gleichsam antizipatorischen Charakter zusprechen dürfen.

6. Ebenso wichtig ist aber die Frage nach den Wesensmerkmalen der höfischen Liebeskonzeption: Haben die skizzierten Ansätze überhaupt die entscheidenden Merkmale der aristokratischen höfischen Liebesdichtung benannt und für ihre Deutungen herangezogen?[16]

Diese kleine Skizze wird allerdings nur auf den mit gesellschaftlichen Normen übereinstimmenden Aspekt des Minnesangs eingehen können. Über das spannungsvolle Verhältnis zwischen höfischem Liebeskonzept und gesellschaftlichen Normen werde ich an anderer Stelle handeln. Dann erst wird sich ein Gesamtbild vom ›Sitz im Leben‹ des höfischen Liebesdiskurses ergeben.[17]

Während die anfangs angesprochenen Erklärungsansätze das Dienstideal bzw. den Unterwerfungsgestus homologisch aus der Perspektive inferiorer Schichten her erklären oder aber als Folge männlicher Ängste bzw. Wunschvorstellungen deuten, soll hier der Versuch unternommen werden, den poetischen Diskurs über das ideale Lieben als Teil eines weitgefächerten adligen Kulturmusters zu begreifen und insbesondere die Unterwerfungs- und Dienst-Thematik an die mittelalterliche ethische Diskussion über die Dialektik von Herrschaft und Unterwerfung anzubinden. Die kulturelle Einbettung des Minnesangs soll von einem Selbstverständnis der höfischen Gesellschaft her versucht werden, wie es sich in Tischsitten, Festen, Turnieren und Vogeljagd dokumentiert. Dabei geht es stets um Selbstbeherrschung, Triebbändigung bei gleichzeitiger Abgrenzung gegenüber ungebildetem, zügellosem, wildem

15 Die Mentalitätsgeschichte hat dafür den Begriff *longue durée* geprägt.

16 Vgl. kritisch dazu Schnell, *Die ›höfische Liebe‹ als Gegenstand* [Anm. 5], S. 380 ff.

17 Dann auch erst wird sich die Frage stellen, wie diese spannungsvolle Relation im Spätmittelalter ausgehalten oder aber abgebaut wurde.

Verhalten und solchen Personen und Gruppen, die der Affektkontrolle nicht fähig sind.

Als Ausgangspunkt wähle ich das Ideal des Gewaltverzichts in der erotisch-sexuellen Beziehung zwischen Mann und Frau.

In den Liedern zahlreicher Minnesänger wird, obwohl die überwältigende Wirkung der Frau auf den Mann und dessen erotisches Verlangen thematisiert wird[18] und obwohl sein Liebesverlangen den Mann fast in den Tod treibt, nirgends der Gedanke einer gewaltsamen Eroberung der Frau erwogen. Ist dies einmal der Fall, wird es als abwegiger Gedanke abgetan[19] oder offen mißbilligt. So muß das männliche lyrische Ich in einem Lied Heinrichs von Veldeke sein unbeherrschtes voreiliges Drängen auf sexuelle Erfüllung mit dem Zorn seiner Dame bezahlen. Von der Dame aus gesehen, disqualifiziert sich dieses Verhalten als dörperlich, bäurisch, roh, wo sie doch der Meinung war, sie habe es mit einem ›höfischen‹ Verehrer zu tun.[20]

Der Mann hat also seinem bedrängenden, fast zerstörerischen sexuellen Begehren standzuhalten, hat es zu disziplinieren und somit der Frau einen Freiraum für eigenes Agieren zu zugestehen.[21] Sie soll nicht mehr bloßes Gewaltobjekt des Mannes sein, dies im Gegensatz zur mittelalterlichen Realität.[22]

18 Vor allem Heinrich von Morungen wäre hier zu nennen.

19 Vgl. Hartwig von Rute, MF 117,26 *(und twinge sî ze mir [...] durch disen unsin).*

20 Heinrich von Veldeke, MF 56,19 und 57,1; MF 57,26 und 57,34 (*dat hê mich dorpelîche baete [...] Ich wânde, dat hê hovesch waere.*); vgl. Kasten, *Frauendienst* [Anm. 6], S. 249 f.; vgl. auch *Frauenlieder des Mittelalters. Zweisprachig*, übers. und hg. v. Ingrid Kasten, Stuttgart 1990, S. 58 ff. u. 230 f.

21 Selbst das für Frauen aufgestellte Gebot der ›Keuschheit‹ (vgl. unten Anm. 26) zwängt diese nicht so sehr ein, daß sie nicht in besonderen Fällen für sich das Recht beanspruchten, sich in ›freier Liebe‹ gegen gesellschaftliche Normen dem von ihnen geliebten Mann hinzugeben; vgl. Reinmar, MF 192, 25; 195, 37; 199, 25; Konrad von Würzburg, *Engelhard*, V. 2366 ff.

22 John Marshall Carter, *Rape in medieval England. A historical and sociological study*, London 1985 (vgl. dazu aber die vernichtende Rezension in: Speculum 61 [1986], S. 633-635); Christiane Raynaud, *La violence au moyen âge*,

Mit dem Gewaltverzicht verbunden ist die Bereitschaft, die weitere Gestaltung der Liebesbeziehung dem körperlich schwächeren Teil, der Frau, zu überlassen. Es steht ganz in der Gnade der Dame, ob den Mann Leid oder Freude erwartet.

> Der ich diene und iemer dienen wil,
> diu sol mîne rede vil wol verstân.
> spraeche ich mêre, des wurde alze vil.
> ich wil ez allez an ir güete lân.
> Ir gnâden der bedarf ich wol.
> und wil si, ich bin vrô;
> und wil sî, sô ist mîn herze leides vol.[23]

(»Der ich diene und immer dienen will, die soll meine Worte sehr gut verstehen. Sagte ich mehr, würde dies allzu viel; ich will es alles ihrer Güte überlassen. Ihrer Gnade, der bedarf ich gewiß. Will sie, bin ich froh; will sie, so ist mein Herz voll Leid.«)

Der Mann akzeptiert die lange währende Zurückweisung durch die Frau und will eher selbst Leid erdulden, als der Frau etwas abfordern, was ihr Leid verursacht. Dies aber setzt eine Selbstdisziplinierung voraus, die nicht jedem Mann gelingt. Hartmann von Aue gibt in seinem Artusroman *Erec* ein eindrückliches Lehrstück für die Verkettung von Triebhaftigkeit, mangelnder Selbstbeherrschung und Gewalt gegen Frauen.[24] Einem Burggrafen wird die Schönheit von Erecs Gattin, Enite, zum Verhängnis. Denn er kann seinem Verlangen, sich ihrer zu bemächtigen, nicht widerstehen und plant einen Mordanschlag auf Erec, den er dann aber mit schweren eigenen Verwundungen bezahlen muß. Der Erzähler kommentiert diese Episode

---

Paris 1990; Nanna Damsholt, *Women in medieval Denmark. A study in rape*, in: Niels Skyum-Nielsen und Niels Lund (Hg.), *Danish medieval history. New Currents*, Copenhagen 1981, S. 71-93. Vgl. weitere Lit. Bei R. Schnell, *Die ›höfische Liebe‹ als Gegenstand* [Anm. 5], S. 375, Anm. 2. Zur einschlägigen literarhistorischen Forschung vgl. unten Anm. 39.

23 Albreht von Johansdorf, MF 91, 15. Vgl. auch Heinrich von Morungen, MF 126, 16; 126, 32; 127, 23; 127, 34; 129, 5; 132, 35; 133, 5; 134, 14.

24 Hartmann von Aue, *Erec*, hg. v. Albert Leitzmann, fortgeführt von Ludwig Wolff, 6. Auflage besorgt von Christoph Cormeau/Kurt Gärtner, Tübingen 1985 (ATB 39), V. 3604-4257.

so: Nur derjenige erfahre die vorteilhaften Wirkungen der Liebe, der ihrer *ze rehte kunde gephlegen* (V. 3710). Sich gegen die Liebe wehren könne niemand; doch solle man richtig mit ihr umgehen. Der zerstörerischen Kräfte erotischer Liebe waren sich die höfischen Dichter des Hochmittelalters ständig bewußt.[25] Sie wußten auch, daß das sexuelle Begehren sich nur dann als ein *bonum* entfalten konnte, wenn dieses triebhafte Verlangen den Menschen nicht unterwarf, sondern von diesem unterworfen wurde. Die allgewaltige, bedrohliche Macht des Sexualtriebs mußte domestiziert werden. Dem ›höfischen‹ Liebesdiskurs oblag es, hierfür beispielhafte Bewältigungsmuster zu entwerfen: das räumliche Entrücktsein (Distanz) des Liebesobjektes; die ethische Transzendierung des Liebesobjektes (und die daraus resultierende Furcht, es durch gewaltsame Inbesitznahme zu zerstören); dem Liebesobjekt wird die Entscheidungsfreiheit über den Verlauf der Beziehung zugestanden; Voraussetzung hierfür war die Selbstdisziplinierung des Liebenden (Zurückdrängen des selbstsüchtigen, gewalttätigen Begehrens).

Wem eine solche Disziplinierung seiner erotischen Wünsche gelang, konnte damit offensichtlich Prestige erlangen. Nicht anders ist der in einem Minnelied geäußerte Stolz des Königs Wenzel von Böhmen zu interpretieren, der von einer sich ihm bietenden Gelegenheit singt, sich seines Liebesobjektes zu bemächtigen, dann aber doch davon Abstand nahm:

> Nu habe er danc der sîner frouwen alsô pflege
> als ich der reinen senften fruht.
> ich brach der rôsen niht und hete ir doch gewalt.[26]

---

25 Rüdiger Schnell, *Causa amoris. Liebeskonzeption und Liebesdarstellung in der mittelalterlichen Literatur*, Bern und München 1985 (Bibliotheca Germanica 27), S. 178 f. und 235-237. Zur heutigen Diskussion über die ›Gefahren des Eros‹ vgl. Sudhir Kakar und John Ross, *Über die Liebe und die Abgründe des Gefühls*. Aus dem Englischen übers. v. Udo Rennert, München 1986.

26 Wenzel von Behein (KLD 65), Nr. I, Str. 5, 1-3. In Strophe 4 wird der Konflikt von egoistischem sexuellen Begehren und Rücksichtnahme auf die *kiuschiu werdekeit* der geliebten Frau ausführlich reflektiert.

(»Nun soll er Dank haben, der mit seiner Dame so umgeht wie ich mit dem reinen, freundlichen Geschöpf. Ich brach die Rose nicht und hatte doch Gewalt über sie.«)

Die Demonstration der Selbstbeherrschung ist zugleich ein Akt herrschaftlicher Stilisierung, der hier den Überlegenheitsgestus des vollkommen-höfischen Liebenden annimmt. Er hat seine Triebe unter Kontrolle (im Gegensatz zu ›gemeinen, niederen‹ Menschen). Er verzichtet auf Gewalt und gesteht dem ›unterlegenen‹ weiblichen Wesen freie Entscheidung über ihren Körper zu. Gewaltverzicht, Selbstbeherrschung und Freiwilligkeitsprinzip bedingen sich wechselseitig. Deshalb lautet die Botschaft der höfischen Liebesdichtung: rechte Liebe läßt sich nicht gewaltsam erlangen.[27]

sol er daz obez [die minne] erwerben,
da enhoeret niht gewaltes zuo.
swaz er anders getuo,
haete er allez ertriche,
er enmac gewalticliche
daz obez niemer bejagen.
wa von? daz wil ich iu sagen.
man möhte ein wip wol toeten,
man mac si des niht benoeten,
daz si einen man minne,
daz ir herze und ir sinne,
ir wille und ir triuwe
da minnen ane riuwe.[28]

(»Soll er das Obst [die Liebe] erwerben, so hat da Gewalt nichts zu suchen. Was immer er sonst tun möge, er kann – auch wenn ihm die ganze Erde untertan wäre – das Obst niemals mit Gewalt erringen.

---

27 Vgl. Camproux, *Le Joy d'Amor* [Anm. 3], S. 152; Camproux zitiert zwei Stellen aus der provenzalischen Dichtung: *car amor no te pro, forçada* (»denn erzwungene Liebe ist entartet«) aus einem Lied des Trobadors Cerveri de Girona; *Amors forsada non es bona* (»erzwungene Liebe ist nichts wert«) aus dem Roman *Jaufre*.

28 Klaus Hofmann, *Strickers ›Frauenehre‹. Überlieferung – Textkritik – Edition – literaturgeschichtliche Einordnung*, Marburg 1976, V. 1366-1378. Vgl. auch Gottfried von Straßburg, *Tristan und Isold*, hg. v. Friedrich Ranke, Berlin 1963, V. 17917 ff.

Weshalb? Das werde ich euch sagen. Man könnte eine Frau gewiß töten, man kann sie aber nicht dazu zwingen, daß sie einen Mann liebt und daß ihr Herz und ihre Sinne, ihr Wille und ihre Treue dort ohne Kummer lieben.«)

Liebe bedeutet für die höfischen Dichter eben nicht allein sexuelle Befriedigung, nicht bloßes Inbesitznehmen einer Frau (bis zum Extrem der Vergewaltigung), sondern das wahre Liebesglück schenkt erst das Wissen darum, daß auch die Frau von sich aus die Liebesvereinigung (mit diesem einen Mann) wünscht. Eben diese Erkenntnis zu vermitteln und als anvisiertes Ziel offenzuhalten, darin sehe ich die Funktion der Frauenstrophen im Kontext der hochmittelalterlichen Minnekanzone. In diesen Frauenstrophen äußern sich Frauen über ihre eigene Liebessehnsucht. Der Liebe des Mannes muß die freiwillig geschenkte Liebe der Frau antworten, soll es eine exemplarische Liebesbeziehung im Sinne der minnetheoretischen Überlegungen des höfischen Liebesdiskurses – mit seinem Prinzip der Freiwilligkeit – sein.[29] Der Anspruch an eine vorbildlich gelingende Minnebeziehung ist im höfischen Liebesdiskurs enorm gestiegen: Freiwilligkeit und Gegenseitigkeit erlauben erst das postulierte Glück.[30]

Daß im Minnesang vor allem die Männer den Prozeß der Selbstdisziplinierung demonstrieren müssen, hängt mit der Vorstellung von ihrer körperlichen Überlegenheit zusammen: Ihnen wäre die Fähigkeit gegeben, den Sexualtrieb durch ge-

29 In den Frauenliedern bloße Männerphantasien zu sehen, greift meines Erachtens zu kurz. Sie erfüllen eine bestimmte Funktion im Rahmen eines Diskurses, der die Rollen von Mann und Frau zusammensieht und übergreift.

30 Daß sich Freiwilligkeitsprinzip und Dienst/Lohn-Gedanke zuweilen widersprechen, habe ich gezeigt in: Rüdiger Schnell, *Die ›höfische Liebe‹ als ›höfischer‹ Diskurs über die Liebe*, in: Josef Fleckenstein (Hg.), *Curialitas. Studien zu Grundfragen der ritterlich-höfischen Kultur*, Göttingen 1990 (Veröffentlichungen des Max-Planck-Instituts für Geschichte 100), S. 231-301, bes. S. 287f. Vgl. z. B. das Partimen [ca. 1196-98] zwischen Na Maria de Ventadorn und Gui d'Ussel (P./C. 194, 9), Str. III, dazu jetzt Angelica Rieger, *Trobairitz. Der Beitrag der Frau in der altokzitanischen höfischen Lyrik. Edition des Gesamtkorpus*, Tübingen 1991 (Beihefte zur ZfrPh, 233), S. 255-274.

waltsames Vorgehen gegenüber dem schwächeren Geschlecht zu befriedigen; deshalb müssen gerade sie die Unterwerfung unter die Frau einüben, um sich selbst beherrschen zu lernen. Der Unterwerfungsgestus, so zahlreich zelebriert im Minnesang, zielt letztlich nicht auf die Unterwerfung unter die Frau, sondern auf die Unterwerfung der eigenen Triebe. Deshalb scheint mir die These von einer inferioren Trägerschicht der Trobadorlyrik den eigentlichen Sinn dieses poetischen Diskurses zu verfehlen. Denn die sozial Schwächeren hatten sich aufgrund realer Zwänge einem Höheren zu unterwerfen. Doch im Minnesang zelebriert der Adel die freiwillige Unterwerfung unter ein schwächeres Wesen als stolze Geste der Selbstbeherrschung.

er hât gar einn unhüfschen muot,
der den wîben gwalt tuot.[31]

(»er hat ganz und gar eine unhöfische Gesinnung, der Frauen Gewalt antut«)

In einem provenzalischen Streitgespräch zwischen Domna H. und Rofin (ca. 1230/40) wird die Frage diskutiert, ob ein Liebender zu entschuldigen sei, dem die geliebte Dame bei einem nächtlichen Rendezvous alles gestattet außer der sexuellen Penetration, der sich diese letzte Lust aber gewaltsam verschafft.[32] Eindeutig wird Anwendung von Gewalt verurteilt, und auch die Gegenstimme kann ein Überschreiten der Anordnungen der Dame nur mit dem Hinweis auf die (positiv

---

31 Thomasin von Zirclaria, *Der Wälsche Gast*, hg. v. Heinrich Rückert. Mit einer Einleitung und einem Register von Friedrich Neumann, Berlin 1965 (Deutsche Neudrucke), V. 1219 f.

32 Ob diese als *asag* bezeichnete Prüfung (bei der die *domna* ihren Geliebten zwar zu sich ins Bett nimmt, ihm aber lediglich erlaubt, neben ihr zu liegen, sie zu betrachten und zu liebkosen) ein tatsächlich ausgeführtes Ritual war oder nur poetischer Einfall, braucht hier nicht zu interessieren, da es uns lediglich um den Diskurs über die Liebe geht, nicht um praktiziertes höfisches Liebesverhalten. Vgl. zuletzt A. Rieger, *Trobairitz* [Anm. 30], S. 304 f., 490 f., 604. Ausführliche Darlegung bei René Nelli, *L'érotique des troubadours*, Bd. 2, Paris 1974, S. 24-46.

konnotierte) übergroße Liebe rechtfertigen, die ja auch die Dame beeindrucken müsse.[33]

> Domna, d'aitan sobret follors
> cel que fon deshobediens
> ves sidons, que non es parvens
> qu'amans, puois lo destreing amors,
> dei'ab voluntat forciva
> los ditz de sa domna passar [...]
> (Str. II 1-6)
>
> E cel fetz foudat nadiva
> qe sa domna auset forssar
> – e qui.l mante sap pauc d'amar;
> qu'amans – puois fin'amors viva
> lo destreing – tem sa domna e cre
> de tot quant ditz, qu'aissi.s cove.
> (Str. VI 5-10).

(»Herrin, um so mehr bemächtigte sich der Wahn dessen, der seiner Herrin ungehorsam war, als es nicht einleuchtet, daß ein Liebender, da ihn die Liebe überwältigt, mit Gewalt die Anordnungen seiner Dame überschreiten sollte.« [...] »und was der tat, war reiner Wahnsinn, der es wagte, seine Herrin zu vergewaltigen. Und wer für ihn plädiert, weiß wenig von der Liebe. Denn ein Liebender – da ihn heftige und echte Liebe zurückhält [den Koitus zu erzwingen] – fürchtet seine Herrin und glaubt alles, was sie sagt, denn so gehört es sich.«[34])

In dieser Tenzone wird wie in einigen anderen Gedichten eine Grundposition des höfischen Liebesdiskurses durchgespielt: der liebende, sexuell begehrende Mann wird in eine Situation hineingestellt, in der er (nackt neben der Geliebten liegend) beweisen muß, daß er sich und sein triebhaftes Verlangen zu beherrschen weiß. Meines Erachtens scheint das *asag*-Motiv allein diese diskursive Funktion zu erfüllen.[35] Der Forderung nach Disziplinierung des Sexualtriebs entsprechen zu können,

---

33 Text und Übersetzung bei A. Rieger, *Trobairitz* [Anm. 30], S. 292-295 (P./C. 249a. 1 = 426.1).

34 Übersetzung nach A. Rieger, *Trobairitz* [Anm. 30] S. 294 f.

35 Vgl. andere Textbeispiele bei A. Rieger, *Trobairitz* [Anm. 30], Nr. 27 (P./C. 43,1), Str. V, und Nr. 36 (P./C. 46,4), Str. III. Dieselben Texte bei I. Kasten, *Frauenlieder* [Anm. 20], Nr. LII und LVI. – Wenn Helmut Brackert,

ist zunächst einmal Ausweis vollkommenen Liebens. Daß damit aber auch Voraussetzungen rechter Herrschaft erfüllt sind, wird später zu zeigen sein.

Programmatisch formuliert Thomasin von Zirklaere (ca. 1215) den Kontrast von gewalttätigem Ausleben der Affekte und Triebe und einem langwierigen Werben um die Gunst der begehrten Dame. Keine Frau soll ihren Körper von einem Mann berühren lassen, der dazu kein Recht habe. Auch soll ein Mann einer Frau erst lange ›dienen‹, bevor er sie explizit um ihre Gunst bitte, für die ja die Frau ihr ganzes Ansehen aufs Spiel setze. Es sei unhöfisch, gleich nach dem ersten Erblicken und Begehren eine Frau zur sexuellen Vereinigung zu drängen.[36]

In dem entsagungsreichen, selbstbeherrschten Werben um die Frau scheint sich das höfisch-kulturelle Ideal eines gewaltfreien Umgangs überhaupt exemplarisch zu dokumentieren. Im disziplinierten Frauendienst kristallisiert sich die Utopie von einer Welt, aus der Unrecht, Zwang, Gewalt und damit Elend verbannt sind.

Chavalers si'aunitz
Que.s met en domneiar,
Pos que tocha dels mas moltos belans
Ni que rauba gleizas ni viandens!

(»Schande über den Ritter, der sich anschickt, um die Damen zu werben, wenn er blökende Schafe mit den Händen greift und Kirchen und Reisende ausplündert«.[37])

Minnesang. Mittelhochdeutsche Texte mit Übertragungen und Anmerkungen, Frankfurt/Main 1983, S. 270f., eine sexuelle Freizügigkeit des provenzalischen Minnesangs gegenüber einer stärkeren Triebunterdrückung und Askese im deutschen Minnesang behauptet, so vermischt er zwei Ebenen: die Ebene des Sprechens über Sexualität, die in der Trobadorlyrik in der Tat nicht so restriktiv war, und die Ebene des sexuellen Handelns, für die beide Literatursprachen eine vergleichbare Disziplinierung anstrebten. Die offenere Zuspitzung sexueller Dilemmata in der Trobadorlyrik diente letztlich nur dazu, die geforderte Selbstbeherrschung um so drastischer demonstrieren zu können.

36 Thomasin von Zirklaere [Anm. 31], V. 1392-1429.

37 Giraut de Bornelh [ca. 1162-1199], *Sämtliche Lieder*, mit Übersetzung, Kommentar und Glossar kritisch hg. v. Adolf Kolsen, 2 Bde., Halle 1910 u. 1935, Nr. 65, V. 27-30.

Anders formuliert: Der Frauendienst wird gedeutet als Teil und Vorstufe einer gewaltfreien, auf den Prinzipien von Freiwilligkeit und Selbstbeherrschung basierenden (adligen) Gesellschaft. Dabei ist allererst der Mann mit seinem Aggressionspotential gefordert. Doch der Frau obliegt die Aufgabe, durch Zurückhaltung und Prüfung den Mann zur Selbstdisziplinierung zu bringen. Zahlreiche Klagen über ›falsche‹ Frauen, die ihre Gunst vorschnell den ›falschen‹ Männern gewähren, erhalten somit eine Bedeutung, die über einen bloß ethischen Appell hinausreicht und offensichtlich in einem gesellschaftspolitischen Diskussionszusammenhang anzusiedeln ist.

Bezeichenderweise deutet der Minnesänger Neidhart, der das Leben auf dem Dorfe als chaotisches Treiben schildert und der Liebe in diesem dörflichen Milieu thematisiert, mehrfach Gewalt gegen Frauen an, symbolisiert in dem Motiv von Frideruns Spiegel[38]: der Bauernbursche Engelmar hat Frideruns Spiegel geraubt und/oder zerbrochen. Dieser Akt der Gewalt eines Mannes gegenüber einer Frau bzw. einem Mädchen zeigt die gegenhöfische Welt der Dörper an und macht andererseits den Aspekt des Gewaltverzichts im klassischen Minnesang deutlich. Umgekehrt läßt sich sagen: in der Gegenwelt der Dörper, in der Gewalt, Affekt, Triebe herrschen, wird die höfische Welt sich des sie auszeichnenden Verhaltenskodexes bewußt: Reflexion und Sublimation der Triebe, Gewaltverbot und Freiwilligkeitsprinzip. Dagegen ist die Dorperwelt Neidharts durch Ausgelassenheit, Zügellosigkeit, Triebhaftigkeit, Unkontrolliertheit sexuellen und anderen Handelns charakterisiert.

Die Frage nach der gesellschaftlichen Funktion des Minnesangs führt also zunächst zur Erkenntnis, daß Selbstbeherrschung, Affektkontrolle, Gewaltverzicht zu den Leitideen der

---

38 Die Lieder Neidharts, hg. v. Edmund Wießner, fortgeführt von Hanns Fischer, 4. Auflage revidiert von Paul Sappler, Tübingen 1984 (ATB 44). Vgl. dazu Bruno Fritsche, *Die erotischen Motive in den Liedern Neidharts,* Göppingen 1976 (GAG 189), S. 89-91 und 151.

höfischen Minne-Ideologie gehörten.[39] Gleichzeitig wurden aber diese selbstgesetzten Verhaltensnormen zur Repräsentation und Legitimation von Herrschaft eingesetzt. Eine funktionsgeschichtliche Betrachtung des Minnesangs leitet so über zu Überlegungen zum kulturhistorischen Zusammenhang und zum zivilisationsgeschichtlichen Potential dieser literarischen Gattung.

Ich gehe von der mittelalterlichen Herrschaftslehre aus, und zwar von der im Mittelalter verbreiteten Überzeugung, wonach nur der zur Herrschaft berechtigt und befähigt sei, der nicht selbst der Herrschaft der Triebe unterworfen sei. Einfacher ausgedrückt: Nur der dürfe über andere herrschen, der sich selbst beherrsche.

Johann von Viktring lehrt in seinem *Liber certarum historiarum* (ca. 1330/45): »Und wie Seneca sagt: Wenn du dir alles unterwerfen willst, unterwirf dich zuerst der Vernunft; kannst du dich selbst beherrschen, so wirst du viele beherrschen.«[40]

---

39 Das Wissen und das Zurschaustellen disziplinierten Handelns steigert das Selbstwertgefühl nicht nur des Minnenden, sondern eines jeden, der sich zur ›höfischen‹ Gesellschaft zählen wollte. Durch diese Demonstration und Integration in einen höfischen Verhaltenskodex vergewissert er sich dieser Zugehörigkeit. Es entsprach der Ehre eines Ritters, gegenüber Schwächeren und Wehrlosen keine Gewalt anzuwenden. Vergewaltigungen werden im höfischen Roman streng geahndet. Vgl. Marie-Luce Chênerie, *Le chevalier errant dans les romans arthuriens en vers des XIIe et XIIIe siécles*, Genf 1986, S. 427-451 u. 475-483; Antoinette Saly, *La demoiselle »esforciée« dans le roman arthurien,* in: Danielle Buschinger und André Crépin (Hg.), *Amour, mariage et transgressions au moyen âge*, Göppingen 1984 (GAG 420), S. 215-224; Danielle Buschinger, *Le viol dans la littérature allemande au moyen âge*, ebd., S. 369-388; D. D. R. Owen, *Theme and variations. Sexual aggression in Chrétien de Troyes*, in: FMLS 21 (1985), S. 376-386; Kenneth Varty, *The giving and witholding of consent in late twelfth-century French literature*, in: Reading Medieval Studies 12 (1986), S. 27-49; Kathryn Gravdal, *Ravishing maidens. Writing rape in medieval French literature and law*, Philadelphia 1991.

40 Fedorus Schneider (Hg.), *Iohannis Abbatis Victoriensis, Liber certarum historiarum*, Bd. 1, Hannover und Leipzig 1909, S. 302 (II 9 Schluß der Recensionen B.D.A. 2): *et sicut dicit Seneca* [ep. 37, 4]: *Si vis omnia tibi subicere, te subice racioni; si te ipsum rexeris, multos reges.*

In der Einleitung des weitverbreiteten allegorischen Traktates von Jacobus de Cessolis (ca. 1275) wird einem König folgende Lehre gegeben[41]: »Ich hoffe, daß du während deines Regiments ein anderer wirst, so daß du über dich selbst gebietest, bevor du über andere mit Gewalt statt mit Recht gebietest. Es ist nicht rechtens, daß du über andere herrschen willst, solange du nicht über dich selbst herrschen kannst.«

Ähnlich lautende Formulierungen aus antiken Sentenzenbüchern (Publilius Syrus; Valerius Maximus) oder mittelalterlichen Sprichwörtersammlungen (Egbert von Lüttich u. a.) weisen auf eine entsprechend weite Verbreitung dieses Gedankens von der Selbstbeherrschung des Herrschers hin: *Stultum imperare reliquis, qui nescit sibi.* (»es ist töricht, über die anderen zu herrschen, wenn man sich nicht selbst zu beherrschen weiß« – Publilius Syrus); *Imperare sibi maximum imperium est* (»über sich selbst zu herrschen bedeutet die größte Herrschaft« – Seneca, ep. 113, 24); *Multo enim multoque se ipsum quam hostem superare operosius es* (»es ist bei weitem mühsamer, sich selbst als den Feind zu überwinden« – Valerius Maximus 4,1,2).[42]

Dies bezeugt etwa der Spruch Walthers von der Vogelweide (81,7):[43]

---

41 Ernst Köpke (Hg.), *Jacobus de Cessolis, Liber de moribus hominum et officiis nobilium*, in: *Mittheilungen aus den Handschriften der Ritter-Akademie zu Brandenburg A. H.*, Nr. II, Brandenburg/Havel 1879, S. 2: *Opto ergo te alium fore regimine, ut tibi prius domineris, qui non iure aliis sed violentia dominaris. Iniustum quippe est ut aliis imperare velis, cum tibi ipsi imperare non possis [...]*

42 Vgl. weitere Belege bei H. E. Bezzenberger (Hg.), *Fridanks Bescheidenheit*, Halle 1872, S. 402 zu 113, 10-17. Außerdem: Giraldus Cambrensis, *De principis instructione liber*, hg. von G.F. Warner, London 1891 (Rerum Britannicarum Scriptores 21, Bd. VIII), S. 9 (I 1): *ideoque rex a regendo dicitur, quia primo se ipsum, deinde populum sibi subditum, regere tenetur* (»daher heißt es ›Regent‹ [›König‹] von ›regieren‹, weil der Regent verpflichtet ist, zuerst sich selbst und dann das ihm untergebene Volk zu regieren«).

43 Vgl. Wilhelm Wilmanns, *Walther von der Vogelweide*, 4., vollst. umgearb. Aufl. besorgt von Victor Michels, Bd. 2, Halle 1924, S. 469, Anm. 129. – Übersetzung nach Peter Wapnewski (Hg.), Walther von der Vogelweide, *Gedichte*, Frankfurt 1962 (Fischer Bücherei 732).

Wer sleht den lewen? Wer sleht den risen?
wer überwindet jenen unt disen?
daz tuot einer der sich selber twinget
und alliu siniu lit in huote bringet
ûz *der wilde* in staeter zühte habe.
geligeniu zuht und schame vor gesten
mugen wol eine wîle erglesten:
der schîn nimt drâte ûf unt abe.

(»Wer schlägt den Löwen? Wer besiegt den Riesen? Wer überwindet jenen und diesen? Das tut einer der sich selbst bezwingt und alle seine Glieder in Beherrschung nimmt aus der Zügellosigkeit in den Hafen beständiger Selbstzucht. Äußerlich angenommene Zucht und Zurückhaltung vor Fremden können eine Weile gut glänzen, doch solcher Schein flackert schnell auf und verlöscht dann wieder.«)

Eine ähnliche Lehre gibt der Trobador Peire Cardenal um 1204/08[44]:

Man muß den Sieger mehr loben als die Besiegten, wer das Wahre zu sagen bereit ist; denn der Sieger trägt die Blume des Sieges, den Besiegten geht man begraben. Und wer sein Herz besiegt durch das Überwinden unredlicher Begierden, von denen die maßlose Liebestat und die anderen Schandtaten ausgehen, ist mit diesem Sieg mehr geehrt, als wenn er hundert Städte erobert hätte.[45]

Sich selbst zu besiegen, ist ruhmvoller, als über andere zu siegen: dahinter steht eine christliche (auch stoische) Grundvorstellung.[46]

In der *Alexandreis* des Walter von Châtillon (ca. 1180) heißt

44 *Ar me puesz ieu* (P./C. 335, 7), Str. IV.

45 R. Schnell, *Causa amoris* [Anm. 25], S. 450. Vgl. auch Abaelard, *Ethica* 2 (PL 178, 635 C): zitiert Proverbia Salomonis XVI 32: *Melior est patiens viro forti, et qui dominatur animo suo expugnatore urbium* (»Besser ist ein selbstbeherrschter als ein kühner Mann, und besser jemand, der sein Verlangen beherrscht, als einer, der Städte erobert«).

46 Peter von Moos, *Hildebert von Lavardin (1053-1133). Humanitas an der Schwelle des höfischen Zeitalters*, Stuttgart 1965, S. 107 ff. Vgl. auch Michel Foucault, *Der Gebrauch der Lüste (Sexualität und Wahrheit 2)*, Frankfurt/Main 1989 (stw 717), über griechische Eros-Vorstellungen: nur der darf herrschen, der sich selbst beherrscht.

es im 1. Buch (V. 164-174), in der Herrschaftslehre des Aristoteles, die er seinem Schüler Alexander d. Gr. vermittelt[47]:

> Cetera quid moneam? sed non te emolliat intus
> Prodiga luxuries, nec fortia pectora frangat
> Mentis morbus amor, latebris et murmure gaudens,
> Si Bacho Venerique vacas, qui cetera subdis,
> Sub iuga venisti: periit delira vacantis
> Libertas animi. Veneris flagrante camino
> Mens hebet interius. rixas et bella moveri
> Imperat et suadet rationis vile sepulchrum
> Ebrietas. rigidos enervant hec duo mores.
> Parca voluptates sit eis explere voluntas
> Qui leges hominum et mundi moderantur habenas.

(»Welche Ermahnungen soll ich sonst noch geben? Nicht soll die Liebe, die Krankheit des Geistes, die sich an Dunkelheit und Gemurmel erfreut, dein tapferes Herz brechen. Wenn du Bacchus und Venus dienst, sonst alles unterwirfst, dann bist du selbst unters Joch gekommen: untergegangen ist dann die sinnlose Freiheit des müßigen Geistes, wenn die Liebe (Venus) ihr Feuer entzündet. Der Geist stumpft ab im Inneren. Die Trunksucht, das schmähliche Grab der Vernunft, rät gebieterisch, Streit und Kriege zu entfachen. Bacchus und Venus (Trunksucht und Liebe) nämlich, die zwei, schwächen die strengen Sitten. Selten nur darf sich wünschen, den Lüsten zu frönen, wer den Menschen Gesetze gibt und die Zügel der Welt hält.«[48])

Liebe und Trunksucht untergraben die Vernunft und die Selbstbeherrschung des Menschen, gerade des Herrschers. Wer den Minnesang und die höfischen Romane neben diese Lehre hält, wird überrascht sein. Denn dort scheinen gerade die adligen Protagonisten bzw. die adligen Minnesänger vor lauter Liebessehnsucht die ganze übrige Welt gar nicht mehr wahrzunehmen.[49] Und doch soll angeblich dieser Minnesang und der höfische Roman Teil der herrschaftlichen Repräsenta-

---

47 Marvin L. Colker (Hg.), *Galteri de Castellione Alexandreis*, Padua 1978.

48 Vgl. auch Walter von Châtillon, *Alexandreis. Das Lied von Alexander dem Großen*, übersetzt, kommentiert und mit einem Nachwort versehen von Gerhard Streckenbach, Heidelberg 1990.

49 Vgl. z. B. Wolframs *Parzival* in der Blutstropfenepisode 290, 1 ff; Friedrich von Hausen, MF 45, 37.

tion des hohen Adels sein. Offensichtlich legt es der Adel darauf an, in diesen höfischen Dichtungen ein Liebesverhalten zu demonstrieren, das von einer Unterwerfung unter die sexuellen Triebe weit entfernt ist: Eine männliche Figur diszipliniert das eigene Begehren und eröffnet dabei dem geliebten Gegenüber, der Frau, einen Freiraum, der ihr ein Reflektieren über die eigenen Gefühle ermöglicht. So kommt das paradoxe Resultat zustande, daß der Mann sich zwar völlig der Frau unterwirft, aber nicht als jemand erscheint, der sich selbst nicht unter Kontrolle hat. Es handelt sich um eine Art vernunftgeleitete, bewußte, freiwillige Unterwerfung unter die Wünsche der Frau, nicht unter die eigenen Triebe.[50] Weil die Frau als ein *bonum* erscheint – und sie erscheint als *bonum*, weil sie dem unmittelbaren Zugriff des Mannes entzogen ist und somit transzendiert wird –, wird die Unterwerfung unter dieses *bonum* nicht als Verlust von Selbstbeherrschung, sondern als vernunftgeleitetes Sich-selbst-Disziplinieren gewertet. Denn im Minnesang behauptet ja das männliche lyrische Ich, der verehrten Dame unter großer Entsagung auch dann zu dienen, wenn die sexuelle Belohnung lange auf sich warten läßt.

Drei Umwertungen ermöglichen ein Zusammengehen von Liebe und Selbstbeherrschung in der höfischen Liebesdichtung: das Objekt, dem man sich unterwirft, die Frau, wird zum *bonum* erhoben. Zweitens – als Konsequenz – unterwirft sich der Liebende nicht seinem sexuellen Verlangen, sondern den hohen Normen der Gesellschaft, als deren Repräsentantin die Frau fungiert: eine über die Frau vermittelte, vom Mann freiwillig akzeptierte Affektzügelung. Und drittens bleibt das Liebesbegehren stets beherrscht von einer reflektierten Bändigung des ungestümen Verlangens nach sexueller Befriedigung.

Der Minnesang versucht die Integration der beiden sonst konträren Impulse, also das Unmögliche: Selbstbeherrschung

50 Ein solches Sichunterwerfen unter die Frau führt den Mann aber nur deshalb nicht ins Verderben – wie es etwa die misogyne Literatur zur Genüge vorexerziert –, weil die Frau zum *bonum* erhoben wurde.

(Freiheit des Geistes) und Liebesleidenschaft (in der Liebe brennen), *ratio* und *sensualitas* zu harmonisieren. Dies gelingt letztlich durch die Stilisierung der Trieb-Entsagung als Leidenschaft. Die höfische Liebeskonzeption hat es zuwege gebracht, die traditionelle Verkettung von geistiger Knechtschaft und erotischer Liebe aufzubrechen und das Liebesverlangen nach einer Frau mit der Vorstellung von sittlich-geistiger Selbstbeherrschung zu verknüpfen. Dadurch aber wurde nun der Weg frei für den Versuch, Liebesdichtungen für die Legitimation und Repräsentation von Herrschaft zu verwenden.

Diese Überlegungen werden bestätigt durch die Art und Weise, wie die lateinische Aristotelesrede des Walter von Châtillon von einem deutschen Dichter rezipiert wird, von Rudolf von Ems (ca. 1240) in seinem Alexanderroman.[51] Dort lautet die Lehre des Aristoteles an den zukünftigen Herrscher Alexander wie folgt:

> hie bi soltû sîn gemant
> daz *valscher* wîbe minne
> iht triegen dîne sinne.
> lâ *valsche* gesellescaft
> niht brechen dîner tugende kraft:
> *valschlich* wîbes minne
> krenket werde sinne
> und ist des herzen siechtuom.
> der gedenke ân allen ruom!
> sô tiurent dem man kiuschiu wîp
> herze muot sinne und lîp
> und sterket tugent ir lobes kraft
> der minne und ir gesellescaft. (V. 1736-48).
> [...]
> woldestû dich kêren
> an *valsche* minn und an wîn
> und von in betwungen sîn,
> twungestû denn elliu lant,

51 Rudolf von Ems, *Alexander. Ein höfischer Versroman des 13. Jahrhunderts*, zum ersten Male hg. v. Victor Junk, Stuttgart 1928/29 (Nachdruck Darmstadt 1970), V. 1736-1788.

dû waerest doch ein kneht genant
und möhtest vrî geheizen niht:
gîstû disen beiden phliht,
sie künnen dich vernihten
und dîne tugent entrihten.
(V. 1756-64)[52]

(»Hierdurch sollst du davor gewarnt sein, daß nicht die Liebe zu unehrenhaften Frauen deine Sinne betrügen. Sieh zu, daß nicht eine treulose Begleitung die Kraft deiner Tugenden zerbricht. Die Liebe zu einer treulosen Frau schwächt die edeln Sinne und bedeutet Krankheit des Herzens. Denke an sie ohne jede Überhebung! Reine Frauen dagegen vervollkommnen Herz, Gemüt, Sinne und Leib des Mannes und die Kraft ihres Lobes und ihre Begleitung stärken das gute Wesen der Liebe. – Wolltest du dich falscher Liebe und dem Wein zuwenden und von ihnen bezwungen werden, dann würdest du – hättest du dir auch alle Länder unterworfen – doch ein Knecht genannt und könntest nicht den Namen eines Freien führen: begibst du dich in deren beider Obhut, dann können sie dich vernichten und deine Tugend vom rechten Weg abbringen.«)

Der pauschalen Warnung vor der sinnlichen Liebe bei dem lateinischen Autor setzt der höfische Dichter Rudolf von Ems eine Differenzierung von Liebe und Frauen entgegen: nur die Liebe zu ›falschen, unrechten, schlechten‹ Frauen sei der eigenen sittlichen Freiheit gefährlich, nur sie mache einen zum Unfreien, zum Knecht. Dagegen vermag die Liebe zu untadeligen Frauen Herz und Sinne des Mannes zu vervollkommnen, sie stärkt die Tugend. Die sittliche Beschaffenheit des Liebesobjekts, der Frau, ist also entscheidend für die moralische Qualität des Liebesbegehrens. Doch muß der Mann das Urteilsvermögen besitzen, die rechte Frau zu erkennen, und er muß die Kraft aufbringen, lange um deren Liebe zu werben.

Das Rezept des Minnesangs ist einfach: man erhebt die Frau zu einem ethischen *bonum*, fordert einen entbehrungsreichen Prozeß des Werbens und Sehnens nach diesem *bonum*, und damit ist erotische Liebe legitimiert. Doch mit der Projektion der Frau als eines ethischen *bonum* ist eine Umorientierung des Lie-

52 Die Verse über die Trunkenheit lasse ich weg.

bens verbunden. Es geht nicht mehr nur um selbstsüchtige sexuelle Befriedigung, um das Sichverlieren in der Wollust, sondern um den Respekt vor der Idee ›Frau‹ und um die Bewältigung des eigenen Verlangens durch Reflexion und Artikulation. Im psychologisierenden Sezieren der Liebe wird Abstand gewonnen von der eigenen Liebesleidenschaft und eine ganz neue Art von Liebe hervorgebracht: eine Liebe, die nicht zunächst die eigene Lust sucht, sondern sich der geliebten Frau als *bonum* unterwirft.[53] Also eine Freiheit gegenüber dem eigenen Trieb, eine Freiheit, die zugleich dem Gegenüber Freiheit ermöglicht. Unterwerfung unter die Frau hat letztlich die Wiedergewinnung der Freiheit sich selbst gegenüber – die Unterwerfung der eigenen Triebe, die den Menschen niederwerfen wollen – zur Folge. Aus dem Minnesang lese ich den Stolz des (männlichen) Adels über diese sich selbst zugeschriebene Kompetenz heraus.

Im Minnesang mit seiner Thematisierung der Selbstbeherrschung wird einem sich als ›höfisch‹ verstehenden Publikum die Vorstellung suggeriert, für Herrschaft legitimiert zu sein. Denn: »Wer über andere herrscht, muß sich selbst beherrschen«.

Die gesellschaftspolitischen Implikationen der im Minnesang formulierten ethischen Normen lassen sich mit Hilfe anderer Manifestationen adliger Repräsentation erhellen:
– Zähmung von wilden Vögeln und Vogeljagd (a)
– Turnier und Fest (b)
– Tischsitten (c)

In all diesen Bereichen wird ein harmonischer Ausgleich zwischen konkurrierenden Kräften in der höfischen Gesellschaft bzw. eine Affektkontrolle in jedem einzelnen angestrebt.[54]

53 Und sich somit als ethisch ausgezeichnetes Wesen feiert. Die Lust liegt dann in der Darstellung der eigenen Liebes-Kompetenz.

54 Zum Gegensatz von höfischem Fest und wilder Orgie auf einer Bauernhochzeit (Wittenwilers *Ring*) vgl. Walter Haug, *Von der Idealität des arthurischen Festes zur apokalyptischen Orgie in Wittenwilers Ring*, in: W. Haug und Rainer Warning (Hg.), *Das Fest*, München 1989 (Poetik und Hermeneutik 14), S. 157-179.

Als Demonstration adliger Herrschaft und Selbstbeherrschung darf die *Zähmung wilder Vögel zur Vogeljagd* angesehen werden.[55] Die Falknerei besaß repräsentativen Charakter; sie galt als aristokratische Kunst. Aus dem Traktat *De arte venandi cum avibus* des Kaisers Friedrich II. (ca. 1240/50) erhellt die besondere Eignung der Falkenjagd zur Repräsentation von Herrschaft. Die Jagd mit den Raubvögeln wird im ersten Kapitel adliger und würdiger als andere Jagdarten genannt, da Raubvögel adliger seien als Jagdgegenstände, wie Netze oder Pfeil und Bogen, und Vierfüßler, wie Hunde oder Leoparden, und da Raubvögel im Vergleich zu anderen Tieren schwieriger, nämlich nur durch den Geist des Menschen *(solo ingenio hominum)* abzurichten seien, so daß nur Adlige dieser Aufgabe entsprechen könnten. Ziel des Abrichtens ist es, die Raubvögel eines Teiles ihrer natürlichen Eigenschaften zu entfremden und ihnen künstliche Eigenschaften und Sitten anzueignen, ihnen eine zweite Natur zu verleihen, indem die Vögel lernen, beim Menschen zu bleiben und zu ihm zurückzukehren:

> [...] per que priventur [...] aves rapaces ab hac natura sua, et per que suas proprietates desinant naturales et acquirant in se proprietates et mores artificiales standi cum homine et revertendi ad ipsum. Qui mores acquisiti per duritiam processu temporis et assiduitate vertantur eis in habitum et consuetudinem et naturam alteram.[56]
>
> »([...] wodurch die Raubvögel dieser ihrer eigenen Natur entfremdet werden und wodurch sie ihre natürlichen Eigenschaften ablegen, dagegen die artifiziellen Eigenschaften und Sitten, beim Menschen sich aufzuhalten und zu ihm zurückzukehren, annehmen. Diese durch Abhärtung erworbenen Sitten sollen diesen mit fortschreitender Zeit und durch häufige Wiederholung zum Habitus, zur Gewohnheit und zur zweiten Natur werden.«)

---

55 Vgl. dazu Silvia Schmitz, *Die Pilgerreise Phillipps d. Ä. von Katzenelnbogen in Prosa und Vers. Untersuchungen zum dokumentarischen und panegyrischen Charakter spätmittelalterlicher Adelsliteratur*, München 1990 (Forschungen z. Älteren Dt. Lit. 11), S. 89-94, der ich z. T. wörtlich folge.

56 Friedrich II., *De arte venandi cum avibus*, hg. v. Carolus Arnoldus Willemsen, Leipzig 1942, Bd. 1, S. 166. Also auch hier, beim Abrichten von Raubvögeln, wird das Thema *natura/nutritura* (natürlich-triebhafte Veranlagung/Beherrschung der Natur durch Erziehung) durchgespielt.

Es läßt sich vermuten, daß auch das männliche lyrische Ich im Minnesang es darauf anlegt, sich zu einem *alter ego* hin zu verändern, das alle alten eingewurzelten Triebe vertreibt und sich neuen Maßstäben unterwirft. Beim Abrichten der Raubvögel setzt die Beherrschung der äußeren Natur (der Wildheit der Raubvögel) die Beherrschung der inneren Natur voraus. Der Falkner soll seine Bedürfnisse und Leidenschaften unterdrücken können, er darf weder dem Schlaf zuneigen noch der Schlemmerei, darf nicht trinksüchtig und nicht jähzornig sein, nicht träge und nicht unstet. Als Zivilisierung, als Zügelung einer triebhaften Natur verstanden, setzt die Kunst der Falknerei die Internalisierung ethischer (stoisch-christlicher) Tugenden voraus und verweist dergestalt auf den vorbildlichen Herrscher. Jetzt wird verständlich, warum sich auch Kaiser und Könige im Dichten von höfischen Minneliedern versucht haben: auch der Minnesang demonstriert wie die Falknerei den Anspruch des Adligen auf Selbstbeherrschung und Herrschaft. Herrschaft setzt wie die Falknerei Mäßigung und Formung der ungehemmten, rohen Kräfte voraus.

Ebenso erfordert das Handeln im *Turnier* einen Normenkodex, der den einzelnen hindert, seinen unmittelbaren Interessen und Leidenschaften nachzugeben, und ihn statt dessen dazu anhält, seine Affekte den Zielen anderer anzupassen und entsprechend zu dämpfen.[57] Das immer komplizierter werdende Zeremoniell des Turniers erzwingt – wie der gleichzeitige Prozeß der Territorialisierung und Pazifizierung der aristokratischen Kriegergesellschaft – eine Regulierung und Dämpfung

57 Vgl. Josef Fleckenstein (Hg.), *Das ritterliche Turnier im Mittelalter. Beiträge zu einer vergleichenden Formen- und Verhaltensgeschichte des Rittertums*, Göttingen 1985 (Veröff. des Max-Planck-Instituts für Geschichte 80). Freilich ist mit erheblichen Diskrepanzen zwischen Ritter-Ideologie und Turnierwirklichkeit zu rechnen; vgl. außer dem zitierten Sammelband Larry D. Benson, *The tournament in the romances of Chrétien de Troyes and »L'Historie« de Guillaume Le Maréchal* in: L. D. Benson und J. Leyerle (Hg.), *Chivalric literature. Essays on relation between literature and life in the later middle ages*, Toronto und London 1980, S. 1-24 und 147-152; C. Harper-Bill und R. Harvey (Hg.), *Ideals and practice of medieval knighthood*, Suffolk 1990.

der aggressiven Kräfte der Herren.[58] Mit der Territorialisierung setzte eine Monopolisierung und Zentralisierung von Macht und Recht ein, die es vielen kleinen Adeligen nicht mehr gestattete, die eigenen politischen und rechtlichen Händel selbstherrlich mit der Waffe auszutragen. Statt dessen mußte man den Rechtsweg über den Landesherrn suchen, wozu erhebliche Geduld und Zeit aufzubringen war. Eben dies aber hatte notwenigerweise eine Bändigung der gewalttätigen Affekte zur Folge. Die Geselligkeitsformen wie Tanz, Jagd, Turnier lassen sich also auch unter dem Aspekt der Domestizierung gewalttätiger Körper an einem Hof sehen. Und die Freude am Hof *(vröide, joie de la cour)* ließe sich als Dreh- und Angelpunkt der gewaltfreien Zone ›Hof‹ verstehen, als Ausdruck eines Kommunikationsmodells deuten, das die Botschaften der Körper auf solche von Auge und Ohr reduziert und Aktionen der übrigen Glieder, d. h. alle unmittelbaren Berührungen, unterbindet.[59]

Auch beim *Essen* fordert die höfische Elite Verhaltensstandards. Das Zeremoniell legt z. B. den Verlauf eines Mahls genau fest[60], auch die Verpflichtung des Gastgebers zur Fröhlichkeit *(hilaritas)*.[61] Heiterkeit oder höfische Freude, ausgedrückt in der Mimik des Gastgebers wie durch die Musik bei Tisch, wird zur formulierten Vorschrift, deren Erfüllung Selbstkontrolle voraussetzt. Im höfischen Zeremoniell findet die Beherrschung der Triebe ihren Ausdruck. Die sich im Zeremoniell dokumentierende Selbstkontrolle wiederum ist Teil herrschaftlicher Repräsentation. So gehen also Tugend, Selbstbeherrschung und Legitimation von Herrschaft zusammen. Man darf unterstellen, daß auch bei der Aufführung eines Minneliedes der Sänger bzw.

58 S. Schmitz, *Die Pilgerreise* [Anm. 55], S. 95 f.

59 Peter Czerwinski, *Der Glanz der Abstraktion. Frühe Formen von Reflexivität im Mittelalter. Exempel einer Geschichte der Wahrnehmung*, Frankfurt/Main und New York 1989, S. 181-253, entwickelt diese These, in Anlehnung an Elias' Zivilisationsmodell, anhand von Gottfrieds Tristanroman.

60 Vgl. S. Schmitz [Anm. 55], S. 83 ff.

61 Vgl. etwa Hartmanns von Aue *Iwein*, V. 4403-5: ein Burgherr versucht seinem Gast gegenüber fröhlich zu erscheinen, obwohl ihn ein großer innerer Schmerz bedrückt.

das männliche lyrische Ich stellvertretend für die höfische Gesellschaft eine solche Selbstdisziplinierung vorexerzierte. Das Publikum nahm für sich in Anspruch, dasselbe leisten zu können, zumindest zu wollen. Der Mann wird sich selbst zum Objekt der Selbstkontrolle und Selbstreflexion. Minne fungiert als literarischer Repräsentant dieser mentalen Disposition des Publikums und wird so zur Bezeichnung von dessen gesellschaftlichem Elitebewußtsein.[62]

Der beim Zeremoniell zu beobachtende gesellschaftliche »Zwang zum Selbstzwang«[63] läßt verstehen, warum die detaillierte Unterweisung in die Tischsitten Eingang findet z. B. in das als Handbuch für Laien und Prediger gedachte bibelexegetische Werk des Bartholomaeus Anglicus (*De proprietatibus rerum*, ca. 1240).[64] »Im höfischen Zeremoniell findet die Beherrschung der Triebe ihren Ausdruck und wird sie eingeübt. Repräsentation von Herrschaft signalisiert somit auch die Herrschaft über die innere Natur.«[65] Thomasin von Zirklaere beschreibt diesen »Zusammenhang von Herrschaft und Selbstkontrolle«[66], indem er die Seele mit dem Herrscher vergleicht. Wie der Herrscher richtig über seine Lande herrschen soll, so auch die Seele über den Körper (V. 9595-9609).[67] Die

62 Ronald Michael Schmidt, *Studien zur deutschen Minnerede. Untersuchungen zu Zilies von Sayn, Johann von Konstanz und Eberhard von Cersne*, Göppingen 1982 (GAG 345), S. 149 f.

63 Norbert Elias, *Über den Prozeß der Zivilisation*, Bd. 2, Bern und München ²1969, S. 312-336.

64 Vgl. S. Schmitz, *Die Pilgerreise* [Anm. 55], S. 81 ff.; Joachim Bumke, *Höfische Kultur. Literatur und Gesellschaft im hohen Mittelalter*, München 1986, Bd. 1, S. 247 f.

65 Schmitz, *Die Pilgerreise* [Anm. 55], S. 85.

66 Horst Wenzel, *Zur Repräsentation von Herrschaft in mittelalterlichen Texten. Plädoyer für eine Literaturgeschichte der Herrschaftsbereiche und ihrer Institutionen*, in: H. Wenzel (Hg.), *Adelsherrschaft und Literatur*, Frankfurt/Main und Las Vegas 1980 (Beiträge z. Älteren Dt. Literaturgeschichte 6), S. 339-375, S. 351 zum *Wälschen Gast*, V. 9595 ff.

67 Auch in Hartmanns von Aue *Klagebüchlein*, hg. v. Ludwig Wolff, München 1972 (Altdeutsche Texte in kritischen Ausgaben 4), geht es letztlich darum, daß der Liebende zu akzeptieren hat, daß das *herze* die Führung über den *lîp*, die ›niedere Natur‹ zu übernehmen hat.

Selbstkontrolle, die im Zeremoniell ihren Ausdruck findet, verweist auf die Tugendhaftigkeit des Herrschers und seiner Festgesellschaft. Analog werden Minne und Minnesang zum Signum von Herrschaft.

»Die Tischzuchten wurden von der Überzeugung getragen, daß die höfische Gesellschaft sich durch die Einhaltung solcher Regeln von den Dörpern unterschied.«[68] In Tannhäusers *Hofzucht* lesen wir: »Manch einer beißt von einer Teigschnitte ab und wirft sie wieder in die Schüssel, wie es die Bauern tun. Solche Ungesittetheit legen höfische Menschen ab« (V. 45-48). »Insofern sind diese Texte und Vorschriften wichtige Zeugnisse für das Selbstbewußtsein der höfischen Gesellschaft.«[69]

Offensichtlich hat der Adel die vom Klerus geforderte und von den sozialen Bedingungen am Hof erzwungene Affektkontrolle zu einem den Herrscher legitimierenden Gestus zeremonialisiert. Die Einübung in stärker selbstkontrolliertes Verhalten geht mit der Demonstration herrscherlichen *Splendors* einher. Die glanzvolle Zurschaustellung herrschaftlich-adligen Selbstverständnisses diente zugleich der Abgrenzung gegenüber denjenigen, die zu dieser Selbstkontrolle nicht fähig waren.[70] »Sowohl durch die Art ihrer Speisen als auch durch das höfische Protokoll der Mahlzeit dokumentierte die Hofgesellschaft ihren Anspruch auf eine Sonderstellung gegenüber allen, die an der adligen Lebensform nicht teilhatten.«[71] Mit der Beherrschung der ›höfischen‹ Verhaltensnormen durfte man sich zur ›höfischen‹ Gesellschaft zählen. Auf diese Weise entfaltete die poetische Projektion vom ›höfischen‹ Verhalten eine gesellschaftlich-integrative Funktion.

Auch der Minnesang wird etwas von diesem adligen Selbst-

---

68 Bumke, *Höfische Kultur* [Anm. 64], S. 270f. Die folgende Übersetzung stammt auch von Bumke.

69 Bumke, *Höfische Kultur* [Anm. 64], S. 271.

70 Schmitz, *Die Pilgerreise* [Anm. 55], S. 87, hebt meines Erachtens zu sehr auf den Unterschied Adel/Nichtadel ab. Doch das ›höfische‹ Verhaltens- und Kulturideal zielte auch auf Integration von Personen unterschiedlicher sozial-rechtlicher Herkunft.

71 Bumke, *Höfische Kultur* [Anm. 64], S. 259.

verständnis, dem Anspruch auf Herrschaft durch Selbstkontrolle, bezeugt haben. Demzufolge wird man den Minnesang auf der Textebene nicht nur als Dienst an der Frau auffassen dürfen, sondern auch als Dienst an der Gesellschaft.[72] Die auf der Textebene vertretenen ethischen Verhaltensmuster und Normen, konkretisiert in der definierten Idealität der Dame (Frauen-Rolle) und der vom höfischen Ritter (Rolle des Liebenden etc.) geforderten, aber (noch) nicht bzw. nicht immer erreichten Idealität, spiegeln wohl gesellschaftliche Werte und Ansprüche.[73] Wenn der einzelne Minnesänger sich in der Rolle desjenigen stilisiert, der in seiner Liebe zu einer Frau von *triuwe, staete* geleitet wird und der sein erotisch-sexuelles Verlangen unter Kontrolle hat, so findet sich das höfische Publikum mit seinem Wunsch nach idealer *repraesentatio* hier wieder. Im Leitbild der poetischen Projektion findet und konstituiert sich höfische Gesellschaft. Im Minnelied lebt das lyrische Ich modellhaft und wie in einer Zeremonie vor, was für den einzelnen Zuhörer zwar Utopie bleiben muß, in welcher poetischen Utopie er aber sich selbst wiederzuerkennen glaubt und welche Utopie er für sich verpflichtend hält, wenn auch nicht in der Realität, so doch als utopischen Anspruch. Mit Hilfe dieser Utopie und des darin enthaltenen Anspruchs grenzt er sich von angeblich niederen, primitiven Schichten ab. Vielleicht wird jetzt klarer, weshalb an den Höfen des 12. und 13. Jahrhunderts immer wieder der Wunsch nach der Aufführung solcher Minnelieder laut wird. Wir haben es nicht mit Psychopathen – dies wäre mit überholten biographischen Vorstellungen argumentiert –, sondern mit ethischen, sozialen und politischen Anstrengungen einer neu sich bildenden Schicht (Gemeinschaft) zu tun, vor

72 Vgl. z. B. Bernger von Horheim, MF 115,3 ff.; Reinmar, MF 177, 30f.; Walther 91, 14-18. Vgl. auch Claudia Händl, *Rollen und pragmatische Einbindung. Analyse zur Wandlung des Minnesangs nach Walther von der Vogelweide*, Göppingen 1987 (GAG 467), bes. S. 72f.

73 Diese Werte und Normen müssen nicht unbedingt gelebt werden, sie sind schon ›real‹ im Hinblick auf konkrete (tatsächliche) Wunschvorstellungen und Absichten, die hinter solchen gesellschaftlichen Selbststilisierungen stehen können.

sich und vor anderen ein neues Selbstverständnis[74] zu entwerfen und diesen neuen Anspruch an sich selbst für eine neue Legitimation von Herrschaft über andere zu instrumentalisieren.

Der höfisch-volkssprachliche Liebesdiskurs des 12. Jahrhunderts ist Resultat und Teil zugleich eines äußerst komplexen Zusammenwirkens mehrerer Faktoren: einer jahrhundertelangen kirchlich-moralischen Indoktrination, wonach Herrschaft über andere Selbstbeherrschung voraussetzt und wonach gerade auch dem Adel Dienst und Demut ansteht (ideen- und geistesgeschichtlicher Aspekt); gesellschaftlicher Abgrenzungsversuche einer herrschenden Schicht gegenüber anderen sozialen Gruppierungen mit Hilfe ideologischer Projektionen und inszenierter Zeremonialität (sozial- und zivilisationsgeschichtlicher Aspekt); einer – z. T. durch die Literatur erst hervorgerufenen – gesteigerten Sensibilität für die Thematisierung innerer Vorgänge, insbesondere der Geschlechterbeziehungen (Liebe, Furcht, Angst, Hoffnung, Verzweiflung: mentalitätsgeschichtlicher Aspekt); eines sich vergrößernden Freiraums für volkssprachliche Dichtung, die nun auch innerweltliche Leitbilder entwickeln konnte (literarhistorischer und bildungsgeschichtlicher Aspekt).

Doch mit der Erörterung des Lehrsatzes »Herrschaft durch Selbstbeherrschung« sollten weniger die Genese und die Entstehungsfragen der höfischen Liebesdiskussion geklärt werden, vielmehr zielte diese Skizze darauf ab zu erläutern, welche Funktion der Minnesang und das Konzept der ›hohen Minne‹ im Selbstverständnis des herrschenden Adels übernehmen konnten. Dem von Literatursoziologen gegenüber den geistesgeschichtlichen Erklärungen des Minnesangs erhobenen Vorwurf, sie würden die Frage nach den gesellschaftlichen Dispositionen für die intensive Rezeption dieser höfischen Dichtung außer acht lassen, ist das hier vorgelegte Deutungsmodell

74 Bereitschaft zum Leid; Fähigkeit zur Selbstbeherrschung; Handeln aus *triuwe* und *staete* heraus; Sensibilität für (weibliche) Schönheit und moralische Tugenden; Werben um ein hohes ethisches Gut; Bereitschaft, sich in Abhängigkeit von diesem hohen ethischen Gut zu begeben, d. h. Unterwerfung unter ein weltliches *summum bonum*.

sicher entgangen.[75] Es zeigt die Funktion, die christlich-ethischen Idealen in einer bestimmten Phase der Sozial- und Zivilisationsgeschichte für eine herrschende Schicht zukommen kann.[76] Es zeigt des weiteren die Integration dieser Ideale in einen poetischen Liebesdiskurs, der wiederum der Legitimation und Repräsentation nicht einer sozial inferioren Schicht, sondern von Herrschaft allgemein dient.[77]

---

75 Vgl. etwa den Vorwurf von Gert Kaiser, *Minnesang – Ritterideal – Ministerialität*, in: Horst Wenzel (Hg.), *Adelsherrschaft und Literatur*, Bern u. a. 1980, S. 181-208, wieder in: Hans Fromm (Hg.), *Der deutsche Minnesang. Aufsätze zu seiner Erforschung*, Bd. 2, Darmstadt 1985, S. 160-184, S. 169 f.

76 Auf weitere geistig-geistliche Traditionen des Liebesideals (*amicitia*-Diskussion, *intentio*-Lehre, mystische Tendenzen, *miles Dei*-Ideal) kann ich hier nicht eingehen.

77 Für eine kritische Lektüre dieser Studie danke ich herzlich Monika Gsell und Helmut Puff.

Ursula Peters

Familienhistorie als neues Paradigma der mittelalterlichen Literaturgeschichte?

Das neuere Interesse der Mittelalterforschung an anthropologischen Themen, mentalitätsgeschichtlichen Überlegungen und psychohistorischen Fragestellungen, an Alltagskultur, rituellem Handeln und subkulturellem Wissen hat inzwischen die literarhistorische Mediävistik erreicht. Während in den sechziger und frühen siebziger Jahren gesellschaftsgeschichtliche Interpretationsansätze die literarhistorische Diskussion in unterschiedlicher Ausprägung beherrschten, hat sich diese in den letzten zwanzig Jahren sukzessive auf die Erforschung der *mentalités collectives* verlagert, d. h. auf die in die Texte eingegangenen und sie in ihrer Thematik bestimmenden Verhaltensdispositionen und Einstellungen, die gruppenspezifischen Handlungsnormen, die Glaubensvorstellungen und Rituale. Mit dieser sachlichen und methodischen Umorientierung folgt die literarhistorische Forschung dem Weg der Geschichtswissenschaft von der Gesellschaftsgeschichte zur historischen Anthropologie, sie reagiert aber zugleich auf die immer wieder zu Recht als methodisches Defizit inkriminierte Kluft zwischen der Ebene der gesellschaftlichen Fakten und der der literarischen Konstruktion von Wirklichkeit, die durch diverse Zwischenschichten der kollektiven Mentalitäten aufzufüllen sei. Und es ist deshalb nur konsequent, daß sich die literarhistorische Diskussion einem bestimmten Zweig der in Frankreich, in den letzten Jahren auch in Deutschland, in der publizistischen Öffentlichkeit sehr erfolgreichen Nouvelle Histoire, der Mentalitätshistorie und historischen Anthropologie, öffnet und deren Fragestellungen und Ergebnisse im Umkreis der Themen Kindheit, Alter, Jugend, Krankheit und Tod, Liebe, Sexualität und Körper, Ehe und Familie, Elitekultur – Volkskultur für ein im weitesten Sinn funktionsgeschichtliches Verständnis ihrer Texte fruchtbar zu machen versucht.[1]

Dabei hat sich das literarhistorische Interesse sehr bald auf den Themenumkreis von Familie und Verwandtschaft konzentriert, der in der historisch-anthropologischen Spielart der Nouvelle Histoire generell einen festen Platz hat, in der Mediävistik vor allem durch die Arbeiten von Georges Duby.[2] Seit über dreißig Jahren verfolgt er das Themenspektrum *famille et parenté* am Beispiel der mittelalterlichen Adelsfamilie, betont seine besondere Bedeutung, seinen geradezu paradigmatischen Charakter für die Entwicklung der mittelalterlichen Gesellschaft und demonstriert dies im Rahmen interdisziplinärer Tagungen und fachübergreifender Gemeinschaftsarbeiten un-

1 Zur methodischen Neuorientierung der literarhistorischen Mediävistik vgl. den Forschungsüberblick von Ursula Peters, *Literaturgeschichte als Mentalitätsgeschichte? Überlegungen zur Problematik einer neueren Forschungsrichtung*, in: Georg Stötzel (Hg.), *Germanistik – Forschungsstand und Perspektiven. Vorträge des Deutschen Germanistentages 1984*, 2. Teil: *Ältere Deutsche Literatur. Neuere Deutsche Literatur*, Berlin und New York 1985, S. 179-198, der die Diskussion bis zu Beginn der achtziger Jahre dokumentiert. Aus der Vielzahl der inzwischen erschienenen Arbeiten, die die methodische Wendung der mediävistischen Literarhistorie zur Mentalitätsgeschichte, historischen Anthropologie und Psychohistorie verdeutlicht, vgl. die Tagungsbände: Jürgen Kühnel, Hans-Dieter Mück, Ursula Müller, Ulrich Müller (Hg.), *Psychologie in der Mediävistik. Gesammelte Beiträge des Steinheimer Symposions*, Göppingen 1985 (GAG 431); Maria E. Müller (Hg.), *Eheglück und Liebesjoch. Bilder von Liebe, Ehe und Familie in der Literatur des 15. und 16. Jahrhunderts*, Weinheim und Basel 1988 (Ergebnisse der Frauenforschung 14); Gert Kaiser (Hg.), *An den Grenzen höfischer Kultur. Anfechtungen der Lebensordnung in der deutschen Erzähldichtung des hohen Mittelalters*, München 1991 (Forschungen zur Geschichte der älteren deutschen Literatur 12); Hans-Jürgen Bachorski (Hg.), *Ordnung und Lust. Bilder von Liebe, Ehe und Sexualität in Spätmittelalter und Früher Neuzeit*, Trier 1991 (Literatur – Imagination – Realität 1); Ingrid Bennewitz (Hg.), *Der frauwen buoch. Versuche zu einer feministischen Mediävistik*, Göppingen 1989 (GAG 517).

2 Zur Bedeutung von Georges Dubys Arbeiten für die literarhistorische Diskussion vgl. Ursula Peters, *Von der Sozialgeschichte zur Familienhistorie. Georges Dubys Aufsatz über die Jeunes und seine Bedeutung für ein funktionsgeschichtliches Verständnis der höfischen Literatur*, in: Beitr. 112 (1990), S. 404-436.

ter den verschiedensten Fragestellungen.[3] An dieser Diskussion beteiligen sich auch die Literarhistoriker, zunächst eher zögernd, inzwischen jedoch so intensiv und vielfältig, daß dies fachintern eine Art Paradigmenwechsel von der sozialgeschichtlichen zur familienhistorischen Interpretation bedeutet. Im Gegensatz zur Geschichtswissenschaft ist allerdings in der literarhistorischen Forschung diese Verlagerung des Interesses von der Gesellschaftsbindung mittelalterlicher Texte auf ihren Familienbezug nicht programmatisch begründet worden. Zwar orientieren sich bereits eine Vielzahl literarhistorischer Arbeiten in punktueller Anknüpfung wie übergreifend-genereller Rekonstruktion an den Problemstellungen der historischen Familienforschung. Die methodischen Implikationen, die hermeneutischen Grenzen und Erkenntnismöglichkeiten dieser dezidierten Wendung des literarhistorischen Interesses zur Familienhistorie sind jedoch bislang kaum erörtert worden. Da auf diese Weise auch die spezifischen Fragestellungen und charakteristischen Ergebnisse dieser neueren Arbeiten undeutlich bleiben, soll im folgenden der neuere literarhistorische Rekurs auf die historische Familienforschung in seinen unterschiedlichen methodischen Voraussetzungen, seinen möglichen innovativen Deutungsperspektiven und besonderen Erkenntnisleistungen vorgestellt werden.

Aus dem breiten Themen- und Methodenspektrum mediävistischer Familienforschung sind für das literarhistorische Familieninteresse vor allem drei Bereiche bestimmend gewor-

---

3 Vgl. etwa die von Georges Duby initiierten bzw. organisierten Gemeinschaftsprojekte: Georges Duby und Jacques Le Goff (Hg.), *Famille et parenté dans l'occident médiéval. Actes du colloque de Paris (6-8 juin 1974), organisé par l'École Pratique des Hautes Études (VIe section) en collaboration avec le Collège de France et l'École Française de Rome, Communications et débats*, Rom 1977 (Collection de l'École Française de Rome 30); Philippe Ariès und Georges Duby (Hg.), *Histoire de la vie privée* (1985) [dt.: *Geschichte des privaten Lebens*, Bd. 2: *Vom Feudalzeitalter zur Renaissance*, Frankfurt/Main 1990]; *Il matrimonio nella società altomedievale*, Bde. 1-2, Spoleto 1977 (Settimane di studio del Centro italiano di studi sull'alto Medioevo 24); Georges Duby und Michelle Perrot (Hg.), *Histoire des femmes en occident. 2. Le Moyen Age*, sous la direction de Christiane Klapisch-Zuber, Paris 1991.

den: zunächst die mit und im Anschluß an Philippe Ariès' Buch *L'enfant et la vie familiale sous l'ancien régime*[4] initiierte mentalitätshistorische Erforschung der mittelalterlichen Familie als eines emotionalen Binnenraums, dann die auf Claude Lévi-Strauss' Arbeiten zu den elementaren Strukturen der Verwandtschaft[5] basierende Analyse der Familienbewußtsein wie familiale Kommunikationsformen bestimmenden Interdependenzregeln von Verwandtschaftsstrukturen und schließlich die vornehmlich durch die Arbeiten von und um Georges Duby geprägte Forschungsdiskussion um die Bedeutung der mittelalterlichen Adelsfamilie für gesellschaftliche Stellung, die sozialen Ambitionen und Erfahrungen ihrer Mitglieder. Entsprechend ihrer thematischen wie methodischen Anbindung an die angrenzenden Disziplinen der historischen Psychologie, der Ethnologie und der historisch-genealogischen Adelsforschung haben diese drei sehr unterschiedlichen familienhistorischen Themenschwerpunkte auch in der literarhistorischen Diskussion zu ausgesprochen divergierenden Fragestellungen und Interpretationsverfahren geführt.

Erstaunlich wenig Resonanz hat zunächst in der literarhistorischen Forschung die kontroverse Diskussion um die Arbeit von Philippe Ariès über die mittelalterliche und frühneuzeitliche Familie gefunden, seine Thesen zum Fehlen einer Vorstellung von Kindheit in der frühen Gesellschaft, an der sich Historiker, Psychologen und Pädagogen[6], aber kaum oder

4 Philippe Ariès, *L'enfant et la vie familiale sous l'ancien régime* (1960) [dt.: *Geschichte der Kindheit*, mit einem Vorwort von Hartmut von Hentig, München [8]1988].

5 Claude Lévi-Strauss, *Les structures élémentaires de la parenté* (1947) [dt.: *Die elementaren Strukturen der Verwandtschaft*, übers. v. Eva Moldenhauer, Frankfurt/Main 1981].

6 Vgl. die Arbeiten und Sammelbände: Lloyd de Mause (Hg.), *The History of Childhood* (1974) [dt.: *Hört ihr die Kinder weinen. Eine psychogenetische Geschichte der Kindheit*, Frankfurt/Main 1980 (stw 339)]; Edward Shorter, *Der Wandel der Mutter-Kind-Beziehungen zu Beginn der Moderne*, in: Geschichte und Gesellschaft 1 (1975), S. 256-287; Klaus Arnold, *Kind und Gesellschaft in Mittelalter und Renaissance. Beiträge und Texte zur Geschichte der Kindheit*, Paderborn 1980 (Sammlung Zebra: Reihe B, Bücher für die Ausbildung und Weiter-

erst mit einer Verzögerung von fünfzehn bis zwanzig Jahren auch Literarhistoriker beteiligt haben, um Ariès' Generalthese zur Entdeckung der Kindheit im 18. Jahrhundert in ihrer Bedeutung für das Verständnis literarischer Texte zu problematisieren.[7] Zwar haben in dieser Diskussion um die Evidenz von Philippe Ariès' Kindheits-Thesen von Anfang an auch die literarischen Konfigurationen von Kindheit und dabei natürlich auch prominente Kinderfiguren der volkssprachigen Dichtung des Mittelalters eine Rolle gespielt. Aber erst in den letzten Jahren ist auch in literarhistorischen Arbeiten die von Ariès aufgeworfene Frage nach der Existenz bzw. dem Fehlen einer mittelalterlichen Vorstellung von Kindheit für die Textanalyse fruchtbar gemacht worden. Inzwischen ist in dieser Auseinandersetzung eine eindrucksvolle Palette literarischer Präsentationsformen von Kindheit zusammengestellt worden, die Jugendgeschichte der höfischen Romanhelden eines Parzival oder Tristan, das Auftreten der Meierstochter im *Armen Heinrich*, das Agieren der kleinen Obilot im *Parzival*, die Erziehung des jungen Gregorius, aber auch die zahlreichen Berichte über den tief betrauerten Tod von Kindern in autobiographischen Texten des Spätmittelalters, die prägnante Szenen kindlicher Erfahrungen und Ausdrucksformen vorstellen, affektive Eltern-Kind-Beziehungen ausgestalten, jedenfalls – im Gegen-

---

bildung der Erzieher 2); Horst Rabe, *Die Entdeckung der Kindheit*, Konstanz 1980; A. Wilson, *The infancy of the history of childhood: an appraisal of Philippe Ariès*, in: History and Theory 19 (1980), S. 132-153; Matthias Winter, *Kindheit und Jugend im Mittelalter*, Freiburg 1984 (Hochschulsammlung Philosophie. Geschichte 6); Shulamit Shahar, *Kindheit im Mittelalter* (1990), dt. von Barbara Brumm, München und Zürich 1991.

7 Jean Batany, *Regards sur l'enfance dans la littérature moralisante*, in: Annales de démographie historique 1973, S. 123-127; Doris Desclais Berkvam, *Enfance et maternité dans la littérature française des XIIe et XIIIe siècles*, Paris 1981 (Collection Essais 8); Linda Patterson, *L'enfant dans la littérature occitane avant 1230*, in: CCM 32 (1989), S. 233-245; Horst Wenzel, *»Kindes zuht und wîbes reht«. Zu einigen Aspekten von Kindheit im Mittelalter*, in: Hans-Jürgen Bachorski (Hg.), *Ordung und Lust* [Anm. 1], S. 141-163; James A. Schultz, *Medieval Adolescence: The Claims of History and the Silence of German Narrative*, in: Speculum 66 (1991), S. 519-539.

satz zu Ariès' Diktum von dem Fehlen einer Konzeption von Kindheit im Mittelalter – sehr direkt an bestimmte Vorstellungen von Kindheit appellieren.

Für die mentalitätshistorische Familienforschung in der Nachfolge und Auseinandersetzung mit Philippe Ariès sind diese charakteristischen und vielfältigen Kindheitsbilder der Literatur – zusammen mit anderen Informationen über die Rolle und Behandlung der Kinder – natürlich besonders wertvolle Quellen, die in ihrer spezifischen literarischen Zuspitzung, ihrem realitätsbezogenen, didaktisch-programmatischen oder utopischen Anspruch Auskunft über mögliche Einstellungen zur Kindheit geben. Dem literarhistorischen Textverständnis hat jedoch diese Ariès-Diskussion mit ihrem Hinweis auf literarische Bilder emotionaler Eltern-Kind-Relationen, eindringlicher Kinderfiguren und ausgeprägter Kindheitsszenen keine überzeugenden Deutungsperspektiven eröffnet, da sie die zentralen literarhistorischen Fragen der literarischen Tradition und Konstruktion imaginierter Kinderfiguren, der textspezifischen Funktionalisierung und ideologischen Aussagekraft fiktionaler Kindheitsszenen ausgespart hat. Die literarhistorische Diskussion sollte sich deshalb aus der Ariès-Auseinandersetzung lösen[8], die Suche nach attraktiven literarischen Kindheitsbildern nicht im Sinne eines Arguments gegen Ariès, sondern mit dem Ziel einer Art Typologie literarischer Kindheitskonzeptionen und -modelle weiterführen, um auf dieser Basis die jeweils spezifische Ausgestaltung und Deutungsleistung literarischer Kindheitsdarstellungen zu analysieren: etwa das Auftreten der Meierstochter im *Armen Heinrich* im Zusammenhang mit hagiographischen Konzepten einer jugendlichen Heiligen, die spezifisch kindlichen Erfahrungen des tumben Knaben Parzival im Kontext bestimmter *infantia*-Vorstellungen, die charakteristisch jugendlichen Reden

8 James Schultz, der in seinem Aufsatz *Medieval Adolescence* [vgl. Anm. 7] bereits eine Historisierung des Konzepts Kindheit fordert, scheint eine übergreifende Arbeit über die literarische Konstruktion der Kindheit in mittelhochdeutschen Texten zu planen.

des jungen Helmbrecht oder Gregorius vor der Folie des literarischen Modells von *senectus-juventus*-Lehrgesprächen. Auf diese Weise würde die mentalitätshistorische Familienforschung mit ihrem Interesse für die analytische Durchdringung historischer Eltern-Kind-Beziehungen der literarhistorischen Diskussion einen neuen Blick nicht nur für die literarische Thematisierung von Kindheit und Jugend eröffnen, sondern zugleich für zentrale Fragen der literarischen Konstruktion und Wirkungsintention der Texte.

Im Gegensatz zu dieser zu Recht eher zurückhaltenden Reaktion auf die lange Zeit vornehmlich unter psychohistorischen Perspektiven geführte Kindheits-Diskussion sind in der literarhistorischen Forschung sehr schnell bestimmte Fragestellungen und Themenschwerpunkte der strukturanthropologischen Familien- und Verwandtschaftsforschung aufgegriffen und ihr terminologisch wie interpretatorisch ausdifferenziertes Beschreibungssystem bei der Analyse literarischer Familienkonstellationen verwendet worden.[9] Methodische Grundlage dieser strukturanthropologischen Textinterpretation ist die Annahme, daß die von Claude Lévi-Strauss in seinem Buch *Les structures élémentaires de la parenté* erarbeiteten Interdependenzregeln komplexer, in differenzierte Konsanguinitäts- und Allianzbeziehungen aufgefächerter Verwandtschaftssysteme in einem präzise austarierten Geflecht von mütterlicher/väterlicher Verwandtschaft und endogamen/exogamen Heiratsbestimmungen nicht nur das jeweilige gesellschaftliche Zusam-

9 Vgl. etwa die programmatischen Überlegungen von Elisabeth Schmid, *Familiengeschichten und Heilsmythologie. Die Verwandtschaftsstrukturen in den französischen und deutschen Gralromanen des 12. und 13. Jahrhunderts*, Tübingen 1986 (Beihefte zur ZfrPh. 211) sowie Werner Busse, *Verwandtschaftsstrukturen im ›Parzival‹*, in: Wolfram-Studien 5 (1979), S. 116-134; Elisabeth Schmid, *Über Verwandtschaft und Blutsverwandtschaft im Mittelalter*, in: Acta Germanica 13 (1980), S. 31-46; J. E. Ruiz Domenec, *Système de parenté et théorie de l'alliance dans la société catalane (env. 1000-env. 1240)*, in: Revue historique 262 (1979), S. 305-326; neuerdings die Arbeiten von Jean-Claude Vallecalle, Isabelle Weill und Jean-Guy Gouttebroze in dem Sammelband: *Les relations de parenté dans le monde médiéval*, Aix-en-Provence 1989 (Centre universitaire d'etudes et de recherches médiévales d'Aix. Sénéfiance 26).

menleben vor allem auf der Ebene des Heiratsverhaltens und der Emotionalität von Verwandtschaftsbindungen steuerten, sondern auch die literarische Darstellung von Verwandtschaftsbeziehungen bestimmten und deshalb ein sinnvolles Beschreibungs- wie Deutungssystem literarischer Familienthematik darstellten. In diesem Sinne werden bestimmte literarische Themenkomplexe der mittelalterlichen Texte unter der Perspektive strukturanthropologischer Verwandtschaftsbestimmungen auf ihre handlungslogische, ihre bedeutungstragende und sinnstiftende Funktion hin betrachtet: etwa das Nebeneinander mütterlicher und väterlicher Verwandtschaftslinien, die unterschiedlich affektbesetzten Konstellationen von Mutterbruder-Schwestersohn, Vater-Sohn oder Bruder-Schwester, das Verhältnis von endogamen und exogamen Eheschließungen. Mit dem Ergebnis, daß eine Reihe literarischer Texte, die Handlungsfolgen höfischer Romane und heldenepischer Werke, aber auch einzelne Themen, Figuren und Motive im Lichte strukturanthropologischer Verwandtschaftssystematik eine neue und originelle Deutung erfahren: etwa das Erzählschema des höfischen Romans, das mit den Themen Auszug des Helden, Erwerb einer Ehefrau und Rückkehr in die eigene Herrschaft die strikte Exogamieregel des im westeuropäischen Adel üblichen Heiratssystems des – nach Lévi-Strauss' Terminologie – sog. verallgemeinerten asymmetrischen Tausches literarisch ausspekuliere[10], noch deutlicher die zentrale Dienstthematik der provenzalischen Minnelyrik, die in der ungewöhnlichen Rollenfiguration von Unterwerfungsgestus des liebenden Sängers und Ablehnung der Dame die mit diesem Allianzmodell des verallgemeinerten Tausches verbundene

10 Vgl. etwa Alain Guerreau, *Renaud de Bâgé: Le Bel Inconnu. Structure symbolique et signification sociale*, in: Romania 103 (1982), S. 28-82, der ausdrücklich auf Lévi-Strauss' Allianzmodell des verallgemeinerten asymmetrischen Tausches rekurriert, während in vielen Arbeiten lediglich allgemein von Exogamieregel und Endogamie die Rede ist: so etwa bei René Perennec, *Artusroman und Familie: »Daz welsche buoch von Lanzelete«*, in: Acta Germanica 11 (1979), S. 1-51, und in den Anm. 9 aufgeführten Studien von Busse, *Verwandtschaftsstrukturen*, und Schmid, *Familiengeschichten*.

strukturelle Inferiorität der väterlichen Verwandtschaft gegenüber der höheren Stellung der Frauengeberseite in attraktive literarische Bilder des Liebesdienstes verwandle[11], ebenso die zahlreichen affektiven Onkel-Neffen-Beziehungen der höfischen Romane und Chansons de geste, die sich ebenfalls auf diese besondere Bedeutung der (sozial höherstehenden) mütterlichen Verwandtschaft beziehe[12], die Wilhelmepen *Aliscans* und Wolframs *Willehalm*, die in den ausladenden Kampfhandlungen nicht nur die typenspezifischen Kämpfe zwischen Heiden und Christen thematisierten, sondern auch erbitterte Auseinandersetzungen zwischen einer Frauengeber- und Frauennehmer-Familie[13], die strukturelle Ambivalenz der Rolandfigur, die sich auch in seinen unklaren Familienbeziehungen zeige[14], und schließlich die *Cligès*-Handlung, die mit ihren Liebes- und Eheverwicklungen in Byzanz und der Rückkehr des Protagonisten an den Artushof zugleich ein suggestives Bild einer problematischen väterlichen gegenüber einer positiv besetzten mütterlichen Verwandtschaft entwerfe.[15]

Als besonders fruchtbar hat sich dieses methodische Ausgreifen auf die strukturanthropologische Verwandtschaftsforschung bislang für zwei Texte erwiesen: für Wolframs *Parzival* und die altfranzösische *Vie du pape saint Grégoire*. Die *Parzival*-

---

11 So vor allem Ruiz Domenec, *Système de parenté* [Anm. 9].

12 So etwa Busse, *Verwandtschaftsstrukturen* [Anm. 9], Schmid, *Familiengeschichten* [Anm. 9] oder Guerreau, *Renaud de Bâgé* [Anm. 10].

13 Diesen Allianzaspekt des Konflikts betont René Perennec, *Willehalm et Guillaume. Une non-rencontre. Analyse comparative de l'instabilité du récit dans les Aliscans et dans le Willehalm*, in: Danielle Buschinger (Hg.), *Guillaume et Willehalm. Les épopées françaises et l'œuvre de Wolfram von Eschenbach. Université de Picardie. Centre d'etudes médiévales: Actes du collque des 12 et 13 janvier 1985*, Göppingen 1985 (GAG 421), S. 111-124.

14 Alice Planche, *Roland fils de personne. Les structures de la parenté du héros dans le manuscrit d'Oxford*, in: *Charlemagne et l'épopée romane. Actes du VIIe Congrès International de la Société Rencesvals. Liège, 28 août – 4 septembre 1976*, Bd. 2, Paris 1978 (Bibliothèque de la Faculté de Philosophie et Lettres de l'Université de Liège 225), S. 595-604.

15 Donald L. Maddox, *Kinship Alliances in the Cligès of Chrétien de Troyes*, in: L'Esprit Créateur 12/1 (1972), S. 3-12.

Forschung hat im Anschluß an Karl Bertaus Arbeit zur *Verhaltenssemantik von Verwandten im ›Parzival‹*[16] des Jahres 1978 in einer kontinuierlichen Diskussion das dichte, den gesamten Text durchdringende Geflecht der mütterlich-väterlichen Konsanguinitäts- und Allianzverwandten in seiner Bedeutung für das Verständnis der *Parzival*-Handlung erörtert und dabei eine Fülle sinnvermittelnder Verwandtschaftsfigurationen, das Nebeneinander von affektiver Mutterbruder-Schwestersohn-Relation gegenüber konfliktträchtiger Mutterbrudersohn-Vaterschwestersohn-Verbindung, enger Mutter-Sohn- bei fehlender Vater-Sohn-Bindung, Schwesternfeindschaft und Bruderkampf, die auffallende Dominanz der mütterlichen Filiationen, das mehrfache Abbrechen der väterlichen Linien und die komplizierten, merkwürdig endogamen Allianzbeziehungen im Umkreis des Gralsgeschlechts herausgearbeitet und in ihrer thematisch-ideologischen Aussagekraft diskutiert[17] – mit z. T. hochinteressanten Ergebnissen für das Verständnis des Textes: etwa die Rolle der mütterlichen Verwandtschaft als der für Parzival entscheidenden Instanz der Kommunikation und Erkenntnisvermittlung[18], der in Elementarstrukturen der Verwandtschaft eingeschriebene Verständnishorizont von Einzelszenen wie das die *erbe*-Forderung Ithers am Artushof steuernde Konfliktpotential der Vaterschwestersohn-Mutterbrudersohn-Konstellation[19] oder die im streng strukturanthropologischen Sinne inzestuöse und schon deshalb – struktural gesehen – problematische Verbindung

16 Karl Bertau, *Versuch über Verhaltenssemantik von Verwandten im ›Parzival‹* (1978), wieder in: ders., *Wolfram von Eschenbach. Neun Versuche über Subjektivität und Ursprünglichkeit in der Geschichte*, München 1983, S. 190-240.

17 Busse, *Verwandtschaftsstrukturen* [Anm. 9]; Elisabeth Schmid, *Familiengeschichten* [Anm. 9], S. 171-204; Walter Delabar, *Erkantiu sippe unt hoch geselleschaft. Studien zur Funktion des Verwandtschaftsverbandes in Wolframs von Eschenbach Parzival*, Göppingen 1990 (GAG 518); Elisabeth Schmid, *Obilot als Frauengeber*, in: GRM NF 41 (1991), S. 46-60.

18 Dies betont vor allem – am Beispiel von Chrétiens *Li Contes del Graal* – Schmid, *Familiengeschichten* [Anm. 9], S. 64 ff.

19 Vgl. die ingeniöse Interpretation des Ither-Auftritts bei Delabar [Anm. 17], S. 75-132.

von Obie und Meljanz[20] und nicht zuletzt die merkwürdig restriktiven Allianzbestimmungen der Gralsgesellschaft, die erst in den letzten Jahren in ihrer Problematik erkannt worden sind.[21] Die *Parzival*-Forschung hat jedenfalls durch die strukturanthropologisch orientierte Rekonstruktion der Familien- und Verwandtschaftsthematik des Romans eine neue und perspektivenreiche Wendung erfahren, die dem Verständnis des Textes sehr zugute gekommen ist.

Daß auch für Hartmanns *Gregorius* eine Öffnung des Blicks auf die strukturanthropologische Verwandtschaftsforschung zu einer vielversprechenden Akzentuierung des Verständnisses führen könnte, zeigen die Arbeiten von Anita Guerrau-Jalabert zur *Vie du pape saint Grégoire*.[22] Sie sieht in dieser Vita des Papstes Grégoire, der als Sohn, Neffe und Ehemann der Herzogin von Aquitanien in die extremste Irregularität verwandtschaftlicher Filiationen verstrickt werde, einen höchst tendenziösen »discours sur la parenté«[23], der in den Umkreis des Versuchs kirchlicher Würdenträger des 11. und 12. Jahrhunderts gehöre, Einfluß auf die Ehe- und Familienpolitik des Laienadels zu nehmen. Denn der thematisch-ideologische Kern dieser Vita, die *parenté*-Thematik, werde konsequent auf die programmatische Antinomie von natürlicher und spiritueller Verwandtschaft zugespitzt und in eindrucksvoll-suggestiven Gegenbildern ausdifferenziert: der gefährdeten, auf Blutsverwandtschaft und Allianzverbindungen basierenden Welt des Laienadels Aquitaniens mit ihren zutiefst gestörten, in einem Doppelinzest kulminierenden, ›natürlichen‹ Filiationen

20 Schmid, *Obilot* [Anm. 17], S. 52ff.

21 Schmid, *Familiengeschichten* [Anm. 9], S. 200 ff; vgl., neuerdings auch Joachim Bumke, *Parzival und Feirefiz – Priester Johannes – Loherangrin. Der offene Schluß des Parzival von Wolfram von Eschenbach*, in DVjs 65 (1991), S. 236-264, hier S. 264.

22 Anita Guerreau-Jalabert, *Grégoire ou le double inceste. Le rôle de la parenté comme enjeu (XIIe-XIXe s.)*, in: Michel Zink und Xavier Ravier (Hg.), *Réception et identification du conte depuis le Moyen Age, Textes réunis. Actes du colloque de Toulouse, janvier 1986,* Toulouse 1986, S. 21-38; dies., *Inceste et sainteté. La Vie de Saint Grégoire en français (XIIe siècle)*, in: Annales 43 (1988), S. 1291-1319.

23 Guerreau-Jalabert, *Inceste et sainteté* [Anm. 22], S. 1312.

kontrastiere die klare, um ›künstliche‹ Verwandtschaftsbindungen zentrierte geistliche Welt des Inselklosters und des Papstes in Rom mit ihren heilbringenden spirituellen Filiationen der väterlichen Autorität des Abtes bzw. des Papstes, der mystischen Vereinigung mit Gott und der Patenschaft. Mit dieser *parenté*-Problematik hat jedenfalls die strukturanthropologisch orientierte französische Forschung einen – wie ich meine – überzeugenden Zugang zur ideologischen Programmatik und Funktionsbestimmung der *Grégoire*-Vita gefunden, von dem auch die germanistische *Gregorius*-Forschung profitieren wird; weniger allerdings im Sinne einer um die Verwandtschaftsthematik zentrierten ›neuen‹ Deutung des deutschen Textes als im Hinblick auf seine Besonderheiten. Denn vor der Folie der *parenté*-Thematik der *Grégoire*-Vita wird sich zeigen, daß Hartmann mit der Übertragung des französischen Textes der *Vie du pape saint Grégoire*, gerade nicht dessen ausgeprägten »discours sur la parenté« aufgegriffen und ausgeweitet, sondern deutlich andere Akzente gesetzt hat.[24]

Die meisten literarhistorischen Arbeiten sind jedoch keine streng strukturanthropologischen Textanalysen. Sie greifen zwar auf Terminologie und Interpretationsgestus der strukturalen Anthropologie zurück, orientieren sich jedoch im allgemeinen eher an dem Deutungsrahmen, den der Historiker Georges Duby in seinen Arbeiten zur mittelalterlichen Adelsfamilie vorgegeben hat[25]: Thematischer und ideologischer

---

24 Ingrid Kasten hat mit ihrer kürzlich erschienenen Übersetzung der *Grégoire*-Fassung die besten Voraussetzungen für einen detaillierten Vergleich der französischen und deutschen Bearbeitung des Gregoriusstoffes geschaffen: *La vie du pape Saint Grégoire ou La légende du bon pécheur. Das Leben des heiligen Papstes Gregorius oder Die Legende vom guten Sünder,* Text nach der Ausgabe von Hendrik Bastiaan Sol mit Übersetzung und Vorwort, München 1991 (Klassische Texte des Romanischen Mittelalters in zweisprachigen Ausgaben 29).

25 Ein großer Teil der familienhistorischen Arbeiten von Georges Duby ist zusammengestellt in Sammelbänden: *Hommes et structures. Recueil d'articles,* Paris, La Haye 1973 (Le Savoir historique 1), darin vor allem: *Les »jeunes« dans la société aristocratique dans la France du Nord-Ouest au XIIe siècle* (1964) [dt.: *Die Jugend in der aristokratischen Gesellschaft,* in: ders., *Wirklichkeit und höfi-*

Fluchtpunkt ist dabei die Entwicklung der Adelsfamilie von locker verwandtschaftlich gebundenen Adelsgruppen des Frühmittelalters zu eng um die väterliche Linie geschlossenen Adelsgeschlechtern des Hochmittelalters, die in der französischen historischen Forschung in ihren ökonomischen Implikationen, ihren gesellschaftlichen Strukturveränderungen und mentalitätsgeschichtlichen wie ideologischen Konsequenzen verfolgt wird. Stichworte dieser Diskussion sind: die mit der Etablierung als agnatisches Geschlecht verbundene Fixierung der Adelsfamilie auf einen Familienstammsitz, die zunehmende Dominanz der väterlichen Verwandtschaft, die Bedeutung wohlerwogener Eheschließungen, legitimer Söhne und damit auch der Ehefrauen, einschneidende Veränderungen in den Erbregelungen zugunsten der erstgeborenen Söhne, das Zurücktreten der jüngeren Söhne wie auch der Töchter und nicht zuletzt die diesem struktuellen Wandel innerhalb der familialen Adelsgruppen entsprechenden Verhaltensrituale, Bewußtseinsformen und Ideologeme, die Veränderungen in der Namengebung, der Eheschließungszeremonie und gesellschaftlichen Zukunft der Söhne, die Existenzkrisen der jüngeren, von der Herrschaft ausgeschlossenen Söhne, das genealogische Interesse der Familien, die Verherrlichung ritterlicher Lebensformen, die angstbesetzten Phantasmen der Männer über die Sexualität und Auflehnung ihrer Ehefrauen.

Dieses im Umkreis von Georges Dubys Familienstudien er-

---

scher Traum. Zur Kultur des Mittelalters, Berlin 1986, S. 103-116, 171-173]; *Mâle moyen âge. De l'amour et autres essais* (1990) [dt. Teilübersetzung: *Die Frau ohne Stimme. Liebe und Ehe im Mittelalter,* aus dem Französischen von Gabriele Ricke und Ronald Vouillié, Berlin 1989 (Kleine Kulturwissenschaftliche Bibliothek)]; vgl. auch ders., *Zur Stellung der Frau innerhalb der Familie im Frankreich des 12. Jahrhunderts*, in: Anneliese Mannzmann (Hg.), *Geschichte der Familie oder Familiengeschichten? Zur Bedeutung von Alltags- und Jedermannsgeschichte*, Königstein/Ts. 1981 (Historie Heute 3), S. 92-101; *Medieval Marriage. Two Models from Twelfth-Century France*, Baltimore and London 1978 (The John Hopkins Symposia in Comparative History 11); *Le chevalier, la femme et le prêtre. Le mariage dans la France féodale* (1981) [dt.: *Ritter, Frau und Priester. Die Ehe im feudalen Frankreich*, Frankfurt/Main 1988 (stw 735)].

stellte gesellschaftliche Szenario der mittelalterlichen Adelsfamilie hat in der literarhistorischen Diskussion eine erstaunliche Wirkung entfaltet. Es hat hier nicht nur das Interesse für bestimmte familienhistorische Themen der mittelalterlichen Literatur geweckt, sondern ist geradezu der sachliche und methodische Ausgangspunkt familienbezogener Überlegungen zur Funktionsbestimmung der höfischen Dichtung geworden, die unter dieser Perspektive als eine Art Spiegel und Brennpunkt für die äußeren Erfolge wie internen Probleme der Adelsfamilie erscheint.[26] *Lignage*-Thematik wird in dieser Diskussion zum übergreifenden Rahmen des Textverständnisses. Am direktesten bestimme sie die Chansons de geste, die in ausladenden Zyklen die wechselvolle Geschichte bedeutender agnatischer Familien, ihren glanzvollen Aufstieg, ihre Behauptungskämpfe und internen Konflikte umkreisen und dabei in geradezu seriellen Abfolgen ein farbiges Panorama dramatischer familialer Konstellationen bieten: Sippensolidarität wie Verwandtenmord, intensive Onkel-Neffen-Beziehungen wie Enterbung von Neffen, affektive Eltern-Kind-Relationen wie erbitterte Generationsauseinandersetzungen, Geschwisterliebe wie Brudermord, inzestuöse Beziehungen wie extrem exogame Ehen.[27] Im Lichte der Dubyschen Familienarbeiten erweisen

26 Die in Frankreich und Deutschland unterschiedliche Geschichte der literarhistorischen Adaptation von Dubys Familienarbeiten erörtert Ursula Peters, *Von der Sozialgeschichte zur Familienhistorie* [Anm. 2]. Merkwürdigerweise hat diese Duby-Rezeption in der literarhistorischen Diskussion nicht zu einem verstärkten Interesse an Frauenforschung geführt, obwohl Duby in seinen neueren familienhistorischen Arbeiten (vgl. die Anm. 25 aufgeführten Studien zu den Themenkomplexen Ehe und Frau) diesen Weg bereits vorgezeichnet hat und auch in anderen Bereichen, etwa der Frühneuzeitforschung, Familiengeschichte und literarhistorische Frauen- bzw. Geschlechterforschung eine fruchtbare Verbindung eingegangen sind. Vgl. etwa den von Heide Wunder und Christina Vanja herausgegebenen Sammelband *Wandel der Geschlechterbeziehungen zu Beginn der Neuzeit*, Frankfurt/Main 1991 (stw 913).

27 Zum Familienpanorama der Chansons de geste vgl. die neuesten Gesamtdarstellungen von Michael Heintze, *König, Held und Sippe. Untersuchungen zur Chanson de geste des 13. und 14. Jahrhunderts und ihrer Zyklenbildung*, Heidelberg 1991 (Studia Romanica 76), und Dorothea Kullmann, *Ver-*

sich die Chansons de geste als ein faszinierendes Textcorpus, das die thematischen Möglichkeiten im Bereich gesellschaftlicher Aktivitäten und struktureller Konfliktsituationen der mittelalterlichen Adelsfamilie bis in ihre Extreme ausspekuliert.[28] Weniger explizit, aber um so nachhaltiger von den Organisationsstrukturen der Adelsfamilie durchdrungen erscheinen die höfischen Romane, die mit ihren Themengeflechten von Vater- bzw. Familiensuche, Erbproblematik und ritterlicher Existenzsicherung, Gewinn einer Frau und Rückkehr ins eigene Reich zentrale Problemzonen der mittelalterlichen Adelsgeschlechter behandelten: Die *Enfances*-Geschichten eines *Lanzelet*,[29] eines *Durmart le Gallois*[30] oder *Wigamur*[31] führten den

---

wandtschaft in epischer Dichtung. Untersuchungen zu den französischen chansons de geste und Romanen des 12. Jahrhunderts, Tübingen 1992 (Beihefte zur ZfrPh 242). Einzelprobleme behandeln Jean Flori, *Qu'est-ce qu'un bacheler? Étude historique de vocabulaire dans les chansons de geste du XIIe siècle,* in: Romania 96 (1975), S. 289-314, und Marie-Gabrielle Garnier-Hausfater, *Mentalités épiques et conflits de générations dans le cycle de Guillaume d'Orange*, in: Le Moyen Age 93 (1987), S. 17-40; dies., *Les conflits de générations dans les chansons de geste du cycle de Guillaume d'Orange*, in: Perspectives Médiévales 10 (Juin 1984), S. 71-73.

28 Ohne dem Familienaspekt eine besondere Bedeutung zuzuweisen, hat dies schon Alfred Adler, *Epische Spekulanten. Versuch einer synchronen Geschichte des altfranzösischen Epos*, Vorwort von Hans Robert Jauß, München 1975 (Theorie und Geschichte der Literatur und der Schönen Künste. Texte und Abhandlungen 33) in einer an der strukturalen Anthropologie Lévi-Strauss'scher Prägung orientierten »synchronen Zusammenschau« dieser Chansons de geste betont.

29 Ulrichs von Zazikhofen *Lanzelet* als »roman de lignage« diskutiert René Perennec, *Artusroman und Familie* [Anm. 10]; ders., *Recherches sur le roman d'arthurien en vers en Allemagne aux XIIe et XIIIe siècles,* Bde. 1-2, Göppingen 1984 (GAG 393 I.II), II, S. 3-97.

30 Friedrich Wolfzettel, *Idéologie chevaleresque et conception féodale dans Durmart le Galois: l'altération du schéma arthurien sous l'impact de la réalité politique du XIIIe siècle*, in: *Actes du 14e Congrès International Arthurien. Rennes, 16-21 Août 1984*, Bd. 1, Rennes o.J., S. 668-686.

31 Alfred Ebenbauer, *Wigamur und die Familie*, in: Friedrich Wolfzettel (Hg.), *Artusrittertum im späten Mittelalter. Ethos und Ideologie. Vorträge des Symposiums der deutschen Sektion der Internationalen Artusgesellschaft vom 10. bis 13. November 1983 im Schloß Rauischholzhausen (Universität Gießen)*, Gießen 1984 (Beiträge zur deutschen Philologie 57), S. 28-46.

Protagonisten über viele Umwege und Abenteuer am Schluß nicht nur zu einer vorteilhaften Heirat, sondern auch in die väterliche Familie zurück und präsentierten damit zugleich Erfolg und Vorherrschaft agnatischer Geschlechter[32], die glänzende Ritterkarriere der herrschaftslosen Fürstensöhne Gahmuret, Heimrich der schêtis oder Schilbert von Tandarnas thematisiere zugleich den Ausschluß jüngerer Adelssöhne vom Familienerbe, d. h. ihre ungesicherte Lebenssituation und strukturelle ›Armut‹[33] und in dem für den *Erec*, den *Iwein* und andere höfischen Romane so typischen Themenumkreis von höfischer Liebe, Ehe und Herrschaft seien sehr vermittelt, aber doch spürbar bestimmte Überlebensstrategien und Krisensituationen adeliger Geschlechter eingeschrieben: etwa die prekäre Verbindung von Adelsehe und Herrschaftssicherung, das Fehlschlagen von Ehekoalitionen, die gefährdete Situation der Erbtöchter und Witwen, das Abbrechen der väterlichen Linie.[34] Und sogar die scheinbar realitätsferne Liebeslyrik wird in diese *lignage*-Bindung der höfischen Adelsdichtung einbezogen, zumindest im Hinblick auf den literarischen Typus des Werbungslieds, das mit der Figurenkonstellation von Unterwerfungshaltung des liebenden Sängers und Herrschaftsgestus

32 Die Bedeutung des *chevalier errant* als Prototyp agnatischer Herrschaft diskutiert Marie-Luce Chênerie, *Le chevalier errant dans les romans arthuriens en vers des XIIe et XIIIe siècles*, Genève 1986 (Publications romanes et françaises 172).

33 So argumentieren Helmut Brall, *Gralssuche und Adelsheil. Studien zu Wolframs Parzival*, Heidelberg 1983, S. 107-196; ders., *Familie und Hofgesellschaft in Wolframs »Parzival«*, in: Gert Kaiser und Jan-Dirk Müller (Hg.), *Höfische Literatur, Hofgesellschaft, Höfische Lebensformen um 1200. Kolloquium am Zentrum für Interdisziplinäre Forschung der Universität Bielefeld (3.-5. November 1983)*, Düsseldorf 1986 (Studia humaniora 6), S. 541-583, am Beispiel vor allem Gahmurets; René Perennec, *Artusroman und Familie* [Anm. 10], im Hinblick auf Lanzelet als *iuvenis*-Figur und Guerreau, *Renaud de Bâgé* [Anm. 10], im Blick auf den *Bel Inconnu*-Autor.

34 Die historischen Probleme der »biopolitics of lineage« (S. 70-75) bestimmen nach R. Howard Bloch, *Etymologies and Genealogies. A literary Anthropology of the French Middle Ages*, Chicago 1983, S. 186ff., zutiefst die höfischen Romane in ihren literarischen Bildern von Liebe und Ehe, Herrschaft und Sexualität.

der ablehnenden Dame Grundsituationen des in der Machtentfaltung des *lignage* angelegten *juvenis-senior*-Konflikts verarbeite und in einem komplizierten sozialpsychologischen Umsetzungsprozeß in das auf der virtuellen Trias von jugendlichem Sänger, verheirateter Dame und adeligem Herrschaftsträger/ Ehemann beruhende literarische Konzept der höfischen Liebe verwandle.[35]

Mit diesem *lignage*-orientierten Verständnis der höfischen Adelsdichtung ist zugleich Georges Dubys Diktum von der Adelsfamilie als des grundlegenden, alle Lebensbereiche durchdringenden Faktors der mittelalterlichen Gesellschaft in beeindruckender Weise in literarhistorische Phantasie umgesetzt und die Adelsdichtung konsequent in ihrem Familienbezug betrachtet worden: als affirmativer Propagator agnatischer Geschlechterherrschaft, als Sprachrohr einzelner von den Strukturveränderungen der Adelsfamilie in ihrer Existenz betroffener Adelsgruppen, als sensibler Seismograph tiefgreifender familialer Verhaltens- und Bewußtseinsveränderungen und schließlich auch als utopisches Korrektiv für bestimmte, mit der Konsolidierung der *lignages* verbundene emotional-affektive Defizite im Verwandtschaftswissen.

Angesichts dieser vielfältigen literarhistorischen Versuche einer forcierten thematisch-ideologischen Anbindung der Adelsdichtung an die Geschichte der Adelsfamilie wird in der literarhistorischen Diskussion erstaunlich wenig Gewicht auf eine historische Zuordnung der literarischen Texte zu bestimmten Adelsfamilien gelegt, obwohl die Gönnerforschung bereits zahlreiche Informationen über das literarische Interesse adeliger Geschlechter und damit zugleich über den möglichen Zusammenhang von historischer Konstituierung, Selbstdar-

35 Dieses von Georges Duby, *Que sait-on de l'amour en France au XIIe siècle?* (1982/83) [dt.: *Was weiß man über die Liebe im Frankreich des 12. Jahrhunderts?*, in: ders., *Die Frau ohne Stimme* (Anm. 25), S. 33-50], zumindest ansatzweise entworfene Verständnis der höfischen Liebe wird von Christiane Marchello-Nizia, *Amour courtois, société masculine et figures du pouvoir*, in: Annales 36 (1981), S. 969-982, und Sylvette Rouillan-Castex, *L'amour et la société féodale*, in: Revue historique 552 (1984), S. 295-329, weiter entfaltet.

stellung und literarischen Interessen von Adelsfamilien zusammengetragen hat[36]: in erster Linie natürlich im Bereich der lateinischen Historiographie, die seit dem 10. Jahrhundert in Genealogien, Memorialzeugnissen, Familienchroniken oder familienbezogenen Exkursen mehr oder weniger ausführliche Nachrichten zur Geschichte einzelner Familien bietet[37], die unter der Bezeichnung ›adelige Hausüberlieferung‹[38] eine kontroverse Diskussion über ihren Zeugniswert als literarische Selbstdokumente adeliger Geschlechter entfaltet haben. Während lange Zeit die genealogisch orientierten Texte ohne Vorbehalte als authentische Indikatoren der komplizierten Geschichte der Konstituierung und Bewußtwerdung mittelalterlicher Adelsgeschlechter betrachtet worden sind[39], hat

---

36 Vor allem Joachim Bumke, *Mäzene im Mittelalter. Die Gönner und Auftraggeber der höfischen Literatur in Deutschland 1150-1300*, München 1979, in dem Kapitel »Hauskloster und Fürstenhof« (S. 44-53).

37 Den besten Überblick über diese Familiennachrichten bietet immer noch Hans Patze, *Adel und Stifterchronik. Frühformen territorialer Geschichtsschreibung im hochmittelalterlichen Reich*, in: BLG 100 (1964), S. 8-81 (= I); 101 (1965), S. 67-128 (= II) [Teil II wieder in: Joachim Bumke (Hg.), *Literarisches Mäzenatum. Ausgewählte Forschungen zur Rolle des Gönners und Auftraggebers in der mittelalterlichen Literatur*, Darmstadt 1982 (WdF 598), S. 248-330]; zu deutschen Stiftergeschichten vgl. auch Hans Patze, *Klostergründung und Klosterchronik*, in: BLG 113 (1977), S. 89-121.

38 Der Terminus geht auf Karl Hauck, *Haus- und sippengebundene Literatur mittelalterlicher Adelsgeschlechter von Adelssatiren des 11. und 12. Jahrhunderts her erläutert* (1954) [Neufassung von 1960 wieder in: Walter Lammers (Hg.), *Geschichtsdenken und Geschichtsbild im Mittelalter*, Darmstadt 1965 (WdF 21), S. 165-199], zurück und bezieht sich hier auf eine Vielzahl unterschiedlicher Texte, die adeliges Familienwissen und -bewußtsein thematisierten. Zur ideologischen Problematik dieses Begriffs vgl. neuerdings Klaus Graf, *Literatur als adelige Hausüberlieferung?*, in: Joachim Heinzle (Hg.), *Literarische Interessenbildung im Mittelalter*, Stuttgart 1993 (Germanistische Symposien. Berichtsbände 14), S. 126-144, 257.

39 Dies gilt vor allem für die Erforschung der Welfengenealogien; vgl. etwa Karl Schmid, *Probleme um den »Grafen Kuno von Öhningen«. Ein Beitrag zur Entstehung der welfischen Hausüberlieferung und zu den Anfängen der staufischen Territorialpolitik im Bodenseegebiet* (1966), wieder in: ders., *Gebetsgedenken und adeliges Selbstverständnis im Mittelalter. Ausgewählte Beiträge. Festgabe zu seinem 60. Geburtstag*, Sigmaringen 1983, S. 127-179; Otto Gerhard Oexle, *Die »säch-*

neuerdings Gerd Althoff[40] – wie mir scheint, mit guten Gründen – diese Vorstellung von dem genuinen Quellenwert dieser Texte als Selbstzeugnisse adeligen Geschlechtsbewußtseins in Frage gestellt. Da die historisch-genealogischen Familientexte nicht im unmittelbaren Umkreis des jeweiligen Adelsgeschlechts entstanden, sondern durchweg den Geistlichen der nahegelegenen Klöster und Stifte zu verdanken seien, stelle sich das Problem der intentionalen und funktionsgeschichtlichen Zuordnung der Texte. In jedem einzelnen Fall müsse deshalb gesondert geklärt werden, aus welchem Grund, zu welchem Anlaß die Geschichte des Geschlechts zusammengestellt worden sei, ob sie tatsächlich auf Nachrichten der Familien, auf mündliche oder schriftliche Familientraditionen zurückgehe und dann zu Recht als adelige Hausüberlieferung das Familienwissen und die Selbstsicht des Adelsgeschlechts bezeuge, oder ob es sich bei der genealogischen Rekonstruktion um zielgerichtete Ausführungen handle, die etwa im Rahmen juristischer Auseinandersetzungen, in Erb- und Heiratsangelegenheiten Ansprüche absichern, Forderungen zurückweisen oder Sachverhalte klären sollten und damit zwar das Auftreten und die Bedeutung des Adelsgeschlechts beleuchten, uns jedoch keine tragfähigen Informationen über das Selbstverständnis

---

sische Welfenquelle« als Zeugnis der welfischen Hausüberlieferung, in: DA 24 (1968), S. 435-497; ders., *Welfische und staufische Hausüberlieferung in der Handschrift Fulda D 11 aus Weingarten*, in: Artur Brall (Hg.), *Von der Klosterbibliothek zur Landesbibliothek. Beiträge zum zweihundertjährigen Bestehen der Hessischen Landesbibliothek Fulda*, Stuttgart 1978 (Bibliothek des Buchwesens 6), S. 203-231.

40 Zunächst am Beispiel der welfischen Hausüberlieferung: Gerd Althoff, *Heinrich der Löwe und das Stader Erbe. Zum Problem der Beurteilung des ›Annalista Saxo‹*, in: DA 41 (1985), S. 66-100; ders., *Anlässe zur schriftlichen Fixierung adligen Selbstverständnisses*, in: ZGO NF 95 (1986), S. 34-46; bald auch auf andere Fallbeispiele ausgreifend: ders., *Causa scribendi und Darstellungsabsicht: Die Lebensbeschreibungen der Königin Mathilde und andere Beispiele*, in: Michael Borgolte und Herrad Spilling (Hg.), *Litterae Medii Aevi. Festschrift für Johanne Autenrieth zu ihrem 65. Geburtstag*, Sigmaringen 1988, S. 117-133; ders., *Gandersheim und Quedlinburg. Ottonische Frauenklöster als Herrschafts- und Überlieferungszentren*, in: FMSt 25 (1991), S. 123-144; zusammenfassend und grundsätzlich: ders., *Verwandte, Freunde und Getreue. Zum politischen Stellenwert der Gruppenbindungen im früheren Mittelalter*, Darmstadt 1990.

der jeweiligen Adelsgeschlechter bieten. Unter dieses Verdikt fallen die meisten genealogischen Nachrichten bzw. familiengeschichtlichen Partien historiographischer Texte, die bislang in der Forschung unter dem Stichwort ›adelige Hausüberlieferung‹ als Dokumente des Herkunfts- und Geschlechtsbewußtseins adeliger Familien betrachtet werden: die in Hrotsviths *Primordia coenobii Gandeshemensis* vorgestellte Geschichte der Liudolfinger bzw. Ottonen, die verschiedenen Welfengenealogien des 12. und 13. Jahrhunderts, die Chronik von Ebersberg wie auch die Familiendokumente der Babenberger.

Es fragt sich natürlich, was dies für die Literarhistorie bedeutet. Handelt es sich doch bei den in den lateinischen Genealogien angesprochenen Geschlechtern um fürstliche Familien, die – wie die Liudolfinger des 9. bis 11. Jahrhunderts oder die Grafen von Flandern und Anjou, die Welfen, Babenberger oder Ludowinger des 12. und 13. Jahrhunderts auch die Protagonisten volkssprachiger Familienberichte sind oder zumindest als Auftraggeber und Publikum der höfichen Dichtung auftreten. Selbst wenn sich die Entstehung und damit auch die Familiengeschichte der lateinischen Texte eher bestimmten Problemsituationen und juristischen Erfordernissen des entsprechenden Klosters oder Stifts als dem Familienbewußtsein der angesprochenen Adelsgeschlechter verdanken sollte, so bleibt immer noch die Frage nach den familienhistorischen Implikationen der in dem Umkreis dieser Familien entstandenen volkssprachigen Texte im Kontext von Familiendarstellung, fürstlichem Literaturinteresse, Geschlechtsbewußtsein und Herrschaftsanspruch.

Hier beginnen allerdings die Probleme. Zwar gibt es im 13. Jahrhundert volkssprachige Genealogien, etwa die mittelhochdeutschen genealogischen Notizen zu den Babenbergern, die in die Überlieferung von Jans Enikels Werken eingebunden sind[41], und im 14. Jahrhundert die Kuenringer-Genealogie des Zwett-

41 Zu den verschiedenen lateinischen und volkssprachigen Babenbergergenealogien des 12. und 13. Jahrhunderts vgl. neuerdings Heide Dienst, *Regionalgeschichte und Gesellschaft im Hochmittelalter am Beispiel Österreichs*, Wien und Köln 1990 (Mitteilungen des Instituts für österreichische Geschichtsforschung. Ergänzungsband 27).

ler Stiftungsbuchs[42] oder die Reimchronik der Grafen von Sulzbach-Kastl.[43] Sie sind freilich in den meisten Fällen Übersetzungen aus dem Lateinischen, damit keine eigenständigen Konstruktionen von Familiengeschichte in der Volkssprache und vor allem als Teile eines klösterlichen Traditionsbuches vornehmlich auf dessen Funktionsbestimmung und nicht in erster Linie auf das Selbstverständnis der entsprechenden Familie bezogen: Die Familiengenealogie ist hier Teil der rechts- und besitzgeschichtlichen Dokumentation des Klosters.[44]

Wie sehr aber auch im Bereich volkssprachiger familienhistorischer Großepik die literarische Konstruktion von Genealogien historischer Adelsfamilien eher ein juristisches Argument als ein Zeugnis für adeliges Familienbewußtsein ist, zeigen die im frühen 13. Jahrhundert entstandene *Gandersheimer Reimchronik*[45] und die gegen Ende des 13. Jahrhunderts verfaßte *Braunschweigische Reimchronik*[46], die beide – wenn auch mit unterschiedlicher Zielsetzung – die Geschichte berühmter sächsischer Herzogsfamilien verfolgen: Die *Gandersheimer Reimchronik* des Stiftsgeistlichen Eberhard, die Geschichte des Gandersheimer Gründergeschlechts der Liudolfinger bzw. Ottonen vom 9. bis 11. Jahrhundert, die *Braunschweigische Reimchro-*

42 Zur lateinischen und volkssprachigen Kuenringer-Genealogie im Traditionsbuch, dem Liber fundatorum, des Stifts Zwettl vgl. Dienst, *Regionalgeschichte* [Anm. 41], S. 92-100; Karl Brunner. *Die Zwettler ›Bärenhaut‹ – Versuch einer Einordnung*, in: Hans Patze (Hg.), *Geschichtsschreibung und Geschichtsbewußtsein im späten Mittelalter*, Sigmaringen 1987 (Vorträge und Forschungen 31), S. 647-662; Joachim Rössl, *Die Zwettler »Bärenhaut« – nochmals als exemplarischer Beleg*, ebd., S. 663-680.

43 Joseph Moritz, *Stammreihe und Geschichte der Grafen von Sulzbach*, München 1833 (Abhandlungen der Bayer. Akademie der Wissenschaften, Histor. Classe, I 2), S. 120-158.

44 Diese funktionale Ausrichtung auf die Rechtsbelange des Klosters wird sehr deutlich bei einer Gruppe volkssprachiger Stifterchroniken des 14. Jahrhunderts; vgl. dazu Hans Patze, *Klostergründung und Klosterchronik* [Anm. 37], S. 117-119.

45 *Die Gandersheimer Reimchronik des Priesters Eberhard*, hg. v. Ludwig Wolff, Tübingen ^{2}1969 (ATB 25).

46 *Braunschweigische Reimchronik*, hg. v. Ludwig Weiland, in: MGH DC II, Hannover 1876, S. 430-574.

nik die der Liudolfinger, Brunonen, Billunger und sächsischen Welfen bis zu Herzog Albrecht I. von Braunschweig und seinen Söhnen, den Adressaten des Textes. In beiden Fällen dient die familienhistorische Rekonstruktion der Begründung von Rechtspositionen. Am deutlichsten bei der *Gandersheimer Reimchronik*, deren Autor das im 11. Jahrhundert ausgestorbene sächsische Herzogsgeschlecht der Liudolfinger fast ausschließlich unter dem Gesichtspunkt seiner Rolle als Gründer und Förderer des Kanonissenstifts Gandersheim präsentiert, dabei vornehmlich die von der Gründerfamilie angestrebte Reichsunmittelbarkeit des Stifts, seine Exemtion von der Jurisdiktion des Hildesheimer Bischofs, im Auge hat und unter dieser Perspektive auch die Familieninformationen zusammenstellt: er berichtet von den Bemühungen der Gründerfamilie um die *vriheit* des Stifts, spart alle Familienmitglieder, auch sehr bedeutende, aus, die sich nicht um das Stift verdient gemacht haben, und interessiert sich für die liudolfingischen, d. h. ottonischen Kaiser nur unter dem Gandersheimer Blickwinkel. Hintergrund und – im Sinne von Gerd Althoff – Anlaß dieser reduzierten Geschichte der Liudolfinger ist offenbar ein vom Stift gegen den Bischof vor der Kurie angestrengter und gewonnener Prozeß, der die endgültige jurisdiktionelle Exemtion brachte.[47] Der historischen Absicherung und Glorifizierung dieses juristischen Erfolgs, vielleicht auch der Abwehr möglicher Kritik, diente offenbar in den Jahren nach diesem Prozeß die Reimchronik des vor gut zweihundert Jahren ausgestorbenen Geschlechts der Stifterfamilie. Thematisch-ideologischer Fixpunkt ist das Stift mit seinen juristischen Aktivitäten, aber nicht eigentlich die liudolfingische Familiengeschichte.

Anders ist das im Falle der gut siebzig Jahre später, wohl im Braunschweiger Blasiusstift im Umkreis lateinischer Welfengenealogien entstandenen *Braunschweigischen Reimchronik*, die, ausgerichtet auf das welfische Herzogshaus von Braun-

---

47 Vgl. dazu Hans Goetting, *Das Bistum Hildesheim. 1. Das reichsunmittelbare Kanonissenstift Gandersheim*, Berlin und New York 1973 (Germania Sacra NF 7. Die Bistümer der Kirchenprovinz Mainz), S. 98-102.

schweig, dessen genealogische Herkunft von den sächsischen Herzogsgeschlechtern der Liudolfinger, Brunonen und Billungern rekonstruiert und damit zugleich das im Jahre 1235 neu gegründete Herzogtum Braunschweig-Lüneburg in die Familientradition der sächsischen Herzöge einbindet. Auch diesem Chronisten geht es – wie die landeshistorische Forschung zu Recht betont[48] – vornehmlich um ein juristisches Problem, um die genealogisch lückenlose und damit erbrechtlich einwandfreie Begründung des neuen welfischen Herzogtums. Aber hier ist im Unterschied zur *Gandersheimer Reimchronik* die familiengeschichtliche Argumentation auf das regierende Herzogshaus bezogen, an die Söhne Albrechts des Großen gerichtet, die mit dem Gedenken an ihren berühmten Vater zugleich an ihre doppelt begründete Abkunft aus den Geschlechtern der sächsischen Herzöge erinnert werden. Hier scheint tatsächlich einmal die Adels-, besser die Fürstenfamilie in ihren aktuellen Problemen und Begründungszwängen in sehr direkter Form Movens und Thema eines genealogischen Textes in der Volkssprache zu sein, der im Familienstift entstanden ist und sich an die herrschenden Vertreter der Familie wendet.

Ähnliches mag auch für die anglonormannischen Genealogien des englischen Königshauses von Wace und Benoit de Ste. Maure gelten, die um die Wende des 12. Jahrhunderts auf der Basis lateinischer Chroniken in weit ausgreifender Darstellung die Frühgeschichte der Normannen und Anjous entwerfen und – in nicht ganz eindeutiger Zuordnung – an den englischen König Heinrich II. und seine Gattin Eleonore adressieren.[49] Auch hier bestimmt die Familiengeschichte des herrscherlichen Mäzens die volkssprachige Historiographie. Und

48 Vgl. vor allem Hans Patze und Karl-Heinz Ahrens, *Die Begründung des Herzogtums Braunschweig im Jahre 1235 und die ›Braunschweigische Reimchronik‹*, in: BLG 122 (1986), S. 67-89; wieder als Teil von: Hans Patze, *Mäzene der Landesgeschichtsschreibung im späten Mittelalter*, in: ders. (Hg.), *Geschichtsschreibung und Geschichtsbewußtsein* [Anm. 42], S. 331-370, hier S. 334-346.

49 Zu den anglonormannischen Genealogien der Anjous vgl. Dagmar Tillmann-Bartylla, *Höfische Welt und Geschichtsbedürfnis: Die anglo-normannischen Verschroniken des XII. Jahrhunderts*, in: Hans-Ulrich Gumbrecht, Ursula

schließlich die *Histoire de Guillaume le Maréchal*[50], jene an Graf Wilhelm II., das Oberhaupt der englischen Familie der Marschalls, und seine Geschwister gerichtete Reimbiographie des berühmten Vaters, die mit dem Lebensbericht des Wilhelm Marschall zugleich den Aufstieg der Marschalls zu einer mächtigen Magnatenfamilie vorführt. Auch hier werden – wie in der *Braunschweigischen Reimchronik* – die Nachkommen an das Gedenken ihres bedeutenden Vaters erinnert, der den Anspruch des Geschlechts repräsentiert. Während allerdings die *Braunschweigische Reimchronik* mit ihrer Ausrichtung auf die Herrschaft Braunschweig die sächsischen Welfen genealogisch an die alten sächsischen Herzogsfamilien anbindet und im Bild eines ausladenden Geschlechterbaums mit den illustren europäischen Herrscherfamilien verknüpft, betont die *Histoire* – gerade umgekehrt und gegen die historischen Möglichkeiten wie auch verwandtschaftlichen Bindungen der Familie – die brillante Karriere des Vaters vom landlosen Ritter zum Regenten Englands.[51] Diese englische Magnatenfamilie war offenbar auf der Höhe ihrer Macht nicht an einer weit ausgreifenden genealogischen Legitimation ihres rechtlichen und sozialen Status interessiert, um so mehr Gefallen scheint sie hingegen an einer literarischen Stilisierung ihres berühmten Vaters zum tapferen Ritter gefunden zu haben, der seinen Erfolg den familienspezifischen Tugenden des ritterlichen Einsatzes und der absoluten Königstreue verdanke. Familiengeschichte impliziert hier weder ein juristisches Argument noch einen prestigegeleiteten Anspruch fürstlicher Herkunft, sondern wird zum Material und Medium einer nach literarischen Mustern stilisierten Rit-

---

Link-Heer, Peter-Michael Spangenberg (Hg.), *La littérature historiographique des origines à 1500*, Bd. 1 (Partie historique), Heidelberg 1986 (GRLMA 11, 1), S. 313-350.

50 *L'Histoire de Guillaume le Maréchal, Comte de Striguil et de Pembroke, régent d'Angleterre de 1216 à 1219*, hg. v. Paul Meyer, Bde. 1-3, Paris 1891-1901.

51 Vgl. dazu Ursula Peters, *Vom ›povre bacheler‹ zum ›baron‹. Zur Familienthematik der Histoire de ›Guillaume le Maréchal‹*, in: Frank-Rutger Hausmann, Ludwig Jäger und Bernd Witte (Hg.), *Literatur in der Gesellschaft. Festschrift für Theo Buck zum 60. Geburtstag*, Tübingen 1990, S. 3-13.

terbiographie, welche die Familie als die Auftraggeber und Förderer des Textes in die spielerische Welt des höfischen Ritterromans einbezieht.

Mit diesen wenigen Texten sind allerdings – wenn ich recht sehe – im Bereich der volkssprachigen Großepik zumindest für das 12. und 13. Jahrhundert bereits die möglichen Beispiele einer auf historische Adelsgeschlechter bezogenen literarischen Modellierung von Familiengeschichte abgeschritten. In den übrigen Fällen handelt es sich – wie bei Konrads von Würzburg *Schwanritter*, dem *Peter von Staufenberg* oder den französischen Melusineromanen des 14. Jahrhunderts – um Geschlechtermythologie, die bestimmte Familien ganz generell, jedenfalls ohne weitere historische Konkretisierung ihrer genealogischen Abfolge zu Nachfahren des Schwanritters bzw. des Ehemanns/Geliebten einer Fee machen, ohne daß dabei mehr als ein allgemeiner Anspruch auf Vornehmheit durch Mythologisierung deutlich würde.[52] Die volkssprachigen Autoren scheinen demnach die literarische Ausgestaltung der Familiengeschichte historischer Adelsgeschlechter eher ihren lateinischen Kollegen überlassen zu haben. Und selbst in den wenigen Fällen, in denen sie sich der Genealogie historischer Familien zuwenden, verhalten sie sich merkwürdig zurückhaltend gegenüber ihrer Funktionalisierung auf mögliche aktuelle, politisch legitimatorische Interessen der jeweiligen Adelsgeschlechter.

Dieses zunächst erstaunliche Ergebnis findet seine Bestätigung in der höfischen Dichtung, die sich in ihrer Entstehung zwar häufig bestimmten Höfen, Gönnern und damit auch fürstlichen Verwandtenkreisen zuordnen läßt, aber kaum einmal spezieller auf dic Aktivitäten und Interessen einer Adels-

---

52 Das gilt noch mehr für die dynastischen Suggestionen im *Wilhelm von Österreich* und *Friedrich von Schwaben,* deren Romanhandlung nicht mehr Familiengeschichte, sondern nur noch fabelhafte dynastische Anbindung – des österreichischen Herzogshauses bzw. des Landes Schwaben – bietet: Zur Problematik romanhafter Mythologisierungen des Spätmittelalters vgl. Klaus Graf, *Genealogisches Herkommen bei Konrad von Würzburg und im ›Friedrich von Schwaben‹,* in: Jahrbuch der Oswald von Wolkenstein Gesellschaft 5 (1988/89), S. 285-295.

familie. Bestenfalls das Fürstenpaar erfährt – wie im *Rolandslied* des Pfaffen Konrad oder Reinbots von Durne Legendendichtung vom hl. Georg[53] – eine besondere Würdigung, aber schon nicht mehr ihre Vorfahren und Kinder. In den Selbstaussagen der höfischen Dichter figurieren die Gönner und Auftraggeber in der Regel nicht als Mitglieder oder gar Höhepunkt eines bedeutenden Adelsgeschlechts, sondern als fürstliche Einzelpersonen, die an bestimmten literarischen Themen interessiert sind, sich um die Vermittlung von Vorlagen bemühen und die Autoren in ihren literarischen Aktivitäten unterstützen. Mit einer signifikanten Ausnahme: In dem zwar nicht unbedingt auf den Autor zurückgehenden, in seinen Aussagen aber nicht unglaubwürdigen Epilog der *Eneide*[54] über die Widrigkeiten der Entstehung dieses Textes ersteht das erstaunliche Bild einer Beteiligung der gesamten Familie des thüringischen Landgrafenhauses unter Ludwig III.: Margaretha von Kleve, die erste Gattin Ludwigs III., sowie dessen jüngere Brüder Graf Friedrich von Ziegenhain, Heinrich Raspe und Pfalzgraf Hermann, der spätere Landgraf von Thüringen, dem sogar ein entscheidender Anteil an der Fertigstellung der *Eneide* zugeschrieben wird. Aber auch die anderen Familienmitglieder zeigen ein besonderes Interesse an dem Text: die Gräfin von Kleve, die den ihr vom Autor zum Lesen und Schauen anvertrauten unvollendeten Eneasroman einer ihrer Damen übergibt, Graf Heinrich Raspe, der ihn dieser Dame – angeblich während der Hochzeitsfeierlichkeiten der Gräfin mit seinem Bruder, dem Landgrafen Ludwig III. – entwendet und nach Thüringen sendet, der jüngste Bruder Pfalzgraf Hermann, der neun Jahre später den Autor nach Thüringen holt und ihn mit der Fertigstellung seines Romans beauftragt, und schließlich Graf Friedrich von Ziegenhain, der zunächst für die kirchliche Laufbahn bestimmte zweite Bruder, dem der Autor am Ende der entsprechenden Passage noch einmal seine Reverenz erweist. Am

53 Vgl. die entsprechenden Gönnernennungen im Anhang von Bumke, *Mäzene im Mittelalter* [Anm. 36], S. 463 f.; 646 ff.

54 Ebd., S. 467-469.

wenigsten ist offenbar der amtierende Landgraf Ludwig III. an der komplizierten Entstehung des Textes beteiligt: während in den Epilog-Nachrichten die jüngeren Brüder und ihre Schwägerin mehr oder weniger direkt auf den Autor bzw. sein Werk bezogen sind, figuriert Ludwig III. nur als der Ehemann der Gräfin bzw. als der Bruder Pfalzgraf Hermanns. Aktive Förderung scheint Heinrich von Veldeke demnach weniger von dem regierenden Landgrafen als von dessen Ehefrau und seinen jüngeren Brüdern erfahren zu haben. Damit bezeugt der *Eneide*-Epilog zwar sehr deutlich ein familienbezogenes Literaturinteresse der Ludowinger-Fürsten, aber nicht unbedingt im Sinne einer Demonstration ludowingischer Hausherrschaft, sondern eher im Hinblick auf die große Bedeutung, die verwandtschaftlichen Bindungen und Kontakten für die Förderung und Verbreitung der höfischen Dichtung zukommt.

Insofern bestätigt auch der *Eneide*-Epilog mit seinen scheinbar so reichen Nachrichten über die Anbindung eines höfischen Romans an die Literaturinteressen einer der mächtigsten Fürstenfamilien den Eindruck, den die höfische Dichtung generell hinsichtlich ihrer historischen Zugehörigkeit im Umkreis von fürstlichem Gönner, Adelsfamilie und Hof vermittelt: eine deutliche Zurückhaltung ihrer Autoren gegenüber dem familialen Umfeld der Gönner, dessen offizieller Rahmen als Fürstenfamilie weitgehend ausgeblendet wird. Denn zumindest auf der Ebene historischer Angaben von Gönnernennung, fürstlicher Huldigung oder zeitgenössischen Anspielungen nutzen die höfischen Dichter gerade nicht jene in den lateinischen Genealogien, Stifterchroniken und Memorialzeugnissen souverän entfalteten Möglichkeiten historisch konkreter Ideologiebildung von Dynastenfamilien, greifen nicht die hier verfolgten Themen fürstlichen Familienbewußtseins wie Ahnenstolz, Geschlechterfolge oder agnatische Herrschaftssicherung auf, ja sie scheinen sie sogar konsequent zu negieren. Sie entwerfen demgegenüber einen inoffiziellen Raum literarischer Gönnerschaft, in dem die fürstlichen Auftraggeber gerade nicht als Oberhaupt einer bedeutenden Familie, sondern als Einzelpersonen und Literaturliebhaber agieren. Es ist deshalb nicht erstaunlich, daß sich die neuere familienbezogene literarhistorische Diskussion fast ausschließlich auf die thematisch-ideologische Ebene fiktionaler Familienthematik konzentriert hat.

Dieser Befund hat allerdings Konsequenzen für die literarhistorische Diskussion. Wenn die volkssprachige Dichtung nicht unbedingt im Umfeld des Herrschaftsraums der Fürstenfamilie angesiedelt ist und hinsichtlich ihrer ideologischen Programmatik oder Funktionsbestimmung nur in Ausnahmefällen deutlicher auf die Erwartungen und Interessen historischer Adels- bzw. Fürstenfamilien bezogen ist, wird sich auch die fiktionale Thematisierung der Familie in der höfischen Dichtung weit von den Gegebenheiten der mittelalterlichen Adelsfamilie entfernen, bestenfalls partiell bzw. punktuell auf bestimmte Details ihrer Entwicklung rekurrieren, aber im ganzen keine unmittelbare funktionshistorische Anbindung an ihre Geschichte nahelegen. Das würde zugleich bedeuten, daß die Ergebnisse der historischen Familienforschung, vor allem aber Georges Dubys Überlegungen zur Adelsfamilie als des grundlegenden, alle Teilbereiche der mittelalterlichen Gesellschaft bestimmenden Faktors nicht ohne weiteres in literarhistorische Deutungsaktivitäten umgesetzt werden dürfen. Tatsächlich bietet ja die Familienthematik der höfischen Dichtung ein höchst ambivalentes Bild: Schon die kaleidoskopartige Mannigfaltigkeit familialer Konstellationen warnt vor genuin familiengeschichtlichen Rekonstruktionen: die ausladenden Sippenverbände in den Gralromanen mit ihren weit verzweigten Verwandtschaftssystemen neben dem restringierten Typus der konjugalen Kernfamilie im *Armen Heinrich* bzw. der auf elementare Relationen ausgerichteten Vater/Kinder-, Bruder/Schwester-, Mutter/Sohn- bzw. Ehepaar-Beziehung im *Gregorius*, die Familiensolidarität von Brüdergruppen in den Wilhelmepen neben den einsamen Einzelsöhnen des Artusromans, die Vielzahl affektiver Onkel-Neffen-Beziehungen in der Heldenepik wie im höfischen Roman neben ihrem vollständigen Fehlen in den Vitentexten, die Bilder zutiefst gestörter Verwandtschaftsbeziehungen in der Tierdichtung neben ihrer geradezu demonstrativen Hypostasierung im *Parzival* – alles deutlich text- und gattungsspezifische, in jedem Falle themen- bzw. problembezogene literarische Familienbilder, die nicht ohne weiteres Rückschlüsse auf strukturelle Entwicklungen der Adelsfamilie zulassen.[55] Aber auch umgekehrt verdeutlicht die erstaunliche Zurückhaltung, ja Indifferenz der höfischen Dichter gegenüber bestimmten, für die Adelsgesellschaft sehr wohl relevanten Problembereichen der mittelalterlichen Adelsfamilie, etwa den kirchlichen Inzestregeln und damit den komplizierten Bestimmungen der Verwandtschaftsgrade[56], die ausgeprägte Partikularität und Exklusivität der literarischen Familienthematik, die in einem eigenen Deutungs- und Verständnisrahmen angesiedelt ist, nur punktuell im Sinne detailrealistischer Konkretisierung an spezifische Strukturmerkmale der historischen Adelsfamilie anknüpft und deshalb auch nur bedingt einem familienhistorischen Deutungsgestus zugänglich ist. Der Problembereich Familie bezeichnet in der höfischen Dichtung – wie auch andere scheinbar historische Gesellschaftsthemen – als ein ideologisches Konstrukt eine eigene Welt, in der spielerisch und modellhaft – und oft dezidiert gegen den Ernst und das Gewicht der historischen Adelsfamilie – Probleme diskutiert, normative Handlungskonzepte vorgeführt, Verhaltenskonstellationen erprobt und Lösungsmöglichkeiten entworfen werden. Diese spezifische Funktionalisierung der literarischen Familie in ihrer Differenzqualität zur historischen Adelsfamilie zu entziffern, ist – wie ich denke – die genuine Aufgabe einer familienhistorisch argumentierenden Mediävistik.

---

55 Dies betont am Beispiel der Onkel-Neffen-Beziehungen sehr überzeugend Dorothea Kullmann [Anm. 27], S. 49-94.

56 So bleibt in der höfischen Dichtung, die im Themenumkreis von Liebe und Ehe eine Vielfalt unterschiedlichster Figurenkonfigurationen und Konfliktkonstellationen entwirft und dabei auch auf Detailrealismen historischer Faktizität ausgreift, das Ehehindernis des Konsanguinität, das in Genealogien, Rechtsgutachten und Ehetraktaten eine besondere Rolle spielt, bis auf wenige Ausnahmen – etwa in Herborts *Trojanerkrieg,* Rudolfs von Ems *Wilhelm von Orlens*, im *Garin le Loherain* oder *Aiol* – als Problem ausgespart.

VOLKSKULTUR?

Hans-Jörg Gilomen
Volkskultur und Exempla-Forschung

1. Die Rückkehr der Volkskultur

a) Das Zweischichtenmodell

»Die intensiven Forschungen über ›Volkskulturen‹ im traditionellen Europa (vom Mittelalter bis zum 19. Jahrhundert) sind eines der markantesten Merkmale der Geschichtswissenschaft der letzten Jahre«, hat Jean-Claude Schmitt 1981 formuliert.[1] Als das Konzept einer zur Hochkultur im Gegensatz stehenden Volkskultur in den 70er und 80er Jahren in der französischen und angelsächsischen Historiographie geradezu in Mode kam, rieben sich Vertreter der deutschen Volkskunde erstaunt die Augen.[2] Die Auseinandersetzung um ein solches Zweischichtenmodell war in ihrer Disziplin schon vor dem Zweiten Weltkrieg heftig geführt worden, seit Hans Naumann dieses Konzept 1921 in heute geradezu unerträglich elitärer Diktion formuliert hatte.[3] Naumann wandte sich dabei gegen die ro-

1 Jean-Claude Schmitt, *Menschen, Tiere und Dämonen. Volkskunde und Geschichte*, in: Saeculum 32 (1981), S. 334-348, 334.

2 Besonders scharf etwa die Kritik von Wolfgang Brückner, *Popular Culture. Konstrukt, Interpretament, Realität. Anfragen zur historischen Methodologie und Theoriebildung aus der Sicht der mitteleuropäischen Forschung*, in: Ethnologia Europaea XIV (1984), S. 14-24; s. auch Konrad Köstlin, *Die Wiederkehr der Volkskultur. Der neue Umgang mit einem alten Begriff*, ebd., S. 25-31.

3 Hans Naumann, *Grundzüge der deutschen Volkskunde*, Leipzig 1922.; s. auch ders., *Primitive Gemeinschaftskultur. Beiträge zur Volkskunde und Mythologie*, Jena 1921. S. zum Folgenden Reinhard Schmook, *Zu den Quellen der volkskundlichen Sichtweise Hans Naumanns und zu den Reaktionen der Fachwelt auf dessen »Grundzüge der deutschen Volkskunde« in den 20er und 30er Jahren*, in: Kai Detlev Sievers (Hg.), *Beiträge zur Wissenschaftsgeschichte in der Volkskunde im 19. und 20. Jahrhundert*, Neumünster 1991 (Studien zur Volkskunde und

mantisierende Verklärung des Volkes als schöpferischer Gemeinschaft, betonte die alleinige Kreativität des Individuums[4] und führte den Begriff des ›gesunkenen Kulturgutes‹ in die Forschung ein[5]. Naumanns These billigte dem Volk nur »primitives Gemeinschaftsgut«[6] und die rein reproduktive Aufnahme aus der Hochkultur absinkender Kulturelemente zu[7]. Selbst die Assimilation dieses gesunkenen Kulturgutes vollziehe sich ohne jegliche produktive Umformung. In Anlehnung an den französischen Ethnologen Lucien Lévy-Bruhl schrieb er dem breiten bäuerlichen Volk vom Gesetz der Partizipation bestimmte mystische Kollektivvorstellungen, prälogisches und prämoralisches Denken und Verhalten zu, wie es auch unter ›Primitiven‹ festgestellt worden sei.[8] Die wissenschaftliche Diskussion des Naumannschen Modells ist durch seine Verfemung im Natio-

Kulturgeschichte Schleswig-Holsteins 26), S. 73-90. Das Zweischichtenmodell ist aber älter. Schon Herder sprach von »Kultur des Volkes« gegenüber einer »Kultur der Gelehrten«; für England verweist Peter Brown, *The Cult of the Saints. It's Rise and Function in Latin Christianity*, Chicago 1981 [dt.: *Die Heiligenverehrung. Ihre Entstehung und Funktion in der lateinischen Christenheit*, Leipzig 1991] auf David Hume.

4 Die Schöpfung von Kulturgut durch Individuen betonte vor allem der Schweizer Volkskundler Eduard Hoffmann-Krayer, *Individuelle Triebkräfte im Volksleben*, in: Schweizer Archiv für Volkskunde 30 (1930), S. 169-182.

5 Die Begriffe »Gemeinschaftsgut« und »gesunkenes Kunstlied [= Kulturgut]« hatte er aus der damals modernen Volksliedforschung John Meiers übernommen.

6 Darin ist die Unterscheidung von Ferdinand Tönnies, *Gemeinschaft und Gesellschaft. Grundbegriffe der reinen Soziologie*, Leipzig 1887, mitgemeint.

7 Auch dies zurückgehend auf einen Gedanken von Eduard Hoffmann-Krayer, *Die Volkskunde als Wissenschaft*, Zürich 1902, wonach das Volk nicht produziere, sondern reproduziere.

8 Lucien Lévy-Bruhl, *Das Denken der Naturvölker*, Wien und Leipzig 1921. Gegen rassistische Implikationen hat sich vor allem gewandt Franz Boas, *The Mind of Primitive Man*, zuerst 1911 erschienen, ²1938, Neuauflage New York und London 1963, S. 17: »there is no fundamental difference in the ways of thinking of primitive and civilized man.« Ich kann nur gerade darauf hinweisen, daß der Ansatz unterschiedlicher Denkformen in ganz anderer Art – von der Entwicklungspsychologie her – jüngst wieder vertreten worden ist von Christopher Robert Hallpike, *The Foundations of Primitive Thought*, Oxford 1979 [dt.: *Die Grundlagen primitiven Denkens*, Stuttgart 1990].

nalsozialismus abrupt abgebrochen worden, und die stark belastete deutsche Volkskunde hat nach 1945 ihre Zukunft unter Rückzug auf regionale Studien zunächst in der Historisierung[9] und dann in der Soziologisierung[10] gesucht.

Mit völlig anderer, ja umgekehrter Wertung, aber gleichfalls anknüpfend an die Methoden der Ethnologie, jetzt der strukturalistischen eines Claude Lévi-Strauss, und an jene der Volkskunde vor allem eines Arnold Van Gennep[11] hat Jacques Le Goff beinahe ein halbes Jahrhundert nach Naumann das Zweischichtenmodell in der französischen Mediävistik erneut lanciert. Am Anfang stand ein Aufsatz im Jahr 1967, der sich mit den Bedingungen der Christianisierung im fränkischen Reich beschäftigte[12]. Die kirchliche Kultur (»culture ecclésiastique«) habe sich damals mit einer primitiven Kultur (»culture primitive«) konfrontiert gesehen, welche in der barbarischen Oberschicht kriegerisch, in der ländlichen Unterschicht bäuerlich gefärbt war. Diese zweite Kultur nennt Le Goff »culture folklorique« und versteht darunter die untere Tiefenschicht der traditionellen Kultur oder Zivilisation, wie sie sich in jeder historischen Gesellschaft finde.[13] Es handelt sich dabei demnach

9 Zu nennen ist hier vor allem das Werk von Hans Moser und seiner ›Münchner Schule‹; s. Hans Moser, *Volksbräuche im geschichtlichen Wandel. Ergebnisse aus fünfzig Jahren volkskundlicher Quellenforchung*, München 1985 (Forschungshefte, hg. vom Bayerischen Nationalmuseum München 10).

10 Hermann Bausinger, *Volkskultur und Sozialgeschichte*, in: Wolfgang Schieder und Volker Seelin (Hg.), *Sozialgeschichte in deutschen Entwicklungen und Perspektiven in internationalem Zusammenhang*, Bd. 3: *Soziales Verhalten und sozialer Aktionsrahmen in der Geschichte*, Göttingen 1987, S. 32-49.

11 Arnold Van Gennep, *Manuel du Folklore français contemporain*, 9 vol., Paris 1937-1972.

12 Jacques Le Goff, *Culture cléricale et traditions folkloriques dans la civilisation mérovingienne*, in: Annales 22 (1967), S. 780-791; auch in: *Niveaux de culture et groupes sociaux*, Paris und La Haye 1967 (Ecole pratique des Hautes Etudes. Congrès et colloques 11), S. 21-30, hier mit Diskussion S. 41-50; ohne Diskussion jetzt in: ders., *Pour un autre Moyen Age*, Paris 1977, S. 223-235.

13 Ebd., S. 228: »Par culture folklorique j'entends sourtout la couche profonde de culture (ou civilisation) traditionelle sous-jacente dans toute société historique et, me semble-t-il, affleurant ou près d'affleurer dans la désorganisation d'entre Antiquité et Moyen Age.«

um eine historische Universalie. Im Übergang von der Antike zum Mittelalter, vom Heidentum zum Christentum sei diese untere Kulturschicht besonders deutlich zutage getreten. Ihre Untersuchung gestalte sich deshalb schwierig, weil in ihr Elemente ganz unterschiedlicher Herkunft und unterschiedlichen Alters enthalten seien, die aus den uralten traditionellen heidnischen Vorstellungen und aus der offiziellen griechisch-römischen Religion stammten. In der Praxis hält Le Goff jene Themen der merowingischen Literatur für folkloristisch, welche mit einem Motiv im berühmten *Motif-Index of Folk-Literature* von Stith Thompson zu verbinden seien![14] Zwar nehme die klerikale Kultur einzelne Folkloreelemente auf, aber insgesamt sei die Auseinandersetzung zwischen diesen beiden Kulturen geprägt von einer scharfen Ablehnung der Folklorekultur durch die kirchliche Kultur, die sich in der Zerstörung von Tempeln und Idolen und in der christlichen Überlagerung und Bedeutungsveränderung alter Themen und Personen äußere. Diese Abwehr der Folklorekultur beruhe nicht nur auf bewußter Feindseligkeit, sondern ebensosehr auf Unkenntnis und Unverständnis, welche den bäuerlichen Massen durch die klerikale Elite aufgrund ihrer ganz anderen sozialen Herkunft und intellektuellen Bildung und aufgrund ihrer städtisch-monastischen Verankerung entgegengebracht wurden. Mit dieser sozialen Verortung kippt die kriegerisch gefärbte Kultur der barbarischen Oberschicht indessen plötzlich aus dem Bild[15], jener

---

14 Ebda.: »Ce sont, si l'on veut, les deux paganismes de l'époque: celui des croyances traditionnelles de très longue durée, et celui de la religion officielle grécoromaine, plus évolutive [...]. Dans la pratique, je considère comme éléments folkloriques les thèmes de la littérature mérovingienne qui renvoient à un motif de Stith Thompson, *Motif-Index of Folk-Literature*, 6 Bde, Bloomington-London, 1955-1958.« Zu der sehr zweifelhaften Einordnung von Erzählgut als folkloristisch in diesem Werk s. Anita Guerreau-Jalabert, *Romans de Chrétien de Troyes et contes folkloriques*, in: Romania 104 (1983), S. 1-48, insbes. S. 16 f.: »Et l'on s'étonne parfois qu'une seule réferénce médiévale suffise à définir un motif comme folklorique [...]«.

15 Darauf hat in der Diskussion bereits Aleksander Gieysztor hingewiesen, s. Le Goff, *Culture cléricale* [Anm. 12], S. 41.

Schicht also, aus der zunehmend auch die klerikale Elite rekrutiert wurde. Hingegen eröffnet sich damit die Perspektive eines kulturell akzentuierten, aber letztlich sozialen Antagonismus zwischen elitärer Oberschicht und volkstümlicher Unterschicht. Verschärft werde die Trennung zwischen diesen beiden Kulturen noch dadurch, daß die Inhalte der klerikalen Kultur selbst dann gänzlich unvermittelbar ans Volk gewesen seien, wenn sie in vulgarisierter Form vorgetragen wurden.[16]

Der heuristische Wert dieser Dichotomie erschien zunächst besonders für die Verhältnisse bei der Christianisierung im frühmittelalterlichen fränkischen Reich augenfällig, vor allem wenn sie in so differenzierter Weise gehandhabt wurde wie bei Le Goff.[17] Zweifellos lag seine in späteren Arbeiten noch verstärkte positive neue Wertung der Volkskultur zudem im Trend der historischen Forschung der letzten Jahrzehnte, die sich von Haupt- und Staatsaktionen, den großen Individuen und der elitären Geistesgeschichte abwandte. In den Mittelpunkt rückte die Lebenswelt des kleinen Mannes und der Randständigen, die Alltags- und Mentalitätsgeschichte. Le Goff selbst und vor allem sein Schüler Jean-Claude Schmitt haben das Zweischichtenmodell in der Folge auf das ganze Mittelalter bezogen.

Dieses neue Bild von der kulturellen Entwicklung, das dem Beitrag des Volkes eine eigenständige Rolle innerhalb eines facettenreichen Prozesses gegenseitiger Beeinflussung populärer und elitärer Kultur zuschreibt, eröffnete der Forschung neue Fragestellungen und Aufgaben. Ihm hafteten aber von Anfang an jene Probleme an, die auch schon die Kritik an älteren Formulierungen des Zweischichtenmodells moniert hatte.

---

16 So Le Goff in der Diskussion, ebd. S. 42 f.: »[...] quelque vulgaire et vulgarisée que soit cette culture de l'élite, elle est, même à ce niveau, absolument incommunicable à la masse. [...] Mais il me semble que les éléments de cette culture cléricale étaient incommunicables à la masse laïque des illiterati.«

17 S. auch Jacques Le Goff, *Travail, techniques et artisans dans le système de valeur du haut Moyen Age (Ve-Xe siècle),* in: *Artigiannato e Tecnica nellla società dell'alto Medioevo occidentale*, Settimane di studio del Centro italiano di studi sull'alto medioevo 18, Spoleto 1971, S. 239-266, jetzt auch in: ders., *Pour un autre Moyen Age* [Anm. 12], S. 108-130.

b) Kritik des Zweischichtenmodells

Gerade für die Erforschung der frühen Christianisierung ist die Problematik des Zweischichtenmodells z. B. von Peter Brown deutlich gemacht worden.[18] Brown ist der Meinung, das im Zusammenhang der Volksfrömmigkeit schon bei David Hume im 18. Jahrhundert formulierte Zweischichtenmodell (»two tired model«), wonach das einfache Volk aufgrund mangelnder Schulung zum Monotheismus gar nicht befähigt sei, sondern die Erfahrung der abstrakten Ordnung in polytheistische Bruchstücke auflöse, habe den Blick für die Entstehung des Heiligenkults sogar verstellt.[19] Dieses Zweischichtenmodell habe in der modernen Geisteswissenschaft zu der These geführt, die Heiligenverehrung sei das Ergebnis einer Kapitulation der aufgeklärten Elite der Kirche vor den Denkweisen des einfachen Volkes, einer Kapitulation vor populären Bedürfnissen. Tatsächlich sei die Auseinandersetzung, welche zu den neuen Formen des Heiligenkultes geführt habe, aber keineswegs zwischen Elite und Volk ausgetragen worden, sondern zwischen Familie und Gemeinschaft (Gemeinde). Der Versuch der Privatisierung der Märtyrergräber durch wohl-

---

18 Peter Brown, *The Cult* [Anm. 3]; Jean-Claude Schmitt, *Der Mediävist und die Volkskultur*, in: Peter Dinzelbacher und Dieter R. Bauer (Hg.), *Volksreligion im hohen und späten Mittelalter*, Paderborn 1990 (Quellen und Forschungen aus dem Gebiet der Geschichte NF 13), S. 29-40, hier S. 32, hat diese Kritik akzeptiert.

19 S. dazu auch Friedrich Pfister, *Prolegomena zu einer deutschen Glaubensgeschichte*, in: *Beiträge zur sprachlichen Volksüberlieferung.* Veröffentlichungen der Kommission für Volkskunde an der Deutschen Akademie der Wissenschaften zu Berlin 2 (1953), S. 181-199; jetzt in: Dietz Rüdiger Moser (Hg.), *Glaube im Abseits. Beiträge zur Erforschung des Aberglaubens*, Darmstadt 1992, S. 43-69, hier S. 49: »Eine Übersicht über die sog. monotheistischen Religionen ergibt, daß ein Monotheismus nie in gewachsenen Volksreligionen, sondern nur in gestifteten Religionen vorkommt, daß er also kein im Volksglauben sich entwickelndes, sondern ein von oben herangetragenes Produkt ist, das immer im Kampf mit dem Volksglauben liegt und immer vom Volksglauben überwunden zu Konzessionen sich herbeilassen muß.«

habende Familien der Elite und deren schließlich erfolgreiche Übernahme durch gleichfalls der Elite angehörende Bischöfe zeige deutlich, daß der soziale Ort »abergläubischen« Brauchtums gerade nicht beim einfachen Volk lag. Die Auseinandersetzung fand innerhalb der Elite statt und bestand in der Konkurrenz eines familiären mit einem gemeinschaftlich-bischöflichen Partronatssystem. Durch die Überführung der Märtyrer in die Bischofskirche, wie sie im Jahr 385 programmatisch Ambrosius von Mailand mit den Leibern von Gervasius und Protasius vollzog, wurden diese der familiären Vereinnahmung entzogen und durch die Bindung an die Gemeindeliturgie zum Mittelpunkt eines bischöflich-gemeindlichen Patronatssystems: zum Patronus.

Das Hauptproblem des Zweischichtenmodells besteht in der Gefahr, daß der einfache Gegensatz einer hegemonialen und einer beherrschten Schicht (oder sogar eher von zwei Klassen im marxistischen Sinn[20]) die Sicht auf die soziale und kulturelle Differenzierung innerhalb der bloßen Konstrukte ›Elite‹ und ›Volk‹ eher behindert.[21] Schon zeitgenössische dichotome Gesellschaftsmodelle (*potens* und *pauper*, »Reich« und »Arm« u. ä.) haben – ebenso wie das trifunktionale Modell der Dreiständelehre – eher imaginär-ideologischen als realen Charakter, wie Georges Duby betont hat.[22]

---

20 Die These vom kulturellen Hegemon erinnert an Antonio Gramsci. – S. dazu auch Peter Burke, *Popular Culture Reconsidered*, in: *Mensch und Objekt im Mittelalter und in der frühen Neuzeit. Leben – Alltag – Kultur*, Wien 1990 (Veröff. des Instituts für Realienkunde des Mittelalters und der frühen Neuzeit 13), S. 181-191, insbes. S. 185 ff.

21 Für die Neuzeit hat dies betont Bausinger, *Volkskultur* [Anm. 10], S. 35: »Das Reden von der Volkskultur [...] bleibt ziemlich blind gegen die soziokulturellen Unterschiede, die sehr verschiedenen Lebensweisen und Lebenskreise, die sich innerhalb der Volkskultur herausbilden. Das Konzept einer einheitlichen Volkskultur ist insofern eine Reduktion, die sozialgeschichtliche Zugänge verbaut und verhindert.«

22 Georges Duby, *Les trois ordres ou l'imaginaire du féodalisme*, Paris 1978 [dt.: *Die drei Ordnungen. Das Weltbild des Feudalismus*, Frankfurt 1981], und insbesondere Georges Duby und Guy Lardreau, *Dialogues*, Paris 1980 [dt.: *Geschichte und Geschichtswissenschaft. Dialoge*, Frankfurt/Main 1982 (stw 409), S. 75].

Le Goff selbst hat festgestellt, daß Papst Gregor der Große, zweifellos ein Vertreter der gelehrten Kultur, von der Barbarisierung und Folklorisation des Sakralen zutiefst erfaßt war.[23] Weder er noch der gleichfalls an den neuen Vorstellungen maßgeblich beteiligte Gregor von Tours waren dabei Opfer von Volksgut, sondern sie bezeugen die Herausbildung neuer Mentalitäten, wie jüngst František Graus betont hat: Volksvorstellungen spätrömischer oder germanischer Form hätten die Kirche nicht »verdorben«, denn in der entscheidenden Phase seien ausgeprägte Formen alter Religiosität kaum festzustellen.[24] Es spricht viel für die These, daß trotz wichtigen Unterschieden vor allem zwischen Gebildeten und Ungebildeten, aber auch zwischen verschiedenen Gruppen, im kulturellen Bereich keine so scharf ausgeprägte Trennungslinie zwischen Volk und Elite verlief, sondern daß die formal Gebildeten auch Anteil an jener Kultur hatten, die wir als volkstümlich bezeichnen.[25] Für das Spätmittelalter ist dieselbe These bezüglich des Volksglaubens vertreten worden: Es habe keine Trennung zwischen Oberschicht und Volk gegeben, sondern allenfalls zwischen den gelehrten Scholastikern, zu deren Theologie nur formale Universitätsbildung den Zugang vermittelte, und allen übrigen Leuten. Aber selbst ein Thomas von Aquin habe den Volksglauben seiner Zeit keineswegs abgelehnt oder gar bekämpft.[26]

23 Jacques Le Goff, *»Vita« et »pre-exemplum« dans le 2e livre des »Dialogues« de Grégoire le Grand*, in: *Hagiographie, Cultures et Sociétés IVe-XII*e *siècles*, Paris 1981 (Actes du Colloque organisé à Nanterre et à Paris, 2-5 mai 1979), S. 105-120, hier S. 109: »Ici Grégoire le Grand trahit combien il est lui-même atteint par, faut-il le dire, la ›barbarisation‹ ou la ›folklorisation‹ du sacré?«

24 František Graus, *Hagiographie und Dämonenglauben – zu ihren Funktionen in der Merowingerzeit*, in: Settimane di studio del Centro italiano di studi sull'alto medioevo 36, Spoleto 1989, S. 93-120, hier S. 96.

25 Duby und Lardreau, *Geschichte* [Anm. 22], S. 76: »Ich vermute vielmehr, daß die Trennungslinie nicht zwischen dem Volk und, wie soll ich sagen, der Elite verläuft, sondern im Innern jedes Individuums, eines jeden von uns.«

26 Peter Burke, *Popular Culture between History and Ethnology*, in: Ethnologia Europaea 14 (1984), S. 5-13, hier S. 9 (vgl. u. Anm. 55).

Die Unterscheidung von Glaube und ›Aberglaube‹, mit dem häufig genug der Volksglaube gleichgesetzt wurde[27], an dem aber bis heute ja durchaus auch die Gebildeten Anteil haben[28], kann der Historiker sicher nicht nach den Leitlinien moderner Theologie treffen.[29] Für bestimmte Fragestellungen nützlich kann ihm allenfalls die jeweils von den zeitgenössischen Vertretern der offiziellen Kirche und der gelehrten Theologie getroffene Unterscheidung sein, denn was jeweils als Aberglaube bezeichnet wird, unterliegt durchaus einem Wandel.[30]

c) Ein kohärentes System?

Im Anschluß an das provokative Urteil von Jean Delumeau, das ›christliche Mittelalter‹ sei nur eine zählebige Legende, erst Reformation und Gegenreform hätten die Christianisierung der Massen vorangebracht[31], hat Schmitt die These vertreten,

27 Der Begriff ›Aberglaube‹ im Titel des *Handwörterbuchs des deutschen Aberglaubens* wurde gewählt, weil er die Berücksichtigung auch rein literarisch bezeugter, nie ins Volk eingedrungener Superstitionen ermöglicht, was beim Begriff ›Volksglaube‹ nicht der Fall ist. S. Christoph Daxelmüller im Vorwort zum Reprint des *Handwörterbuchs*, Bd. 1, Berlin und New York 1987, S. XXII.

28 Die boomende esoterische Literatur wendet sich bestimmt nicht an das ›ungebildete‹ Volk.

29 Als Beispiel für eine solche m. E. mangelhafte Identifizierung des ›Volkstümlichen‹ nenne ich Juliane Matuszak, *Das Speculum exemplorum als Quelle volkstümlicher Glaubensvorstellungen des Spätmittelalters*, Siegburg 1967 (Quellen und Studien zur Volkskunde 8).

30 Auch Häresie läßt sich letztlich nur als das definieren, was die Kirche jeweils dafür gehalten hat. Zu den verschiedenen Versuchen, Aberglaube zu definieren, s. jetzt die Beiträge in Moser (Hg.), *Glaube im Abseits* [Anm. 19]. Die Relativität betonte Franz Strunz, *Beiträge und Skizzen zur Geschichte der Naturwissenschaften*, Hamburg und Leipzig, 1909, S. 1: »Aller Aberglaube ist alte Wissenschaft, alle Wissenschaft neuer Aberglaube [...]. Was heute Aberglaube ist, war einst Wissenschaft.« Zitiert bei Daxelmüller, *Vorwort* [Anm. 27], S. XXVI.

31 Jean Delumeau, *Le catholicisme entre Luther et Voltaire*, Paris 1971, S. 5 f.: »Pour moi, le ›Moyen Age chrétien‹, au niveau des masses – essentiellement rurales –, est une légende qui à la vie dure.«

die Volkskultur bzw. Die Volksreligion (als ihre am besten faßbare Manifestation) hätten im Mittelalter ein kohärentes und strukturiertes System gebildet[32]. Später hat Schmitt präzisiert, daß man zwar das Nebeneinander verschiedener Kulturtypen in bestimmten Epochen – z. B. der Merowingerzeit – nicht leugnen könne, daß aber das System der europäischen Volkskultur sich erst im Verlauf des 11. und 12. Jahrhunderts zusammen mit dem mittelalterlichen Dorf[33] ausgebildet und dann bis zur Massenkultur der industriellen Revolution angedauert habe.[34] Weil dieses System neue Elemente nur innerhalb der Regeln seines eigenen Funktionierens habe integrieren können, sei die Evangelisation so erfolglos und partiell geblieben. Dieses System sei erst zusammen mit den gesamten Produktionsverhältnissen verschwunden, von denen es einen integrierenden Teil gebildet habe.[35] Einzige Aufgabe des Historikers bezüglich der Volksreligion sei es, verstehen zu lernen, wie dieses System funktioniere und sich reproduziere.

Aus dem – übrigens kaum erläuterten – Systembegriff[36] er-

---

32 Jean Claude Schmitt, *»Religion populaire« et culture folklorique* in: Annales 31 (1976), S. 941-953, hier S. 945. Von der Kohärenz der Volkskultur und des ihr zugrunde liegenden Weltbildes spricht wiederholt auch Robert Muchembled, *Culture populaire et culture des élites*, Paris 1978 [dt.: *Kultur des Volks – Kultur der Eliten. Die Geschichte einer erfolgreichen Verdrängung*, Stuttgart ^{2}1984, z. B. S. 12 f., 64, 151]. S. auch Aaron J. Gurjewitsch, *Mittelalterliche Volkskultur*, urspr. russ., Moskau 1981, dt. München 1987.

33 Die Datierung der institutionellen Ausbildung des Dorfes erst in dieser Zeit ist eine der Lieblingsthesen von Robert Fossier. S. z. B. seine *Enfance de l'Europe, Xe-XIIe siècles. Aspects économiques et sociaux*, Paris 1982, insbesondere S. 191 ff. und passim.

34 Schmitt, *Der Mediävist* [Anm. 18], S. 31 und 38.

35 Schmitt, *»Religion populaire«* [Anm. 32], S. 948: »J. Delumeau a montré que des régions entières semblaient, au sortir du Moyen Age, n'avoir jamais été évangélisées. C'est que la culture folklorique constituait un systéme qui ne pouvait intégrer d'apports extérieurs que dans les limites de ses règles de fonctionnement: l'Eglise a tout au plus christianisé partiellement un folklore qui n'a disparu qu'avec l'ensemble du mode de production dont il faisait partie intégrante.«

36 M. E. wird bei Schmitt nie recht klar, was mit der Kohärenz dieses Systems gemeint ist. Wird damit der Volkskultur im Anschluß an die Culture-Pattern-Theorie die Qualität eines ›Systemic Pattern‹ oder eines ›To-

gab sich einerseits die schroffe Ablehnung der Theorie von heidnischen Überbleibseln[37], Relikten[38] oder Restformen: »[...] in einer Kultur ist alles lebendig oder es ist überhaupt nicht.«.[39] Andererseits forderte Schmitt auch einen radikalen Bruch mit der Konzeption einer ›Volksfrömmigkeit‹ (piété populaire), die in der Volksreligion nur eine naive, äußerliche, prälogische, magische Verformung christlicher Inhalte sehen wolle.[40] Gegen das kohärente System der Volkskultur habe sich die klerikale Ideologie gewandt, deren Aufgabe es gewesen sei, die gesellschaftliche Ordnung des Feudalismus und deren Reproduktion zu rechtfertigen. Die Untersuchung der konfliktgeladenen Beziehungen zwischen Volkskultur und klerikaler Kultur führe deshalb ins Zentrum des Funktionierens der Feudalgesellschaft.[41] Das erinnert an den in der Volkskunde der DDR geprägten Begriff der ›Lebensweise‹ als der aktiven Gestaltung ihrer Lebensverhältnisse durch die abhängigen Schichten selbst im Rahmen ihrer Stellung im Produktionsprozeß.[42]

---

tal Culture Pattern‹ zugeschrieben? S. Alfred Louis Kroeber, *Anthropology*, New York ²1948. S. dazu Günther Wiegelmann, *»Materielle« und »geistige« Volkskultur. Zu den Gliederungsprinzipien der Volkskunde*, in: Ethnologia Europaea 4 (1970), S. 187-193. Muchembled, *Kultur des Volks* [Anm. 32], formuliert S. 151: »Wie wir bereits gesehen haben, beruhte die Kohärenz der ländlichen Volkskultur am Ende des Mittelalters auf einem magisch-animistischen Weltbild, das in erster Linie von den Frauen getragen wurde.«

37 Nach der Erbtheorie Wilhelm Grimms und der Heidelberger Romantik.

38 Im Sinne von Wilhelm Mannhardt (1831-1880).

39 Schmitt, *»Religion populaire«* [Anm. 32], S. 946: »La théorie des ›survivances‹ du paganisme devient caduque: rien n'est ›survécu‹ dans une culture, tout est vécu ou n'est pas.«

40 Dies kritisierte Schmitt an E. Delaruelle, *La piété populaire*, Turin 1975.

41 Schmitt, *»Religion populaire«* [Anm. 32], S. 947.

42 Norbert Schindler, *Spuren in die Geschichte einer »anderen« Welt. Probleme und Perspektiven einer historischen Volkskulturforschung*, in: Richard von Dülmen und Norbert Schindler (Hg.), *Volkskultur. Zur Wiederentdeckung des vergessenen Alltags*, Frankfurt/Main 1984, S. 13-76, hier S. 37: »Mit dem Zwillingsbegriff ›Kultur und Lebensweise‹ faßte man die soziale Praxis der abhängigen Schichten ins Auge, mittels derer sie im Rahmen ihrer jeweiligen Klassenlage und ihrer Stellung im Produktionsprozeß ihre Lebensverhältnisse aktiv gestalteten und so einen eigenständigen Beitrag zur gesamtgesellschaftlichen Entwicklung leisteten.«

Es stellt sich indessen die Frage, was unter der postulierten Kohärenz der Volkskultur zu verstehen sei. Peter Burke hat Kultur definiert als »a system of shared meanings, attitudes and values, and the symbolic forms (performances, artifacts) in which they are expressed or embodied.« Später hat er diese Definition als zu eng empfunden: ›artifacts‹ sei auszuweiten auf kulturelle Konstrukte wie Krankheit, Schmutz, Verwandtschaft, ›performance‹ sei auszudehnen auf ritualisiertes Verhalten wie Feiern und Gewalttätigkeit.[43] Für Robert Muchembled, Verfasser eines der erfolgreichsten Bücher über die Volkskultur, ist diese ein kohärentes Überlebenssystem in einer allseits als bedrohlich empfundenen Welt. Das dualistische Weltbild der gelehrten Elite – geprägt durch Gut und Böse, Gott und den Teufel – habe sich im Volk in ein animistisches Weltbild verwandelt, in dem Satan nützlich und Heilige auch böse sein könnten.[44]

Gegen die Rekonstruktion eines solchen kohärenten Systems in der Art Muchembleds muß indessen der methodische Einwand erhoben werden, daß der Zusammenzug von Äußerungen aus mehreren Jahrhunderten zu einer synchronen Struktur ein ahistorisches Konstrukt darstellt. Die regressive Geschichtsschreibung Marc Blochs, auf die sich Muchembled dabei wohl zu Unrecht beruft, besteht ja im Unterschied dazu gerade darin, ein Phänomen über echte historische Zusammenhänge zurückzuverfolgen, nicht analoge oder ähnliche Erscheinungen aus verschiedenen Zeiten nebeneinanderzustellen und einen Zusammenhang bloß zu postulieren.

Hier stellt sich auch erneut die vieldiskutierte Frage der Kontinuität[45] und des Synkretismus. Das postulierte kohärente System der Volkskultur ist – zunächst im für die Forschung

---

43 Burke, *Popular Culture* [Anm. 26], S. 5.

44 Muchembled, *Kultur des Volks* [Anm. 32], S. 32. František Graus, *Hagiographie* [Anm. 24], S. 116, hat darauf hingewiesen, daß eine Untersuchung der Strafwunder lohnend wäre.

45 Hermann Bausinger, *Zur Algebra der Kontinuität*, in: H. Bausinger und W. Brückner (Hg.), *Kontinuität? Geschichtlichkeit und Dauer als volkskundliches Problem*, Berlin 1969, S. 9-30.

wichtigsten Bereich, jenem der Religiosität – nicht als ungebrochene Kontinuität eines heidnischen Systems, sondern nur als eine Verschmelzung heidnischer, magischer und ›abergläubischer‹ mit christlichen Inhalten vorstellbar. Die Kohärenz kann also nicht in einer erhaltenen ursprünglichen Einheitlichkeit bestehen, sondern nur in einer sekundären Einheitlichkeit, die durch die Bedingungen und Formen des Verschmelzungsprozesses unablässig neu hergestellt wurde. Unter Kohärenz könnte aber auch nur verstanden werden, daß es bestimmte volkstümliche Formen von Wahrnehmung der Realität und des Umgangs damit gegeben habe und daß neue Erfahrungen wie auch Propositionen der gelehrten Kultur nur dann und so assimiliert wurden, wenn und wie sie diesen Formen unterworfen werden konnten. Daß die Aufnahme bestimmter Vorstellungen durch deren Affinität zu bereits verankerten Ansichten offensichtlich erleichtert wird, hat die Untersuchung der geographischen Verbreitung bestimmter Vorstellungen des Volksglaubens im Rahmen der Forschungen zum Atlas der deutschen Volkskunde klar erwiesen.[46] Auch sog. ›Restformen‹ überleben sicher nicht aufgrund besonderer Zähigkeit, sondern weil ihnen innerhalb des Systems eine lebendige Funktion weiterhin zukommt bzw. neu zuwächst.

Ein synkretistischer Charakter eignet nun aber nicht nur der postulierten Volkskultur, sondern auch dem mittelalterlichen Christentum bis hin zu seinen ›elitärsten‹ Ausprägungen und Vertretern.[47] In einer neueren Arbeit hat Jean-Claude Schmitt denn auch konzediert, die Identifizierung dessen, was volkstümlich (»populaire«) sei, falle deshalb »um so schwerer, als es sich dabei in der Regel nicht um gesonderte kulturelle Objekte

46 Gerda Grober-Glück, *Muster räumlichen Verhaltens bei Vorstellungen des Volksglaubens*, in: Ethnologia Europaea 8 (1975), S. 227-242; jetzt auch in: Moser (Hg.), *Glaube im Abseits* [Anm. 19], S. 96-117.

47 Rudi Künzel, *Paganisme, syncrétisme et culture religieuse populaire au haut moyen âge Réflexions de méthode*, in: Annales 47 (1992), S. 1055-1069, hier S. 1059: »Dès ses origines, le christianisme à absorbé tant d'éléments d'autres religions qu'il est, comme le dit Bert Demyttenaere, syncrétique dans son essence.«

handelt, sondern um spezifische Aneignungs- und Gebrauchsweisen gemeinsamer Gegenstände«.[48] Man kann weiter gehen: Viele in der modernen Forschung als rein volkstümlich eingeordnete Phänomene und auch Verhaltensweisen begegnen im Mittelalter im klerikalen Milieu. Dafür nur ein Beispiel: Robert Muchembled hält es für eine charakteristische Äußerung des Volksglaubens, daß im 17. und 18. Jahrhundert französische Bauern Bilder der Heiligen bestraften, wenn sie ihre Bitten nicht erfüllt hatten.[49] Dies hat indessen, was Muchembled bezeichnenderweise entgangen ist, im klösterlich-klerikalen Bereich im Hochmittelalter seine genaue Entsprechung in der sogenannten *Humiliatio Sanctorum* (»Demütigung der Heiligen«), bei der die Figuren der Heiligen, die man vergeblich um Hilfe gegen die Feinde angerufen hatte, zur Demütigung von den Cluniazensermönchen auf den Fußboden der Kirche heruntergestellt wurden.[50] Magische Vorstellungen haben noch für Jahrhunderte zur Kultur aller Bevölkerungskreise gehört, sie haben selbst in die gelehrten Annahmen des 16. und 17. Jahrhunderts hineingespielt[51].

d) Gab es überhaupt eine mittelalterliche Volkskultur?

Es stellt sich nicht etwa die Frage, ob überhaupt und wie das Volk an einer allgemeinen Kultur Anteil gehabt habe, sondern ob es sich eine eigene Kultur geschaffen habe, die sich als autonomes System von der dominanten Kultur klar unterscheidet und die geradezu als Gegenkultur gedeutet werden kann. Georges Duby ist zweifellos der bedeutendste Mediävist, der konsequent an der Auffassung festhält, daß Kulturgut nur

48 Schmitt, *Der Mediävist* [Anm. 18], S. 31. – Dazu auch Burke, *Popular Culture Reconsidered* [Anm. 20], S. 187f.

49 Muchembled, Kultur des Volks [Anm. 32], S. 67 und 103.

50 Patrick Geary, *L'humiliation des saints*, in: Annales 34 (1979), S. 27-42.

51 Keith Thomas, *Religion and the Decline of Magic*, New York 1971, Harmondsworth 1973.

von der Elite, vorzüglich an den Höfen, geschaffen wurde. Dieses Kulturgut sinke ab und werde im Prozeß der Vulgarisation vereinfacht und zersungen[52]; es nehme Affektivität und falsche Naivität an und verliere seine Logik. Aus dem Volk aufsteigende, von den Eliten aus populistischer Neigung übernommene Kulturformen seien nichts anderes als eben jenes abgesunkene und dabei veränderte Kulturgut, das von den Eliten neu entdeckt werde.[53] Allenfalls komme es innerhalb einer einzigen Schicht tatsächlich zu einem Austausch: Als Beispiel nennt Duby die Kultur der französischen Aristokratie des 11. und 12. Jahrhunderts, deren Verwandtschaftssystem einer rein agnatischen Lignage mit Primogenitur sich von der aristokratischen Spitze her, letztlich vom Königtum aus, nach unten ausgebreitet habe, während das Ritterideal mit den Tugenden der Tapferkeit, der militärischen Kompetenz und der Treue vom untersten Rand dieser Schicht, von den einfachen Rittern her, allmählich bis zu den Königen aufgestiegen sei, die sich um 1200 selbst den Rittertitel beilegten. Bis etwa zum Jahr 1400 gebe es in der Gesellschaft des Okzidents nur gerade zwei kulturelle Modelle, die klar erkennbar sind, ein geistliches und ein profanes: der Kleriker und der Krieger.

52 Hier klingt die Naumannsche Vorstellung wörtlich an.

53 George Duby, *La vulgarisation des modèles culturels dans la société féodale*, in: *Niveaux de culture et groupes sociaux*, Paris und La Haye 1967 (Ecole pratique des Hautes Etudes. Congrés et colloques 11), S. 33-40 und Discussion S. 41-50, hier S. 35: »[...] des formes jadis créées pour des cercles très aristocratiques, sacrés ou profanes, mais simplifiées depuis lors, décantées devenues faussement naïves au cours du long mouvement de vulgarisation qui les avait peu à peu fait adopter par les couches sociales inférieures.« S. auch Duby und Lardreau, *Geschichte* [Anm. 22], S. 77: »Die aktivste Tendenz der Kulturgeschichte ist die einer Vulgarisierung aristokratischer Modelle in einer langsam absteigenden Bewegung [...] Freilich tritt in diesen aristokratischen Milieus regelmäßig eine umgekehrte, in manchen Epochen sehr starke Tendenz auf, die einer Heimholung, eine ›populistische‹ Bewegung. Man geht mit Rührung, mit dem Gefühl, eine gute Tat zu tun, mit Herablassung auf das Volk ein, um die Inspiration zu suchen. Und was findet man? Das, was die Produkte der großen Kunst nach Abschluß eines langdauernden Vulgarisierungsvorganges geworden sind.«

Sie repräsentieren aber letztlich die zwei Seiten eines einzigen, nämlich des königlichen Modells. Alle Vulgarisation gehe letztlich auf die Faszination dieses königlichen Modells zurück.[54]

In bezug auf die Frage nach der schieren Existenz einer eigenständigen mittelalterlichen Volkskultur ist auf eine weitere Merkwürdigkeit hinzuweisen. Die beiden bekanntesten Vertreter der These einer antagonistischen Auseinandersetzung zwischen Elitekultur und Volkskultur in der Neuzeit, Peter Burke[55] und Robert Muchembled[56], postulieren für das Mittelalter eine einzige Kultur, von der sich erst am Übergang zur Neuzeit die Elitenkultur abgespalten habe. Burke hat für die Zeit von etwa 1350 bis 1500 die Meinung vertreten: »[...] popular culture used to be everyones's culture, to which various elites added a second culture of their own.«[57] Vor allem formale Bildung, die nur einem Teil des Klerus überhaupt zugänglich war, hob diesen etwas aus dieser Jedermanns-Kultur heraus. Ein Auseinanderbrechen sei erst durch das Bestreben der Reformatoren, Glaube und religiöse Praxis zu reinigen, verursacht worden. Dann aber hat nach der These von Muchembled die Elite einen unerbittlichen Repressions- und Vernichtungskampf gegen die eigenständige Volkskultur geführt, welche sie im 18. Jahrhundert schließlich beseitigt habe. Andere wiederum sehen erst jetzt, im 18. Jahrhundert, überhaupt

54 Duby, *La vulgarisation* [Anm. 53], S. 36-40.

55 Burke, *Popular Culture* [Anm. 26], S. 9: »If there was a major division within Catholicism, it was not between the upper classes and the people or even between the clergy and the people, but between the scholastic theologians and everyone else, since the discourse of the theologians was a highly technical one which could only be learned by study at the university. But there is no evidence that Aquinas (say) rejected the lay or popular religion of his day, with its stress on images, relics, local cults and patron saints. He and other theologians participated in popular religion. In a similar way the nobility had a culture of its own, the subculture of chivalry, with its own laguage and its own norms, but also participated in popular culture, from the cult of the saints to the celebration of Carnival.«

56 Muchembled, *Kultur des Volks* [Anm. 32].

57 Burke, *Culture* [Anm. 26], S. 11.

die materiellen Möglichkeiten für eine Volkskultur sich formen.[58]

e) Die Auflösung des Zweischichtenmodells

Eine Lösung wird jedoch im mainstream der neuesten Forschung nicht in der Ablehnung des Begriffs der Volkskultur, sondern in einer Auflösung des Zweischichtenmodells gesucht. Peter Burke hält zwar noch am Gegensatz von Hochkultur und Volkskultur fest[59], sieht aber das Subjekt dieser Kultur, das Volk, nicht mehr einheitlich, sondern in verschiedene Gruppen differenziert: in Reiche und Arme, Einheimische und Fremde, in Stadtvolk und Landvolk.[60] Auch Jean-Claude Schmitt urteilt jetzt, das »zweistufige Modell bietet häufig die falsche Evidenz einer klaren Beschreibung, ist jedoch ohne heuristischen Wert«[61]. Sicher zu Recht kann er beanspruchen, schon früh darauf hingewiesen zu haben, daß die Verhältnisse in Wirklichkeit viel komplexer sind.[62] Seine konkreten Arbei-

---

58 So Brückner, *Popular Culture* [Anm. 2], S. 15 f. Für die Zeit des Mittelalters s. Duby und Lardreau, *Geschichte* [Anm. 22], S. 76: Es sei gar nicht sicher, daß jene Schichten, die man als »Volk« zusammenfaßt, »wirklich über die Mittel zur Ausbildung einer Kultur verfügten«. Kultur ist allerdings dabei nicht so definiert, wie es die Anthropologen tun.

59 Burke, *Popular Culture* [Anm. 26], S. 6: »The least unsatisfactory solution is probably to stay with the two-tier model, while recognising its defects.«

60 Peter Burke, *Helden, Schurken und Narren. Europäische Volkskultur in der frühen Neuzeit*, Stuttgart 1981 (urspr. *Popular Culture in Early Modern Europe,* London 1978).

61 Schmitt, *Der Mediävist* [Anm. 18], S. 32.

62 Jean-Claude Schmitt, *Religione, folklore e società nell'Occidente medievale*, Bari 1988 (Quadrante 14), S. 7: »Sono ben conscio del fatto che certe formulazioni un po' troppo rigide o volutamente provocatorie hanno potuto far pensare che io difenda l'idea di due culture: ›dotta‹ e ›folklorica‹. Gli studi che seguono mostreranno che le cose sono, secondo me, più complesse.« Als Beispiel einer frühen Arbeit mit sehr differenzierter Sicht nenne ich seinen Aufsatz *»Jeunes« et danse des cheveaux de bois. Le folklore méridional dans la littérature des »exempla« (XIIIe-XIVe siècles)*, in: Cahiers de Fanjeaux 11 (1976), S. 127-158.

ten an den Quellen zeichnen denn auch längst ein differenzierteres Bild, als es die Zweischichten-Theorie entworfen hat. Vor der Gefahr, daß das »Trugbild einer im Prinzip einheitlichen Volkskultur« sozialgeschichtliche Zugänge verbaut und verhindert, hat Hermann Bausinger schon 1987 gewarnt.[63]

2. *Exempla auf der Scheidelinie zwischen Elitekultur und Volkskultur*

a) Das Quellenproblem

Ein Hauptproblem bei der Erforschung der mittelalterlichen Volkskultur ergibt sich aus dem Fehlen direkter Quellen.[64] Daß die wesentliche Trennungslinie zwischen Elitekultur und Volkskultur auch zwischen Schriftlichkeit und Oralität verlief, ist eine häufig geäußerte, aber zu einseitige Sicht, weil mit Oralität auch in der Elitekultur gerechnet werden muß. Aber umgekehrt ist es sicher zutreffend, daß Schriftlichkeit der Volkskultur verschlossen blieb.[65] Im Frühmittelalter monopolisierte die klerikale Elite alle entwickelteren, an die Schriftlichkeit gebundenen kulturellen Ausdrucksformen. Nach dem Verschwinden der spätrömischen städtischen Mittelklasse verschärfte sich die Trennung zwischen der schriftlosen Masse und der kulturellen Elite des Klerus. Vergrößert wurde der Abstand zudem durch die Latinität der dominanten Kultur. Die wichtigste Trennungslinie verlief dabei aber nicht zwischen sozialen Schichten, sondern zwischen Laien und Klerikern. Dies gilt bis ins Spätmittelalter hinein. Es widerspricht der gängigen Einschränkung der Volkskultur auf ein ländlich-

63 Bausinger, *Volkskultur* [Anm. 10], S. 35 f.

64 Dieses Problem stellt sich für die Zeit des Mittelalters schärfer als in der Neuzeit, ist aber auch dort bekannt. S. dazu Peter Burke, *Oblique Approaches to the History of Popular Culture*, in: C. W. E. Bigsby (Hg.), *Approaches to the History of Popular Culture*, London 1976, S. 69-84.

65 Immerhin konnte Schriftliches durchaus schon im Mittelalter von volkstümlicher Wirkung sein: man denke etwa an die immer wieder auftauchenden sog. Himmelsbriefe oder auch an die Schandbriefe.

bäuerliches Milieu. Für das Mittelalter erscheint die bereits mehrfach erwähnte Gegenüberstellung einer *klerikalen* Kultur und einer *Laien*kultur für die Forschung nach wie vor operabler, auch wenn man heute geneigt ist, die Verflechtung der Kultur des höfischen Adels mit der klerikalen Kultur stärker zu betonen.[66] Während wir über die höfische Kultur seit dem 12. Jahrhundert aus direkten schriftlichen Quellen schöpfen können, finden sich Angaben über die orale Volkskultur nur in der Brechung klerikaler schriftlicher Quellen.

Die Forschungen von Dieter Harmening haben zudem in aller Schärfe die alte Frage erneut aufgeworfen, ob und inwieweit in diesen Texten der gelehrten Kultur über Elemente der Volkskultur nur eine literarische Tradition fortgeschrieben wird, die den Bezug zur gelebten Realität verloren hat.[67] Die Auseinandersetzung mit dieser Frage hat in der französischen Forschung eben erst eingesetzt.[68]

Aufgrund dieser ungünstigen Quellenlage hat denn auch Georges Duby pessimistisch geurteilt, der Historiker des Mittelalters werde auf immer dazu verdammt sein, über die Volkskultur fast nichts zu wissen, ja nicht einmal ihre Existenz beweisen zu können.[69]

66 Vgl. den Beitrag von Joachim Bumke in diesem Band sowie ders., *Höfische Kultur. Versuch einer kritischen Bestandsaufnahme*, in: Beitr. 114 (1992), S. 414-492, bes. S. 470ff.

67 Dieter Harmening, *Superstitio. Überlieferungs- und theoriegeschichtliche Untersuchungen zur kirchlich-theologischen Aberglaubensliteratur des Mittelalters*, Berlin 1979. Die These, daß alle Zeugnisse über altgermanische Religion bis ins 11. Jahrhundert in einer von Caesarius von Arles ausgehenden literarischen Tradition stünden, hatte Wilhelm Boudriot bereits 1928 aufgestellt: *Die altgermanische Religion in der amtlichen kirchlichen Literatur des Abendlandes vom 5.-11. Jahrhundert*, Bonn 1928 (Untersuchungen zur allgemeinen Religionsgeschichte 2), S. 69-72.

68 Künzel, *Paganisme* [Anm. 47].

69 Duby, *La vulgarisation* [Anm. 53], S. 34: »[…] s'il est possible à l'historien du moyen âge de découvrir certains traits de la culture aristocratique, parce que celle-ci s'est incarnée, s'est exprimée dans des formes qui ont duré jusqu'à nos jours, il est à jamais comdamné à ignorer presque tout de la culture populaire, et à ne pouvoir même en prouver l'existance.« Dieselbe Meinung vertritt Burke, *Oblique Approaches* [Anm. 64], S. 72: »On the

Ein volkstümliches Schrifttum frei von gelehrten Einflüssen gibt es im ganzen Mittelalter praktisch nicht. Angesichts der fast völligen Schriftlosigkeit der Volkskultur stellt sich die Frage, welche Zeugnisse der schriftmächtigen Elite für die Erforschung der Austauschformen und -inhalte fruchtbar gemacht werden können. Zweifellos ist die Annahme einleuchtend, daß für solche Fragestellungen jene Zeugnisse am geeignetsten sein dürften, welche, ohne künstlerischen Anspruch zu erheben, für die direkte Kommunikation zwischen klerikaler Elite und Volk überhaupt geschaffen wurden. An der Nahtstelle der Begegnung klerikaler und laikaler Kultur und damit ihres Austauschs stehen Beichte und Predigt. Als Quellen dieses Austauschs kommen also neben Bußbüchern und Beichtsummen vor allem Predigten in Betracht, und innerhalb der Predigten vor allem jene Texte, in welchen dem Volk die Inhalte der christlichen Lehre durch leicht faßliche, seinem Erfahrungsbereich und Wertsystem nahestehende Beispiele erläutert wurden: die Exempla[70].

b) Die Exempla: Definition

Die Bemerkung von Jacques Berlioz anläßlich einer Table Ronde im Jahr 1979 zum Thema Rhétorique et Histoire: »L'Exemplum accède enfin aux yeux des historiens au rang de source« ist – so prägnant formuliert – eine Übertreibung. Die Exempla sind als Quellen vor allem der Mediävistik keine Neuentdeckung der letzten Jahre. Ihre wissenschaftliche Erforschung hat bereits vor 150 Jahren eingesetzt. Schon um die Mitte des 19. Jahrhunderts ist auch auf ihren Kultur- und sozi-

---

other hand, the historian of the popular culture of the middle ages has too much of a problem for discussion of his methods to be fruitful. In his mosaic too many stones are lacking.«

70 Scharfe Kritik an dieser Verwendung der Exempla wie am Ansatz von Le Goff und Schmitt insgesamt hat geübt John Van Engen, *The Christian Middle Ages as an Historiographical Problem*, in: American Historical Review 91(1986), S. 519-552.

algeschichtlichen Quellenwert wiederholt hingewiesen worden. Die heute noch grundlegende Arbeit von Jean Théobald Welter ist 1927 erschienen.[71] Häufig genug dienten Exemplasammlungen indessen bloß als Rumpelkammer historischer Anekdoten und bizarrer Kuriosa.[72]

Insgesamt trifft die negative Bilanz einer völlig verwirrenden Entwicklung auf unsolidem Fundament, die Rudolf Schenda 1969 für die Exemplaforschung allgemein gezogen hat, auf die historischen Aspekte im engeren Sinne ganz besonders zu.[73] Schendas Kritik erfolgte jedoch an einem Wendepunkt der Forschung. Im selben Jahr erschien der *Index exemplorum* des Frederic C. Tubach, ein – wenngleich keineswegs völlig befriedigendes – Repertorium von 5400 verschiedenen Exempeln mit ihren Varianten, das forschungstechnisch eine neue Grundlage schuf.[74] Die Exemplaforschung von historischer Seite erhielt zudem Auftrieb durch die seit längerer Zeit fühlbare neue Wertschätzung literarischer Quellen wie Legenden, Mirakeln, Herrschersagen, die mit der Abkehr von der beinahe ausschließlichen Frage nach der Historizität von Ereignissen zusammenhängt.[75] Aus einem seit 1971 während Jahren ununterbrochen den mittelalterlichen Exempla gewidmeten

71 Jean Théobald Welter, *L'exemplum dans la littérature religieuse et didactique du Moyen Age*, Paris 1927 (Reprint Genève 1973).

72 Jacques Berlioz, *Le récit efficace: l'exemplum au service de la prédication (XIIIe-XVe siècle)*, in: *Rhétorique et histoire, L'exemplum et le modèle de comportement dans le discours antique et médiéval,* Table ronde organisée par L'Ecole française de Rome, 18.5.1979 = Mélanges de L'Ecole française de Rome Moyen Age – Temps moderne 92 (1980/81), S. 113-146, hier S. 114.

73 Rudolf Schenda, *Stand und Aufgaben der Exemplaforschung*, in: Fabula 10 (1969), 69-85.

74 Frederic C. Tubach, *Index exemplorum. A Handbook of Medieval Religious Tales*, Helsinki 1969 (FFC 204). Inzwischen ist die Forscherequipe um Jacques Le Goff daran, diesen Index zu perfektionieren.

75 František Graus, *Die Herrschersagen des Mittelalters als Geschichtsquelle*, in: AfK 51 (1969), S. 65-93; ders., *Hagiographische Schriften als Quelle der »profanen« Geschichte* in: *Fonti medioevali e problematica storiografica. Atti del congresso internazionale tenuto in occasione del 90o anniversario della Fondazione dell'Istituto Storico Italiano*, Bd. 1, Roma 1976, S. 375-396.

Seminar von Jacques Le Goff[76] ging 1982 ein Band der ›Typologie des Sources du Moyen Age‹ über diese Quellen hervor.[77] Seither ist eine ganze Reihe weiterer Arbeiten zu diesem Thema erschienen. Ein Literaturbericht von 1991 allein über französische Arbeiten zwischen 1968 und 1988 verzeichnet 130 Titel.[78] Darin zeigt sich am deutlichsten der Aufschwung der Exemplaforschung, der inhaltlich mit neuen Fragestellungen im Rahmen der inzwischen bei den Historikern geradezu in Mode gekommenen Volkskultur bzw. der Mentalitätsgeschichte zusammenhängt.

Gleich vorwegzunehmen ist, daß auch die neuere Forschung dem schon längst beklagten Fehlen einer allseits befriedigenden Definition und – damit zusammenhängend – einer brauchbaren Geschichte und Typologie des formal außerordentlich vielfältigen Exemplums noch nicht abgeholfen hat.

Nach der Definition von Jacques Le Goff ist das Exemplum »un récit bref donné comme véridique et destiné à être inséré dans un discours (en générale un sermon) pour convaincre un auditoire par une leçon salutaire.« Diese restriktive Definition[79] enthält folgende Elemente: narrativen Charakter, Kürze, expliziten Wahrhaftigkeitsanspruch, Einbindung in einen Kontext (üblicherweise eine Predigt), Beweischarakter, Lehrhaftigkeit, Finalität dieser Lehre im jenseitigen Heil.

Diese Definition vermeidet indessen einige der Mängel nicht, die Rudolf Schenda bereits an früheren Versuchen, eine alle Ausprägungen von Exempla umfassende Umschreibung zu geben, kritisiert hat. Die Schwierigkeiten hängen vor allem damit zusammen, daß sehr unterschiedliche, literarische Gat-

---

76 Der Schreibende durfte daran während eines Studienjahres teilnehmen.

77 Claude Brémond, Jacques Le Goff, Jean-Claude Schmitt, *L'»exemplum«*, Turnhout 1982 (Typologie des Sources du Moyen Age occidental 40).

78 Jacques Berlioz, *Les recherches en France sur les exempla médiévaux, 1968-1988*, in: Walter Haug und Burghart Wachinger (Hg.), *Exempel und Exempelsammlungen*, Tübingen 1991 (Fortuna vitrea 2), S. 288-317.

79 Welter, *L'Exemplum* [Anm. 71], S. 1, definiert offener: »Par le mot exemplum on entendait, au sens large du terme, un récit ou une historiette, une fable ou une parabole, une moralité ou une description pouvant servir de preuve à l'appui d'un exposé doctrinal, religieux ou moral [...]«.

tungen zu Exempla umgeformt werden können und daß in dem sehr langen Zeitraum von der Antike bis heute die literarischen Formen der Exempla, ihre Funktionen und ihr Überlieferungszusammenhang starkem Wandel unterlagen. Das Exemplum ist eben keine Gattung, sondern eine rhetorische Figur.[80] Es ist deshalb kaum möglich, eine alle Ausprägungen des Exemplums umfassende Definition zu geben.

Die zitierte Definition bezieht sich auf eine besondere Funktion und Ausformung des spätmittelalterlichen Exemplums, das Le Goff als das eigentliche Exemplum, »l'exemplum proprement dit«, betrachtet, übrigens durchaus im Widerspruch zu anderen Auffassungen – z. B. derjenigen Tubachs, der im Exemplum des 13. Jahrhunderts bereits den Zerfall eines sogenannten Proto-Exemplums des 6.-12. Jahrhunderts erkennen will.[81]

Jede Definition hat zweifellos vom antiken Exemplum auszugehen, das für die Zeit des Mittelalters vorbildlich gewesen ist. Die berühmte Definition der *Rhetorica ad Herennium*[82] (IV 49, 62): *Exemplum est alicuius facti aut dicti praeteriti cum certi auctoris nomine propositio* (»Das Exemplum ist das Zitat einer vergangenen Tat oder eines Ausspruchs mit Angabe des Namens des Täters oder Autors«) klingt bei verschiedenen mittelalterlichen Autoren an. Diese Definition ist wesentlich offener: eine vergangene Tat oder ein Ausspruch, zugeordnet ihrem Urheber. Für den Kreis von Jacques Le Goff gibt es trotz Berührungen keine ungebrochene Tradition zwischen dem antiken Exemplum und jenem, das seit dem endenden 12. Jahrhundert im-

80 Schenda, *Stand und Aufgaben* [Anm. 73], definiert S. 81: »Das Exemplum ist eine didaktische Proposition mit moralisierender Tendenz. [...] Exemplum ist also sowohl ein Sammelbegriff für die verschiedensten literarischen Gattungen als auch gleichzeitig ein Funktionsbegriff, keineswegs eine selbständige Gattungsbezeichnung.«

81 Frederic C. Tubach, *Exempla in the Decline*, in: Traditio 18 (1962), S. 407-417.

82 *Rhetorica ad Herennium*, hg. v. F. Marx, Lipsiae 1894, Reprint Hildesheim 1966, 364. S. auch Jürgen von Ungern-Sternberg, *Die popularen Beispiele der Schrift des Auctors ad Herennium,* in: Chiron 3 (1973), S. 143-162, mit Literaturangaben.

mer beliebter wurde.[83] Während im antiken und frühmittelalterlichen Exemplum (»pre-exemplum«) der Held bzw. der Heilige exemplarisch ist, ist es im eigentlichen Exemplum (»exemplum proprement dit«) die erzählte Tat selbst. Funktionell besteht der Unterschied darin, daß im Exemplum der ersten Art die Erzählung die Eigenschaften des Helden selbst beispielhaft veranschaulicht, die zweite Art hingegen auf eine Moral hinzielt, welche der Adressat der Erzählung in die Praxis umsetzen soll.[84] Diese Objektivierung des Exemplums findet sich allerdings m. E. schon in der Antike bei Valerius Maximus, der seine Exemplasammlung nach inhaltlichen Sachrubriken gliederte.[85] Auch ihm ging es darum, zu rhetorischen Zwecken eine über die Rubriken erschlossene Sammlung bereitzustellen, denn auch das antike Exemplum hat lehrhaften Charakter und ist dazu bestimmt, persuasorische Funktionen innerhalb eines größeren Diskurses (hier einer politischen oder gerichtlichen Rede) zu erfüllen.[86]

Das so definierte Exemplum fügt sich indessen in die bereits angedeutete Forschungshypothese ein: Der Klerus stand aufgrund der Erfordernisse der Mission, Evangelisation und Pastoration unter einem ständigen Adaptationsdruck. Um die

83 Das ist zunächst um so erstaunlicher, als die Exempla z. B. eines Valerius Maximus sich in den Sammlungen des 13. Jahrhunderts zuhauf finden.

84 Le Goff *»Vita« et »pre-exemplum«* [Anm. 23], S. 110 f. Zu den Unterschieden des spätmittelalterlichen Predigtexemplums zum antiken Exemplum s. auch Carlo Delcorno, *L'Exemplum« nella predicazione medievale in volgare*, in: Vittore Branca (Hg.), *Concetto, storia, miti e immagini del Medio Evo*, Firenze 1973 (*Civiltà europea e civiltà veneziana. Aspetti e problemi* 7), S. 393-408.

85 Valerii Maximi *Factorvm et dictorvm memorabilivm libri novem*, recensvit Carolvs Kempf, Stuttgart 1966. Es wäre reizvoll, diese Sachrubriken mit jenen spätmittelalterlicher Exempla-Sammlungen zu vergleichen, mit denen sie teilweise übereinstimmen. S. z. B. Rubriken bei Jacques Le Goff, *Le vocabulaire des Exempla d'après l'Alphabetum Narrationum (début XIVe siècle)*, in: *La léxicographie du latin médiéval et ses rapports avec les recherches actuelles sur la civilisation de Moyen Age*, Paris 1981 (Colloques internationaux CNRS 589, Paris 18-21 oct. 1978), S. 321-332.

86 Die Sammlung des Valerius Maximus war im Mittelalter weit verbreitet und beliebt.

sich durchaus wandelnden Inhalte christlichen Glaubens, christlicher Moral und christlicher Erziehung im Laienvolk erfolgreich propagieren zu können, wurden Inhalte der Laienkultur in den an das Volk gerichteten Diskurs aufgenommen, wurde dieser auf den Erwartungshorizont der Rezipienten zugeschnitten. Der besondere Quellenwert der Exempla zur Erhellung der Frage nach dem Verhältnis zwischen klerikaler und laikaler Kultur ergibt sich aus ihrer präzisen rhetorischen Funktion. Die Exempla dienen nicht nur dazu, eine Lehre durch einen wirklich geschehenen Vorfall zu beweisen[87], sondern auch dazu, einen den Rezipienten des Diskures nicht von vornherein direkt zugänglichen Sachverhalt den Zuhörern dadurch näherzubringen, daß eine Analogie hergestellt wird zu einem anderen Sachverhalt, der ihnen direkt verständlich ist, weil er ihrer lebensweltlichen Erfahrung und ihrem eigenen Wertsystem eher entspricht.[88]

Das in diesem Sinne persuasive Exemplum hat seinen Platz vor allem in der Predigt. Schon die Homilien Gregors des Großen hatten Exempla enthalten, aber zu einer eigentlichen Mode wurden sie seit dem ausgehenden 12. Jahrhundert. Die Zeit zuvor war spirituell vom Monastizismus geprägt gewesen. Die Volksseelsorge gewann erst im letzten Drittel des 12. Jahrhunderts unter dem Eindruck der aufkommenden heterodoxen religiösen Bewegungen und des Aufschwungs der Städte, verbunden mit modernen Formen der Geldwirtschaft und des Kredits, neue Bedeutung: Beichte und Predigt rückten wieder in den Mittelpunkt kirchlicher Aufgaben. Die Regelungen des 4. Laterankonzils von 1215 belegen dieses wiedererwachte Interesse ebenso wie die Beichtsummen[89] und die neue Gattung

87 S. Peter Assion, *Das Exempel als agitatorische Gattung. Zu Form und Funktion der kurzen Beispielsgeschichte*, in: Fabula 19 (1978), S. 225-240, S. 228f.

88 Alain de Lille, *Summa de arte praedicatoria*, in: PL 210, col. 114: *Familiaris est doctrina exemplaris* (»vertraut ist eine durch Exempla vermittelte Lehre«).

89 Einen besonders engen Bezug zur Beichte und Buße stellt her Jacques Berlioz, *»Quand dire c'est faire dire.« Exempla et confession chez Etienne de Bourbon († v. 1261)*, in: *Faire croire. Modalités de la diffusion et de la réception des messages religieux du XIIIe au XVe siècle. Actes de la Table ronde de Rome,*

der Ständepredigten, bei denen der Prediger gezielt auf die besonderen Bedürfnisse und Interessen ständischer Gruppen einging. Es ist bezeichnend, daß diese Beichtsummen, etwa jene des Odo von Ceritona kurz nach 1235[90], eine Fülle von Exempla enthalten und daß die bedeutendsten Theoretiker der Ständepredigten, Alanus ab Insulis (gest. 1202), Jacques de Vitry (gest. 1240) und Humbert von Romans (gest. 1277), auch zu den frühen Theoretikern und Praktikern des Predigtexemplums zählen. Insbesondere die Orden der Franziskaner und Dominikaner haben dann die Laienpredigt zu ihrer Hauptaufgabe gemacht. Innerhalb dieser neuen Predigt wird das Exemplum im Verlauf des 13. Jahrhunderts durch die inhaltliche Aufnahme des Alltags, durch psychologische Differenzierung der handelnden Personen und gesellschaftliche Motivierung der Vorgänge zu jenem »Sepculum vitae« (»Spiegel des Lebens«), zu jener »Bibbia della vita cottidiana« (»Bibel des täglichen Lebens«), von denen Frederic Tubach und Salvatore Battaglia gesprochen haben.

c) Exempla als Quellen des Historikers

Dieser realitätsbezogene Charakter der Exempla seit dem 13. Jahrhundert hat vielfach zu einer rein faktischen, auf einen historischen Kern[91] oder auf Erkenntnisse über Ereignisse[92]

22.-23.6.1979, Rome 1981, S. 299-335; ders., *Les ordalies dans les Exempla de la confession (XIIIe-XIVe siècles)*, in: *L'Aveu. Antiquité et Moyen Age. Actes de la Table ronde organisée par l'Ecole française de Rome avec le concours du CNRS et de l'Université de Trieste, Rome 28.-30.3.1984*, Rome 1986, S. 315-340.

90 Léopold Hervieux (Hg.), *Les fabulistes latins depuis le siècle d'Auguste jusqu'à la fin du moyen âge, Eudes de Cheriton et ses dérivés*, Paris 1896, S. Albert C. Friend, *Master Odo of Cheriton*, in: Speculum 23 (1948), S. 641-658, mit Lit.

91 Ein merkwürdig verstaubtes Beispiel dieser Art ist Brian S. Lee, *»This is no fable«: Historical Residues in Two Medieval Exempla*, in: Speculum 56 (1981), S. 728-760.

92 Als lehrreiche neuere Arbeiten in diesem Sinn nenne ich Jacques Berlioz, *L'effondrement du Mont Granier en Savoie (fin 1248). Production, transmission et réception des récits historiques et légendaires (XIIIe-XVIIe siècles)*, in: Le Monde

und die konkrete Realität gerichteten Auswertung geführt, die zwar völlig legitim und in Einzelfällen auch erfolgreich ist, deren allen literarischen Quellen eigene Tücken aber auch bei den Exempla oft zu wenig beachtet worden sind. Bei einer derartigen Auswertung besteht die Gefahr, für real zu halten, was zum Bereich des Imaginären oder Ideologischen gehört.

So hat z. B. Jacques Le Goff insgesamt 17 verschiedene Erzählungen über den französischen König Philippe Auguste in den Exemplasammlungen aus der Zeit von dessen Tod bis in die 1330er Jahre gesammelt. Philippe Auguste ist damit der in den Exempla am häufigsten auftretende Herrscher Frankreichs dieser Zeit, häufiger selbst als Saint Louis. Zur historischen Person des Königs läßt sich aber diesen 17 Erzählungen nicht das Geringste entnehmen. Der König erscheint bloß in einer für die moralisierende Ausdeutung notwendigen Erzählfunktion: Als christlicher gerechter Richter belohnt Philippe Auguste die *simplicitas* (»Einfalt«), bestraft oder verhindert er die Simonie; angesichts des Todes und des Jenseits illustriert sein Schicksal die Hinfälligkeit königlicher Macht und die Belohnung der Tugend. Zugleich erscheint die historische Persönlichkeit in ihrer zeichenhaften Eigenschaft als Typus. Die ideologisch verfärbte Darstellung der sozialen Realität schreibt dem Königtum bestimmte Bedeutungen zu, die an einzelnen historischen Königsgestalten exemplifiziert werden können. Der Name des Königs, der den Wahrhaftigkeitsanspruch des Exemplums untermauert, ist austauschbar. Eines der 17 Exempel über Philippe Auguste wird später, im frühen 15. Jahrhundert, im *Libro de los enxemplos* von Climente Sanches über Ludwig IX. erzählt. Bei Bernhardin von Siena fehlt in derselben, nun von Paris nach Florenz versetzten Geschichte die

---

alpin et rhodanien 15 (1987), S. 7-68; ders., *Exemplum et histoire: Césaire de Heisterbach (v. 1180-v. 1240) et la croisade Albigeoise*, in: Bibliothèque de l'Ecole des Chartes 147 (1989), S. 49-86, wo der Quellenwert eines Exemplums für die Eroberung Béziers am 22.7. 1209 und für die Authentizität der Worte des Legaten Arnaud Amaury: »Tötet sie alle; denn Gott wird die Seinen erkennen!« untersucht wird.

Nennung eines Königs ganz.[93] Eine in englischen Sammlungen enthaltene 18. Geschichte über Philippe Auguste wird bei Stephan von Bourbon (gest. 1261) gleichfalls auf dessen Enkel Saint Louis bezogen. Es ist also mit dem Austausch des historischen Personals unter Beibehaltung des lehrhaft-ideologischen Inhalts einer Erzählung zu rechnen.[94]

Dasselbe gilt für Ortsangaben. Der *Dialogus miraculorum* des Caesarius von Heisterbach (um 1225) enthält vier in Polen lokalisierte Exempla, die folglich in der älteren Forschung als Quellen zur polnischen Kulturgeschichte des 13. Jahrhunderts beansprucht worden sind.[95] Caesarius versichert, die Geschichten seien ihm mündlich von Zisterziensern aus Polen berichtet worden. Diese Quellenangabe mag wahrheitsgetreu und insofern richtig sein. Die genetische Analyse hat nun aber frühere, nicht in Polen lokalisierte Versionen derselben Geschichten zutage gefördert. Da Polygenese, unabhängige Entstehung an mehreren Orten, in diesen Fällen ausgeschlossen werden kann, ist damit zu rechnen, daß die bereits der Literatur entnommenen Geschichten in Polen mündlich kursierten und daß sie – nach einem vor allem bei Sagen bekannten und vielfach untersuchten Vorgang – an bestimmten Orten und topographischen Gegebenheiten, wenn auch ohne besondere explikative Tendenz, erneut festgemacht wurden. In dieser sekundär lokalisierten Form könnten sie dann dem Caesarius wieder erzählt und von diesem aufgeschrieben worden sein. Es zeigt sich hier auch, wie Oralität und Schriftlichkeit ineinandergreifen.

Auch rein literarische Veränderungen dieser Art ohne orale

93 S. auch Carlo Delcorno, *L'»Exemplum« nella predicazione di Bernardino da Siena*, in: *Bernardino predicatore nella società del suo tempo*, Todi 1976 (Convegni del Centro di studi sulla spiritualità medievale 16), S. 71-107.

94 Archer Taylor, *»What Bird Would You Choose to Be?« – a Medieval Tale*, in: Fabula 7 (1965), S. 97-114, untersucht ein Exemplum, das zuerst auf die Söhne Wilhelms des Eroberers, dann auf jene eines böhmischen, eines österreichischen und schließlich eines bayrischen Herrschers bezogen wird.

95 Zum folgenden s. Bronislaw Geremek, *L'»exemplum« et la circulation de culture au Moyen Age*, in: Melanges de l'Ecole française de Rome. Moyen Age – Temps modernes 92 (1980), Bd. 1, S. 153-170.

Zwischenstufen sind recht häufig. So versetzte Bernhardin von Siena eine beim heiligen Hieronymus gelesene Geschichte nach Clairvaux und identifiziert den beteiligten Abt mit dem heiligen Bernhard.

Besonders bei den sogenannten ›Exempla personnels‹ nach der Typologie von Jean Théobald Welter, also jenen Geschichten, die der Prediger selbst gesehen oder von Augenzeugen gehört haben will, von denen frühere Versionen auch gar nicht bekannt sind, die also wohl tatsächlich aus oraler Tradition geschöpft sein dürften, besteht vielfach die Gefahr vorschneller faktischer Auswertung. Es soll jedoch damit keineswegs bestritten werden, daß bei Wahrung der gebotenen interpretatorischen Vorsicht gerade diese Exempla für eine faktisch-historische wie volkskundliche Auswertung besonders ergiebig sein können.

Innerhalb der skizzierten Arbeitshypothese ist die Suche nach einem historischen Kern, die ja auch bei vergleichbaren literarischen Genres wie den Heiligenleben, Wunderberichten, Herrschersagen, lange das Feld beherrscht hat, obwohl der wissenschaftliche Ertrag äußerst mager blieb, nun völlig in den Hintergrund getreten. Die quellenkritischen Probleme, die sich aus der aufgezeigten Übertragbarkeit des Exemplums ergeben, sind indessen auch für die Interpretation der Exempla im Rahmen der hier skizzierten Fragestellung relevant. Seit dem 13. Jahrhundert haben verschiedene Autoren in zum Teil sehr umfangreichen Sammlungen große Zahlen von Exempla zusammengetragen. Damit wurden die Exempla aber aus ihrem rhetorischen Zusammenhang herausgerissen: ihre Beweisfunktion war nicht mehr fest an das zu Beweisende gebunden, sondern sie wurden in einem bestimmten Ausmaß mehrdeutig verwendbar. Vor allem im 14. und 15. Jahrhundert wurden die Sammlungen immer mechanischer. Die Exempla wurden abgeschrieben, ohne daß ihr Inhalt an die veränderten gesellschaftlichen Bedingungen angepaßt worden wäre. Aus diesen Sammlungen, die ihren Stoff, teilweise sogar schon in sachliche Gruppen gegliedert, auch unter alphabetisch geordneten Suchbegriffen darboten und durch Querverweise erschlossen, konnte der Prediger dann jeweils das gerade Passende heraussuchen.[96] Die Adaptation des vorgegebenen Erzählgutes an die jeweils besonderen Umstände des zu vermittelnden Inhalts, der zeitbedingten Besonderheiten, der Besonderheiten des anvisierten Publikums, ist in der Regel nur dann erforschbar, wenn die Exempla im Kontext der Predigt verankert bleiben. Für die Auswertung durch den Historiker sind nur datierte Exempla wertvoll, aber ›datiert‹ bedeutet nicht die chronologische Fixierung der Entstehung einer bestimmten Erzählung, des Ursprungs eines Motivs, nach dem die ältere Forschung oft mit viel Aufwand gesucht hat, sondern wesentlich ist einzig, zu welcher Zeit und in welcher präzisen Ausformung ein Exemplum in den Predigten verwendet wurde. Werden die Exempla den Predigten eines zu untersuchenden Zeitraums entnommen, dann kann auf eine genetische Analyse weitgehend verzichtet werden.

In jüngster Zeit sind mehrere historisch-thematische Untersuchungen dieser Art – so z. B. über das Bild des Teufels[97], der Frau[98], der Juden[99], des Purgatoriums[100], der Buße[101] in den Exempla – mit zum Teil beachtlichen Ergebnissen vorgelegt worden. Insbesondere konnte gezeigt werden, wie im Rahmen der Pastoration des 13. Jahrhunderts die neuen theologischen Konzepte den Laien vermittelt wurden, wie aber auch ältere

---

96 Jean-Claude Schmitt, *Recueils franciscains d'»exempla« et perfectionnement des techniques intellectuelles du XIIIe au XVe siècle*, in: Bibliothèque de l'Ecole des Chartes 135 (1977), S. 5-21; Le Goff, *Le vocabulaire* [Anm. 85].

97 Gérard Blangez, *Le diable dans le Ci nous dit (la théorie du siège de paradis)*, in: *Le diable au Moyen Age. Doctrine, problèmes moraux, représentations* = Senefiance 6 (1979), S. 23-35.

98 Carla Casagrande, *Prediche alle donne del secolo XIII*, Milano 1978.

99 Dabei läßt sich keinerlei spezifisch volkstümlicher Zug feststellen, sondern die Texte sind charakteristisch »de l'attitude fondamentale de l'Eglise vis-à-vis des Juifs«.: Jacques Le Goff, *Le Juif dans les exempla médiévaux: les cas de l'Alphabetum Narrationum,* in: Maurice Olender (Hg.), *Pour Léon Poliakov: Le racisme. Mythes et sciences*, Paris 1981, 209-220, hier S. 214. S. auch Henri Platelle, *L'image des juifs chez Thomas de Cantimpré. De l'attrait à la répulsion*, in: *Mélanges à la mémoire de M. H. Prévost. Droit biblique, interprétation rabbinique, communautés et sociétés*, Paris 1982, S. 283-306.

100 Jacques Le Goff, *La Naissance du Purgatoire,* Paris 1981, S. 399ff.

101 S. Anm. 89.

theologische Fragen – etwa die seit der gregorianischen Reform bei den Laien anstehende Frage der Gültigkeit sakramentaler Handlungen unwürdiger Priester – im Zuge der antihäretischen Propaganda in den Exempla behandelt wurden.[102] Es zeichnet sich bei den neueren Untersuchungen eine Konzentration auf das 13. Jahrhundert ab, die wohl mit der skizzierten Entwicklung der Predigt und des Exemplums selbst zusammenhängt.

Die bisher vorgelegten Arbeiten vermochten indessen oft nur die Vulgarisierung klerikaler Propositionen und den Kampf gegen volkstümliche Vorstellungen aufzuzeigen.[103] Weit schwieriger scheint es, umgekehrt die Verarbeitung solcher volkstümlicher Vorstellungen in den Exempla zu untersuchen. Jean-Claude Schmitt hat dies an der klerikalen Veränderung der Zeugenaussage einer Frau 1233 im Rahmen der Kanonisation des Heiligen Dominikus versucht.[104] Die Aussage betrifft eine von Dominikus herbeigeführte Erscheinung des Teufels in Gestalt einer Katze. Sie ist in zwei hagiographischen Texten und einem Exemplum durch klerikale Autoren verarbeitet. Dabei kam es zu Umformungen, die Schmitt für charakteristisch hält. In den hagiographischen Texten, welche die Dominikaner Constantin von Orvieto 1246/47 und Humbert von Romans 1256 für die Dominikanermönche verfaßten, wurden monastisch-klerikale Züge beigefügt: während in der volkstümlichen Zeugenaussage Dominikus den Teufel bereits bekehrten Ketzerinnen als ihren ehemaligen Herrn vorführt, tut er dies in der klerikalen Neufassung mit dem Ziel ihrer Bekehrung, die nunmehr zusätzlich mit dem Eintritt ins Kloster

102 Jacques Berlioz, *L'auditoire des prédicateurs dans la littérature des exempla (XIIe-XIVe siècles),* in: Medioevo e Rinascimento 3 (1989), S. 125-158, behandelt die Reaktionen der Zuhörer auf die Predigt nach den Exempla.

103 Als Beispiel könnte man nennen Schmitt, *»Jeunes«* [Anm. 62].

104 Jean-Claude Schmitt, *La parola addomesticata. San Domenico, il gatto e le donne di Fanjeaux*, in: Quaderni storici 41 (1979), S. 416-439; ders., *Les traditions folkloriques dans la culture médiévale*, in: Archives de Sciences sociales des Religions 52 (1981), S. 5-20; dt.: *Menschen, Tiere und Dämonen. Volkskunde und Geschichte*, in: Saeculum 32 (1981), S. 334-348.

verbunden ist. Die metaphorische Beschreibung der Teufelskatze wird durch eine realistische ersetzt, in der sexuelle Elemente, die in der Zeugenaussage gefehlt hatten, neu hinzutreten. Damit wird nach Schmitt das volkstümliche Katzenbild des Teufels zum klerikalen Katzenbild umgeformt, wie es in der gelehrten Kultur durch Walter Map bereits um 1180, durch Alanus ab Insulis um 1200 gezeichnet und wie es dann durch Papst Gregor IX. in dessen Bulle *Vox in Rama* mit höchster kirchlicher Autorität sanktioniert worden war. Eine letze Umformung hat dann die Exemplum-Fassung des Stephan von Bourbon vor 1261 gebracht, die für den Vortrag vor Laien bestimmt war. Die Teufelskatze, die in den früheren Fassungen *de medio sui*, aus der Mitte des Dominikus, hervorsprang – was eine für Laienohren gefährliche Nähe des Teufels zum Heiligen evozieren konnte –, springt in dieser Fassung nun *in medio earum*, mitten unter die ketzerischen Frauen, wo sie ja auch hingehört.

Das unlösbare Problem dieser Interpretation von Jean-Claude Schmitt besteht darin, daß die behauptete Volkstümlichkeit der Katzenerscheinung in der Zeugenaussage gegenüber dem klerikalen Modell nicht überzeugend gefaßt werden kann.[105] Es kann nämlich keineswegs ausgeschlossen werden, daß die Teufelskatze der Zeugin bloß ein Widerhall der gelehrten Vorstellungen ist. Wenig trägt zu dieser Vermutung allerdings die bloß allgemeine Erwägung bei, daß gerade die klerikalem Einwirken zugeschriebene sexuelle Aufladung vor allem seit M. Bachtin als besonders wichtiges Kennzeichen der Volkskultur gilt. Gestützt würde diese Vermutung aber wesentlich konkreter mit der gelehrten Etymologie bei Alanus ab Insulis, die *catus* »Katze« mit *cathari* »Katharer« in Verbindung brachte. Es lag von dieser gelehrten Verbindung her eher für einen Kleriker als für eine Laiin nahe, die Katze überhaupt als

105 Das von Schmitt, in: Brémond, Le Goff, Schmitt, *L'»exemplum«* [Anm. 77], S. 90, vorgeschlagene Verfahren ist zu simpel: »en partant d'une définition empirique du mot ›folklore‹ (on appellera ›folklorique‹ ce que les folkloristes, les ethnologues, les spécialistes des traditions orales répertorient et étudient depuis le XIXe siècle), on recherchera dans les exempla les traces anciennes de ces pratiques, et de ces représentations«.

teuflischen Herrn der katharischen Ketzerinnen auftreten zu lassen. In der zentralen Frage ist das Beispiel also wohl gerade nicht schlüssig.[106] Methodisch wichtig ist indessen, daß aus dem Prozeß der Umformung selbst Spannungen im Austausch manifest werden, die durch den geläufigen Textvergleich aufgespürt werden können.

Während hier versucht wird, die Verarbeitung laikaler Propositionen in klerikalen Texten zu fassen, ist in der modernen Exemplarforschung der umgekehrten Frage noch wenig nachgegangen worden, wie die gelehrten Propositionen vom Volk rezipiert und umgedeutet wurden.

Barrington Moore und andere haben darauf hingewiesen, wie sehr sich die Manifestationen der sogenannte Volkskultur um die Auffassung der Gerechtigkeit konzentrieren, wie sehr das Moment der Kontestation im Namen eines spezifischen, die herrschenden Regeln und Normen durchbrechenden Gerechtigkeitsempfindens konstitutiv für Formen und Inhalte der Volkskultur sind. Im Zusammentreffen verschiedener Gerechtigkeitvorstellungen kann ein zentraler Bereich auf die Austauschformen hin untersucht werden. Ich möchte dies an einem Beispiel veranschaulichen.[107]

Die *Historia ecclesiastica*, dic der normannische Mönch Ordericus Vitalis im 12. Jahrhundert verfaßte, enthält die folgende Begebenheit, die man funktional durchaus als Exemplum lesen

106 Auch in der Frage der Herkunft der Legende von dem heiligen Windhund uberzeugt die Hypothese einer Vulgarisierung der zuvor in gelehrt-schriftlicher Form tradierten Erzählung weit eher als jene einer autochthonen bäuerlichen Neuschöpfung auf der Grundlage »du vieux fond indo-européen«. S. Jean Claude Schmitt, *Le saint lévrier. Guinefort guérisseur d'enfants depuis le XIIIe siècle*, Paris 1979, S. 66 und 99. Die indoeuropäische und keltische Mythologie spielt neuerdings auch bei Carlo Ginzburg, *Hexensabbat. Entzifferung einer nächtlichen Geschichte*, Berlin 1990 (urspr. ital. 1989), unter direkter Berufung auf die *Deutsche Mythologie* Jacob Grimms eine ungewohnt gewordene Rolle.

107 Zum Folgenden s. Hans-Jörg Gilomen, *Das Motiv der bäuerlichen Verschuldung in den Bauernunruhen an der Wende zur Neuzeit*, in: *Spannungen und Widersprüche. Gedenkschrift für František Graus*, Sigmaringen 1992, S. 173-189, mit allen Belegen.

kann.[108] Im Jahr 1091 sei ein Priester aus Saint-Aubin bei Bonneval auf dem nächtlichen Weg zu einem Kranken einer Gruppe verdammter Seelen begegnet, darunter einem gewissen Guilelmus de Glotis. Dieser habe als Grund seiner Verdammung den Wucher genannt. Er habe nämlich einem Bedürftigen Geld geliehen und von diesem als Pfand eine Mühle erhalten. Da der Schuldner seine Schuld nie habe zurückzahlen können, habe er die Mühle behalten. Obwohl er aus dem Pfand nach und nach viel mehr Erträge bezogen habe, als die ursprüngliche Schuld betrug, sei die Mühle an seine Erben gekommen. Er bat nun darum, der Priester möge darum besorgt sein, daß seine Erben die Mühle umgehend zurückerstatteten, damit sein Los im Jenseits gemildert werde.[109]

Die Geschichte vereinigt die Elemente der angeführten Definition. Besonders ausgeprägt ist der Wahrhaftigkeitsanspruch abgesichert durch genaue zeitliche und örtliche Fixierung und durch die Namen der Handelnden. Der Wucherer des Exemplums ist eine Laie. Man könnte also annehmen, daß die moralische Lehre mit jenseitiger Finalität sich an Laien wendet.[110] Wir hätten dann die klassische Situation einer Pro-

---

108 *The Ecclesiastical History of Orderic Vitalis*, Books VII and VIII, hg. v. Marjorie Chibnall, Oxford 1973 (Oxford Medieval Texts), liber VIII, cap. 17, insbesondere S. 244.

109 Eine tatsächliche Verbesserung ist hier nur impliziert; verstärkt wird der Gedanke aber noch durch eine zweite Episode, in welcher der Tote Robertus, Sohn des Rodulfus Blondus, die Erleichterung seiner Qualen und derjenigen des Vaters unseres Priesters schildert, die ihnen durch eine Messe desselben zuteil wurden: Ebda. S. 249.

110 Diese Lehre bleibt allerdings im Wesentlichen implizit. André Jolles, *Einfache Formen. Legende, Sage, Mythe, Rätsel, Spruch, Kasus, Memorabile, Märchen und Witz*, Halle ^{2}1956, S.146 ff., hat für das Exempel die explizite Nutzanwendung als konstitutiv angesehen. S. aber Assion [Anm. 87], S. 234: »Die sentenziöse Begutachtung des erzählten Vorfalles ist ohnehin im Grunde überflüssig, wo richtiges oder falsches Handeln aufgrund des Handlungsergebnisses evident werden.« Die exemplarische Lehrhaftigkeit der mittelalterlichen Historiographie betont Berlioz, *L'effondrement* [Anm. 92], S. 18: »[...] les liens entre l'histoire et la morale sont, à l'époque médiévale, fort étroits. Et toute oeuvre dite d'histoire n'est-elle pas un recueil d'exemples moraux?«

position der klerikalen gelehrten Kultur, die durch das Exemplum den Laien verständlich und einprägsam vermittelt wird.

Inhaltlich geht es in dem Exemplum um ein Wuchergeschäft, das in der Rechtsgeschichte als Zinssatzung bezeichnet wird. Bei diesem Geschäft, das von einer karolingischen Synode schon 829 und später wiederholt als wucherisch angeprangert und im Jahre 1163 durch Papst Alexander III. verboten wurde, stellte der Gläubiger einem Schuldner einen Geldbetrag zur Verfügung und erhielt dafür von diesem fruchttragende Güter, also z. B. Getreideäcker, Rebberge oder auch eine Mühle zu Pfandbesitz. Solange der Kredit nicht zurückbezahlt wurde, strich der Gläubiger die Erträge der Pfandgüter als Verzinsung ein. Papst Alexander III. verlangte nun, daß diese Pfanderträge an der Schuld abgezogen werden müßten und daß die verpfändeten Güter dem Schuldner zurückzugeben seien, sobald die kumulierten Pfanderträge die Höhe der ursprünglichen Schuld erreicht hätten.

Es stellt sich indessen die Frage: War das Exemplum bei Ordericus Vitalis tatsächlich an Laien gerichtet? Dagegen spricht daß die *Historia Ecclesiastica* nicht zu deren Belehrung verfaßt wurde. Dagegen spricht auch, daß zur Zeit ihrer Abfassung in den 1130er Jahren, also lange vor der Dekretale Papst Alexanders, die Erlaubtheit der Zinssatzung vor allem in monastischen Kreisen diskutiert wurde, weil dieses Geschäft damals nicht etwa vor allem bei Laien, sondern bei Klöstern eine beliebte und verbreitete Geldanlage war. Auch die Zisterzienser haben das Geschäft in ihrem Orden schon 1157, also vor dem päpstlichen Dekretale, verboten. Vor allem die Kreuzfahrer haben häufig ihre Güter in dieser Form an Klöster verpfändet und mit den so erworbenen flüssigen Mitteln sich für die Fahrt ins Heilige Land ausgestattet. Alles spricht dafür, daß das Exemplum nicht volkstümlich in dem Sinne war, daß es sich an ein Laienpublikum wandte.

Ich mache nun einen gewaltigen chronologischen Sprung.

In den frühneuzeitlichen Bauernunruhen, genauer: in den Forderungen der Bauern im Bundschuhaufstand zu Lehen 1513 und in der Revolte des ›Armen Konrad‹ zu Bühl 1514 taucht ein merkwürdiges Anliegen auf. Die Bauern verlangten nämlich, daß Schuldverträge, aus denen ihre Gläubiger bereits durch die jährlich bezogenen Renten einen Betrag in Höhe des ursprünglichen Rentenkaufpreises bezogen hätten, ohne weiteres aufgehoben und die betreffenden Urkunden den Schuldnern zurückgegeben werden sollten. Auch jene Rentenschulden, die bisher zu einem höheren Satz als zu 5 % verzinst worden waren, sollten für erloschen erklärt werden. Die Bauern dachten also keineswegs daran, dieses Geschäft überhaupt abzuschaffen.

Merkwürdig und im Zusammenhang des Themas relevant erscheint mir der Vorgang deshalb, weil hier in einer konkreten Frage zwei kulturelle Systeme aufeinanderzutreffen scheinen. Das Geschäft, das die Bauern hier im Auge hatten, war der sogenannte Rentenkauf, das seit dem 13. Jahrhundert bedeutendste Kreditgeschäft des Mittelalters. Beim Rentenkauf erwarb der Käufer um einen bestimmten Kaufpreis das Recht zum Bezug einer jährlich zu bezahlenden Rente. Er zahlte also beispielsweise einem Bauern 100 Gulden und erhielt dafür das Recht zum Bezug einer jährlichen Rente von 5 Gulden. Für den modernen Betrachter läßt sich dieses Geschäft als ein mit 5 % verzinsliches Darlehen analysieren. Wenn es indessen auch innerhalb der mittelalterlichen Rechtslehre als Darlehen eingestuft worden wäre, dann wäre es unter das Wucherverbot gefallen, welches jegliche Darlehensverzinsung untersagte. Aber innerhalb des *gelehrten* kanonistischen Rechtssystems gehört der Rentenkauf eben nicht zu den Kreditgeschäften, sondern zu den Kauf- und Verkaufsgeschäften. Nach der Lehre der mittelalterlichen Juristen gab der Rentenkäufer nicht etwa eine Summe als Darlehen und ließ sie sich durch die Rente verzinsen, sondern er kaufte ein Rentenbezugsrecht. Verständlich wird diese Analyse durch das Fehlen eines Rückzahlungsversprechens des Rentenschuldners bzw. eines Rückforderungsrechts des Rentenkäufers für die bezahlte Kaufsumme. Das Schuldverhältnis war also vom Gläubiger unkündbar: Er konnte die ausgelegte Summe (den Kaufpreis) vom Schuldner nicht zurückfordern. Deshalb war sie auch nicht dargeliehen.

Durch ihre Forderung, die bezogenen Renten müßten im Sinne von Abzahlungen an das Kapital angerechnet werden, haben die Bauern nun implizit diese gelehrte Analyse des Rentenkaufs zurückgewiesen. Sie lehnten damit indessen keineswegs den Rentenkauf als eine für sie selbst günstige Möglichkeit der Kreditaufnahme ab. Aber die Verwirklichung ihrer Forderung, daß die Verzinsung am Kapital angerechnet werden müsse, hätte dieser Kreditform die wirtschaftliche Grundlage entzogen: Es wäre niemand mehr bereit gewesen, sein Geld in Renten anzulegen, wenn der Anreiz einer Verzinsung weggefallen wäre.

Diese Ablehnung des herrschenden Systems des gelehrten Rechts und der ökonomischen Mechanismen stützte sich auf ein alternatives Empfinden von Gerechtigkeit. Die Bauern stellten nämlich dieses ihr Anliegen in einen ganzen Forderungskatalog hinein, durch den sie ihre Vorstellungen von Gerechtigkeit realisieren wollten.

Daß die tief verschuldeten Bauern, die infolge der schwankenden Ernteerträge immer wieder gezwungen waren, zur Überbrückung von Notzeiten ihre Güter durch die Aufnahme von Rentenkrediten zu belasten, die Fortzahlung der Renten nach einer gewissen Zeit nicht mehr bloß als lästig, sondern auch als ungerecht empfanden, ist leicht verständlich. Es bleibt indessen die Frage, wie sie auf ihren rechtlich und ökonomisch systemsprengenden Verbesserungsvorschlag gekommen sind.

Mir scheint, daß die zugrunde liegende Vorstellung von den Bauern keineswegs selbständig entwickelt wurde, sondern daß sie aus dem gelehrten Recht geschöpft ist. Im sogenannten abnießenden Pfand der beschriebenen Zinssatzung, dessen Erträge an der Pfandsumme angerechnet werden mußten, haben wir die Grundform des Gedankens vor uns, den die Bauern von Lehen und Bühl auf den Rentenkauf übertragen haben, ohne zu beachten, daß er innerhalb des gelehrten Rechtssystems, aus dem er stammt, auf ein Kaufgeschäft gar keine Anwendung finden konnte.

Selbstverständlich haben die Bauern das Exemplum des Ordericus Vitalis ebensowenig direkt gekannt wie den Rechtsentscheid des Papstes von 1163. Eine solche direkte Verknüpfung wäre im gleichen Sinne ahistorisch wie das erwähnte Vorgehen von Muchembled. Aber die Zinssatzung gehörte, trotz des Verbotes im 12. Jahrhundert auch noch in der frühen Neuzeit zur Lebenswelt der Bauern, gerade auch zur Lebenswelt der aufständischen Bauern im Oberrheingebiet. Ein explizites Verbot der Zinssatzung im Recht von Freiburg im Breisgau in der gedruckten Fassung von 1520, das wörtlich in die Rheinfelder Gerichtsordnung von 1530 aufgenommen worden ist, belegt, daß dieses Geschäft auch 350 Jahre nach dem päpstlichen Verbot weiterhin praktiziert, zugleich aber weiterhin bekämpft wurde.[111] Die Bauern haben den aus dem gelehrten Wucherrecht stammenden Gedanken des abnießenden Pfandes von der Zinssatzung sinngemäß auf den Rentenkauf übertragen, der sich nach ihrem aus der alltäglichen Wahrnehmung geschöpften Rechtsempfinden davon nicht wesentlich unterschied. Sie setzten damit Common sense, gesunden Menschenverstand, gegen die Verkehrtheit der Gelehrten[112], die, in ihrem System gefangen, die Analogien der beiden Geschäftsformen und ihrer Funktion, die auch uns schlagend erscheinen, nicht erkennen konnten oder wollten.

Der Gegensatz ist hier also das gelehrte Recht als Bestandteil der gelehrten Kultur einerseits, der gesunde Menschenverstand als Produkt lebensweltlicher Erfahrung andererseits. Aber das Austauschverhältnis wird dadurch kompliziert, daß auch dieser gesunde Menschenverstand des ungelehrten Volkes wesentliche Rahmensetzungen aus der gelehrten Kultur erfährt, soweit diese gestaltend in die eigene Lebenswelt hineinragt. Das volkstümliche Rechtsempfinden beruht im untersuchten Beispiel ebensowenig auf einem selbständigen Rechtssystem wie auf einer bloßen Übernahme der gelehrten Propositionen, sondern aus einer Verarbeitung von Setzungen der dominanten Kultur.

---

111 *Sammlung Schweizerischer Rechtsquellen*, *Aargau 1/7*, Aarau 1917, S. 243.

112 Carlos Gilly, *Das Sprichwort »Die Gelehrten die Verkehrten« oder der Verrat der Intellektuellen im Zeitalter der Glaubensspaltung*, in: Antonio Rotondò (Hg.), *Forme e destinazione del messaggio religioso. Aspetti della propaganda religiosa nel Cinquecento*, Firenze 1991 (Studi e testi per la storia Religiosa del Cinquecento), S. 229-375.

Sicher ist die beobachtete nur eine der möglichen Formen des Austauschs. Das Beispiel zeigt aber erneut auf, daß die bloße Gegenüberstellung einer gelehrten Kultur und einer Volkskultur eine unzulässige Vereinfachung darstellt[113], und es zeigt die Aufgabe auf, überall dort die Beziehungen genau zu untersuchen, wo wir Äußerungen antreffen, die in Konflikt zu herrschenden Lehren und Meinungen stehen, also zur dominanten Kultur, die übrigens ihrerseits keineswegs einheitlich ist. Zu betonen ist die Uneinheitlichkeit und Widersprüchlichkeit sowohl in der dominanten wie in der Volkskultur. Daraus folgen meines Erachtens die bislang unlösbaren Definitionsprobleme. Die Begriffe der gelehrten, klerikalen, dominanten Kultur, vor allem aber der Volkskultur bleiben derart unpräzis, daß sie in der Forschungspraxis bei vielen Fragestellungen versagen.

Von den Exemplaquellen her läßt sich eine einigermaßen klare Trennung volkstümlicher und elitärer Vorstellungen im Sinne einer sozialen Zuordnung m. E. nicht aufzeigen. Zwar gibt es viele Belege dafür, daß Exempla in der Predigt als besonders geeignet für das einfache und ungebildete Volk der Laien erachtet wurden.[114] In der Praxis ist das persuasorische Exemplum indessen keineswegs immer ans Laienvolk gerichtet.[115] Die Betonung der franziskanischen und dominikanischen Laienpredigt in diesem Zusammenhang kann das Bild sogar verzerren. Die innermonastische Tradition der Mirakelliteratur, die absolut nicht der Belehrung des Laienvolkes diente, ist bruchlos in die Exemplasammlungen übergegangen. Zu nennen wären beispielsweise die Wundergeschichten des Clu-

---

113 Darauf hat auch Georges Duby im Vorwort zur französischen Ausgabe von Aaron J. Gurjewitsch, *Les catégories de la culture médievale*, Paris 1983, S. XII, hingewiesen (dt.: *Mittelalterliche Volkskultur*, München 1987).

114 Berlioz, *Le récit efficace* [Anm. 72] S. 116, 127.

115 S. dazu auch die Bemerkungen bei Louis-Jacques Bataillon, *Similitudines et exempla dans les sermons du XIIIe siècle*, in: Katherin Walsh und Diana Word (Hg.), *The Bible in the Medieval World. Essays in Memory of Beryl Smalley*, Oxford 1985 (Studies in Church History, Subsidia 4), S. 191-205, insbes. S. 201 f.

niazenserabtes Petrus Venerabilis (gest. 1156)[116] und ganz besonders die zisterziensische Tradition, in der auch der *Dialogus miraculorum* des Caesarius von Heisterbach (gest. 1240) steht, eine Sammlung, die den Zusammenhang mit den älteren Mirakelsammlungen ja schon durch den Titel und die Abschnitte über Marien- und Eucharistiewunder klar zu erkennen gibt.[117] Herbert von Clairvaux' *Liber miraculorum* (12. Jahrhundert)[118], Konrads von Eberbach *Magnum Exordium* (vollendet nach 1206)[119] wären hier gleichfalls zu nennen, aber auch Engelhards von Langheim *Liber diversarum miraclorum* (um 1188), das für die Nonnen von Wechterswinkel bestimmt war.[120] Gleichfalls rein innerklösterlichen Zwecken, nämlich der Erziehung der Mönche, sollte die Sammlung eines anonymen Zisterziensers im Manuscrit latin 15912 der Bibliothèque Nationale in Paris dienen. Es ist bezeichnend, daß diese Sammlung auch Exempla des Jacques de Vitry wiederholt, die dieser einst zur Belehrung der Laien in der Predigt aufgezeichnet hatte.[121] Der

116 Petrus Venerabilis, *De miraculis libri duo,* in: PL 189, Sp. 851-954.

117 Caesarii Heisterbacensis monachi o. Cist. *Dialogus miraculorum*, hg. v. Joseph Strange, Köln 1851. S. B. P. McGuire, *Friends and Tales in the Cloister: Oral Sources in Caesarius of Heisterbach Dialogus miraculorum*, in: Analecta Cisterciensia 36 (1980), 167-245.

118 Herberti Turrium Sardiniae archiepiscopi [Herbert von Clairvaux] *de Miraculis libri tres*, in: PL 185, Sp. 1275-1384. Bruno Griesser, *Herbert von Clairvaux und sein Liber miraculorum*, in: Cistercienser-Chronik 54 (1947), S. 1-39 und 118-148.

119 *Exordium magnum Cisterciense sive narratio de initio Cistercienis ordinis auctore Conrado monacho Claravallensi postea Eberbacensi*, hg. v. Bruno Griesser, Roma 1961 (Series Scriptorum S. Ordinis Cisterciensis 2).

120 *Vitae et miracula aus Kloster Ebrach*, hg. v. Joseph Schwarzer, in: Neues Archiv 6 (1881), S. 516-529 [= Engelhard von Langheim]. S. Bruno Griesser, *Engelhard von Langheim und sein Exempelbuch für die Nonnen von Wechterswinkel*, in: Cistercienser-Chronik 70 (1963), S. 55-73; ders., *Engelhard von Langheim und Abt Erbo von Prüfening. Neue Belege zu Engelhards Exempelbuch*, in: Cistercienser-Chronik 71 (1964), S. 22-37, und 76 (1969), S. 20-24; Hans D. Oppel, *Die exemplarischen Mirakel des Engelhard von Langheim,* Diss. Würzburg 1976.

121 B. P. Mc Guire, *The Cistercians and the Rise of the Exemplum in early thirteenth century France: a Reevaluation of Paris BN Ms. lat. 15912*, in: Classica et Mediaevalia 336 (1983), S. 211-267.

Dominikaner Thomas Cantimpratanus widmete seinen mit Exempla gespickten Traktat über die Pflichten von geistlichen Oberen und Untergebenen, *Bonum de proprietatibus apum* (um 1262), dem Ordensgeneral Humbert de Romanis. Selbst die *Gesta Romanorum*, die wohl beliebteste Exemplasammlung überhaupt und nach der *Legenda aurea* das erfolgreichste Buch des Mittelalters, wurde – von einem Franziskaner gesammelt – zur Lektüre in Klöstern verwendet.[122]

Neben dem klösterlichen kommt auch das adlig-ritterliche Milieu als Adressat der Exempla in Frage.[123] Der Unterhaltung des englischen Königshofes dienten die Geschichten des Walter Map (1140-1209/10)[124] ebenso wie diejenigen John Gowers (um 1330-1408).[125] Das *Speculum dominarum* des Franziskaners Durand de Champagne (gest. 1340) ist an Königin Jeanne de

122 Zur Bedeutung der (früheren) monastischen Tradition vor dem späteren Predigtexemplum s. auch Hans. D. Oppel, *Exemplum und Mirakel. Versuch einer Begriffsbestimmung*, in: AfK 58 (1976), S. 96-114, 105 f.

123 Alessandro Vitale-Brovarone, *Persuasione e narrazione: l'exemplum tra due retoriche [VI-XII sec.]*, in: Jacques Berlioz (Hg.), *Rhétorique et Histoire. L'exemplum et le modèle de comportement dans le discours antique et médiéval*, Paris 1980 (Mélanges de l'Ecole française de Rome 92), S. 110, bestreitet die französische These, daß das Exemplum sich besonders gut für das Studium des Verhältnisses von klerikaler Kultur und Volkskultur eigne: »l'antagonista non pare essere la cultura popolare [...] ma la cultura laica dei ceti elevati, sia essa partecipata o no dagli strati subalterni; possiamo pensare, come termine di riferimento generale ed approssimativo, al mondo cavalleresco [...] Nel momento in cui questa cultura si formalizza ed elabora in specie letteraria i suoi modelli di comportamento col ricorso alla narrativa, la risposta da parte della cultura clericale è pronta, ed abbiamo così l'esplosione del fenomeno exemplum narrativo nel XIII secolo.«

124 Walter Map, *De nugis curialium*, hg. v. M. R. James rev. by C. N. L. Brooke und R. A. B. Mynors, Oxford 1983 (Oxford Medieval Texts). S. Jean-Claude Schmitt, *Temps, folklore et politique au XIIe siècle. A propos de deux récits de Walter Map. De Nugis curialium I 9 et IV 13*, in: *Le Temps chrétien de la fin de l'Antiquité au Moyen Age. IIIe-XIIIe siècles. Colloque international du CNRS, Paris 9.-12.3. 1981*, Paris 1984, S. 490-515.

125 John Gower, *Complete Works*, 4 Bde., hg. v. G. C. Macaulay, Oxford 1899-1902.

Navarre, Gattin des Philippe le Bel, gerichtet.[126] An den Adel wendet sich der mit Exempla angereicherte Schachtraktat des Jacobus de Cessolis (wohl vor 1273).[127] Wie kompliziert sich in Wirklichkeit die Situation von den Quellen her darbietet, lehrt eine Beobachtung von Michel Zink. Er hat festgestellt, daß in den überlieferten okzitanischen, katalanischen und piemontesischen Predigten des 13. Jahrhunderts die Exempla sehr selten sind und in diesen Fällen aus orientalischem Erzählgut schöpfen, während sie in der gleichzeitigen Profanliteratur, den höfischen Romanen, häufig begegnen und dort strikt den Lehren der (damaligen) christlichen Orthodoxie verpflichtet bleiben. Die klerikale Ausrichtung der Propositionen ist also gerade dort am stärksten, wo man es von der Quellenart her nicht vermuten würde.[128]

Die Exempla begegnen auch in der Fachliteratur[129] und in rein gelehrten Werken, die sich mit Bestimmtheit nicht an das Volk gewandt haben, so im *Policraticus* des Johannes von Salisbury (vor 1170)[130], in der *Gemma ecclesiastica* des Giraldus Cambrensis, einem Werk aus dem Ende des 12. Jahrhunderts, das zur Unterrichtung von Klerikern geschaffen wurde[131], in den Bibelkommentaren

---

126 Welter, *L'Exemplum* [Anm. 71], S. 192.

127 Jean-Marie Mehl, *L'»Exemplum« chez Jacques de Cessoles,* in: Le Moyen Age 84 (1978), S. 227-246.

128 Michel Zink, *Le traitement des »sources exemplaires« dans les sermons occitans, catalans, piémontais du XIIIe siécle*, in: Cahier de Fanjeaux 11 (1976), S. 161-186. Zum Folklor im höfischen Roman s. die kritischen Bemerkungen von Guerreau-Jalabert, *Romans de Chrétien de Troyes* [Anm. 14], insbes. S. 26 f., 32 f.

129 Peter Assion, *Das Exempel* [Anm. 87], S. 230 ff., über Exempla in Arneibüchern seit dem 15. Jahrhundert.

130 Johannes von Salisbury, *Policraticus, sive de nugis curialium et vestigiis philosophorum libri VIII*, hg. v. C. C. I. Webb, Oxford 1909. S. Peter von Moos, *Geschichte als Topik. Das rhetorische Exemplum von der Antike zur Neuzeit und die historiae im »Policraticus« Johanns von Salisbury*, Hildesheim, Zürich und New York 1988 (Ordo 2).

131 John J. Hagen (Übers.), *Gerald of Wales, The Jewel of the Church. A Translation of Gemma ecclesiastica by Giraldus Cambrensis*, Leiden 1979 (Davis Medieval Texts and Studies 2), Giraldus schenkte das Buch dem Papst Innozenz III., der von Kardinälen und Bischöfen bestürmt wurde, es ihnen auszuleihen.

des Stephan Langton (ca. 1180-1206) und des Petrus Cantor (gest. 1197).[132] Meines Wissens ist der Gebrauch der Exempla in der mittelalterlichen wissenschaftlichen Literatur noch kaum untersucht.[133] Auch diese zunächst für ein rein gelehrtes Publikum bestimmten Exempla sind später zum Teil in die für die Laienpredigt geschaffenen Sammlungen eingegangen. In dem Vorschlag, hier von einem klerikalen Folklor zu sprechen, kommt völlig richtig zum Ausdruck, daß die von der modernen Forschung der Volkskultur zugewiesenen Inhalte, Verhaltensweisen und Formen sich nicht dem einfachen Volk als Träger zwingend zuordnen lassen. Auch die Gebildeten, die Kleriker hatten daran Anteil. Es zeigt sich in den Exempla deutlich, daß die dichotomische Gegenüberstellung von gelehrt-klerikaler Kultur und Volkskultur für die Forschungspraxis unzureichend ist.

Eine Einheitlichkeit oder Widerspruchsfreiheit der kulturellen Äußerungen war zu keiner Zeit und auf keinem kulturellen Niveau gegeben. Einen Ausweg kann deshalb für die Forschungspraxis für viele Fragestellungen der Begriff der Mentalität eröffnen.[134] František Graus sieht in den Auseinandersetzungen der Merowingerzeit, deren Deutung durch Le Goff den Ausgangspunkt unserer Überlegungen bildete, das Entstehen neuer Mentalitätsformen nicht in Folge eines »Absinkens des Christentums«, sondern als eigenständige Schöpfung.[135]. Er definiert: »Mentalität ist der gemeinsame Tonus längerfristiger Verhaltensformen und Meinungen von Individuen innerhalb von Gruppen.«[136] Diese Definition von Mentalität geht von Grup-

---

132 Beryl Smalley, *Exempla in the Commentaries of Stephen Langton*, in: Bulletin of the John Rylands Library 17 (1933), S. 121-129.

133 Vgl. aber z. B. Richard Newhauser, *Der Tractatus moralis de oculo des Petrus von Limoges und seine exempla*, in: Haug/Wachinger [Anm. 78], S. 95-136; Hinweise etwa auch bei Christoph Daxelmüller, *Narratio, Illustratio, Argumentatio. Exemplum und Bildungstechnik in der frühen Neuzeit*, ebd. S. 77-94.

134 S. dazu auch Gurjewitsch, *Mittelalterliche Volkskultur* [Anm. 32], S. 355.

135 Graus, *Hagiographie* [Anm. 24], S. 120.

136 František Graus, *Mentalität – Versuch einer Begriffsbestimmung und Methoden der Untersuchung*, in: F. G. (Hg.), *Mentalitäten im Mittelalter. Methodische und inhaltliche Probleme*, Sigmaringen 1987 (Vorträge und Forschungen 35), S. 9-48, hier S. 17.

pen aus. Es gibt nach Graus keine einheitliche Mentalität des Adels, des Klerus, der Bauern, der Frauen, oder gar des Volkes, weil dies viel zu große Einheiten sind. Mentalität ist nur klar definierten und relativ kleinen Gruppen zuschreibbar, dann aber auch relativ präzis zu fassen. Diese Mentalitäten unterliegen dem historischen Wandel.

In bezug auf die Exemplaforschung ist daraus die Folgerung zu ziehen, daß nach Differenzierung der Gruppenzugehörigkeit von Verfassern und Empfängern stärker auf die Ausprägung solcher Gruppenmentalitäten geachtet werden sollte als auf den Austausch zwischen undefinierbaren Großsystemen, auf den sich das Exemplum ohnehin nicht beschränken läßt. Die Erforschung der Volkskultur hat diesen Weg in jüngster Zeit bereits eingeschlagen. Der heuristische Wert des Zweischichtenmodells, das der Historiographie neue Wege gewiesen hat, wird zunehmend bezweifelt. Es macht einer differenzierteren Sicht der Dinge Platz[137], in der die Begriffe der Sub- und Sonderkultur, vielleicht auch der Mentalität es erlauben werden, ein zutreffenderes Bild kulturellen Austauschs und kultureller Umformungsprozesse zu zeichnen, mit dem Ziel, das Zusammenleben verschiedener Gruppen und Schichten in einer Gesellschaft und ihre Konflikte besser zu verstehen.

137 Peter Burke, *Helden, Schurken und Narren. Europäische Volkskultur in der frühen Neuzeit*, Stuttgart 1981 (urspr. *Popular Culture in Early Modern Europe*, London 1978), hält zwar noch am Gegensatz von Hochkultur und Volkskultur fest, sieht aber das Subjekt dieser Kultur, das Volk, nicht mehr einheitlich, sondern in verschiedene Gruppen differenziert: in Reiche und Arme, Einheimische und Fremde, in Stadtvolk und Landvolk. Auch Schmitt, *Der Mediävist* [Anm. 18], S. 32, schreibt jetzt, das »zweistufige Modell bietet häufig die falsche Evidenz einer klaren Beschreibung, ist jedoch ohne heuristischen Wert«.

Werner Mezger
»Quem quaeritis – wen suchen ihr hie?«

Zur Dynamik der Volkskultur im Mittelalter am Beispiel des liturgischen Dramas

1. Vom Ostertropus zum Eulenspiegel-Schwank

Zu den zyklisch wiederkehrenden Höhepunkten im Erlebnis- und Erfahrungshorizont mittelalterlicher Menschen gehörte an bestimmten Festtagen des Kirchenjahres das religiöse Theater. Seine Ursprünge reichen bis ins 9. Jahrhundert zurück, als in der Karwochen- und Osterliturgie drei besonders sinnfällige Riten immer bedeutsamer wurden: die *adoratio crucis*, das Enthüllen und die Verehrung des Kreuzes mit dem Kruzifix am Karfreitag, die sich daran anschließende *depositio crucis*, das Niederlegen des Kreuzes in einem symbolischen Grab, und endlich in der Ostermatutin die *elevatio crucis*, die feierliche Erhebung des Kreuzes, mit der die Auferstehung vergegenwärtigt werden sollte.[1] Gegen Ende des 9. und im Lauf des 10. Jahrhunderts bildete sich dann zusätzlich zur *elevatio crucis* am Ostermorgen die *visitatio sepulcri* heraus, anfänglich ein einfacher Wechselgesang zweier Chöre, der den Dialog der Engel mit den drei trauernden Frauen bei deren Besuch am leeren Grab wiedergab. Dank seiner raschen sprachlichen und musikalischen Vereinheitlichung wurde das lateinische Frage- und Antwortspiel zwischen den himmlischen Grabwächtern und den drei Marien[2] bald zu einem feststehenden ›Tropus‹, dessen aus dem Intro-

---

1 Heinz Kindermann, *Theatergeschichte Europas*, Bd. 1: *Das Theater der Antike und des Mittelalters*, Salzburg 1957, S. 226; Elisabeth Vavra, *Liturgie als Inszenierung*, in: Harry Kühnel (Hg.), *Alltag im Spätmittelalter*, Graz, Wien und Köln ²1986, S. 318 f.

2 Maria, Mutter Jesu; Maria Magdalena; Maria, Mutter des Jacobus.

itus der Ostersonntagsmesse entwickelter Wortlaut spätestens seit dem 11. Jahrhundert nahezu in sämtlichen großen Klöstern und Kathedralen Europas derselbe war[3]:

›Quem quaeritis in sepulcro, o christicolae?‹
›Jesum Nazarenum, o caelicolae.‹
›Non est hic: surrexit, sicut praedixerat.
Ite, nuntiate, quia surrexit de sepulcro.‹

(»›Wen sucht ihr im Grab, oh Christinnen?‹ ›Jesus von Nazareth, oh Himmlische.‹ ›Er ist nicht hier: er ist auferstanden, wie er es vorausgesagt hat. Geht, verkündet, daß er vom Grabe auferstanden ist.‹«)

Nach der Jahrtausendwende trat zu diesem Wechselgesang erstmals der zaghafte Ansatz einer einfachen Spielhandlung. Ein oder zwei mit der Dalmatik bekleidete Priester näherten sich, Palmzweige in den Händen tragend, als ›Engel‹ dem Altar, auf dem das Grab angedeutet war, und ließen sich dort nieder. Ihnen folgten in weißen Alben und Weihrauchfässer schwingend drei andere Geistliche, die sich wie Suchende benahmen und so die drei Marien verkörperten.[4] Parallel zu diesem symbolischen Nachvollzug des biblischen Geschehens durch die beiden Klerikergruppen oder im unmittelbaren Anschluß daran ertönte der Gesang des Ostertropus.[5] Den Auferstandenen selbst wagte man damals übrigens noch nicht in

3 Vgl. die betreffenden Evangelienstellen Matth. 28, 5-7; Mark. 16,6-7; Luk. 24,5-8. – Zu den Tropen allgemein: Léon Gautier, *Histoire de la poésie liturgique*, vol. 1: *Les tropes*, Paris 1886.

4 Eduard Hartl, *Das Drama des Mittelalters. Sein Wesen und Werden. Osterfeiern*, Leipzig 1937 (Deutsche Literatur in Entwicklungsreihen, Reihe: Drama des Mittelalters, Bd. 1), S. 28 ff. – In einer Gothaer Osterfeier lautete die Spielanweisung (zit. nach Hartl, S. 245 f.): *ecce tres clerici in albis veniunt ad sepulcrum cum turribulis et incenso. In sepulcro sedeant duo clerici in dalmaticis pro angelis* [..] (»da gehen drei Kleriker in Alben [weißen Gewändern] zum Grab mit Weihrauchfässern und Weihrauch. Zwei Kleriker in Dalmatiken sollen sich als Engel auf das Grab setzen«).

5 Zur erst von der neueren Forschung erkannten, entwicklungsgeschichtlich notwendigen Differenzierung zwischen Ostertropus und *»visitatio sepulcri«* siehe: Claudio Bernardi, *La drammaturgia della Settimana Santa in Italia*, Milano 1991 (La città e lo spettacolo 2), S. 41 ff.

persona auftreten zu lassen, sondern man versinnbildlichte ihn vorerst weiter durch das zum Zeichen des Triumphs erhöhte Kreuz.

In der Folgezeit fielen dann die liturgischen Schranken zusehends, und die *visitatio sepulcri*, anfangs noch ehrfürchtig-zurückhaltend zelebriert und quasi als Teil des Offiziums begriffen, wurde zur Keimzelle einer religiösen Spieltradition, die sich mehr und mehr vom gotttesdienstlichen Vollzug löste und ein immer stärkeres Eigenleben zu führen begann. Der Ostertropus erhielt mancherlei Erweiterungen durch zusätzliche Fragen und Antworten.[6] Der Wechselgesang ging von den beiden neutralen Chören auf die Handelnden selbst über, die nun nicht mehr als stumme Rollenträger agierten, sondern sich gegenseitig direkt ansprachen. Speziellere Kostümierungen ersetzten die priesterlichen Gewänder, hinzu kamen erste Requisiten. Den lateinischen Textpassagen wurden nationalsprachliche Teile angefügt; in Salzburg beispielsweise intonierten die Gläubigen bereits um 1100 als Antwort auf die dramatisch ausgestaltete *elevatio crucis* das *Christ ist erstanden* auf deutsch.[7] Fast gleichzeitig traten zur ursprünglich mit äußerst kargen Mitteln arbeitenden *visitatio* ausbaufähige Einlagen, die durchaus schon einen gewissen Unterhaltungswert hatten, ja bisweilen sogar regelrecht komisch wirken konnten: zunächst ein Wettlauf der Apostel zum Grab, später die sogenannte Salbenkrämerszene, die sich anscheinend besonderer Beliebtheit erfreute.[8]

Überhaupt kam in jeder Hinsicht immer mehr Bewegung in den Ablauf des Spielgeschehens: prozessionsartige Umgänge im Kircheninneren, an denen sich das Publikum beteiligen durfte, steigerten die Wirkung und sorgten vermutlich für

6 Carl Lange, *Die lateinischen Osterfeiern*, München 1887. Hier wurden erstmals 224 solcher theatralischer Osterfeiern aus ganz Europa gesammelt und ihre Entwicklungslinien systematisch aufgezeigt. Inzwischen ist nahezu die doppelte Anzahl an Texten bekannt. Dazu: Heinz Kindermann, *Das Theaterpublikum des Mittelalters*, Salzburg 1980, S. 16.

7 Kindermann, *Das Theaterpublikum* [Anm. 6], S. 15 u. S. 288.

8 Kindermann, *Theatergeschichte*, Bd. 1. [Anm. 1], S. 231 f.

geräuschvolle Betriebsamkeit. Bald keimten in den Messen anderer hoher Feiertage wie Weihnachten, Dreikönig oder Pfingsten ebenfalls dramatische Elemente auf. Spätestens nach der Einführung des Fronleichnamsfestes durch Papst Urban IV. im Jahr 1264 beschränkten sich die geistlichen Spiele auch nicht mehr nur auf den Kirchenraum, sondern fanden ihre folgerichtige Fortsetzung unter freiem Himmel.[9] Gewaltige Figuralprozessionen prägten sich aus, mobile Theaterinszenierungen sozusagen, die durch Straßen, Gassen, Höfe und über die Plätze der Städte zogen, an bestimmten Punkten innehielten und dort Szenen aus nahezu dem gesamten Spektrum der Heilsgeschichte zum besten gaben. Ein besonderer Erfolg war es dabei für die Agierenden, wenn die Zuschauer, die den Weg säumten, eine Darbietung so gut fanden, daß sie der betreffenden Prozessionsgruppe bis zur nächsten Aufführungsstelle folgten, um die Szene noch einmal zu sehen. Unsere deutsche Redewendung »das Publikum geht mit« erinnert bis heute daran.

Im 14. und 15. Jahrhundert nahm in den vom Handel reich gewordenen Städten der Aufwand, den die jährlichen *processiones* und *ludi* mit sich brachten, oft geradezu gigantische Ausmaße an, zumal nun nebenbei Prestige und Repräsentation immer wichtigere Faktoren wurden. Längst war übrigens auch die Verkörperung der Spielrollen kein alleiniges Privileg des Klerus mehr, dazu hatte sich das erforderliche Aufgebot an Darstellern viel zu sehr ausgedehnt. Nicht einmal für die herausragenden Figuren wie Christus selbst, die Apostel, Heiligen oder Propheten wurden noch konsequent Priester herangezogen. Im Gegenteil, die Schar der Akteure bestand jetzt überwiegend oder meist sogar ausschließlich aus Laien.

Am Vorabend der Neuzeit hatte die Faszination am geistlichen Spiel ihren Gipfelpunkt erreicht. Es gab religiöses Theater bei allen nur denkbaren Gelegenheiten, zu den gesamtkirchlich verbindlichen Hochfesten im christlichen Jahreslauf

---

9 Peter Browe, *Die Verehrung der Eucharistie im Mittelalter*, München 1933, bes. S. 89-121.

ebenso wie zu unzähligen lokalen Heiligen- oder Patronatsfesten[10]; und nicht selten interessierte sich die Bevölkerung für die effektvollen Ad oculos-Demonstrationen der Spiele wesentlich mehr als für die vergleichsweise eintönig-starre Meßliturgie samt Schriftlesung und Predigt. Offenbar hatte sich die einstige Ausgangsidee des geistlichen Dramas, nämlich die großen Mysterien der Heilsgeschichte anschaulich zu machen und dem Kirchenvolk Glaubensinhalte eben »spielend« zu vermitteln, über die Jahrhunderte hinweg mit zunehmender Geschwindigkeit verselbständigt und war der Kontrolle der Geistlichkeit zuletzt weitgehend entglitten.

Was am Ende – zumindest in der populären Erzähltradition – vom eigentlichen Kristallisationskern des religiösen Theaters, der österlichen *visitatio sepulcri*, noch geblieben war, das liest sich im Eulenspiegel-Buch nach dem Wortlaut der 1515 bei Johann Grüninger in Straßburg gedruckten Ausgabe folgendermaßen[11]:

Die 13. Historie
sagt, wie Ulenspiegel in der Ostermettin ein Spil macht, daß sich der Pfarrer und sein Kellerin mit den Buren raufften und schlugen.

Nun da es sich nahet den Ostern, da sprach der Pfarrer zu Ulenspiegel, dem Meßner, es ist ein Gewonheit hie, das die Buren alwegen zu den Ostern in der Nacht ein Osterspil machen, wie unser Her entstet [aufersteht] uß dem Grab, und so müst er darzu helffen, wann es wär recht also, das die Sigristen [Mesner] das zurichtent und regierten. Da sprach Ulenspiegel und gedacht, wie sol das Mergenspil [Marienspiel] zugon von den Buren, und sprach zu dem Pfarrer: ›Nun ist doch kein Buer hie, der da glert [gelehrt] ist, Ihr müßen mir Euwer Magt dazu leihen, die kan wol schreiben und le-

10 Zu Rangordnung und Verbindlichkeit der diversen Feste im Kirchenjahr siehe: Wilhelm Lurz, *Kirchliche Feste*, in: Josef Höfer und Karl Rahner (Hg.), *Lexikon für Theologie und Kirche*, Bd. 4, Freiburg/Br. 1960, Sp. 97 ff.

11 Zit. nach: *Ein kurtzweilig Lesen von Dil Ulenspiegel*, nach dem Druck von 1515 hg. v. Wolfgang Lindow, Stuttgart 1966 (RUB 1687), S. 39 ff. – Zur raschen Orientierung sowohl über die Editions- und Verfasserfrage als auch über neuere Erkenntnisse der Eulenspiegel-Forschung siehe: Bernd Ulrich Hucker, *Eulenspiegel*, in: EM IV, Sp. 538-555.

sen.‹ Der Pfarer sprach: ›Ja, ja, nim nur dazu, wer dir helffen kan; auch ist mein Magt vor mer [schon mehrmals] dabeigewesen.‹ Es waz der Kellerin lieb, und sie wolt der Engel im Grab sein, wann sie kund den Reimen ußwendig. Da sucht Ulenspiegel zwen Bauren und nam sie zu ihm und wolten die drei Marien sein. Und Ulenspiegel leert den einen Buren zu latein seinen Reimen. Und der Pfarer was unser Herrgot, der solt uß dem Grab erston. Da nun Ulenspiegel für das Grab kam mit seinen Buren, die als Marien angelegt [verkleidet] warn, da sprach die Kellerin als der Engel im Grab den Reimen zu latein: ›Quem quaeritis. Wen suchen ihr hie?‹ Da sprach der Buer, die vorderst Merg [Maria], als ihn Ulenspiegel gelert het: ›Wir suchen ein alte einäugige Pfaffenhur.‹

Da sie daz hört, daz sie verspottet ward mit ihrem einen Aug, da ward sie gifftig auff Ulenspiegel und sprang uß dem Grab und meint, sie wolt ihm in daz Antlit fallen mit den Füsten. Und schlug her ungewiß [unkontrolliert] und traff den einen Buren, daz ihm daz ein Aug geschwall. Da der ander Buer daz sah, der schlug auch dar und traff die Kellerin an den Kopff, daz ihr die Flügel entpfielen. Da daz der Pfarrer sahe, da ließ er daz Van [die Fahne] fallen und kam seiner Kellerin zu Hilff und fiel dem einen Buren in daz Har und zohen sich für daz Grab hindan. Da das die anderen Bauren sahen, da luffen sie hinzu und ward ein großes Gerühel [Gebrüll] und lag der Pfaff mit der Kellerin under, unnd da lagen die Bauren, die zwo Mergen, auch under, das sie die Buren voreinander musten ziehen. Aber Ulenspiegel, der het der Sach acht genümmen und thet sich zeitlich [rechtzeitig] darvon und lieff zu der Kirchen hinauß und gieng uß dem Dorff und kam nit wider.

Natürlich handelt es sich hier nicht um einen historisch belegten Vorfall, sondern ›nur‹ um einen Schwank, eine fiktive Begebenheit also, die zwar durchaus irgendeinen realen Anknüpfungspunkt gehabt haben mag, aber hinterher ganz sicher phantasievoll ausgeschmückt und bewußt komisch zugespitzt wurde.[12] Dennoch besitzt die zitierte Anekdote für den Historiker einen keineswegs gering zu schätzenden Erkenntniswert;

---

12 Der Stoff der 13. Historie des Eulenspiegelbuchs gehörte offenbar zum populären Erzählgut des späten 15. und des frühen 16. Jahrhunderts. Bereits einige Zeit vor dem Eulenspiegel-Buch findet sich nämlich bei Paulus Olearius in dessen zwischen 1499 und 1501 entstandener Scherzschrift *De fide concubinarum in sacerdotes* die Skizze einer ganz ähnlichen Episode (Edition in: Friedrich Zarncke, *Die deutschen Universitäten im Mittelalter.*

denn gerade in populären Erzählformen wie Schwänken, Märchen, Sagen oder Legenden ist oft eine wesentlich höhere Wahrheit ›verdichtet‹, sind mehr typische Vorstellungen der Menschen einer bestimmten Epoche konzentriert als in der bloßen Schilderung der Realität.

Aus diesem Grund scheint der Vergleich des schlichten Ostertropus, wie er im 10. und 11. Jahrhundert üblich war, mit dem grotesken Spektakel, den das Eulenspiegel-Buch im 16. Jahrhundert daraus gemacht hat, auf jeden Fall legitim. Der Kontrast beider Eckpunkte, zwischen denen immerhin ein halbes Jahrtausend abendländlicher Geschichte liegt, lenkt unseren Blick nämlich auf eine Fülle von Problemen, deren genaue Untersuchung wohl manche wichtigen Aufschlüsse über die inneren Strukturen und Zusammenhänge der mittelalterlichen Volkskultur geben könnte. Da stellt sich etwa die Frage nach den Bedingungen, Impulsen und bestimmenden Faktoren für den evolutionären Entwicklungsprozeß der liturgischen Spiele, nach deren Funktions-, Sinn- und Schwerpunktverlagerungen, nach dem damit verbundenen Verständnis- und Bewußtseinswandel bei Initiatoren, Mitwirkenden und Zuschauern, nach langfristigen Veränderungen der Religiosität, nach Interessenkonflikten zwischen Kirche und Bevölkerung und nach vielem anderem mehr. Ein paar dieser Aspekte wollen wir im folgenden herausgreifen, wobei es nicht etwa um eine erschöpfende Behandlung des Themas ›geistliches Schauspiel im Mittelalter‹ gehen kann, sondern lediglich um das Aufzeigen denkbarer Betrachtungsperspektiven und um die knappe Skiz-

---

Beiträge zur Geschichte und Charakteristik derselben, Erster Beitrag, Leipzig 1857, S. 88-102; die betreffende Stelle auf S. 96). Gewisse Parallelen zum Eulenspiegel-Schwank weist außerdem die 1508 gedruckte Facetie II 36 von Heinrich Bebel auf (Heinrich Bebel, *Facetien. Drei Bücher*, hg. v. Gustav Bebermeyer [Bibliothek des Literarischen Vereins in Stuttgart 276], Leipzig 1931, S. 58). – Zur Motivgeschichte wie auch zu Fragen möglicher realer Anknüpfungspunkte der entsprechenden Historie des Eulenspiegel-Buches siehe: Elke und Peter Jezler, *»Wie Ulenspiegel in der Ostermettin ein Spil macht…« Realien zur 13. Historie der Straßburger Ausgabe von 1515*, in: Eulenspiegel-Jahrbuch 24 (1984), S. 87-102.

ze eines im wesentlichen der Ethnologie verpflichteten methodischen Zugriffs.

2. Zwischenbilanz zur Quellenlage

Was die Quellen und Zeugnisse zum religiösen Theater des Mittelalters betrifft, so haben wir es mit derselben Grundsatzproblematik zu tun, die praktisch alle Untersuchungen zur sogenannten Volkskultur in gleicher Weise erschwert: von den überwiegend leseunkundigen Angehörigen derjenigen Bevölkerungsschicht, die zumindest seit dem 15. Jahrhundert als Hauptträger der geistlichen Spiele gelten darf, den Handwerkern, Bürgern und Bauern, existieren bis auf den Nachlaß ganz weniger Ausnahmepersönlichkeiten wie etwa Vigil Raber in Sterzing so gut wie keine direkten Aufzeichnungen. Ihre Kultur war eben primär durch Mündlichkeit und nur in sehr geringem Maße durch Schriftlichkeit bestimmt.[13] Insofern kommen in den meisten Nachrichten, die wir zu unserem Untersuchungsgegenstand besitzen, die eigentlich Handelnden und Betroffenen selbst überhaupt nicht zu Wort.

Dennoch sind – und das berechtigt immerhin zu einem gewissen Optimismus – gerade im Falle des geistlichen Schauspiels die Quellentypen überdurchschnittlich vielschichtig, so daß sich bei entsprechend kritischer Abwägung der verschiedenen Ebenen doch ein relativ differenziertes Gesamtbild ergibt. Zu den unmittelbarsten Zeugnissen gehören zweifellos die erhaltenen Texte und Spielordnungen sowie noch vorhandene Rechnungen für die Herstellung oder Instandsetzung von Kostümen, Masken, Requisiten, Tribünenaufbauten und ähnlichem mehr. Von gleich hoher Authentizität – aber wesentlich

13 S. dazu etwa: Carlo Ginzburg, *Der Käse und die Würmer. Die Welt eines Müllers um 1600*, dt. v. Karl F. Hauber, Berlin 1990, S. 10 ff.; ebenso: Jean-Claude Schmitt, *Der Mediävist und die Volkskultur*, in: Peter Dinzelbacher und Dieter R. Bauer (Hg.), *Volksreligion im hohen und späten Mittelalter*, Paderborn, München, Wien und Zürich 1990 (Quellen und Forschungen aus dem Gebiet der Geschichte NF, Heft 13), S. 29 f.

einseitiger, weil nur für die obrigkeitliche Sicht der Dinge repräsentativ – sind kirchliche wie weltliche Spielgenehmigungen oder -verbote und, nicht zu vergessen, die in Ratsprotokollen oder Urfehdebüchern häufig anzutreffenden Strafen für Zuwiderhandlungen, Regelverstöße, Unterlassungen oder Ausartungen im Spielablauf. – Neben der bis hierher genannten Quellengruppe, die nach der herkömmlichen Klassifikation des Historikers zur Kategorie der zufälligen *Überreste* zählt, steht eine zweite, die eher dem Bereich der absichtlichen *Überlieferung* zuzurechnen ist. Darunter fallen Augenzeugenberichte zum Beispiel von Reisenden, Schilderungen in Chroniken, die freilich oft schon Züge literarischer Bearbeitung mit deutlich anekdotischem bis schwankhaftem Einschlag aufweisen oder eben Schwanksammlungen selbst. – Eine gewisse Sonderstellung nehmen zuletzt noch die gelehrten Gutachten, leidenschaftlichen Briefwechsel und kontrovers geführten Diskussionen über den pädagogisch-katechetischen Nutzen und die theologische Verantwortbarkeit des religiösen Theaters überhaupt ein, mit denen sich vornehmlich Humanisten und Reformatoren ereiferten.

Das Material umfaßt also ein riesiges Spektrum; und daß wir dieses inzwischen relativ mühelos überblicken können und gleichzeitig eine gewaltige Zahl an Dokumenten im originalen Wortlaut verfügbar haben, ist in ganz besonderem Maße einem Wissenschaftler zu verdanken: Bernd Neumann. Er hat mit seiner 1987 vorgelegten Sammlung von sage und schreibe 3771 einschlägigen Zeugnissen eine Quellenedition zum geistlichen Schauspiel des Mittelalters speziell für den deutschsprachigen Raum geschaffen, wie sie anderswo ihresgleichen sucht.[14] Durch eine so einzigartige Fundgrube wurde die Forschungssituation enorm verbessert.

14 Bernd Neumann, *Geistliches Schauspiel im Zeugnis der Zeit. Zur Aufführung mittelalterlicher religiöser Dramen im deutschen Sprachgebiet*, 2 Bde., München und Zürich 1987 (Münchener Texte und Untersuchungen zur deutschen Literatur des Mittelalters 84.85).

3. Geistliches Schauspiel im Prozeß der Kulturvermittlung

Für die Untersuchung des liturgischen Theaters in seinem kulturellen Kontext ist es hilfreich, wenn wir uns an einem Modell zur Kulturanalyse orientieren, das der schwedische Volkskundler Sigurd Erixon 1937/38 eingeführt hat und das 1947 von seinem Schüler Albert Eskeröd weiterentwickelt und verfeinert wurde[15] Nach Erixons und Eskeröds Ansatz, mit dem die Ethnologie seither erfolgreich arbeitet, ist jede kulturelle Erscheinung durch die drei großen Kulturdimensionen *Zeit*, *Raum* und *Gesellschaft* bzw. *soziale Schicht* bedingt, die aufs engste zusammenhängen und nicht voneinander zu trennen sind. Als ein durch diese drei magnetfeldartig wirkenden Größen bestimmtes Phänomen haben wir uns demnach auch das geistliche Schauspiel des Mittelalters vorzustellen, woraus folgt, daß für dessen analytische Betrachtung wiederum drei mit den genannten Kulturdimensionen korrespondierende Hauptzugänge naheliegen: ein *historisch*, ein *geographisch* und ein *sozial* orientierter. Versteht man nun zudem Kultur nicht realitätsfern als Stillstand, sondern wirklichkeitsnah als ständig fortschreitenden Prozeß, so lassen sich den drei Erixonschen Dimensionen jeweils noch entsprechende prozessuale Abläufe zuordnen, die für die Entstehung, Entwicklung und Lebensdauer einer jeden Kulturerscheinung ausschlaggebend sind: mit der Dimension Zeit verbindet sich der Faktor *Tradition*, mit der Dimension Raum der Faktor *Diffusion* und mit der Dimension Gesellschaft bzw. soziale Schicht der Faktor *Kommunikation*. Eben unter diesen drei letzten Gesichtspunkten wollen wir uns nun mit dem

---

15 Sigurd Erixon, *Svenskt folkliv; några kapitel svensk folklivsforskning med belysning av dess arbetsuppgifter och metoder*, Uppsala 1938; Albert Eskeröd, *Årets äring, etnologiska studier i skördens och julens tro och sed.* With an English summary, Stockholm 1947. Einen knappen Überblick über die Entwicklung der schwedischen *folklivsforskning* in den 30er und 40er Jahren und ihre internationalen Auswirkungen auf Grundsatzfragen der Kulturanalyse geben Will-Erich Peuckert und Otto Laufer, *Volkskunde. Quellen und Forschungen seit 1930*, Bern 1951 (Wissenschaftliche Forschungsberichte, geisteswiss. Reihe 14), S. 86 ff.

liturgischen Drama als einer der zahllosen Facetten mittelalterlicher Volkskultur ein wenig genauer beschäftigen.

3.1. Tradition

Der Begriff Tradition, der die zeitliche *Überlieferung* von Kulturerscheinungen meint, wurde von den Vertretern der älteren Germanistik und der frühen Volkskunde primär mit Vorstellungen von Kontinuität, Statik und Beharrung in Verbindung gebracht. Tradition, so glaubte man, sei die möglichst ›unverfälschte‹ Wiedergabe ›uralter‹ Mythen, Riten und Symbole über viele Generationen hinweg, und dementsprechend galt das Forschungsinteresse zunächst einzig und allein der monomanen Suche nach irgendwelchen in die Gegenwart herübergeretteten Relikten ›aus grauer Vorzeit‹.[16] Heute wissen wir, daß dieses Traditionsverständnis der sogenannten mythologischen Schule im Grunde zutiefst ahistorisch war und daß mit den Elementen des Bewahrens und Konservierens, die dem Traditionsbegriff zweifellos innewohnen, gleichermaßen die entgegengesetzten – und wesentlich interessanteren – Kräfte des Wandels, der Dynamik und der Anpassung an neue Gegebenheiten einhergehen. So lohnt sich denn auch die Beschäftigung mit der Tradition des geistlichen Schauspiels viel weniger unter dem Aspekt der Frage nach seinem gleichbleibenden Wesenskern als eben unter dem Aspekt dessen, was sich im Lauf der Zeit daran verändert hat; und hier gibt es in der Tat eine Menge zu beobachten.

Zunächst fallen die gewaltigen Expansionsschübe der Spielkultur auf, die sich im Spätmittelalter geradezu rasant beschleunigten. Was im 9. und 10. Jahrhundert mit dem knappen

16 Zum wissenschaftsgeschichtlichen Kontext dieser Vorstellungen siehe: Ingeborg Weber-Kellermann und Andreas C. Bimmer, *Einführung in die Volkskunde/Europäische Ethnologie. Eine Wissenschaftsgeschichte*, Stuttgart 1985, S. 34 ff.; Bernward Deneke, *Zur Tradition der mythologischen Kontinuitätsprämisse*, in: Hermann Bausinger und Wolfgang Brückner (Hg.), *Kontinuität? Geschichtlichkeit und Dauer als volkskundliches Problem*, Berlin 1969, S. 47 ff.

Ostertropus, begleitet von einfachsten Symbolhandlungen einiger Kleriker im Kirchenraum, begonnen hatte, war im 15. und 16. Jahrhundert in nicht wenigen Städten zu einem riesigen Spektakel unter freiem Himmel geworden, das sich zeitlich immer mehr ausdehnte und an dem ein Massenaufgebot an Darstellern mitwirkte. In welchen Schritten sich beispielsweise das berühmte Luzerner Osterspiel entfaltete, erfahren wir von Renward Cysat, der die Spielkultur seiner Heimatstadt in der zweiten Hälfte des 16. Jahrhunderts auf ihrem Gipfelpunkt erlebte:

> Die [sic!] erst ursprung diser repraesentation hatt angfangen ungfarlich um d[a]z jar 1450 durch die Priesterschaft der 4 waldstette Cappitels, wann sy allhie zuo österlicher zyt ir ordenlich Cappitel gehallten, da sy erstlich die Histori der Urstende [Auferstehung], harnach mit hin ettwas meer uss dem passio darzuo gethan, wöllichs nun der burgerschafft so wol geliebt, das sy begert ouch darzuo gebrucht zu werden [...]. Und allso nach und nach diss Spiel gemeeret worden mit anderen figuren und Historien meer uss Nüwem und alltem Testament, bis es uff 2 tag oder 24 stunden komen.[17]

Die hohe Akzeptanz, die das geistliche Spiel zu Cysats Zeit offenbar in allen Teilen der Bevölkerung fand, gilt praktisch fürs ganze damalige Europa, bis auf diejenigen Orte und Gebiete, in denen einzelne Reformatoren die Tradition bereits gewaltsam gekappt hatten. Zugleich spiegelt sich in der von Cysat beschriebenen Verlagerung der Handlungsinitiative vom Klerus auf die Bürgerschaft – einem Trend, der vielerorts schon wesentlich früher einsetzte als in Luzern – das Aufstreben der Städte, deren wachsendes Selbstbewußtsein ein gesundes Gegengewicht zum vormals alleinigen Machtanspruch der Kirche

17 »*Collectanea C*« *Renward Cysats* (Zentralbibliothek Luzern), fol. 463^{r}, zit. nach: Neumann [Anm. 14] Nr. 2031. Um den Anmerkungsapparat zu entlasten, werden im folgenden alle bei Neumann abgedruckten Quellen nur noch mit »N« und der dortigen Numerierung nachgewiesen. Zur umfangreichen Literatur über das Luzerner Osterspiel: Rolf Steinbach, *Die deutschen Passions- und Osterspiele des Mittelalters*, Köln und Wien 1970 (Kölner Germanistische Studien 4), S. 254.

bildete.[18] In der räumlichen Verlegung der Spiele aus dem Kircheninneren auf die Straße und schließlich auf die Marktplätze manifestierte sich genau dieselbe Entwicklung fast noch augenfälliger.

Weitere interessante Indizien für den unaufhaltsamen Funktionswandel des religiösen Dramas von der einfachen kirchlichen Katechese zur prunkvollen städtischen Selbstdarstellung sind neben den immer aufwendigeren theatertechnischen Vorbereitungen vor allem auch die umfangreichen und strengen Sicherheitsvorkehrungen, die das Risiko beim Ansturm riesiger Zuschauermassen von auswärts möglichst gering halten sollten. Besonders groß war unter den Verantwortlichen stets die Angst vor Bränden durch Unachtsamkeit. So wurden in den meisten Städten während des Spielablaufs eigens die Schildwachen verstärkt, und vor jedem Bürgerhaus mußte eine bestimmte Anzahl gefüllter Wassereimer stehen.[19] Dennoch kam es wiederholt zu Unfällen und Katastrophen, wobei mit der immer unüberschaubarer werdenden Zahl der Mitwirkenden vereinzelt sogar die Akteure selbst einen Unsicherheitsfaktor bildeten. Da kursierte etwa die Horrorgeschichte, daß 1488 bei einem Osterspiel in Hettstedt die Söhne einer mehrfach vorbestraften Frau als Teufel mitgemacht und im Publikum bewußt Verwirrung gestiftet hätten, um unter Ausnutzung des allgemeinen Durcheinanders auszuschwärmen und im Schutz ihrer Verkleidung an vierzehn Stellen der Stadt Feuer zu legen.[20] Was an dieser frühen Kriminalstory wirklich dran war, läßt sich aus heutiger Sicht allerdings kaum noch überprüfen. – Historisch einwandfrei gesichert ist dagegen ein anderer folgenschwerer Zwischenfall, der sich 1413 in Bautzen

18 Schmitt [Anm. 13], S. 39.

19 Gute Belege hierfür finden sich bei Neumann beispielsweise für das Pfingstspiel in Frankfurt/Main 1492 (N 1510), für das Johannisspiel in Dresden um 1500 (N 1234) oder für eine Figuralprozession in Löbau *uff heiligen creutztage* 1521 (N 2023).

20 Cyriacus Spangenberg, *Mansfeldische Chronica. Der vierte Teil [...]*, hg v. Carl Rühlemann, Eisleben 1913, S. 265 f. (N. 1947). Der Chronist schildert den Vorfall rund 100 Jahre, nachdem er sich ereignet haben soll.

ereignete: beim dortigen Dorotheenspiel kletterte eine undisziplinierte Zuschauerhorde, um besser sehen zu können, auf ein Dach und brachte dadurch ein Mauerstück zum Einsturz, das 33 Menschen erschlug und viele weitere schwer verletzte.[21] Man wird sich die Panik ähnlich vorzustellen haben, wie sie leider auch noch in unseren Tagen bei entsprechenden Tragödien aus überfüllten Fußballstadien gemeldet wird.

Aus der wachsenden Sensationsgier des Publikums und aus dem steigenden Verlangen, möglichst alles genau und aus der ersten Reihe miterleben zu können, dürfen wir auch auf eine tiefgreifende Veränderung im Wahrnehmungs- und Rezeptionsverhalten der Adressaten spätmittelalterlicher Spiele gegenüber den Seh- und Aufnahmegewohnheiten der Betrachter in der Frühzeit des liturgischen Dramas schließen. Hatten beim Kirchenraumspiel des 10. und 11. Jahrhunderts noch sparsamste, vom kultischen Geschehen kaum unterscheidbare, szenische Andeutungen genügt, um die Gläubigen zu beeindrucken, wanderte die Reizschwelle später ständig nach oben. Die Zuschauer des 15. und 16. Jahrhunderts gaben sich mit abstrakten Symbolhandlungen nicht mehr zufrieden, sondern alles mußte möglichst konkret und bis in die Details hinein realistisch nachgespielt werden. In der Terminologie der Theaterwissenschaft wird dieser fundamentale Wandel als Übergang von der gradualistischen zur nominalistischen Darstellungsform beschrieben.[22]

Wie ›echt‹ zum Beispiel die Szene mit dem am Kreuz hängenden Christus ausgestaltet zu sein hatte, entnehmen wir einer Stadtrechnung aus Freiburg i. Br. von 1588. Dort listete ein Handwerker im Vorfeld des Fronleichnamsspiels unter anderem folgende Leistungen auf:

> Item uff den hergot dag [...] 3 band gemacht um das hergot crütz und angeschlagen, kost 8 ß. Item mer [...] rerle [Röhrchen] zu dem bluot und stengle zu dem zedel und 2 kleben darzu gemacht, kost

---

21 Nach der lateinischen *Annalenhandschrift des Bautzener Domstifts* veröffentlicht in: Bautzener Geschichtsblätter 1 (1909), S. 10 (N 50).

22 Kindermann, *Theatergeschichte*, Bd. 1 [Anm. 1], S. 273 ff.

16 d. Item mer 2 neu herrgotnägel und 2 schließen dar zu und 2 zu dem kreutz, do der hergot ufstot, kost 7 ß. Item mer 2 ring und stift gemacht zu deß hergot leytter, kost 2 ß. Item mehr für 4 maß bluot und fir den zapfen 4 ß.[23]

Selbst aus den Wunden des Gekreuzigten mußte also über ein System unsichtbarer Röhrchen Blut – vermutlich Ochsenblut – rinnen, von dem man, damit der Vorrat für die gesamte Spieldauer reichte, gleich *4 maß* bereitstellte.

In dieser nach heutigem Empfinden geradezu grotesk anmutenden Detailtreue deutet sich bereits eine weitere Tendenz der Spätzeit des religiösen Theaters an, die man als Zentralisierung des Marginalen und als Marginalisierung des Zentralen bezeichnen könnte. Mit anderen Worten, die Organisatoren und Ausstatter der Spiele verloren sich zuweilen so in Einzelheiten, daß irgendwelche Nebensächlichkeiten oft sehr viel stärker ins Blickfeld rückten als das, worauf es theologisch eigentlich ankam. Ein gutes Beispiel hierfür ist der große Fronleichnamsumgang in Bozen, der sich als prunkvolle Figuralprozession mit ausgedehnten Spielteilen vollzog und in dem seit dem 15. Jahrhundert eine ganz bestimmte Szene immer mehr zur Hauptattraktion wurde: der Kampf des Ritters Georg mit dem Drachen, der die heilige Margaretha bedroht.[24] Fast jährlich tauchen in den Kirchenrechnungen erhebliche Summen für die Instandsetzung des Lindwurms auf, eines Ungetüms, das von zahlreichen Trägern bewegt wurde, das beim Vorbeitransport bis ins erste Stockwerk der Häuser hinaufragte und dessentwegen man vereinzelt sogar Gebäudevorsprünge und Erker beseitigen mußte, damit es die engen Straßen passieren konnte. Fast alles drehte sich um den Drachen, und selbst die Generalprobe des Drachenstichs, die am Vortag von

23 Zit. nach: Wolfgang F. Michael, *Die Anfänge des Theaters zu Freiburg im Breisgau*, in: Zeitschrift des Freiburger Geschichtsvereins 45 (1934), S. 76 f. (N 1658).

24 Anton Dörrer, *Tiroler Umgangsspiele. Ordnungen und Sprechtexte der Bozener Fronleichnamsspiele und verwandter Figuralprozessionen vom Ausgang des Mittelalters bis zum Abstieg des Aufgeklärten Absolutismus*, Innsbruck 1957 (Schlern-Schriften 160), S. 160 ff.

Fronleichnam auf der Schießhütte stattfand, lockte zahlreiche Schaulustige an.[25] Angesichts dieser Schwerpunktverlagerung ist es leicht vorstellbar, daß dann bei der Prozession selber die Teilnehmer und Zuschauer viel weniger auf die Ankunft des Sakraments als auf das Erscheinen des ›Wurms‹ warteten.

Parallel zu der eben am Fall Bozen geschilderten wachsenden Entfernung vieler Spiele von ihrem ursprünglichen religiösen Kern vollzog sich in der Spätphase der Tradition des liturgischen Dramas ein genereller Profanierungsprozeß, der für heutige Begriffe mitunter fast blasphemische Züge trug. Daß sich etwa in vielen Orten nach der Prozession am Palmsonntag um den hölzernen Christus auf dem Palmesel der wildeste Schabernack entwickelte, indem die Kinder aufsitzen und mitreiten durften oder das Eselsgefährt einfach zum allgemeinen Gaudium kreuz und quer herumgefahren wurde, galt noch als vergleichsweise harmlos und störte offenbar niemanden.[26] Anstoß erregten erst deutlich gröbere Entgleisungen. So erhielt zum Beispiel in Nördlingen 1495 ein Mitwirkender an der Fronleichnamsprozession wegen seines ignoranten Verhaltens eine Strafe. Das Urfehdebuch der Stadt dokumentiert das Vorkommnis wie folgt: *Sixt Wiedemann [...] ist verordnet [eingeteilt] gewesn, an verganngen Corporis [Christi] in die proceß sant Peter zu sein. Der kartet [spielte Karten] in der proceß.*[27] Ein kartenspielender Petrusdarsteller während der Prozession – solche Unverfrorenheit ging den Verantwortlichen dann offenbar doch etwas zu weit. Bis zu welchem Grad genau allerdings Normverletzungen im religiösen Spiel noch als tolerabel betrachtet wurden und ab welcher Schmerzgrenze die geistliche oder weltliche Obrigkeit Anlaß zum Einschreiten zu haben glaubte, änderte sich nicht nur von Generation zu Generation, sondern variierte zudem von Ort zu Ort. Die

---

25 S. etwa *Bozener Kirchenrechnung 1549/50* (Pfarrarchiv Bozen), p. 301 (N 965).

26 Jakob Zeidler, *Das Wiener Schauspiel im Mittelalter*, Wien 1903 (Geschichte der Stadt Wien 3), S. 88 f.; Alois Mitterwieser, *Der Palmesel und die Palmprozession in Bayern*, in: Bayerischer Heimatschutz 30 (1934), S. 67 ff.

27 *Nördlinger Urfehdebuch 1490-1508* (Stadtarchiv Nördlingen), hier: ad 1495, fol. 50r (N 2329).

jeweiligen Beurteilungsmaßstäbe waren ebensowenig eine fixe Größe wie die Spiele selbst.

In der Tradition des liturgischen Dramas von seinen Anfängen um die Jahrtausendwende bis zu seiner Blüte am Vorabend der Neuzeit kamen also fraglos wesentlich mehr dynamische als statische Kräfte zum Tragen. Die fortschreitende Aufschwellung der Stoffe, die stetige Steigerung des Aufwands und die immer stärkere Verlagerung des Augenmerks aller Beteiligten von der inneren theologischen Stimmigkeit auf den äußeren theatertechnischen Effekt kennzeichnen den Überlieferungsprozeß ebenso wie die ab etwa 1450 sich häufenden, wenig bibelkonformen Verselbständigungstendenzen bestimmter pittoresker Handlungselemente oder die oft kühne Hinwegsetzung der Akteure über klerikale Regieanweisungen und Spielordnungen. Geistliche und weltliche Obrigkeiten hatten mit dieser wachsenden Autonomie der Spiele im Spätmittelalter nicht selten massive Probleme. Gerade daran zeigt sich jedoch, daß die Bevölkerung das religiöse Theater keineswegs als etwas von oben Oktroyiertes und passiv Hinzunehmendes empfand, sondern als ein allgemein akzeptiertes und aktiv auszugestaltendes Brauchmuster.

3.2. Diffusion

Parallel zur Tradition, der Überlieferung eines Kulturguts über die Zeit hinweg, vollzieht sich notwendigerweise seine Diffusion, die *Verbreitung im geographischen und im sozialen Raum*. Ihren geographischen Ausgang nahmen die geistlichen Spiele bekanntlich von den klösterlichen Zentren und den städtischen Kathedralen des Hochmittelalters. Dabei ergibt das Mosaik der Belege ein interessantes Bild. Die frühen Nachweise für eine szenische Ausgestaltung des Ostertropus und damit für den Beginn des liturgischen Dramas lassen sich nämlich nicht etwa auf eine bestimmte Ursprungsregion eingrenzen, von der aus sie dann nach und nach immer weitere Kreise ziehen, sondern die *visitatio sepulcri* wird an den verschiedensten Stellen Europas nahezu gleichzeitig greifbar und präsentiert sich obendrein in einer bereits weitgehend einheitlichen Form.[28] Ausschlaggebend hierfür war neben der zentraldirigistischen Innovationskraft der römischen Kirche[29] vor allem auch der rege wissenschaftliche Austausch unter den Klöstern, durch den sich Ideen, Denkmodelle und bildhafte Vorstellungen in Windeseile verbreiteten, was uns nicht zuletzt zeit-räumliche Motivvergleiche in der christlichen Ikonographie eindrucksvoll bestätigen. So folgte etwa selbst der Figurenschmuck der Initialen in den illuminierten Psalterhandschriften des Mittelalters europaweit annähernd den gleichen Mustern.[30] Es braucht daher nicht zu verwundern, wenn für die Grundformen des geistlichen Schauspiels Entsprechendes gilt.

Im zweiten Stadium der flächendeckenden Etablierung der Spielkultur, dessen Beginn wir ungefähr zwischen dem 13. und 14. Jahrhundert anzusetzen haben, profilierten sich immer mehr die Städte als Brennpunkte spektakulärer liturgischer Inszenierungen, während die stilbildende Breitenwirkung der Klöster eher verblaßte. Die Gründe für diese Akzentverschiebung, die in der damals enorm zunehmenden politischen, wirtschaftlichen und kulturellen Bedeutung der Institution Stadt liegen, brauchen hier nicht eigens im Detail dargestellt zu werden. Bleibt also lediglich noch die dritte und letzte Phase im geographischen Diffusionsprozeß des religiösen Theaters zu erwähnen, nämlich seine Durchsetzung in ländlichen Gebieten, die etwa ab der zweiten Hälfte des 15. Jahrhunderts begann. Als wichtiges Verbindungsglied zwischen Stadt und Land dürfte dabei wohl das Prozessionswesen gedient haben; denn städtische Prozessionen, Fronleichnam ausgenommen, bewegten sich in Form von Flurumgängen und Wallfahrten regelmäßig auch außerhalb der Stadtmauern durch die freie

28 Kindermann: *Theatergeschichte*, Bd. 1 [Anm. 1], S. 226 ff.

29 Zum Begriff des Zentraldirigismus im Prozeß der Kulturvermittlung siehe wiederum: Sigurd Erixon, *Zentralgeleitete und volkstümliche Baukultur*, in: *Festschrift Will-Erich Peuckert*, Berlin 1955, S. 79 ff.

30 Günther Haseloff, *Die Psalterillustration im 13. Jahrhundert. Studien zur Geschichte der Buchmalerei in England, Frankreich und den Niederlanden*, Kiel 1938.

Landschaft; und so lag es nahe, daß die Pfarrer auf den Dörfern, angeregt durch jene großen Vorbilder, in ihrem sehr viel bescheideneren Umfeld ebenfalls kleine Prozessionen mit figuralen Elementen initiierten, was tatsächlich Erfolg hatte. Damit war das geistliche Schauspiel am Vorabend der Neuzeit ein quasi omnipräsentes Phänomen geworden.

Nun führte jede Stufe der Diffusion des liturgischen Dramas im geographischen Raum zwangsläufig auch zur Einbeziehung immer neuer sozialer Ebenen – ein Vorgang, dessen Analyse im Grunde noch wesentlich interessanter ist als die Rekonstruktion der Streuung und Dichte der Spielorte oder der flächenmäßigen Ausdehnung der Spielgebiete auf der Landkarte. Die wichtigsten Etappen der Diffusion des religiösen Theaters im sozialen Raum lassen sich auf folgenden Dreischritt reduzieren: solange die Spiele ausschließlich in Klöstern und Kathedralen stattfanden, blieben sie eine reine Angelegenheit der Kleriker; als sie den Kirchenraum verließen, auf Straßen und Marktplätze zogen und sich zu städtischen Großveranstaltungen entwickelten, wurden sie überwiegend zur Sache der Bürger, und als sie vollends auf die dörfliche Lebenswelt ausgriffen, kamen sogar noch die Bauern hinzu.

Von bäuerlichen Akteuren haben wir, um bei der letzten Ebene zu beginnen, bereits in unserem eingangs zitierten Eulenspiegel-Schwank gehört. Aber auch andere Quellen berichten über die mehr oder minder erfolgreichen Bemühungen eifriger Dorfgeistlicher, mit der einfachen Landbevölkerung liturgische Spiele zuwege zu bringen. In die Zeit um 1510 etwa gehört eine durch die *Chronik der Grafen von Zimmern* überlieferte Anekdote, an deren Historizität trotz aller Schwankhaftigkeit kaum Zweifel bestehen. Sie handelt im oberschwäbischen Kreenhainstetten, später übrigens bekanntgeworden als Geburtsort des Barockpredigers Abraham a Sancta Clara, und dreht sich um ein dort vermutlich bis 1516 tätigen Pfarrer namens Melchior Leichtenhändle und dessen Mesner. Von Leichtenhändle, so der Chronist, wußten sich die Leute noch nach Jahren zu erzählen,

> wie er [...] zu Hainstetten ain Osterspill hab halten wollen und die historia des palmtags, wie der herr Christus uf aim esel zu Jherusalem ingeritten, spielen, und namlich so hab er sein mesner uf ain mülleresel gesetzt, im ain langen rock angelegt; dem seien zwelf bauren nachgefolgt, wie die zwelf jünger; er aber, der pfaff, seie bei der kirchen mit den überigen bauren, auch jungen und alten gestanden, hab in mit dem gewonnlichen gesang entpfangen. Do hab ainer under dem haufen, der dem mesner sonst feindt gewesen, ain palmenast dem mesner uf ain aug geschossen, dardurch der mesner erzürnt, ab dem esel gefallen, darvon geloffen und gesagt, der teufel soll iren Hergot sein.[31]

Auf hinterhältige Art wurde hier also die von der Regie verlangte Huldigungsgeste des Blumen- und Grünzeugstreuens, im Volksmund ›Palmenschießen‹ genannt, von einem Akteur dazu genutzt, mit dem Christusdarsteller eine persönliche Rechnung zu begleichen. Derlei grobe Entgleisungen bei bäuerlichen Aufführungen scheinen eher die Regel als die Ausnahme gewesen zu sein, wobei es offensichtlich auch nichts half, daß die Pfarrer ihre Schäflein persönlich anleiteten.

Etwas kultivierter zwar, aber keineswegs immer mit der kirchlich gebotenen Ehrfurcht, ging es in den Städten bei den Figuralprozessionen und religiösen Spielen zu, die hauptsächlich von den Zünften getragen wurden. Besonders interessant ist hier, wie sich die einzelnen Berufsgruppen mit Vorliebe solcher Szenen und Motive annahmen, die in möglichst enger Beziehung zu ihrer realen Tätigkeit standen. So veranschaulichten etwa im großen Fronleichnamsumgang von Bozen die Kürschner den fellumgürteten Johannes den Täufer, die Säckler und Krämer die Judenschule, die Binder den an den Händen gebundenen Jesus auf dem Kreuzweg, die Weinbauern ihren Patron, Sankt Urban, die Bader und Barbiere dementsprechend die Heiligen Cosmas und Damian und so weiter.[32] Die Reihe ließe sich mit dutzenden ähnlicher Beispiele aus an-

31 *Die Chronik der Grafen von Zimmern. Handschriften 580 u. 581 der Fürstlich Fürstenbergischen Hofbibliothek Donaueschingen,* hg. v. Hansmartin Decker-Hauff, Bd. 2, Sigmaringen ³1981, S. 234.

32 Dörrer [Anm. 24], S. 159 f.

deren Städten fortsetzen. Jede Zunft hatte also traditionell ihren ganz bestimmten Part im Spielgeschehen, dessen gute Erfüllung Ehrensache war; und nicht selten scheinen die Darsteller herausragender Figuren mit ihrer Rolle sogar im Alltag identifiziert worden zu sein. Aus Freiberg in Sachsen zum Beispiel wissen wir, daß man dort spätestens ab 1516 einen gewissen Lorenz Richter in der Öffentlichkeit nur noch *den himmlischen Vater genennet*, weil er in dem nur alle sieben Jahre an Pfingsten aufgeführten Freiberger Passionsspiel wiederholt und offenbar jedesmal mit nachhaltigem Erfolg *die Person Gottes des Vaters agiret.*[33]

Obwohl das religiöse Drama gegen Ende des Mittelalters weitgehend in der Hand von Laien lag, hatten sich die Kleriker keineswegs völlig aus der liturgischen Spieltradition zurückgezogen. Nach wie vor führten sie gerne Regie oder versuchten dies zumindest; und vereinzelt ließen sie es sich auch noch zu Beginn des 16. Jahrhunderts nicht nehmen, in zentralen Szenen, die ihrer Ansicht nach eine besondere Würde verlangten, selbst mitzuwirken. So merkte etwa der Chronist Johannes Oldecop in seiner Beschreibung des großen Hildesheimer Passionsspiels von 1517 zum dortigen Auftritt Jesu im Kreise der Jünger eigens an: *dat weren alle presters und mit swarten caselen geklediget.*[34] Die Angehörigen des Klerus zeigten also bis in die Spätzeit durchaus noch großes Interesse am geistlichen Spiel und hatten trotz der ›Verbürgerlichung‹ seiner Trägerschaft auch keine Berührungsängste, sich weiterhin darin zu engagieren.

Was die Spezifik der Geschlechterrollen im liturgischen Drama des Mittelalters angeht, so war die aktive Mitwirkung an den Aufführungen ein rundes halbes Jahrtausend lang reine Männersache. Frauenrollen anders als mit männlichen

---

33 Andreas Möller, *Theatri Freibergensis Chronici Pars Posterior. Beschreibung der alten löblichen BergkHauptStadt Freyberg in Meissen ander Buch, darinnen ordentliche Annales und Jahrverzeichnisse [....]*, Freiberg (bei Georg Beuther) 1653, S. 222 (N 1556).

34 *Chronik des Johan Oldecop*, hg. v. Karl Euling, Tübingen 1891, S. 52 (N 1949).

Darstellern zu besetzen, schien vor 1500 praktisch unvorstellbar.[35] Allerdings wurden mit dem Fortschreiten des nominalistischen Stils und dem wachsenden Bedürfnis nach möglichst naturalistischer Gestaltung des Spielgeschehens ungefähr ab der zweiten Hälfte des 15. Jahrhunderts weibliche Figuren zunehmend von jungen Knaben verkörpert, weil diese durch Stimme und Erscheinung dem femininen Wesen immerhin etwas näherkamen. In den Anfangsjahren des 16. Jahrhunderts begegnen dann hie und da die frühesten wirklich weiblichen Darstellerinnen. 1503 wurde beispielsweise in Sterzing die Rolle der Mutter Gottes erstmals von einem Mädchen übernommen, und wenig später durften in Bozen sogar mehrere Bürgerstöchter gleichzeitig am großen Umgang mitwirken.[36]

Dennoch bildeten Auftritte von Frauen in der deutschsprachigen Theaterlandschaft der beginnenden Neuzeit insgesamt wohl eher die Ausnahme oder galten jedenfalls als etwas so Ungewöhnliches, daß sich der von Männern dominierte sogenannte Volkshumor prompt mit allerlei plumpen Witzeleien und derben Anzüglichkeiten darüber ausließ. Der Eulenspiegel-Schwank über die Verunglimpfung der Engelsdarstellerin beim österlichen *Quem quaeritis* als einäugige, alte Pfaffenhure scheint fast noch harmlos, vergleicht man damit eine Stelle aus den ab 1508 erschienenen *Facetien* von Heinrich Bebel, an der dieser über ein angeblich einmal in Tübingen aufgeführtes, verunglücktes Passionsspiel erzählt. Als dort dem am Kreuz hängenden Christus das liebreizende Mädchen unter die Augen getreten sei, das die Maria Magdalena verkörperte, habe der nur mit einem Lendenschurz bekleidete Hauptakteur für jedermann sichtbar eine starke Erektion bekommen – *coepit ei virga virilis erigi videntibus circumstantibus omnibus*.[37] Was wir hier

35 Eine Ausnahme bildeten hier lediglich die Nonnenklöster, in denen, soweit sie geistliche Spiele pflegten, das umgekehrte Prinzip galt: sämtliche Rollen, auch von Männern, wurden ausschließlich von Frauen verkörpert.

36 Kindermann, *Theatergeschichte*, Bd. 1 [Anm. 1], S. 280.

37 »Sein Glied begann sich aufzurichten, so daß alle Umstehenden es sahen«: Bebel [Anm. 12], S. 93. – Dazu auch Leopold Schmidt, *Das deutsche Volksschauspiel in zeitgenössischen Zeugnissen vom Humanismus bis zur Gegenwart*,

bei Bebel grotesk ausgemalt finden, wurde von so manchen Sittenwächtern und Moralaposteln des 15. und 16. Jahrhunderts tatsächlich als zentrales Argument gegen die Zulassung von Frauen zum religiösen Spiel vorgebracht: die zwangsläufige Weckung fleischlicher Begierden durch die Vertreterinnen des weiblichen Geschlechts und ihre seit Evas Sündenfall biblisch erwiesene Funktion als Verführerinnen zum Bösen und als bevorzugte Werkzeuge des Teufels.[38]

Durch die Teilnahme vor allem junger, sexuell attraktiver Mädchen könnten, so schützte man vor, liturgische Spielhandlungen oder Prozessionen leicht entwürdigt oder gar entweiht werden; und man hatte auch gleich einschlägige Beispiele parat. Halb hämisch, halb entrüstet berichtet eines davon der Verfasser der Zimmerischen Chronik: im schwäbischen Meßkirch sei es bis 1508 üblich gewesen, sowohl bei der Öschprozession an Christi Himmelfahrt als auch bei der Stadtprozession an Fronleichnam unmittelbar vor dem Sakrament die Jungfrauen gehen zu lassen. Im besagten Jahr jedoch hätten wenige Wochen nach Himmelfahrt zwei dieser angeblich unschuldigen Geschöpfe je ein uneheliches Kind zur Welt gebracht. Wer die Väter gewesen seien, brauche – bezeichnend für die Denkweise der Zeit – niemanden zu interessieren; festzuhalten bleibe nur der Beschluß der verärgerten Obrigkeit, *daz [...] hinfüro weder auf den uffart oder auch den herrn fornleichnams dag zu ewigen zeiten die jungfrawen nimmer mehr dem sacrament solten vorgeen.* Statt dessen habe man sogleich etliche Prozessionsstangen schnitzen lassen, die seither *von den furnembsten hantwerkern mit brinnenden kerzen, Gott zu lob und eren, in der prozession werden vorgetragen.*[39] – Die an der Wende von 15. zum 16. Jahrhundert anscheinend greifbar

Berlin 1954 (Deutsche Akademie der Wissenschaften zu Berlin. Veröffentlichungen des Instituts für deutsche Volkskunde 7), S. 28.

38 Zur philosophisch-theologischen Einschätzung der Frau im Mittelalter seit Thomas von Aquin siehe: Isnard W. Frank, *Femina est mas occasionatus. Deutung und Folgerungen bei Thomas von Aquin;* in: Peter Segel (Hg.), *Der Hexenhammer. Entstehung und Umfeld des Malleus maleficarum von 1487*, Köln und Wien 1988 (Bayreuther historische Kolloquien 2), S. 71 ff.

39 *Die Chronik der Grafen von Zimmern* [Anm. 31], S. 46 f.

nahe Emanzipation der Frauen im liturgischen Spiel kam also über ein paar zaghafte Ansätze doch nicht hinaus. Ja der geringste Anlaß genügte, um der da und dort sich anbahnenden progressiven Entwicklung ein jähes Ende zu bereiten. Vorkommnisse voll persönlicher Tragik wie in Meßkirch, von selbstgerechten Voyeuren sofort begierig aufgegriffen und zum öffentlichen Skandal emporstilisiert, waren zudem eine willkommene Argumentationshilfe für all jene Spielorte, die den Einbezug weiblicher Mitwirkender ohnedies nie erwogen hatten.

So rigide abgeschottet, chauvinistisch erhaben und desintegrativ sich das liturgische Drama als traditionelle Männerdomäne gegenüber Frauen zeigte, so groß war seine Integrationskraft andererseits über soziale Schranken und Schichtgrenzen hinweg. Wer nämlich angesichts des scheinbar allgegenwärtigen Ordogedankens die Vorstellung von einer klaren Standesspezifik mittelalterlicher Kulturformen hat, der wird durch das geistliche Schauspiel eines anderen belehrt. An ihm beteiligten sich die unterschiedlichsten Bevölkerungsgruppen: literati und illiterati, Kleriker und Laien, Stadtbürger vom reichsten Patrizier bis zum ärmsten Handwerker, und Landbewohner vom adeligen Grundherren bis zum schlichten Bauern. In Luzern etwa wurde 1470 zur Organisation des dortigen Passionsspiels eigens eine Bruderschaft gegründet, die von 1492 bis 1502 rund 400 Mitglieder zählte und der Vertreter sämtlicher Schichten der Einwohnerschaft angehörten, angefangen beim führenden Staatsmann und endend beim einfachsten Bürger. Um eine der 300 Rollen, die das mehrtägige Spektakel mit der Zeit angenommen hatte, konnte sich jeder Luzerner männlichen Geschlechts bewerben.[40]

Trotz der Zusammenwirkung so vieler Menschen unterschiedlichster Herkunft diente das religiöse Theater des Spät-

40 Hans-Friedrich Rosenfeld und Hellmut Rosenfeld, *Deutsche Kultur im Spätmittelalter 1250-1500*, Wiesbaden 1978 (Handbuch der Kulturgeschichte, begr. v. Heinz Kindermann, neu hg. v. Eugen Thurner, 1. Abt.: Zeitalter deutscher Kultur), S. 170.

mittelalters jedoch keineswegs etwa als ein Vehikel sozialer Gleichmacherei. Vielmehr blieb sich jeder Beteiligte seines gesellschaftlichen Standorts auch – und gerade – während des Spiels sehr wohl bewußt. Dennoch waren die liturgischen Inszenierungen in ihrer Ganzheit am Ende doch eine gemeinsame Kulturleistung von Angehörigen verschiedenster Stände. Wir haben die geistlichen Spiele somit als Produkte einer Volkskultur zu sehen, die sich im umfassenden Sinne des englischen ›popular culture‹ versteht: weder als Angelegenheit kleiner Eliten noch als Sache der breiten Unterschichten, sondern als wirkliches Gemeingut nahezu aller Kräfte des gesellschaftlichen Lebens, als Form der Jedermann-Kultur sozusagen.[41] Im liturgischen Drama des ausgehenden Mittelalters wie auch in seinem Umfeld konkretisierte sich ein Stück ständeübergreifender Geselligkeit; und das ›Ferment‹ dieser Geselligkeit war, um ein Sprachbild von Ludwig Andreas Veit aufzugreifen, der gemeinsame Glaube.[42]

Um so radikaler ausgegrenzt blieben daher die Nichtchristen. In Frankfurt am Main lautete beispielsweise eine Bestimmung des Bürgermeisterbuchs zum sicheren Ablauf des Weltgerichtspiels von 1469: *Item die judden sollen dis spiel in ihren husern bliben und yne eynen gonnen, der sie besließe.*[43]

41 Vgl. dazu: Norbert Schindler, *Spuren in die Geschichte einer ›anderen‹ historischen Zivilisation. Probleme und Perspektiven einer historischen Volkskulturforschung*, in: Richard van Dülmen und Norbert Schindler (Hg.), *Volkskultur. Zur Wiederentdeckung des vergessenen Alltags (16.-20. Jahrhundert)*, Frankfurt/Main 1984, S. 23 f., 53 ff. u. 74 ff. – Ferner: Gerhard Jaritz, *Bildquellen zur mittelalterlichen Volksfrömmigkeit*, in: *Volksreligion* [Anm. 13], S. 206.

42 Ludwig Andreas Veit, *Volksfrommes Brauchtum und Kirche im deutschen Mittelalter. Ein Durchblick*, Freiburg/Br. 1936, S. 116.

43 »Die Juden sollen während dieses Spiels in ihren Häusern bleiben und es soll einer [ein Stadtknecht] zu ihnen abgeordnet werden, der sie [d. h. das Tor zur Judengasse] verschlossen hält [um sie vor Übergriffen zu schützen]«: *Bürgermeisterbuch Frankfurt* (Stadtarchiv Frankfurt/Main) 1468/69 (ad 1469), fol. 69v (N 1500).

3.3. Kommunikation

In allen Phasen seiner Tradition, der Überlieferung durch die Zeit, wie auch in sämtlichen Stadien seiner Diffusion, der Verbreitung im geographischen und sozialen Raum, diente das liturgische Drama stets in erster Linie als Medium der Kommunikation, der *Vermittlung* von Botschaften zwischen Menschen. Dabei dürfen wir allerdings weder von einer Eindeutigkeit der jeweils kommunizierten Inhalte noch von einem einheitlich geschlossenen Verständnishorizont der Beteiligten ausgehen. Vielmehr bietet sich uns ein höchst diffuses Bild der Wirkungszusammenhänge und -mechanismen; denn zwischen dem, was seitens der Kirche mit dem religiösen Theater beabsichtigt war, und dem, was die Akteure für sich selbst und für ihr Publikum daraus machten, gab es erhebliche Diskrepanzen. Mit anderen Worten: sakraler Anspruch und profane Wirklichkeit lagen oft weit auseinander. Gerade diese Nichtübereinstimmung von Schein und Sein aber verleiht dem geistlichen Schauspiel als Untersuchungsgegenstand im Rahmen der historischen Kulturanalyse seinen besonderen Reiz.

Das Idealziel, das die Kirche mit dem liturgischen Drama verfolgte, war es, die zentralen Inhalte der christlichen Lehre für jedermann sinnlich erfahrbar werden zu lassen und die Gläubigen nicht nur durch passives Schauen zu vertiefter Frömmigkeit anzuleiten, sondern sie vor allem auch durch aktives Mittun zu ganz persönlichen Erlebnissen der *compassio* zu führen.[44] In der Theorie klingt dieses Konzept einer lebensnahen Katechese durch spielerischen Nachvollzug im Grunde bis heute überzeugend. In der Praxis sahen die Dinge allerdings anders aus, zumal die Entwicklung des religiösen Theaters im ausgehenden Mittelalter immer stürmischer und unkontrollierbarer voranschritt. Gegen Ende des 15. Jahrhunderts wurden denn auch vermehrt Klagen besorgter

44 Zum *compassio*-Gedanken siehe: Kindermann, *Das Theaterpublikum* [Anm. 6], S. 33 ff.

Theologen laut, daß die geistlichen Spiele, die von ihren Urhebern einst aus Andacht – *ob devotionem* – ins Leben gerufen worden seien, mittlerweile ein Stadium erreicht hätten, in dem sie das genaue Gegenteil ihrer ursprünglichen Idee bezweckten und nur noch zur Unandacht – *ad indevotionem* – verleiteten.[45]

Anlässe für solche Kritik gab es aus kirchlicher Sicht tatsächlich zuhauf, was die Akteure aus dem Laienstand freilich nicht hinderte, die Spiele erst recht selbst in die Hand zu nehmen und sie nach eigenem Gutdünken weiterzugestalten. Besonders der alte *compassio*-Gedanke hatte statt zu kontemplativer Verinnerlichung zu einem Maß an Emotionalisierung geführt, das nicht nur die Grenze zwischen Mitwirkenden und Zuschauern verschwimmen ließ, sondern zumindest zeitenweise auch die Trennung zwischen Spielrealität und Alltagswirklichkeit aufzuheben schien. So kam es immer wieder zu spontanen Eingriffen des Publikums ins gespielte Geschehen, wenn etwa allzu realistisch dargestellte Marterszenen bei einzelnen Betrachtern derartige Empörung hervorriefen, daß diese nicht mehr an sich halten konnten, dem Gemarterten zu Hilfe eilten und ihrerseits gewaltsam gegen seine Peiniger einschritten.[46] In Straßburg wurde anläßlich des Passionsspiels von 1488 zur Verhinderung solcher Einmischungen der Zuschauer in den geplanten Ablauf eigens dekretiert,

> das nyemans, er sy geistlich oder weltlich, man oder frowe, alt oder junge, uff das gerüste, daruff man die spile machet, kommen sol, dann allein die zum spile gehörent und darzu geordent sint. Und dieselben och ungeirret lossen, sonder menglich sol stille swigen und zuhtiglich zusehen und dehein unzuhte geschrey oder unfure machen [...].[47]

Aber nicht nur Eingriffe der Zuschauer ins Spiel, sondern auch Ausgriffe der Spieler aufs Publikum waren keine Seltenheit. Vor allem die Teufelsdarsteller holten sich ihre Opfer mit Vorliebe aus den Unbeteiligten auf den Tribünen oder am Straßen-

---

45 Veit [Anm. 42], S. 111 ff.

46 Kindermann, *Das Theaterpublikum*, [Anm. 6], S. 41.

47 *Mandate und Ordnungen der Stadt Straßburg* (Archives et Bibliothéque de la ville de Strasbourg), Bd. 2 (R 2), fol. 119r (N 2650).

rand, was von der theologischen Idee her höchste Betroffenheit auslösen sollte, in der Praxis aber doch wohl eher für Klamauk und Gaudium sorgte. Zuweilen nahmen die Teufel und Dämonen unter Ausnutzung ihres Rollenklischees auch eine Art offizieller Polizeifunktion zur Sicherstellung der Publikumsdisziplin wahr. Dies wird deutlich in der seit 1501 gültigen Fassung des Alsfelder Passionsspiels, wo an die Adresse eventuell unbotmäßiger Zuschauer folgende Warnung ergeht:

> Ir lieben mentschen alle,
> swiget nu und lat uwer kallen [lautes Schwatzen]!
> ich wyl uch vorkundigen eyn gebott,
> das der her schultheys thut:
> wer da betredden [angetroffen] wirt in dissem kreyß,
> er sij Heyncz adder Concz adder wie er heyß,
> der do nit gehoret in dit spel
> (vor war ich uch das sagen wel!)
> der muß syn buße groiplich [in derber Weise] entphan:
> mit den tufeln muß er yn die helle gan![48]

Wie anfällig die Theater- und Prozessionsteufel übrigens dafür waren, bei ihren Aktionen den Bogen auch zu überspannen und anzüglich, beleidigend oder aggressiv – vor allem Frauen gegenüber – zu werden, wissen wir wiederum aus Nördlingen. Dort war die Verkörperung der Teufel in der Fronleichnamsprozession traditionell ein Privileg der Gerber. Den ersten Zwischenfall meldet das Urfehdebuch der Stadt im Jahr 1502:

> Leonhart Nesselhauff, weiß gerwer, ist in der process, als man in den figuren unseres herrn leiden umb die statt gieng, in ains teufels gestalt geloffen und hat vor frowen und junkfrowen ettwas unloblich mit worten und geperden gehandelt. Darum hat in ain rat ain nacht in das loch legen und in söllich gefanknuß uff bett wider erlassen uff ain alt urfehd. Und im gesagt, sich hinfüro sölher ding zu massen und nit mer zu thun.[49]

---

48 *Alsfelder Passionsspiel*, V. 107 ff. Vollständige Textedition und Kommentar in: Richard Froning, *Das Drama des Mittelalters*, Stuttgart 1891-92, Neudruck Darmstadt 1964 (Deutsche National-Litteratur 14), S. 547 ff.

49 *Nördlinger Urfehdebuch 1490-1508* (Stadtarchiv Nördlingen), hier: ad 1502, fol. 123^{r} (N 2331).

Eine langanhaltende Wirkung zeigte die Strafe bei den Gerbern allerdings nicht, denn bereits 1507 findet sich im Urfehdebuch der nächste Eintrag über ein gravierendes Fehlverhalten eines Mitglieds der Teufelsgruppe:

> Daniel Frey, der ledrer, hat in dem verganngen umbganng teufels klaider angehept und getragen. Hat sich gegen den frowen bildern unwesenlich gehalten, ist an si gefallen und an in genollet wie ain hund und auff des pfarrers meurlin gestannden und gegen sein dienerin unzimliche wort gepraucht.[50]

Auch er wurde vorübergehend inhaftiert und mußte Besserung geloben; aber der Ärger der Nördlinger Obrigkeit mit den Fronleichnamsteufeln ging weiter. Gerade drei Jahre nach dem Fall Daniel Frey, anno 1510, provozierte der Ledererknecht Hanns Mayr einen neuerlichen Eklat, der noch schwerer wog als die beiden vorangegangenen, weil diesmal neben den Stadtbewohnern offenbar auch auswärtige Zuschauer ihr Mißfallen bekundeten. Das Vergehen als solches war einmal mehr dasselbe: wie schon die Bestraften von 1502 und 1507 hatte sich Hanns Mayr im Teufelskostüm ebenfalls *gegen den weibsbilden unganngklich [aggressiv] und annders, dann im gepurt hat*, benommen.[51]

Weit entfernt von den kirchlichen Idealvorstellungen, dienten die Spielrollen den Akteuren also gar nicht selten dazu, die engen Schranken ihres Alltags einmal zu durchbrechen, unterdrückten Gefühlen freien Lauf zu lassen und verdrängte Triebe mehr oder minder hemmungslos auszuleben. Daß hierfür eben die wilden Teufelsrollen den größten ›Spiel-Raum‹ boten, versteht sich von selbst. Nicht von ungefähr waren Schreckmasken und Dämonenkostüme aller Art unter den meist jugendlichen Mitwirkenden der geistlichen Spiele mit Abstand am beliebtesten, und ebenfalls nicht zufällig suchte man nach jeder Gelegenheit, diese Verkleidungen auch außerhalb des eigentlichen liturgischen Rahmens zur Geltung bringen und tragen zu dürfen.

---

50 Ebd. ad 1507, fol. 223^{v} (N 2332).

51 *Nördlinger Urfehdebuch 1509-1518* (Stadtarchiv Nördlingen), hier: ad 1510, fol. 40v (N 2333).

Den besten Vorwand hierfür lieferte die Fastnacht, die spätestens seit dem 15. Jahrhundert als kirchlich geduldete Inszenierung einer unheilvollen Welt verstanden wurde, einer *civitas diaboli* im Sinne Augustins sozusagen, die mit der *civitas Dei* der Fastenzeit in Konkurrenz lag.[52] In den tollen Tagen vor dem Aschermittwoch feierten die dämonischen Figuren des religiösen Theaters gewissermaßen verabsolutiert und abgekoppelt von den positiven Gestalten der Heilsgeschichte Jahr für Jahr fröhliche Urständ. Um das diabolisierte Narrenreich der Fastnacht effektvoll in Szene setzen zu können, wurden daher regelmäßig aus den Kirchen und Klöstern die Teufelskleider und -masken hervorgeholt – auch wenn der Klerus dies nicht unbedingt gern sah und zur Vermeidung von Unfug die Möglichkeiten der Doppelnutzung bestimmter Kostüme für liturgische *und* fastnächtliche Zwecke strikt begrenzt wissen wollte.

Aus Überlingen ist dazu ein schönes Beispiel überliefert. Ein ungefähr von 1496 stammender Ratserlaß der Reichsstadt am Bodensee besagt, daß dort ein im Besitz der Heiligenpflege der Pfarrkirche St. Nikolaus befindliches Teufelsgewand, das übers Jahr bei Prozessionen getragen wurde, auch für die profane Nutzung während der Fastnachtstage zur Disposition stand. Wörtlich heißt es zu den Modalitäten des Entleihens und der Rückgabe: *Vastnacht ordnung [...] Item ewer der ist, der das tewfel häs [Kleid] von sannt Niclaspfleger entlehnet hab oder das innhett den pflegern zugehörig, der soll inen das widerumb anntwurtten.* Und besonders interessant ist der Zusatz: *Wo aber ainer ein tewfelshäs vber sein eigen costen gemacht hatte, der mag desselb haben, doch das er gutwillig seye, das in den Crutzganng [für die Prozession] gott zu lob darlyhen.*[53] Offenbar wurde also auch umgekehrt erwartet, daß die von den Bürgern eigens für die Fastnacht angefertigten Teufelsgewänder das Jahr hindurch selbstverständlich für Prozes-

52 Ausführlich dazu: Werner Mezger, *Narrenidee und Fastnachtsbrauch. Studien zum Fortleben des Mittelalters in der europäischen Festkultur,* Konstanz 1991 (Konstanzer Bibliothek, Bd. 15), S. 467 ff.

53 *Überlinger Ratsprotokolle 1496-1518* (Stadtarchiv Überlingen), hier: ad 1499, p. 171 (N 2681).

sionen – ›Kreuzgänge‹ – zur Verfügung gestellt werden sollten. Diese engen Zusammenhänge zwischen klassischen Negativfiguren in geistlichen Spielen einerseits und fastnächtlichen Brauchgestalten andererseits sind übrigens nicht nur für das Verständnis der Entwicklungen des religiösen Theaters, sondern vor allem auch für die ideengeschichtliche Deutung der Fastnachtsfeier von höchstem Interesse.

Praktiziert wurde die partielle Osmose zwischen liturgischem Drama und fastnächtlichem Mummenschanz zweifellos in vielen Orten; nicht immer lief sie jedoch so reibungsfrei wie in Überlingen. Aus begründeter Sorge der Geistlichkeit vor allzu schlimmer Zweckentfremdung der religiösen Theaterkostüme durch übermütige Narren blieben die kirchlichen Requisitenkammern über die Fastnacht zuweilen auch fest verriegelt. Kaum ohne Grund dürfte 1541 in Sterzing der Schlosser Caspar Gehring ausgerechnet am 18. Januar, also unmittelbar vor der Fastnachtszeit, darangegangen sein, in der Pfarrkirche, *in dem gmach in dem thurn, darin die spil undt teufls claider behalten ligen*, ein neues Schloß anzubringen.[54] Wozu sich nämlich fastnachtsverrückte junge Burschen, die zugleich vom liturgischen Drama her spielbegeistert waren, im Extremfall hinreißen ließen, erfahren wir aus einem Freiburger Ratsprotokoll von 1566, das unter dem Stichwort »*Vaßnacht*« vermerkt: *Es ist erkhanndt [festgesetzt worden], die personen, so in den kleidern, die man im passion geprаucht, in mumeri [Mummerei] und butzenweise [verkleidet] dise vaßnacht geloffen seindt etc. gefenklich inzelegen und zustraffn.*[55] Liest man diesen Eintrag hellhörig, so wird rasch klar, daß die Verurteilten sich wohl nicht nur mit Teufels- und Dämonenkostümen aus dem kirchlichen Fundus bedient hatten, sondern daß ihnen für ihr Fastnachtstreiben offenbar auch andere Gewänder von dort, womöglich sogar die Herrgottskleider, gerade recht gekommen waren.

54 *Sterzinger Bürgermeisteramtsrechnung 1541* (Stadtarchiv Bozen, Dep. des Stadtarchivs Sterzing), fol. 16^{v} (N 2566).

55 *Freiburger Ratsprotokoll 1566* (Stadarchiv Freiburg i. Br.), Bd. 21, p. 332 (N 1613).

Die verschiedenen Elemente des geistlichen Schauspiels uferten also in der Spätzeit nach den seltsamsten Richtungen aus. Aber nicht nur außerhalb der liturgischen Anlässe wie eben in der Fastnacht häuften sich die Zweckentfremdungen von Requisiten und Versatzstücken, auch innerhalb der Spiele selbst war das Umkippen klassischer Szenen ins Groteske keine Seltenheit. Gerade weil die Beteiligten sich meist hochemotionalisiert ins Geschehen stürzten und dabei zwischen Spiel- und Alltagsrealität entweder wirklich nicht unterscheiden konnten oder dies zumindest nicht wollten, kam es mitunter zu den abenteuerlichsten Zuspitzungen. Besonders Situationen wie etwa die Verspottung Christi liefen ständig Gefahr, jeder Kontrolle der Regie zu entgleiten, weil der Spott der Schergen sich häufig weniger auf die Rolle des Dargestellten als auf die Person des Darstellers selbst bezog und dieser die Attacken auch tatsächlich persönlich nahm und dementsprechend reagierte. Von bis aufs Blut gereizten Christusmimen, die mitten auf dem Kreuzweg das Kreuz abstellten und ihren Mitspielern mit einer kräftigen Tracht Prügel drohten, ist in den Quellen mehrfach die Rede.[56] Mag es sich dabei vielleicht auch wieder nur um gut erfundene Anekdoten handeln – den Trend der Entwicklung markieren sie allemal.

Gerade unter dem kulturanalytischen Aspekt der Kommunikation wird also – weit mehr noch als durch die Zugänge über Tradition und Diffusion – deutlich, daß wir beim liturgischen Drama einem wahrhaft multifunktionalen Phänomen auf der Spur sind, mit dem sich für die vielen daran Beteiligten je nach ihrem gesellschaftlichen Standort und speziellen Blickwinkel offenbar die verschiedensten Erwartungen verbanden. Während die Kirche als ursprünglicher Initiator den Brauch des geistlichen Schauspiels zentraldirigistisch zu steuern bestrebt war, um Katechese zu betreiben, verwirklichten die Ausführenden das kirchliche Konzept zunehmend auf ihre Weise,

56 Etwa bei: Johannes Pauli, *Schimpf und Ernst*, hg. v. Johannes Bolte, 2. Teil: *Paulis Fortsetzer und Übersetzer/Erläuterungen,* Berlin 1924 (Alte Erzähler 2/2), S. 31 und S. 418 (N 3755). Siehe außerdem: Bebel [Anm. 12], S. 118 (N 3715).

um damit, wie wir gesehen haben, teils ganz andere Bedürfnisse zu befriedigen. Aus dieser permanent fortschreitenden Interessendiskrepanz zwischen klerikaler Vorgabe und profaner Umsetzung erwuchs schließlich jene Eigendynamik der Spiele, die zugleich ihre Faszination ausmachte. Ein von Hans Günter Wiegelmann entworfenes Modell zu eben der besagten Zweipoligkeit der Kräfte bei allen Versuchen zentraldirigistischer Lenkung von Kulturprozessen hat leicht abgewandelt auch fürs geistliche Schauspiel Geltung.[57] Das Spannungsverhältnis zwischen den beiden hauptsächlichen Prägefaktoren läßt sich nämlich als Kräfteparallelogramm darstellen: der eine Vektor bezeichnet die *Intentionen der Kirche (I/K)*, der andere die *Motivationen der Akteure (M/A)*. Richtung und Länge der Vektoren geben die jeweilige *Zielorientierung und Intensität von I/K und M/A* an; und der Winkel α, in dem beide Vektoren auseinanderstreben, veranschaulicht den *Divergenzgrad von I/K und M/A*. Ergänzt man nun die Figur zum Parallelogramm, so könnte die *Resultante aus I/K und M/A* in etwa den *realen Spielverlauf* andeuten: eine selbständige Größe, die sich weder mit *I/K* noch mit *I/A* deckt, aber die im Endeffekt doch das Ergebnis des widersprüchlichen Zusammenwirkens dieser beiden Kräfte ist.

Situation 1: Hochmittelalter Situation 2: Spätmittelalter

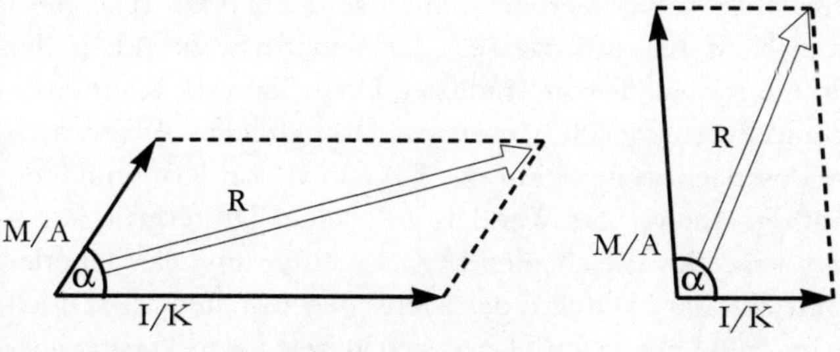

Modell: Steuerung und Eigendynamik des liturgischen Dramas im Mittelalter

57 Günter Wiegelmann, *Theorien und Methoden*, in: ders., Matthias Zender und Gerhard Heilfurth, *Volkskunde. Eine Einführung*, Berlin 1977 (Grundlagen der Germanistik 12), S. 45.

Modelle solcher und anderer Art könnten eine Hilfe sein, um über die komplizierten ideen- und sozialgeschichten Implikationen der Entwicklung des liturgischen Dramas noch genauere Aufschlüsse zu erhalten. Dabei muß man freilich wissen, daß ein Modell keinen Wert ›an sich‹ besitzt, sondern daß es lediglich dienende Funktion hat, indem es zur besseren Verständigung über bestimmte Probleme beiträgt, die Richtung erfolgversprechender methodischer Zugänge veranschaulicht und die Ortung eventueller Erkenntnisziele erleichtert. Vor allem sollte es, wenn am Ende eines Forschungsgangs sein Zweck erfüllt ist, prinzipiell aufhebbar sein.[58] Leider erlaubt uns der begrenzte Rahmen des vorliegenden Themenanrisses nicht, unter Anwendung derartig verfeinerter Intrumentarien der historischen Kulturanalyse nunmehr in die erforderlichen Detailstudien einzutreten.

Immerhin aber hoffen wir, auch mit diesen knappen Ausführungen schon ein paar Impulse für die Diskussion gegeben und vielleicht die eine oder andere Perspektive für künftige Forschungen aufgewiesen zu haben. Festzuhalten bleibt die grundlegende Einsicht, daß die verschiedenen Formen des liturgischen Dramas von Historikern, Philologen, Theaterwissenschaftlern oder Volkskundlern niemals isoliert und als statische Erscheinungen, sondern stets als komplexe und in sich höchst labile Gebilde zu betrachten sind: eben als Teile eines dynamischen Kulturprozesses, der sich fortwährend in der Dreidimensionalität von Tradition, Diffusion und Kommunikation weiterentwickelt. Unser wissenschaftliches Augenmerk sollte demnach weniger auf das Erkennen von Kontinuitäten als auf die Analyse des Wandels und seiner Hintergründe gerichtet sein. Die entscheidende Zielorientierung aller Überlegungen aber hat zweifellos den Menschen zu gelten, ist es doch primär deren Lebensgefühl, was sich im religiösen Theater ausdrückt. In den lang- und mittelfristigen Veränderungen der

58 Zur Anwendung von Modellen in der Kulturanalyse: Helge Gerndt, *Kultur als Forschungsfeld. Über volkskundliches Denken und Arbeiten*, München 1981, S. 196 ff.

geistlichen Spiele – und ganz besonders in jenen Verselbständigungen, die von der Kirche nicht gern gesehen wurden – begegnen uns nämlich wichtige Indikatoren für die Umbrüche in der Religiosität, im Denken, im Bewußtsein und in den Wertvorstellungen breiter Bevölkerungsschichten: Chiffren für die Unruhe im Weltbild der Vielen, die in der Vergangenheit namenlos geblieben sind und die doch weit mehr ›Geschichte gemacht‹ haben als die sogenannten Großen, denen allzulange das ausschließliche Interesse der Historiographen galt. Unter diesem Aspekt den verschlüsselten Botschaften der liturgischen Spielpraxis im Mittelalter weiter nachzugehen, ist eine lohnende Aufgabe.

FRIEDE UND RECHT

Gerd Althoff

Genugtuung (satisfactio)

Zur Eigenart gütlicher Konfliktbeilegung im Mittelalter

Das Bild, das sich die Moderne vom Mittelalter machte und immer noch macht, weist ausgesprochen ambivalente Züge auf. Einerseits dominieren in den Vorstellungen über das Mittelalter Attribute wie ›finster‹ oder ›eisern‹, mit denen eingeschränkte Denkhorizonte der mittelalterlichen Zeitgenossen und ihre Vorliebe für die Anwendung von Gewalt evoziert werden. Andererseits findet ›das‹ Mittelalter gerade in den letzten Jahrzehnten breites Interesse als das ›ganz andere‹ Zeitalter, das zugleich aber als ›ferner Spiegel‹ der Moderne überschaubare Verhältnisse, eine harmonische Ordnung zeigt, aus dem sich eklektizistisch Phänomene wie sakrale Kunst oder das Rittertum, Minnesangs Frühling oder die Architektur herausgreifen und in einer romantisch-heimeligen Mittelalterrenaissance der modernen Entfremdung entgegensetzen lassen.

Im folgenden Beitrag soll eine Annäherung an Rahmenbedingungen mittelalterlichen Lebens mittels des Themas ›Gewaltanwendung‹ versucht werden, ein Themenbereich, der bisher eher herhalten mußte, wenn es galt, eine Abwendung vom Mittelalter, ein Überlegenheitsgefühl zu rechtfertigen. Hier ist nun nicht das Gegenteil beabsichtigt, aber doch immerhin eine Korrektur verbreiteter Vorstellungen über die Bedingungen und Regeln, die auf dem Felde mittelalterlicher Gewaltanwendung herrschten und zu beachten waren. Eine Grundtatsache ist jedoch unstrittig: In der Tat war das Mittelalter eine Epoche, in der das Recht auf Anwendung von Waffengewalt zum adligen Leben wesensmäßig hinzugehörte, was zu einer endlosen Zahl von Fehden und Gewalttaten führte.

Das Gewaltmonopol des Staates ist eine Errungenschaft der Moderne, die sich erst in einem langen Prozeß durchsetzen ließ. Die Auseinandersetzungen dauerten in Teilen bis ins 20. Jahrhundert, wie ältere und neuere Forschungen über das Duell deutlich machen.

Die Sicht vom waffenklirrenden und fehdefreudigen Mittelalter ist keineswegs nur in populären Publikationen anzutreffen. Auch in der Forschung dominiert bis heute der Blick auf die bewaffneten Auseinandersetzungen, etwa in der unübersehbaren Literatur über das mittelalterliche Fehdewesen. Das Bild des mittelalterlichen ›Staates‹ wird nicht unwesentlich von seinen Defiziten her gezeichnet, unter ihnen das fehlende Gewaltmonopol. Folgenreich und wirkmächtig war und ist auf diesem Felde vor allem Otto Brunners Buch *Land und Herrschaft*, das die Eigenart mittelalterlicher Staatlichkeit nicht zuletzt durch die Darstellung des Fehdewesens beschrieb. In der Tat sind die Rahmenbedingungen mittelalterlichen Lebens und die Funktionsweisen von Herrschaft im Mittelalter nicht zu erfassen, wenn nicht die Konsequenzen und Erscheinungsformen des Rechtes auf Gewaltanwendung beschrieben werden. Dies haben Rechtshistoriker wie Historiker unter intensiver Beteiligung der Literaturhistoriker vor, mit und nach Brunner getan.

Dennoch ist das Bild, das sie zeichneten, unausgewogen. Man hat sich auf die Ursachen für bewaffnete Auseinandersetzungen, auf berechtigte und unberechtigte Fehdegründe, auf die Mittel der Fehdeführung, auf die Regeln der Austragung konzentriert. Ferner wurden die Versuche einer grundsätzlichen Eindämmung der Fehde stark beachtet, wie sie vor allem in der Gottes- und Landfriedensbewegung faßbar sind. Weniger beachtet, fast übersehen hat man dagegen die in allen Jahrhunderten des Mittelalters praktizierten Formen gütlicher Konfliktbeilegung, die vor und – was noch wichtiger ist – während der bewaffneten Auseinandersetzungen zu beobachten sind und für die es ebenfalls feste Regeln und einen festen Personenkreis gab, der sich für sie verantwortlich fühlte. Übersehen wurde so, daß mittelalterliche Konfliktführung zu einem

Gutteil aus demonstrativen, ritualisierten Akten bestand. Mittelalterliche Fehden waren nur in seltenen Ausnahmen Aktivitäten, die auf die Vernichtung des Gegners abzielten. Vielmehr kannte und praktizierte man vielfältige Formen des Drohens wie des Einlenkens, das die Fehde auf gütliche Weise beendete, bevor Schlimmeres passierte, bevor mit anderen Worten die bewaffnete Auseinandersetzung überhaupt begann. Eine hochentwickelte Technik gütlicher Konfliktbereinigung mit festliegenden Formen und Verantwortlichkeiten markiert die andere Seite des waffenklirrenden Mittelalters, die mitgesehen werden muß, will man nicht an der ›Wirklichkeit‹ dieses Mittelalters vorbeisehen.

Erst in neuester Zeit mehren sich jedoch die Stimmen, die auf dieses Forschungsfeld und seine Relevanz für die Beurteilung des Mittelalters hinweisen. Eine Spielart dieser gütlichen Konfliktbeilegung wird bereits in den Wergeldkatalogen der frühmittelalterlichen *Leges* faßbar. Das Wergeld, das die Verwandten des Schädigers an die Geschädigten zahlten, war eine Buß- oder Sühnezahlung, deren Annahme den Konflikt aus der Welt schaffte; es handelt sich, modern gesprochen, um eine Art Schadensersatz. Die Zahlung von Wergeld zur gütlichen Beendigung von Konflikten ist wie andere Zahlungen, mit denen Übertretungen von Geboten gesühnt werden sollten, im Falle der Auseinandersetzungen innerhalb der Oberschicht im Laufe des früheren Mittelalters ergänzt oder besser ersetzt worden durch eine andere Form der Sühne: durch die Genugtuung. Sie bestand aus einem oder mehreren demonstrativen Akten, die dem Konfliktgegner und der Öffentlichkeit signalisierten, daß man einlenken, den Konflikt beenden wolle. Natürlich sind die Grenzen zwischen Sühne, Buße und Genugtuung nicht exakt zu ziehen, und für das Verständnis ist zu berücksichtigen, daß die theologische Seite von Buße und Genugtuung dem Mittelalter wohl stets präsent war. Im Vordergrund steht bei der Genugtuung jedoch wohl der Gedanke des immateriellen Schadensersatzes. Häufig wurden diese demonstrativen Akte von weiteren Sühneleistungen wie der Zahlung einer Buße oder des Verlustes der Lehen begleitet. Es konnte auch Verbannung oder Haft für denjenigen verordnet werden, der sich zur Genugtuung bereit fand. Der demonstrative Akt der Genugtuung bildete jedoch das Zentrum der Sühneleistungen; er fand regelmäßig vor großer Öffentlichkeit statt. Je nach Lage der Dinge stand ein ganzes Spektrum an Handlungen zur Verfügung; es reichte von Friedensgesten bis zu ausgefeilten Unterwerfungsakten. Welche Form zur Anwendung kam, richtete sich nach dem Stand der Konfliktparteien, nach ihrem Verhältnis zueinander, nach dem Ausmaß der bewaffneten Kämpfe und der einander zugefügten Verluste und nicht zuletzt auch nach der schuldhaften Verursachung des Konfliktes. Die Konfliktparteien entschieden aber nicht selbst, welche Form der Genugtuung gewählt wurde. Hierzu bedienten sie sich der Vermittler *(mediatores)*. Interessanterweise kennt sie kein modernes Fachlexikon, das sich mit dem Mittelalter befaßt. Ihre Bedeutung, ja ihre Tätigkeit wurde von der Forschung verschiedener Disziplinen weitgehend übersehen. Dies führt jedoch zu einer beträchtlichen Fehleinschätzung mittelalterlicher Konfliktverläufe und damit zu Fehlbeurteilungen wesentlicher Prozesse in den Lebensordnungen des Mittelalters

Man hat zu berücksichtigen, daß jeder mittelalterliche Konflikt sofort solche Vermittler auf den Plan rief, deren Funktion in der gütlichen Beilegung der Auseinandersetzung bestand. Geeignet hierzu waren hochrangige Personen, allen voran der König selbst, neben ihm Bischöfe, Herzöge, einflußreiche Grafen, die gewachsene Beziehungen zu beiden Konfliktparteien besaßen. Es ist bisher nicht im Blick, in welchem Ausmaß die Tätigkeit des Königs selbst aus solcher Mediation, der Vermittlung zwischen Parteien, bestand, die Autorität des Königs mit anderen Worten wesentlich in seiner Funktion als oberster Mediator gründete. Schon in den ottonischen Krönungsordines wird der König jedenfalls als *mediator cleri ac populi* (»Vermittler für Klerus und Volk«) bezeichnet, womit der Stellenwert dieser Aufgabe angedeutet ist.

Vermittler verhandelten mit den Parteien getrennt über eine angemessene Genugtuung und garantierten die Einhaltung des von ihnen vorgeschlagenen Wegs der Beendigung des Konflikts. Sie waren wesentlich dafür verantwortlich, daß die Auseinandersetzungen nicht über die Maßen eskalierten, denn hinter ihrem Vermittlungsvorschlag stand eine beträchtliche Autorität, auch wenn es sich bei ihnen nicht um Amtsinhaber oder Vertreter staatlicher Institutionen handelte. An ihrem Wirken läßt sich die Verbindlichkeit der Spielregeln in archaischen Gesellschaften ablesen: Ein Verstoß gegen die praktizierten Gewohnheiten grenzte unter Umständen mehr aus, als es ein Bruch gesetzter Normen tat. Und zu den allseits praktizierten Gewohnheiten gehörte die Einschaltung von Vermittlern und die Befolgung ihrer Vorschläge. Da diese Vermittler bereits am Beginn von Konflikten tätig wurden, halfen sie auch, eine Eskalation der Auseinandersetzung zu verhindern.

Diese Funktion ist sehr klar angesprochen in einem Brief, den ein Augsburger Bischof im ausgehenden 11. Jahrhundert an seinen Halberstädter Amtsbruder schrieb. Anlaß des Briefes war die Tatsache, daß er im Heer des Königs Heinrich IV. gegen die aufständischen Sachsen, unter diesen der Halberstädter Bischof, zog. Er sei nicht im Heere des Königs, um die Sachsen *hostiliter* (»feindselig«) zu verfolgen, sondern ihnen *amicabiliter* (»freundschaftlich«) die Huld des Königs zurückzugewinnen, orientiert am Werk des Mediators Christus, schrieb er seinem bischöflichen confrater. Auch Christus wurde ja als *mediator Dei et hominum* (»Vermittler zwischen Gott und den Menschen«) verstanden. Ganz konkret bittet der Augsburger den Halberstädter Bischof dann, seine *causa* ihm selbst, drei weiteren Bischöfen und einem Herzog zu übertragen und grüßt *in fraterna dilectio* (»in brüderlicher Liebe«) und in der *spes reconciliationis* (»Hoffnung auf Versöhnung«).[1]

Dieser Fall darf Modellcharakter beanspruchen, denn es ist auch anderwärts bezeugt, daß eine Konfliktpartei die *mediatores* aus dem Gefolge des Gegners wählte. In den bewaffneten Aufgeboten, die sich im Fehdefall gegenüberstanden, waren also

1 *Die Briefe Heinrichs IV.*, hg. v. Carl Erdmann, Leipzig 1937 (MGH, Deutsches Mittelalter 1), Nr. 30, S. 103.

immer auch potentielle Vermittler. Die vornehmste Tätigkeit dieser Vermittler bestand dann im Aushandeln einer geeigneten Genugtuung. Diese wurde fest vereinbart; die Vermittler garantierten mit ihrem Eid des Vereinbarte. Geleistet wurde die Genugtuung anschließend vor einer Öffentlichkeit, die so zum Zeugen der Beendigung des Konfliktes wurde, was die Verbindlichkeit der Handlungen nicht unwesentlich erhöhte.

Es scheint sich im Verlaufe des früheren Mittelalters der öffentliche Unterwerfungsakt als die übliche Form der Genugtuung herausgebildet zu haben, die vor allem, aber nicht nur dann angewandt wurde, wenn eine der Konfliktparteien der König war. Ein solcher Unterwerfungsakt lief nach festen Regeln ab, die allerdings Spielraum für einen mehr oder weniger demütigenden Ablauf ließen. Der *honor regius* (die »Ehre des Königs«) erforderte es, daß die Unterwerfung barfuß vollzogen wurde.[2] Man kam zudem in Büßerkleidung, härenem Gewand oder sogar fast nackt, warf sich dem König zu Füßen und stellte in unterwürfiger Rede alles seinem Willen anheim – fürwahr eine Genugtuung. Der so öffentlich als Herr der Lage und Herr über das Schicksal der sich Unterwerfenden Ausgezeichnete hatte prinzipiell verschiedene Möglichkeiten der Reaktion. Er konnte Verzeihung gewähren, auf jede Bestrafung verzichten, die Betreffenden wieder in Amt und Würden einsetzen; er konnte Strafen wie Haft oder Exil verhängen; er konnte auch unerbittlich bleiben, die Annahme der Genugtuung verweigern, worauf der Vorgang dann ein zweites und auch drittes Mal wiederholt wurde. Entscheidend für das Verständnis solcher Vorgänge aber ist, daß das jeweilige Verhalten zuvor abgesprochen, alle Handlungen festgelegt worden waren und von den Vermittlern garantiert wurden. Die Unterwerfungsakte stellen mit anderen Worten Inszenierungen dar, bei denen die Akteure festgelegte Rollen spielten. Dies belegen zahlreiche Fälle.[3] Hier sei ein Beispiel ausführlich vorgestellt, bei dem

2 *Annales Altahenses maiores*, hg. v. Edmund L. B. Oeffele, Hannover 1891, (MGH SSrG), a. 1041, S. 27.

3 Vgl. dazu die in den Literaturhinweisen zitierten Arbeiten von T. Reuter und G. Althoff, in denen einschlägige Beispiele vorgestellt werden.

über die Formen der Konfliktaustragung und die Tätigkeiten der Vermittler sehr detailliert berichtet wird, bei dem es jedoch auch zu Zwischenfällen kam, die das in Aussicht genommene Procedere mehrfach in Frage stellten.

Im Jahre 1202 entbrannte im niederlothringischen Raum eine Fehde zwischen dem Herzog von Löwen und dem Grafen von Geldern.[4] Die eigentliche Ursache erwähnt die Quelle nicht. Der Herzog führte ein starkes Heer in das Gebiet des Grafen, um »ihn mit den Waffen zu demütigen«. Der Graf erkannte die Aussichtslosigkeit der Lage, »kam zum Lager des Herzogs und schickte durch seine Freunde eine Botschaft mit der Bitte um Frieden«. Dies war nichts anderes als die Aussendung von Vermittlern, die über die Bedingungen des Friedensschlusses und d. h. eine angemessene Genugtuung verhandeln sollten. Die Vermittler verhandelten also bereits über die Beilegung, bevor es zu ersten bewaffneten Aktionen gekommen war. Die Drohung mit dem starken Heer hatte ihre Wirkung getan. Da jedoch eskalierte die Auseinandersetzung, denn ein Helfer des Grafen von Geldern, der Graf von Holland, überfiel eine Stadt des Herzogs, brannte sie nieder und führte die Bewohner gefangen mit sich fort. Ergrimmt zog der Herzog zunächst gegen den Grafen von Holland, schlug seine Truppen und nahm ihn gefangen, ehe er sich erneut gegen den Grafen von Geldern wandte. Wieder wich der Graf dem wohl aussichtslosen militärischen Kampf aus und rief König Otto IV., den Erzbischof Adolf von Köln und andere Fürsten um Vermittlung an. Diese übernahmen die Vermittlung, verhandelten mit dem Herzog und der »gab endlich nach unter der Bedingung, daß sie ihm den Grafen persönlich zur Genugtuung am bestimmten Tage nach Löwen brächten und sich selbst als Geiseln dafür verbürgen sollten« (*seseque pro eo obsides ac fideiussores exponerent*). Nachdem er hierfür eidliche Zusicherung erhalten hatte, ließ er die Waffen ruhen, entließ sein Heer und begab sich in sein Land zurück.« Er verließ sich also voll-

4 Vgl. *Chronica regia Coloniensis*, hg. v. G. Waitz, Hannover 1880 (MGH SSrG), a. 1202, S. 171 f.

ständig auf die Abmachung, und in der Tat: »Wenige Tage darauf begab sich der Graf Otto unter Geleit des Königs Otto, des Erzbischofs Adolf und des Grafen Adolf nach Löwen, stellte sich dem Herzog und entlastete die Geiseln und Bürgen.« Danach wurde mehrere Tage Rat gehalten, ohne daß die Quelle angibt worüber. Mit einiger Sicherheit ist es jedoch um die zu leistende Genugtuung gegangen. Zwei der Vermittler, der Kölner Erzbischof und der Graf Adolf, schöpften angesichts der langen Verhandlungen Verdacht, argwöhnten eine Falle des Herzogs und entflohen heimlich. Hierüber ergrimmte der Herzog zwar, was ihn aber nicht hinderte, kurze Zeit später ein Bündnis mit dem Grafen von Geldern zu schließen, das durch eine Zahlung von 6000 Mark und durch die Ehe zwischen dem Sohn des Grafen und der Tochter des Herzogs besiegelt wurde.

Zwischen dem Grafen von Geldern und dem Herzog von Löwen ist es in dieser Fehde also nie zu bewaffneten Kämpfen gekommen, weil der Graf stets rechtzeitig seine Bereitschaft zur Genugtuung erklärte und Vermittlern die Verhandlungen über das Procedere übertrug – ein Signal des Einlenkens, das dem Herzog jeweils genügte und ihm sogar so verbindlich erschien, daß er sein Heer entließ. Das hier in einem Einzelfall zu beobachtende Verhalten kann als typisch gelten: Fehden werden nicht blindwütig, sondern häufig fast ritualisiert geführt. Auf entsprechende Drohgebärden folgten Signale des Einlenkens; die Einschaltung von Vermittlern bewirkte das Aussetzen von militärischen Aktionen; die Auseinandersetzung wurde so auf den Weg der gütlichen Einigung gebracht. Diese wird dann durch die ausgehandelte Genugtuung ins Werk gesetzt.

Es war Bestandteil der Spielregeln, bei der Festsetzung der Genugtuung nicht zu überziehen, vielmehr großzügig zu sein, die Genugtuung zu einem quasi symbolischen Akt zu machen, der die Ehre des Kontrahenten nicht zu sehr antastete. Auf diese Weise war es gewiß leichter möglich, Konflikte, bei denen es bereits bewaffnete Zusammenstöße oder gar Tote und Verwundete gegeben hatte, zu beenden, als wenn die unterlegene Partei die ganze Strenge der Sieger zu gewärtigen gehabt hätte.

Ein schönes Beispiel für solche Sanftmut (*mansuetudo*) beim Angebot einer Genugtuung zeigte nach dem Zeugnis seiner Vita Erzbischof Norbert von Magdeburg. Er war aus verschiedenen Ursachen in heftige Konflikte mit den Bewohnern Magdeburgs gekommen, in einem Stadtturm belagert und angegriffen worden und dabei nur knapp dem Tode entronnen. Diese Vorfälle hatten ungenannte *principes terrae* (»Fürsten des Landes«) dazu bewogen, den Erzbischof zu bitten, die Stadt zu verlassen. Nach seinem Weggang wirkten dann einige seiner Getreuen als Vermittler und erreichten es, daß die Dinge friedlich beigelegt wurden: »Die Gegner fanden sich zu jeder Art Genugtuung *[omnimoda satisfactione]* bereit und demütigten sich vor ihm. Norbert nahm sie in Sanftmut auf und verlangte von ihnen nur das eine, sie sollten es über sich bringen und sich mit seinem *miles* [»Vasallen«] aussöhnen. Jene gingen mit Freuden darauf ein, setzten dem *miles* das zerstörte Haus wieder instand und zahlten ihm für seine Wunde 40 Mark Silber.«[5] Es ist angesichts zahlreicher Parallelfälle so gut wie sicher, daß diese Lösung von den Vermittlern ausgehandelt war und garantiert wurde. Die Magdeburger konnten also getrost jede Art von Genugtuung anbieten, da sie wußten, daß der Erzbischof nur die zitierte fordern würde. So hatten letztlich alle das Gesicht gewahrt.

Um die Wahrung der Ehre ging es nicht zuletzt auch in den gar nicht so seltenen Fällen, in denen man eine Ehe durch die Entführung der Braut zu erzwingen suchte. Thietmar von Merseburg schildert einen solchen Fall deshalb ausführlich, weil er sich in seiner Verwandtschaft ereignete.[6] Als der Vater der Braut, Markgraf Ekkehard von Meißen, aus unbekannten Gründen ein formelles Verlöbnis seiner Tochter mit dem Markgrafen Werner nicht einhalten wollte, entführte der Bräutigam die Braut aus Quedlinburg, wo sie unter der Obhut der Äbtissin Mathilde erzogen wurde. Mathilde richtete daraufhin

5 *Vita Norberti archiepiscopi Magdeburgensis*, hg. v. Roger Wilmans, Hannover 1856 (MGH SS 12), S. 670-706, cap. 20.

6 *Die Chronik des Bischofs Thietmar von Merseburg und ihre Korveier Überarbeitung*, hg. v. Robert Holtzmann, München [2]1955 (MGH SSrG), IV 40-42.

die dringende Aufforderung an die sächsischen *principes* (»Fürsten«), das Mädchen notfalls mit Gewalt zurückzuholen. Da der Entführer sich jedoch in seiner Burg verschanzt hatte, traten Vermittler in Aktion. Sie erfuhren zunächst von der Braut, daß sie ihren jetzigen Aufenthalt der Rückkehr vorziehe. Daraufhin vereinbarten sie mit der Äbtissin eine gütliche Regelung. Der Verlobte fand sich mit seinen Helfern in Magdeburg ein und gab barfüßig die Geraubte zurück; auf Fürsprache der Fürsten erlangte er daraufhin Verzeihung. Die geraubte Braut blieb zunächst unter der Obhut der Äbtissin von Quedlinburg; zu einem späteren Zeitpunkt fand aber die Hochzeit des Paares statt. Anstelle einer Fehde hatten also die Vermittler einen gütlichen Ausgleich geschafft, der auf der Basis öffentlicher Genugtuung allen Beteiligten die Möglichkeit eröffnete, das Gesicht zu wahren. Die Rückgabe von seiten der Entführer wurde durch das barfüßige Erscheinen wie ein Unterwerfungsakt durchgeführt, womit die geforderte Leistung einer Genugtuung offensichtlich erbracht war.

›Genugtuung geben‹ und ›Gesicht wahren‹ stellen auch die zentralen Aspekte dar, unter denen die Versöhnung Friedrich Barbarossas mit den Einwohnern Alessandrias, jener Feste des lombardischen Bundes im Kampfe gegen den Staufer, zu verstehen ist. In dem im Jahre 1183 in Nürnberg geschlossenen Vertrag wurde festgelegt, daß sich die Einwohner in folgender Weise der Gewalt des Kaisers übergeben sollten: Alle Einwohner sollten die Stadt verlassen, und sich dann so lange vor der Stadt aufhalten, bis ein Gesandter des Kaisers sie dorthin zurückführe und ihnen die Stadt – neugegründet und mit dem neuen Namen Caesarea versehen – zurückgäbe.[7] Formell war damit dem kaiserlichen Rechts- und Herrschaftsanspruch vollständig Genüge getan: Er war der Stadtgründer, wie es im neuen Namen auch demonstrativ zum Ausdruck kommt. Doch auch die Einwohner Alessandrias hatten mit dieser Genugtu-

7 *Reconciliatio Alexandriae*, hg. v. Ludwig Weiland, in: *Constitutiones et acta publica imperatorum et regum* 1, Hannover 1893 (MGH Legum Sectio 4, 1), S. 407.

ung ihr Gesicht gewahrt; es fragt sich sogar, ob sie sich nicht als die politischen Sieger fühlen durften.

Weniger friedlich ging es dagegen in Konflikten zwischen Erzbischof Anno und seinen Kölner Bürgern zu. Dies aber wohl deshalb, weil sich Erzbischof Anno nicht an die Spielregeln hielt, die das *ius deditionis* und *satisfactionis* (»Unterwerfungs- und Genugtuungsrecht«) vorsah. Die Kölner hatten Anno zunächst aus der Stadt vertrieben, ihm dann jedoch, als er mit einem Heer gegen die Stadt vorrückte, Boten entgegengeschickt, die um Frieden baten. Anno lud daraufhin mit bischöflichem Bann alle seine Widersacher *ad satisfacionem* (»zur Genugtuung«): »Alsbald zogen sie alle mit wollenen Gewändern auf dem bloßen Leibe heran, nachdem sie mit Mühe und Not von den Leuten, die den Erzbischof umgaben, die Zusicherung erhalten hatten, daß sie das ohne Gefahr tun könnten.«[8] Damit war die Sache für Anno aber noch nicht erledigt, sondern er forderte die Städter auf, *ad suscipiendam penitentiam* (»um ihre Buße zu leisten«) am nächsten Tag noch einmal zu erscheinen. Sechshundert der wohlhabendsten Kaufleute flohen daraufhin zum König, um seine Vermittlung gegen das »Wüten« des Erzbischofs, wie sie das Verhalten nannten, zu erbitten. Die anderen ließen den Erzbischof drei Tage lang warten und befolgten den Befehl, »Vorschläge zu einer geeigneten Genugtuung zu machen«, nicht. Man geht wohl kaum fehl in der Annahme, daß die Kölner der Meinung waren, die Genugtuung durch ihren Unterwerfungszug bereits geleistet zu haben, denn mit diesem hatten sie ja die übliche Leistung der *satisfactio* bereits erbracht. Für die *milites* (»Vasallen«) des Erzbischofs war diese Mißachtung ihres Herrn das Signal, plündernd und mordend in die Häuser der Kölner einzufallen und – wie Lampert entschuldigend sagt – »ohne Wissen des Erzbischofs das Werk gerechter Rache viel ungezügelter« auszuüben, »als mit dem Ruf eines so hohen Kirchenfürsten vereinbar«. In diesem

8 Lampert von Hersfeld, *Annalen*, hg. v. Oswald Holder-Egger (Lamperti monachi Hersfeldensis opera, Hannover und Leipzig 1894) [MGH SSrG], a. 1063

Konflikt gingen die Meinungen über eine angemessene Genugtuung offensichtlich weit auseinander. Die Rache tritt hier als eine aktive Form des Genugtuung-Nehmens vor Augen. Vergleicht man Annos Verhalten mit dem anderer, denen Genugtuung geleistet wurde, so wirkt seine Forderung nach mehrfacher Genugtuung ungewöhnlich, um nicht zu sagen überzogen.

Allseits akzeptierten Maximen gemäß verhielt sich dagegen König Lothar von Supplinburg im Jahre 1131, als er einen Streit mit dem Erzbischof von Trier, Albero, austrug. Dieser hatte die Bischofsweihe empfangen, ohne den König um die Investitur ersucht zu haben. Deshalb wollte ihm der König zunächst die Investitur mit den Regalien gar nicht erteilen. Da Lothar aber wußte, so erzählt die Vita des Erzbischofs, »daß Albero ein Mann war, der leicht sein ganzes großes Reich gegen ihn aufbringen konnte«, habe er sich mit einer *leva satisfactio* (»geringfügigen Genugtuung«) zufriedengegeben. Auf Rat anderer Fürsten bot der Erzbischof dem König als Genugtuung einen Eid des Inhalts an, er habe das Geschehene nicht getan, um der Ehre des Königs Abbruch zu tun, sondern er sei dazu vom Papst genötigt worden. Schon dieses Angebot war Lothar Genugtuung genug; er erließ Albero den Eid und investierte ihn. Beide Seiten hatten so ihr Gesicht gewahrt, was ein wesentlicher Aspekt bei der Beendigung solcher Konflikte war! Diese Einigung hinderte Albero interessanterweise nicht daran, auf dem gleichen Hoftag den Stiefbruder des Königs, den Herzog Simon von Oberlothringen, als Bedrücker der Trierer Kirche zu exkommunizieren und ihn öffentlich zum Verlassen des Festgottesdienstes zu zwingen, so berichtet zumindest einigermaßen stolz die Vita Alberos.[9]

Wie die diskutierten Fälle wohl deutlich machen, bestand ein ganz eindeutiger Zusammenhang zwischen Rang und Gewicht einer Person und der Genugtuung, die man von ihr fordern konnte. Und es versteht sich umgekehrt, daß man im Mittelalter – wie in der Neuzeit – erst von einem bestimmten Rang an

---

9 *Gesta Alberonis archiepiscopi auctore Balderico*, hg. v. Georg Waitz, Hannover 1848 (MGH SS 8), S. 243-260, cap.13.

satisfaktionsfähig war.[10] Genugtuung leisteten aber nicht nur Rangniedere den Ranghöheren oder Personen gleichen Ranges untereinander. Es markiert die Bedeutung der *satisfactio* wohl in besonderer Weise, daß auch Herren bis hinauf zum König in Konflikten gehalten sein konnten, ihrerseits ihren Vasallen oder anderweitig Unterstellten Genugtuung zu geben. Natürlich gab es für solche Arten von Genugtuung andere Formen als die der Unterwerfung. Dennoch sind sie nicht weniger charakteristisch und scheinen von den Ranghöheren in ganz vergleichbaren Situationen benutzt worden zu sein wie von den Rangniederen: dann nämlich, wenn sie im Konflikt zu unterliegen drohten. Auch dieser Horizont sei mit einigen Beispielen verdeutlicht.

Im Jahre 1063 geriet Abt Widerat von Fulda in eine schwierige Lage, als er in den sogenannten Goslarer Sesselstreit mit dem Bischof von Hildesheim verwickelt wurde, in dessen Verlauf es Tote und Verwundete gab. Er mußte angeblich ungeheure Summen zahlen, um die Huld des Königs, des Hofes und seines Gegners wiederzuerlangen. Zu diesem Zwecke verschleuderte er das Fuldaer Klostergut, was den Konvent aufs äußerste ergrimmte, der schon vordem nicht mit der Amtsführung seines Abtes einverstanden gewesen war. Das Faß zum Überlaufen brachte dann folgender Vorfall: Für das Seelenheil des Fuldaer Bannerträgers Reginbodo, der bei dem Streit in Goslar erschlagen worden war, hatte man dem Konvent ein wertvolles Pferd geschenkt, das der Abt jedoch sofort an einen Laien weitergegeben hatte. Mit maßlosem Geschrei forderten die Mönche das Geschenk zurück, erklärten, sie hätten seine Tyrannei nun lange genug ertragen und würden sich um Hilfe gegen seine Gewalttätigkeiten bemühen. Die Eskalation machte dem Abt klar, daß er den Konflikt nur mit einem Akt der Genugtuung dämpfen könne. Er verlegte sich aufs Bitten, vergoß Tränen und bat sie in einer Ansprache, ihm nur ein wenig Zeit zu lassen: »wenn er es erlebe, daß er jemals nach so

---

10 Vgl. dazu für die Neuzeit auch Norbert Elias, *Die satisfaktionsfähige Gesellschaft*, in: ders., *Studien über die Deutschen* [s. u. S. 264].

schwerem Leid wieder aufatmen könne, werde er ihnen das Weggenommene nicht nur ersetzen, sondern verdoppeln«.[11] Die älteren und reiferen Mönche *(aetate et sensu matutiores)* faßten diese Gesten und Worte gleich als Genugtuung auf und waren bereit, den Konflikt beizulegen. Die Jungen dagegen, *more suo* (»wie es ihre Art war«), d. h. unvernünftig, gaben sich nicht zufrieden, trugen den Konflikt an den Königshof und unterlagen vollständig, ja sie erfuhren nicht das geringste Verständnis für ihr Tun. Man versteht die Vorgänge wohl richtig, wenn man sich der zitierten Einschätzung der älteren Fuldaer Mönche anschließt: sie hielten die unter Tränen vorgetragene Rede des Abtes für eine ausreichende Genugtuung und waren zur Beendigung des Konfliktes bereit. Es gehörte offensichtlich zu den Spielregeln, das im Zuge der Genugtuung Geäußerte in keiner Weise in Zweifel zu ziehen.

Etwas sehr Vergleichbares berichtet Lampert von Hersfeld auch im Zusammenhang eines Konfliktes zwischen König Heinrich IV. und Herzog Berthold von Kärnten, dem Zähringer. Diesem hatte Heinrich sein Herzogtum genommen und es einem Markward übertragen. Als der König sich jedoch »mit heiligsten Beteuerungen reinigte« und behauptete, Markward habe das alles ohne sein Wissen getan, akzeptierte dies Berthold als *satisfactio*, obgleich er wußte, daß die Darstellung Heinrichs IV. sachlich unrichtig war.[12] Nur so konnten beide ihr Gesicht wahren und den Konflikt beilegen. Dieses gelang trotz aller Angebote Heinrichs IV. zu Ende seiner Regierungs- und Lebenszeit nicht mehr, als sein Sohn Heinrich V., der päpstliche Legat und auch die beteiligten Großen nicht mehr auf das Angebot einer angemessenen *satisfactio* eingingen, wie es ihnen von Heinrich IV. immer wieder unterbreitet wurde. Dennoch bleibt bemerkenswert, wie hartnäckig Heinrich IV. in seinen letzten Briefen versuchte, auf der Basis einer *satisfactio* seine Herrschaft zu retten. Als sozusagen letztes Angebot erklärte er sich sogar dazu bereit, nach Rom zu gehen und dort

---

11 Vgl. Lampert [Anm. 8], a. 1063, S. 85.
12 Lampert [Anm. 8], a. 1073, S. 153.

vor Papst und römischem Klerus »sich entweder von den Vorwürfen zu reinigen oder demütig Genugtuung zu leisten«.[13] Die Vorstellung, mit einer angemessenen Genugtuung jeden Konflikt beilegen zu können, tritt hier sehr unmittelbar vor Augen.

Der Blick auf die Formen der Beilegung mittelalterlicher Konflikte führt eine Erscheinung vor Augen, die ganz allgemein zur Beurteilung der Interaktions- und Kommunikationsformen dieser Zeit von Bedeutung ist. Das Ende von Konflikten wird mit demonstrativen Akten erreicht, deren Funktion es ist, dem Gegner Genugtuung zu geben und dadurch den Konflikt aus der Welt zu schaffen. Solche Akte werden vor der Öffentlichkeit inszeniert, um durch das öffentliche Tun die Verbindlichkeit des Getanen oder Versprochenen zu erhöhen. Das Ritual des Genugtuungsgebens verdankt seinen hohen Grad von Verbindlichkeit darüber hinaus sicher der Eigenart, daß man es zwischen den gleichen Personen nicht mehrfach benutzen konnte.

Zu solcher Inszenierung gehören aber eine ganze Reihe von Akteuren, über die direkt Beteiligten hinaus. Ohne vorbereitende Verhandlungen sind solche Konfliktregelungen undenkbar und deshalb kommt dem Personenkreis, der diese Verhandlungen ins Werk setzt, die allergrößte Bedeutung zu. Solche vertraulichen Verhandlungen sind das Tätigkeitsfeld eines oder mehrerer Vermittler, die immer dann tätig werden, wenn ein Konflikt ausbricht. Als Vermittler geeignet sind alle hochrangigen Persönlichkeiten, und es verbessert ihre Wirkungsmöglichkeiten, wenn sie Beziehungen zu beiden Konfliktparteien unterhalten. In jedem Fall aber sollten sie neutral und unabhängig sein, und sie schöpften ihre große Autorität aus ihrer temporären Funktion. Ihr Tun, das in u. U. langwierigen Verhandlungen mit den Parteien bestand, zielte auf das einvernehmliche Festlegen einer Leistung, durch die die Konfliktursache aus der Welt geschafft wurde. Nenne man diese Leistung nun Sühne, Buße, Schadensersatz oder Genugtuung,

13 *Die Briefe Heinrichs IV.* [Anm. 1], Nr. 30, S. 118 f.

charakteristisch scheint – zumindest in den Konflikten der Führungsschichten –, daß die entsprechende Leistung insbesondere aus einem öffentlichen Akt bestand, der der Gegenseite Genugtuung in der speziellen Bedeutung des Wortes verschaffte. Für diesen Akt gab es feste Regeln, die allgemein bekannt waren. Durch sie waren Kleidung, Auftreten und selbst die Einzelheiten einer solchen Szene festgelegt. Je nach Situation und Rang der Beteiligten konnte man die Regeln variieren, allerdings sicher nicht beliebig. Noch strikter war allem Anschein nach eine Grundregel einzuhalten: Man konnte solche Genugtuung nicht mehrfach geben. Wer nach der Genugtuung den Konflikt fortsetzte oder neu begann, der konnte sich nicht mehr in der *spes reconciliationis* (»Hoffnung auf Versöhnung«) wiegen, ihn trafen härteste Strafen. Auf eine andere Schwierigkeit des Verständnisses sei wenigstens noch hingewiesen: Wie ließ sich Genugtuung-Geben und Gesicht-Wahren vereinbaren? Zweifelsohne unterzog sich niemand gerne einem Unterwerfungsritual oder einer anderen Leistung von Genugtuung. Dennoch ist zu betonen, daß nach dem Vollzug der Betroffene keine erkennbaren Nachteile davontrug.

Das ›System‹ der Konfliktregelung, das auf Vermittlern und der Leistung einer Genugtuung basiert, ist nicht zuletzt dadurch gekennzeichnet, daß es auf die Nutzung von Gerichten weitgehend verzichten konnte. Seit dem 11. Jahrhundert beobachtet man von seiten der Könige jedoch verstärkt Versuche, vor allem die Konflikte, in die sie selbst verwickelt waren, durch Entscheidungen des Königsgerichts regeln zu lassen. Dieses Procedere zielte ganz eindeutig auf die Ablösung der Vermittler durch die Urteiler im Königsgericht. Große Akzeptanz scheint diese Veränderung weder im 11. noch im 12. Jahrhundert gefunden zu haben, wie eine lange Reihe von sogenannten Kontumazialurteilen gegen Angehörige des hohen Adels beweisen. Sie alle hatten sich geweigert, vor einem solchen Gericht überhaupt zu erscheinen, und in der Tat ist der Unterschied zur Konfliktlösung durch Vermittler eklatant: Diese suchten die Parteien selbst aus, die Urteiler im Königsgericht bestimmte dagegen der König, auch dann, wenn er selbst Konfliktpartei war. Es wäre wohl ein sehr anachronistisches Mißverständnis, würde man sich die Position solcher Urteiler sehr unabhängig von den Erwartungen des Gerichtsherrn denken.

Die Verlagerung der Konfliktregelungen weg von der eigenverantwortlichen Auswahl von Vermittlern durch die Konfliktparteien selbst und hin zu den Königs- und anderen Gerichten markiert daher einen bedeutsamen Schritt auf dem Weg der Ausformung staatlicher Strukturen. Dieser Wandel vollzog sich äußerst langsam, wie nicht zuletzt die Ausformung einer Schiedsgerichtsbarkeit in den spätmittelalterlichen Jahrhunderten beweist. Von ihr ist der Gedanke der gütlichen Konfliktbeilegung, der Schlichtung, auch in das moderne Gerichtswesen eingegangen. Darüber hinaus spielen Schlichter bis heute in wichtigen Bereichen des innerstaatlichen Lebens wie bei der Lösung zwischenstaatlicher Konflikte eine wesentliche Rolle. Gerade in konfliktträchtigen Bereichen wie dem modernen Umweltrecht wird in unseren Tagen sogar der Ruf nach einem gezielten Einsatz von Mediatoren zur außergerichtlichen Klärung von Konfliktfällen immer lauter, da Gerichtsurteile in diesen sensiblen Bereichen in weiten Bevölkerungskreisen keine genügende Akzeptanz mehr finden. Hierbei ergibt sich interessanterweise ein Problem, das auch das Mittelalter in ganz vergleichbarer Weise hatte: Vermittler zu finden, denen alle Konfliktparteien genügend Vertrauen entgegenbrachten und zugleich genügend Respekt, um ihre Entscheidung zu akzeptieren. Hat der Vermittler als außergerichtliche Instanz einer gütlichen Regelung von Konflikten seine Funktionen in verschiedenen Bereichen erstaunlich kontinuierlich beibehalten, so scheint dies mit dem Akt der Genugtuung nicht in gleicher Weise der Fall zu sein. Gewiß würde man Schwierigkeiten haben, Fälle von öffentlichen Unterwerfungsritualen in Büßergewand und mit bloßen Füßen in der Moderne nachzuweisen. Doch überlebten etwa Formen öffentlicher wie privater Entschuldigung bis heute – und sie sind nichts anderes als ein Akt der Genugtuung zur Beendigung oder Vermeidung von Konflikten. Ein genauerer Blick auf moderne Formen der Konfliktbeendigung würde sicher noch in anderen Verhaltensweisen, verbaler und nonverbaler Art, den Tatbestand der Genugtuung diagnostizieren und so die überaus ›lange Dauer‹ diesbezüglicher Verhaltensweisen in Konflikten unter Beweis stellen.

Literaturverzeichnis

Gerd Althoff, *Königsherrschaft und Konfliktbewältigung im 10. und 11. Jahrhundert*, in: FMSt 23 (1989), S. 265-290.

–, *Huld. Überlegungen zu einem Zentralbegriff der mittelalterlichen Herrschaftsordnung*, in: FMSt 25 (1991), S. 259-282.

–, *Konfliktverhalten und Rechtsbewußtsein: Die Welfen im 12. Jahrhundert*, in: FMSt 26 (1992), S. 331-352.

–, *Demonstration und Inszenierung. Spielregeln der Kommunikation in mittelalterlicher Öffentlichkeit*, in: FMSt 26 (1993) [im Druck].

Otto Brunner, *Land und Herrschaft. Grundfragen der territorialen Verfassungsgeschichte Österreichs im Mittelalter*, Wien [5]1965.

Gerhard Dilcher, *Mittelalterliche Rechtsgewohnheiten als methodisch-theoretisches Problem*, in: ders. (Hg.), *Gewohnheitsrecht und Rechtsgewohnheiten im Mittelalter*, Berlin 1992 (Schriften zur Europäischen Rechts- und Verfassungsgeschichte 6).

Norbert Elias, *Studien über die Deutschen. Machtkämpfe und Habitusentwicklung im 19. und 20. Jahrhundert*, hg. v. Michael Schröter, Frankfurt/Main 1989, dort insbesondere das Kapitel »Die satisfaktionsfähige Gesellschaft« S. 61-158.

Uta Frevert, *Ehrenmänner. Das Duell in der bürgerlichen Gesellschaft*, München 1991.

Patrick Geary, *Vivre en conflit dans une France sans état: Typologie de mécanisme de règlement de conflit (1050-1200)*, in: Annales 41 (1986), S. 1107-1126.

Fritz Kern, *Gottesgnadentum und Widerstandsrecht im früheren Mittelalter*, Leipzig 1914 (Nachdruck Darmstadt 1954).

Geoffrey Koziol, *Begging pardon and favor. Ritual and political order in early medieval France*, Ithaca 1992.

Heinrich Mittels, *Politische Prozesse des früheren Mittelalters in Deutschland und Frankreich*, Heidelberg 1927 (Sitzungsberichte der Heidelberger Akademie der Wissenschaften, Phil.-Hist. Klasse 17).

Karin Nehlsen-v. Stryk, *Der römisch-kanonische Zivilprozeß in der gesellschaftlichen Realität des 13. Jahrhunderts*, in: Michael Stolleis (Hg.), *Die*

Bedeutung der Wörter: Studien zur europäischen Rechtsgeschichte. Festschrift für Sten Gagnér zum 70. Geburtstag, München 1991, S. 313-326.

Otto Gerhard Oexle, *Das entzweite Mittelalter*, in: Gerd Althoff (Hg.), *Die Deutschen und ihr Mittelalter*, Darmstadt 1992, S. 7-28.

Timothy Reuter, *Unruhestiftung, Fehde, Rebellion, Widerstand: Gewalt und Frieden in der Politik der Salierzeit*, in: Stefan Weinfurter (Hg.), *Die Salier und das Reich*, Bd. 3, Sigmaringen 1990, S. 297-325.

Simon Roberts, *Order and Dispute. An Introduction to Legal Anthropology*, Oxford 1979; dt.: *Ordnung und Konflikt*, Stuttgart 1981.

Uta Rödel, *Königliche Gerichtsbarkeit und Streitfälle der Fürsten und Grafen im Südwesten des Reiches 1250-1313*, Köln und Wien 1979.

Ruth Schmidt-Wiegand, *Gebärdensprache im mittelalterlichen Recht*, in: FMSt 16 (1982), S. 363-379.

Stephan White, *Pactum ... legem vincit et amor iudicium: the Settlement of Disputes by Compromise in eleventh Century Western France*, in: The American Journal of Legal History 22 (1978), S. 281-301.

Joachim Heinzle

Der gerechte Richter

Zur historischen Analyse mittelalterlicher Literatur

Was ist Literatur im Mittelalter? Das Produkt einer autonomen Geistestätigkeit, die einen abgehobenen Existenzraum eigenen Rechts beanspruchen durfte? Mittel zu lebenspraktischem Zweck, eingebunden in funktionale Zusammenhänge, deren Existenzgrund außerhalb ihrer lag? Oder ist es überhaupt nicht statthaft, so zu fragen, weil damit die noch »ungeschiedene Komplexität möglicher« – auch ästhetischer – »Funktionen literarischen Handelns« verfehlt wird?[1] Die Fragen werden in der mediävistischen Literaturwissenschaft derzeit lebhaft diskutiert. Ein Konsens ist nicht abzusehen, doch meidet man Extrempositionen. Niemand plädiert (mehr) für die fatale autonomistische Perspektive, in der »jeder vorgoethische Dichter wie ein eigentlich gesollter, doch mehr oder weniger mißratener Goethe« erscheint.[2] Und niemand behauptet (mehr), mittelalterliche Literatur sei ein bloßes Sekundärphänomen, das sich restlos aus der außerliterarischen Wirklichkeit ableiten lasse. Man ist vielmehr bemüht, eine historisch adäquate Position zu finden, die zwischen solchen Extremen liegt.[3] Dabei kommt es

1 Jan-Dirk Müller, *Zu einigen Problemen des Konzepts ›Literarische Interessenbildung‹*, in: Joachim Heinzle (Hg.), *Literarische Interessenbildung im Mittelalter*, Stuttgart 1993 (Germanistische Symposien. Berichtsbände 14), S. 365-384, hier S. 384; dazu ebda. S. Xf., 358f., 495.

2 So Hans Pyritz in seiner Ausgabe der *Minneburg*, Berlin 1950 (DTM XLIII), S. LXXII.

3 Als exemplarisch darf hier das von Walter Haug entwickelte Heldensagen-Modell gelten, das unser Verständnis heroischer Überlieferung auf eine neue Grundlage gestellt hat: vgl. in diesem Band S. 376-397.

entscheidend darauf an, nicht aus dem Blick zu verlieren, daß der Literarhistoriker vor allem anderen die Aufgabe hat, »Literatur und historische Wirklichkeit in Zusammenhang zu bringen und dadurch die Geschichtlichkeit von Literatur sichtbar zu machen«.[4] Überzeugend gelöst werden kann diese Aufgabe allerdings nur, wenn man Literatur nicht bloß als *Indikator* behandelt: als Zeugnis außerliterarischer Sachverhalte (so wichtig ihr Dokumentcharakter in diesem Sinn auch ist), sondern sie als *Faktor* im historischen Prozeß zu erfassen sucht. Daß und wie dies möglich sei, will die folgende Fallstudie zeigen.

I. Form und Funktion

Wer in den gängigen Literaturgeschichten blättert, kann sich des Eindrucks nicht erwehren, die mediävistische Literaturwissenschaft sei fixiert auf Gattungen. Deren Inventar organi-

---

4 Joachim Bumke, *Geschichte der mittelalterlichen Literatur als Aufgabe*, Opladen 1991 (Rheinisch-Westfälische Akademie der Wissenschaften. Geisteswissenschaften. Vorträge G 309), S. 42. – Das Konzept ist an den sog. ›erweiterten Literaturbegriff‹ gebunden (Bumke, S. 19 ff.). Zu dessen Problematik hat sich zuletzt Thomas Cramer geäußert (*Brauchen wir eine neue Theorie der Literaturgeschichtsschreibung?*, in: Johannes Janota [Hg.], *Methodenkonkurrenz in der germanistischen Praxis*, Tübingen 1993 [Vorträge des Augsburger Germanistentags 1991, Bd. 3], S. 94-100). Cramer – der die intensive Forschungsdiskussion leider nur ganz punktuell aufgreift und das Aufgegriffene wenig präzise wiedergibt – will den Schwierigkeiten, vor die der Ansatz den Historiographen ab dem 13./14. Jahrhundert stellt, mit einer »Kombination von Literaturgeschichte und Regestenwerk« (»Datenbank«) begegnen (S. 98). Es ist leicht zu sehen, daß der Vorschlag keines der Probleme löst: weder das qualitative (Auswahl des in der Darstellung zu Berücksichtigenden) noch das quantitative (Regesten z. B. aller deutschsprachigen Urkunden, sämtlicher Gebete, jeder Lied- und Spruchstrophe?). Offenbar gibt es keine vernünftige Alternative zum Verfahren der ›typisierenden Abstraktion‹, »das im Prinzip darin besteht, daß um so weniger Vertreter einer Textgruppe vorgestellt werden, je gleichförmiger die einzelnen Texte sind« (Joachim Heinzle, *Wie schreibt man eine Geschichte der deutschen Literatur des Mittelalters?*, in: DU 41/1 [1989], S. 27-40, hier S. 34).

siert in aller Regel die Präsentation des Materials: die Darstellungen »verfahren so, daß sie ihren Stoff, innerhalb der Großperioden, nach Gattungen ordnen«.[5] Daß der Bezug auf Gattungsmuster – Gattungen dabei aufgefaßt als »historisch bedingte Kommunikations- und Vermittlungsformen«[6] – für Produktion und Rezeption der Texte von großer Bedeutung ist, steht außer Frage.[7] Der historischen Analyse ist die Verabsolutierung des Gattungsaspekts allerdings nicht günstig: von besonderen Konstellationen abgesehen, läßt er den Wirklichkeitsbezug der Texte allenfalls auf einer sehr allgemeinen Ebene erkennen – wenn er ihn nicht geradezu verdeckt. Wer Literatur und historische Wirklichkeit in Zusammenhang bringen will, muß nach den Trägern der Literatur fragen; nach dem *Interesse*, das diese veranlaßte, die Texte hervorzubringen und zu rezipieren, zu fördern und zu tradieren. Interessen bzw. Funktionen auf der einen und Gattungen auf der anderen Seite aber stehen nicht in starrer Relation zueinander: »Funktionen sind polymorph, Gestalten sind polyfunktional«.[8] Die Konsequenz, die aus dieser Binsenweisheit zu ziehen wäre, liegt auf der Hand: es müßten Strategien der Literaturgeschichtsschreibung entwickelt werden, die nicht das eine der beiden Momente gegen das andere ausspielten, sondern beide zu ihrem Recht kommen ließen und so zeigen könnten, wie die Geschichlichkeit von Literatur »im wechselseitigen Bezug von spezifischen Eigentümlichkeiten der Lebenspraxis und spezifischen Eigentümlichkeiten des Mediums«[9] sich entfaltet.

Wenn ich recht sehe, hat die offenkundige Scheu der Forschung, diese naheliegende Konsequenz zu ziehen, weniger

---

5 Bumke, *Geschichte* [Anm. 4], S. 33.

6 Wilhelm Voßkamp, *Gattungen als literarisch-soziale Institutionen*, in: Walter Hinck (Hg.), *Textsortenlehre – Gattungsgeschichte*, Heidelberg 1977 (Medium Literatur 4), S. 27-44, hier S. 27. Vgl. Bumke, *Geschichte* [Anm. 4], S. 36 f.

7 Vgl. Bumke, Geschichte [Anm. 4], S. 33 ff.

8 Hugo Kuhn, *Determinanten der Minne*, in: H. K., *Liebe und Gesellschaft*, Stuttgart 1980, S. 52-59, hier S. 55.

9 Heinzle, *Wie schreibt man* [Anm. 4], S. 38.

mit theoretischen Vorbehalten zu tun (die es auch gibt[10]) als mit einem recht banalen Umstand: für eine morphologische Bestimmung des Materials braucht man bloß die Texte selbst, für eine historisch konkrete Erfassung der literarischen Interessenbildung aber ist man auf zusätzliche historische Daten angewiesen – und die sind meistens sehr schwer, oft genug überhaupt nicht zu beschaffen. Daß dieser Umstand erhebliche Probleme aufwirft, ist nicht zu bestreiten.[11] Vor ihnen zu resignieren, hieße aber letztlich, jene Frage nach der Geschichtlichkeit der mittelalterlichen Literatur als nicht beantwortbar ad acta zu legen. Ich bin nicht der Meinung, daß solche Resignation unausweichlich ist. Es gibt Möglichkeiten, die Probleme zu bewältigen, wenn man nur will und bereit ist, die ausgetretenen Bahnen der herkömmlichen Literaturgeschichtsschreibung zu verlassen. In der von mir herausgegebenen *Geschichte der deutschen Literatur von den Anfängen bis zum Beginn der Neuzeit* wird ein erster Versuch dazu unternommen.[12] Daran knüpfe ich an, wenn ich versuche, die historische Analyse quer durch die Gattungen zu führen.

---

10 Vgl. Heinzle, *Wie schreibt man* [Anm. 4], S. 38 ff. – Die jüngste Äußerung, die mir bekannt geworden ist, stammt von Ulrich Wyss (*Gibt es eine Alternative zur Literaturgeschichte als Sozialgeschichte?*, in: Johannes Janota [Hg.], *Germanistik und Deutschunterricht im historischen Wandel*, Tübingen 1993 [Vorträge des Augsburger Germanistentags 1991, Bd. 2], S. 179-191). Wyss pocht auf einen idealistischen Kunstbegriff: »Gewiß, Literatur wird aus dem *Leben* heraus geschrieben; aber sie schreibt sich eben auch aus dem Leben *heraus*« (S. 184). Über der Faszination, die von der Vorstellung einer autonomen Bewegung der transzendenten Größe ›Kunst‹ ohne Zweifel ausgeht, übersieht er, daß in der fraglichen Diskussion niemand vorgeschlagen hat, ›Kunst‹ »restlos« in Geschichte aufzulösen (was er verständlicherweise perhorresziert: S. 185). Zur Debatte steht vielmehr die Frage, welchen *Stellenwert* die Kategorie ›Kunst‹ im historiographischen Sinnzusammenhang einer Geschichte der Schriftlichkeit haben könnte. Darüber: daß die »Alternative von soziologisierendem Konkretismus und klassizistischer Ästhetik« fatal ist (S. 185), wird man sich leicht einigen können.

11 Vgl. dazu aus kunsthistorischer Sicht Beat Brenk in diesem Band, S. 434.

12 Erschienen sind die Bände I1: Wolfgang Haubrichs, *Die Anfänge: Versuche volkssprachiger Schriftlichkeit im frühen Mittelalter (ca. 700-1050/60)*, Frankfurt/Main 1988; I2: Gisela Vollmann-Profe, *Wiederbeginn volkssprachiger*

II. Texte

Ich stelle zunächst eine Reihe von Texten des 13. Jahrhunderts vor, die, ganz verschiedenen Gattungen zugehörig, dasselbe Thema behandeln: das des gerechten Richters.

Die Reihe eröffnet eine in mehreren Varianten »weitverbreitete und bis in die Gegenwart überlieferte Erzählung«, die »von der Begegnung eines Advokaten (Prokurators, Richters, Gerichtsvollziehers, Stadtknechts etc.) mit dem Teufel« handelt:

> Bei gemeinsamer Wanderung über Land begegnen ihnen verschiedene Personen, die jeweils etwas »zum Teufel« wünschen (diabolus te habeat): der Metzger ein Schwein, ein Bauer sein Pferd, eine Mutter ihr Kind. Der Advokat fordert jedesmal den Teufel auf, doch zuzugreifen, aber der weigert sich, da diese Flüche nicht »ernst gemeint« seien. Schließlich wird der Advokat von einer armen Witwe wiedererkannt, der er in einem Prozeß mit unredlichen Mitteln das letzte Hab und Gut genommen hat. Die Frau wünscht den Advokaten zum Teufel, und dieser Fluch gilt: der Teufel ergreift sein Opfer und führt es in die Hölle.[13]

Als älteste Belege dieser haarsträubenden Geschichte gelten zwei Texte, die etwa gleichzeitig in der ersten Hälfte des 13. Jahrhunderts entstanden sind: der eine in lateinischer Prosa in den *Libri miraculorum* des Zisterziensermönchs Caesarius von Heisterbach (*De advocato, quem dyabolus tulit, dum iret facere exactionem*[14]), der andere in mittelhochdeutschen Versen, dem

---

Schriftlichkeit im frühen Mittelalter (ca. 700-1050/60), Königstein 1986; II 2: Joachim Heinzle, *Wandlungen und Neuansätze im 13. Jahrhundert (1220/30-1280/90)*, Königstein 1984. – Zur Konzeption des Werks vgl. Heinzle, *Wie schreibt man* [Anm. 4].

13 Lutz Röhrich, *Advokat und Teufel*, in: EM I, Sp. 118-123, Zitate Sp. 118.

14 »Von einem Advokaten, den der Teufel holte, als er Geld eintrieb«: Caesarius von Heisterbach, *Wundergeschichten*, hg. v. Alfons Hilka, Bd. 3, Bonn 1937 (Publikationen der Gesellschaft für rheinische Geschichtskunde 43), S. 106 f. – Die Sammlung ist in den Jahren 1225/26 entstanden: vgl. ^{2}VL I, Sp. 1158 f. (Karl Langosch).

Stricker zugeschrieben (*Der Richter und der Teufel*[15]). Die beiden Autoren erzählen die Geschichte nicht um des literarischen Reizes willen, den die ›unerhörte Begebenheit‹ bei entsprechender Präsentation haben müßte. Sie verfolgen einen durchaus außerliterarischen Zweck: es sind Beispielgeschichten, *exempla*, aus denen die Hörer oder Leser eine Lehre für ihre Lebensführung ziehen sollen.[16] Diese Lehre wird am Ende der Erzählung jeweils ausdrücklich formuliert.

Unser Interesse gilt der Fassung des Stricker. Sie schließt mit dem Epimythion (V. 219 ff.):

ez ist ein unwîser rât,
der mit dem tîvel umbegât.
swer gerne mit im umbevert,
dem wirt ein boeser lôn beschert.
er kan sô manigen grimmen list,
daz er vil guot ze vürhten ist.

(»Es ist Torheit, sich mit dem Teufel einzulassen. Wer Umgang mit ihm sucht, dem wird ein schlimmer Lohn zuteil. Er kennt so viele üble Schliche, daß man gut daran tut, ihn zu fürchten.«)

Diese Nutzanwendung: unspezifische Warnung vor den Schlichen des Teufels, überrascht, denn der Sticker hat die Erzählung selbst ganz auf die spezifische Sündhaftigkeit des Protagonisten abgestellt, einen Richter, der skrupellos seine Macht mißbraucht, um sich zu bereichern. Gleich der Eingang der Erzählung malt ihn in den schwärzesten Farben (V. 1 ff.):

In einer stat saz ein man,
des sünde enmac ich noch enkan
noch ensol niht alle künden.

15 Der Stricker, *Verserzählungen*, Bd. 2., hg. v. Hanns Fischer, rev. v. Johannes Janota, Tübingen ³1984 (ATB 68), Nr. XVII. – Ob der Text vom Stricker stammt, kann man nicht mit letzter Sicherheit sagen: vgl. Hans-Joachim Ziegeler, *Beobachtungen zum Wiener Codex 2705 und zu seiner Stellung in der Überlieferung früher kleiner Reimpaardichtung*, in: Volker Honemann und Nigel F. Palmer (Hg.), *Deutsche Handschriften 1100-1400*, Tübingen 1988, S. 469-526, hier S. 497 f. (zum Verständnis der komprimierten Argumentation: *Der Richter und der Teufel* = A 135, H 195).

16 Vgl. zu Begriff und Tradition dieser Beispielgeschichten den Beitrag von Hans-Jörg Gilomen in diesem Band.

er hâte an allen sünden
sô rehte vollic̄lîchen teil,
daz ez die liute dûhte ein heil,
daz in diu erde niht verslant.
zwei dinc mahten in bekant:
sô sündic und sô rîche
was dehein sîn gelîche.
er was dâ rihtaere;
sîn leben was wîten maere.

(»In einer Stadt lebte ein Mann, der so viele Sünden hatte, daß ich sie gar nicht aufzählen kann. Er war so tief in jede nur denkbare Sünde verstrickt, daß die Leute meinten, er hätte Glück, daß die Erde ihn nicht verschlang. Zweierlei hatte ihn bekannt gemacht: so sündig und so reich war keiner seinesgleichen. Er war Richter dort; seine Lebensweise war weithin berüchtigt.«)

Mithin sollte man erwarten, daß die Nutzanwendung auf die gerechte Bestrafung des Bösewichts abhebe. So verfährt jedenfalls Caesarius, dessen negativer Held ein unerbittlicher Geldeintreiber ist (S. 107, 18 ff.):

Audiant hoc exemplum pauperum exactores, quorum hodie innumerabiles sunt. Quid horribilius quam hominem inpenitentem in ipso actu sceleris vivum ducere ad infernum eternis penis cruciandum?

(»Dies Exemplum sollen sich die Geldeintreiber hinter die Ohren schreiben, die heutzutage so zahlreich auftreten und die armen Leute ausnehmen. Was gibt es Schrecklicheres, als wenn ein Unbußfertiger auf frischer Untat lebendig in die Hölle geholt wird zu ewiger Marterstrafe?«)

Warum der Stricker im Unterschied zu Caesarius die Lehr-Erwartung enttäuscht, ist schwer zu sagen[17], braucht uns aber

17 Ein Erklärungsversuch bei Hedda Ragotzky, *Gattungserneuerung und Laienunterweisung in Texten des Strickers*, Tübingen 1981 (Studien und Texte zur Sozialgeschichte der Literatur 1), S. 133. – Vgl. auch Robert E. Lewis, *The Devil as Judge. The Stricker's Short Narrative »Der Richter und der Teufel«*, in: Edward R. Haymes und Stephanie Cain Van D'Elden (Hg.), *The Dark Figure in Medieval German and Germanic Literature*, Göppingen 1986 (Göppinger Arbeiten zur Germanistik 448), S. 114-127; der Verfasser erörtert (S. 123 ff.) den komplementären Widerspruch zwischen der Geschichte und dem Epimythion: in der Geschichte erscheint der Teufel positiv als gerechter Bestrafer des Bösen, im Epimythion aber negativ als böswilliger Verderber der Menschen.

nicht weiter zu beschäftigen. Wichtig für uns ist bloß das Faktum als solches, das eine willkommene Beobachtung erlaubt. Die Geschichte der Rezeption des Stückes zeigt nämlich, daß man solche Texte, auch wenn sie – was hier ohne Zweifel der Fall ist – mit Kunstanspruch auftraten[18], gerade nicht als »verbale Ikonen«[19] im Sinne eines autonomistischen Kunstverständnisses verehrt hat, sondern ganz ungeniert in die Pflicht lebenspraktischer Interessen nahm: die implizite Abweisung einer ständetypischen Anwendung der Erzählung, die mit der Formulierung des Epimythions gegeben ist, hat die Rezipienten nicht daran gehindert, sie gleichwohl für eine soche Anwendung zu nutzen. Das führt zum zweiten Text unserer Reihe.

Wie zwei weitere Reimpaargedichte des Stricker ist *Der Richter und der Teufel* auch in Rechtshandschriften überliefert, und zwar nicht als mehr oder weniger zufälliges Beipack, sondern als integrierender Bestandteil des jeweiligen Rechtstextes.[20]

---

18 Vgl. etwa Lutz Röhrich (Hg.), *Erzählungen des späten Mittelalters und ihr Weiterleben in Literatur und Volksdichtung bis zur Gegenwart*, Bd. 2, Bern und München 1967, S. 462: Mit der Fassung des Stricker als »dem frühesten Zeugnis unserer Teufelserzählung ist zugleich schon eine dichterische Höhe erreicht worden, die dieser Stoff weder in den späteren literarischen Versionen noch in der Volksüberlieferung je wieder erlangt hat. Die Verserzählung gehört mit zu den besten des Strickers [...]«. – Das Urteil über die späteren literarischen Versionen wäre im Blick auf *The Friars Tale* in Chaucers *Canterbury Tales* zu relativieren. Diese Fassung der Geschichte ist – wie die Sammlung als ganze – ein schönes Beispiel dafür, wie ein mittelalterlicher Autor »Spielraum für literarische Autonomie« nutzen konnte (Walter Haug in: *Literarische Interessenbildung* [Anm. 1], S. 358): die Analyse der Erzählung würde Horst Breuers Feststellung bestätigen, daß die *Canterbury Tales* zu den Werken gehören, die als »*selbstreflexive* Kompendien der vorgängigen literarischen Gattungen und Formen« diese »zu neuen *ästhetischen* Einheiten zusammenfassen und so überwinden« (H. B., *Die erzählerische Vermittlung in Chaucers »Wife of Bath's Prologue«*, in: GRM 73 [1992], S. 28-47, hier S. 28 [Hervorhebungen von mir]).

19 Walter J. Ong, *Oralität und Literalität*, Opladen 1987, S. 133.

20 Vgl. Norbert H. Ott, *Bispel und Mären als juristische Exempla. Anmerkungen zur Stricker-Überlieferung im Rechtsspiegel-Kontext*, in: Klaus Grubmüller, L. Peter Johnson und Hans-Hugo Steinhoff (Hg.), *Kleinere Erzählformen im Mittelalter*, Paderborn 1988 (Schriften der Universität-Gesamthochschule Paderborn. Reihe Sprach- und Literaturwissenschaft 10), S. 243-252.

Am deutlichsten wird das in zwei Codices aus dem 14. Jahrhundert, der Innsbrucker *Deutschenspiegel*-Handschrift J und der Freiburger *Schwabenspiegel*-Handschrift F. Der Text ist dort im Landrechtsteil »in den verfahrensrechtlichen Artikeln über Amt und Rechtsstellung des Richters, der Fürsprechen, der Ratgeber und der Zeugen [...] inseriert«.[21] Der unmittelbar vorausgehende Artikel schließt mit einer Verurteilung bestechlicher Richter: *die habent toetlîche sünde die sôgetân guot nement*[22] (»die [die Richter und die sonst noch an der Rechtsfindung beteiligten Personen], die solches Gut annehmen, begehen eine Todsünde«). Diesen Satz illustriert der Stricker-Text: *Wir wellen ein bîspel sagen*, so wird der Text eingeführt, *daz wâr ist und ûf dise rede alle gehoeret*[23] (»Wir wollen ein Beispiel anführen, das wahr ist und sich auf diese ganze Materie bezieht«). Dem hier mißlichen Umstand, daß das Strickersche Epimythion gerade nicht auf diese spezielle Anwendung abhebt, wird durch eine Nachschrift abgeholfen, die es zweckdienlich ergänzt[24]:

> Ditz bîspel hoeret ûf alle rihter. Swer rihter ist, der bedarf wol daz er sich hüete, daz im iht geschehe alse dem rihter geschach; dâ behüete got alle rihter vor. Salomon sprichet: »Minnet daz reht die daz ertrîche rihten!« Des bedurfen die rihter wol.
>
> (»Dieses Beispiel betrifft alle Richter. Wer Richter ist, hat allen Grund sich zu hüten, daß es ihm nicht geht, wie es jenem Richter ergangen ist; davor bewahre Gott alle Richter. Salomo sagt: ›Liebt das Recht, ihr, die ihr auf Erden herrscht!‹[25] Dazu haben die Richter allen Grund.«)

Den beiden Rechtstexten sind chronikalische Einleitungen beigegeben, dem *Deutschenspiegel* das *Buch der Könige*, eine knappe Kompilation von Geschichten aus dem *Alten Testament*, dem

21 Ott [Anm. 20], S. 248.

22 *Deutschenspiegel und Augsburger Sachsenspiegel*, hg. v. Karl August Eckhardt und Arthur Hübner, Hannover ²1933 (MGH, Fontes iuris germanici antiqui. Nova series III), S. 154.

23 Ebda., S. 155.

24 Ebda., S. 163.

25 *Sap.* 1,1: *Diligite iustitiam qui iudicatis terram.*

Schwabenspiegel das *Buch der Könige alter ê und niuwer ê* (»des alten und neuen Bundes«), eine Kombination aus dem *Buch der Könige* und der sog. *Prosakaiserchronik*, einem Abriß der Geschichte des römischen Reichs (in Antike und Mittelalter) bis zu Konrad III. im Anschluß an die gereimte *Kaiserchronik* des 12. Jahrhunderts.[26] Wie die in den Rechtstext selbst integrierten Beispielerzählungen geben diese Einleitungen Exempla richtiger und falscher Ausübung des Herrscher-, und das heißt: vor allem auch des Richteramts. Dem (ja ebenfalls ausdrücklich als historisch reklamierten) Negativ-Exempel vom *Richter und dem Teufel* wird da etwa das Positiv-Exempel von Kaiser Trajan zur Seite gestellt[27]:

> Cronica und andriu buoch diu sagent vil von siner wisheit und von sinem guoten gerihte. Romaere heten groze vorht gen ime, wande er rihte armen unde richen ie nach rehte; er genam nie guot weder durch reht gerihte noch durch unreht gerihte. Der man gewan nie so grozen richtuom, daz er im iht vrumte, so er vür in kom; er rihte wol nach pfahte dem herren und dem knehte; er hete ez also dar zuo braht, daz im dehein man getorste deheine miete bieten; wer im miete bot umbe reht gerihte oder umbe unreht gerihte, der hete den lip verloren.

> (»Die Kaiserchronik und andere Bücher berichten viel von seiner Weisheit und seiner guten Rechtsprechung. Die Römer fürchteten ihn sehr, denn er sprach den Armen wie den Reichen immer nur Recht, wie es vorgeschrieben war; er nahm nie Geld an, nicht für korrekte Richtersprüche und nicht, um sich zu inkorrekten bewegen zu lassen. Niemand war so reich, daß es ihm etwas nützte, wenn er vor ihn kam; er sprach dem Herrn wie dem Knecht korrekt Recht gemäß dem römischen Gesetz; so hatte er es dahin gebracht, daß niemand es wagte, ihm Geld anzubieten; wer ihm Geld anbot in einer gerechten oder einer ungerechten Sache, der hatte das Leben verwirkt.«)

Der *Deutschenspiegel* und der *Schwabenspiegel* mit ihren historiographischen Einleitungen bieten umfassende Bestandsaufnahmen und Erläuterungen des geltenden Rechts. Entstanden

---

26 Vgl. ²VL I, Sp. 1089-1092 (Hubert Herkommer).

27 Hg. v. H. F. Massmann in: A. von Daniels (Hg.), *Land- und Lehenrechtbuch. Saechsisches Land- und Lehenrecht. Schwabenspiegel und Sachsenspiegel*, Bd. 1, Berlin 1863 (Rechtsdenkmaeler des deutschen Mittelalters), Sp. CXXXII.

sind sie in den siebziger Jahren des 13. Jahrhunderts im Augsburger Franziskanerkonvent.[28] Was die Brüder in ihnen als Summe der Bedingungen für das friedliche Zusammenleben in der Gesellschaft zusammenstellten, suchten sie im Bewußtsein der Menschen zu verankern durch Belehrung und Bekehrung. Deren wichtigstes Instrument war die Predigt, in der wir denn auch wieder dem Fall des bestechlichen Richters begegnen. In seiner Stände-Predigt[29] *Von den fünf pfunden* geht der berühmteste franziskanische Volksprediger jener Zeit: Berthold von Regensburg, eine Reihe von Berufen durch und erörtert ihre Zulässigkeit oder Unzulässigkeit bzw. die erlaubte und die unerlaubte Art, sie auszuüben. Einer dieser Berufe ist das Richteramt. Sein Träger wird ermahnt[30]:

> Herre, her rihter, rihtet dem armen als dem rîchen, dem fremden als dem kunden, dem lantman als dem mâge, weder durch liep noch durch leit noch durch guotes miete noch durch kein dinc wan nâch dem rehten; noch nemet von niemen kein guot wan iuwer rehten buoze [...] Unde welt ir des niht tuon, sô tuot iuch iuwers amtes abe, wan iu bezzer ist, daz ir mit eime nideren amte gein himele vart, danne mit einem grôzen ze helle [...]
>
> (»Herr Richter, laßt euch nicht durch Freundlichkeit noch durch Drohungen, nicht durch Geld und auch sonst durch gar nichts da-

28 Vgl. dazu und zum Folgenden die Überblicksdarstellungen bei Joachim Heinzle, *Wandlungen* [Anm. 13], S. 89 ff., und Peter Johanek, *Rechtsschrifttum*, in: Ingeborg Glier (Hg.), *Die deutsche Literatur im späten Mittelalter 1250-1370*, 2. Teil, München 1987 (Helmut de Boor und Richard Newald, *Geschichte der deutschen Literatur von den Anfängen bis zur Gegenwart*, Bd. III 2), S. 396-431.

29 Vgl. Hans-Jörg Gilomen, in diesem Band S. 189 f.

30 *Berthold und Regensburg*, hg. v. Franz Pfeiffer und Joseph Strobl, 2 Bde., Wien 1862. 1880 (Neudr. Berlin 1965), Nr. II (= I, S. 11-28, hier S. 15). – Übersetzung und Kommentar bei Werner Röcke: Berthold von Regensburg, *Vier Predigten*, übers. und hg. v. W. R., Stuttgart 1983 [RUB 7974]). – Betont werden muß, daß die unter Bertholds Namen überlieferten volkssprachigen Predigten in der vorliegenden Form nicht als authentisch zu erweisen sind: vgl. Georg Steer, *Bettelorden-Predigt als ›Massenmedium‹*, in: *Literarische Interessenbildung* [Anm. 1], S. 314-336 (dazu auch u. Anm. 63). Wenn in diesem Beitrag Texte als Predigten Bertholds angeführt werden, ist also nur ein Typus angesprochen.

von abbringen, dem Armen wie dem Reichen, dem Fremden wie dem Bekannten, dem bloßen Mitbürger wie dem Verwandten so Recht zu sprechen, wie es festgelegt ist; und nehmt von niemandem etwas an außer dem Bußgeld, das euch zusteht [...] Und wenn ihr das nicht tun wollt, dann gebt euer Amt auf, denn es ist besser für euch, mit einem niederen Amt in den Himmel zu kommen als mit einem hohen in die Hölle« [...])

Breitenwirksame Belehrung und Bekehrung war das Ziel nicht nur der franziskanischen Volksprediger und der Reimpaarpublizisten vom Schlage des Stricker. Neben ihnen stehen als etwas älterer Typus die Verfasser gesungener Strophen (Sangsprüche). Wir wählen als Beispiel eine Strophe des Rumelant von Sachsen, eines der prominenten Vertreter der Zunft in der zweiten Hälfte des 13. Jahrhunderts[31]:

Swaz man gesprichet,
uns nû brichet
niht sô vil an herren, sô gerihtes.
unreht verdringet âne wer
die rehtikeit, diun kan sich niht ernern.
Ze boesen wihten
rihter pflihten,
swie die sint, ich zige nieman nihtes.
der sünden und der schanden her
waer niht sô grôz, woltenz die rihter wern.
Daz diebe, rouber, morder sint,
verraeter, trieger, valsche wuocheraere,
sô vil der ungetriuwen kint,
daz ist der boesen herren schult, die sie beschirmen; [daz sind boesiu maere:
swer tûsent marke roubet, unde mordet, unde stilt,
daz er mit zwelven büezen mac dem rihter, daz er sîniu [werk verhilt.

(»Was man auch sagt: es fehlt uns jetzt nicht so sehr an Herren als an der Rechtsprechung. Unrecht verdringt unaufhaltsam das Recht, das sich nicht retten kann. Mit Bösewichten jeder Art machen

31 Vgl. ²VL VIII, Sp. 382-388 (Peter Kern). – Text nach: Helmut de Boor (Hg.), *Mittelalter. Texte und Zeugnisse*, Bd. 1, München 1965 (Die Deutsche Literatur. Texte und Zeugnisse I1), S. 832.

> Richter gemeinsame Sache: ich weiß, wovon ich rede.[32] Das Heer der Sünden und der Schandbarkeiten wär nicht so groß, wenn ihm die Richter entgegentreten wollten. Daß es Diebe, Räuber, Mörder, Verräter, Betrüger, Wucherer, soviel verbrecherische Brut gibt, das ist die Schuld der üblen Herren, die sie beschützen; das ist ein übles Ding: wenn einer tausend Mark raubt und mordet und stiehlt, daß er mit zwölf [Mark][33] dem Richter ›Buße‹ leisten kann, daß dieser über seine Taten schweigt.«)

Soweit die Reihe der Texte. Versuchen wir nun, deren historischen Ort zu bestimmen.

III. Interesse

Gemäß den eingangs angestellten Überlegungen versuchen wir zu ermitteln, welches Interesse die Produktion und Rezeption der Texte getragen hat.

Pax et iustitia

Im Fall der franziskanischen Texte fällt das nicht schwer. Sie lassen sich klar auf das eigentümliche Ethos dieses Ordens beziehen, das sinnfällig wird in der typischen Stadtlage seiner Klöster mit der auf Einfügung statt auf repräsentative Distanz bedachten Situierung der Kirchen, die in der Regel ohne Vorbereich unmittelbar an die Straße gesetzt waren[34]: Nähe zum

---

32 Wörtlich: »ich werfe niemandem etwas vor, das nichts ist«; anders de Boor [Anm. 31]: »ich will gegen niemanden etwas gesagt haben«.

33 Sicher nicht »mit zwölf Eideshelfern«, wie de Boor [Anm. 31] erwägt: offensichtlich geht es nicht um Beeinflussung des förmlichen Verfahrens, sondern darum, dieses gar nicht erst zustande kommen zu lassen, indem man den Richter zum Schweigen veranlaßt (der Begriff *büezen* »eine Bußzahlung leisten« ist wohl ironisch gebraucht: »Bestechungsgeld zahlen«).

34 Vgl. Arno Herzig, *Die Beziehung der Minoriten zum Bürgertum im Mittelalter*, in: Die alte Stadt 6 (1979), S. 21-53, hier S. 42; Cord Meckseper, *Kleine Kunstgeschichte der deutschen Stadt im Mittelalter*, Darmstadt 1982, S. 228 f.

Mitmenschen in der Sorge um die rechte Ordnung seines Lebens in der Welt, zu der man ihn anzuhalten hatte.

Kern der franziskanischen Vorstellung von dieser Ordnung ist der Begriff des *Friedens*: »der Friedensgedanke und die Verwirklichung des inneren Friedens in der Gesellschaft ihrer Zeit waren seit den Tagen des Ordensstifters Franziskus Grundanliegen der Minderbrüder«.[35] So heißt es im Eingang des *Buchs der Könige* programmatisch, dieses sei abgefaßt *durch den rehten vride und durch den reinen vride und durch den seldenhaften vride*: »um des rechten und reinen und heilbringenden Friedens willen« ([Anm. 27] Sp. CXV). Und so beschwört Berthold von Regensburg seine Zuhörer[36]:

> Seht, welt ir mir nû volgen, sô kumt ir gar sanfte zuo dem himelrîche [...] Sô behaltent niur daz eine dinc, daz uns got geboten hât [...] Wan ez ist alsô guot [...] daz sîn der vogel in den lüften begert, der wolf in dem walde, der visch in dem wâge, der wurm in der erde, diu tier, daz vihe und eht allez daz lebt – daz begert allez samt des selben dinges, ez sî man oder frouwe, arm oder rîch, gelêret oder ungelêret, alt oder junc, diep und rouber; sîn wirt halt der tiuvel nâch dem jungesten tage begerende, sîn begernt die verdampten in der helle, die im vegefiure und eht allez daz lebt ûf erde [...] Seht, nû wil ich iu ez nennen [...] ez heizet: fride, fride, fride – seht, alsô heizet ez. Wan es ist diu werlt begernde und alliu krêatiure. Swaz man tuot, daz tuot man allez durch den fride [...]

> (»Seht, wenn ihr mir jetzt folgen wollt, dann kommt ihr leicht ins Himmelreich [...] Ihr müßt dazu nur das Eine halten, das uns Gott geboten hat [...] Denn das ist so gut [...], daß es der Vogel in den Lüften begehrt, der Wolf im Wald, der Fisch im Wasser, der Wurm in der Erde, die wilden Tiere, das Vieh und überhaupt alles, was lebt – das alles begehrt ausnahmslos dieses Eine, Mann und Frau, Arm und Reich, Gebildet und Ungebildet, Alt und Jung, Dieb und Räuber; sogar der Teufel wird es nach dem Jüngsten Tag begehren, die Verdammten in der Hölle begehren es, die im Fegefeuer und über-

35 Johanek [Anm. 28], S. 416.

36 Pfeiffer und Strobl [Anm. 30] Nr. XLIX (II, S. 124-136, hier S. 125 f. – ich zitiere mit abweichender Interpunktion). – Eine zweite, längere Fassung der Predigt ist Pfeiffer und Strobl Nr. XVII (I. S. 233-248; Übersetzung und Kommentar bei Röcke [Anm. 30]).

haupt alles, was auf der Erde lebt [...] Seht, jetzt will ich es euch nennen [...] es heißt: Friede, Friede, Friede – seht, so heißt es. Denn das begehrt alle Welt und alle Kreatur. Was man tut, tut man alles um des Friedens willen [...]«)

Die Franziskaner haben den Friedensgedanken nicht erfunden. Er zählt zu den Grundvorstellungen des Christentums und hat über die biblische Formel *pax et iustitia*, »Friede und Recht«, praktisch die gesamte Staatstheorie des Mittelalters bestimmt: *Iustitiam stabilire volens, ut undique pax sit*, »in der Absicht, die Gerechtigkeit zu befestigen, auf daß überall Friede herrsche«, ließ Friedrich Barbarossa an der Pfalz von Kaiserswerth einmeißeln.[37] Insoweit gehört der Gedanke zum christlich fundierten ›kulturellen Gedächtnis‹ des Mittelalters: zu dem »Vorrat gemeinsamer Werte, Erfahrungen, Erwartungen und Deutungen, der die ›symbolische Sinnwelt‹ bzw. das ›Weltbild‹ einer Gesellschaft bildet«.[38] Von hier aus lassen sich auch die historischen Einleitungen zu den Rechtsbüchern besser verstehen. Sie haben nicht nur *normative* Funktion als Illustration der Rechtssätze, sie fungieren auch als *formative* Texte: »Sie vermitteln identitätssicherndes Wissen und motivieren gemeinschaftliches Handeln durch Erzählen gemeinsam bewohnter Geschichten.«[39]

So traditionsgebunden der Friedensgedanke aber auch war, so neu war die Intensität, mit der ihn sich die Franziskaner zu eigen machten, und die gesellschaftsformende Dynamik, mit der sie für ihn eintraten[40]: massenwirksam im »neuen Kommunikationsstil«[41] der missionarischen Volkspredigt und, aufs ganze gesehen, nicht weniger einflußreich über die Rechts-

---

37 Vgl. LMA IV, Sp. 919 (H.-J. Becker). – Zur biblischen Herkunft der Formel vgl. Albrecht Hagenlocher, *Der guote vride*, Berlin und New York 1992 (Historische Wortforschung 27), S. 172.

38 Jan Assmann, *Das kulturelle Gedächtnis*, München 1992, S. 140.

39 Ebda., S. 142.

40 Vgl. Dieter Berg, *Gesellschaftspolitische Implikationen der Vita Minorum, insbesondere des franziskanischen Friedensgedankens, im 13. Jahrhundert*, in: Manfred Gerwing und Godehard Ruppert (Hg.), *Renovatio et Reformatio*, Münster 1985, S. 181-194.

41 Herzig [Anm. 34], S. 43.

bücher. Mit diesen richteten sich die Brüder offenbar an Laien, »die an herausragender Stelle in der Rechtspflege wirkten«.[42] Dies geschah vornehmlich im städtischen Bereich, in dem sie vor allem tätig waren und wo sie auch als Schlichter direkt ins Rechtsleben eingriffen.[43] Die enge Verknüpfung des Ordens mit dem Bürgertum drückt sich nicht zuletzt »in einer immer wieder zu beobachtenden profanen Nutzung der Niederlassungen für Schlichtungsverhandlungen unter den verschiedenen Gruppen einer Stadt, für Rechtsgeschäfte und öffentliche Beurkundungen aus [...] Der auch über die Vergabe von Grundstücken zur Niederlassung der Orden in der Stadt und durch die Einsetzung städtischer Prokuratoren über die Finanzen der Klöster erkennbare Einfluß des Bürgertums war im 14. und 15. Jahrhunderts so groß geworden, daß manche Bettelordensklöster oder deren Kirchen fast als quasi-städtische Institutionen angesehen werden können.«[44]

Der *Schwabenspiegel* hat sich in kürzester Zeit »über den ganzen Süden Deutschlands einschließlich Böhmens und Schlesiens [...] sowie an den Niederrhein ausgebreitet« und ist früh »auch im niederdeutschen Bereich rezipiert worden«.[45] Dieser Erfolg dürfte auch damit zusammenhängen, daß die Franziskaner für ihr Rechtsbuch neben dem Bürgertum sogleich eine andere Herrschaftsinstitution interessieren konnten. Als Kaiserrecht konzipiert, entsprach es den Intentionen König Rudolfs I. von Habsburg, dessen Politik »von den Bettelorden, insbesondere den Minoriten, aktiv unterstützt wurde«; und die Überlieferung spricht dafür, daß es Rudolf war, der »einen ersten Anstoß zur Verbreitung« des Werks gegeben hat.[46] Bezeichnend ist dabei die Verflechtung der Herrschaftsebenen: der König könnte das Rechtsbuch kennengelernt haben, als er im März 1276 »den Bürgern von

42 Johanek [Anm. 28], S. 416.
43 Vgl. Herzig [Anm. 34], S. 36 ff.; Berg [Anm. 40], S. 190 f.
44 Meckseper [Anm. 34], S. 226.
45 ²VL VIII, Sp. 904 f. (Peter Johanek).
46 Ebd., Sp. 904.

Augsburg gestattete, ein städtisches Statutenbuch anzulegen«, zu dessen Formulierung dann der *Schwabenspiegel* benutzt wurde.[47]

So kann die gattungsübergreifende Analyse zeigen, wie ganz unterschiedliche Gattungen – Predigt, Chronik, Rechtsbuch – Positionen in ein und demselben Wirkungsraum besetzen: nur von daher werden sie als historische Größen überhaupt verständlich. Der von den Franziskanern vorangetriebene Prozeß der literarischen Interessenbildung, der sich hier abzeichnet, ist freilich nur ein Teilprozeß in einer übergreifenden Entwicklung. Um diese sichtbar zu machen – und damit auch den Ort der beiden Texte zu bestimmen, die nicht (bzw. nicht direkt) dem franziskanischen Umfeld zuzuweisen sind – müssen wir die historische Perspektive erweitern.

Neue Staatlichkeit

Bei ihrer Beschäftigung mit Fragen der volkssprachigen Kodifizierung von Recht brauchten die Augsburger Franziskaner nicht am Nullpunkt anzufangen. Seit den dreißiger Jahren gab es in Deutschland ein einschlägiges Rechtsbuch, das sogleich eine enorme Wirkung entfaltet hatte und über Jahrhunderte noch entfalten sollte: den *Sachsenspiegel*. Sein Verfasser, der Edelfreie Eike von Repgow aus dem Anhaltischen, hatte eine erste lateinische Version auf Bitten des Grafen Hoyer von Falkenstein in deutsche Prosa umgesetzt und damit die Voraussetzung geschaffen für die beispiellose Erfolgsgeschichte seines Werks. Ausgangspunkt der Verbreitung waren offenbar die Städte Halle und – vor allem – Magdeburg, deren Schöffenkollegien es als Orientierungshilfe hochwillkommen war.[48] Da »der größte Teil der Städte im Bereich der deutschen Ost-

47 Ebda.

48 Vgl. Peter Johanek, *Eike von Repgow, Hoyer von Falkenstein und die Entstehung des Sachsenspiegels*, in: Helmut Jäger u. a. (Hg.), *Civitatum Communitas*, Teil 2, Köln und Wien 1984, S. 716-755.

siedlung in Schlesien, Polen und im Deutsch-Ordensland ihre Verfassung nach magdeburgischem Recht zu gestalten suchte und in Zweifelsfällen beim magdeburgischen Schöffenstuhl [...] um Rechtsbelehrung nachfragte«[49], kam der *Sachsenspiegel* rasch zu überregionaler Bedeutung. In Magdeburg aber befand sich auch die bedeutendste Ausbildungsstätte der Franziskaner in Deutschland. Dort ist das Werk, wie es scheint, mit Interesse aufgenommen worden; man verfertigte eine oberdeutsche Bearbeitung und vermittelte sie den Brüdern in Augsburg, denen sie als Ausgangspunkt und Grundlage ihrer eigenen Rechtsbuchprojekte diente.[50]

Mit dem Stadtbürgertum und den Franziskanern sind an der Verbreitung des *Sachsenspiegels* die gleichen Gruppierungen beteiligt wie ein halbes Jahrhundert später an der Verbreitung der oberdeutschen Rechtsbücher. Und wie dort spielen zudem die Interessen einer überregionalen weltlichen Macht eine Rolle – und zwar, wie man neuerdings mit guten Gründen annimmt[51], hier die entscheidende: Eike von Repgow und Graf Hoyer von Falkenstein gehörten »zum Kreis der Helfer und Diener des Grafen von Anhalt«[52], sie wirkten mit am Ausbau der Landesherrschaft dieses Fürsten – und eben diesem Ausbau diente offensichtlich auch die Abfassung des Rechtsbuchs.

Mit dem Stichwort ›Landesherrschaft‹ ist ein Strukturwandel der Herrschaft angesprochen, der im 13. Jahrhundert den »Durchbruch zum modernen Staat«[53] anbahnte. Die Entwicklung ging – in einem jahrhundertelangen Prozeß – »vom relativ locker organisierten Personenverbandsstaat, der sich auf persönliche (lehnrechtliche) Beziehungen zwischen den Herrschenden gründete, zum straff organisierten, bürokratisch verwalteten Flächenstaat neuzeitlichen Zuschnitts«.[54] Am *Sach-*

49 Johnanek [Anm. 28], S. 409.

50 Vgl. ebda., S. 413 f.

51 Johanek, *Eike* [Anm. 48].

52 Ebda., S. 750.

53 Karl Kroeschell, *Deutsche Rechtsgeschichte* 1, Reinbek 1972 (rororo 1080), S. 297.

54 Heinzle, *Wandlungen* [Anm. 12], S. 17 f.

senspiegel läßt sich modellhaft die Logik der neuen Herrschaftsstruktur ablesen. Das kann hier im einzelnen nicht ausgeführt werden[55], doch sei wenigstens ein Moment benannt, das man als »Leitfossil« des Strukturwandels bezeichnet hat[56]: das territoriale Rechtsprinzip, das besagt, daß nicht wie bisher die Stammeszugehörigkeit festlegt, nach welchen Bestimmungen jemand Recht bekommt, sondern der Ort der Rechtshandlung. So leuchtet die Annahme ohne weiteres ein, die Abfassung des *Sachsenspiegels* verdanke sich dem Interesse eines Fürsten, der bestrebt war, seine Herrschaft im Sinne territorialer Staatlichkeit um- und auszubauen.

Das Engagement der Franziskaner in Sachen Recht und Rechtsaufzeichnung zeigt indes an, daß es nicht bloß um Herrschaftsstrukturen ging. Die Entwicklung der neuen Staatlichkeit kann nicht allein als machtpolitischer oder verfassungsrechtlicher Vorgang verstanden werden, sie ist vielmehr selbst nur eine Teilbewegung in einem viel umfassenderen Prozeß: einer tiefgreifenden Wandlung von Wirtschaft und Gesellschaft, die wir seit dem 11. Jahrhundert beobachten können. Ein technischer Innovationsschub, der die Bezeichnung ›Revolution‹ kaum weniger verdient als der Industrialisierungsprozeß im 19. oder die Einführung der elektronischen Medien im 20. Jahrhundert, erlaubte eine bedeutende Steigerung der landwirtschaftlichen Erträge, der eine wahre Explosion der Bevölkerungszahlen entsprach.[57] Dies brachte neue Organisationsformen der Arbeit und des persönlichen Lebens mit sich (Arbeitsteilung, »Familiarisierung von Arbeiten und Leben«[58]), löste den Prozeß der Verstädterung Europas aus – und begün-

---

55 Ausführlich dazu Heinzle, *Wandlungen* [Anm. 12], S. 18 ff.

56 Kroeschell [Anm. 53], S. 286.

57 Grundlegend dazu jetzt: Karl-Heinz Ludwig, *Technik im hohen Mittelalter zwischen 1000 und 1350/1400*, in: K.-H. L. und Volker Schmidtchen, *Metalle und Macht. 1000 bis 1600*, Berlin 1992 (Propyläen Technikgeschichte 2), S. 11-205; zum Begriff einer ›industriellen Revolution des Mittelalters‹ dort S. 16.

58 Heide Wunder, *»Er ist die Sonn', sie ist der Mond«. Frauen in der Frühen Neuzeit*, München 1992, S. 96.

stigte jene neue Form staatlicher Ordnung: deren historischer Erfolg ist letztlich nur daraus zu erklären, daß sie in der Lage war, das immer vielfältiger und differenzierter werdende Zusammenleben der Menschen effizient zu organisieren: den Frieden zu wahren, an dem allen gelegen sein mußte.

Ganz offensichtlich hat dieser Prozeß auch schon früh Ansätze zur Formierung einer ›Öffentlichkeit‹ im modernen Sinne hervorgebracht. Man kann das – und damit sind wir wieder bei unseren Texten – daran sehen, daß sich im 13. Jahrhundert das Instrumentarium ausbildet, das solche Öffentlichkeit zu ihrer Herstellung und Aufrechterhaltung benötigt: ein institutionalisiertes Informationssystem, das auf Breitenwirksamkeit ausgerichtet war. Es hatte der Integration zu dienen, auf die komplexe Gesellschaften angewiesen sind – und das heißt auch immer wieder: es hatte »die Zirkulation gemeinsamen Sinns« zu betreiben, um »Gemeinsinn« zu produzieren, d. h. bei den Mitgliedern der Gesellschaft »ein Wissen um die Vorrangigkeit des Ganzen« aufzubauen, »dem die Wünsche, Triebe und Ziele des Einzelnen unterzuordnen sind«, also etwa, wie im Fall des bestechlichen Richters, der »Habgier« entgegenzuwirken, der »Selbstvermehrung auf Kosten der anderen«.[59] Reimpaarpublizistik[60], Sangspruchdichtung und Bettelordenspredigt bilden im 13. Jahrhundert dieses Informationssystem.[61] Wir dürfen in ihnen Vorformen der modernen Massenmedien sehen: von professionellen Publizisten, die von Ort zu Ort zogen, per Vortrag unter die Leute gebracht, waren

59 Assmann [Anm. 38], S. 140.

60 Einschließlich der Sonderform des Freidank-Typs: vgl. Heinzle, *Wandlungen* [Anm. 12], S. 183 ff.

61 Das Mit- und Gegeneinander der verschiedenen Medien und ihrer Träger wäre eine eingehende Untersuchung wert; einige Hinweise dazu bei Heinzle, *Wandlungen* [Anm. 12], S. 130 f. mit S. 29. Zu dem viel diskutierten »Gleichklang« zwischen Stricker-Texten und »den Standespredigten der Dominikaner und Franziskaner« vgl. zuletzt Fritz Peter Knapp, *Herrschaftsideale beim Stricker, bei Bruder Wernher und im ›Buch von Bern‹*, in: Waltraud Fritsch-Rößler und Liselotte Homering (Hg.), *Uf der mâze pfat*, Göppingen 1991 (Göppinger Arbeiten zur Germanistik 555), S. 276-289, hier S. 282.

die Texte darauf angelegt, relativ rasch relativ viele[62] Menschen zu erreichen.

Einer auf Gattungen fixierten Literaturwissenschaft muß dieser historische Funktionszusammenhang der Texte entgehen. Und sie wird auch keinen Sinn für den medialen Aspekt haben: dafür, daß es sich bei ihnen primär gerade nicht um ›Literatur‹ handelt, sondern um Gebilde mündlicher Kommunikation, die erst sekundär, in der Überlieferung, ›literarisch‹ werden.[63]

IV. Zivilisationsprozeß?

Die Feststellung, daß in diesen Medien immer wieder auch die Unterordnung der »Wünsche, Triebe und Ziele des Einzelnen« unter das Ganze propagiert wurde, führt auf die Frage nach dem Verhältnis zwischen Soziogenese und Psychogenese. Sie ist bekanntlich von Norbert Elias gestellt und mit einem historisch-theoretischen Konzept beantwortet worden, das die Entwicklung der abendländischen Gesellschaft seit dem Spätmittelalter als einen ›Zivilisationsprozeß‹ zu fassen sucht[64], in dessen Verlauf sich durch eine immer stärkere »Interdependenz« immer »größerer Menschengruppen voneinander und

62 Für die Predigten Bertholds von Regensburg sprechen die Quellen von einigen zehntausend, ja von bis zu 200 000 Zuhörern (vgl. Pfeiffer und Strobl [Anm. 30] I, S. XX ff.). Die Zahlen bleiben eindrucksvoll, auch wenn man sie nicht im buchstäblichen Sinn für akzeptabel hält.

63 Für die Bettelordenspredigt hat dies unlängst Georg Steer [Anm. 30] unterstrichen. Von besonderem Interesse ist die Überlieferung der volkssprachigen Berthold-Predigten, insofern sie *Lesetexte* bietet, die, sehr wahrscheinlich von fremder Hand redigiert, in eine Form gebracht sind, »die den Eindruck vermittelt, als hätte sie Berthold von Regensburg gehalten« (Steer, S. 327) – eigenartigte Dokumente von »literarischer Fiktionalität« (ebda.) also, die zeigen, wie man das Medium *Schrift* nutzen konnte, um *Mündlichkeit* als solche zu konservieren.

64 Norbert Elias, *Über den Prozeß der Zivilisation. Soziogenetische und psychogenetische Untersuchungen*, im folgenden zitiert nach der zweibändigen Ausgabe Frankfurt 1978 (stw 158. 159).

durch die Aussonderung der physischen Gewalttat innerhalb ihrer [...] eine Gesellschaftsapparatur« hergestellt hat, »in der sich dauernd die Zwänge der Menschen aufeinander in Selbstzwänge umsetzen«.[65]

Psychogenese

Die Theorie ist in den letzten Jahren von verschiedener Seite heftig kritisiert worden. Man hat Elias eine Reihe massiver Fehler in der Interpretation seiner historischen Belege nachweisen können.[66] Man hat darauf hingewiesen, daß die Vorstellung einer Entwicklung »von der grobianischen« Gesellschaft des Mittelalters zur »polizierten Gesellschaft« der Neuzeit in unhistorischer Weise das Klischee vom ›anderen‹, ›finsteren‹ Mittelalter reproduziert[67] – so etwa, wenn im Blick auf die Austragung von Konflikten »das Bild des mittelalterlichen ›Staates‹ einseitig vom »Defizit« des fehlenden Gewaltmonopols her ge-

---

65 Ebda., II, S. 331.

66 Paradebeispiel ist die Interpretation von Miniaturen des 15. Jahrhunderts, die Badeszenen darstellen. Elias hatte sie als Belege dafür gebucht, »daß die Menschen des Mittelalters sich nicht schämten, in größerer Anzahl nackt zu baden und zwar oft genug beide Geschlechter zusammen« ([Anm. 64] I, S. 324). Tatsächlich sind, wie Hans Peter Duerr gezeigt hat, nicht ›gewöhnliche‹ Badstuben dargestellt, sondern Bordelle: *Nacktheit und Scham*, Frankfurt/Main 1988 (Der Mythos vom Zivilisationsprozeß 1), S. 46 ff.; *Intimität*, Frankfurt/Main 1990 (Der Mythos vom Zivilisationsprozeß 2), S. 270 ff. Zur Relevanz des Irrtums vgl. Michael Schröter, *Scham im Zivilisationsprozeß. Zur Diskussion mit Hans Peter Duerr*, in: Hermann Korte (Hg.), *Gesellschaftliche Prozesse und individuelle Praxis*, Frankfurt/Main 1990 (stw 894), S. 42-85, hier S. 66.

67 Otto Gerhard Oexle, *Luhmanns Mittelalter*, in: Rechtshistorisches Journal 10 (1991), S. 53-66 (mit Replik von Niklas Luhmann: *Mein Mittelalter*, S. 66-70), hier S. 64. Die Kritik bleibt stichhaltig, auch wenn man anerkennt, daß Elias das Mittelalter durchaus nicht als statischen Block verstanden hat: in seiner Vorstellung von der historischen Entwicklung dominiert die Annahme eines ›Zivilisationsschubs‹ seit dem 16. Jahrhundert, die de facto auf das Postulat einer Neuzeitschwelle hinausläuft. Vgl. Schröter [Anm. 66], S. 46 ff.

zeichnet wird und die »hochentwickelte Technik gütlicher Konfliktbereinigung mit festliegenden Formen und Verantwortlichkeiten« unbeachtet bleibt.[68] Man hat schließlich – dies die radikalste Kritik – die Existenz von Psychogenese überhaupt zur Diskussion gestellt. Er beabsichtige zu zeigen, schreibt der Ethnologe Hans Peter Duerr in der Einleitung seines furiosen ›Anti-Elias‹, »daß es aller Wahrscheinlichkeit nach zumindest innerhalb der letzten vierzigtausend Jahre weder Wilde noch Primitive, weder Unzivilisierte noch Naturvölker gegeben hat«.[69] Zwar will Duerr damit ausdrücklich *nicht* gesagt haben, »daß sich in der Geschichte nichts geändert hätte«, sondern nur, »daß sich diese Veränderungen – langfristig gesehen – nicht in Form einer Evolutionskurve darstellen lassen«[70]; und er unterstreicht auch seine Ansicht, »daß die Frage, ob die Körperscham ›genetisch fixiert‹ ist, gegenwärtig« *nicht* »entschieden werden kann«.[71] Doch ist unschwer zu erkennen, daß die Argumentation die Vorstellung im Auge hat, der »psychische Habitus«[72] des Menschen sei eine anthropologische Konstante.[73]

So eng der thematische Horizont von Duerrs Elias-Kritik (vorerst) ist – sie beschränkt sich auf die Erörterung von Äußerungsformen der Körperscham –, diese Kritik verweist auf eine Problematik, die unseren Begriff von Geschichtlichkeit generell tangiert. Müßten wir die Vorstellung von der Historizität des psychischen Habitus aufgeben, dann wäre das anspruchsvollste historische Konzept unserer Tage Makulatur: die »epochenspezifischen, aber eher langfristigen, weil vorbewußten affektiven Dispositionen der Menschen gegenüber Grundsituationen und -problemen des Lebens«, nach denen die *anthro-*

68 Gerd Althoff, in diesem Band S. 248f.

69 Duerr, *Nacktheit* [Anm. 66], S. 12.

70 Duerr, *Intimität* [Anm. 66], S. 20.

71 Ebda., S. 269 – Dezidiert dazu Schröter [vgl. Anm. 66], S. 57 f.

72 Elias [Anm. 66], S. 315.

73 Ganz deutlich wird das etwa, wenn Duerr sich für seine Theorie der sozialen Kontrolle gleichermaßen auf Thomas von Aquin und auf die »Meinung der Balinesen« beruft (*Intimität* [Anm. 66], S. 8f.).

pologie historique fragt[74], beträfen nur Akzidentien der menschlichen Natur – wechselnde Drapierungen der immer gleichen Puppe.[75] Die Erforschung etwa der »Geschichte des Körpers, der familialen Organisation des Lebens und der Volkskultur«[76] verlöre ihre Perspektive, und am Ende stünden wir wieder bei jenen disparaten ›Kulturgeschichten‹, die den traurigen Charme von Kuriositätenkabinetten ausstrahlen.

Die Aussicht ist deprimierend. Ehe man sich mit ihr abfindet, wird man die Bemühungen intensivieren, einer *essentiellen* historischen Dimension der menschlichen Psyche auf die Spur zu kommen.[77] Das wird am ehesten gelingen, wenn man das Problem nicht isoliert betrachtet, sondern im Sinne von Elias auf der Verschränkung des psychogenetischen Ansatzes mit dem soziogenetischen besteht: also nach einem »Verflechtungsmechanismus« zwischen dem »Wandel im Aufbau der menschlichen Beziehungen und dem entsprechenden Wandel im Aufbau des psychischen Habitus«[78] fragt.

Ermutigende Vorstöße in dieser Richtung gibt es vor allem in den Forschungen zur höfischen Kultur.[79] Dabei wird immer deutlicher, daß die klar als Soziogenese beschreibbare Ausbildung der Institution ›Hof‹ mit der Ausbildung eines spezifischen Habitus der Triebbeherrschung einhergeht. Besonders scharf hat Rüdiger Schnell den Zusammenhang am Beispiel des ›Liebesdiskurses‹ herausgesarbeitet[80]: die höfische Liebeslehre mit

---

74 Ursula Peters, *Historische Anthropologie und mittelalterliche Literatur*, in: Johannes Janota u. a. (Hg.), *Festschrift Walter Haug und Burghart Wachinger*, Bd. 1, Tübingen 1992, S. 63-86, hier S. 64.

75 Vgl. Duerr, *Intimität* [Anm. 66], S. 14 f.

76 Peters [Anm. 74], S. 66.

77 Ich meide bewußt den Begriff ›Mentalität‹, dessen Verwendung beim gegenwärtigen Stand der Dinge in diesem Zusammenhang eher Verwirrung stiften als Klarheit schaffen dürfte.

78 Elias [Anm. 64] II, S. 315.

79 Zum Forschungsstand vgl. Joachim Bumke, *Höfische Kultur*, in: Beitr. 114 (1992), S. 414-492.

80 In diesem Band, S. 103-133; Zitate dort S. 108. – Vgl. auch ders., *Die ›höfische Liebe‹ als Gegenstand von Psychohistorie, Sozial- und Mentalitätsgeschichte*, in: Poetica 23 (1991), S. 374-424. – Gegen Schnell halte ich bis auf weiteres

ihrem Ethos von »Selbstbeherrschung« und »Triebbändigung« entspricht der mittelalterlichen Herrscherlehre und kann so begriffen werden als Moment einer psychischen Konditionierung: der Herausarbeitung einer Selbstzwangapparatur im Interesse der Stabilisierung einer bestimmten Gesellschaftsformation.[81]

Ich halte es für denkbar, daß sich der soziogenetische Prozeß, den wir als Ausbildung einer ›Neuen Staatlichkeit‹ über die Analyse bestimmter Textsorten des 13. Jahrhunderts in den Blick bekommen haben, entsprechend an einen psychogenetischen Prozeß binden läßt. Dabei wird es möglich und nötig sein, das Konzept gattungsübergreifender historischer Textanalyse noch ein Stück weiterzuverfolgen.

beati pacifici

beati pacifici quoniam filii Dei vocabuntur, »selig die Friedfertigen, denn sie werden Kinder Gottes heißen«: die siebte Seligpreisung der Bergpredigt (Matth. 5,9) verweist auf die geistliche Dimension des Friedensgedankens. Die Theologen seit der Väterzeit haben sich darum bemüht, sie systematisch zu fassen. Uns interessiert hier nur, daß aus der Exegese der Seligpreisung der »Gedanke« entwickelt wurde, »friedfertiges Verhalten gegenüber anderen« setze eine »innere Harmonie des

daran fest, daß die betreffenden Vorgänge in ihrer Genese sozialspezifisch sind: ein Oberschichtenphänomen. Dem widersprechen weder die Übereinstimmungen »von monastisch-religiösem und höfisch-laikalem Diskurs« (S. 423), noch steht der Umstand entgegen, »daß die mittelalterliche Adelsgesellschaft keine autonome Liebe zweier Individuen« dulden konnte, weil diese »die Gesellschaft zerstören würde« (S. 423).

81 In den Grundzügen hat schon Elias selbst die »Soziogenese des Minnesangs und der courtoisen Umgangsformen« ([Anm. 64] II, S. 88) in der Weise beschrieben, wie es die heutige Forschung tut. Zur nötigen Kritik seiner Darlegungen vgl. Ursula Liebertz-Grün, *Zur Soziologie des »amour courtois«*, Heidelberg 1977 (Beihefte zum Euphorion 10), S. 89 ff.; Alfred Ebenbauer, *Das ›christliche Mittelalter‹ und der ›Prozeß der Zivilisation‹*, in: Bernd Thum (Hg.), *Gegenwart als kulturelles Erbe*, München 1985, S. 5-26, hier S. 8; Schnell, *Höfische Liebe* [Anm. 80], S. 394 f.

einzelnen« voraus.[82] Indem »das *pacificus*-Ideal« derart »den Frieden zu einer Sache des inneren Zustands des Menschen« macht, wird der Friedensgedanke *psychologisiert*.[83]

Diese Psychologisierung läuft auf eine Internalisierung der sozialethischen Friedensappelle hinaus – so, wenn es etwa bei Berthold von Regensburg heißt: *Unde swer mit im selber fride hât, der hât fride mit dem lîbe unde mit der sêle, alsô daz der lîp niht begern sol danne daz der sêle guot ist*, »und wer mit sich selbst im Frieden lebt, der hat Frieden mit dem Leib und mit der Seele, so daß der Leib nur das begehrt, was gut für die Seele ist«.[84]

Die »Verbindung der ethischen Aspekte mit dem emotionalen, die psychische Markierung des Friedensbegriffs«[85], schlägt nun auch die Brücke zur übrigen volkssprachigen Textproduktion der Augsburger Franziskaner des 13. Jahrhunderts, von der bisher noch nicht die Rede war: zur aszetisch-mystischen Prosa Davids von Augsburg und seines Umkreises.[86] Dort spielt der Gedanke des Friedens, spielt vor allem die Frage nach dem Verhältnis von *pax interior*, »innerem Frieden«, und *pax exterior*, »äußerem Frieden«, eine große Rolle. Bei David haben beide Arten des Friedens »letztlich den gleichen ethischen Wert«: der Friede ist allemal »Zorn und Haß entgegengesetzt, ob die nun von außen kommen oder aus dem eigenen Innern, das heißt vom Teufel; die so gewonnene Harmonie führt zu Gott«.[87] Dem entspricht, daß in der Vorrede zum *Schwabenspiegel* geistlicher und gesellschaftlicher Friede als identisch erscheinen.[88]

Als Instrumente der Seelsorge und Erbauung für die Menschen, die im Orden lebten, in ihn eintreten wollten oder ihm sonst verbunden waren, sind die aszetisch-mystischen Trakta-

82 Hagenlocher [Anm. 37], S. 75.
83 Ebda., S. 78.
84 Pfeiffer und Strobl [Anm. 30] I, S. 239; dazu Hagenlocher [Anm. 37], S. 81.
85 Hagenlocher [Anm. 37], S. 82.
86 Vgl. Heinzle, *Wandlungen* [Anm. 12], S. 97 ff.
87 Hagenlocher [Anm. 37], S. 80.
88 Vgl. ebda., S. 180 ff.

te Produkte desselben Interesses an den Möglichkeiten des Mediums Literatur (im weitesten Sinne), das auch die Rechtsbücher und die Volkspredigten hervorgebracht hat, dienen sie demselben Ziel: die Welt zu verändern, indem der Geist der Menschen verändert wird.[89]

So kann man die franziskanische Textproduktion des Zeitraums quer durch die Gattungen auf einen psycho-sozialen Wirkungszusammenhang beziehen. In den Texten wird die Verflechtung von Psychogenese und Soziogenese reflektiert, und zugleich sind sie Instrumente, den Prozeß voranzutreiben: bestimmte Verhaltensweisen zu fordern und geeignete Selbstzwangmechanismen aufzubauen und aufrechtzuerhalten. Die Frage ist allerdings, ob die ethisch-psychologische Reflexion und Agitation im Sinne der Zivilisationstheorie eine Funktion der Soziogenese sind, eine Folge der »Umorganisation der menschlichen Beziehungen«[90] – oder ob man sie (auch) als primär wirkende Größen anzusehen hat. Damit ist ein heikler Punkt der Theorie angesprochen: die Frage nach der Bedeutung der Religion in Zivilisationsprozessen, hinsichtlich des hier interessierenden abendländischen mithin nach der »Rolle des Christentums und seiner Institutionen«.[91]

Sie kann im Rahmen dieses Beitrags nicht mehr generell erörtert werden.[92] Wir müssen uns damit begnügen festzuhal-

89 Von Bedeutung sind in diesem Zusammenhang auch die – mit den Rechtsbüchern in enger Verbindung stehenden – Poenitential-Summen, deren volkssprachige Popularisierung in Deutschland im 14. Jahrhundert einsetzt. An der Spitze steht (mit weit über hundert Textzeugen) die deutsche *Summa Johannis* des Bruder Berthold. Vgl. Johanek [Anm. 28], S. 430 f.; Georg Steer, *Geistliche Prosa*, in: Glier [Anm. 28], S. 306-370, hier S. 363 ff.; zum Typus allgemein: N. Brieskorn, Artikel *Bußsummen*, in: LMA II, Sp. 1154; s. auch Hans-Jörg Gilomen, in diesem Band S. 184.

90 Elias [Anm. 64] II, S. 315.

91 Ebenbauer [Anm. 81], S. 22.

92 Elias hat die Möglichkeit, das Christentum habe eine bestimmende Rolle im Zivilisationsprozeß gespielt, barsch beiseite geschoben: »Die Religion, das Bewußtsein der strafenden und beglückenden Allmacht Gottes, wirkt für sich allein niemals ›zivilisierend‹ oder affektdämpfend. Umgekehrt: Die Religion ist jeweils genau so ›zivilisiert‹, wie die Gesellschaft oder die

ten, daß jedenfalls in unserem Beobachtungsfeld die Kirche in Gestalt der Bettelorden, der Träger einer ›Neuen Frömmigkeit‹ aus dem Geist des Evangeliums, *als bewegender Faktor* maßgeblich an dem Spiel der Kräfte beteiligt war, die auf die besondere Konzeption des Verhaltens der Menschen und auf die be-

---

Schicht, die sie trägt« ([Anm. 64] I, S. 277). Man hat dem entgegengehalten, daß die christliche Lehre von ›Gewissen‹ und ›Sünde‹ als »eine wesentliche Grundlage jener Selbstzwänge« anzusehen ist, »die in Elias' Zivilisationstheorie eine so erhebliche Rolle spielen«, und daß auch »das christliche Arbeitsethos« den »Zivilisationsprozeß«, wenn es ihn denn gibt, »entscheidend mitgeprägt hat« (Ebenbauer [Anm. 81], S. 12 und 21 – zum Hinweis auf Max Weber, der in diesem Zusammenhang naheliegt, vgl. jetzt Artur Bogner, *Zivilisation und Rationalisierung. Die Zivilisationstheorien Max Webers, Nobert Elias' und der Frankfurter Schule im Vergleich*, Opladen 1989). Von Bedeutung dürfte hier auch die Einsicht sein, »daß wesentliche Aspekte der höfischen Erziehungslehre von gebildeten Geistlichen formuliert worden sind« (Joachim Bumke, in diesem Band S. 70) und die höfische Kultur im ganzen mit der klerikalen verwachsen ist (vgl. dazu den Forschungsbericht von Bumke [Anm. 79]; wichtig in diesem Zusammenhang auch Schnell, *Höfische Liebe* [Anm. 80]). – Die historische Kritik der Theorie vom Zivilisationsprozeß, die von diesem Punkt aus zu entwickeln wäre, scheint mir am Ende fruchtbarer zu sein als – bei allen Verdiensten – die ethnologische, die Duerr vorgetragen hat (zu dieser vgl. die umsichtige Anti-Kritik von Schröter [Anm. 66]). Sie könnte nicht nur das Verhältnis zwischen Soziogenese und Psychogenese neu definieren, sondern böte auch die Chance, in der Diskussion über den Mittelalterbegriff weiterzukommen: Elias' obsoleten Mittelalterbegriff aufbrechend, könnte sie die Kontur eines europäischen Zivilisationsprozesses zeichnen, der, über alle postulierten Epochenschwellen hinweg, vom frühen Mittelalter in die sog. Neuzeit führt. Ein Zugang ließe sich etwa über die Analyse der Entwicklung von den Bußbüchern des frühen Mittelalters (auf die Ebenbauer hingewiesen hat) zu den Poenitential-Summen des hohen und späten Mittelalters suchen (vgl. Anm. 89; ferner Schnell, *Höfische Liebe* [Anm. 80], S. 395 f.). – Nicht stichhaltig scheint mir das Modell einer »Dreistufen-Entwicklung vom 12. bis 16. Jahrhundert« zu sein, das Schröter vorgestellt hat ([Anm. 66], S.79 ff. – vgl. auch frühere Arbeiten von Schröter: *Staatsbildung und Triebkontrolle. Zur gesellschaftlichen Regulierung des Sexualverhaltens vom 13. bis 16. Jahrhundert*, in: Peter Gleichmann u. a. [Hg.], *Macht und Zivilisation*, Frankfurt/Main 1984 (stw 418), S. 148-192; *»Wo zwei zusammenkommen in rechter Ehe ...« Sozio- und psychogenetische Studien über Eheschließungsvorgänge vom 12. bis 15. Jahrhundert*, Frankfurt/Main 1985, Taschenbuchausgabe 1990 (stw 860); *Wildheit und*

sondere Ordnung ihres Zusammenlebens hingearbeitet haben, die zur ›Zivilisation‹ der Gegenwart führten. Erkennbar ist dies nicht zuletzt über die Analyse volkssprachiger Texte, Formen früher Publizistik vor allem, ohne die der Prozeß nicht zu denken ist. Deutlich geworden ist auch, daß speziell die Textproduktion der Franziskaner eine interessengebundene Einheit bildet. Sie steht am Anfang einer ›Literatur der neuen Frömmigkeit‹, deren historische Bedeutung schwerlich zu unterschätzen ist. Indem sie zugleich die Institutionalisierung der Lebensordnung des Kollektivs befördert und auf die Entfaltung der Kräfte des Individuums hingewirkt hat, leistete sie ihren Beitrag zu der »historischen Dialektik von Allgemeinem und Besonderem«, die sich auf den verschiedensten Feldern und Niveaus der Entwicklung beobachten läßt: als strukturbildende Dominante des »sukzessiven Konstitutionsprozesses« einer Moderne, die das sogenannte Mittelalter immer schon einschließt.[93]

Zähmung des erotischen Blicks. Zum Zivilisationsprozeß deutscher Adelsgruppen im 13. Jahrhundert, in: Merkur 41 [1987], S. 468-481; *Zur Intimisierung der Hochzeitsnacht im 16. Jahrhundert. Eine zivilisationstheoretische Studie*, in: Hans-Jürgen Bachorski [Hg.], *Ordnung und Lust*, Trier 1991 [Literatur – Imagination – Realität 1], S. 359-414). Von anderem abgesehen, krankt Schröters Modell an irrigen Vorstellungen über Staatlichkeit und Staatsbildung im fraglichen Zeitraum. – Korrektur-Nachtrag: Nach Abschluß des Manuskripts erschien der dritte Band von Duerrs ›Anti-Elias‹: *Obszönität und Gewalt*, Frankfurt/Main 1993 (Der Mythos vom Zivilisationsprozeß 3). Der Band bringt für die Beurteilung der hier diskutierten Fragen keine neuen Gesichtspunkte.

93 Günther Mensching, *Das Allgemeine und das Besondere. Der Ursprung des modernen Denkens im Mittelalter*, Stuttgart 1992, Zitate S. 12. und 14.

GEDÄCHTNIS

Otto Gerhard Oexle
Memoria in der Gesellschaft und in der Kultur des Mittelalters

I.

Memoria, die Überwindung des Todes und des Vergessens durch ›Gedächtnis‹ und ›Erinnerung‹, bezeichnet fundamentale Bereiche des Denkens und des Handelns von Individuen und Gruppen und verweist deshalb auf eine Fülle von Gegebenheiten in Religion und Liturgie, Weltdeutungen und Wissen und auf das ›kulturelle Gedächtnis‹[1] in seinen objektivierten Formen von Memorialüberlieferung im weitesten Sinne: Texte und Bilder, Denkmäler und Riten, Geschichtsschreibung und Dichtung. Im sozialen Sinn ist Memoria Ausdruck einer religiös begründeten Ethik des »Aneinander-Denkens« und »Füreinander-Handelns« (Jan Assmann)[2], in der auch den Toten der Status von Rechtssubjekten und Subjekten gesellschaftlicher Beziehungen zugewiesen ist.[3] Zur Memoria gehört auch das Sich-Erinnern der Nachwelt im profanen Sinn, der Ruhm *(fama, nomen)*.[4] Die Erscheinungsformen von Memoria dürfen als ein spezifischer Ausdruck einer Kultur verstanden werden. Erst der Durchbruch der Moderne um 1800 in der Kultur des Okzidents mit der rasch zunehmen-

1 Dazu Jan Assmann, *Das kulturelle Gedächtnis. Schrift, Erinnerung und politische Identität in frühen Hochkulturen*, München 1992.

2 Jan Assmann, *Stein und Zeit. Das ›monumentale‹ Gedächtnis der altägyptischen Kultur*, in: ders. und Tonio Hölscher (Hg.), *Kultur und Gedächtnis*, Frankfurt/Main 1988, S. 87-114, S. 18. Vgl. ders., *Stein und Zeit. Mensch und Gesellschaft im alten Ägypten*, München 1991.

3 Otto Gerhard Oexle, *Die Gegenwart der Toten*, in: Herman Braet und Werner Verbeke (Hg.), *Death in the Middle Ages*, Leuven 1983, S. 19-77.

4 Achatz von Müller, *Gloria Bona Fama Bonorum. Studien zur sittlichen Bedeutung des Ruhmes in der frühchristlichen und mittelalterlichen Welt*, Husum 1977.

den Umgestaltung aller politischen Verhältnisse und sozialen Bindungen und mit der Heraufkunft des modernen Historismus als der universalen Historisierung des Denkens und der Welt[5] ließ die Forderung nach einer Kultur des Vergessens (Friedrich Nietzsche) laut werden, hat jedoch zugleich auch eine permanente Faszination durch Gedächtnis und Erinnerung konstituiert.

So zeigt sich seit einigen Jahren in fast allen Kulturwissenschaften ein geradezu stürmisches Interesse an Gedächtnis, Erinnerung, Memoria, in einer bemerkenswerten Konvergenz und Zusammenarbeit von Ägyptologen, klassischen Archäologen und Orientalisten, von Kunsthistorikern und Philosophen, von Theologen und Soziologen, von Literaturwissenschaftlern und Historikern.[6] Parallel dazu vollzieht sich eine Neuaneignung klassischer Forschungsansätze zum Thema, zum Beispiel in der Vergegenwärtigung des Mnemosyne-Projekts von Aby Warburg oder der Theorie des kollektiven Gedächtnisses von Maurice Halbwachs.[7] Bereits wurde die Ver-

---

5 Otto Gerhard Oexle, *›Historismus‹. Überlegungen zur Geschichte des Phänomens und des Begriffs*, in: Braunschweigische Wissenschaftliche Gesellschaft. Jahrbuch 1986, S. 119-155; Annette Wittkau, *Historismus. Zur Geschichte des Begriffs und des Problems*, Göttingen 1992.

6 Assmann und Hölscher (Hg.) [Anm. 2]; Pietro Rossi (Hg.), *La memoria del sapere. Forme di conservazione e strutture organizzative dall'Antichità a oggi*, Roma und Bari 1988; Aleida Assmann und Dietrich Harth (Hg.), *Mnemosyne. Formen und Funktionen der kulturellen Erinnerung*, Frankfurt/Main 1991; Anselm Haverkamp und Renate Lachmann (Hg.), *Gedächtniskunst: Raum – Bild – Schrift. Studien zur Mnemotechnik*, Frankfurt/Main 1991; Anselm Haverkamp und Renate Lachmann (Hg.), *Memoria. Vergessen und Erinnern*, München 1993. Ein bedeutender Ansatz ist die von Pierre Nora am Beispiel Frankreichs initiierte Erforschung der ›Gedächtnisorte‹: Pierre Nora (Hg.), *Les lieux de mémoire*, Bd. 1 ff., Paris 1984 ff. Kritisch und weiterführend dazu Michael Borgolte, *Papstgräber als ›Gedächtnisorte‹ der Kirche*, in: HJb 112 (1992), S. 305-323.

7 Vgl. Roland Kany, *Mnemosyne als Programm. Geschichte, Erinnerung und die Andacht zum Unbedeutenden im Werk von Usener, Warburg und Benjamin*, Tübingen 1987; Horst Bredekamp u. a. (Hg.), *Aby Warburg. Akten des internationalen Symposions Hamburg 1990*, Weinheim 1991; Assmann [Anm. 1], S. 34 ff. (über M. Halbwachs); Dieter Wuttke, *Aby M. Warburgs Kulturwissenschaft*, in: HZ 256 (1993), S. 1-30.

mutung geäußert, daß »sich um den Begriff der Erinnerung ein neues Paradigma der Kulturwissenschaften aufbaut, das die verschiedenen kulturellen Phänomene und Felder – Kunst und Literatur, Politik und Gesellschaft, Religion und Recht – in neuen Zusammenhängen sehen läßt«.[8]

An alledem hat nicht nur auch die Mittelalterforschung ihren Anteil, vielmehr zeigt diese besonders deutlich, daß es vor allem um zwei Dimensionen von Gedächtnis, Erinnerung und Memoria geht. Zum einen geht es um die Fähigkeit des Gedächtnisses, um das Erinnerungsvermögen und dessen kulturelle Voraussetzungen sowie literarische und rhetorische Erscheinungsformen, deren Geschichte im Rahmen des Mittelalters neuerdings umfassend dargestellt wurde.[9] Zum anderen geht es um die Memoria im sozialen Sinn, um Memoria als eine Form des sozialen Handelns von Individuen und Gruppen, das aus bestimmten Denkformen hervorgeht und seinerseits soziale ›Wirklichkeit‹ erzeugt, nämlich Institutionen und kulturelle Hervorbringungen, Texte und Bilder, Literatur und Kunst.

Vor allem auf diesem Gebiet des sozialen Handelns durch Memoria kam in der Mittelalterforschung schon lange vor der derzeitigen Konjunktur des Themas ›Memoria‹ ein Forschungsinteresse zum Zuge, das zur Entdeckung neuer historischer Phänomene und zur Formulierung neuer Fragen führte. Diese Forschungen wurden in dem von Gerd Tellenbach geleiteten Kreis junger Mediävisten in Freiburg[10] begründet und in

---

8 Assmann [Anm. 1], S. 11.

9 Mary J. Carruthers, *The Book of Memory. A Study of Memory in Medieval Culture*, Cambridge u. a. 1990; Janet Coleman, *Ancient and Medieval Memories. Studies in the reconstruction of the past*, Cambridge u. a. 1992. Vgl. auch Ivan Illich, *Im Weinberg des Textes. Als das Schriftbild der Moderne entstand. Ein Kommentar zu Hugos ›Didascalicon‹*, Frankfurt/Main 1991. Einen Überblick über die verschiedenen Dimensionen von Erinnerung und Memoria im Mittelalter gab Jacques Le Goff, *Histoire et mémoire*, Paris 1988, S. 105 ff. Grundlegend für die Geschichte der *›ars memorativa‹* seit der Antike ist noch immer Frances A. Yates, *Gedächtnis und Erinnern. Mnemonik von Aristoteles bis Shakespeare*, Weinheim ²1991 (zuerst London 1966).

10 Dazu Karl Schmid, *Der ›Freiburger Arbeitskreis‹. Gerd Tellenbach zum 70. Geburtstag*, in: ZGO 122 (1974), S. 331-347.

der Folge vor allem von Karl Schmid und Joachim Wollasch in Münster und wieder in Freiburg entfaltet.[11] Grundlage der neuen Erkenntnisse war dabei eine systematische Bearbeitung der frühmittelalterlichen Memorialüberlieferung im engeren Sinn, nämlich der Gedenkbücher *(Libri vitae)* und der Nekrologien, die in den Klöstern des früheren Mittelalters geführt wurden. Gegenstand der Erkenntnis waren die Personen und Personengruppen des früheren Mittelalters, in den spezifischen Formen ihrer Entstehung, in ihren Formen des Denkens und des Handelns, vor allem im Blick auf Mönchtum und Adel.[12] In diesem Zusammenhang sind dann, auch in der Zusammenarbeit mit Vertretern anderer Fächer wie Literaturwissenschaft, Religionsgeschichte, Rechtsgeschichte, Namenforschung sowie Schriftgeschichte, die Grundlagen für die Erkenntnis von Wesen und Dimensionen der Memoria im Mittelalter erarbeitet worden.[13] Im folgenden sollen, andeutungsweise, erörtert werden die Grundlagen der Memoria im Mittelalter (Abschnitt II), ihre Erscheinungsformen und ihre Bedeutung für die Erkenntnis der mittelalterlichen Gesellschaft (III und IV) sowie die konstitutive Bedeutung der Memoria für die Kultur des Mittelalters (V).

---

11 Vgl. das Forschungsprogramm von Karl Schmid und Joachim Wollasch, *Die Gemeinschaft der Lebenden und Verstorbenen in Zeugnissen des Mittelalters*, in: FMSt 1 (1967), S. 365-405; dies., *Societas et fraternitas. Begründung eines kommentierten Quellenwerkes zur Erforschung der Personen und Personengruppen des Mittelalters*, in: FMSt 9 (1975), S. 1-48. Vgl. auch Gerd Tellenbach, *Der Liber Memorialis von Remiremont. Zur kritischen Erforschung und zum Quellenwert liturgischer Gedenkbücher*, in: DA 25 (1969), S. 64-110.

12 Vgl. Karl Schmid, *Gebetsgedenken und adliges Selbstverständnis im Mittelalter. Ausgewählte Beiträge*, Sigmaringen 1983; Joachim Wollasch, *Mönchtum des Mittelalters zwischen Kirche und Welt*, München 1973.

13 Dazu die Beiträge in den beiden Sammelbänden: Karl Schmid und Joachim Wollasch (Hg.), *Memoria. Der geschichtliche Zeugniswert des liturgischen Gedenkens im Mittelalter*, München 1984; Karl Schmid (Hg.), *Gedächtnis, das Gemeinschaft stiftet*, München und Zürich 1985. Vgl. auch Dieter Geuenich und Otto Gerhard Oexle (Hg.), *Memoria in der Gesellschaft des Mittelalters* (im Druck).

II.

Begreift man Memoria als ein ›totales‹ soziales Phänomen (Marcel Mauss), das alle Dimensionen des Lebens umfaßt und sich in allen Bereichen des Lebens auswirkt, das also nicht nur die Religion betrifft, sondern auch Wirtschaft, Alltagsleben, Philosophie, Kunst, Geschichtsschreibung, die menschlichen Beziehungen, das soziale Verhalten und Handeln insgesamt, so stellt sich die Frage nach einer die einzelnen Kulturen übergreifenden Beobachtung von Konstanten der Memoria einerseits, ihren spezifischen Erscheinungsformen in einzelnen Kulturen andererseits.[14] Die Forschung steht mit diesen Fragen erst am Anfang.

Daß die altägyptische Kultur wesentlich eine Gedächtnis-Kultur war, haben die Arbeiten von Jan Assmann deutlich gemacht: Die berühmten Monumente, die Denk-Mäler des Alten Ägypten sind »nicht nur ein Medium individueller Selbstverewigung und Vergänglichkeitsüberwindung«, sondern auch zugleich und darüber hinaus »ein Medium des kulturellen Gedächtnisses, das in der Unwandelbarkeit seiner Formensprache nach innen und außen die Essenz des ägyptischen Welt- und Selbstbildes visualisierte und stabilisierte«.[15] Zugleich sind diese Denk-Mäler, die Pyramiden, die Königsgräber und ebenso die nicht-königlichen Grabdenkmäler, Formen des Ausdrucks einer »Denkmäler-Ethik«, die dem einzelnen »den Weg zur Unsterblichkeit kraft Einbindung in die Erinnerungsgemeinschaft der Gruppe weist« und die zentriert ist um die »Werte der Solidarität und Einfügung«. Es ist dies eine »Ethik des Aneinander-Denkens und Füreinander-Handelns, eine Ethik gegenseitiger Unvergessenheit. ›Sei eingedenk‹ lautet die

14 Vgl. Yoshiya Hayakawa, *Kakochô. Zur Bedeutung japanischer Totenbücher im Mittelalter*, in: Saeculum. Jahrbuch für Universalgeschichte 41 (1990), S. 62-78.

15 Assmann, 1988 [Anm. 2], S. 96. Die folgenden Zitate ebda. S. 98. Vgl. auch die Erörterungen über den Begriff der ›Ma'at‹: Jan Assmann, *Ma'at. Gerechtigkeit und Unsterblichkeit im alten Ägypten*, München 1990.

Devise, eingedenk des Vorangegangenen und des Kommenden. Handle für die, die gehandelt haben, und handle so, daß andere für dich handeln werden.«

Eine Gedächtnis-Religion und somit Gedächtnis-Kultur ist bekanntlich auch das Judentum des Alten Testaments. Hier geht es um das Gedenken der Geschichte als einer Geschichte, in der sich Gott auf Grund seiner Taten zu erkennen gibt:[16] »Ich bin dein Gott, der dich führte aus dem Land Ägypten« (*Exod.* 20,2). Die Aufforderung, sich zu erinnern, ist somit ein »religiöser Imperativ« (Yosef Hayim Yerushalmi), dessen Befolgung sichert, daß auch Gott sich seines Volkes erinnert. »Denk an die Tage der Vergangenheit, lerne aus den Jahren der Geschichte« (*Deut.* 32,7); »Denk daran, Jakob, und du, Israel, daß du mein Knecht bist. Ich habe dich geschaffen, [...] ich vergesse dich nicht« (*Jes.* 44,21); »Nimm dich in acht, daß du nicht den Herrn vergißt, der dich aus Ägypten geführt hat« (*Deut.* 6,12; vgl. 8,11-18).

Auf diesen Grundlagen wurde auch das Christentum eine Gedächtnis-Religion und begründete seinerseits eine Gedächtnis-Kultur. Auch im Christentum ist das Gedenken an göttliche Heilstaten in der Vergangenheit Inhalt des Glaubens und Gegenstand des Kultes. Ein wesentliches Element ist dabei das gemeinsame Mahl. Die Gemeinschaft der Gläubigen fand sich zusammen nicht nur im Gebet und im Hören des Wortes, sondern auch in der Gemeinschaft des »Herrenmahles« (1. *Kor.* 11,21), das – wie der älteste schriftlich fixierte Abendmahlstext erläutert – seinem Wesen nach Memoria, Anamnesis ist: »Dies tut zu meinem Gedächtnis« (1. *Kor.* 11, 24 f.). Die darin angelegte Verknüpfbarkeit der christlichen Mahl-Gemeinschaft mit dem in der nicht-christlichen Antike weitverbreiteten Totenmahl, bei dem sich Verwandte und Freunde des Toten an seinem Grab versammelten und da-

16 Vgl. Yosef Hayim Yerushalmi, *Zachor: Erinnere Dich! Jüdische Geschichte und jüdisches Gedächtnis*, Berlin 1988; Gerd Theissen, *Tradition und Entscheidung. Der Beitrag des biblischen Glaubens zum kulturellen Gedächtnis*, in: Assmann und Hölscher (Hg.) [Anm. 2], S. 170-196.

bei im gemeinsamen Essen und Trinken mit dem Toten dessen Gegenwart unter den Lebenden konstituierten – diese Verknüpfung von Abendmahl und Totenmahl war für die weitere Entwicklung des Memorialwesens im Okzident von außerordentlicher Bedeutung. Das Mahl, das gemeinsame Essen und Trinken, in seinen verschiedenen liturgischen und nicht-liturgischen, in jedem Fall aber religiös konstituierten Formen wurde damit die Grundlage aller Formen von Memoria.[17]

Sucht man eine Einführung in die Vielfalt des Phänomens der Memoria im Mittelalter, so gibt es nichts Besseres als ein Buch, das – an der Wende von der Antike zum Mittelalter geschrieben – zu den berühmtesten Büchern der Weltliteratur gehört: Augustins Selbstreflexion, seine *Confessiones*. Memoria ist das durchgehende Grundthema dieses Buchs. Augustins *Confessiones* sammeln wie in einem Brennpunkt alles, was in der christlichen und nicht-christlichen Spätantike zu diesem Thema gesagt werden konnte. Und sie sagen es in einer Weise, die – nicht zuletzt auch wegen der Wirkungsgeschichte des Buchs – für alle folgenden Jahrhunderte repräsentativ bleibt, im Mittelalter und sogar darüber hinaus und eigentlich bis zum Beginn unserer eigenen Epoche um 1800.

In den ersten zehn Büchern der *Confessiones* spricht Augustinus von sich selbst, in den letzten drei bietet er eine Auslegung der Schöpfungsgeschichte. Von den zehn autobiographischen Büchern erörtern neun die Lebensgeschichte von der Kindheit bis zur Bekehrung zum Christentum, genauer gesagt: bis zum Tod der Mutter im Herbst 387. Daran anschließend ist das ganze zehnte Buch der Frage gewidmet, was Memoria eigentlich sei. In der Beantwortung dieser Frage dringt Augustinus zu einer Bestimmung von Memoria vor, die ganz und gar persön-

17 Vgl. Otto Gerhard Oexle, *Memoria und Memorialüberlieferung im früheren Mittelalter*, in: FMSt 10 (1976), S. 70-95; ders., *Mahl und Spende im mittelalterlichen Totenkult*, in: FMSt 18 (1984), S. 401-420 (jeweils mit zahlreichen Literaturhinweisen, auch für die Spätantike). Die folgenden Darlegungen bereits in ders., *Die Gegenwart der Lebenden und der Toten. Gedanken über Memoria* in: Schmid (Hg.) [Anm. 13], S. 74-107, S. 76 ff.

lich ist und doch zugleich metaphysischen, theologischen und philosophischen Rang hat. Memoria entfaltet sich, wie Augustinus darlegt, im Voranschreiten vom Äußeren zum Inneren. Sie enthält die Sinnesbilder von Dingen der Außenwelt als Wahrnehmungen und als Vorstellungen der Phantasie, sie enthält ideelle Gegenstände (Wissensinhalte zum Beispiel), sie umfaßt seelische und geistige Zustände, sie umfaßt jegliches Erkennen, Lernen und Wissen bis hin zum Wissen des Wissens, bis zum Erinnern der Erinnerung und zum Erinnern des Vergessens. Memoria ist also Bewußtsein im umfassendsten und tiefsten Sinne. Sie ist jene Kraft, die bei allem Wechsel der Bewußtseinsinhalte immer die Identität des Bewußtseins herzustellen und zu sichern vermag. Memoria ist die Gegenwart des Geistes selbst, ein »tätiges In-Sich-Sein«, wodurch der Geist sich selbst gegenwärtig ist und alle Wirklichkeit gegenwärtig hält. In dieser Selbstbesinnung kraft der Memoria aber findet der Geist in seiner eigenen Tiefe zu Gott, der nicht durch die Memoria erschlossen und nicht mit ihrer Hilfe bewiesen, sondern in ihr selbst gefunden wird. »Groß ist die Kraft der Memoria«, *magna est vis memoriae*, schreibt deshalb Augustinus, »welch schauerliches Geheimnis, [...] welch tiefe, unendliche Fülle«.

Das anschließende elfte Buch mit der Auslegung des biblischen Schöpfungsberichts zwingt Augustinus zur Erörterung der Frage nach der Zeit, und er stößt dabei auf einen anderen Aspekt von Memoria. Die Zeit in ihren drei Dimensionen der Vergangenheit, der Gegenwart und der Zukunft definiert Augustinus als Hervorbringung des Geistes, der immerfort Künftiges erwartet, Gegenwärtiges wahrnimmt und an Vergangenes sich erinnert, so freilich, daß Zukunft, Gegenwart und Vergangenheit eines sind, weil »das, was der Geist erwartet, durch das hindurch, was er wahrnimmt, übergeht in das, woran er sich erinnert«. Gegenwart ist also »ohne Ausdehnung, weil sie im Augenblick ist und nicht mehr ist«; es gibt demnach also nur Künftiges und Vergangenes. Aber auch das Künftige »ist« ja nicht eigentlich, ist es doch immer nur im gegenwärtigen Augenblick des Geistes als »Erwartung von Künftigem«. Und auch das Vergangene »ist« nicht, weil es gewesen ist; es ist also nur im Geist als »Erinnerung an das Vergangene« *(memoria praeteritorum)*. Es gibt also nicht eigentlich »drei Zeiten«, sondern nur drei Formen der Gegenwart: die »Gegenwart des Künftigen«, die »des Gegenwärtigen« und die »Gegenwart des Vergangenen« *(praesens de praeteritis)*, die man Memoria, Erinnerung nennt.

In vielfältiger Weise ist schließlich in den *Confessiones* neben der Memoria im historischen und psychologischen, im metaphysischen, philosophischen und religiösen Sinne noch von einem andern Bereich von Memoria die Rede, von jener Memoria nämlich, die ein erinnerndes Handeln von Menschen ist, das sich vor allem auf die Toten bezieht. Es geht hier also um Memoria als soziales Handeln und, damit verknüpft, um Memoria als Ritus und Liturgie. Dieser Bereich tritt vor allem im neunten Buch der *Confessiones* hervor; es endet mit dem Tod der Mutter. Mehrfach erwähnt Augustinus den dringenden Wunsch der Mutter, daß ihrer nach dem Tode gedacht werde, daß ihre Memoria am Altar gefeiert werde. Augustinus geht darüber noch hinaus, indem er schließlich seine *Confessiones* im Ganzen selbst zu einer Memoria werden läßt: in den letzten Sätzen des neunten Buches fordert er seine Leser dazu auf, jener beider zu gedenken, die seine »Eltern waren in diesem flüchtigen Lichte hier, die von Dir, dem Vater her, meine Brüder sind in der Mutter Kirche, meine Mitbürger in dem ewig währenden Jerusalem«. So nämlich werde »durch das Beten vieler ihr [der Mutter] letzter Wunsch an mich durch diese meine Bekenntnisse reichlicher als durch meine Gebete erfüllt«. Es ist ein wahrhaft grandioser Gedanke, diese *Confessiones*, die ja schon zu Lebzeiten des Augustinus sein am meisten gelesenes Buch waren, zu einem »Totenmal« für die Mutter zu machen, zu einer zugleich dinglichen wie geistigen Memorie, durchaus vergleichbar der baulichen Memorie, die in Ostia über dem Grab der Mutter errichtet wurde, und doch, im Gegensatz zu dieser, wahrhaft unvergänglich.

Auch andere Erscheinungsformen der sozialen Memoria, des sozialen Handelns, das Lebende und Tote verbindet, kommen in den *Confessiones* zur Sprache, so vor allem bezogen auf die Zeit des Aufenthalts in Mailand, seit Herbst 384. In jene Zeit fällt – und Augustinus berichtet ausführlich davon – die denkwürdige Erhebung der Gebeine der Märtyrer Gervasius und Protasius, die Bischof Ambrosius im Juni 386 in seine neue Basilika übertragen ließ. Es war dies die erste derartige Translation toter Märtyrer in eine Stadtkirche, in die Gesellschaft der Lebenden also – ein epochales Ereignis. Bedeutsam für die Geschichte der Totenmemoria war dabei auch die Konsequenz, welche die wachsende Verehrung von Toten als Heiligen für den allgemeinen Totenkult hatte.

Geläufige Ausdrucksform des Totenkults in der christlichen wie in der heidnischen Antike war das oben bereits erwähnte, von Verwandten, Freunden und von der Familie des Toten am Grab begangene Totenmahl, in dem der Tote als wirklicher Teilnehmer erlebt wurde. Zum Essen und Trinken am Grab gehörte immer auch die heitere Unterhaltung, gehörten Gesang und Tanz und die Speisung der Armen, die ebenso wie der Tote in den Kreis der Feiernden einbezogen waren. Auch von diesen Totenmählern berichtet Augustinus. Im sechsten Buch der *Confessiones* erzählt er, wie die Mutter in Mailand die Memorien, also die Grabmäler und Denkmale der Toten aufsuchte, um dort, wie es Brauch war, »mit einem Korb voll Gaben der Erde«, nämlich mit Mehlbrei, Brot und Wein Totenmahl zu halten. Freilich wurde sie zurückgewiesen; Bischof Ambrosius habe dergleichen verboten, so wurde ihr gesagt, weil es »heidnischem Aberglauben aufs Haar ähnlich« sei. Augustinus will mit dieser Erzählung die Verehrung der Mutter für Ambrosius und ihren Gehorsam zeigen. Er bezeichnet damit aber zugleich einen bedeutsamen Moment in der Geschichte des antiken und christlichen Totenkults, jenen Moment nämlich, an dem die Märtyrer endgültig aus der Schar der übrigen Toten heraustraten, der Märtyrerkult als kirchliche Veranstaltung im Kirchengebäude eine wachsende Bedeutung erhielt und deshalb das ältere Totenmahl der Verwandten, der Freunde, der Familie und ganzer Gemeinden zurückgedrängt und zunehmend verboten wurde. An die Stelle des umfassenden Totenmahls mit dem Toten am Grab sollte nun ausschließlich das Gebet für ihn treten und dazu die Armenspende, die bisher ein Teil des ganzen Totenmahls gewesen war. Es wurde also getrennt und in einen Gegensatz gebracht, was zuvor als Teil eines Ganzen angesehen worden war. An den Memorien der Märtyrer aber sollte die Totenmahlfeier durch die eucharistische Mahlfeier ersetzt werden.

Die kirchliche Gesetzgebung, das kirchliche Recht des Westens hat, u. a. an Ambrosius und Augustinus anknüpfend, in den folgenden Jahrhunderten diese Verbotstradition weitergeführt. Dies bewirkte eine Zurückdrängung des Totenmahls und seine Eliminierung aus dem kirchlichen Bereich, führte allerdings nie zu seiner völligen Verdrängung. Bemerkenswert ist hier auch, daß, im Gegensatz zum Westen, im griechisch-byzantinischen Osten die Kontinuität des Totenmahls auch im kirchlichen Rahmen ungebrochen blieb, was sich sogar im Alltagsleben des modernen Rußland unserer Tage noch immer erkennen läßt.

III.

Aus der Liturgie der eucharistischen Mahlfeier mit ihrer Kommemoration der Toten und der abwesenden Lebenden entstand die frühmittelalterliche Memoria[18], aus den frühchristlichen Diptychen, die während der Liturgie auf dem Altar lagen, entstanden die *Libri Memoriales* des Frühmittelalters mit ihren langen Reihen von Namen lebender und verstorbener Personen, von Individuen und Gruppen. Sie sind uns vor allem aus den Klöstern der Karolingerzeit überliefert (u. a. Reichenau,

---

18 Im Gegensatz zu den hier dargelegten Bindungen zur christlichen wie nicht-christlichen Spätantike (s. die oben Anm. 17 genannten Arbeiten) vertritt Arnold Angenendt, *Buße und liturgisches Gedenken*, in: Schmid (Hg.) [Anm. 13] S. 39-50, die These, daß die »Memorialpraxis wesentlich aus der frühmittelalterlichen Bußpraxis zu erklären ist« (S. 39). Vgl. ders., *Theologie und Liturgie der mittelalterlichen Toten-Memoria*, in: Schmid und Wollasch (Hg.) [Anm. 13], S. 79-199.

St. Gallen, Remiremont)[19], aber auch aus späterer Zeit[20], und manchmal ist es nicht einmal das Buch, sondern der Altarraum oder die Altarplatte, also der Ort der liturgischen Memoria selbst, an dem die Namen aufgezeichnet wurden. Oft wurden Namenlisten auch in ein liturgisches Buch, in ein Sakramentar oder Evangeliar eingetragen, oder der *Liber Memorialis* wurde zusammen mit einem Sakramentar oder Evangeliar angelegt. Auch die ältesten Aufzeichnungen von Mitgliederlisten laikaler Gruppen finden sich in Sakramentaren oder anderen liturgischen Handschriften.[21] Auch ein zweiter Typus der Kommemoration entstand im Frühmittelalter in Klöstern und Stiften, und zwar im Zusammenhang des sogenannten Kapiteloffiziums. Hier trat, wiederum seit der Karolingerzeit, neben die Lesung der Namen der Tagesheiligen aus dem Martyrolog die Lesung der Namen der Toten, trat deshalb in der Überlieferung neben das Martyrolog das ebenfalls kalendarisch geordnete Nekrolog.[22]

Immer handelt es sich hierbei um Aufzeichnungen von Namen. Denn es ist der Vorgang der Namensnennung, der Namenrezitation, der für die Memoria konstitutiv ist. Der Name ist Bestandteil der Person, so daß zwischen dem Namen und dem Genannten eine wesentliche Verbindung und Beziehung besteht. Die Namensnennung ist deshalb immer auf Individuen bezogen, sie ist ein das Individuum meinender Akt

19 Eduard Hlawitschka, Karl Schmid, Gerd Tellenbach (Hg.), *Liber Memorialis von Remiremont*, Zürich 1970; Johanne Autenrieth, Dieter Geuenich, Karl Schmid (Hg.), *Das Verbrüderungsbuch der Abtei Reichenau*, Hannover 1979; Michael Borgolte, Dieter Geuenich, Karl Schmid (Hg.), *Subsidia Sangallensia I: Materialien und Untersuchungen zu den Verbrüderungsbüchern und zu den älteren Urkunden des Stiftsarchivs St. Gallen*, St. Gallen 1986.

20 Karl Schmid und Joachim Wollasch (Hg.), *Der Liber vitae der Abtei Corvey*, 2 Bde., Wiesbaden 1983 und 1989.

21 Otto Gerhard Oexle, *Liturgische Memoria und historische Erinnerung. Zur Frage nach dem Gruppenbewußtsein und dem Wissen von der eigenen Geschichte in den mittelalterlichen Gilden*, in: Norbert Kamp und Joachim Wollasch (Hg.), *Tradition als historische Kraft*, Berlin und New York 1982, S. 323-340.

22 Auf weitere Erscheinungsformen von Memorialüberlieferung, z. B. die für das Kloster Fulda typischen Totenannalen [vgl. unten Anm. 23], kann hier nicht eingegangen werden.

mit einer konstitutiven rechtlichen und sozialen Bedeutung und Wirkung. Die Nennung des Namens eines Abwesenden bewirkt dessen Gegenwart, und deshalb verschafft, nach den Auffassungen der Menschen der Antike und des Mittelalters und noch der frühen Neuzeit, die Nennung des Namens eines Toten diesem einen rechtlichen und sozialen Status unter den Lebenden. Die Namensnennung ist es, die den Toten zu einem Rechtssubjekt und zu einem Subjekt von Beziehungen der menschlichen Gesellschaft macht. Dabei gilt die Namensnennung zugleich immer auch als eine Anrufung und Repräsentation des göttlichen Erinnerns. Diese transzendente Begründung der Memoria reicht in den immanenten Vorgang der Kommemoration hinein und begründet ihn. Dies kommt auch darin zum Ausdruck, daß der auf dem Altar liegende *Liber Memorialis* als das Abbild des himmlischen Buches des Lebens *(Liber Vitae)* im Sinne der neutestamentlichen Apokalypse galt, in dem die Namen der Gerechten aufgezeichnet sind (Apk. 3,5; 13,8; 20,12 f.).

In der sozialen Bedeutung der Memoria sind nun die sozialgeschichtlichen Erkenntnisse begründet, welche die Memorialüberlieferung vermittelt.

Diese betreffen im Frühmittelalter zunächst das Mönchtum selbst.[23] Die Gedenkbücher der Karolingerzeit überliefern zahlreiche Listen monastischer Gemeinschaften im 8. und 9. Jahrhundert aus dem ganzen Frankenreich, oft mehrere aus zeitlich verschiedenen Phasen der Geschichte eines und desselben Klosters; oft findet man auch Listen ganzer Klostergruppen. Zum ersten Mal sehen wir hier, anhand dieser Selbstzeugnisse, die monastische Bewegung der Karolingerzeit ›von innen‹ (und

23 Exemplarisch ist Karl Schmid (Hg.), *Die Klostergemeinschaft von Fulda im früheren Mittelalter*, 5 Bde., München 1978. Über das westfränkische Mönchtum des 8. und 9. Jahrhunderts: Otto Gerhard Oexle, *Forschungen zu monastischen und geistlichen Gemeinschaften im westfränkischen Bereich*, München 1978; Dieter Geuenich, *Gebetsgedenken und anianische Reform, Beobachtungen zu den Verbrüderungsbeziehungen der Äbte im Reich Ludwigs des Frommen*, in: Raymund Kottje und Helmut Maurer (Hg.), *Monastische Reformen im 9. und 10. Jahrhundert*, Sigmaringen 1989, S. 79-106.

nicht aus der Sicht des Königtums oder aus der Sicht der bischöflichen Gesetzgebung); wir sehen die personelle Zusammensetzung der Klöster, gerade auch der bedeutendsten (u. a. Reichenau, St. Gallen, Fulda, S. Martin in Tours); wir erkennen das Wachstum einzelner Klöster und ganzer Klosterverbände, die innere Struktur und den Altersaufbau der Konvente, die so überaus folgenreiche vom 8. zum 9. Jahrhundert rasch zunehmende Klerikalisierung des Mönchtums, d. h. die Abnahme der Zahl der Laienmönche zugunsten der Ordinierten; wir sehen auch die Mobilität der Mönche innerhalb von Klostergruppen. In dem vielfach dokumentierten Austausch von Listen und in den dadurch bezeugten, weite Räume überspannenden Memorialbeziehungen der Klöster der Karolingerzeit zeigt sich schließlich auch, welchen Beitrag das Mönchtum zur kirchlichen und politischen Integration des Frankenreiches geleistet hat; zugleich wird in diesem Sachverhalt etwas sichtbar von der sozialen Kraft kontraktueller, auf Konsens und Vertrag beruhender Bindungen[24], die für den mittelalterlichen Okzident so überaus kennzeichnend sind. Vertragsverhältnisse aber verweisen auf die Personen, die sie eingegangen sind. Deshalb vermehren diese Memorialzeugnisse auch unsere Kenntnis einzelner Personen in diesen Klöstern, die wir aufgrund ihrer literarischen oder künstlerischen Tätigkeit kennen und nun besser kennen, seitdem wir wissen, in welchen Gruppen sie lebten. Personenforschung und Gruppenforschung ergänzen sich somit und fördern sich wechselseitig.

Ähnliches gilt für die Erforschung des europäischen Mönchtums im Hochmittelalter auf der Grundlage der Nekrologien.[25] Die systematische Erforschung der Nekrologien

---

24 Dazu Karl Schmid, *Mönchtum und Verbrüderung*, in: Kottje und Maurer [Anm. 23], S. 117-146; Otto Gerhard Oexle, *Les moines d'Occident et la vie politique et sociale dans le Haut Moyen Age*, in: Revue Bénédictine 103 (1993), S. 255-272.

25 Joachim Wollasch (Hg.), *Synopse der cluniacensischen Necrologien*, 2 Bde., München 1982. Als Nekrolog-Edition sei genannt: Eckhard Freise, Dieter Geuenich, Joachim Wollasch (Hg.), *Das Martyrolog-Necrolog von St. Emmeram zu Regensburg*, Hannover 1986.

cluniacensischer Klöster erlaubt zum ersten Mal eine genaue Beantwortung der Frage, wer die Cluniacenser waren[26] und was die Struktur jener Art von Verband war, welcher diese Form des okzidentalen Mönchtums im 11. und 12. Jahrhundert konstituiert hat.[27] Die Rolle Clunys und anderer Zentren des hochmittelalterlichen Reformmönchtums in der europäischen Geschichte hat damit neue Konturen und Dimensionen bekommen.[28]

Die durch die Auswertung monastischer Memorialüberlieferung zu gewinnenden Erkenntnisse beschränken sich aber nicht auf das Mönchtum allein: auch das laikale Umfeld der Klöster, aus dem die Mitglieder der Kommunitäten kamen, kommt in den Blick des Historikers, weil die Verknüpfung von Memorialüberlieferung mit den Angaben erzählender und vor allem urkundlicher Quellen zu neuen Erkenntnissen führt, wie am Beispiel der Klostergemeinschaft von Fulda exemplarisch gezeigt werden konnte.[29] Überhaupt stehen die monastischen Kommunitäten in vielfachen Verbindungen mit ihrer engeren und weiteren Umwelt. Denn das Gebet ist eine soziale Gabe, eine immaterielle soziale Gabe, die mit anderen, auch materiellen Gaben getauscht wird: mit Liegenschaften zum Beispiel, mit kultischen Geräten, Alltagsgegenständen, Büchern. Auf solchen Gaben beruhende Verpflichtungen zum Gebet für einzelne wie für Gruppen wurden im *Liber Memorialis* eines Klosters festgehalten, und so sind denn auch solche Gruppen aus der Umgebung eines Klosters in den *Libri Memoriales* verzeichnet, die wir sonst in ihrer Zusammensetzung nicht kennen. Zum Beispiel: Kathedralstifte, Frauenkonvente, Prie-

---

26 Vgl. Joachim Wollasch, *Neue Methoden der Erforschung des Mönchtums im Mittelalter*, in: HZ 225 (1977), S. 529-571; ders., *Wer waren die Mönche von Cluny vom 10. bis 12. Jahrhundert?*, in: *Mélanges Jacques Stiennon*, Liège 1982, S. 663-678.

27 Wollasch [Anm. 12], S. 136 ff.

28 Joachim Wollasch, *Totengedenken im Reformmönchtum*, in: Kottje und Maurer (Hg.) [Anm. 23], S. 147-166.

29 Eckhard Freise, *Studien zum Einzugsbereich der Klostergemeinschaft von Fulda*, in: Karl Schmid (Hg.), *Die Klostergemeinschaft von Fulda* [Anm. 23], Bd. 2/3.

stergenossenschaften. Oder: adlige Familien und Verwandtenkreise, die, oft an verschiedenen Orten und zu verschiedenen Zeiten sowie in wechselnder Zusammensetzung aufgezeichnet, auch in ihrer Veränderung faßbar werden.[30]

Bedeutsam erscheint auch hier das Phänomen der Einung, d. h. der auf Konsens und Vertrag beruhenden Gruppenbildungen[31], das ein Faktor und zugleich ein Indikator der Memoria im Frühmittelalter ist. Vereinigungen von Bischöfen und Äbten, von Mönchen und Klerikern zum Zwecke der gegenseitigen Gebetshilfe sind eine frühe Form der ›Verbrüderung‹ (Max Weber)[32], die ein wesentliches Element der Sozialgeschichte des europäischen Okzidents darstellt. Seine Konsequenzen für die Geschichte des Okzidents können kaum überschätzt werden. Ein Beispiel dafür, das erst durch die Erforschung und Auswertung von Memorialüberlieferung faßbar wurde, sind die *amicitiae* und *pacta* des frühen 10. Jahrhunderts, der Zeit Heinrichs I., in denen jüngst ein entscheidendes Mittel zur Wiederherstellung ›öffentlicher‹ Ordnung, der Friedenssicherung und der Stabilisierung des Reiches erkannt wurde.[33]

IV.

Vergleichbare Elemente finden wir auch in der Memoria adliger Familien, die doch zugleich eine wiederum andere Welt bedeutet. Adel wird konstituiert durch die Überzeugung einer langen und herausragenden Abstammung. Diese wird in der Memoria sichtbar. Da im Nachweis einer langen Abstammung auch ein Nachweis der Befähigung zur Herrschaft liegt, ist

---

30 Dazu die Beiträge von Karl Schmid in dem oben Anm. 12 genannten Band.

31 Vgl. Otto Gerhard Oexle, *Conjuratio und Gilde im frühen Mittelalter. Ein Beitrag zum Problem der sozialgeschichtlichen Kontinuität zwischen Antike und Mittelalter*, in: Berent Schwineköper (Hg.), *Gilden und Zünfte*, Sigmaringen 1985, S. 151-214.

32 Vgl. Schmid, Mönchtum und Verbrüderung [Anm. 24].

33 Darüber Gerd Althoff, *Amicitiae und Pacta. Bündnis, Einung, Politik und Gebetsgedenken im beginnenden 10. Jahrhundert*, Hannover 1992.

Memoria beim Adel zugleich Grundlage jeglicher Herrschaftslegitimation. Deshalb steht Memoria am Beginn der Konstituierung adliger Gechlechter. In der Adels-Memoria verknüpfen sich die religiösen Momente der Memoria (Totengedenken in den Hausklöstern mit Grablegen) mit den Erscheinungsformen des profanen Gedenkens an des Ruhmes würdige Taten. Für eine Vielzahl adliger wie königlicher Geschlechter ist ihre Memoria in den letzten Jahren eingehend erforscht worden.[34] Hier geht es also um Memoria und Herrschaft.

Die »Sorge der Salier um ihre Memoria«, liturgisch verwirklicht nicht nur im Kaiserdom zu Speyer, sondern auch an den Gräbern ihrer Vorfahren im Dom zu Worms und auf der Limburg, und außerdem realisiert in den Stiftungen liturgischer Prachthandschriften (vor allem von Kaiser Heinrich III.) für die Reichskirchen und Dome in Speyer oder Bremen oder für das Pfalzstift St. Simon und Judas in Goslar, erweist sich als ein wesentlicher Teil ihrer herrscherlichen Legitimation. Dazu gehörte auch das bei den Saliern neu in Erscheinung tretende Phänomen der Gedenkstiftungen für ihre Getreuen *(fideles)*, ihre Helfer, die Ministerialen und Vasallen, die wir auf diese Weise wiederum namentlich kennenlernen.[35] Ein besonders aufschlußreiches Beispiel der Schaffung von Herrschaftslegitimation durch Memoria zeigt zur selben Zeit Knut der Große, der dänische Erobererkönig im England des 11. Jahrhunderts. Er hat seine Herrschaft, die weder durch seine Heirat noch durch den Konsens der angelsächsischen Großen ausreichend gesichert war, durch Memorialstiftungen zu stützen versucht, die in Texten und Bildern dokumentiert sind. Sie verbanden Knut und sein Königtum nicht bloß mit den großen Klöstern in seinem angelsächsischen Machtbereich, sondern auch mit

34 Vgl. Gerd Althoff, *Adels- und Königsfamilien im Spiegel ihrer Memorialüberlieferung. Studien zum Totengedenken der Billunger und Ottonen*, München 1984.

35 Karl Schmid, *Die Sorge der Salier um ihre Memoria*, in: Schmid und Wollasch (Hg.) [Anm. 13], S. 666-726; ders., *Zum Haus- und Herrschaftsverständnis der Salier*, in: Stefan Weinfurter (Hg.), *Die Salier und das Reich*, Bd. 1: *Salier, Adel und Reichsverfassung*, Sigmaringen 1991, S. 21-54.

Klöstern, Stiften und Kathedralkirchen in Frankreich und im Reich, ja bis nach Rom.[36]

Auf dem Kontinent haben vor allem die Welfen des 12. Jahrhunderts in einer für die damalige Zeit völlig singulären Intensität ihre Herrschaft durch die Begründung und Entfaltung ihrer Memoria und die Darstellung ihrer Hausüberlieferung und ihres jeweiligen Herkunftsbewußtseins in Texten, Bildern und Denkmälern legitimiert.[37] Das von Heinrich dem Löwen in Braunschweig errichtete Löwendenkmal ist eine Manifestation der welfischen Herkunft des Herzogs in einem stellvertretenden Bildnis, während das berühmte Evangeliar Heinrichs für den Blasius-›Dom‹ in Braunschweig (entstanden um 1185/ 88) in einzigartiger Weise alle Elemente profaner und religiöser Memoria in sich vereinigt: Ahnenstolz und Herkunftsbewußtsein, Anspruch und Begründung eines herausragenden Ranges und dynastischer Herrschaft ebenso wie die Darstellung des Ruhms der als Residenzort erwählten und geförderten Stadt Braunschweig, den Ruhm der Stiftung eines ungewöhnlichen Kunstwerks von höchstem Rang – und zugleich: die Gewißheit, mit den Verwandten und Vorfahren in der Nachfolge Christi zu stehen, in der Hoffnung auf die Zugehörigkeit zur künftigen »Gemeinschaft der Gerechten« *(justorum consortia)* und zum »Reich des Lebens« (*regnum vitae*), was zugleich in einer die gesamte Weltgeschichte und Heilsgeschichte umfassenden Perspektive dargelegt wird.[38]

Ein letztes Beispiel, aus dem Spätmittelalter: Kaiser Maximilian. Die Bedeutung von Memoria in seinem Denken und Handeln demonstriert ebensowohl die von ihm in Auftrag ge-

---

36 Jan Gerchow, *Prayers for King Cnut: The Liturgical Commemoration of a Conqueror*, in: Carola Hicks (Hg.), *England in the Eleventh Century. Proceedings of the 1990 Harlaxton Symposium*, Stamford 1992, S. 219-238.

37 Otto Gerhard Oexle, *Adliges Selbstverständnis und seine Verknüpfung mit dem liturgischen Gedenken – das Beispiel der Welfen*, in: ZGO 134 (1986), S. 47-75.

38 Otto Gerhard Oexle, *Die Memoria Heinrichs des Löwen*, in: ders. und Geuenich (Hg.) [Anm. 13].

gebene Innsbrucker Hofkirche mit dem berühmten Kenotaph, in der Darstellung aller Vorfahren Maximilians in effigie (König Artus, Theoderich der Große und die römischen Kaiser eingeschlossen), wie auch die am Wiener Hof betriebene Geschichtsschreibung, deren wesentliche Intention Memoria, ›Gedechtnus‹ war, wie Jan-Dirk Müller umfassend dargestellt hat. Memoria bündelt hier Kunst und Geschichtsschreibung und ist Ausdruck von Herkunftsbewußtsein, Selbstverständnis und politischer Programmatik des Habsburgers.[39]

Neben Mönchtum, Königtum und Adel hat die Memorialforschung jüngst auch in weiteren Bereichen neue Erkenntnisse ermöglicht: im Hinblick auf die Stadt und die Armen.

Seit den Anfängen gesellschaftlicher Arbeitsteilung im früheren Mittelalter, seit dem 10. und 11. Jahrhundert also, beginnt die Bildung genossenschaftlicher Gruppen in der Stadtbevölkerung, die man – mehr schlecht als recht – als ›Bruderschaften‹ bezeichnet, zuerst in Italien (10. Jahrhundert), dann in Frankreich (11. Jahrhundert).[40] Ihre Mitgliederlisten, zum Teil auch Statuten, sind als Memorialüberlieferung oft in liturgischen Büchern erhalten geblieben und bezeugen umfassend die personelle Zusammensetzung dieser Gruppen, aber zugleich auch das Gemeinschaftsleben, bis hin zu den Formen der Gruppenidentität und des geschichtlichen Bewußtseins.[41] Mehr und mehr rückt dabei auch das Spätmittelalter, das städtische Bürgertum des Spätmittelalters, in den Blick. Das Totengedenken in den Hansestädten wurde neuerdings thematisiert, nicht zuletzt im Blick auf das Totengedenken von Ratsherren, auf die Ratsmemorien mit den dazugehörigen Stiftungen und Kirchengründungen. Neben dem Eid und dem gemeinsamen Mahl sind es auch hier die Formen der Memoria, in denen sich das Selbstverständnis und das Bedürfnis nach politischer Legi-

39 Karl Schmid, *»Andacht und Stift«. Zur Grabmalplanung Kaiser Maximilians I.*, in: Schmid und Wollasch (Hg.) [Anm. 13], S. 750-786; Jan-Dirk Müller, *Gedechtnus. Literatur und Hofgesellschaft um Maximillian I.*, München 1982.

40 Materialreich, aber ohne Konzept: Gilles-Gérard Meersseman, *Ordo fraternitatis. Confraternite e pietà dei laici nel Medioevo*, 3 Bde., Roma 1977.

41 Vgl. Oexle [Anm. 21].

timation ausdrückt und von denen her es zugleich konstituiert wird.[42]

Konstitutiv ist ferner der Zusammenhang von Memoria und Armut. Schon bei den Totenmählern der Antike war, wie bereits erwähnt, die Speisung der Armen ein wesentliches Element. Auch im Mittelalter und in der frühen Neuzeit waren Totenmemoria und Armenfürsorge aufs engste verbunden.[43] Nicht nur zwischen den Toten und den Lebenden, die Memoria halten, bestehen soziale und rechtliche Bindungen, auch zwischen den Toten und den Armen bestehen sie. Die Armen galten (so formulierte es Thomas Morus 1529) als die *Procuratores* der Toten, als ihre Stellvertreter, Anwälte und Beauftragte. Bei den Cluniacensern des 11. und 12. Jahrhunderts wurde die Tischportion eines toten Mönchs einem Armen gegeben; die bei Zunahme der Zahl der Toten im Lauf der Jahrzehnte demzufolge unaufhaltsam ansteigenden Sozialleistungen für Arme brachten monastische Kommunitäten vielfach an die Grenzen ihrer ökonomischen Leistungsfähigkeit. »Die Toten begannen, in Gestalt der Armen die Lebenden auszuzehren.«[44] Da die Konventsstärke in diesem System der »Schlüssel« der Armenfürsorge war, war das mittelalterliche Mönchtum »nicht in der Lage, das Konzept eines Totengedenkens, das durch die Armensorge größte Intensität erhalten sollte, auf die Dauer durchzuhalten«.[45] Eine ähnliche Verknüpfung zwischen Memoria und Armenfürsorge zeigt sich auch in der Memoria der Könige[46] oder im Blick auf die sozialen Bindungen zwischen Stiftern, Armen und Toten in der spätmittelalterlichen Stadt.[47]

---

42 Dietrich Poeck, *Totengedenken in Hansestädten*, in: *Festschrift für Joachim Wollasch*, Sigmaringendorf 1991, S. 175-232.

43 Vgl. Oexle 1984 [Anm. 17].

44 Joachim Wollasch, *Gemeinschaftsbewußtsein und soziale Leistung im Mittelalter*, in: FMSt 9 (1975), S. 268-286 (das Zitat S. 282); ders., *Konventsstärke und Armensorge in mittelalterlichen Klöstern. Zeugnisse und Fragen*, in: Saeculum. Jahrbuch für Universalgeschichte 39 (1988), S. 184-200.

45 Wollasch 1988 [Anm. 44], S. 196 f.

46 Am Beispiel Heinrichs IV.: Schmid, *Die Sorge der Salier um ihre Memoria* [Anm. 35], S. 706 ff.

47 Poeck [Anm. 42], S. 191 ff.

Doch werden gerade hierbei auch die besonderen Züge des Mönchtums sichtbar: es ist die institutionelle Kontinuität der Klöster, die sich in der Memoria wie in der Armenfürsorge in gleicher und jeweils singulärer Weise manifestiert.

V.

Der letzte Abschnitt dieser Überlegungen soll den kulturellen Hervorbringungen gelten, die aus Memoria resultieren. Sie sind in jüngster Zeit in mehreren Hinsichten Gegenstand der Forschung geworden.

(1) Den Zusammenhang von Memoria und Literatur hat Friedrich Ohly in seinen weit ausgreifenden *Bemerkungen eines Philologen zur Memoria* erstmals dargestellt.[48] Er zeigt die wechselseitige Konstituierung von Dichtung und Memoria, zum Beispiel bei Otfried von Weißenburg, der im Schlußgebet seiner Evangeliendichtung, gerichtet an die Mönche Hartmuot und Werinbert von St. Gallen, wechselseitige Liebe *(minne)* und Bruderschaft *(bruederscaf)* im Zeichen der Memoria *(gihugget)* und der gegenseitigen Gebetshilfe als Geleit zu »des Himmels Höhe« beschwört. Hartmann von Aue nennt in seinem *Armen Heinrich* seinen Namen und erbittet, als Gegengabe des Lesers für seine »Arbeit«, dessen Gebet:

> dar umbe hât er sich genant,
> daz er sîner arbeit
> die er dar an hât geleit
> iht âne lôn belîbe,
> und swer nâch sînem lîbe
> sie hoere sagen oder lese,
> daz er im bittende wese
> der sêle heiles hin ze gote.

48 Friedrich Ohly, *Bemerkungen eines Philologen zur Memoria*, in: Schmid und Wollasch (Hg.) [Anm. 13], S. 9-78. Auch als separate Veröffentlichung unter demselben Titel: München 1991. Außerdem: Christian Thelen, *Das Dichtergebet in der deutschen Literatur des Mittelalters*, Berlin und New York 1989. – Nachweise zu den zitierten mhd. Texten bei Ohly.

(»Er hat seinen Namen genannt, damit er für seine Mühe, die er darauf [auf die Geschichte] verwandt hat, nicht ohne Lohn bleibe: daß der bei Gott für das Heil seiner Seele bitte, der sie nach seinem Tod vortragen hört oder liest.«)

»Tat es je ein Germanist?«, fragt Ohly, und: »Die Frage markiert die Distanz moderner Lesehaltung von der, welche die Dichter wünschten«.[49] Auch Hartmanns *Gregorius* erbittet das Gebet für den Dichter wie für das eigene Heil des Lesers und empfiehlt zugleich, Gregorius als Fürsprecher *(bote)* bei Gott anzurufen. Der Dichter des *Rolandslieds* schließt im letzten Vers seines Werks sich selbst und seine Hörer »zu einem Gemeinde-Wir zusammen, das in diesem Werk aus seinem Geist sich bildet«.[50] Ebenso widmet Hugo von Trimberg seinen *Renner* den Freunden,

Daz si dâ bî gedenken mîn.
Swelhe ez lesen oder hoeren lesen,
Die süln mîner sêle wesen
Genêdic [...]

(»damit sie dabei [bei dem Buch] meiner gedenken. Die es lesen oder vortragen hören, sollen sich meiner Seele erbarmen [...]«)

Gottfried von Straßburg beginnt seine Tristan-Dichtung mit »schwerwiegenden Versen über das Gedenken«; hier geht es um das »Amt des Dichters, ein Gedächtnis zu verwalten oder neu zu stiften. Liturgische, hagiographische und profane Gedanken über die Wirkfunktionen des Gedächtnisses der Dichtung« fließen im Prolog des Werks zusammen, im Nachdenken über die Konstituierung einer Gemeinschaft *aller edelen herzen*, wobei der Dichter in expliziter Erinnerung an Eucharistie und Heiligenkult die Erinnerung an Tristan und Isolde als Brot zum Leben der Späteren deutet:[51]

Ir leben, ir tot sint unser brot.
sus lebet ir leben, sus lebet ir tot.
sus lebent si noch und sint doch tot
und ist ir tot der lebenden brot.

---

49 Ohly [Anm. 48], S. 20 f.
50 Ebda., S. 22.
51 Ebda., S. 49 ff.

(»Ihr Leben, ihr Tod sind unser Brot. So lebt ihr Leben, so lebt ihr Tod. So leben sie noch und sind doch tot und ist ihr Tod der Lebenden Brot.«)

Dantes *Göttliche Komödie* schließlich ist ein Höhepunkt aller Memorialdichtung überhaupt: sie repräsentiert ein »Menschenweltgedenken«, eine Art von »Weltgedächtnis, wie es keine Dichtung nach ihr je wieder enthielt«.[52]

(2) Erst jüngst ist deutlicher geworden, welche Dimensionen von Kunst in der Memoria begründet sind. Das gilt nicht nur für die berühmten Herrscherdarstellungen des 9. bis 11. Jahrhunderts in den von karolingischen, ottonischen und salischen Königen gestifteten Handschriften, die für den liturgischen Gebrauch bestimmt waren[53]; es gilt vielmehr für eine Vielzahl von Kunstwerken, die zeigen, wie umfassend die mit Memoria verbundenen mentalen Vorstellungen über die sozialen und rechtlichen Bindungen zwischen Lebenden und Toten und die daraus resultierenden Formen des sozialen Handelns ihren Ausdruck gefunden haben in Skulpturen, in der Architektur und in Bilddarstellungen. Ich habe für solche Zeugnisse der Kunst den Begriff des ›Memorialbilds‹ vorgeschlagen, der eine bestimmte Bildfunktion bezeichnen soll.[54]

Im Mittelalter, ja bis zum Beginn der Moderne um 1800 treten zahlreiche Typen von Bildern mit Memorialcharakter in Erscheinung, und zwar nicht nur in Form von Grabbildern. Es handelt sich z. B. um bildliche Darstellungen von Stiftern und Stiftergruppen in Handschriften, aber auch auf den gestifteten Gegenständen selbst, oder auf Fresken im Kirchenraum oder auf Teppichen, die in sakralen Räumen aufgehängt wurden. Es gibt bildliche Darstellungen monastischer Gemeinschaften, in Handschriften oder auf Altarretabeln, mit Memorialfunktion

52 Ebda., S. 55.

53 Dazu Joachim Wollasch, *Kaiser und Könige als Brüder der Mönche. Zum Herrscherbild in liturgischen Handschriften des 9. bis 11. Jahrhunderts*, in: DA 40 (1984), S. 1-20.

54 Otto Gerhard Oexle, *Memoria und Memorialbild*, in: Schmid und Wollasch (Hg.) [Anm. 13], S. 384-440; ders., *Die Gegenwart der Lebenden und der Toten* [Anm. 17], S. 85 ff. Vgl. den Beitrag von Heide Wunder in diesem Band.

also, oder Darstellungen von Sukzessionslisten kirchlicher und monastischer Würdenträger, mithin bildliche Papst-, Bischofs- und Äbtelisten, in Handschriften mit Memorialcharakter oder im Kirchenraum bzw. im Kloster. Wir finden Darstellungen von Gilden und Zünften sowie genealogische Darstellungen adliger Häuser und Geschlechter, seit dem Spätmittelalter auch solche des Bürgertums. Und schließlich gibt es die ganz besonders differenzierte Gattung der Familienbilder, in denen wiederum die Toten stets als Lebende unter den Lebenden dargestellt sind. Solche Familienbilder geben oft Kenntnis von komplexen Familien- und Verwandtschaftsstrukturen. Das muß die Historiker interessieren, aber auch die Kunsthistoriker, weil die Prosopographie dieser Gruppen oft genaue Datierungen der Kunstwerke ermöglicht. Viele Memorialbilder gehören zu den herausragenden Werken der europäischen Kunst: der Skulpturenzyklus im Westchor des Doms zu Naumburg, eine der prägnantesten Verbildlichungen des Gedankens von der Gegenwart der Toten überhaupt[55]; die berühmte ›Darmstädter Madonna‹, die der jüngere Holbein im Jahre 1526 im Auftrag des Basler Bürgermeisters Jacob Meyer ausgeführt hat; die Memorialbilder des jüngeren Cranach mit den berühmten Darstellungen der Reformatoren in Nordhausen und Dessau (1558, 1565)[56]; das ›Mantuaner Freundschaftsbild‹ von Rubens (um 1602); die Memorialbilder von Caspar David Friedrich.[57]

(3) Aus der Erforschung der Memoria und ihrer epochenübergreifenden Erscheinungsform ergab sich auch ein weiteres neues Thema sozialgeschichtliche Forschung mit weitausgreifenden interdisziplinären Verflechtungen: die Stiftungen in Antike, Mittelalter, früher Neuzeit und Moderne, die Michael Borgolte ebenfalls als ein ›totales‹ soziales Phänomen erör-

55 Zur Kritik der anhaltenden Kontroversen um die Deutung des Naumburger Skulpturenzyklus: Oexle, *Memorialbild* [Anm. 54], S. 405 f. mit Anm. 114 und 115.

56 Dazu Oexle, *Memorialbild* [Anm. 54], S. 426 ff.

57 Oexle, *Die Gegenwart der Lebenden und der Toten* [Anm. 17], S. 97 ff.

tert.[58] Die Stiftung wird hier nicht nur als eine auf Dauer angelegte ökonomische und rechtliche Institution erfaßt, sondern vor allem auch als ein soziales System, das den Tod des Urhebers überdauert und in dem zugleich der Stifterwille von der Memorialgemeinschaft der Nachlebenden als den Verwaltern oder den Empfängern der Stiftung in die Tat umgesetzt wurde. Die erklärende Kraft dieses Ansatzes hat sich bereits jetzt im Blick auf die verschiedensten Epochen[59] und Fächer[60] gezeigt. Längst bekannte und gut erforschte Phänomene wie zum Beispiel die spätmittelalterlichen Universitäten erscheinen in neuem Licht.[61] Eine umfassende Darstellung über die Grablegen der Päpste und deren Maßnahmen zur Sicherung der Memoria nicht nur durch Denkmäler, sondern auch durch Stiftungen zeigt in einer die gesamte Geschichte des Papsttums umfassenden diachronischen Perspektive die Bedeutung von Memoria und Stiftung in einer beeindruckenden Verflechtung von kunstgeschichtlichen und sozialgeschichtlichen Gegebenheiten.[62]

Die Geschichte der Memoria zeigt also immer wieder eine ›lange Dauer‹ von Mentalitäten und sozialer Praxis, von For-

---

58 Dazu die programmatische Abhandlung von Michael Borgolte, *Die Stiftungen des Mittelalters in rechts- und sozialhistorischer Sicht*, in: ZRG 105, Kanonist. Abt. 74 (1988), S. 71-93.

59 Vgl. Michael Borgolte, *Felix est homo ille, qui amicos bonos relinquit. Zur sozialen Gestaltungskraft letztwilliger Verfügungen am Beispiel Bischof Bertrams von Le Mans (616)*, in: *Festschrift für Berent Schwineköper*, Sigmaringen 1982, S. 5-18; ders., *Freigelassene im Dienst der Memoria. Kulttradition und Kultwandel zwischen Antike und Mittelalter*, in: FMSt 17 (1983), S. 234-250.

60 Vgl. Michael Borgolte, *Stiftergrab und Eigenkirche. Ein Begriffspaar der Mittelalterarchäologie in historischer Kritik*, in: Zeitschrift für Archäologie des Mittelalters 13 (1985), S. 27-38.

61 Michael Borgolte, *Die Rolle des Stifters bei der Gründung mittelalterlicher Universitäten, erörtert am Beispiel Freiburgs und Basels*, in: Basler Zeitschrift für Geschichte und Altertumskunde 85 (1985), S. 85-119; Frank Rexroth, *Deutsche Universitätsstiftungen von Prag bis Köln. Die Intentionen des Stifters und die Wege und Chancen ihrer Verwirklichung im spätmittelalterlichen deutschen Territorialstaat*, Köln, Weimar und Wien 1992.

62 Michael Borgolte, *Petrusnachfolge und Kaiserimitation. Die Grablegen der Päpste, ihre Genese und Traditionsbildung*, 1989. Vgl. auch ders., *Papstgräber* [Anm. 6].

men des Denkens und des sozialen Handelns[63], die sich gleichwohl ständig veränderten und mit dem Beginn der Moderne um 1800 weitgehend erloschen sind.[64] Für diese oft viele Jahrhunderte überdauernde Kontinuität der Memoria im sozialen Sinn, zuweilen von der Karolingerzeit bis zur Säkularisation, gibt es überraschende Beispiele.[65] Es zeigt sich darin zugleich noch etwas anderes, nämlich die bindende Kraft einmal getroffener Vereinbarungen, auch gegenüber Toten. Und darin wird ein bedeutsamer Grundzug der Gesellschaft des mittelalterlichen Okzidents sichtbar: die Relevanz kontraktueller Bindungen zwischen den Individuen.[66] Diesen Sachverhalt zu betonen ist deshalb wichtig, weil im Rahmen gängiger Mittelalter-Bilder in der Moderne immer wieder das Gegenteil suggeriert und expliziert wird: daß es nämlich im Mittelalter keine Individualität gegeben, daß im Mittalter vielmehr die ›Gemeinschaft‹ jegliche Individualität aufgesogen habe und daß Individualität demnach ein Phänomen sei, das erst im Zuge von Modernisierungs-Schüben in Erscheinung getreten sei, sich erst mit Renaissance und Reformation und eigentlich erst am Ende des Ancien Régime und mit dem Beginn der modernen Welt um 1800 habe durchsetzen können.[67] Diese These

63 Dazu auch Oexle, *Memorialbild* [Anm. 54], S. 417 ff., 434 ff.

64 Zur Bedeutung der Epochenschwelle ›1800‹ im Hinblick auf Memoria und Totenkult vgl. Oexle, *Gegenwart* [Anm. 3], passim; Franz J. Bauer, *Von Tod und Bestattung in alter und neuer Zeit*, in: HZ 254 (1992), S. 1-31; Martin Papenheim, *Erinnerung und Unsterblichkeit. Semantische Studien zum Totenkult in Frankreich (1715-1794)*, Stuttgart 1992.

65 Vgl. Oexle, *Memorialbild* [Anm. 54], S. 434; Joachim Wollasch, *Vom Überleben einer Jahrtagsstiftung für Kaiser Friedrich I. Barbarossa*, in: Karl Schmid (Hg.), *Kelten und Alemannen im Dreisamtal*, Bühl/Baden 1983, S. 153-167.

66 Zum Problem der Erkenntnis und Anerkennung dieser Gegebenheit der Geschichte des okzidentalen Mittelalters vgl. Otto Gerhard Oexle, *Kulturwissenschaftliche Reflexionen über soziale Gruppen in der mittelalterlichen Gesellschaft: Tönnies, Simmel, Durkheim und Max Weber* (im Druck).

67 So erneut und ausführlich Aaron J. Gurjewitsch, *Das Weltbild des mittelalterlichen Menschen*, München 1980, S. 188 ff. und 327 ff. Ebenso aus der Sicht des Neuzeithistorikers und mit Blick auf die Epochenschwelle um 1800: Thomas Nipperdey, *Wie das Bürgertum die Moderne fand*, Berlin 1988, S. 7 ff.

enthält wenig Wissen von der sozialen Wirklichkeit des Mittelalters und verrät deshalb um so mehr von den Selbst-Deutungen und den Obsessionen der Moderne.[68]

Memoria ist immer auf das Individuum gerichtet; sie bezeugt den Namen und oft auch das Bild des einzelnen Menschen, dem die Memoria gilt. Deshalb verweist Memoria zugleich auf einen wesentlichen Grundzug der Sozialgeschichte des Okzidents, nämlich auf die Bedeutung des sozialen Handelns der Individuen in solchen Gruppen, die durch Konsens, Vertrag und Einung zustande kommen, weil sich die Individuen darin zum Handeln nach frei gesetzten Zielen verbinden können. ›Individuum‹ und ›Gemeinschaft‹ oder Gruppe als Grundgegebenheiten von ›Gesellschaft‹ sind in den vormodernen Epochen, auch im Mittelalter, also nicht Antagonisten, wie die gängigen Deutungsmuster der Moderne über das Mittelalter propagieren, sie sind vielmehr komplementäre Erscheinungsformen menschlichen Handelns, des Handelns von Individuen in Gruppen, dessen Wirksamkeit auch im Mittelalter nicht übersehen werden kann.

68 Darüber Otto Gerhard Oexle, *Das Bild der Moderne vom Mittelalter und die moderne Mittelalterforschung*, in: FMSt 24 (1990), S. 1-22; ders., *Das Mittelalter und das Unbehagen an der Moderne. Mittelalterbeschwörungen in der Weimarer Republik und danach*, in: Susanna Burghartz u. a. (Hg.), *Spannungen und Widersprüche. Gedenkschrift für František Graus*, Sigmaringen 1992, S. 125-153.

Heide Wunder

›Gewirkte Geschichte‹: Gedenken und ›Handarbeit‹

Überlegungen zum Tradieren von Geschichte im Mittelalter und zu seinem Wandel am Beginn der Neuzeit

I.

Item eodem anno ward ock geneiget de grote tapet philosophia (»Im selben Jahr wurde auch der große Philosophia-Teppich gestickt«) melden die Annalen des Augustinerinnenstiftes Heiningen (bei Wolfenbüttel) für das Jahr 1516.[1] Die Nonnen hatten einen bis heute erhaltenen etwa 25qm großen Bildteppich gestickt (Abb. 1); in seinem Mittelpunkt steht die Philosophie, »umgeben von den Personifikationen der sieben Gaben des Heiligen Geistes und der sieben freien Künste sowie mit vier Weisen der Antike in den Ecken.«[2] Die hier zitierte Beschreibung der Kunsthistorikerin Leonie von Wilckens dokumentiert das Interesse an dem im Stickteppich gestalteten Thema. Demgegenüber verwies Gerhard Taddey, der Verfasser der Klostergeschichte von Heiningen, besonders auf die gestickte umfangreiche Notiz zu einem für die Klosterfrauen wichtigen historischen Datum, nämlich dem der Wiedererbauung des Klosters unter dem Papst Arnold Steiwick (1480-1512) und dem Provisor Antonius Kolthof[3], sowie auf die 59 Namen, die an der Außen-

1 Zitiert nach Gerhard Taddey, *Das Kloster Heiningen von der Gründung bis zur Aufhebung*, Göttingen 1966, S. 108, Anm. 166 (Veröffentlichungen des Max-Planck-Instituts für Geschichte 14, Studien zur Germania Sacra 4).

2 Leonie von Wilckens, *Die textilen Künste. Von der Spätantike bis um 1500*, München 1991, S. 240.

3 Taddey [Anm. 1], S. 110, 112.

kante dieser kostbaren Handarbeit eingestickt sind. Sie lassen sich auf die an der Stickarbeit beteiligten Klosterfrauen, aber mit größerer Wahrscheinlichkeit auf den gesamten Konvent beziehen[4], ein Sachverhalt, der diesem Teppich nach dem Dreißigjährigen Krieg große Bedeutung verleihen sollte. Er war offensichtlich im Kloster sorgfältig aufbewahrt worden und diente 1659 dem Propst Steckeln – mangels anderer geschriebener Überlieferung – bei der Rekatholisierung dazu, die Namensliste der vorreformatorischen Klosterfrauen für das neu angelegte Anniversarium zu vervollständigen.[5]

Dieser Gebrauch des Teppichs war sicher ganz im Sinne der Klosterfrauen, die durch die Aufzeichnung ihrer Namen zukünftige Betrachtende zum Gebetsgedenken auffordern wollten. Denn ohne allen Zweifel gehört dieser Teppich in den Kontext der Memoria, des Gebetsgedenkens.[6] Das Kloster Heiningen war 1013 für die Memoria der Stifterinnen Hildeswid und Alburg (Mutter und Tochter), vermutlich aus dem Hause der Billunger[7], und ihrer Familie gegründet worden. An sie erinnern nicht nur zwei Standbilder in der Klosterkirche, die dem 13. Jahrhundert zugeordnet werden, sondern auch ein gesticktes, allerdings nicht mehr vollständig erhaltenes Antependium (um 1260), das als Stifterinnen Hildeswid und Alburg nennt. (Abb. 2)[8] Das Antependium könnte

4 Taddey [Anm. 1], S. 112, Anm. 2.

5 Taddey [Anm. 1], S. 109.

6 Otto Gerhard Oexle, *Memoria und Memorialbild*, in: Karl Schmid und Joachim Wollasch (Hg.), *Memoria. Der geschichtliche Zeugniswert des liturgischen Gedenkens im Mittelalter*, München 1984, S. 384-440; ders., *Die Gegenwart der Toten*, in: Herman Braet und Werner Verbeke (Hg.), *Death in the Middle Ages*, Leuven 1983, S. 19-77 (Mediaevalia Lovaniensia Series I/Studia IX); ders., *Deutungsschemata der sozialen Wirklichkeit im frühen und hohen Mittelalter. Ein Beitrag zur Geschichte des Wissens*, in: František Graus (Hg.), *Mentalitäten im Mittelalter. Methodische und inhaltliche Probleme*, Sigmaringen 1987, S. 65-117.

7 So Taddey [Anm. 1], S. 14. Dazu auch Gerd Althoff, *Adels- und Königsfamilien im Spiegel ihrer Memorialüberlieferung. Studien zum Totengedenken der Billunger und Ottonen*, München 1984, S. 401 mit Verweis auf S. 72.

8 Ruth Grönwoldt, *Kaisergewänder und Paramente*, in: *Die Zeit der Staufer. Geschichte – Kunst – Kultur*, Ausstellungskatalog Stuttgart 1977, Bd. 1, S. 631 f.

jeweils am Jahrtag ihres Gebetsgedenkens in der Kirche aufgehängt worden sein.[9] Die Heininger Klosterfrauen kamen ihrer Gebetsverpflichtung also in mehrfacher Hinsicht nach: sie verrichteten das liturgische Gebetsgedenken, aber sie gedachten der Stifterinnen auch während ihrer Stickarbeit am Antependium und schufen damit eine Überlieferung für die Stifterinnen, die – wie die figürlichen Stifterdarstellungen – unabhängig von den Personen der Klosterfrauen weiterwirkte.

Die Namensnennungen auf dem Heininger Teppich zeigen, daß die Klosterfrauen auch Sorge für ihre eigene Memoria trugen. Sie könnten rückblickend – mit den Vorstellungen der Geschichtswissenschaft des 20. Jahrhunderts – als Selbstüberlieferung, Autorinnenschaft und »Selbstthematisierung« (Alois Hahn) bezeichnet werden, hier erscheinen sie aber im Kontext von Kloster- und Heilsgeschichte: Einzelne Personen und Personengruppen haben sich auf diese Weise in den verschiedenen Formen des Gebetsgedenkens als handelnde Subjekte überliefert, weil sie von den zum Gebet Verpflichteten in zeitliche Abfolgen wie Nekrologe, Anniversarien in Kalenderform oder Abts- und Bischofslisten eingeordnet worden sind. Diese Form des Traditionsverhaltens hat sich als besonders geeignet erwiesen, Einblicke in die Mentalitäten der Menschen im Mittelalter zu vermitteln. Denn ›Memoria‹ gibt Auskunft über die spezifischen mittelalterlichen Vorstellungen über die Beziehungen zwischen Lebenden und Toten[10], die für das Selbstverständnis der Menschen zentral waren. Zugleich ist die Memorialüberlieferung als neue Quelle für die Geschichte von Personen und Personengruppen entdeckt worden, deren Ergiebigkeit z. B. Gerd Althoffs Auswertung der Memorialüberlieferung für die Rekonstruktion der sozialen Beziehungsnetze der Billunger und der Ottonen überzeugend gezeigt hat.[11] Bei

9 Zu den liturgischen Funktionen von Heidnischwerktüchern bei den Jahrzeiten in der Schweiz s. Anna Rapp Buri und Monica Stucky-Schürer, *Zahm und wild. Basler und Straßburger Bildteppiche des 15. Jahrhunderts*, Mainz 1990, S. 85 f.

10 Oexle [Anm. 6], *Memoria*; *Die Gegenwart der Toten.*

11 Althoff [Anm. 7].

den Ottonen konnte er die bereits bekannte Bedeutung der ottonischen Frauen im Herrschaftssystem[12] in neuer Weise durch ihre besondere Rolle für die Memoria ihres Hauses untermauern. Die Damenstifte Gandersheim, Quedlinburg und Nordhausen waren für die Memoria der Ottonen gegründet worden, und dieses Gebetsgedenken sollte durch Äbtissinnen aus dem Haus der Ottonen weiter abgesichert werden. Die Ottonen ordnen sich damit in eine Tradition ein, die sie mit den anderen sächsischen Adelsgeschlechtern teilten und die gleichfalls für die angelsächsischen Doppelklöster belegt ist.[13] Eine eindrucksvolle Szene, die den Gebetsauftrag der ottonischen Frauen schildert, überliefert der ältere Biograph der Königin Mathilde (gest. 968):

> Quin etiam computarium, in quo erant nomina procerum scripta defunctorum, in manum ipsius dans, animam illi commendavit Heinrici nec non et suam, sed et omnium quorum ipsa memoriam recolebat fidelium.[14]

---

12 Thilo Vogelsang, *Die Frau als Herrscherin im hohen Mittelalter. Studien zur »consors regni«-Formel*, Göttingen 1954; Käthe Sonnleitner, *Selbstbewußtsein und Selbstverständnis der ottonischen Frauen im Spiegel der Historiographie des 10. Jahrhunderts*, in: Reinhard Härtl (Hg.), *Geschichte und ihre Quellen. Festschrift für Friedrich Hausmann zum 70. Geburtstag*, Graz 1987, S. 111-119; dies., *Die Annalistik der Ottonenzeit als Quelle für die Frauengeschichte*, in: Schriftenreihe des Instituts für Geschichte 2 (1988), S. 233-249; dies., *Sophie von Gandersheim (975-1039). Ein Opfer der »männlichen« Geschichtsforschung?*, in: Herwig Ebner, Horst Hanelsteiner, Ingeborg Wiesflecker Friedhuber (Hg.), *Geschichtsforschung in Graz. Festschrift zum 125-Jahr-Jubiläum des Instituts für Geschichte der Karl-Franz-Universität Graz*, Graz 1990, S. 371-379; Winfrid Glocker, *Die Verwandten der Ottonen und ihre Bedeutung in der Politik. Studien zur Familienpolitik und zur Genealogie des sächsischen Kaiserhauses*, Köln und Wien 1989; Gerd Althoff, *Gandersheim und Quedlinburg. Ottonische Frauenklöster als Herrschafts- und Überlieferungszentren*, in: FMSt 25 (1991), S. 123-144; Wolfgang Christian Schneider, *Ruhm, Heilsgeschehen, Dialektik. Drei kognitive Ordnungen in Geschichtsschreibung und Buchmalerei der Ottonenzeit*, Hildesheim, Zürich und New York 1988; Kurt-Ulrich Jäschke, *Notwendige Gefährtinnen. Königinnen der Salierzeit als Herrscherinnen und Ehefrauen im römisch-deutschen Reich des 11. und beginnenden 12. Jahrhunderts*, Saarbrücken-Scheidt 1991.

13 Dagmar Baltrusch-Schneider, *Die angelsächsischen Doppelklöster*, in: Kaspar Elm und Michel Parisse, (Hg.), *Doppelklöster und andere Formen der Symbiose männlicher und weiblicher Religiosen im Mittelalter*, Berlin 1992, S. 57-79.

14 Zitiert nach Althoff [Anm. 7], S. 169.

(»Indem sie ihr auch den Kalender, in dem die Namen der vornehmen Verstorbenen verzeichnet waren, gab, hat sie ihr nicht nur die Seele Heinrichs und ihre eigene anvertraut, sondern auch die aller Getreuen, deren Gedenken sie pflegte.«)

Die Königinwitwe stand dem von ihr zusammen mit ihrem Sohn Otto I. 936 gegründeten Quedlinburger Hauskloster als Äbtissin vor und übergab ihrer Enkelin Mathilde, einer Tochter Ottos des Großen, als vermutlicher Amtsnachfolgerin das Verzeichnis derer, für die das Stift zum Gebetsgedenken verpflichtet war.[15] Auch Thietmar von Merseburg betont die besondere Aufgabe adeliger Frauen im Gebetsgedenken, was die bevorzugte Gründung von Damenstiften erklärt.[16] Zugleich ist Thietmars *Chronicon* selbst ein gutes Beispiel dafür, wie die Memorialüberlieferung durch die schreibende Person mit der Historiographie zur ottonischen Herrschaft verbunden war.[17] Zudem erscheinen in der Memorialüberlieferung historische Ereignisse, wie die Schlacht auf dem Lechfeld oder die Gefangennahme der Kaiserin Adelheid, da sie Anlässe für Stiftungen zum Gebetsgedenken waren. Damit bestätigt die schriftliche Überlieferung den Befund der Analyse des Heininger Philosophia-Teppichs: Gebetsgedenken und Schreiben von Geschichte können zwar quellentypisch nach den überlieferten Zeugnissen unterschieden werden, aber es ist sinnvoll, ihre Aussagen und Auswertungsbereiche aufeinander zu beziehen. Dies mag eine banale Feststellung sein, da es sich um eine allgemeine Regel historischen Arbeitens handelt. Gleichwohl verspricht die systematische Verknüpfung bislang vielfach nebeneinander liegender Wissensbestände der verschiedenen historischen Disziplinen eine wesentliche Erweiterung unseres Wissens über Frauen in der mittelalterlichen Geschichte und ihren Beitrag zur Überlieferung von Geschichte.

Die besondere Zuständigkeit der Frauen für das Gebets-

15 Althoff [Anm. 7], S. 166-170, hat herausgearbeitet, wie Königin Mathilde und Kaiserin Adelheid dafür gesorgt haben, daß auch ihre Verwandten in das ottonische Gebetsgedenken aufgenommen wurden.

16 Althoff [Anm. 7], S. 166.

17 Althoff [Anm. 7], S. 148.

gedenken wie für die Gedenkarbeit selbst ist nicht der Hauptgrund dafür, daß in der Memoria und ihrer Tradierung – ähnlich wie in der genealogischen Überlieferung – keine prinzipiellen Unterschiede bei der Berücksichtigung von Frauen und Männern gemacht wurden.[18] Denn die Fähigkeit, sowohl sich selbst als auch andere überliefern zu können, hängt ebenso wie die Möglichkeit sich fortzupflanzen mit gesellschaftlicher Macht zusammen. Daß in der Memorialüberlieferung viele Frauen namentlich aufgeführt werden, ist Ausdruck ihrer bedeutenden Stellung in den führenden gesellschaftlichen Gruppen des Mittelalters. Diesem Befund kommt deswegen so große Bedeutung zu, weil sich in der ›eigentlichen Geschichtsschreibung‹, der schriftlichen Darstellung der ›res gestae‹ (der »Taten«) – abgesehen von Hrotsvit von Gandersheim (etwa 935- etwa 973) – keine Frauen als Historiographinnen haben finden lassen. Dennoch war Hrotsvit keineswegs eine ›Ausnahme ihres Geschlechts‹, vielmehr waren bei ihr die Voraussetzungen gegeben, die Natalie Zemon Davis für die Geschichtsschreibung seit dem Humanismus herausgestellt hat und die den Zusammenhang zwischen »gender and genre« erklären[19]: formale Bildung[20] und unmittelbare Nähe zum Zentrum politischer Herrschaft.[21] Gandersheim als ältestes Hauskloster der Ottonen und häufiger

---

18 Bernhard Jussen, *Erforschung des Mittelalters als Erforschung von Gruppen. Über einen Perspektivenwechsel in der deutschen Mediävistik*, in: SOWI 21 (1992), S. 202-209.

19 Natalie Zemon Davis, *Gender and Genre: Women as Historical Writers, 1400-1820* in: Patricia H. Labalme (Hg.), *Beyond Their Sex. Learned Women of the European Past*, New York und London 1980, S. 153-182.

20 Joachim Knape, *»Historie« in Mittelalter und Früher Neuzeit. Begriffs- und gattungsgeschichtliche Untersuchungen im interdisziplinären Kontext*, Teil 1, Baden-Baden 1984.

21 Wiebke Freytag, *Geistliches Leben und christliche Bildung. Hrotsvit und andere Autorinnen des frühen Mittelalters*, in: Gisela Brinker-Gabler (Hg.), *Deutsche Literatur von Frauen*, Bd. 1, München 1988, S. 65-76; Barbara Pätzold, *Hrotsvit von Gandersheim. Lebensnormen und Wertvorstellungen*, in: Autorenkollektiv unter Leitung von: Erika Uitz, Barbara Pätzold, Gerald Beyreuther, *Herrscherinnen und Nonnen. Frauengestalten von der Ottonenzeit bis zu den Staufern*, Berlin 1990, S. 17-42.

Aufenthaltsort vor allem der ottonischen Frauen darf als politisches Zentrum gelten. Hinzu kam die hervorgehobene Position, die seine Äbtissinnen in der ottonischen Herrschaftsorganisation einnahmen. Hrotsvit konnte sich also ›vor Ort‹ bestens informieren. Diese Voraussetzungen brachten jedoch nicht von sich aus Geschichtsschreibung hervor, sondern es bedurfte eines Anlasses, eines Auftrags. Ausgehend von der Beobachtung, daß Hrotsvit die Gedichte über die Geschichte ihres Klosters und über die Anfänge der Herrschaft Ottos I. in einer Phase der Klostergeschichte verfaßte, in der dessen Vorrangstellung durch das 936 neu gegründete Hausstift Quedlinburg beeinträchtigt wurde, erscheint die Vermutung plausibel, daß die Äbtissin Gerberga Hrotsvit den Auftrag für die beiden Werke erteilte, um Otto I. die besondere heilsgeschichtliche Gebundenheit der ottonischen Herrschaft an das Stift Gandersheim eindringlich vor Augen zu führen.[22] Diesem Interesse ist es zu verdanken, daß eine Klosterfrau mit der Geschichte ihres Klosters zugleich einen Beitrag zur Universalgeschichte in der Tradition der *translatio imperii* (»Übertragung des Reiches«) verfaßte. Aus der weiteren Wirkungsgeschichte ist zu ersehen, daß Hrotsvits Werke in ihrem Kloster benutzt wurden. Diese Bedeutung für die Geschichtsschreibung haben Frauenkonvente nach den Ottonen nicht wieder erlangen können, da die unmittelbare Beziehung zum Zentrum politischer Macht verlorengegangen war. Zur ›Ausnahme ihres Geschlechts‹ wurde Hrotsvit aber erst, als der Humanist Conrad Celtis im Jahre 1495 ihre Werke einschließlich der *Gesta Ottonis* in der Bibliothek von St. Emmeram in Regensburg fand. Celtis war von diesem Fund deshalb so begeistert, weil die deutschen Humanisten damit in der Konkurrenz mit den italienischen Humanisten eine gelehrte Dichterin und Historiographin aufzuweisen hatten, die es im Kreis der italienischen *puellae doctae* (»gelehrten jungen Frauen«) nicht gab.[23]

22 Sonnleitner, *Selbstbewußtsein* [Anm. 12], S. 114-116; Althoff [Anm. 12], S. 19-142.

23 Ursula Hess, *Lateinischer Dialog und gelehrte Partnerschaft. Frauen als humanistische Leitbilder in Deutschland (1500-1550)*, in: Gisela Brinker-Gabler (Hg.), *Deutsche Literatur von Frauen*, Bd. 1, München 1988, S. 113-148.

Allenfalls läßt sich an Christine de Pizan (1363-1430) denken, die mit ihren Eltern aus Italien an den französischen Hof gekommen war und dort nach dem frühen Tod ihres Mannes von ihren schriftstellerischen Arbeiten lebte. Sie war 1402 vom burgundischen Herzog Philipp II. beauftragt worden, eine Geschichte der Taten seines Bruders, König Karls V., zu schreiben. Christine de Pizans besondere Beziehung zum französischen Hof und wohl auch die Tatsache, daß ihr Vater ein enger Berater König Karls V. gewesen war, so daß sie über gute Informationen verfügte[24], erklären, daß sie diesen Auftrag erhielt. Das Werk, das wohl zugleich der Memoria Karls wie den politischen Absichten Philipps dienen sollte, erreichte jedoch in keiner Weise die Bekanntheit und Wirksamkeit ihrer 1405 verfaßten *Stadt der Frauen.* Es wurde nicht übersetzt und erst 1743 gedruckt.

Angesichts der für Gandersheim klar erkennbaren Voraussetzungen für die Teilhabe an Geschichtsschreibung scheint es nicht ausgeschlossen, daß die Quedlinburger Annalen von einer Klosterfrau geschrieben wurden und nicht, wie allgemein angenommen, von einem Kleriker. Dafür sprechen auch inhaltliche Argumente, die Käthe Sonnleitner plausibel vorgetragen hat.[25] Vielleicht ist es erlaubt, spätere historische Darstellungen von Klosterfrauen in diese Argumentation einzubeziehen, wenngleich es nicht mehr um Reichsgeschichte ging. Ihr Horizont beschränkte sich auf das Kloster und seine Stifterfamilie, oder es ging den Verfasserinnen ausschließlich um die Heilsgeschichte der Klosterfrauen wie z. B. in der Chronik der Anna Münzinger für das Kloster Adelhausen[26]. Nonnenviten im Kontext von Hagiographie stellen einen wichtigen Beitrag zur biographischen Geschichtsschreibung

24 Natalie Zemon Davis [Anm. 19], S. 157-160.

25 Sonnleitner, *Annalistik* [Anm. 12].

26 *Die Chronik der Anna von Munzingen*, hg. v. I. König, in: Freiburger Diöcesan-Archiv, Bd. 13, Freiburg 1880, S. 129-236; *Das Leben der Schwestern zu Töß beschrieben von Elsbeth Stagel samt der Vorrede von Johannes Meier und dem Leben der Prinzessin Elisabeth von Ungarn*, hg. v. Ferdinand Vetter, Berlin 1906 (DTM 6).

dar.[27] Größere gesellschaftliche Bezüge lassen erst wieder die Klosterchroniken im Zeitalter von Reformation und Gegenreformation, vor allem aber im 17. Jahrhundert erkennen, als die Klöster unmittelbar vom Dreißigjährigen Krieg betroffen wurden.[28] Der spätmittelalterlichen und frühneuzeitlichen Chronistik der Frauenklöster kommt insofern große Bedeutung zu, als die Frauen in den Städten von Anfang an nicht an der Stadtchronistik beteiligt waren. Ihnen stand allein die Familiengeschichte zu Gebote. Hier läßt sich die oben angeführte Bedingung für Geschichtsschreibung, nämlich unmittelbare Beziehung zum Zentrum politischer Herrschaft, differenzieren. Wohl waren Frauen in der Stadt von der Geschichtsschreibung des Rats ausgeschlossen, wie sie auch von der politischen Gemeinde ausgeschlossen waren, aber als Vorsteherinnen eines bürgerlichen Haushalts mit Herrschaftsbefugnissen gegenüber Kindern und Gesinde waren sie befähigt, die Geschichte ihres Geschlechts zu schreiben.

---

27 Gianna Pomata, *Partikulargeschichte und Universalgeschichte – Bemerkungen zu einigen Handbüchern der Frauengeschichte*, in: L'homme. Zeitschrift für feministische Geschichtswissenschaft 2 (1991), S. 5-44, hier S. 11. Zu den Auswertungsmöglichkeiten: Claudia Opitz, *Frauenalltag im Mittelalter. Biographien des 13. und 14. Jahrhunderts,* Weinheim und Basel 1985; Jane Tibbetts Schulenburg, *Saints' Lives as a Source for the History of Women, 500-1100*, in: Joel T. Rosenthal (Hg.), *Medieval Women and the Sources of Medieval History*, Athen und London 1990, S. 285-320. Zur Vitenschreiberin Hugeburc von Heidenheim: Lutz von Padberg, *Heilige und Familie. Studien zur Bedeutung familiengebundener Aspekte in den Viten des Verwandten- und Schülerkreises um Willibrod, Bonifatius und Liudger*, Diss. Münster 1980, S. 36-40; Freytag [Anm. 21], S. 68-70.

28 Vgl. z.B. *Geschicht Buech de Anno 1609 biß 1650. Das Tagebuch der Maria Magdalena Haidenbucher (1576-1650), Äbtissin von Frauenwörth*, hg. v. Gerhard Stalla, Amsterdam und Maarssen 1988; *Klara Staigers Tagebuch. Aufzeichnungen während des Dreißigjährigen Krieges im Kloster Mariastein bei Eichstätt*, hg. v. Ortrun Fina, Regensburg 1981; *Aufzeichnungen der Priorin Apollonia Cabelisin zu St. Agnes über die Schicksale ihres Klosters im 30jährigen Kriege*, in: *Die Chronik der Anna von Munzingen* [Anm. 26], S. 229-233.

II.

Frauen wurden in der mittelalterlichen Geschichtsschreibung und in der Hagiographie durchaus dargestellt, doch sie treten in den vielfältigen Formen der Memoria[29] weitaus prominenter als in der literarischen Überlieferung der ›res gestae‹ hervor. Daß Frauen ebenso wie Männer wertvolle Kunstgegenstände in Auftrag gaben[30], belegt die Kennzeichnung der Stifterinnen mit Namen, Familienwappen oder Porträt. Stifterinnen haben aber auch historische Ereignisse mit den Mitteln der ›textilen Künste‹ bildlich gestaltet, intentional der Nachwelt überliefert und damit der Geschichte eingeschrieben. Da diese Handarbeiten in öffentlichen Räumen aufgehängt oder ausgebreitet waren, ist davon auszugehen, daß sie ähnlich wie figürliche Darstellungen als Plastik oder auf Wandmalereien gewirkt haben und zum Ausgangspunkt einer neuen Überlieferungstradition werden konnten. Viele Wirk- und Stickarbeiten von Frauen werden kunsthistorisch im Vergleich mit der professionellen Arbeit von Stickern, Stickerinnen, Wirkern und Wirkerinnen nicht sehr hoch geschätzt, häufig wird ihnen jedoch ›Erzählfreude‹, Detailreichtum und die phantasievolle Nutzung der vorgegebenen Arbeitstechniken attestiert. Gerade diese Qualitäten sind es, die den ›Handarbeiten‹ von Frauen bei der Suche nach der Beziehung von Frauen zum Überliefern von Geschichte im Mittelalter und in der beginnenden Neuzeit ihren besonderen Wert verleihen. Die Zusammenhänge von eigener Handarbeit, Memoria und geschichtlicher Überlieferung sollen an einigen Beispielen aufgezeigt werden.

Bildteppiche mit den Namen der Stickerinnen und Hinweisen auf die Klostergeschichte waren keine Besonderheit des eingangs angeführten Klosters Heiningen. Vergleichbare Arbei-

---

29 Oexle [Anm. 6], *Memoria*; *Die Gegenwart der Toten.*

30 Elisabeth Schraut und Claudia Opitz, *Frauen und Kunst im Mittelalter. Katalog zur Ausstellung*, Braunschweig 1983; Elisabeth Schraut, *Stifterinnen und Künstlerinnen im mittelalterlichen Nürnberg*, Nürnberg 1987.

ten finden sich in anderen Frauenstiften. In der umrahmenden Schriftbordüre des großen Osterteppichs, der in den Jahren 1504/05 im Benediktinerinnenkloster Lüne (bei Lüneburg) entstand (Abb. 3)[31], sind neben dem Jahr des Arbeitsbeginns, den Wappen der regierenden Äbtissin (Abb. 4), des Propstes und des Bischofs auch die Initialen der Stickerinnen eingestickt. Auf der 1503 gestickten ›Geschichte des Auferstandenen‹ bezeichnen sich *AG* und *ESM* ausdrücklich als *filatrix* (»Stickerin«).[32] Ebenso haben drei fromme Stickerinnen des Klosters Altenberg (bei Gießen) ihre Namen mit ihrem Werk aus dem 14. Jahrhundert überliefert.[33] Im dritten Viertel des 13. Jahrhunderts vermerkte Kunigunde, die Äbtissin des Benediktinerinnenklosters Göss (Steiermark), auf einem der fünf von ihr gestifteten liturgischen Gewänder, die sie zusammen mit ihren Klosterfrauen gearbeitet hatte: CHUNIGUNDIS ABBATISSA HOC OPUS EST OPERATA (»Die Äbtissin Kunigunde hat dieses Werk gearbeitet«). Insgesamt nennt sie sich fünfmal und bildet sich zudem gemeinsam mit der Gründerin des Klosters ab.[34]

Der frommen Schenkung von Bildteppichen sind vielfältige Hinweise auf die Geberinnen zu verdanken, da sie sich z. B. durch einen Widmungstext und Namensnennung auf Schriftborten und Schriftbändern zu erkennen gaben. Solche Verweise finden sich nicht nur bei adligen, sondern auch bei bürgerlichen Stifterinnen. So ließ um 1470 die Baslerin Margaretha Brandin auf dem von ihr gestifteten Altartuch in Heidnischwerk ihr Wappen einwirken.[35] Noch genauere Auskünfte geben gewirkte oder gestickte Stifterbilder wie z. B. das berühmte Antependium aus dem 1152 von Hildegard von Bingen gegründeten Kloster Rupertsberg (Abb. 5), auf dem nicht

31 Marie Schuette, *Gestickte Bildteppiche und Decken des Mittelalters*, 2 Bde., Leipzig 1927 und 1930, hier Bd. 1, S. 50 f.; Horst Appuhn, *Bildstickereien des Mittelalters im Kloster Lüne*, Düsseldorf 1983, S. 10-13, 18-20, 96-104.

32 Schütte [Anm. 31], S. 50.

33 Margarete Wagner, *Sakrale Weißstickereien des Mittelalters*, Esslingen 1963, S. 7.

34 Grönwoldt [Anm. 8], S. 632.

35 Rapp Buri und Stucky-Schürer [Anm. 9], S. 166-170.

nur Stifter und Stifterin, sondern auch die ersten Äbtissinnen sowie weitere Klosterfrauen dargestellt und namentlich gekennzeichnet sind (um 1230).[36] Wie relevant der »Dokumentensinn«[37] dieser Bildüberlieferung werden konnte, belegt der eingangs vorgestellte Heininger Teppich von 1516. Das Rupertsberger Antependium enthält jedoch einen weiteren Hinweis auf den Dokumentensinn: der Aufbau seiner Darstellung entspricht in wesentlichen Teilen dem Aufbau geschriebener Urkunden, die mit der Berufung und dem Bezug auf den Allmächtigen Gott beginnen, gefolgt von der *narratio*, also der Erzählung der durch die Urkunde zu regelnden ›Sache‹, und mit der Nennung von Zeugen schließen. Es handelt sich bei Stiftungsurkunde und Stifterantependium demnach sinngemäß und formal um analoge Formen der Überlieferung, die allerdings für unterschiedliche Lebensräume, Handlungsdimensionen und Zielgruppen bestimmt waren: Eine Urkunde lag wohlverwahrt im Klosterarchiv, während ein Stifterantependium wenigstens am Jahresgedenken im Kirchraum aufgelegt wurde und damit immer neue Gruppen von Betenden in die Memoria einbezog. Blieben die Teppiche aber ständig im Kirchenraum, dann hielten sie durch die Stifterdarstellungen und häufig auch durch Schriftbänder mit erklärenden Texten die rechtliche Position des Klosters präsent. So hat jedenfalls Bruder Sigismund 1464 bei der Inventarisierung der Teppichschätze des Klosters Murbach im Elsaß die Bedeutung der Teppiche verstanden.[38] Auch in der Beschreibung des historischen Bilderzyklus in Maria-Laach geht der Chronist Johann Schoeffer (gest. 1652) vom bewußten Tradieren mit Bildteppichen aus:

> Hanc tragoedium Albertus una cum aliis vel fundationis vel donationis historiis pacatis iam sopitisque irugiis ne obliterata in oblivionem irent, in haec quae visuntur peristromata texere fecit.[39]

36 Grönwoldt [Anm. 8], S. 638.

37 Rainer Wohlfeil, *Das Bild als Geschichtsquelle*, in: HZ 243 (1986), S. 91-100, hier S. 99.

38 Betty Kurth, *Die deutschen Bildteppiche des Mittelalters*, Bd. 1, Wien 1926, S. 21, 31.

39 Ebda., S. 33.

(»Diesen traurigen Vorfall hat Albertus zusammen mit anderen Geschehnissen – sei es der Gründung, sei es der Ausstattung – in diese Teppiche, die zum Anschauen sind, wirken lassen, damit die Streitigkeiten, nachdem sie erst einmal befriedet und angeschläfert sind, nicht ausgelöscht der Vergessenheit anheimfallen.«)

Diese Beobachtungen legen es nahe, die Beziehungen zwischen den verschiedenen Präsentationsformen der Memoria nicht allein mit den Kriterien der kunstgeschichtlichen Analyse zu beurteilen, die Bildteppiche primär als von der Buch-, Wand- und Tafelmalerei oder figürlichen Darstellungen abhängige Gestaltung von beliebten Themen der Biblischen Geschichte oder der Literatur sieht. Die Ausführung als ›Handarbeit‹ wird fast selbstverständlich mit nicht-professioneller Frauenarbeit – ›Klosterfleiß‹ und ›Hausfleiß‹ – gleichgesetzt.[40] Wenn aber die hohe Qualität der Arbeit nicht abzustreiten ist, dann wird ein Unterschied zwischen dem kreativen ›Künstler‹, der den Karton hergestellt hatte, und den Ausführenden gemacht. Daß es derartige Formen der Arbeitsteilung gab, ist belegt[41], zu bezweifeln ist jedoch die selbstverständliche Voraussetzung, daß der Künstler auf jeden Fall ein Mann war, da die Aussagen, die den Bildteppichen selbst zu entnehmen sind, dem widersprechen. Auf dem Quedlinburger Knüpfteppich (um 1200) ist, inspiriert von einem Lehrgedicht des Martianus Capella (5. Jahrhundert),[42] die Hochzeit des Merkur mit der Philologie gestaltet.[43] Dieser Teppich wurde von der Quedlinburger Äbtissin Agnes von Meißen gestiftet, und nach den Aussagen einer (nicht datierten) Chronik in der Stiftsbibliothek ist von ihrer Autorenschaft auszugehen:

40 Hierzu Rapp Buri und Stucky-Schürer [Anm. 9], S. 47 f.; *Klosterfrauenarbeiten, Kunsthandwerk aus bayerischen Frauenklöstern. Katalog zur Ausstellung der Ignaz Günther Gesellschaft im Münchner Stadtmuseum 1987,* München 1987.

41 Marie Schuette und Sigrid Müller-Christensen, *Das Stickereiwerk,* Tübingen 1963, S. 18, gehen davon aus, daß auch wandernde Handwerker und Maler die Vorlagen herstellten.

42 Zur Bedeutung von Martianus Capella für das mittelalterliche Bildungswesen: Knape [Anm. 20], Erster Teil.

43 Vgl. hierzu Dieter Kartschoke, *Geschichte der deutschen Literatur im frühen Mittelalter*, München 1990, S. 181 f., 195.

Abb. 1: Philosophie- und Tugendteppich aus Kloster Heiningen, 1516 – London, Victoria and Albert Museum

Abb. 4: Osterteppich aus Kloster Lüne (s. Abb. 3), Detail: Engel mit dem Wappen der Domina Mechtild Wilde

Abb 5: Gesticktes Antependium aus Kloster Rupertsberg, um 1230
– Brüssel, Musées Royaux d'Art et d'Histoire

Abb. 6: Wandteppich der Familie Morell aus Konstanz, 1601 –
Zürich, Schweizerisches Landesmuseum

Abb. 7: Wandbehang ›Charitas Müller mit ihrer Familie‹ aus Basel, 1598 – Basel, Historisches Museum

> Diese Äbtissin hat bei ihren Zeiten schöne Bücher mit ihren eigenen Händen geschrieben und hat sie mit Figuren schön illuminiert, in gleichen köstliche Teppiche mit ihren Jungfrauen gewürkt, so von 24 Schuh lang und 20 breit, darauf die ganze Philosophie gewürkt und genähet war, welche sollten dem Papst nach Rom geschickt werden, aber es ist nach dem verblieben. Und sind noch jetzo zu finden in der Stiftskirche und waren ausgebreitet auf dem hohen Chor.[44]

Man kann wohl davon ausgehen, daß die gebildete Agnes von Meißen die Bildidee hatte und daß sie als geübte Buchmalerin durchaus in der Lage war, die Vorlage für den Teppich zu entwerfen. Von ihrer Schwester Bertha, die Äbtissin des Klosters Gerbstedt war, ist überliefert, daß sie einen gestifteten Teppich mit eigenen Händen gewirkt habe.[45] Damit wäre sie in die lange Reihe der hochadeligen Frauen einzuordnen, die seit Beda wegen ihrer besonders kunstreichen Handarbeiten gerühmt wurden.[46] Auch die seit dem 10. Jahrhundert vielfach belegte Erziehung von hochadeligen Töchtern in Klöstern, wo sie in Handarbeiten unterrichtet wurden, spricht dafür, daß dabei nicht an Grundfertigkeiten, sondern an Kunstfertigkeit zu denken ist.[47] Auch hier ließe sich wieder ein literarisches Werk als Quelle heranziehen, das sich allerdings auf eine »Meisterin« bezieht, die den jungen Hugdietrich neben dem Spinnen und Nähen vor allem in der Seidenstickerei unterrichtete, wozu das Entwerfen von figürlichen Mustern gehörte.[48] Schließlich ein Beispiel aus dem Bereich der Lohnarbeit: In Basel erhielt 1430

---

44 Zitiert nach Kurth [Anm. 38], S. 53. Andere Aufzeichnungen (um 1600) berichten ebenfalls, daß Agnes die »große Decke oder Teppich«, die den Estrich am hohen Chor an hohen Feiertagen ziere, gearbeitet habe (ebda.).

45 Kurth [Anm. 38], S. 33.

46 Joachim Bumke, *Höfische Kultur. Literatur und Gesellschaft im hohen Mittelalter*, München 1986, Bd. 1, S. 196.

47 Bumke [Anm. 46], Bd. 2, S. 472 f.; Werner Rösener, *Die höfische Frau im Hochmittelalter*, in: Josef Fleckenstein (Hg.), *Curialitas. Studien zu Grundfragen der höfisch-ritterlichen Kultur*, Göttingen 1990, S. 171-230, hier S. 213 f.

48 Bumke [Anm. 46], Bd. 2, S. 473; ders., *Geschichte der deutschen Literatur im hohen Mittelalter*, München 1990, S. 270 f.

die Jungfrau Barblen vom Bischof von Basel 18 Denar für das Malen eines Kartons.[49]

Meine These von der Beziehung zwischen Gedenken und Handarbeit beruht wesentlich auf der Annahme, daß es hauptsächlich Frauen waren, die Bildteppiche mit Memorialüberlieferung als Gebetsgedenken gewirkt oder gestickt haben. Doch es gibt frühe angelsächsische Zeugnisse dafür, daß Handarbeiten nicht selbstverständlich Frauenarbeit waren: So berichtet der englische Chronist William von Malmesbury, daß der Hl. Dunstan (924-988) als Erzbischof von Canterbury Vorlagen gezeichnet habe, nach denen Mönche Stickereien ausführten.[50] Das bis zum 14. Jahrhundert führende *opus anglicanum* war einerseits Arbeit von Klosterfrauen, andererseits professionalisierte Arbeit von Männern.[51] Auch im Augsburger Kloster St. Ulrich und Afra, in dem zwischen 1174 und 1179 zwölf Behänge gestickt wurden, hat sich auf einem der Stücke *frater Beretha* als *pictor acusque laborum* (»Maler und Nadel der Arbeiten«) überliefert.[52] Noch früher liegen urkundliche Belege bayerischer Klöster, die Mönche als *tapetiarii* oder *tapifex* in ihren Zeugenlisten führen.[53] Die angeführten Textstellen erscheinen jedoch nicht eindeutig. Vermutlich sind die als *tapifex* bezeichneten Mönche als Inhaber eines Amtes anzusehen und waren mit der Verwaltung des umfangreichen Bestandes an Teppichen und Wandteppichen und möglicherweise mit der Aufsicht und Organisation der Werkstatt betraut. Unklar bleibt aber der Charakter der Werkstatt und damit zusammenhängend, ob die Arbeiten von Mönchen oder Laien, von Männern oder Frauen

49 Rapp Buri und Stucky-Schürer [Anm. 9], S. 42.

50 Betty Kurth, *Die Stilarten der europäischen Bildstickerei im Mittelalter*, in: Ciba-Rundschau 48, März 1941, S. 1756.

51 Auch die italienischen Seidensticker waren zünftig organisiert: Betty Kurth, *Die Technik der europäischen Bildstickerei im Mittelalter*, in: Ciba-Rundschau 48, März 1941, S. 1750; Margret Wensky, *Die Stellung der Frau in der stadtkölnischen Wirtschaft im Spätmittelalter*, Köln und Wien 1980, 89-95; Erich Egg, *Die Kunst der Seidenstickerei im Umkreis des Innsbrucker Hofes*, Innsbruck 1962 (Schlern-Schriften 228), S. 9 f.; Peter Ketsch, *Frauen im Mittelalter*, Bd. 1, Düsseldorf 1983, S. 200, 205 f.

52 Kurth [Anm. 38], S. 30.

53 Ebda.

ausgeführt wurden. Einen Hinweis bietet hier die Chronik des Klosters S. Florent bei Saumur, wo Abt Robert im 10. Jahrhundert viele Bildteppiche von *trapezitae* wirken ließ.[54] Dies könnte darauf hindeuten, daß die Teppichwirkerei auch im Rahmen der Fronhofwirtschaft von Frauen im Gynaeceum, der Frauenwerkstatt, betrieben wurde und dem *opus feminile*[55], dem »Frauenwerk«, zuzurechnen ist. Welche Arbeiten in einem Werkgadem verrichtet wurden, schildert Hartmann von Aue im *Iwein* (um 1200):

Nû sach er innerhalp dem tor
ein wîtez wercgadem stân:
daz was gestalt und getân
als armer liute gemach;
dar in er durch ein venster sach
würken wol driu hindert wîp.
den wâren cleider untter lîp
vil armeclichen gestalt:
irn was iedoch deheiniu alt.
die armen heten ouch den sin
daz gnuoge worhten under in
swaz iemen würken solde
von sîden und von golde.
genuoge wohrten an der rame:
der werc was aber âne schame.
und die des niene kunden,
die lâsen, dise wunden,
disiu blou, disiu dahs,
disiu hachelte vlahs,
dise spunnen, dise nâten[56]

(»Nun sah er innerhalb der Burgmauer ein großes Arbeitshaus, das sah aus wie die Wohnung armer Leute; drinnen sah er durch ein

54 Ebda., S. 19.

55 Franz Irsigler, *Divites und pauperes in der Vita Meinwerci*, in: VSWG 57 (1970), S. 444-499, hier S. 482-490; Ludolf Kuchenbuch, *Opus Feminile. Das Geschlechterverhältnis im Spiegel von Frauenarbeiten im früheren Mittelalter*, in: Hans-Werner Goetz (Hg.), *Weibliche Lebensgestaltung im frühen Mittelalter*, Köln, Weimar und Wien 1991, S. 139-175.

56 Hartmann von Aue, *Iwein*, hg. v. G. F. Benecke und K. Lachmann, neu bearb. v. Luwig Wolff, Bd. 1, Berlin ^{7}1968, V. 6186 ff. – Vgl. Kurth [Anm. 38], S. 34.

> Fenster gut dreihundert Frauen mit Wirkarbeiten beschäftigt. Deren Kleidung und körperliche Erscheinung waren sehr armselig, doch war keine von ihnen alt. Die Armen waren so kunstfertig, daß viele von ihnen wirkten, was man nur von Seide und Gold wirken kann. Viele wirkten am Wirkrahmen: deren Arbeit war freilich nicht schimpflich. Die das aber nicht konnten, ordneten die Fäden; diese wickelten auf; jene schlug, diese schwang und eine andere hechelte den Flachs; diese spannen, jene stickten [...]«)

Hartmann von Aue versetzt hier 300 gefangene adelige Frauen in einen Werkgadem, wo sie alle üblichen Arbeiten der Textilherstellung verrichten müssen. Das Wirken mit Seide und Gold hebt er besonders hervor, weil es unter den angeführten Arbeiten die einzige war, die den Frauen keine Schande machte, während Wolle und Leinen von Mägden verarbeitet wurden.

Im Hinblick auf die Interpretation von *tapifex* darf wohl mit einiger Sicherheit davon ausgegangen werden, daß damit der Inhaber eines Klosteramtes im vorgeschlagenen Sinne gemeint war. Daß dieses Amt von großer Bedeutung für die Klöster war, lassen die vielen Belege über den großen Bedarf an gewirkten Teppichen für die Ausgestaltung von Wohnräumen, repräsentativen Räumen und Kirchen erkennen.[57] Diese Nachfrage im großen Stil wurde offenbar als Auftragsarbeit in den Gynaeceen befriedigt, deren Funktion damit klarer hervortritt. Denn Woll- und Leinweberei benötigen keine zentralen Werkstätten, wie es die Gynaeceen waren, sondern fanden ebenso in den Haushalten der Hörigen statt. Demgegenüber erforderte das Teppichwirken, insbesondere die Bildwirkerei, besondere Fähigkeiten, die mit großer Wahrscheinlichkeit in den Gynaeceen eingeübt wurden. Von Bedeutung war jedoch nicht nur die Marktproduktion im modernen Sinn; denn Textilien waren ein wichtiger Bestandteil im Gabentausch zwischen Laien wie zwischen frommen Laien und der Kirche.[58]

---

57 Kurth [Anm. 38], S. 18 f.; Bumke [Anm. 46], Bd. 1, S. 153-157.

58 Kurth [Anm. 38], S. 18 f. Zur Bedeutung von Textilien im Gabentausch der Griechen: Beate Wagner-Hasel, *Zwischen Mythos und Realität: Die Frau in der frühgriechischen Gesellschaft*, Frankfurt/Main 1982.

Diese Überlegungen zu den Arbeitsprozessen führen über die kunstgeschichtlichen Interpretationen der Bildteppiche hinaus. Es stellt sich nicht primär die Frage nach den Vorbildern der eher untergeordnet bewerteten ›textilen Künste‹, sondern die Aufgabe, das Phänomen der Durchdringung aller Lebensbereiche mit Memoria, das ihnen einen weiteren ›Dokumentensinn‹ verleiht, zu bearbeiten. Die Arbeit des Wirkens oder Stickens kann mit den Mustern und Wertungen von geschlechtsspezifischer Arbeitsteilung des 19./20. Jahrhunderts nicht hinreichend erfaßt werden. Vielmehr sind standesspezifische Brechungen von ›Handarbeit‹, aber auch Brechungen der Sinngebung dieser Arbeiten im Gefolge von Professionalisierung und Lohnarbeit einzubeziehen. Klosterfrauen, die wie in Heiningen, Wienhausen oder in Kloster Lüne gemeinsam an der bildlichen Umsetzung eines biblischen oder gelehrten Themas stickten, hatten ein anderes Verhältnis zu ihrer Arbeit als Bildwirkerinnen in Basel, die alleine und unter dem zeitlichen Druck des Erwerbs arbeiteten.[59] Sie mußten sich auf die möglichst effiziente Übertragungsleistung der Vorlage auf ›Handarbeit‹ konzentrieren, wie es Geiler von Kaiserberg 1512 eindringlich vor Augen führt: *ein junkfrow, die vor einem bildner* [= Karton] *sitzt und heidenschwerk wirkt, die den bildner stetig ansieht und noch im wirkt.*[60] Auf den Inhalt ihrer Arbeiten konnten sie wohl nur wenige Gedanken verschwenden. Demgegenüber vollendeten die Stiftsdamen ihr Werk in ›Muße‹, im Gespräch miteinander und vermutlich auch über das zu gestaltende Thema. Dabei war dieses Miteinander durchaus mit Arbeitsteilung zwischen guten und besseren, geübten und weniger geübten Arbeiterinnen vereinbar, das ist für die Stickerei ebenso wie für die Buchmalerei belegt.[61] Diese ›Gemeinschaftsarbeit‹ bestand nicht zuletzt darin, durch das gemeinsame Weben, Wirken und Sticken von ›Geschichte‹ – seien es Szenen aus der biblischen Geschichte oder der Klostergeschichte – dieses Wissen von den

59 Rapp Buri und Stucky-Schürer [Anm. 9], S. 47-51.
60 Kurth [Anm. 38], S. 82.
61 Wagner [Anm. 33], S. 7.

älteren an die jüngeren Klosterfrauen weiterzugeben.[62] Allerdings gab es durchaus Konvente, die ihren Lebensunterhalt ebenso wie die Basler Bildwirkerin verdienen mußten.[63] Den Sinn ihrer Arbeit werden sie wohl im Kontext des monastischen Arbeitsgebotes gesehen haben.

Explizit wird die Beziehung zwischen Memoria und dem Überliefern von Geschichte in der *Zimmernschen Chronik* aus der zweiten Hälfte des 16. Jahrhunderts formuliert:

> Sein gemahel, fraw Elisabeth herzogin von Tegk, zu ainer langwürigen gedechnus der freiherrschaft Zimbern, wurket im ain tuoch mit neuen jungfrawen, die sie in irem frawenzimmer hat, die ganz historia des Zugs geen Ierusalem und wie weiland ire zwen schwäger, herr Conrat und herr Albrecht bei Nicea erschlagen und herr Friderrich von Zimbern hart verwundt mit dem graven von Schwarzenburg und andern vorgenannten darvon kommen war. Dises tuch, daran sie neun ganzer jhar gearbait, und die Grösse gehabt, das der ganz chor zu baiden seiten ob dem gestuel darmit behenkt, kam nach ir und ires gemahels, herrn Gottfridts absterben geen Alpersbach in das closter, da es anno domini fünfzehen hundert zwainzige noch gewesen ist.[64]

Der Teppich wurde während des Bauernkriegs weitgehend zerstört, aber die Beschreibung der *Zimmernschen Chronik* ist so genau, daß die Kunsthistorikerin Betty Kurth seine Entstehung tatsächlich in die Zeit des dargestellten Geschehens um 1100 einordnen konnte.[65] Warum soll dann nicht auch ihrer Geschichte über die Entstehung Glauben geschenkt werden? Demnach wirkte Margarete von Teck gemeinsam mit ihrem ›Frauenzimmer‹ zur Memoria für ihre im Kreuzzug gefallenen und verwundeten ›Schwäger‹ einen Teppich, der die Geschich-

62 Vgl. dazu neben dem Heininger Teppich einen süddeutschen Stickteppich von 1557, der aus dem Damenstift Säckingen stammen soll (Helge Siefert, *Textilien*, in: Katalog der Heidelberger Ausstellung *Die Renaissance im deutschen Südwesten zwischen Reformation und Dreißigjährigem Krieg*, Heidelberg 1986, Bd. 2, S. 803-824, hier S. 814 f.).

63 Kurth [Anm. 38], S. 83.

64 Kurth [Anm. 38], S. 20.

65 Ebda.

te des Heerzuges im einzelnen darstellte. Ihre Vorlagen waren nicht nur die mündlichen Berichte der glücklich Zurückgekehrten, sondern auch ein *buoch*, das den Heerzug schilderte. Die Geschichte dieses Teppichs zeigt, wie eng Memoria und Historiographie verbunden waren: Die langjährige Handarbeit – gleich ob es tatsächlich neun Jahre waren oder nicht – war Gedenk- und Überlieferungsarbeit zugleich. Nach seiner Vollendung wurde der große Teppich ›öffentlich‹ über dem Chorgestühl aufgehängt, um jeden Kirchenbesucher zum Gebetsgedenken aufzufordern. Das *buoch* allein reichte anscheinend für die Sicherung der Memoria nicht aus, da es nicht alle für die Memoria wichtigen Gruppen ansprechen konnte. Dies bestätigt auch das weitere Schicksal von Buch und Teppich. Beide kamen nach dem Tod von Margarete von Teck und ihres Ehemannes Gottfried von Zimmern an das Kloster Alpirsbach, die Grablege des Ehepaars.

An anderer Stelle der *Zimmernschen Chronik*, wo es um die wunderbare Errettung des Freiherrn Werner von Zimmern, des Grafen Arnold von Diestein, des Herrn Cuno von Altenclingen und anderer aus Gefangenschaft ging, wird der Anlaß für die Anfertigung einer Handarbeit ausdrücklich genannt:

> Und damit diese wunderzaichen in ewigkeit nit vergessen, sondern zu ainer zeugnus der ehr und macht gottes denen nachkomen kundt thon wurd, liesen sie sich alle mit iren wappen, bei denen sie erkannt werden mechten, in ain aufschlag [= Teppich mit eingewirkten Figuren] wurken, denen etliche die Ketten an füessn, etlichen an Armen oder an leiben hiengen, nachdem dann ain jegclicher gefangen und eingeschmiedt gelegen war. Diser gewurkt aufschlag ist bei 40 jahren in gemelter Kirchen bei sant Lienhart zu Etenhain noch vorhanden gewesen, nachvolgends anno domini 1525 ist er sambt vilen andern monumenten daraus dies historia zum thail gezogen, in der beurisschen aufruor zerhawen und verbrennt worden.[66]

Wenn der *Zimmernschen Chronik* getraut werden darf, dann fordert die Geschichte des von Margarete von Teck und ihren

66 Zitiert nach Kurth [Anm. 38], S. 21.

Frauen gewirkten Teppichs den Vergleich mit dem noch erhaltenen Teppich von Bayeux heraus, auf dem die Vorgeschichte und die Ereignisse der normannischen Eroberung Englands in der Schlacht bei Hastings dargestellt sind (s. Umschlagbild). Dieser fast 70 m lange gestickte Wandfries ist heute allgemein als historisches Dokument anerkannt.[67] Weitgehend einig ist man sich, daß er relativ bald nach den Ereignissen selbst entstand und daß der Auftraggeber Bischof Odo von Bayeux war, ein Halbbruder des Eroberers Wilhelm und viele Jahre politisch eng mit ihm verbunden.

Umstritten ist aber noch immer der Verwendungszweck, und ganz unbekannt ist sein Rang im Vergleich mit anderen Teppichen seiner Zeit, da nichts Vergleichbares erhalten geblieben ist. Hier könnte der wenig später entstandene Wirkteppich der Elisabeth von Teck ein bislang nicht beachtetes Pendant darstellen. Der Streit, ob das weltliche und insbesondere kriegerische Thema für einen Kirchenraum geeignet gewesen sei, erwiese sich damit als anachronistisch, da er heutige Trennungen von sakral und profan rückprojiziert. Auf dem Kontinent gibt es dafür weitere, allerdings spätere Beispiele, so den Teppichzyklus in der Benediktinerabtei Maria-Laach, auf dem die Kämpfe der Jahre 1209 und 1213 zwischen dem Abt Albert und dem Grafen von Nürnberg-Are um die Vogtei dargestellt waren.[68] Vor allem aber muß der Teppich von Bayeux der Memoria zugeordnet und der durchaus erkannte heilsgeschichtliche Aspekt neben den literarischen Vorbildern – sei es in der französischen Heldendichtung der Chansons de geste oder der altenglischen Dichtung – bei der Interpretation stärker berücksichtigt werden. Dann wäre ein kirchlicher Raum, in dem sich der Teppich im 15. Jahrhundert nachweislich befand, durchaus als ursprünglicher von Bischof Odo vor-

67 David M. Wilson, *Der Teppich von Bayeux*, Frankfurt/Main und Berlin 1985; Sabine Teubner, *Der Teppich von Bayeux und die Schlacht von Hastings 1066*, in: *Einführungskurs in die Ältere Geschichte. Kurseinheit 4: Bilder und Schriften*, Fernuniversität-Gesamthochschule in Hagen, Fachbereich Erziehungs- und Sozialwissenschaften 1987.

68 Kurth [Anm. 38], S. 33.

gesehener Ort denkbar. Eine andere Anbringung ist damit nicht ausgeschlossen, da auch mit weltlichen Häusern sakrale Funktionen des Gedenkens verbunden waren. Wie sich Zeitgenossen die standesgemäße Ausstattung herrschaftlicher Räume vorstellten, geht aus einem langen Gedicht hervor, das der französische Bischof Baudri de Bourgueil (gest. 1130) der Gräfin Adele von Blois (gest. 1137), einer Tochter Wilhelms des Eroberers, widmete. Er schildert ihr reich ausgestattetes Zimmer und hebt vier Teppiche hervor, darunter einen besonders kostbaren mit Gold- und Silberfäden, der um ihren Alkoven gespannt war und die Eroberung Englands und die Schlacht bei Hastings schilderte.[69] Zwar kann dieses Gedicht keinen Anspruch auf Authentizität erheben, was die tatsächliche Einrichtung von Adeles Räumen angeht[70], aber es wird sehr wohl erkennbar, welche Rollen Teppiche mit historischen Darstellungen spielten.

Der Teppich von Bayeux wurde mit großer Wahrscheinlichkeit in England gestickt. Der Entwurf soll von einem ›Künstler‹ stammen, während die Ausführung durchaus handarbeitenden Klosterfrauen zugetraut wird. Im Rückgriff auf das Zimmernsche Gegenstück ist es jedoch vorstellbar, daß eine hochgestellte Frau mit ihrem ›Frauenzimmer‹ oder gemeinsam mit Klosterfrauen an dem Teppich gearbeitet hat. Auch für England geben die erzählenden Quellen seit Beda viele Hinweise auf hochadelige Frauen, die kostbare Handarbeiten anfertigten.[71] Nicht zu unterschätzen für das Überliefern von Geschichte auf Bildteppichen sind die skandinavischen Beziehungen und Traditionen, die in England wirksam waren, ›materiell‹ allerdings bislang erst fragmentarisch nachgewiesen.[72] Obwohl die folgenden literarischen Beispiele aus der *Edda* vergleichsweise spät aufgezeichnet worden sind, seien sie doch angeführt, um den Zusammenhang von Handarbeit, Gedenkarbeit und Überliefern noch einmal aus der schriftlichen

69 Bumke [Anm. 46], Bd. 1, S. 156.
70 Bumke [Anm. 46], Bd. 1, S. 157.
71 Wilson [Anm. 67], S. 212.
72 Wilson [Anm. 67], S. 204, 206; von Wilckens [Anm. 2], S. 364, Anm. 15.

Überlieferung zu dokumentieren.[73] Im Lied von ›Gudruns Lebenslauf‹ (*Gudrúnarqviđa* II) wird berichtet, daß Gudrun nach Sigurds Tod zusammen mit Hakons Tochter Thora einen Teppich wirkte, auf dem sie u. a. die Abfahrt Sigmunds auf den mit Gold und Schnitzwerk verzierten Schiffen darstellte; und die *Völsungasaga* bezeugt ein eddisches Lied, in dem Brynhild mit ihren Jungfrauen einen Teppich wirkte, der die Taten Sigurds – die Drachentötung, den Erwerb des Horts und die Tötung Regins – festhielt.[74] Vor allem aber sollte der Hinweis von Bischof Baudri de Bourgueil ins Gewicht fallen, daß unter Adeles Leitung von ihren Mägden Bildteppiche hergestellt wurden.

III.

Die Wirksamkeit des hier herausgearbeiteten Überlieferns von Geschichte in der handarbeitlichen Memoria von Frauen läßt sich bis in das 16. Jahrhundert verfolgen. Wie die *Zimmernsche Chronik* berichtet, wurden Bildteppiche mit Darstellungen aus der Geschichte der Herren von den aufständischen Bauern im Bauernkrieg zerhauen und verbrannt. Dies geschah keineswegs aus blinder Zerstörungswut, sondern richtete sich gezielt gegen die Darstellung feudaler Macht. Daß auch der Verfasser der *Zimmernschen Chronik* den Dokumentensinn der Teppiche kannte, belegt er mit ihrer Bezeichnung als *›monument‹*.[75] Diese Vernichtung von gewirkter geschichtlicher Überlieferung geschah zehn Jahre, nachdem die Heininger Nonnen ihren großen Teppich vollendet hatten, eine Tradition, die weiter bestand, wie ein Teppich aus dem Säckinger Damenstift von 1557 belegt. Aber – soweit ich sehe – sind aus dem 16. Jahrhundert keine Bildteppiche mit historischen Themen mehr bekannt, die von Frauen im Gebetsgedenken gearbeitet wurden. Geschich-

73 Artikel ›Edda‹ (von Otto Gschwantler), in: LMA III, Sp. 1555-1558.

74 *Edda*, übertr. v. Felix Genzmer, Bd. 1, Düsseldorf und Köln ²1963 (Thule 1), S. 97; vgl. *Isländische Heldenromane*, übertr. v. Paul Herrmann, Düsseldorf und Köln 1966 (Thule 21), S. 116; die Brynhild-Episode ebda., S. 91.

75 S. oben S. 343.

te wurde vielmehr in neuen Kontexten und für neue Räume gewirkt. In großen Manufakturen stellten Lohnarbeiter monumentale Gobelins her mit Bildfolgen zu historischen Themen für die repräsentative Ausstattung der Königsschlösser und Adelspaläste, aber auch für die repräsentativen Bauten der großen Stadtrepubliken. Wie die Historienmalerei lag diese Arbeit fast ausschließlich in Männerhänden.[76]

Die Beziehungen zwischen Gedenken und Geschichte hatten sich allem Anschein nach verändert. Gedenken hatte einen neuen Sinn erhalten, Ehre und Ruhm standen im Vordergrund[77], das Schreiben der Geschichte war im Zeichen des Humanismus zu einer kritischen Wissenschaft geworden. Historiographen wiesen ein neues Berufsprofil auf, das in engem Zusammenhang zum Aufstieg des frühmodernen Staates, seiner Organisation von Herrschaft und seiner Beziehungen zu fremden Mächten stand.[78] Obwohl Frauen im Zeichen des Humanismus seit dem 15. Jahrhundert einen neuen Zugang zur Gelehrsamkeit erhielten, sind sie nicht als Historiographinnen hervorgetreten. Allenfalls dokumentierten Herrscherinnen ihre Augenzeugenschaft am politischen Geschehen in ›Memoiren‹, die bereits zu ihren Lebzeiten veröffentlicht wurden und heute gelegentlich als ›Quelle‹ herangezogen werden. Eine spätmittelalterliche Vorläuferin war Helene Kotannerin, die in ihren *Denkwürdigkeiten* über ihre Zeit (1439-1440) als Vertraute der Königin von Ungarn berichtet.[79]

Gelehrte Frauen haben aber nicht auf das Argumentieren mit Geschichte verzichtet. In der ›Querelle des femmes‹, in der sie mit den Gelehrten um die Gleichheit von Mann und Frau

76 Berthold Hinz, *Künstlerinnen im 18. Jahrhundert. Eine soziologische Skizze*, in: Kritische Berichte 20, H. 4 (1992), S. 97-104.

77 Jan-Dirk Müller, *Gedechtnus*, München 1982.

78 Davis [Anm. 19], S. 154-157.

79 *Die Denkwürdigkeiten der Helene Kottannerin (1439-1440)*, hg. v. Karl Mollay, Wien 1971; Heide Dienst, *Frauenalltag in erzählenden Quellen*, in: *Frau und spätmittelalterlicher Alltag*, Wien 1986, S. 213-241, hier S. 234-241; Maya C. Bijvoet, *The Austrian Chambermaid Helene Kottanner*, in: *Women Writers of the Renaissance and Reformation*, Athen und London 1987, S. 326-349.

im Hinblick auf ihre geistigen Fähigkeiten stritten, haben sie sich auf die biblische Geschichte bezogen, da die Schöpfungsgeschichte der Orientierungspunkt für die Diskussion um Gleichheit oder Ungleichheit der Geschlechter und um ihre ›natürliche‹ Ordnung war.[80] In diesem Streit um ihre Selbstbehauptung als gleichwertige Menschen konnten Frauen mit dem Gang der säkularen Geschichte, so wie sie bis dahin bekannt war, wenig anfangen, da die Geschichtsschreibung Frauen keinen Platz in der Öffentlichkeit zugestand. ›Historische‹ Bezugspersonen wurden daher die hervorragenden Frauen des Alten Testaments, die sagenhaften Amazonen, tugendhafte Königinnen und Heilige, mit denen schon Christine de Pizan ihre *Stadt der Frauen* bevölkert hatte.[81]

Diese säkularen Wandlungen erklären zum Teil, warum sich eine weltliche Geschichtsschreibung vom heilsgeschichtlichen Gedenken abzuheben begann. Aber die Veränderungen der Beziehungen zwischen Geschichte und Gedenken gingen auch auf den grundlegenden Wandel von Religion und Kirche zurück, dessen Ausdruck die Kirchenspaltung war. Zu den programmatischen Forderungen, durch die sich die Reformation von der alten Kirche abgrenzte, gehörte die Ablehnung der Werkgerechtigkeit, die den Gläubigen dazu gedient hatte, bereits im irdischen Leben Vorsorge für das eigentliche Leben nach dem Tod zu treffen. Dem Totengedenken als Gemeinschaft der Lebenden mit den Heiligen und den Toten setzten die Reformatoren das Konzept einer christlichen Gesellschaft entgegen, die sich in der Welt verwirklichen muß, wenn sie am ewigen Leben teilhaben will. Daher wurden das Sakrament der letzten Ölung und alle Formen des liturgischen Totengedenkens abgeschafft. An ihre Stelle traten Leichenpredig-

80 Elisabeth Gössmann (Hg.), *Das wohgelahrte Frauenzimmer*, München 1984 (Archiv für philosophie- und theologiegeschichtliche Frauenforschung 1); Elisabeth Koch, *Maior dignitas est in sexu virili. Das weibliche Geschlecht im Normensystem des 16. Jahrhunderts*, Frankfurt/Main 1991.

81 Katharina Fietze, *Spiegel der Vernunft. Theorien zum Menschsein der Frau in der Anthropologie des 15. Jahrhunderts*, Paderborn, München und Zürich 1991.

ten[82], die den Hinterbliebenen beim Begräbnis Trost und bei ihrer Lektüre Erbauung spenden sollten, während die Verstorbenen als Personen zunächst kaum erwähnt wurden. Aber das zunächst ausgegrenzte persönliche Totengedenken kehrte im letzten Drittel des 16. Jahrhunderts wieder in den kirchlichen Raum zurück. Ihm wurde seit etwa 1580 in den gedruckten Leichenpredigten ein ›Personalteil‹ gewidmet, in dem das ›christliche Leben und Sterben‹ – durchaus in der Vitentradition, aber einem neuen Muster von ›Weltheiligkeit‹ folgend – geschildert wurde.

Wie sich Form und Inhalt des Gedenkens geändert hatten, läßt sich an zwei kunstvollen Handarbeiten ablesen, die im Kontext von Gedenken und Geschichte zu verstehen sind: zum einen an dem gestickten auf 1601 datierten Wandteppich der Konstanzer Familie Morell, zum anderen an dem Basler Wandbehang ›Charitas Müller mit ihrer Familie‹ aus dem Jahr 1598.

Das Familienbild Morell (Abb. 6) entstand wahrscheinlich nach dem Tod des Sohnes Johannes: *auff den 12 tag september ist verschieden 1601* heißt es bei seiner Darstellung.[83] Im Mittelmedaillon sind die Eltern mit den beiden jüngsten Kindern abgebildet, während die älteren z. T. schon verheirateten Söhne und Töchter in zwölf Medaillons dargestellt sind, die ein Quadrat um das Mittelmedaillon bilden. Das in einem der Medaillons dargestellte Mädchen am Stickrahmen ist wohl als Porträt der Stickerin zu verstehen. Die Vermutung, daß der Tod des Sohnes der Anlaß für die Anfertigung des Familienbildes war, könnte zutreffen. Denn die ausführliche Darstellung von Eltern und Kindern auf dem Wandteppich besitzt auffällige Parallelen zur Thematisierung der Hinterbliebenen in den gedruckten Leichenpredigten.

82 Rudolf Lenz (Hg.), *Leichenpredigten als Quelle historischer Wissenschaften*, Bd. 1, Köln und Wien 1975, Bd. 2 und 3, Marburg 1979, 1984; Heide Wunder, *Vermögen und Vermächtnis – Gedenken und Gedächtnis. Frauen in Testamenten und Leichenpredigten am Beispiel Hamburgs*, in: Barbara Vogel und Ulrike Weckel (Hg.), *Frauen in der Ständegesellschaft*, Hamburg 1991, S. 227-240.

83 Jenny Schneider, *Schweizerische Bildstickerei des 16. und 17. Jahrhunderts*, Bern 1959, S. 13; Abb.

Demgegenüber läßt sich auf dem Wandbehang ›Charitas Müller mit ihrer Familie‹[84] (Abb. 7) die Beziehung von Toten und Lebenden deutlicher erkennen. Charitas steht in der Mitte zwischen ihrem ersten und zweiten Ehemann. Sie könnte den Wandbehang selbst gearbeitet haben, da die mittlere Inschrift lautet: IN ZWO EHEN MIR GOTT GEBEN HAT/13 KINDER DURCH SIN GNAD. Ihre Darstellung fordert den Vergleich mit Bildepitaphien heraus, auf denen häufig ein Mann mit mehreren Frauen und den aus den jeweiligen Ehen entsprossenen Söhnen und Töchtern abgebildet ist.[85] Aber auf dem Wandbehang fehlt nicht nur die Orientierung auf den Gekreuzigten, sondern Charitas hat sich selbst in die Mitte ihres Bildes gestellt, umgeben von ihren Kindern, in denen sie – nach der Aussage der Inschrift über ihrem Kopf – ihre Lebensleistung sieht.

Beide Stickarbeiten verweisen nicht – wie die älteren Gedenkbilder – auf die Taten der Verstorbenen, sondern thematisieren die Lebenden, die das Gedenken tragen. Daher treten Kinder auf Bildepitaphien, in den gedruckten Leichenpredigten sogar Kindeskinder und Kinderkindeskinder, prominent in Erscheinung: Im ›Nachkommenhimmel‹ der Schwäbisch Haller Eheleute Marie Busch (1568-1647) und Peter Firnhaber (1570-1620) schweben 120 Kinder und Kindeskinder.[86] Es wird nicht auf das Gebetsgedenken von geistlichen Institutionen gesetzt, sondern vor allem auf das Gedenken der Nachkommen vertraut. Allerdings haben kinderlose Ehepaare auch in den protestantischen Städten und Territorien weiterhin ihr Gedenken – neben der großzügigen Ausstattung von Töchtern aus der Verwandtschaft – durch Stiftung an Einrich-

84 Heidelberger Katalog [Anm. 62], S. 817.

85 Rainer und Trudel Wohlfeil, *Nürnberger Bildepitaphien. Versuch einer Fallstudie zur historischen Bildkunde*, in: ZHF 12 (1985), S. 129-180.

86 Gerd Wunder, *Personendenkmale der Michaelskirche in Schwäbisch Hall*, Schwäbisch Hall 1987, S. 32 f. Ebenfalls in Schwäbisch Hall starb 1589 Leonhardt Romig mit 85 Jahren, der »an Kinder und Kindskindern 171« erlebt hatte. Da die Kinder aus fünf Ehen stammten, bereitete die bildliche Darstellung der Nachkommenschaft erhebliche Schwierigkeiten: ebda., S. 37 f., 89.

tungen für Bedürftige gesichert.[87] Die Beziehung der Lebenden mit den Toten wurde in der Generationenfolge des ›Geschlechts‹ verankert und möglichst durch enge Bindungen zwischen den Mitgliedern der Kernfamilie abgesichert. In diesen Bindungen wollte man sich auch nach dem Tod, in der ewigen Seligkeit, wiedersehen.[88] Hier deutet sich eine Intimisierung der familialen Beziehungen an, die noch über die Zeugnisse ehelicher Zuneigung und elterlicher Liebe hinausgeht, wie sie sich seit dem 15. Jahrhundert in den Autobiographien, Familienbüchern und Briefen nachweisen lassen.[89] Sie wurden auch in den Familien- und Ehepaarbildern des 16. Jahrhunderts gestaltet.[90] Daß sie im Kontext von Memoria und ›Familiengeschichte‹ zu verstehen sind, belegen zum einen die genealogischen Skizzen auf den Rückseiten vieler dieser Bilder, in denen die dargestellten Personen verortet werden, zum andern die Aufhängung in den Wohnräumen, wo die Vorfahren die Nachkommen Aug in Aug mit dem Anspruch auf Gedenken konfrontierten. Eine solche Selbstwahrnehmung und Selbstverortung der Einzelnen im Kontext der diachronen

87 Vgl. Günter Kohlmorgen, *Johann Füchting und Füchtings Hof in Lübeck. Ein Beispiel für die Anfänge sozial wirkenden Kleinwohnungsbaues*, Lübeck 1982.

88 Über den Abschied, den die sterbende sächsische Herzogin Sophia (1563-90) von ihrem Mann nahm, berichtet ihre Schwiegermutter: »Zum vierden S. L. herzlich ermahnet, bey dem hellen reinen Wortt Gottes standhafftig bis an dero seliges ende zu glauben, Dormit ihre LL. beiderseits Am Jungsten tage einander wiederumb frölich sehen und den lieben Gott Inn der himmlischen freud und herrlichkeit loben, ehren und preisen mögen« (Eva Schmidt, *Einer württembergischen Herzogin Grabstätte in der Stadtkirche zu Weimar*, in: Zeitschrift für Württembergische Landesgeschichte 44 [1985], S. 316-329, hier S. 320-324).

89 Insbesondere bei Burkard Zink, *Chronik des Burkard Zink. 1368-1468*, in: *Die Chroniken der schwäbischen Städte. Augsburg*, Bd. 2, hg. von der Historischen Commission bei der Königlichen Akademie der Wissenschaften, Leipzig 1866. Mathias Beer, *Eltern und Kinder des späten Mittelalters in ihren Briefen. Familienleben in der Stadt des Spätmittelalters und der frühen Neuzeit mit besonderer Berücksichtigung Nürnbergs (1400-1550)*, Nürnberg 1990.

90 Berthold Hinz, *Studien zur Geschichte des Ehepaarbildes*, in: Marburger Jahrbuch für Kunstwissenschaft 19 (1974), S. 139-218; ders., *Innerlichkeit und ihre äußerliche Bedingung. Das humanistische Bildnis des Justinian und der Anna von Holzhausen*, in: Städel Jahrbuch N. F. 5 (1975), S. 97-110.

Generationenfolge und der synchron existierenden Kernfamilie steht in enger Beziehung zum reformatorischen Konzept der Verchristlichung der Gesellschaft, in der die Lebenszeit ein eigenes Gewicht gewonnen hatte. Zu Fest- und Gedenktagen wurden anstelle der Heiligenfeste die Familienereignisse Geburt, Taufe, Verlöbnis, Hochzeit, Sterbetag, aber auch silberne und goldene Hochzeit sowie Dienstjubiläen. Aus den Terminen, die im Laufe eines Jahres zu begehen waren, lassen sich je nach der Größe des Familienverbandes mehr oder weniger umfangreiche Kalendarien herstellen. Diese Gedenktage bildeten ein eigenes Zeitmuster, das den Jahres- und Lebenslauf und die Beziehungsnetze unter den Lebenden strukturierte, Beziehungsnetze, die insbesondere von den Frauen der Familie aufrechterhalten wurden.

Den Gedenktagen kam nicht nur persönliche oder familiäre Bedeutung zu, sondern sie wurden öffentlich begangen. Die kleinste Öffentlichkeit war am Kindbett präsent, die Öffentlichkeit der Eheschließung wurde kirchenrechtlich durchgesetzt, und das Begräbnis fand in größtmöglicher Öffentlichkeit statt.[91] Der Nachruf auf die Verstorbenen wurde im oder vor dem Trauerhaus verkündet, und die Leichenpredigt mußte vor ›volkreicher Versammlung‹ in der Kirche gehalten werden, sie diente gleichermaßen ›der Gedachtnus‹ wie der Erbauung der Lebenden. Wer es sich leisten konnte, sorgte bereits zu Lebzeiten für ein Epitaph in der Kirche und verfaßte einen Lebenslauf, der dem Prediger als Vorlage für die Leichenpredigt dienen sollte. Hier zeigt sich der Funktionswandel des Totengedenkens. Die Lebensgeschichte der Einzelnen rückte in den Mittelpunkt des Gedenkens, im Muster des ›christlichen Lebens und Sterbens‹ wurde sie vorbildlich für die Lebensgestaltung anderer. Von dieser in der Tradition der Viten stehenden biographischen Geschichtsschreibung ging ein neuer Impuls aus: Frauen begannen, ihren Lebenslauf selbst zu schreiben, z.B. Anna Rüeffer (1603-1665) aus

91 Hier sei an die Verpflichtung der Zunftmitglieder erinnert, an den Begräbnissen ihrer Mitglieder und von deren Ehefrauen teilzunehmen.

Schweinfurt: *Annae Höefelin eigenhendige beschreibung ihres Lebens-Lauff. Historischer bericht von mein Anna Höefelin geburth, Eltern, leben, Heyrath, kindern, glückh, vnd vnglückchsfellen. Gott die Ehr.*[92]

Mit der Darstellung ihrer eigenen Lebensgeschichte gewannen Frauen in dem veränderten Kontext von Gedenken und Geschichte einen neuen Zugang zur Geschichte, da sie sich als Subjekt wahrnehmen konnten. Sie nahmen aber auch weiterhin an den überlieferten Formen der ›Gedenkarbeit‹, die die Verstorbenen unter den Lebenden präsent hält, teil. Am deutlichsten läßt sich dies in den Gedenkbüchern katholischer Frauen zeigen. Während das Gedenkbuch der Freifrau von Pranck (geb. 1634) stark von Memoria und genealogischem Denken geprägt ist[93], begann die steiermärkische Unternehmerfrau Maria Elisabeth Stampferin (1634-1700) ihr *Gedenkbüchl* 1679 am zehnten Todestag ihrer Mutter.[94] Daß die Darstellung ihrer eigenen Herkunft an den Beginn von Gedenkaufzeichnungen gehört, fiel Maria Elisabeth Stampferin erst später ein, als ihr *Gedenkbüchl* immer mehr den Charakter eines Tagebuchs annahm.

Doch spielte der Unterschied der Konfessionen im Hinblick auf das Totengedenken der Frauen keine so entscheidende Rolle, wie es erscheinen mag; denn zunächst handelt es sich um die Aussagen der Gedenkbücher von katholischen Frauen, einer Quellengruppe, für die mir bislang keine edierten protestantischen Gegenstücke vorliegen. Ein eindringliches Zeugnis für protestantisches Totengedenken legen – zu Beginn des 19. Jahrhunderts – hingegen die Briefe der Helene von Kügelgen ab.[95] Während ihr Ehemann, der Maler Gerhard von Kügelgen, sich eine Ahnengalerie seiner Vorfahren herstellte,

---

92 Gerd Wunder, *Anna Rüffer aus Schweinfurt (1603-1665)*, in: Bll. f. fränkische Familienkunde 7 (1959), S. 225-231, hier S. 226.

93 *Gedenkbuch der Frau Maria Cordula Freiin von Pranck, verwitwete Hacke, geb. Radhaupt, 1595-1700 (1707)*, in: Steiermärkische Geschichtsblätter 2 (1881), S. 9-19.

94 *Der Frau Marie Elisabeth Stampfer aus Vordernburg Hausbuch*, hg. v. J. von Zahn, Wien 1887.

95 *Helene Marie von Kügelgen geb. Zöge von Manteuffel. Ein Lebensbild in Briefen*, hg. v. A. und E. von Kügelgen, Stuttgart ^{8}1922.

konnte Helene von Kügelgen den frühen Tod ihres ersten Kindes, der Tochter Maria, nicht verwinden. Maria war der Mutter allgegenwärtig und den Geschwistern ein guter Geist.[96]

Über die spezifische Gedenkarbeit der Protestantinnen geben jedoch die gedruckten Leichenpredigten Auskunft.[97] Für sie wurde Gedenken Teil ihrer religiösen Erbauung, zu der das Lesen der gedruckten Leichenpredigten als Teil der Andachts- und Erbauungsliteratur gehörte. Die gedruckten Leichenpredigten der Angehörigen, Verwandten, Freunde und Kollegen wurden gesammelt, aufbewahrt und immer wieder gelesen. Zwar haben Männer wie Frauen Leichenpredigten gelesen, aber diese Lektüre besaß für Männer eine andere Bedeutung als für Frauen, denen weniger Muße und weniger Auswahl zugestanden wurde. Für sie verband sich mit dem Versenken in das Leben der Verstorbenen aufgrund des Musters vom ›christlichen Leben und Sterben‹ viel stärker eigene Erfahrung, so daß ihnen das Leben der Verstorbenen zu einem Teil ihres Selbst wurde.

Die dargestellten Formen der Aneignung und Tradierung vergangener Erfahrung im Kontext von Familiengeschichte und der Geschichte des Ichs, im unmittelbaren Zusammenhang mit eigener Erfahrung und ihrer Verarbeitung, sind im ausgehenden 18. Jahrhundert, vor allem aber im 19. Jahrhundert, durch die entstehende ›exakte‹ und ›allgemeine‹ Geschichtswissenschaft und die Geschichtsforschung abgewertet worden. Damit ist auch der Anteil der Frauen am Schreiben von Geschichte aus dem Gedächtnis getilgt worden. Allenfalls erzählen sie Märchen – wenn nicht gar ›Ammenmärchen‹ – oder ›Geschichten‹ aus ihrem Leben.[98]

---

96 Wilhelm von Kügelgen, *Jugenderinnerungen eines alten Mannes*, Leipzig o. J.

97 Auch in der mittelalterlichen Memoria sind der Adel und die geistlichen Personen am besten dokumentiert: Eckhard Freise, *Wie repräsentativ ist die mittelalterliche ›Personenüberlieferung‹?*, in: *Prosopographie als Sozialgeschichte. Methoden personengeschichtlicher Erforschung des Mittelalters. Sektionsbeiträge zum 32. Deutschen Historikertag Hamburg 1978*, München 1978, S. 26-32.

98 Ich danke Barbara Hoffmann und Ludolf Kuchenbuch für Kritik und Anregungen.

REDE UND SCHRIFT

Ursula Schaefer
Zum Problem der Mündlichkeit

In ihrem richtungsweisenden Artikel *Das Mittelalter in der Typik oraler Gesellschaften* (1981) stellte die Historikerin Hanna Vollrath fest:

> Das Mittelalter war niemals eine rein mündliche Kultur, denn es ist ja *per definitionem* die Zeit, in der durch die Verbindung von Germanentum, Antike und Christentum eine neue Epoche der europäischen Geschichte entstand, in der also die durch Mündlichkeit geprägte germanische Kultur bereits Traditionselemente der antik-christlichen Schriftkultur angenommen hatte. Trotzdem, so scheint mir, erlaubt es der methodische Ausgang vom kulturprägenden Charakter der Oralität, grundlegende Probleme des Mittelalters klarer zu erfassen.[1]

Etwa gleichzeitig erschien auch der im folgenden für die mediävistische Literaturwissenschaft wichtige Artikel *Varieties and Consequences of Medieval Literacy and Illiteracy*[2], mit dem der Germanist Franz H. Bäuml für die Methodik der Literaturgeschichte grundlegend neue Perspektiven eröffnet. Bäuml wendet dort an, was er schon zwei Jahre zuvor im *Nachtrag* zu dem 1968 zum ersten Mal publizierten Artikel *Der Übergang mündlicher zur artes-bestimmten Literatur des Mittelalters* programmatisch entworfen hatte:

> Auf Grund genauerer Definition der Begriffe »mündlich« und »schriftlich« im jeweiligen Bezug auf Tradition, Komposition, Text oder Vortrag, Publikum oder Publikumsorientierung, soziale Funktion der dadurch gekennzeichneten Überlieferungstypen u. dgl., eröffnet sich die Möglichkeit, die Literatur des Mittelalters als Produkt einer auf Schriftlichkeit fußenden Kultur, getragen von einer überwiegend analphabetischen Bevölkerung, zu erfassen. Sofern nun der Funktion der Literatur innerhalb dieser Kultur und

1 HZ 233 (1981), S. 571-594, hier S. 587 f.
2 Speculum 55 (1980), S. 237-262.

> der ihre Funktion bestimmenden Überlieferungs- und Rezeptionseigenschaften Rechnung getragen werden kann, ist es erst möglich – zum Teil in Anlehnung an die von der Semiotik erarbeiteten Begriffe –, sie historisch als kommunikativen Prozeß, als durch identifizierbare Gestaltungs- und Überlieferungsmomente bedingte sprachliche Manipulation zu sehen.[3]

In der Tat ist es angezeigt, die Begriffe *mündlich/schriftlich* und *Mündlichkeit/Schriftlichkeit* genauer zu bestimmen, wenn man sich im Blick auf das Mittelalter allgemein und auf dessen Dichtung im besonderen dieser Begriffe als heuristischer Parameter bedient. Notwendig ist eine solche Klärung nicht zuletzt, weil sich in der Forschung zu Mündlichkeit/Schriftlichkeit unterschiedliche Disziplinen mit unterschiedlichen Erkenntnisinteressen treffen.

In der englischsprachigen Forschung sind interdisziplinär die Termini *orality* und *literacy* gängig, wobei besonders *literacy* ein kulturell (ganz besonders: kultur*politisch*) stark besetzter Begriff ist. Er evoziert zuerst einmal, ganz allgemein, das Begriffsfeld ›Bildung‹, während im Deutschen bei *Schriftlichkeit* – ebenso wie bei *Mündlichkeit* – aufgrund der ›Durchsichtigkeit‹ dieser Wörter eher das mediale Moment im Vordergrund steht. Englisch *orality* scheint sich in der Literatur wiederum vorrangig auf einen Kultur*zustand* zu beziehen, nämlich auf den einer Kultur, die nicht über die Kenntnis und Fähigkeit verfügt, Sprachlich-Akustisches in das optische Medium umzusetzen. So pocht denn auch Eric Havelock zum Beispiel darauf, den Begriff *orality* nur auf solche gänzlich schriftlosen Kulturen zu beziehen und damit immer *primary orality* zu meinen.[4]

3 *Der Übergang mündlicher zur artes-bestimmten Literatur des Mittelalters. Gedanken und Bedenken*, in: Max de Haan und Norbert Voorwinden (Hg.), *Oral Poetry. Das Problem der Mündlichkeit mittelalterlicher epischer Dichtung*, Darmstadt 1979 (WdF 555) [zuerst veröffentl. 1968], S. 238-250, hier S. 247.

4 Havelock stellt fest: »Orality, by definition, deals with societies which do not use any form of phonetic writing« (*The Muse Learns to Write: Reflections on Orality and Literacy from Antiquity to the Present*, New Haven und London 1986, S. 65). Mit »phonetic writing« meint Havelock die Alphabetschrift in der Form, wie sie durch die Griechen entwickelt wurde, das heißt: mit der Schreibung der Vokale. Zur Kritik an Havelocks wohl zu hoher Einschät-

Eine Zeitlang hat man im Deutschen versucht, die lateinisch-englischen Begriffe in lateinisch-deutsche zu übertragen und kam dabei zu *Oralität* und *Literalität*.[5] Diese Lösung scheint mir aus mehreren Gründen ungeschickt. Zum einen werden *oral/Oralität* bereits in anderen Gebieten verwendet[6], und andererseits gibt es im Deutschen das Adjektiv **literal* nicht, was denn auch das Abstraktum *Literalität* als ausgesprochen dunkel erscheinen läßt.[7] Dagegen halte ich die deutschen Begriffe *Mündlichkeit* und *Schriftlichkeit* für wesentlich klarer, vorausgesetzt, man einigt sich vorgängig über ihre Bezugsfelder.

Zuerst einmal rufen, wie gesagt, *Mündlichkeit* und *Schriftlichkeit* den Gebrauch von Sprache im phonischen und graphischen Medium – im Sprechen/Hören und im Schreiben/Lesen – ins Bewußtsein. Die Forschung der letzten Jahre hat jedoch gezeigt, daß es mit der medialen Unterscheidung allein nicht getan ist, ja daß sie in die Irre führt.[8] In der Sprachwis-

---

zung des »phonetic writing« vgl. neuestens Aleida und Jan Assmann, *Schrift–Kognition–Evolution. Eric A. Havelock und die Technologie kultureller Kommunikation*, in : E. Havelock, *Schriftlichkeit. Das griechische Alphabet als kulturelle Revolution*, übers. v. G. Herbst mit einer Einleitung von A. und J. Assmann, Weinheim 1990, S. 1-35.

5 Vgl. z. B. die Titelübersetzung von Walter J. Ongs *Orality and Literacy: The Technologizing of the Word* (London und New York 1982) als *Oralität und Literalität. Die Technologisierung des Wortes* (übers. v. W. Schömel, Opladen 1987); vgl. auch Hanna Vollrath [Anm. 1], die ebenfalls den Begriff *Oralität* benutzt

6 Vgl. beispielsweise aus der Psychoanalyse Freuds den Begriff der »oralen Phase« beim Säugling.

7 Darüber hinaus erinnert dt. **literat* an engl. *literate*, das dort eine ganz andere Bedeutung hat.

8 Vgl. dazu vor allem den wichtigen Überblick von Peter Koch und Wulf Oesterreicher, *Sprache der Nähe – Sprache der Distanz: Mündlichkeit und Schriftlichkeit im Spannungsfeld von Sprachtheorie und Sprachgeschichte*, in: Romanistisches Jahrbuch 36 (1985), S. 15-43; vgl. auch in der früheren amerikanischen Forschung u. a. Deborah Tannen, *The Oral/Literate Continuum in Discourse*, in: dies. (Hg.), *Spoken and Written Language: Exploring Orality and Literacy*, Norwood (NJ) 1982, S. 1-16; John J. Gumperz, Hannah Kattmann, Mary C. O'Connor, *Cohesion in Spoken and Written Discourses: Ethnic Style and the Transition to Literacy*, in: D. Tannen (Hg.), *Coherence in Spoken and Written Discourse*, Norwood (NJ) 1984, S. 3-19.

senschaft hat man etwas intensiver das Augenmerk darauf gerichtet, daß mit dem medialen Unterschied ein anderer einhergeht: es ist dies ein Unterschied in der Versprachlichungsstrategie. Ganz allgemein gesagt, erfordert die schriftliche Kommunikation – aufgrund der im Regelfall gegebenen räumlichen und zeitlichen Trennung von ›Sender‹ und ›Empfänger‹ – einen höheren Aufwand an Versprachlichung, um das Gelingen der Kommunikation zu sichern.[9] Demgegenüber ist die mündliche Kommunikation unmittelbar in den außersprachlichen Kontext eingebettet und wird daher auch durch diesen gestützt. Schlagwortartig hat David Olson den Unterschied so umrissen, daß für die schriftliche Kommunikation gilt: »The meaning is in the text«, für die mündliche: »The meaning is in the context«.[10] Allerdings muß hier eingeräumt werden, daß ›typisch schriftliche‹ wie auch ›typisch mündliche‹ sprachliche Äußerungen das Medium wechseln können. Man denke nur an ›verlesene Vorträge‹, denen man kaum hörend zu folgen in der Lage ist, oder an ›transkribierte Spontanrede‹, die ohne den situativen Kontext meist nicht verstehbar ist. Dies sind zwar Extremfälle, dennoch ist es angezeigt, hier von einem »konzeptionellen Kontinuum« zu reden – im Gegensatz zur allein medial gesehenen Unterscheidung, die ja eine jeweils ausschließende ist.[11]

Während bei dieser Abgrenzung Mündlichkeit und Schriftlichkeit miteinander existieren und sich ineinander verschränken können, werden die beiden Begriffe auch benutzt, um –

---

9 Eingehend dazu Koch und Oesterreicher [Anm. 8]; vgl. für die mittelalterlichen Verhältnisse (im Französischen) neuestens auch Suzanne Fleischman, *Philology, Linguistics, and the Discourse of the Medieval Text*, in: Speculum 65 (1990), S. 19-37.

10 David Olson, *From Utterance to Text: the Bias of Language in Speech and Writing*, in: Harvard Educational Review 47 (1977), S. 257-281. – Vgl. auch Joachim Bumke in diesem Band, S. 97.

11 Die Kategorien *konzeptionell mündlich* und *konzeptionell schriftlich* stammen von Peter Koch und Wulf Oesterreicher [vgl. Anm. 8], die darüber hinaus versuchen, mit den Begriffen von *Sprache der Nähe* (= konzeptionell mündlich) und *Sprache der Distanz* (= konzeptionell schriftlich) die mediale Dichotomie zu überwinden.

wie zum Teil in der englischsprachigen Forschung mit *orality* und *literacy* – verschiedene kulturelle Zustände zu benennen: zum einen den einer Kultur, die nicht über eine Schrift verfügt und zum anderen den einer solchen, die dies tut. Idealtypisch unterscheiden sich die beiden Kulturformen beträchtlich. Im folgenden können hier nur kurz einige Aspekte dieses Unterschieds angesprochen werden, insoweit sie sich als für die Mediävistik relevant erwiesen haben.

Jener Unterschied läßt sich methodisch am besten im Blick darauf formulieren, was geschieht, wenn individuell der Schritt aus der Mündlichkeit in die Schriftlichkeit vollzogen wird. Ganz allgemein kann man sagen, daß – aufgrund der großen Abstrahierungsleistung der Alphabetschrift – der Umgang mit Schriftlichem die Denkstrukturen verändert. Im Blick auf den individuellen Erwerb der Schreib- und Lesefähigkeit hat eine Forschergruppe des *Harvard Center for Cognitive Studies* dies (im Anschluß an Vygotsky) auf den folgenden Punkt gebracht:

> The written language [...] provides an occasion in which one must deploy language out of the immediate referential context. Writing virtually forces a remoteness of reference on the language user; consequently he cannot use simple pointing as an aid, nor can [he] count on a labeling that depends on the present context to make clear what his label refers to. Writing, then, is a training in the use of linguistic contexts that are independent of the immediate referents.[12]

Was hier ontogenetisch beobachtet wird, kann auf eine ganze Kultur und ihre Aktivitäten ausgedehnt werden. Untersuchungen zu schriftlosen Kulturen oder solchen, in denen die Schriftlichkeit (noch) nicht (voll) ausgeprägt ist, zeigen, daß dort durch den ausschließlich oder vorwiegend mündlichen Sprachgebrauch Kommunikationen in ihrer Versprachlichungsstrategie stark situativ-kontextuell gebunden bleiben. Darüber hinaus – und das ist eine Folge der Kontextgebundenheit des Sprachlichen – sind dort abstrakte Kategorien kaum ausge-

12 Patricia M. Greenfield, L. Reich und R. R. Olver, *On Culture and Equivalence: II*, in: R. R. Olver, P. M. Greenfield u. a. (Hg.), *Studies in Cognitive Growth*, New York 1966, S. 270-318, hier S. 310.

prägt. Ebenso unterbleibt weitgehend die Distanzierung zum durch die Sprache vermittelten.[13]

Diese Beobachtungen, die – aus verschiedenen Disziplinen zusammengetragen – für mündliche Kulturen gemacht worden sind, lassen in der Tat Vollraths Feststellung als richtig erscheinen, daß »der methodische Ausgang vom kulturprägenden Charaker der Oralität« es erlaube, »grundlegende Probleme des Mittelalters klarer zu erfassen«.[14] Zum Beispiel ist für den altenglischen *Beowulf* zu beobachten, daß dort sehr oft unklare Referenz durch Personalpronomina vorliegt, daß uns erzählungsinterne Kausalbezüge verborgen bleiben oder daß anscheinend auf Geschichten und Ereignisse Bezug genommen wird, die uns nicht mehr bekannt sind, die den zeitgenössischen Rezipienten aber präsent waren.[15]

Die durch das phonische Medium unmögliche Distanzierung schlägt sich auch im Geschichtsverständnis einer rein mündlichen Kultur nieder. Dieses Geschichtsverständnis ist geprägt durch das, was man »strukturelle Amnesie« genannt hat.[16] Es wird ›historisch‹ nur das tradiert, was nötig ist, um den

---

13 Dies wird eindrücklich dargestellt in Walter J. Ongs *Orality and Literacy* [Anm. 5]; vgl. dazu auch ders., *Writing Is a Technology that Restructures Thought*, in: Gerd Baumann (Hg.), *The Written Word. Literacy in Transition* (*Wolfson College Lectures 1985*), Oxford 1986, S. 23-50; einen ausführlichen Überblick geben auch Jack Goody und Ian Watt in ihrem grundlegenden Artikel *The Consequences of Literacy*, in: J. Goody (Hg.), *Literacy in Traditional Society*, Cambridge 1968, S. 27-68 [zuerst 1962-63 erschienen]; zur kognitiven Entwicklung vgl. Aleksandr R. Lurija, *Die historische Bedingtheit individueller Erkenntnisprozesse*, Weinheim 1986 [russ. Original 1974], und R. R. Olver u. a. (Hg.), *Studies in Cognitive Growth* [Anm. 12]; vgl. auch früher schon J. C. Carothers, *Culture, Psychiatry, and the Written Word*, in: Psychiatry 22 (1959), S. 307-320.

14 S. o. S. 357.

15 Vgl. zu diesem Phänomen den Artikel von Hans-Jürgen Diller: *Literacy and Orality in ›Beowulf‹: The Problem of Reference*, in: Willi Erzgräber und Sabine Volk (Hg.), *Mündlichkeit und Schriftlichkeit im englischen Mittelalter*, Tübingen 1988 (ScriptOralia 5), S. 15-25.

16 Vgl. dazu Goody und Watt, *The Consequences* [Anm. 13], und Rüdiger Schott, *Das Geschichtsbewußtsein schriftloser Völker*, in: Archiv für Begriffsgeschichte 12 (1968), S. 166-205.

›Jetzt-Zustand‹ zu erklären oder zu legitimieren. Das heißt: das Historische ist dort immer Mythisches. Anderes wird nicht weitertradiert und damit unweigerlich vergessen, denn in der reinen Mündlichkeit kann ja nur die ununterbochen aufrechterhaltene Traditionskette dieses Vergessen verhindern, während mit der schriftlichen Niederlegung auch möglicherweise Obsoletes ›archiviert‹ ist. Zweifellos erkennen wir schon im früheren Mittelalter in der Geschichtsschreibung den ausdrücklichen Willen, Geschehnisse aufzuschreiben, damit sie nicht der Vergessenheit anheimfielen, doch handelt es sich dabei ebenfalls um Darstellungen, die der Erklärung und/oder Legitimierung jetztzeitiger Zustände dienen.[17] In der im gesamten Mittelalter zu beobachtenden ›Appropriation‹ vergangener Ereignisse, im – unserem Geschichtsverständnis nach – mangelnden Abstand zu Vergangenem, wirkt das mündlich geprägte Geschichtsverständnis noch weiter, wie unter anderem Elizabeth Eisenstein überzeugend dargelegt hat.[18] Damit eng zusammen hängt auch das Fehlen eines Gefühls für den skalar-linearen Ablauf der Zeit. Dazu stellt Eisenstein noch für das spätere Mittelalter und die früheste Neuzeit zum Beispiel fest:

> [...] many courtiers and chroniclers tended to shuffle Caesar, Charlemagne, Alexander, and David like kings in a pack of cards. The mental process which is now taken for granted (save by preschool children) of reaching back through the orderly sequence of chapters in history books to locate such figures was relatively recently acquired.[19]

Für die Mediävistik ist es wichtig festzuhalten, daß auch in dem Zusammenhang, in dem Mündlichkeit/Schriftlichkeit als ›Kul-

---

17 S. dazu Hans-Werner Goetz, *Verschriftlichung von Geschichtskenntnissen: Die Historiographie der Karolingerzeit*, in : Ursula Schaefer (Hg.), *Schriftlichkeit im frühen Mittelalter*, Tübingen 1993 (ScriptOralia 53), S. 227-251.

18 Elizabeth E. Eisenstein, *Clio and Chronos: An Essay on the Making and Breaking of History-Book Time*, in: History and Theory, Beiheft 6 (1966), S. 36-64; vgl. auch M. T. Clanchy, *Remembering the Past and the Good Old Law*, in: History 55 (1970), S. 165-176, und ders., *From Memory to Written Record: England 1077-1307*, Cambridge (MA) 1979.

19 Eisenstein [Anm. 18], S. 52.

turzustände‹ verstanden werden, einerseits von einer Dichotomie, andererseits aber auch von einem Kontinuum auszugehen ist. Wie es scheint, ist der Gedanke der gänzlichen Ausschließlichkeit der Kulturzustände ›mündlich‹/›schriftlich‹ in der Literaturwissenschaft vor allem durch Albert Lord befördert worden.[20] Lord selbst hat jedoch später dieses Ausschließlichkeitspostulat aufgegeben und sehr wohl die Möglichkeit anerkannt, daß es Felder und Zeiten des Übergangs gibt.[21] Für die literarhistorische Forschung ist dieser Aspekt besonders wichtig. So, wie wir einereseits auch in unserer hoch-schriftlichen Kultur Bereiche kennen, in denen das Geschriebene keine (oder eine sehr untergeordnete) Rolle spielt, so ist anzunehmen, daß in einer Kultur, die ihre eigene Schrift entwickelt oder in der die Schrift als ›Import‹ erst seit relativ kurzer Zeit existiert, weite Gebiete von der Schrift bzw. der Schriftlichkeit (noch) nicht tangiert sind. Dort – und nicht nur dort – bleibt, so ist weiter anzunehmen, das, was man mit Eric Havelock *the oral state of mind* nennen kann[22], weiter maßgeblich. Darüber hinaus ist es kaum vorstellbar, daß nach der Etablierung einer Schrift durch ›Import‹ in einer Kultur sofort und sozusagen mit einem Federstrich auch dort, wo Sprachliches in das graphische Medium umgesetzt wird, sich umgehend das vollentwickelte *literate mind* manifestierte. Mit anderen Worten: es ist anzunehmen, daß auch dort, wo nach deren Einführung Schrift und Schriftliches benutzt werden, es einige Zeit dauert,

---

20 In bezug auf die mittelalterliche Epik stellte Albert Lord in seinem grundlegenden Werk *The Singer of Tales* (Cambridge [MA] 1960) z. B. fest: »Much of the outward mechanics of the oral style [...] persisted in written poetry, and thus the boundary between the two became and remained blurred to all but the initiate. One should not, however, *mistake ambivalence for transition.* We know now that the author (and I use the word advisedly) of the ›transitional‹ has already crossed the border from oral to written« (S. 220; Hervorhebung U. Sch.).

21 »There seem to be texts that can be called either transitional or belonging to the first stage of written literature« (*Perspectives on Recent Work on the Oral Traditional Formula*, in: Oral Tradition 1 (1986), S. 467-503, hier S. 479 f.).

22 Havelock spricht vom *oral state of mind* und dem *literate state of mind* ([Anm. 4] S. 24 und S. 29).

bis Denkweisen und Denkstrukturen, Diskursformen und Diskursorganisation, die typisch sind für die *primäre* Mündlichkeit, gänzlich auch im Schriftlichen selbst von solchen der Schriftlichkeit verdrängt sind.

Gerade hier aber sehen sich die historischen Wissenschaften im Blick auf die Mündlichkeit/Schriftlichkeit-Frage vor einem unauflöslichen Dilemma. Einmal darauf aufmerksam geworden, daß Nachwirkungen des »kulturprägenden Charakters der Oralität« (Vollrath) im Mittelalter (noch) präsent sind, können wir dies doch nur anhand des Materials nachvollziehen, das uns überliefert ist. Und das ist nun einmal ausschließlich Material in schriftlichem Medium. Zu verifizierbaren Kenntnissen darüber, was typisch für den *oral state of mind* ist, können wir demnach nur dort gelangen, wo die Mündlichkeit als kultureller Zustand direkt beobachtbar (vor)herrscht. Das aber ist nur möglich in Kulturen *unserer* Zeit.[23] Und genau dort erlaubt es uns auch die Kenntnis darüber, wie fortgeschritten die Ausbreitung der Schriftlichkeit ist, spezifische Veränderungen beim Übergang von der Mündlichkeit zur Schriftlichkeit zu verzeichnen.

Die Erkenntnisse, über die wir aus den Untersuchungen verschiedener Disziplinen zu diesen Spezifika verfügen, lassen sich in Analogie nicht zuletzt deshalb auf das Mittelalter übertragen, weil wir gesicherte Kenntnis davon haben, daß im (frühen) Mittelalter die Schriftlichkeit noch ›jung‹ ist, von ausgesprochen wenigen beherrscht wird und vor allem nur in ganz begrenzten Räumen relevant ist. Gerade der letztgenannte

23 Die Legitimität des Schlusses aufgrund von Analogien zwischen Befunden zu solchen Kulturen und Beobachtungen zum Mittelalter bezweifelt implizit Alois Wolf, wenn er feststellt: »The idea of an irreconcilable opposition between an oral culture and a literate one as maintained by a school of modern scholars neglects the decisive historical conditions which are nowhere the same. [...] Its generalization [...] is completely inadequate to a consideration of the European Middle Ages and impedes the advancement of research« (*Medieval Heroic Traditions and Their Transitions from Orality to Literacy*, in: A. N. Doane und Carol Braun Pasternack [Hg.], *Vox intexta: Orality and Textuality in the Middle Ages*, Madison [WI] 1991, S. 67-88, hier S. 86, Anm. 1).

Punkt, nämlich die ›Begrenzung‹ der Schriftlichkeit insbesondere im frühen Mittelalter, muß nun bei unseren Überlegungen deutlich hervorgehoben werden. Und hier ist es tatsächlich auch angebracht, vor *voreiligen* Analogieschlüssen zu warnen. Dort, wo wir die Alphabetisierung und ihre Folgen zeitgenössisch-empirisch beobachten können, handelt es sich um das, was ich an anderer Stelle »kolonialisierende Importe von Schriftlichkeit« genannt habe.[24] Bei der modernen Alphabetisierung handelt es sich um die Ausbreitung pragmatischer Schriftlichkeit, die sich aller nur erdenklichen Gebiete des kulturellen Lebens bemächtigen kann. Idealiter soll dort der Erwerb der Lese- und Schreibfähigkeit einen emanzipatorischen Effekt haben.[25] Im frühen Mittelalter jedoch verhielten sich die Dinge anders. Zum einen ist da ein rein technischer Unterschied: heute lernt man stets *gleichzeitig* Lesen und Schreiben. Im (frühen) Mittelalter erwarben diejenigen, die die ›Grundbildung‹ erhielten, meist nur die Lesefähigkeit.[26] Noch viel wichtiger ist aber die Tatsache, daß dem Schüler, wie Pierre Riché aus einem frühmittelalterlichen Gebet zitiert, von Gott ein lernwilliger Geist verliehen werde, »afin qu'il progresse dans les *exterioria studia* et qu'il puisse être capable d'acquérir la *doctrina aeterna*«.[27] Riché kommentiert: »De prime abord, le but de l'enseignement est bien déterminé«.[28] Und das eindeutig bestimmte Ziel ist es, den Zugang zu Gottes Wort zu gewinnen.

---

24 *Vokalität: Altenglische Dichtung zwischen Mündlichkeit und Schriftlichkeit*, Tübingen 1992 (ScriptOralia 397), S. 21. Zu denken ist hier z. B. an die Alphabetisierung in Afrika südlich der Sahara.

25 Es kann kaum übersehen werden, daß ein anderer Effekt solcher Alphabetisierung natürlich der der Auslöschung großer Teile des primär-mündlichen Kulturguts ist.

26 »[...] contrairement à nos usages, lecture et écriture ne sont pas étroitement associées. Bien des moines savaient lire, mais ignoraient la technique de l'écriture« (Pierre Riché, *Ecoles et enseignement dans le Haut Moyen Age. Fin du Ve siècle – milieu du XIe siècle*, Paris ²1988, S. 224).

27 Ebda., S. 221.

28 Ebda.; vgl. dazu auch für den angelsächsischen Bereich Patrick C. Wormald, *The Uses of Literacy in Anglo-Saxon England and Its Neighbours*, in: Transactions of the Royal Historical Society, 5th series 27 (1977), S. 95-114.

Das war der vordringlichste und vornehmste Grund dafür, Lesen (und dabei die lateinische Grammatik) zu lernen. Pragmatischer Schriftgebrauch war nur der – wenn auch sicher willkommene – Nebenffekt. Schriftlichkeit war also aufs engste verbunden mit dem Glauben. Dies war dann auch, so meine ich, der Grund dafür, daß der Zutritt zu dieser Welt des geschriebenen Worts in erster Linie auf die Geistlichkeit beschränkt war. Es war dies kein Privileg, sondern eine Domäne!

Sich bewußtzumachen, wo die Schriftlichkeit in der Gesamtheit der Kultur vor allem des frühen Mittelalters angesiedelt war und welche Rolle sie dort spielte, ist dringend erforderlich, will man sich dem ›Problem der Mündlichkeit‹ in jener Kultur adäquat nähern. Dazu gehört noch eine Gegebenheit, die hier bis jetzt noch gar nicht angesprochen worden ist: die Tatsache nämlich, daß sozusagen unterhalb der ganz Westeuropa umspannenden Latinität zwei Typen von Volkssprachen lagen – die Volkssprachen der Romania und die der germanischen Kulturen –, die sich zu dieser lateinischen ›Dachsprache‹ sehr verschieden verhielten. Nur auf den ersten Blick ist es nämlich überraschend, daß die germanischen Volkssprachen früher als die romanischen verschriftet und verschriftlicht wurden.[29] Grundmann gibt im Blick auf England die folgende einleuchtende Erklärung: »Das Angelsächsische war fremd und andersartig genug, daß man es unbedenklich schreiben konnte ohne Sorge, es könnte das aus guten alten Texten erlernte Latein verderben statt ergänzen.«[30] Analoges gilt für die anderen germanischen Sprachen. So haben wir denn auch aus

29 Ich mache den folgenden terminologischen Unterschied zwischen ›Verschriftung‹ und ›Verschrift*lich*ung‹: unter *Verschriftung* verstehe ich die Umsetzung der Laute einer Sprache in die – in diesem Fall aus dem Lateinischen bezogenen – Schriftzeichen. *Verschriftlichung* ist ein viel langwierigerer Prozeß, in dem eine Sprache dahingehend entwickelt wird, daß sie für das graphische Medium taugt; vgl. dazu den sehr erhellenden Artikel von S. Fleischman [Anm. 9]; vgl. auch den Artikel von Wulf Oesterreicher, *Verschriftung und Verschriftlichung*, in: U. Schaefer (Hg.), *Schriftlichkeit* [Anm. 17], S. 265-290.

30 *›Litteratus‹ – ›illitteratus‹. Der Wandel einer Bildungsnorm vom Altertum zum Mittelalter*, in: AfK 40 (1958), S. 1-65, hier S. 35.

diesen Kulturen die ältesten schriftlichen Überlieferungen mittelalterlicher volkssprachiger Dichtung.

Zum Schluß möchte ich mich hier einer spezielleren Frage nach dem Verhältnis der volkssprachigen Dichtung zur Mündlichkeit zuwenden, weil sie die mediävistisch-literarhistorische Forschung lange Zeit beherrscht hat: die der Formelhaftigkeit der mittelalterlichen Dichtung. Für die Literaturwissenschaft folgenreich war die Tatsache, daß in der nordamerikanischen Mediävistik jene Forschungsrichtung, die mit dem – etwas irreführenden – Namen *Oral-Formulaic Theory* firmiert, bis Ende der siebziger Jahre eine Art Monopol im Blick auf Fragestellungen zur Mündlichkeit eingenommen hatte. Die *Oral-Formulaic Theory* war (und ist auch zum größten Teil noch) eine Methode, die sich auf die Kompositionstechnik konzentriert. Diese Einengung versperrte den Forschern die Sicht auf Forschungsergebnisse, die diese Dichtung in einen weiteren kulturhistorischen Kontext integrieren.

Gerade der Befund der Formelhaftigkeit der volkssprachigen Dichtung insbesondere des *frühen* Mittelalters war auch Mitte unseres Jahrhunderts nicht eigentlich neu. Bereits im 19. Jahrhundert hatten Sarrazin, Sievers und Kail ihre Aufmerksamkeit auf ständig wiederkehrende Phrasen in der germanischsprachigen Dichtung gerichtet.[31] Eine implizite Rückverweisung in die mündliche Zeit nimmt dabei Johannes Kail vor, wenn er angesichts der »übereinstimmung im ausdruck« – das heißt: angesichts fast identischer Formeln – in der althochdeutschen und altenglischen Dichtung vermutet, es könnten »formeln mit den Angelsachsen vom kontinente in die neue heimat gekommen sein«.[32] Aufgrund von Parallelen in anderen germanischen Dichtungen kommt Kail zu dem Schluß, es müsse »schon einen gewissen formelschatz im Westgermanischen gegeben haben«.[33]

31 Einen Überblick auch über die frühe Forschung gibt John Foley, *The Theory of Oral Composition. History and Methodology*, Bloomington und Indianapolis 1988.

32 *Über die parallelstellen in der angelsächsischen poesie*, in: Anglia 12 (1889), S. 21-40, hier S. 36.

33 Ebda.

Es liegt nahe, die Formelhaftigkeit in Zusammenhang zu bringen mit der Metrik, die ja ebenfalls gemeingermanisch ist. Auch dies tut bereits Kail, indem er allerdings vermutet, die Alliteration sei für »die ausbildung stehender phrasen [...] ein wichtiges förderungsmittel« gewesen.[34] Im Rahmen der modernen Untersuchung der Formelhaftigkeit hat zum Beispiel Donald K. Fry die Kausalität umgekehrt. Er formuliert allerdings sehr vorsichtig und spricht ausdrücklich von der (wenn auch sehr wahrscheinlichen) Spekulation, »that Germanic formulas preceded and ultimately produced Germanic metre«.[35] Neuestens schließt sich John Miles Foley in dieser Sache den indogermanistischen Forschungen Gregory Nagys an, indem er dessen These aufnimmt, »that *diachronically* formula generates meter«.[36] Foley führt den Gedanken Nagys dann aber noch weiter, indem er es für historisch wahrscheinlich hält, daß mit der Zeit »the diachronic generation of meter« der »synchronic generation of formula« gewichen sei.[37]

Das letztgenannte Phänomen, die immer wieder sich ereignende Generierung von Formeln (auf der Basis des Metrums), muß notwendig eingeräumt werden, denn es gibt ja zum Beispiel in der altenglischen Dichtung Formeln, die sich ganz deutlich auf die christliche und auch explizit auf die Buchkultur beziehen.[38] Die Beobachtung, daß solche »religiösen formeln« in der germanischen Dichtung zahlreich vorhanden sind, hat auch schon Kail gemacht, der vor 100 Jahren – wenngleich mit an-

34 Ebda., S. 37.

35 Donald K. Fry, *Caedmon As a Formulaic Poet*, in: J. J. Duggan (Hg.), *Oral Literature. Seven Essays*, Edinburgh und London 1975, S. 41-61, hier S. 60.

36 John M. Foley, *Traditional Oral Epic: The ›Odyssey‹, ›Beowulf‹, and the Serbo-Croatian Return Song*, Berkeley, Los Angeles und Oxford 1990, S. 68.

37 Ebda.

38 Vgl. ae. *hwæt we þæt (ge)hydron þurh halige bec* [»Horcht, wir hörten dies aus heiligen Büchern«] (*Fates of the Apostles*, Z. 63; *Elene*, Z. 364, Z. 670, etc.); *us secgað bec* [»uns sagen Bücher«], *þe þæs us secgað bec, þæs þe secgað bec* [»das, was uns Bücher sagen«] (*Christ II*, Z. 785 b; *Battle of Brunanburh*, Z. 68 b; ae. *Paternoster*-Paraphrase); *(swa/ac) us gewritu secgað* [»so sagt das Geschriebene«/»das Geschriebene sagt auch«] (*Genesis*, Z. 1121 b, Z. 1630 b, etc.; *Riddle* No. 39, Z. 1 a, Z. 13 b).

derem Vorzeichen – festgestellt hat, der »formelschatz« sei einerseits ererbt, andererseits seien in den einzelnen germanischen Kulturen auch später noch neue Formeln entstanden.[39]

Während nun die Formel-Forschung des 19. Jahrhunderts den Zusammenhang mit der Mündlichkeit der Kultur, in der diese Dichtform offensichtlich entstanden war, überhaupt nicht in den Blick nahm, kippte dies in der Forschung mit der (Weiter-)Entwicklung der *Oral-Formulaic Theory* ins andere Extrem. Der Gräzist Milman Parry und daran anknüpfend sein Schüler Albert Lord hatten in den dreißiger und vierziger Jahren unseres Jahrhunderts auf den Zusammenhang von formelhafter Dichtung einerseits und mündlicher Komposition andererseits aufmerksam gemacht.[40] Für die Forschung zur mittelalterlichen, insbesondere zur altenglischen Dichtung war es 1953 der Aufsatz von Francis P. Magoun in ›Speculum‹, der eine langanhaltende Diskussion über die Formelhaftigkeit und ihren Zusammenhang mit der Mündlichkeit der Dichtung ausgelöst hatte.[41] Der Gang dieser Diskussion braucht hier nicht mehr nachgezeichnet zu werden, da er andernorts ausführlich dokumentiert und diskutiert ist.[42] Auf jeden Fall ist das Argument, daß formelhafte Dichtung mündlich komponiert sein muß, mit Recht längst ad acta gelegt. Das Formelnzählen und die daraus gewonnene prozentuale Dichte, der Formeltest also, kann auf keinen Fall, so letztens Foley, die mündliche Provenienz beweisen.[43]

---

39 Kail [Anm. 32], S. 38 f.

40 Zur Entwicklung der Parry-Lordschen Theorie vgl. Foley [Anm. 31].

41 *Oral-Formulaic Character of Anglo-Saxon Narrative Poetry*, in: Speculum 28 (1953), S. 446-467.

42 Vgl. Alexandra H. Olsen, *Oral-Formulaic Research in Old English Studies: I*, in: Oral Tradition 1 (1986), S. 548-606.

43 Foley [Anm. 36], S. 4; offensichtlich war die Idee des Zusammenhangs von Kompositionstechnik und Formelhaftigkeit aber doch so stark, daß selbst Hans Dieter Lutz in seinem (in diesem Kontext oft zitierten) Artikel von 1974 der *Oral-Formulaic Theory*, trotz aller kritischen Einstellung zu diesem Konzept, bei seinem eigenen Entwurf einer »Ersatztheorie« nicht darüber hinwegkommt, diese allein auf eine *Technik* der Dichtung zu beschränken (Hans Dieter Lutz, *Zur Formelhaftigkeit mittelhochdeutscher Texte und zur »theory of oral-formulaic composition«*, in: DVjs 48 [1974], S. 432-447).

Wie schon angedeutet, hatte die Diskussion um die *Oral-Formulaic Theory* – soweit sie überhaupt wahrgenommen wurde – einerseits den Blick versperrt für die Möglichkeit, in der Formelhaftigkeit anderes zu sehen als eine reine Kompositions*technik*, und andererseits verhindert, Forschungen zu Mündlichkeit als einem Kulturzustand, der darüber hinaus auch für das Mittelalter noch relevant sein könnte, überhaupt zur Kenntnis zu nehmen. Dabei war bereits im Jahr 1936 der Artikel *Oral Delivery in the Middle Ages* von Ruth Crosby erschienen, in dem sie angesichts der Formelhaftigkeit der gesamten mittelalterlichen volkssprachigen Dichtung die Perspektive auf das Publikum und damit grundsätzlich auf die Kommunikationssituation lenkte.[44] Den repetitiven Ausdruck erklärt sie folgendermaßen:

> The more often a theme or a phrase had been used, the better suited it was to [the poet's] purpose. He was not interested in polishing the style of his story, but in getting it told. So it is with most of us when we speak. We must bear in mind that this literature we are discussing was meant to be spoken.[45]

Zur Funktion von Formeln, die dazu angetan waren, »to be heard but showing no specific intention of uniting the poet or minstrel with his hearers«, stellte Crosby fest: »These phrases appeal [...] to that fondness of the popular audience – well known, no doubt, to those who wrote for it – for *hearing things said in a familiar way*.«[46]

In neuester Zeit ist (neben Franz H. Bäuml) vor allem auch Paul Zumthor auf die Wirkung der Formeln beim mittelalterlichen Rezipienten eingegangen. Für ihn ist das Konzept eines ›oralen‹ Stils, den man anhand der Formelhaftigkeit nachweisen könne, zirkulär, denn seiner Meinung nach gilt: »Tout texte médiéval est ›oralisant‹.«[47] Zumthor ordnet die Formeln den *topoi*, dem Typ des »lieu commun« zu, dessen Funktion es in der

---

44 Speculum 11 (1936), S. 88-110.

45 Ebda., S. 102.

46 Ebda. (Hervorhebung U. Sch.).

47 *La lettre et la voix: De la »littérature« médiévale*, Paris 1987, S. 214.

Rhetorik war, »de rapprocher de l'auditeur la *materia remota* du discours, de concrétiser un contenu, en évitant néanmoins toute particularisation [...]«.[48] Den Gedanken der in der Formelhaftigkeit reflektierten (mündlichen) Traditionalität aufnehmend, weist schließlich Franz H. Bäuml den Formeln in der *schriftlichen* epischen Dichtung (wie z. B. dem mittelhochdeutschen *Rolandslied* und dem *Orendel*)eine referentielle Funktion zu. Das heißt, die Formeln stellen nach Bäuml den Bezug her zu einem bestimmten Texttyp, nämlich dem des mündlichen (epischen) Texts. Ohne daß diese schriftlichen Texte an ihr teilhätten, repräsentierten sie also »the convention which lies behind the written text«.[49] Ich selbst habe in diesem Zusammenhang von einer »Ästhetisierung der Formeln« gesprochen und vermutet, daß durch den fortgesetzten Gebrauch von Formeln die »Form der Würde« in die »Würde der Form« (d. h.: der traditionelle poetische Ausdruck in den konventionellen poetischen Ausdruck) gewendet wurde.[50] Wenn ›Mündlichkeit‹ für die volkssprachige (frühe) mittelalterliche Dichtung als Parameter in die Heuristik einbezogen wird, so sollte dies denn we-

---

48 Ebda., S. 218 f.

49 Franz H. Bäuml, *The Theory of Oral-Formulaic Composition and the Written Medieval Text*, in: John Miles Foley (Hg.), *Comparative Research on Oral Traditions: A Memorial for Milman Parry*, Columbus (OH) 1987, S. 29-45, hier S. 39; vgl. auch ders., *Medieval Literacy and Illiteracy: An Essay toward the Construction of a Model*, in: Stephen J. Kaplowitt (Hg.), *Germanic Studies in Honor of Otto Springer*, Pittsburgh 1978, S. 41-54; ders., *Medieval Texts and the Two Theories of Oral-Formulaic Composition: A Proposal for a Third Theory*, in: NLH 16 (1984-85), S. 31-49; vgl. neuestens auch die Weiterentwicklung von Foleys rezeptionellem Ansatz in: John Miles Foley, *Immanent Art: From Structure to Meaning in Traditional Oral Epic*, Bloomington und Indianapolis 1991.

50 *Vokalität* [Anm. 24], S. 114; vgl. dazu auch meine Artikel *The Instance of the Formula: A Poetic Device Revisited*, in: Richard Matthews und Joachim Schmole-Rostosky (Hg.), *Papers on Language and Mediaeval Studies Presented to Alfred Schopf*, Frankfurt/Main und Bern 1988 (Neue Studien zur Anglistik und Amerikanistik 37), S. 39-57; *Hearing from Books: The Rise of Fictionality in Old English Poetry*, in: A. N. Doane und Carol Brown Pasternack (Hg.), *Vox intexta: Orality and Textuality in the Middle Ages*, Madison (WI) 1991, S. 117-136.

niger anhand der kompositorischen *Technik* geschehen als im Blick auf die Situation, in der diese Dichtung im Regelfall rezipiert wurde. Und dieser Regelfall war der kollektiven Hörens. Darüber hinaus waren jene, die diese Dichtung im Vortrag – oder auch bei deren ›Verlesung‹ – hörten, ihrerseits meist nicht im Reich der Schriftlichkeit zu Hause. Sie befanden sich, und sei es nur für die Zeit, in der sie solche Dichtung leibhaftig vernahmen, in der Mündlichkeit.

In der Formelhaftigkeit zeigt sich eine Technik der Sinnvermittlung, die – prinzipiell bis heute – eine Gemeinsamkeit von ›Sender‹ und ›Empfänger‹ schafft. Allgemein hat Deborah Tannen zum formelhaften Ausdruck das folgende festgestellt:

> Formulaic expressions function as wholes, as a convenient way to signal knowledge that is already shared. In oral tradition, it is not assumed that the expressions contain meaning in themselves, in a way that can be analyzed. Rather, words are a convenient tool to signal already shared social meaning.[51]

Der formelhafte Ausdruck – selbst wir, die wir in der vollentwickelten Schriftlichkeit sozialisiert sind, können dies leicht aus der eigenen sprachlichen Erfahrung nachvollziehen[52] – verbindet den Produzenten mit dem Rezipienten und verweist damit zurück auf eine Welt, in der das *shared social meaning* gilt.

Mit den hier aufgeführten Punkten ist das Problem der Mündlichkeit im Blick auf die mediävistische Forschung keineswegs erschöpfend dargestellt. Ich habe insbesondere auf einem in der Forschung als zentrales Thema diskutierten Phänomen insistiert, nämlich dem der Formelhaftigkeit, die in der Literaturwissenschaft – mit einiger Verspätung – schließlich Auslöser war für ein tieferes Eindringen in die Frage nach ›Spuren der Mündlichkeit‹ in der volkssprachigen Dichtung.

---

51 Tannen, *The Oral* [Anm. 8], S. 1 f.

52 Wir brauchen nur an die alltagssprachige Verbreitung ›moderner Formeln‹ – aus der Werbesprache (»Nicht immer – aber immer öfter«) oder in der Form von ›klassischen (Teil-)Zitaten‹ (»Etwas ist faul im Staate X«) – zu denken.

Ein weiterhin zu behandelndes Problem wäre in diesem Rahmen zum Beispiel die Rolle der Gnomik, bei der im übrigen offensichtlich ebenfalls die Formelhaftigkeit eine große Rolle spielt, sei es im Blick auf die Gnomik innerhalb von anderen Gedichten (wie z. B. dem *Beowulf*), sei es im Blick auf Sammlungen, wie beispielsweise die im altenglischen Exeter-Buch überlieferten.[53] Höchst relevant wäre auch die Frage danach, was beim Übergang von der Mündlichkeit in die Schriftlichkeit mit (wahrscheinlich originär rein mündlichen) Traditionen wie zum Beispiel der der Zaubersprüche geschieht.

Was den Zeitraum angeht, so habe ich mich auf das frühere Mittelalter konzentriert, wenngleich das Problem der Mündlichkeit sich auch – und hier vor allem für England – im späteren Mittelalter noch stellt.[54] Gerade für das hohe und spätere Mittelalter ist beispielsweise auch die für die Literaturwissenschaft so spannende Frage weiter zu stellen, weshalb und in welcher Form das Erzählen im Sinne der Weitertradierung der *mémoire collective* abgelöst wurde durch bewußt und gewußt fiktionales Erzählen.[55] Für all diese Probleme liegen erste Ergebnisse vor, welche die heuristischen Parameter von Mündlichkeit und Schriftlichkeit als relevant voraussetzen, und es steht zu hoffen, daß weitere Ergebnisse folgen.

Es ist dringend notwendig, den Horizont der eigenen historisch-philologischen Disziplin zu erweitern und die Forschungsergebnisse von Anthropologen, Psychologen, Historikern und Linguisten wahrzunehmen zu dem Zweck, daß man die eigene Heuristik gegebenenfalls korrigiert. Daß dabei auch – mit der notwendigen historischen Modifikation – Methoden der modernen Literaturwissenschaft, wie beispielsweise die Rezeptionsästhetik, zu ganz neuen Erkenntnissen führen können, ist hier anhand der kursorischen Übersicht über die For-

53 Vgl. dazu Schaefer, *Vokalität* [Anm. 24], S. 178-230.

54 Für England ist z. B. der Frage noch weiter nachzugehen, ob bzw. inwieweit die Blüte der mittelenglischen Dichtung im 14. Jahrhundert Spuren eines zweiten Aufsteigens aus der Mündlichkeit aufweist.

55 Vgl. hierzu den Beitrag von Walter Haug in diesem Band.

mel-Diskussion gezeigt worden. Und gerade in der Hinwendung zur rezeptionellen Fragestellung wird sichtbar, daß durch die Bewußtwerdung des *orality problem* (Havelock) allgemein für die Mediävistik und speziell für deren Literaturgeschichte neue Wege zu Einsichten eröffnet worden sind, die die ›Fremdheit‹ des Mittelalters nicht zuerst und allein in diesem selbst erblicken, sondern auch in der Fremdheit – vom Mittelalter her gesehen – unserer eigenen Epistemologie.

Walter Haug
Mündlichkeit, Schriftlichkeit und Fiktionalität

Über das Verhältnis von Faktizität und Fiktionalität ist in den letzten Jahren – nicht nur unter Literarhistorikern – eine intensive Diskussion geführt worden.[1] Bei divergierenden Argumentationsweisen und unterschiedlichen Lösungsvorschlägen hat diese Diskussion zumindest e i n klares Ergebnis gebracht, nämlich die Einsicht, daß man mit einer schlichten Opposition: hie Fakten, da Fiktionen, der Sachlage nicht gerecht wird. Auf der einen Seite ist die reine Faktizität disparater Daten zwar als Grundgegebenheit anzusetzen, aber sie konstituiert nicht die Welt, wie wir sie erfahren und in der wir leben. Das, was wir für wirklich halten, ist immer schon strukturiert und mit Sinn besetzt, also in gewisser Weise fiktionalisiert, und indem sich diese Fiktionalisierung wandelt, kommt es zu einer historisch wechselnden Auffassung von dem, was als ›wirklich‹ gilt. Auf der anderen Seite kann das, was sich diesen Wirklichkeiten gegenüber jeweils als bewußt fiktional gibt, in vielfältiger Weise nicht-fiktionale Elemente enthalten und in nicht-fiktionalen Bezügen stehen, so daß man es häufig mit einer mehr oder weniger eingeschränkten Fiktionalität zu tun hat. Das bedeutet, daß der Zugriff auf dieses schwebende Verhältnis von Faktizität und Fiktionalität sehr viel behutsamer und differenzierter sein muß, als das bislang meist üblich war.

Der folgende Versuch ist als ein Beitrag zu einer solchen

1 Ich nenne vorweg nur zwei herausragende Arbeiten: Johannes Anderegg, *Fiktion und Kommunikation. Ein Beitrag zur Theorie der Prosa*, Göttingen ^{2}1977; Aleida Assmann, *Die Legitimität der Fiktion. Ein Beitrag zur Geschichte der literarischen Kommunikation*, München 1980. Im übrigen verweise ich auf den reichen von Dieter Henrich und Wolfgang Iser herausgegebenen Sammelband *Funktionen des Fiktiven*, München 1983 (Poetik und Hermeneutik X).

differenzierenden Neuorientierung gedacht. Dabei suche ich einen Zugang zu den anstehenden Problemen über eine Analyse der Fiktionalisierungsprozesse im Übergang von der Mündlichkeit zur Schriftlichkeit im Bereich der vulgärsprachlichen Literatur des Mittelalters.

Unter den hierbei in Frage kommenden mündlichen Typen wähle ich jenen aus, von dem wir mit großer Gewißheit sagen können, daß er über Jahrhunderte hin lebendig war, und dies auch noch lange nach dem Beginn seiner Verschriftlichung: ich denke an die heldenepische Tradition. Es handelt sich zudem um denjenigen mündlichen Typus, von dem wir meinen, relativ viel zu wissen. Er ist uns zwar wie alle mündliche Literatur[2] nicht mehr unmittelbar zugänglich, aber die Existenz dieser heroischen Tradition ist eindrucksvoll bezeugt. Dies zum einen durch eine Fülle indirekter Hinweise und Referate bei Historikern oder geistlichen Kritikern und zum andern dadurch, daß sie teilweise in die Schrifttradition übergegangen ist.[3] Wir haben bekanntlich eine Reihe relativ früher Verschriftlichungen, Zeugnisse schon aus der Zeit vom 8. bis zum 10. Jahrhundert: das *Hildebrandslied*, das den Starbeleg für den Typus darstellt, das *Finnsburg-Fragment*, den *Beowulf* mit seinen Liedeinlagen, die altenglische und die lateinische Adaptation der

2 Man gestatte mir diesen begrifflich anstößigen Terminus ›Mündliche Literatur‹, denn wir haben keinen andern, der Mündlichkeit und Schriftlichkeit in gleicher Weise abdecken würde, ›Dichtung‹ ist in anderer Hinsicht zu eng.

3 Die noch nicht überholte Grundlage: Wilhelm Grimm, *Die deutsche Heldensage*. Unter Hinzufügung der Nachträge von Karl Müllenhoff und Oskar Jänicke aus der Zeitschrift für Deutsches Altertum, Darmstadt ^{4}1957. Vgl. ferner: Hans Naumann, *Die Zeugnisse der antiken und frühmittelalterlichen Autoren zur germanischen Poesie*, in: GRM 15 (1927), S. 258-278; John Meier, *Balladen 1*, Leipzig 1935, Nachdr. Darmstadt 1964 (Deutsche Literatur in Entwicklungsreihen. Reihe: Das deutsche Volkslied, Bd. 1), Einführung, S. 9 ff.; Andreas Heusler, *Die altgermanische Dichtung*, Potsdam 1941, Nachdr. Darmstadt 1957, S. 150 ff.; Emil Ploss, *Bamberg und die deutsche Literatur des 11. und 12. Jahrhunderts*, in: Jb. f. fränk. Landesforschung 19 (1959), S. 275-302; Hermann Schneider, *Germanische Heldensage*, Bd. I, Berlin ^{2}1962, S. 42 ff.

Walthersage, die erstere freilich nur in zwei dürftigen Bruchstücken. In einem merklichen Zeitabstand folgt dann vom 12. Jahrhundert an die Umsetzung in großepisch-schriftliche Formen, ein Prozeß, der bis ins späte Mittelalter hinein weitergeht.

Alle diese Zeugnisse zusammengenommen ergeben eine so enge Traditionskette über die Jahrhunderte hin, daß wir mit einer ungebrochenen Kontinuität des Typus rechnen dürfen, die von der Zeit, in der die heroische Tradition gründet, von der Völkerwanderungszeit an also, bis ins späte Mittelalter hinein bestanden haben muß. Das sind vom 4./5. bis zum 16. Jahrhundert über tausend Jahre!

Der Literaturhistoriker sollte sich dies bewußt halten, wenn er sich – verständlicherweise – vorwiegend mit dem beschäftigt, was ihm unmittelbar zugänglich ist, mit der Schrifttradition, und nicht übersehen, daß es neben ihr eine zweite Literatur gegeben hat, die genauso wirkungsmächtig, ja gewiß zu Zeiten wirkungsmächtiger war als jene, eine Literatur zudem, die keineswegs ins Abseits gehört, weil sie etwa sozial niedriger angesiedelt gewesen wäre, die vielmehr – jedenfalls sehr lange – mit zur Eliteliteratur zu rechnen ist. Wir haben eindrucksvolle Zeugnisse für diese Wertschätzung der Heldendichtung in sozial führenden Kreisen. Etwa den berühmten Brief Alcuins an den Bischof von Lindisfarne aus dem Jahre 797. Er schreibt mahnend, daß die Geistlichen beim Mahl das Wort Gottes hören sollten und nicht die Lieder der Heiden.[4] Oder den bitterbösen Brief des Bamberger Schulmeisters Meinhard von 1061, in dem er seinem Bischof Gunther, einem der glänzendsten Kirchenfürsten der Zeit, vorwirft, daß er sich lieber Heldensagen von Attila und Dietrich von Bern anhöre, statt Augustinus oder Gregor den Großen zu lesen.[5] Die geistliche

4 MGH, Epp. 4, Nr. 124: *Verba dei legantur in sacerdotali convivio. Ibi decet lectorem audire, non citharistam, sermones patrum, non carmina gentilium* (»Das Wort Gottes soll beim Mahl der Geistlichen gelesen werden. Es ziemt sich, dort den Vorleser zu hören, nicht den Harfenspieler, die Predigten der Väter, nicht die Lieder der Heiden.«).

5 Vgl. Carl Erdmann, *Fabulae curiales. Neues zum Spielmannsgesang und zum Ezzo-Liede*, in: ZfdA 73 (1936), S. 87-98. S. auch Ploss, *Bamberg und die deutsche Literatur* [Anm. 3], S. 280 f.

Kritik an dieser mündlichen Gegenliteratur zieht sich mit unverminderter Schärfe durch die Jahrhunderte, und sie bezeugt damit implizit, daß sie wirkungslos war.[6] Die mündlich-heroische Tradition scheint äußerst zählebig gewesen zu sein.

All dies müßte Anlaß genug bieten, die mündliche Dichtung im literarhistorischen Gesamtbild gebührend zu berücksichtigen. Doch besteht die große Schwierigkeit dabei natürlich darin, daß wir sie nicht haben, womit ich nicht in erster Linie meine, daß sie nur unzureichend verschriftlicht worden ist und vieles als verloren zu gelten hat, denn es ist anhand der indirekten Zeugnisse und über Rückschlüsse von den schriftlichen Fassungen her doch ein relativ reiches Stoffrepertoire zurückzugewinnen, wenngleich nur in Form von Regesten. Das aber heißt – und das ist der gravierende Punkt –, daß wir die konkrete Gestalt nicht fassen können, und dies prinzipiell nicht. Der Grund dafür – und man kann dies nicht oft genug sagen – liegt darin, daß die dieser Dichtung eigentümliche Existenzweise der Vortrag ist. Und wenn man diese Vortragsdichtung verschriftlicht, verändert man ihre Existenzweise so fundamental, daß es sich fragt, ob es überhaupt möglich ist, von den schriftlichen Überlieferungen aus auf die mündlichen Vorstufen zurückzugreifen. Ist ein Weg denkbar, über den man einen Text durch die Rückverwandlung dessen, was bei der Verschriftlichung geschieht, in seine mündliche Vorform zurückzuverwandeln vermöchte? Je schärfer man die Grenze zwischen Mündlichkeit und Schriftlichkeit zieht, um so mehr wird man zögern, einen solchen Weg für möglich zu halten. Wer mit Zwischenformen zwischen Mündlichkeit und Schriftlichkeit rechnet, mag hoffnungsvoller sein. Aber gibt es diese Zwischenstufen wirklich?[7]

---

6 Walter Haug, *Literaturtheorie im deutschen Mittelalter. Von den Anfängen bis zum Ende des 13. Jahrhunderts*, Darmstadt ^{2}1992, S. 25 f., Anm. 1.

7 Ich denke dabei nicht an die Symbiosen zwischen Schriftlichkeit und Mündlichkeit, auf die Dennis Green immer wieder nachdrücklich hingewiesen hat: *The spread of literacy. An aspect of the twelfth-century renaissance in Germany*, in: Res Publica Litterarum 9 (1986), S. 143-153; *Hören und Lesen: Zur Geschichte einer mittelalterlichen Formel*, in: Wolfgang Raible (Hg.), *Erschei-*

Wenn man trotzdem einen Versuch machen will, so setzt ein solcher rekonstruktiver Rückgriff jedenfalls voraus, daß man sich die besonderen Existenz- und Wirkungsbedingungen des Typus im Rahmen der mündlichen Traditionsform klarmacht. Wie stehen dafür die Chancen? Ernst Robert Curtius hat einmal hämisch gesagt, daß nur die Germanisten wüßten, wie die germanische Heldensage ausgesehen habe.[8] Diese ironische Warnung trifft das übliche Gattungsverständnis, d. h. die von Andreas Heusler geprägte und letztlich der Ästhetik des 19. Jahrhunderts verpflichtete Gattungsideologie. Es gehe, so die betreffende These, in den germanisch-deutschen Heldensagen um menschliche Konflikte mit vorwiegend tragischem Ausgang, um Konflikte also, in denen Wertvorstellungen in der Weise aufeinanderstoßen, daß eine Lösung nicht möglich sei: Ehre gegen Sippenbindung, Gefolgschaftstreue gegen persönliche Freundschaft usw. Und hat man einmal diese Vorentscheidung getroffen, besteht die Aufgabe nur noch darin, die Stoffe daraufhin abzufragen, wo der tragische Konflikt liegen könnte, und schon springt das konkrete Heldenlied aus dem Hut. Dieses dubiose Konzept und Verfahren ist zwar in seinen Prämissen durchschaut, aber noch keineswegs überwunden.[9]

Was läßt sich, wenn man diese Prämissen der Heusler-Schule fallenläßt, von den indirekten Hinweisen und Belegen aus über die heroisch-mündliche Tradition mit einiger Sicherheit sagen? Ich meine viererlei:

---

nungsformen kultureller Prozesse, Jb. 1988 des Sonderforschungsbereichs »Übergänge und Spannungsfelder zwischen Mündlichkeit und Schriftlichkeit«, Tübingen 1990, S. 23-44; *Orality and Reading: The State of Research in Medieval Studies*, in: Speculum 65 (1990), S. 267-280. Vielmehr denke ich an die Schwierigkeiten, die sich ergeben, wenn man einen Sänger dazu bringen möchte, seinen Vortrag schriftlich zu fixieren; siehe dazu Albert B. Lord, *Der Sänger erzählt*, München 1965, S. 184 ff.

8 Ernst Robert Curtius, *Europäische Literatur und lateinisches Mittelalter*, Bern und München ³1961, S. 177.

9 Siehe Walter Haug, *Andreas Heuslers Heldensagenmodell: Prämissen, Kritik und Gegenentwurf*, in: W. H., *Strukturen als Schlüssel zur Welt. Kleine Schriften zur Erzählliteratur des Mittelalters*, Tübingen 1989 (Studienausgabe 1990), S. 277-292.

1. Der Typus besitzt eine historische Basis. Sie mag oft dürftig erscheinen, ja sich – jedenfalls für uns – im Dunkel der Geschichte verlieren, die Stoffe halten aber im Prinzip doch an der Verwurzelung in geschichtlichen Ereignissen fest, sie beziehen sich jedenfalls auf Personen, die historisch sind oder als historische vorgestellt werden.

Über diese historische Basis der heldenepischen Tradition besteht Konsens und auch darüber, daß sich der Typus als historische Überlieferung verstanden hat. Nicht unbedingt aber ist man sich einig über die Bedeutung dieses geschichtlichen Fundaments. Ich schätze sie hoch ein, denn mag es auch noch so bruchstückhaft sein, es begründet den Wahrheitsanspruch des Typus.

2. Diese Fragmente einer faktischen Grundlage erscheinen immer schon von einer zweiten, einer literarischen Schicht überlagert; es ist die Schicht der narrativen Muster, nach denen die historischen Daten in einen Erzählzusammenhang gebracht werden. Es handelt sich um traditionelle Schemata, die sich anbieten, wenn es darum geht, historischen Fakten eine Sinnperspektive zu geben.

Der historische Untergang der Burgunden am Rhein im Jahre 436, bei dem ein Hunnenheer beteiligt war, z. B. wird in der Sage als eine verräterische Einladung an den Hunnenhof mit einem vernichtenden Überfall auf die Gäste dargestellt. Das ist ein gängiges Schema; es findet sich in einer Reihe von Varianten: im *Ingeldlied*, in der Finnsburgsage usw.[10] Oder: Die historische Usurpation Oberitaliens durch Theoderich – 489 bis 493 – mit der Ermordung Odoakers erscheint in der Sage als Heimkehr des rechtmäßigen Herrschers, der von Odoaker einst vertrieben worden ist. Hier hat das Exilschema Pate gestanden. Oder: Das klägliche militärische Unternehmen

10 Vgl. dazu Walter Haug, *Normatives Modell oder hermeneutisches Experiment: Überlegungen zu einer grundsätzlichen Revision des Heuslerschen Nibelungen-Modells*, in: W. H., *Strukturen* [Anm. 9], S. 308-325; Ursula Hennig, *Hinterlistige Einladungen in Geschichte und Heldensage*, in: Fritz Peter Knapp (Hg.), *Nibelungenlied und Klage. Sage und Geschichte, Struktur und Gattung. Passauer Nibelungengespräche 1985*, Heidelberg 1987, S. 61-77.

Karls des Großen in Spanien vom Jahre 778 wird in der Rolandsage zu einem gloriosen Untergang aufgrund eines Verrats durch einen Vertrauten des Kaisers umstilisiert. Das Schema: ›Verrat aus den eigenen Reihen‹ liefert hier also das Erklärungsmodell für ein blamables Desaster.

Diese Verschränkung von geschichtlichen Fakten und überformenden Mustern habe ich 1975 als Gegenmodell zu Heuslers Theorie angeboten[11], d. h. zu jener Theorie, die die Entstehung der Heldensage durch Enthistorisierung, Privatisierung und Ästhetisierung der geschichtlichen Ereignisse fassen wollte. Dieses Gegenmodell ist zwar nicht widerspruchslos akzeptiert worden[12], aber es scheint mir zumindest berechtigt, davon auszugehen, daß sich die Welt der Heldensage über einen Akt der Fiktionalisierung anhand narrativer Schemata konstituiert. Die Wirklichkeit, die sie bietet, ist – wie immer – eine Wirklichkeit, in der das Historisch-Faktische, das ja an sich ohne Sinn ist, von sinnkonstituierenden Handlungsmustern fiktional überarbeitet erscheint. Die Welt der Heldensage ist also eine Form von fiktionalisierter Wirklichkeit. Und wie jede ungebrochen erfahrene Wirklichkeit durchschaut sie selbst ihren fiktionalen Status nicht, vielmehr präsentiert sie sich über die Rückbindung an Fakten als historische Wahrheit.

3. Nun wird man auch anhand der nur indirekten Überlieferung nicht verkennen können, daß die Überformung historischer Fakten durch narrative Muster den heroischen Typus noch nicht zureichend kennzeichnet. Die Muster formulieren ja nur einen gewissermaßen objektiven Ablauf der Ereignisse vor. Das ergibt aber noch nicht das, was das eigentlich Heroische des Typus ausmacht. Was hinzu kommt, ist ein typusspezifischer zweiter Fiktionalisierungsakt, bei dem die Figuren in

11 Haug, *Andreas Heuslers Heldensagenmodell* [Anm. 9].

12 Ein dezidiertes Plädoyer für Heuslers Position hat Theodore M. Andersson gegeben, *Walter Haug's Heldensagenmodell*, in: D. G. Calder und T. C. Christy (Hg.), *Germania. Comparative Studies in the Old Germanic Languages and Literatures*, Woodbridge 1988, S. 127-141. Vgl. dazu meine Replik: *Literarhistoriker »untar heriun tuem«*, in: Winder McConnell (Hg.), *in hôhem prîse. Festschrift Ernst S. Dick*, Göppingen 1989, S. 129-144, hier S. 140 ff.

ein besonderes Verhältnis zu den narrativen Mustern gebracht werden. Die Helden stellen sich gewissermaßen dem Schema, sie gehen auf seine Gesetzlichkeit ein, sie forcieren es, arbeiten ihm zu, man experimentiert geradezu mit dem Zwang, den das Muster auszuüben scheint. Diese zweite Stufe der Fiktionalisierung ist durch drei eng zusammenhängende Momente gekennzeichnet: a) durch diesen provozierenden Übergriff des Helden, b) durch eine Verdichtung des Geschehens in dinglichen Symbolen und c) durch eine Tendenz, das Geschehen ins Körperliche umzusetzen. Ich illustriere dies an drei Beispielen:

a) Alboin, der Gründer des Langobardenreiches, hat Rosimund, die Tochter des von ihm erschlagenen Gepidenkönigs, zur Frau genommen. Aus der Schädeldecke des Toten hat er eine Trinkschale machen lassen. In Zecherlaune füllt er sie einmal mit Wein, reicht sie Rosimund und sagt: ›Trink fröhlich mit deinem Vater.‹ Das treibt sie zur Rache. Sie muß den Kämmerer Alboins für den Mordplan gewinnen. Da er sich versagt, legt sie sich heimlich ins Bett seiner Geliebten. So schläft er unwissentlich mit der Königin. Auf diese Weise bekommt sie ihn in die Hand und zwingt ihn mitzutun.[13]

Es ist also die Provokation mit der Trinkschale, die das Maß überschreitet und die Rachehandlung anstößt. Zugleich konzentriert sich in dieser Schale symbolisch die dramatisch gespannte Situation. Und schließlich ist die Königin gezwungen, ihre Erniedrigung bis zur körperlichen Schändung weiterzutreiben, damit die Wende erfolgen kann.

b) Gunnar wird von Atli aufgefordert, an seinen Hof zu kommen. Er will ablehnen, aber da erfährt er, daß seine Schwester, Atlis Frau, einen mit Wolfshaar umwundenen Ring der

13 Paulus Diaconus, *Historia Langobardorum* I 27, II 28 (MGH SS rer. Langob.); vgl. Brüder Grimm (Hg.), *Deutsche Sagen*, Darmstadt 1956, Nr. 400, S. 365 f.; Hermann Schneider, *Germanische Heldensage*, Bd. II 2, Berlin und Leipzig 1923, S. 144 f.; Felix Genzmer, *Das Rosimundlied*, in: ASNSL 75, Bd. 142 (1921), S. 1-8; Otto Gschwantler, *Die Heldensage von Alboin und Rosimund*, in: *Festgabe Otto Höfler*, Wien 1976, S. 214-254; ders., *Formen langobardischer mündlicher Überlieferung*, in: JIG 11 (1979), S. 58-85, hier S. 72 ff.

Botschaft beigegeben hat. Das ist ein Zeichen der Gefahr. Gerade dies reizt Gunnar, sich der Herausforderung zu stellen. In übermäßiger Selbststeigerung geht er in die Falle. Er trotzt dann Atli, als der ihn dazu bringen will, seinen Hort preiszugeben. Gunnar verlangt, das Herz seines Bruders Högni zu sehen, da sie sich geschworen hätten, den Hort nicht herauszugeben, solange sie beide am Leben seien. Man bringt Gunnar zunächst das Herz des feigen Hjalli; doch daran, daß es zuckt, erkennt Gunnar die Täuschung. Darauf wird der Bruder getötet. Doch nun ist Gunnar erst recht nicht bereit, den Hort auszuliefern. Er wird in die Schlangengrube geworfen, wo er die Harfe schlägt, bis er stirbt.[14]

Im Hort symbolisiert sich die Fülle und der Glanz der Macht. Die Dramatik der Situation stellt sich in dem mit Wolfshaar umwundenen Ring dar. Er ist zugleich der Anstoß für die Aktion Gunnars, die in ihrem Übermaß der Gesetzlichkeit des Schemas zuarbeitet.

c) Im Kampf zwischen Sachsen und Franken läßt sich Iring vom Frankenkönig Thiadrich bestechen, seinen Herrn, den Thüringerkönig Irminfrid, umzubringen. Als der im Kampf unterlegene Irminfrid sich Thiadrich zu Füßen wirft, durchbohrt ihn Iring von hinten. Der Franke aber will mit dem Verräter daraufhin nichts mehr zu tun haben, er sagt: ›Du bist durch diesen Frevel [...] allen Menschen verhaßt geworden, geh unbehelligt von uns, wir wollen an deiner Meintat nicht teilhaben.‹ Da tötet Iring auch den Frankenkönig und legt die Leiche Irminfrids auf die Leiche Thiadrichs: er solle wenigstens als Toter ihm überlegen sein. Dann bahnt er sich mit seinem Schwert einen Fluchtweg.[15]

---

14 Siehe Schneider [Anm. 3], S. 64 ff.; Klaus von See, *Germanische Heldensage. Stoffe, Probleme, Methoden*, Frankfurt/Main 1971, S. 97 f.; aus der Vielzahl der Interpretationen zwei herausragende Deutungen: Hans Kuhn, *Die Ethik des alten Atliliedes*, Zs. f. Deutschkunde 55 (1941), S. 402-408; Alois Wolf, *Gestaltungskerne und Gestaltungsweisen in der altgermanischen Heldendichtung*, München 1965, S. 37 ff.

15 Widukind von Corvey, *Gesta Saxorum* I 13; Albert Bauer und Reinhold Rau (Hg.), *Quellen zur Geschichte der sächsischen Kaiserzeit*, Darmstadt 1971 (Ausgewählte Quellen zur deutschen Geschichte des Mittelalters VIII), S. 40 ff.

Es ist also kennzeichnend für den heroischen Typus, daß der Held auf die Gesetzlichkeit des Musters eingeht, daß ein Zugriff, ja Übergriff erfolgt, der dann die Mechanik des Schemas, die dadurch in Bewegung gebracht wird, nur um so härter heraustreten läßt: Die Aufforderung Alboins an Rosimund, fröhlich mit dem Vater zu trinken, Gunnars Ritt in die Falle, Thiadrichs Reizwort, das den Umschwung bei Iring herbeiführt. Dazu kommt die Verdichtung des Geschehens in symbolischer Gegenständlichkeit: Die Trinkschale aus dem Schädel des Feindes, der mit Wolfshaar umwundene Ring in der Atlisage, der Hort als Symbol der Macht, das Harfenspiel in der Schlangengrube.[16] Und schließlich die Umsetzung ins Körperliche: die körperliche Preisgabe Rosimunds, das nicht zuckende Herz Högnis, das Übereinanderlegen der Leichen in der Iringsage.

Diese zweite typuskonstituierende Stufe der Fiktionalisierung schlägt sich im narrativen Muster nieder und geht damit in die Tradition ein. Und der Fundus der auf diese Weise heroisch stilisierten Muster prägt die heroische Welt, wobei man nicht übersehen sollte, daß sie gerade durch die Stilisierung in eine nicht nur historische Distanz gerät.

Der 4. Punkt betrifft die Existenzweise der heroisch-mündlichen Tradition: Die mehr oder weniger deutlich mit historischen Fakten und Personen besetzten heroisch stilisierten Handlungsmuster bilden Erzählgerüste, an denen die Heldenliedsänger sich beim Vortrag orientieren. Der Sänger ist, da er improvisiert, auf solche Gerüste angewiesen. Und das Handlungsgerüst ist denn auch das, was bei den wechselnden Realisierungen im Vortrag konstant bleibt. Es garantiert die Identität der Erzählung. Das heißt: die Identität wird hinter der Variation sichtbar, indem sie bei der Variation als das Gleichbleibende heraustritt.[17]

---

16 Generell zur Position und Funktion von Dingen in der heroischen Dichtung: Wolf, *Gestaltungskerne* [Anm. 14], S. 148 ff.; Carola L. Gottzmann, *Das Alte Atlilied*, Heidelberg 1973, S. 153 ff.

17 Vgl. Walter Haug, *Struktur, Gewalt und Begierde. Zum Verhältnis von Erzählmuster und Sinnkonstitution in mündlicher und schriftlicher Überlieferung*, in: Gerd Wolfgang Weber (Hg.), *Idee, Gestalt, Geschichte, Festschrift Klaus von See. Studien zur europäischen Kulturtradition*, Odense 1988, S. 143-157, hier S. 147 ff.

Die Annahme, daß die Tradition des germanisch-mittelalterlichen Heldenliedes auf jener Improvisationstechnik beruht, wie man sie in unserem Jahrhundert bei noch lebendigen mündlichen Literaturen angetroffen hat, ist umstritten. Ich kann die betreffenden Zweifel nicht teilen. Dies aus dem einfachen Grund, daß eine wörtlich festgelegte mündliche Tradition nur dort möglich ist, wo es Institutionen, irgendwelche schulmäßigen Instanzen, gibt, die die getreue Weitergabe tragen und kontrollieren. Ohne eine derartige Kontrollinstanz kann sich eine wörtlich festgelegte Tradition nicht halten. Von einer solchen Instanz gibt es im Mittelalter aber keine Spur.

Wenn die heldenepische Dichtung sich auf feste Handlungsgerüste stützt, wobei der improvisierende Vortrag diese Gerüste variierend umspielt, so bedeutet dies zugleich, daß die Variation einen Spielraum eröffnet, den man ebenfalls, wenn auch in einem anderen Sinn, als fiktional kennzeichnen muß. Die Wahrheit der Heldendichtung liegt im historisch fundierten narrativen Muster, und das impliziert – wie gesagt –, daß die doppelte Fiktionalisierung, durch die die Fakten überformt werden, nicht bewußt wird. In der Variation beim Improvisieren hingegen erfährt man bewußt eine fiktionale Freiheit. Man kann sie sich gestatten, weil die Wahrheit, die im narrativen Muster liegt, von der Variation nicht berührt wird. Die Zuhörer genießen in der Variation die künstlerische Gestaltungskraft des Sängers. Hier kann die Virtuosität seiner Improvisationskunst ihre Triumphe feiern. In Hinblick auf die Substanz der Erzählung bleibt diese Fiktionalität jedoch formaler Natur. Das gilt auch für Inhaltliches. Ein Sänger kann z. B. bei der Ankunft von Gästen eine Beschreibung der Kleider und der Ausrüstung bieten oder er kann sie weglassen. Er kann bei einem Festmahl schildern, was an Gerätschaften und Speisen aufgetragen wird oder er kann das weglassen. Solche Beschreibungen sind Versatzstücke, die zur Verfügung stehen; sie gehören zum formalen Fundus des Improvisators; die Phantasie, also das Fiktionale im Sinne des Imaginativen, kann sich kaum entfalten. Natürlich gibt es daneben die Möglichkeit produktiver Erweiterungen oder Änderungen, doch damit geht man über das vorgegebene Muster hinaus. Es kommt zu Strukturvarianten, die dann u. U. Literaturgeschichte machen. Das gehört jedoch nicht in den typusspezifischen Spielraum der Vortragssituation.

Ich fasse die bisherigen Überlegungen zusammen: Die mündlich-heroische Tradition ist dadurch charakterisiert, daß die historischen Fakten in zwei Stufen fiktional überformt werden, durch allgemeine narrative Muster und dann durch eine typusspezifische Stilisierung. Das ergibt im Hinblick auf den Akt des Tradierens Handlungsgerüste, die die Identität eines Stoffes garantieren und die dem Sänger die Improvisation ermöglichen. Diese variierende Improvisation besitzt einen Freiraum, dessen Fiktionalität, anders als die Fiktionalität des Musters, bewußt wird, die aber, solange eine Erzählung ihre Identität bewahrt, formaler Natur bleibt.

Wenn dies richtig ist, so läßt sich nun plausibel prognostizieren, was geschieht, wenn diese Tradition in die Schriftlichkeit übernommen wird. Es muß das Spiel zwischen der durch die narrativen Muster und ihre Stilisierung fiktionalisierten heroischen Wirklichkeit, die als wahr gilt, und der künstlerischen Gestaltung im Freiraum der Improvisation, die als fiktional bewußt ist, verlorengehen. Denn es gibt auf schriftlicher Stufe keine Wiederholung mehr, über die das Handlungsmuster und damit die Wahrheit quer zur Variation heraustreten könnte, so daß die Identität der Erzählung und damit ihr Sinn faßbar würden: auf schriftlicher Stufe verfestigt sich sozusagen eine einzige, bestimmte Variante zum Text. Man kann diesen Text dann zwar mehrfach hören oder lesen, aber es tritt damit nicht ein Muster mit seinem Sinn zutage, vielmehr fragt jedes neue Hören oder Lesen neu nach dem im Text verborgen liegenden Sinn. Jedes neue Hören oder Lesen kann also neue Aspekte des Textes aufschließen. Man steht im Prinzip beim offenen Interpretieren: der Sinn konstituiert sich über einen unendlichen hermeneutischen Prozeß.[18]

---

18 Ich hebe hier nur die Aspekte der Differenz zwischen Mündlichkeit und Schriftlichkeit heraus, die für meine Argumentation bedeutsam sind; zur

Es handelt sich also auf schriftlicher Ebene um eine wesentlich andersartige Rezeptionsweise. Der Sinn der Erzählung tritt nicht mehr selbstverständlich heraus, sondern er steht im Fluchtpunkt der Interpretation. Das aber bedeutet, daß die historische Wahrheit des Textes in die Schwebe gerät. Die Verankerung in der Faktizität verliert an Gewicht, der Anspruch auf eine historisch-faktische Wahrheit tritt zurück zugunsten einer Sinnerfahrung, die sich aus der literarischen Gestalt selbst ergibt. Die Literatur wird zu einem genuinen Medium von Erfahrung, und damit wird – gleitend – der Übergang zur bewußten Fiktionalität des Textes möglich. Die Frage ist dann nur noch, in welchem Maße der einzelne Text jeweils diesen fiktionalen Charakter herausstellt, reflektiert, dem Hörer oder Leser bewußtmacht bzw. ihn verschleiert. Anders gesagt: Der Text kann sich von dem, was zu der betreffenden Zeit als außerliterarische Wirklichkeit gilt, entfernen, oder er kann sich dieser Wirklichkeit annähern. Und es geht für den Literarhistoriker dann darum zu erkennen, wie das einzelne Werk seine Funktion im einen oder andern Fall versteht, d. h., welche neuen Wirklichkeitsbezüge es herstellt. Wenn also die heldenepische Tradition schlicht in die Schriftlichkeit überführt wird, so müßte dies bedeuten, daß der Übergang zu einer in dem beschriebenen Sinn autonom-fiktionalen Literatur wenigstens tendenziell vollzogen wird.

Gerade dies geschieht nun aber literarhistorisch nicht. Und zwar deshalb nicht, weil dieser Übergang nicht in schlichter Selbstverständlichkeit vor sich geht. Der Übertritt der heroisch-mündlichen Tradition in einen Status literarischer Autonomie wäre nur möglich gewesen, wenn es eine Literatur mit diesem Status zu der betreffenden Zeit gegeben hätte, so daß man die Heldensagenstoffe von daher hätte literarisch verein-

---

ganzen Komplexität dieser Differenz siehe Walter Jackson Ong, *Orality and Literacy. The Technologizing of the World*, London 1982; Øivind Andersen, *Mündlichkeit und Schriftlichkeit im frühen Griechentum*, in: Antike und Abendland 33 (1987), S. 29-44; Klaus Grubmüller, *Mündlichkeit, Schriftlichkeit und Unterricht. Zur Erforschung ihrer Interferenzen in der Kultur des Mittelalters*, in: DU 41/1 (1989), S. 41-54, hier S. 45 f., mit weiterführender Literatur.

nahmen können. Da diese Voraussetzung aber zur Zeit unserer ältesten Zeugnisse nicht gegeben war, geschah die Verschriftlichung der Heldensage in ganz anderer Weise, als man es theoretisch erwarten würde. Daß anderseits von der mündlichen Tradition aus keine Notwendigkeit bestand, in die Schriftlichkeit vorzustoßen, ist evident, denn eine lebendige mündliche Tradition genügt sich selbst. Es gibt von ihr aus nichts, was sie in die Schriftlichkeit drängen würde. Das wird immer wieder übersehen.

Wie kommt es trotzdem zur Verschriftlichung, und was geschieht dabei?

Die ältesten Zeugnisse: das *Hildebrandslied*, der *Beowulf*, der *Waltharius*, sprechen, soweit sie aufgrund der Überlieferungslage eine Konzeption erkennen lassen, eine deutliche Sprache. Denn diese Texte visieren genau das an, was bei der Verschriftlichung geschieht, nämlich, daß beim festen Text kein Handlungsmuster mehr greifbar ist und sich damit unmittelbar kein Sinn mehr einstellt. Und man verschriftlicht offensichtlich, um gerade dies zu demonstrieren. Das Thema aller drei Texte ist der Verlust des Sinns, genauer: die Verschriftlichung hat den Zweck, die Sinnlosigkeit der heroischen Welt vor Augen zu führen, und man brauchte ja die heroische Tradition nur schriftlich zu fixieren, um diesen Effekt zu erzielen, vorausgesetzt, daß man zugleich den Eintritt in einen offenen Interpretationsprozeß blockierte. Dies erreichte man, indem man den wahren Sinn erkennen oder zumindest ahnen ließ – und das konnte in einer längst christlichen Welt nur der christliche Sinn sein –, ihn aber unwirksam im Hintergrund hielt.

Das *Hildebrandslied* demonstriert die Sinnlosigkeit der siegreichen Heimkehr des Helden, einer Heimkehr, die keineswegs, wie man gemeint hat, aufgrund eines Wertekonflikts tragisch endet, sondern die deshalb ins Leere führt, weil die Zeit über den Heimkehrer hinweggegangen ist. Hildebrand erkennt, daß sein Sohn, der sich mit seinem Feind arrangiert hat, nur einen toten Vater brauchen kann. Der Sohn ist verloren, die Heimkehr ist verloren, ob der Vater nun siegt oder nicht. Die Rede Hildebrands gipfelt in einer Klage an den *waltant got*

– das kann nur der christliche Gott sein; aber von ihm kommt keine Hilfe.[19]

Der *Beowulf* demonstriert die Sinnlosigkeit der vergangenen heroisch-heidnischen Welt. Er ruft sie herauf, um die Trostlosigkeit und Vergänglichkeit eines menschlichen Lebens vor Augen zu führen, das von der christlichen Erlösungsbotschaft noch nicht berührt ist.[20]

Der *Waltharius* demonstriert die Sinnlosigkeit des Kampfes um einen Schatz; es ist ein Kampf, der, von allem Heroischen entkleidet, seine Motivation nur noch in der *avaritia*, der Geldgier, besitzt. Der Kampf endet damit, daß die drei Kämpen, Gunther, Hagen und Walther, der eine mit nur noch einem Bein, der andere mit nur noch einem Auge und der dritte nur noch mit einem Arm, beim Wein zusammenhocken und über ihre Blessuren witzeln.[21]

Alle drei Texte zielen also, wenn auch in unterschiedlicher Weise, auf dasselbe, nämlich darauf, über den Sinnverlust, den die Verschriftlichung der heroischen Tradition mit sich bringt, die Sinnleere dieser Tradition offenbar zu machen.

Dabei ist auffällig, daß man gleichzeitig gerade das, was die typusspezifische Stilisierung ausmacht, weitgehend abbaut. Das heißt: Man geht durch die zweite Fiktionalisierungsstufe hindurch auf die einfachen narrativen Muster zurück. Das nimmt dem Geschehen die Hochspannung, den Glanz, den provokativen Reiz. Die Handlung wird schematischer, zwanghafter und damit unverständlicher.

So ist es vielleicht doch kein Zufall, daß der überlieferte Text

---

19 Diese politische Interpretation ist von Hugo Kuhn überzeugend in die Debatte gebracht worden: *Hildebrand, Dietrich von Bern und die Nibelungen*, in: H. K., *Text und Theorie. Kleine Schriften II*, Stuttgart 1969, S. 126-140; vgl. auch Walter Haug, *Der Tag der Heimkehr. Zur historischen Logik der Phantasie*, in: W. H., *Strukturen* [Anm. 9], S. 37-50, hier S. 46 f.

20 Zum christlichen Hintergrund des *Beowulf*: Margaret E. Goldsmith, *The Christian Perspective in Beowulf*, in: Comparative Literature 14 (1962), S. 71-90; von See, *Germanische Heldensage* [Anm. 14], S. 160 ff., mit älterer Literatur, die von Goldsmith weitgehend vernachlässigt wird.

21 Siehe Haug, *Andreas Heuslers Heldensagenmodell* [Anm. 9], S. 186 ff.

des *Hildebrandsliedes* gerade jenes Provokationsmotiv ausspart, das für die übrigen Versionen des Vater-Sohn-Kampfes charakteristisch ist und in dem das Moment des heroischen Übergriffs sich darstellt: das Motiv des heimtückischen Schlages.

Auch dem *Beowulf* fehlt das Moment der heroischen Überforderung. Der Held läßt sich zwar auf unerhörte Kämpfe ein, aber nicht aus Maßlosigkeit, sondern aus Not. Das wird im zweiten Teil, beim tödlich endenden Drachenkampf, besonders deutlich: er erscheint geradezu als Opfertat für die Gemeinschaft.

Und entsprechend fehlt dem *Waltharius* jede Spur heroischer Exzessivität. Das Verhalten Gunthers ist Verblendung aus Dummheit und Geldgier, nicht Verblendung aus einer Übersteigerung heraus, die auf einen im Handlungsmuster steckenden Appell antworten würde.

Bei all dem wird man selbstverständlich nicht übersehen dürfen, daß es bei der frühen Verschriftlichung der Heldensage nicht nur um einen kulturpolitisch-strategischen Akt geht, daß es also nicht nur darum geht, diese heroisch-mündliche Tradition zu diffamieren, indem man die Sinnleere ihrer Welt aufdeckt, es wird vielmehr ein tieferes Bemühen deutlich, diese Welt innerlich zu bewältigen. Man öffnet sich bis zu einem gewissen Grad ihrer Abgründigkeit, man spürt noch ihre Macht. Die Welt, die man zurückgelassen hat, ist nicht nur in der mündlichen Tradition noch lebendig, sondern sie scheint auch als ein Bereich in der Tiefe des Bewußtseins noch wirkungsmächtig zu sein. Dies gilt insbesondere für den *Beowulf*.

Nach dieser frühen literarischen Auseinandersetzung mit der mündlich-heroischen Tradition dauert es relativ lange, bis es zu einem erneuten Versuch einer Verschriftlichung kommt. Voraus geht Frankreich, das seine Heldensagen von den Araberkämpfen in Spanien uund Südfrankreich in der *Chanson de Roland* und in der *Chanson de Guillaume* auf das Pergament bringt. Hier geht es nun aber nicht mehr um eine Bewältigung, sondern um eine Indienstnahme der heroischen Tradition. Die Sinnfrage wird dabei dadurch gelöst, daß man die Stoffe einem neuen sinngebenden Schema unterwirft. Man baut sie in die Heilsgeschichte ein, d. h., man läßt die Araberkämpfe transparent werden auf die universale Auseinandersetzung zwischen Christen und Heiden, zwischen Gott und Teufel, und dies natürlich nicht, ohne daß man die zeitgenössischen Kreuzzüge mitgedacht hätte. Das heroische Strukturmuster kann dabei u. U. einfach in das neue Muster einbezogen werden: das Muster des heimtückischen Verrats durch einen Mann aus den eigenen Reihen im *Rolandslied* spiegelt den Judasverrat der Heilsgeschichte. Die deutsche Fassung Konrads schematisiert hierbei bekanntlich sehr viel radikaler als die *Chanson de Roland*.[22]

Was sich hingegen nicht integrieren ließ, war die heroische Stilisierung. Der Paradefall ist die Hornstoßszene in der *Chanson*: Roland weigert sich, angesichts des verräterischen Überfalls sein Horn zu blasen und Karl mit seinem Heer zu Hilfe zu rufen. Das ist ein Akt heroischer Maßlosigkeit, jener Akt, mit dem der Held sich dem Handlungsschema stellt, seine Gesetzlichkeit provoziert und damit möglich macht, daß es greift. Dieser Akt hat im Zusammenhang der heilsgeschichtlichen Überformung keinen Sinn mehr. Doch die *Chanson* läßt die Szene mit ihrem heroischen Gestus uneingeschränkt stehen. Es kommt dadurch zu einem poetischen Freiraum, in dem dieser Akt diskutiert werden kann, diskutiert als Konflikt zwischen *mesure* und *demesure*. Heroisches Verhalten wird damit auf schriftlicher Stufe explizit zum Thema, es bahnt sich eine reflektierte Sinnfindung an, und dies also anhand eines literarischen Typus, dessen Sinn dunkel geworden ist, ja gerade durch die Verschriftlichung dunkel werden mußte. Das ist eine neue Möglichkeit, aber sie bleibt im *Rolandslied* punktuell, sie ist übergriffen vom neuen christlichen Strukturkonzept. Und doch kann man sagen, daß hier autonom-literarischer Boden erschlossen wird, daß sich Freiräume fiktionaler Entfaltung öffnen, die zum übergreifenden Sinn in Spannung stehen können.

---

22 Walter Haug, *Der Teufel und das Böse im mittelalterlichen Roman*, in: W. H., *Strukturen* [Anm. 9], S. 67-85, hier S. 68 ff.

Die *Chanson de Roland* ist ein Musterbeispiel für die Komplexität des Entwicklungsprozesses: Auf der einen Seite sind heroische Kernszenen bewahrt, die aber auf schriftlicher Stufe problematisch werden und in die Reflexion geraten, auf der andern steht die Einbindung in ein neues übergreifendes Strukturmuster, das aber auf der großepischen Ebene nicht mehr alles zu durchdringen vermag. Es ergeben sich Freiräume für Fiktionalität, die nicht mehr nur formaler Natur sind, sondern thematisch genutzt werden.

Der entscheidende Schritt zur völligen literarischen Autonomie erfolgt dann, wenn es dahin kommt, daß man sich fiktional nicht mehr nur in Spielräumen eines vorgegebenen Schemas bewegt, sondern daß man über das Muster selbst verfügt. Diesen epochalen Schritt hat Chrétien de Troyes mit der Erfindung des Artusromans getan. Das Verhältnis zur auch hier vorausgehenden mündlichen Tradition ist ein völlig anderes als bei der heroischen Epik. Wenn die Struktur fiktional gesetzt wird, wird alles, was stofflich vorausliegt, zu einem Steinbruch, aus dem man sich die Materialien für die konkrete Ausgestaltung des Schemas beliebig holen kann.[23]

An der Tatsache, daß mit dem arthurischen Roman erstmals im Mittelalter ein Strukturmuster entworfen worden ist, das fiktional ist und sich auch bewußt fiktional versteht, ist nicht zu zweifeln.[24] Bewußt fiktional heißt auf der einen Seite, daß man sich diese Fiktionalität nicht nebenbei erschleicht, sondern daß man sie offen präsentiert, ja daß der Sinn dieses Romans überhaupt nur erfaßt werden kann, wenn man seinen fiktionalen Charakter erkennt, und d. h. seine fiktionale Konstruktion durchschaut. Wer nicht erkennt, in welcher Weise sich die mehrstufigen Aventürenwege der arthurischen Ritter

23 Walter Haug, *Die Symbolstruktur des höfischen Epos und ihre Auflösung bei Wolfram von Eschenbach*, in: W. H., *Strukturen* [Anm. 9], S. 483-512, Abschn. I, mit der älteren Literatur.

24 Siehe meine Thesen in: *Literaturtheorie* [Anm. 6], S. 104-107, S. 125 ff., und die Auseinandersetzung mit der Kritik, S. 126, Anm. 9.

aufeinander beziehen, wer nicht durchschaut, daß die einzelnen Stationen in Entsprechungen und Kontrasten von einem strukturellen Gesamtkonzept her gesetzt sind und von daher gedeutet werden müssen, der gewinnt keinen Zugang zu diesem neuen literarischen Typus.

Auf der andern Seite heißt bewußte Fiktionalität, daß man auch theoretisch versucht, den neuen Status dieser Literatur zu fassen. Daß das sehr schwierig war und nur partiell gelingen konnte, habe ich anderweitig zu zeigen versucht.[25]

Wie kommt es – wenn man so sagen darf – zu diesem Griff der Fiktionalität nach der Struktur und damit zur Begründung des fiktionalen Romans im strengen Sinn? Man kann den Vorgang natürlich nicht wirklich erklären, da er wie jede echte Innovation letztlich nicht ableitbar ist. Aber man darf wohl folgendes sagen: Der Schritt zur fiktionalen Struktur und ihrer Selbstreflexion lag in der Logik der literarischen Entwicklung. Die narrativen Muster der mündlichen Tradition besaßen, wie dargestellt, eine implizite Fiktionalität, d. h., diese Fiktionalität konnte in einer als historische Wirklichkeit dargebotenen Welt nicht bewußt werden: die Muster trugen die Wahrheit. Die bewußte Fiktionalität war auf den formalen Spielraum der Improvisationskunst eingeschränkt. Der Übergang in die Schriftlichkeit machte es dann unmöglich, diese Muster weiterhin zu erkennen und damit ihre Wahrheit und den Sinn zu erfassen. Im Prinzip bot sich die Möglichkeit an, die Sinnfrage in einem offenen Interpretationsprozeß zu entfalten; doch dazu mußte die Zeit erst reif werden. Oder aber man konnte den Stoff in ein vorgegebenes, schriftlich etabliertes Strukturmuster, dessen Verbindlichkeit unangefochten war, einpassen. Im letzteren Fall entstanden Spielräume für eine fiktionale Entfaltung. Die Widersprüche, zu denen es dabei kommen mußte, drängten dazu, das Problem dadurch zu lösen, daß man den Zugriff auf die Struktur wagte, und das heißt, daß man den Anspruch auf historische Wahrheit zugunsten einer neuen literarischen, einer strukturellen Wahrheit aufgab. Diese fiktionalen Struk-

25 Siehe ebda., Reg. s. v. ›Fiktion, fiktional, Fiktionalität‹.

turmuster können nun nicht mehr eine als historisch aufgefaßte Welt konstituieren, nicht mehr wie die Muster der Heldendichtung sich auf faktische Wirklichkeit beziehen. Die Literatur löst sich von der Lebenswelt. Das Bewußtsein dieser Möglichkeit gipfelt in Hartmanns kühnem Diktum im *Iwein*-Prolog: Er sagt, daß die Zeit des Königs Artus zwar eine vollendete ritterliche Zeit war. Wenn er jedoch die Wahl hätte, damals oder heute zu leben, so würde er die Gegenwart vorziehen; denn damals vollbrachte man zwar große Taten, heute aber haben wir die Erzählungen davon. Das heißt: die literarische Reflexion eines Geschehens ist höher zu bewerten als das Geschehen selbst.[26] Und die Position der Literatur, die darin zum Ausdruck kommt, deckt sich im Prinzip mit jener bei Wolfram von Eschenbach und bei Gottfried von Straßburg. Es geht auch ihnen um die Erfahrungen, die wir beim Hören oder Lesen von Dichtung machen können.[27] Mag man die arthurische Welt für historisch wahr halten oder nicht – man gibt sie immer wieder offensichtlich augenzwinkernd als historisch aus –, entscheidend ist der Prozeß, in den der Rezipient eintritt, ein Prozeß, der existentiell so tief greift, daß Wolfram wie Gottfried die Vervollkommnung des Lebens, wenn nicht gar das Seelenheil davon abhängig machen.

Dieser Anspruch ist unerhört; es ist verständlich, daß man ihn nur für einen kurzen historischen Augenblick durchzuhalten vermochte. Die Spannung, die damit zwischen Literatur und Lebenswirklichkeit aufgebrochen ist, beginnt jedenfalls sogleich in doppelter Richtung zu wirken. Zum einen kommt es zu einer Tendenz, das Leben nach dem Muster des arthurischen Romans zu stilisieren. Man spielt in Artusfesten Romansituationen nach. Diese Imitation wird schließlich so bodenlos fragwürdig, daß sie Parodien auf den Plan ruft. Am Ende der Entwicklung steht der *Don Quijote*.[28] Auf der andern

26 Ebda., S. 119 ff.

27 Ebda., S. 165 ff., 172 f., bzw. S. 219 ff.

28 Walter Haug, *Von der Idealität des arthurischen Festes zur apokalyptischen Orgie in Wittenwilers Ring*, in: Walter Haug und Rainer Warning (Hg.), *Das Fest*, München 1989 (Poetik und Hermeneutik XIV), S. 157-179.

Seite tauchen Zweifel an der Möglichkeit auf, im Rahmen fiktionaler Konstrukte Sinn zu begründen und zu vermitteln. Man beginnt, den fiktionalen Roman an das Wirklichkeitsbild der Zeit heranzuholen, man verengt den Spielraum des Fiktionalen, man versucht neue historische Anbindungen, man experimentiert mit jenen Gegebenheiten, die durch die fiktionalen Konstrukte ausgeklammert worden waren, und man stellt damit das freie Konstruieren in Frage. Das Verhältnis zwischen Welt und Fiktion bleibt jedenfalls in Bewegung.[29]

Aber auch die Fiktionalität selbst zeigt neue Seiten. Das fiktionale Strukturgerüst muß ja mit Materialien imaginativer Art gefüllt werden. Der Spielraum, der damit der Phantasie gewährt wird, erlaubt es ihr, in dem Maße in Phantastik auszuarten, in dem die strukturelle Sinnbindung sich lockert. Es kommt zu Spannungen zwischen der Fiktionalität im Sinne des strukturellen Entwurfs und der Fiktionalität im Sinne des Imaginativen, Spannungen, die zum Zusammenbruch des strukturellen Konzepts führen können. Die fiktionale Freiheit dreht sozusagen durch – eine extreme Möglichkeit, die sich natürlich erst auf schriftlicher Stufe öffnet.[30]

Ein letzter literarhistorischer Schritt: die großepische Verschriftlichung der deutschen Heldensage, die um 1200 beginnt. Sie muß selbstverständlich vor dem Hintergrund der inzwischen entdeckten und mit dem Artusroman nach Deutschland importierten Fiktionalität gesehen werden. Auch für die Nibelungensage gilt, daß die heroischen Schemata, mit denen sie arbeitet, auf schriftlicher Stufe unverständlich werden mußten, und es geschieht auch hier, daß diese Unverständlichkeit zum Thema wird.[31] So weiß man nicht, weshalb Siegfried in Worms

---

29 Vgl. Walter Haug, *Über die Schwierigkeiten des Erzählens in ›nachklassischer‹ Zeit*, in: Walter Haug und Burghart Wachinger (Hg.), *Positionen des Romans im späten Mittelalter*, Tübingen 1991 (Fortuna vitrea 1), S. 338-365, hier S. 341 ff.

30 Ebda., S. 345.

31 Zum folgenden: Walter Haug, *Höfische Idealität und heroische Tradition im Nibelungenlied*, in: W. H., *Strukturen* [Anm. 9], S. 293-307, und *Montage und Individualität im Nibelungenlied*, ebda., S. 326-338.

wie ein wildgewordener Kraftprotz auftritt. Man weiß nicht, weshalb Kriemhild ihre Schwägerin provoziert. Es gibt keinen vernünftigen Grund für die Ermordung Siegfrieds. Das zugrundeliegende heroische Schema ist verdunkelt, und so bemühen sich denn auch die Romanfiguren selbst nach Kräften, es nicht zur Wirkung kommen zu lassen. Und trotzdem setzt es sich am Ende durch. Man lebt zwar in einer nicht mehr heroischen, sondern in einer höfischen Welt, jedenfalls der Idee nach, und ihr gegenüber wird das heroische Konzept sinnlos-undurchsichtig. Aber – so wird gezeigt – die sinnlos gewordene Mechanik des heroischen Schemas greift untergründig immer noch, wenn man auch nicht weiß, weshalb.

Doch dabei bleibt es nicht. Denn inzwischen hat man fiktional zu konstruieren gelernt. Konkret: Der *Nibelungenlied*-Dichter hat den zweiten Teil der Sage, die Sage vom Burgundenuntergang, als Variation des ersten aufgefaßt und dabei das Thema unter neuen Bedingungen nochmals durchgespielt. Das bot sich an, weil beide Teile mit demselben narrativen Schema arbeiten: Zweimal wird Kriemhild mit einem fremden Fürsten verheiratet, zweimal kommt es zu einer verräterischen Einladung, wobei das Moment des Verrates im ersten Teil untergründig, undurchsichtig wirkt, während der Verrat im zweiten Teil konsequent geplant wird. Die Undurchsichtigkeit ist nunmehr Strategie. Das objektive, aber ins Unfaßbare abgedrängte heroische Handlungsmuster von Teil I wird also in Teil II aufgegriffen, aber nun als subjektiv-bewußter Akt. Man kann sagen, es werde in die Figur Kriemhilds hineingenommen. Man begreift somit das objektive Schema als subjektive Möglichkeit, der Zwang des Musters wird zur psychischen Obsession. Die sich im ersten Teil als sinnlos darstellende heroische Vergangenheit aufersteht als Sinnlosigkeit menschlichen Verhaltens. Man sieht sich in ganz neuer Weise überraschend nahe beim *Beowulf*. Man versucht, die heroische Welt zu überwinden; es gelingt nicht, vielmehr erfährt man, indem man sich auf sie einläßt, ihre Sinnlosigkeit am Ende als Macht der eigenen Seele. Das *Nibelungenlied* ist das Gegenstück zum Artusroman, es demonstriert kontrastiv die negative Freiheit der auf schriftlicher Stufe errungenen Fiktionalität.

Karl Stackmann
Neue Philologie?

Das erste Heft vom Jahrgang 1990 des ›Speculum‹ brachte Beiträge zum Thema ›New Philology‹.[1] Gemeint war nicht ›Philologie‹ im allgemeinen, sondern speziell die Mittelalter-Philologie. Sechs Autoren – Vertreter und Vertreterinnen von Anglistik, Romanistik, Geschichtswissenschaft und ›Humanities‹ – erörterten unter verschiedenen Gesichtspunkten Gründe und Möglichkeiten für eine Neuorientierung der Mittelalter-Philologie. Die Abfassung dieser Programmschriften wurde durch die Befürchtung veranlaßt, die mediävistischen Disziplinen könnten in den amerikanischen Universitäten immer weiter an den Rand des Fächerspektrums gedrängt werden. Hinter diesem eher pragmatischen Anlaß wird eine tiefsitzende Besorgnis darüber erkennbar, daß die Mediävistik kaum noch Anteil am aktuellen Dialog in den Geisteswissenschaften und in der daran interessierten Öffentlichkeit hat. Die Autoren suchen den Anschluß durch eine Auseinandersetzung mit gegenwärtig diskutierten erkenntnis- und wissenschaftstheoretischen Positio-

1 *Vorbemerkung:* Da sich mein Beitrag mit sehr allgemeinen Problemen beschäftigt, kann ich weitgehend auf die Verwendung von Fußnoten verzichten. In der Regel dürften die bibliographischen Angaben im Anhang für etwa gewünschte weiterführende Auskünfte genügen. – Sammelhinweise auf Äußerungen der ›New Philology‹ zu den Stichworten, die den vier Abschnitten zugrunde liegen, finden sich in der ersten Fußnote zu dem jeweiligen Abschnitt.
Die einzelnen Abhandlungen sind im Anhang A 1 verzeichnet. – Im Sommer 1991 habe ich mich auf dem Bamberger Kongreß über Probleme der Edition mittelalterlicher deutscher Texte ein erstes Mal zum Thema ›New Philology‹ geäußert. Der Text meines damaligen Vortrags, der zur Ergänzung der hier mitgeteilten Überlegungen herangezogen werden kann, erschien in: Rolf Bergmann und Kurt Gärtner (Hg.), *Methoden und Probleme der Edition mittelalterlicher deutscher Texte*, Tübingen 1993 (Beihefte zur editio 4), S. 1-18.

nen wiederherzustellen. Die ›Postmoderne‹ – dies Wort als Sammelbegriff für Richtungen und Schulen wie Poststrukturalismus, Dekonstruktivismus, ›New Historicism‹ verwendet – ist an vielen Stellen, sei es in Zustimmung, sei es in kritischer Distanzierung, bestimmend für den Gang der Argumentation.[2]

Die ›neue‹ Philologie grenzt sich emphatisch gegenüber der herkömmlichen ›älteren‹ ab. Die Überlegungen, die von ihren Vertretern vorgebracht werden, sind von so großer Bedeutung für das Selbstverständnis aller Mittelalter-Philologien, daß eine breite Diskussion wünschenswert erscheint. Dazu will ich einen Beitrag vom Standpunkt des Germanisten leisten. Dabei werde ich mich in der Thematik beschränken. Nicht alles, was im ›Speculum‹ zur Sprache kommt, kann hier aufgenommen werden. Das ist schon deswegen unnötig, weil einige Grundprobleme – Mündlichkeit, Schriftlichkeit, ihr gegenseitiges Verhältnis; Interdependenz von Literatur und Gesellschaft – in diesem Band an anderer Stelle behandelt sind. Ich will mich auf die Auseinandersetzung der ›neuen‹ mit der traditionellen Philologie konzentrieren, die ich, soweit es mir um den Kontrast zu tun ist, auch als die ›ältere‹ bezeichnen werde.

Meine Absicht macht die Einbeziehung von Bernard Cerquiglinis *Éloge de la variante* erforderlich, einer mit vernichtenden Urteilen über die ›ältere‹ Phiolologie nicht sparenden Schrift vom Jahre 1989. Sie hat die im ›Speculum‹ vertretene Auffassung von der Geschichte der Philologie maßgeblich beeinflußt. Danach hat die Mittelalter-Philologie von den Anfängen in der ersten Hälfte des vorigen Jahrhunderts an ihren Gegenstand unter falschen Kategorien bearbeitet und ihn daher niemals in seiner Eigenart erfaßt. Denn weil sie die besonderen Bedingungen der mittelalterlichen Handschriften-Kultur verkannte, verfuhr sie mit den Texten so, als müsse man sie nach Analogie der für Verbreitung durch den Buchdruck bestimmten Texte aus der eigenen Gegenwart behandeln. Schuld

2 Vgl. Nichols, S. 7. – Fleischman, S. 19, 25, 27, 29, 37. – Spiegel, S. 59 f., 62 f., 66 ff., 76 f., 83, 85. – Patterson, S. 87 ff., 103 f.

an diesem Mißgriff war die von Lachmann inaugurierte ›preußische‹ Philologie, von deren Prestige sich selbst so erlauchte französische Gelehrte wie Gaston Paris oder Joseph Bédier blenden ließen. Die Wende, die in der ›New Philology‹ manifest wird, bahnte sich nach dem Zweiten Weltkrieg an. Erst damals, so die aufs äußerste zugespitzte These R. Howard Blochs, begann die Enwicklung in die Bahnen zurückzulenken, die Giambattista Vico in der ersten Hälfte des 18. Jahrhunderts gewiesen hatte. So gesehen ist dann die ›neue‹ Philologie eigentlich die ›alte‹![3]

Wenden wir uns nun dem Anliegen der ›neuen‹ Philologie im einzelnen zu. Es ist zu fragen, was sie an der ›älteren‹ auszusetzen hat. Die Schlüsselrolle kommt in diesem Zusammenhang dem Vorwurf zu, die traditionelle Philologie habe zu Unrecht die Kategorien *›Autor‹* und *›Werk‹* auf volkssprachliche Texte aus dem Mittelalter angewandt. Diese Kritik führt zu einer veränderten Sicht auf die *Handschriften* und die *Sprache* mittelalterlicher Texte und schließlich dann zu neuen Anforderungen an die *Edition* dieser Texte.

Damit sind die Stichworte genannt, nach denen ich meine Darstellung gliedern werde. Sie wird, dem generellen Thema entsprechend, bei recht allgemeinen Feststellungen stehen bleiben müssen. Für Differenzierungen oder gar ein Eingehen auf spezielle Einzelheiten ist hier nicht der Ort. Ich werde bei weitem nicht alles, was für mein Thema einschlägig ist, zur Sprache bringen können, ich werde auch nicht umhin können, geläufige Argumente und bekannte Beispiele zu wiederholen. Denn was ich zu vertreten habe, ist weitgehend Allgemeinbesitz der Älteren Germanistik.

3 Bloch pass., spez. S. 38-41. – Vgl. auch Cerquiglini, S. 73-101.

1. *›Autor‹, ›Werk‹*

Die Vertreter der ›neuen‹ Philologie gehen davon aus, daß der Autor als jemand, der Eigentumsrechte an dem von ihm produzierten Text zu beanspruchen hat, erst am Ende einer langen Entwicklung, mit der gesetzlichen Regelung des Urheberrechts am Ende des 18. Jahrhunderts, in Erscheinung tritt.[4] Die Mittelalter-Philologie des 19. Jahrhunderts beging nach Auffassung der ›neuen‹ Philologie ihren grundlegenden Fehler damit, daß sie den modernen Autor-Begriff ungeprüft auf mittelalterliche Verhältnisse übertrug. Die überlieferten Texte wurden lediglich daraufhin angesehen, wieviel sie vom Werk des Autors bewahrt hatten und welchen Beitrag sie zu dessen Wiedergewinnung leisten konnten. Die Rekonstruktion des jeweils dem Autorwillen entsprechenden Textes wurde zum beherrschenden Problem der Mittelalter-Philologie, alle weitergehende Beschäftigung mit mittelalterlicher Sprache und Literatur nahm von den Ergebnissen der Rekonstruktionsversuche ihren Ausgang.

Diesem vertrauten, nur allzu vertrauten Bild setzt die ›neue‹ Philologie ein anderes entgegen, das deutlich den Einfluß von postmodernen Einwänden gegen Grundanschauungen der hergebrachten Literaturtheorie und Literaturgeschichtsschreibung verrät. Sie insistiert darauf, daß alles, was die Überlieferung zu erkennen gibt, gegen die Meinung spricht, der mittelalterliche Autor habe sich seinem ›Werk‹ gegenüber in dem gleichen Verhältnis gesehen wie sein moderner Nachfahr. Vielmehr lege die Überlieferung die Ansicht nahe, der jeweilige Text habe als frei verfügbar gegolten, jedermann habe sich ihn aneignen und seine eigene Fassung herstellen können, diese Fassungen seien daher untereinander als gleichberechtigt anzusehen, das ›Original‹ dagegen ein Phantom, dem nachzuja-

4 Sammelhinweis auf Äußerungen der ›New Philology‹: Cerquiglini, pass., spez. S. 17-29 (S. 25: »l'auteur n'est pas une idée médiévale«); S. 50 ff., 57. – Nichols, S. 6 f. – Wenzel, S. 14. – Fleischman, S. 25 ff. – Spiegel, S. 61 f.

gen sich nicht lohne, weil das Mittelalter selbst ihm keinerlei Interesse entgegengebracht habe.

Man kann nicht bestreiten, daß – schaut man lediglich auf das Grundsätzliche – vieles für die Richtigkeit der von der ›neuen‹ Philologie eingenommenen Position spricht. Man braucht nur an die Anonymität vieler Texte zu denken, an die Selbstverständlichkeit, mit der französische ›Originale‹ im Deutschen nachgebildet wurden, auch an die oftmals erhebliche Varianz zwischen den Fassungen eines und desselben Textes, um das einzusehen.

Diese Tatsachen sind so offensichtlich, daß man sich wundern müßte, wenn nicht auch auf dem Boden der traditionellen Philologie Zweifel an der Tauglichkeit des ›Autor‹-›Werk‹-Modells aufgekommen wären. Es fehlt denn in der modernen Germanistik auch nicht an Beispielen für eine Abkehr von solchem Denken. Namentlich auf dem Gebiet der Lyrik-Überlieferung mußte es nach der Übersteigerung des Authentizitäts-Prinzips fast zwangsläufig zu einer Abkehr von traditionellen Einstellungen kommen. Helmut Tervooren hat sie in seinen *Reinmar-Studien* auf behutsame Weise für einen der bedeutendsten unter den frühen Minnesängern eingeleitet und dabei auch auf die Verdienste Günther Schweikles um die Revision überholter Vorstellungen hingewiesen.[5] Jens Haustein wird in einer für die nächste Zeit angekündigten Studie am Beispiel des Marners zeigen, daß auf dem Gebiet der Sangspruchdichtung eine generelle Revision hergebrachter, einseitig auf Autor und Echtheitsprobleme bezogenen Betrachtungsweise angezeigt ist.[6] Der Einspruch der ›neuen‹ Philologie sollte den Prozeß des Umdenkens überall beschleunigen, wo die Erörterung von Echtheits-Problemen in eine Sackgasse geführt hat. Er sollte im übrigen ganz generell eine Warnung davor sein, aus dem Konstrukt ›Autorpersönlichkeit‹ zu weitgehende interpretatorische Schlüsse zu ziehen. Man trübt sich damit möglicherweise nur den Blick für das Wesentliche.

---

5 Zu Schweikle: Tervooren, S. 17-21. – Eine Zusammenstellung der hierher gehörigen Arbeiten Schweikles bei Bumke, S. 286, Anm. 104.

6 Jens Haustein, *Marner-Studien*, Göttinger Habilitationsschrift von 1992.

So sind also die Meinungen von ›neuer‹ und ›älterer‹ Philologie in diesem Punkt nicht sehr weit auseinander. Eine extreme Konsequenz allerdings, die in der Kritik der ›neuen‹ Philologie am Autor-Begriff angelegt ist, wird die traditionelle Philologie vermutlich nicht übernehmen. Sie wird auf die Größe ›Autor‹ nicht gänzlich verzichten, und sie kann dafür auch gute Gründe anführen. Hier könnte ich es mir bequem machen und zur Rechtfertigung einfach auf Burghart Wachingers großangelegte Studie über *Autorschaft und Überlieferung* verweisen. Wegen der Wichtigkeit des Gegenstandes will ich aber doch einige Gründe, wenn auch ziemlich summarisch, zusammenstellen. Es fehlt durchaus nicht an Zeugnissen dafür, daß man im Mittelalter einen entwickelten Sinn für die Rolle des Autors haben konnte.[7] Ich erinnere etwa an das dankbare Andenken, das die höfischen Dichter ihrem Ahnherren Heinrich von Veldeke bewahrten, überhaupt an die Bedeutung, die sie der Bekanntschaft mit den wichtigeren Autoren der heimischen Literatur und ihrer Werke beimaßen. Die Literaturkataloge in den höfischen Romanen, die mannigfachen Bezugnahmen auf Vorgänger oder mitlebende Kunstgenossen in der mittelhochdeutschen Dichtung belegen das zur Genüge. Auch die Literaturfehden – mögen sie nun tatsächlich ausgetragen worden sein oder auf einer literarischen Fiktion beruhen – sind hier zu erwähnen. Weiter verweise ich auf die Selbstnennung von Autoren in ihren Werken, die jedenfalls doch darauf schließen lassen, daß ihnen an einer Verbreitung ihres Namens zusammen mit ihrem Werk gelegen war. Ein besonders hübsches Beispiel bietet Heinrich von Neustadt. Am Schluß seiner Nachdichtung des *Apollonius*-Romans nennt er nicht nur seinen Namen, sondern gleich auch noch seinen bürgerlichen Beruf und seine Adresse: *Wer ditz puch gedichtet hat? / Das sag ich euch […] / […] / Maister Hainrich von der Neun stat [Wiener Neustadt], / Ain artzt von den püchen. / Wil in yemand suchen: / Er ist*

7 Zum folgenden vgl. die reichhaltige Textsammlung Günther Schweikles, *Dichter über Dichter in mittelhochdeutscher Literatur*, Tübingen 1970 (Deutsche Texte 12).

gesessen an dem graben (V. 20600 ff.). Es gibt schließlich sogar einzelne Belege dafür, daß sich ein Autor um die Reinschrift seines ›Werks‹ gekümmert hat. Das gilt jedenfalls, auch wenn die Einzelheiten unklar bleiben, für Hugo von Montfort und Oswald von Wolkenstein. Von Michel Beheim besitzen wir etliche Handschriften, die als Autographen gelten, auch eine von ihm selbst durchkorrigierte Handschrift. Wer diese Beispiele zurückweist, weil es sich hier um Autoren handelt, die schon frühneuzeitliche Züge aufweisen, wird aber doch ein anderes akzeptieren müssen: das *Evangelienbuch* Ottfrids ist in einem Codex überliefert, den der Autor nicht nur eigenhändig durchkorrigiert, sondern in den er auch, wie wir durch Wolfgang Kleiber wissen, 116 Zeilen eigenhändig eingetragen hat. Im übrigen ist das *Evangelienbuch* auch ein Zeugnis für ein sehr ausgeprägtes Selbstbewußtsein des Autors. Es kommt im Approbationsschreiben an Erzbischof Liutbert ebenso zum Ausdruck wie in den verschiedenen Widmungsgedichten.[8]

Es mag sich in gar nicht wenigen Fällen ähnlich verhalten haben, denn es ist schwer vorstellbar, daß ein Autor mit künstlerischem Ehrgeiz, wenn er denn schon nicht selbst schrieb oder schreiben konnte, nicht wenigstens um eine sorgfältige Anfertigung seines Manuskripts bemüht war. Hat er es einmal aus der Hand gegeben, dann allerdings, darauf weist die ›neue‹ Philologie mit Recht hin, konnte er auf sein weiteres Schicksal keinen Einfluß mehr nehmen. Insofern ist die Warnung vor einer Überschätzung des Originals gegenüber seinen Abkömmlingen sicherlich berechtigt. Und noch in einem weiteren Punkt ist der ›neuen‹ Philologie zuzustimmen: Es ist in keiner Weise ausgemacht, daß volkssprachliche Autoren des Mittelalters ihre ›Werke‹ stets in einer als abgeschlossen anzusehenden, sozusagen ›letztwilligen‹ Fassung in den Umlauf unter dem interessierten Publikum gelangen ließen. Vielmehr ist es durchaus

8 Hugo von Montfort: VL IV, Sp. 243-51 (B. Wachinger). – Oswald von Wolkenstein: VL VII, Sp. 134-69 (B. Wachinger). – Michel Beheim: VL I, Sp. 672-80 (U. Müller). – Otfrid: VL VII, Sp. 172-93 (W. Schröder).

nicht unwahrscheinlich, daß es Texte gab, die in den Augen ihrer Urheber ›offen‹, d. h. frei für eine Umformung waren und daß die Autoren u. U. auch selbst Anteil an dem Umformungsprozeß hatten.

2. *Handschriften*

Wenn die verschiedenen Fassungen eines Textes untereinander prinzipiell gleichwertig sind, ändert sich die Einstellung zu den Handschriften.[9] Ihnen kommt ein ganz anderer Eigenwert zu, als wenn man sie nur als Hilfsmittel verwendet, um nach der ›Lachmannschen‹ Methode einen ihnen voraufliegenden älteren und besseren Text zu rekonstruieren. Es ist daher begreiflich, daß Suzanne Fleischman unter Berufung auf Cerquiglini und Stephen G. Nichols als angemessenes ›postmodernes‹ Verhalten die Rückwendung zu den Handschriften postuliert (S. 25).

Die heutige Mittelalter-Germanistik wird der Forderung nach Aufwertung der Handschriften gewiß nicht widersprechen. Sie hat längst vor der Postmoderne die Bedeutung der Handschriftenstudien für die Sicherung ihrer Grundlagen erkannt. Die zahlreichen nach dem Kriege erschienenen Handschriftenkataloge[10], die im Erscheinen begriffene Paläographie der gotischen Schriftarten von Karin Schneider, die überlieferungsgeschichtlich orientierten Arbeiten Kurt Ruhs und seiner Schüler, um nur wenige Beispiele anzuführen, sind dafür Beweis genug.

Für den Germanisten ist es selbstverständlich, daß – wie von Cerquiglini gefordert – die Sammelhandschriften als ganze, mit allen darin vereinigten Texten, zum Gegenstand von Untersuchungen gemacht werden. Die großen Sammelhandschriften, in denen wesentliche Teile der frühmittelhoch-

9 Sammelhinweis auf Äußerungen der ›New Philology‹: Cerquiglini, S. 18-24, 27, 43-54, 65, 101. – Nichols, S. 4, 7 f. (S. 8 Bezugnahme auf Lacan). – Wenzel, S. 14 f. – Spiegel, S. 84 f.

10 Einen Überblick über die bis zum Anfang der 80er Jahre erschienenen Bände kann man sich verschaffen durch: Katalog der Handbibliothek der Bayerischen Staatsbibliothek, 8 Bde., Wiesbaden 1981-83.

deutschen Literatur überliefert sind, vor allem auch die Liederhandschriften des 13., 14. und 15. Jahrhunderts, haben stets als solche, unabhängig von ihrem Wert für die Überlieferung einzelner Texte, das Interesse der Forschung gefunden. Dabei sind in der Nachkriegszeit wichtige Fortschritte erzielt worden. Ich erwähne beispielsweise die Kolmarer Handschrift, eine Mammutsammlung, vorzugsweise von Strophen der Sangspruch- und meisterlichen Lieddichtung, aus dem dritten Viertel des 15. Jahrhunderts. Sie wurde, weil sie wenig zur Überlieferung ›klassischer‹ Texte beiträgt, in den ersten hundert Jahren nach ihrem Wiederauftauchen nur wenig beachtet. Abgesehen davon, daß Bartsch ein ziemlich oberflächlich gearbeitetes Inventar mit einem Textanhang, Runge eine Ausgabe der Melodien publizierte, sah man die Handschrift nur ein, soweit sie Text- oder Melodie-Überlieferung für einzelne Autoren zu bieten hatte. Das änderte sich erst mit der Dissertation Gensekes (1954), dem Erscheinen der Ausgabe der Sangspruchstrophen Heinrichs von Mügeln (1959) und der Abhandlung des Musikwissenschaftlers Heinrich Husmann (1959). Seither ist durch eine ganze Reihe von Beiträgen weitgehende Klarheit über den kodikologischen Aufbau und die daraus zu erschließende Funktion der Handschrift geschaffen. Wir können heute mit plausiblen Gründen Nestler von Speyer als Initiator der Sammlung und Mitwirkenden bei der Anfertigung der Handschrift benennen. Wir haben eine klare Vorstellung von ihrer Bedeutung für die Überlieferung von Tönen und Melodien der Sangspruchdichtung und der an sie anschließenden meisterlichen Dichtung. Uns erscheint ihr Programm als – bezogen auf die literarische Situation der Entstehungszeit – konservativ.[11] Wir kennen ihre Bedeutung für die Meistersinger des 16. Jahrhunderts, unter denen sie als eine Art kostbarer Reliquie, die das Alter der Kunst beglaubigte, weithin Verehrung genoß. Schließlich können wir ihre Geschichte

11 Horst Brunner, *Die alten Meister. Studien zur Überlieferung und Rezeption der mittelhochdeutschen Sangspruchdichter im Spätmittelalter und in der frühen Neuzeit*, München 1975 (MTU 54), S. 163-171; spez. S. 170.

in großen Zügen bis in die Wirren der Französischen Revolution und darüber hinaus verfolgen.[12]

Auch weniger prominente Codices, reine Gebrauchshandschriften, finden in steigendem Maße die Aufmerksamkeit der Forschung. Ein vorzügliches Beispiel bietet die Arbeit von Christine Wulf über eine spätmittelalterliche Nürnberger Bibelhandschrift. Es handelt sich um eine Teilbibel mit drei Büchern des Alten Testaments; der Text beruht auf demjenigen der ersten gedruckten Bibel in deutscher Sprache. Der Redaktor hat sich bemüht, Laien ohne Lateinkenntnisse durch alle möglichen textlichen Beigaben an eine Lektüre der Bibel heranzuführen. Die Handschrift dürfte ihren Zweck nur teilweise erfüllt haben, dafür waren die Schwierigkeiten, die sich dem Unternehmen entgegenstellten, zu groß. Das zeigt Christine Wulf mit einleuchtender Begründung. Sie kann im übrigen durch vergleichende Studien über Einrichtungstypen und daraus ableitbare Benutzerinteressen den genaueren Platz der Handschrift in der volkssprachlichen Bibelüberlieferung aus dem späten Mittelalter bestimmen.

Unter den Vertretern der ›New Philology‹ fordert Siegfried Wenzel sehr nachdrücklich, daß bei der Untersuchung mittelalterlicher Handschriften die Einrichtung für die Interessen der potentiellen Benutzer, also das ›Beiwerk‹, genügend berücksichtigt wird. Derartige Studien werden wichtige Aufschlüsse über die jeweilige Gebrauchssituation liefern, dies zumal dann, wenn auch Benutzerspuren einbezogen werden. Ein fruchtbares Feld für solche Studien bieten aus der Übergangszeit vom Handschriftenwesen zum Buchdruck die ersten mit der Druckerpresse hergestellten deutschen Bibeln, die Mentel-, die Eggestein- und die Pflanzmann-Bibel.[13] Alle drei sind ohne Kolumnentitel, Kapitelzählung und Rubriken gedruckt worden. Dieses Beiwerk mußte von dem Erwerber bei einem Rubrikator in Auftrag gegeben oder von ihm selbst angefertigt werden. Dabei konnte die deutsche, aber auch die lateinische

12 Artikel *Kolmarer Liederhandschrift*, in: VL V, Sp. 27-39 (B. Wachinger).
13 Artikel *Oberdeutsche Bibeldrucke*, in: VL VI, Sp. 1276-90 (H. Reinitzer).

Sprache Verwendung finden. Die Wahl der Sprache verrät einiges über die Interessen des Auftraggebers. Das gleiche gilt für die Sprache von Benutzer-Eintragungen. Die Wahl ist keineswegs immer auf das Deutsche gefallen. Lateinisches Beiwerk, aber auch lateinische Randnotizen, sind nicht so selten, wie man zunächst denken sollte. Man wird daraus schließen dürfen, daß das betreffende Exemplar von einem Lateinkundigen als Hilfsmittel, sei es allgemein zur Bibellektüre, sei es auch speziell zu Predigtzwecken oder für die Erledigung katechetischer Aufgaben verwendet wurde.[14]

Wichtigstes Beiwerk sind die Miniaturen in einer Handschrift. Sie sollten, so die Forderung von Nichols, nicht nur in ihrer dienenden Funktion gegenüber dem Text untersucht werden, sondern auch als eine Folge visueller Signale eigenen Rechts, die vom Rezipierenden eine vom Lesevorgang ganz verschiedene Art der Aufnahme und Interpretation verlangen. Auch wenn man sich die Lacansche Prämisse dieser Forderung nicht zu eigen macht, wird man ihr doch prinzipiell recht geben. Sie sollte bei der Beschäftigung mit illuminierten Handschriften nicht vernachlässigt werden. Das Interesse an diesen Handschriften ist bemerkenswert groß. Die in der Nachkriegszeit namentlich durch Wolfgang Stammler und Frederick P. Pickering kräftig angeregte Forschung kann beachtliche Erfolge verbuchen. Besonders hervorzuheben sind die Arbeiten Friedrich Ohlys und seiner Schüler.[15] – Eine Gesamtübersicht über die erhaltenen Exemplare gibt der *Katalog deutschsprachiger illustrierter Handschriften des Mittelalters*, der nach dem frühen Tod der ersten Bearbeiterin, Hella Frühmorgen-Voss, von Norbert H. Ott redigiert wird und zu erscheinen begonnen hat.

Als eine neue Arbeit, die dem Eigenrecht der Illuminierung gegenüber dem Text in vollem Umfang Rechnung trägt, er-

---

14 Vgl. dazu Karl Stackmann, *Die Bedeutung des Beiwerks für die Bestimmung der Gebrauchssituation vorlutherischer deutscher Bibeln*, in: Wolfgang Milde und Werner Schuder (Hg.), *De captu lectoris*, Berlin 1988, S. 273-88.

15 Einen guten Einblick gewährt ein Friedrich Ohly gewidmeter Sammelband: Christel Meier und Uwe Ruberg (Hg.), *Text und Bild*, Wiesbaden 1980.

wähne ich die Untersuchungen Hans Blosens über die Illustrationen des ›Kopenhagener‹ und des ›Berliner‹ Weltgerichtsspiels. Er hat darüber bereits 1991 auf dem Bamberger Editoren-Kongress berichtet und bereitet eine Monographie vor. Darin zeigt er, daß die Miniaturen eine gegenüber dem Text teilweise selbständige Funktion haben. Denn sie können an die Stelle einer Rubrik treten. In ihrem Kernbestand gehen sie auf eine beiden Handschriften gemeinsame Vorlage zurück, werden aber jeweils durch eigene Erweiterungen ergänzt. Von besonderem Interesse ist die in Augsburg angefertigte Berliner Handschrift. Redaktor und zugleich Schreiber war Konrad Bollstatter.[16] Der von ihm herangezogene Illuminator überarbeitete die Illustrationen unter Verwendung von Vorlagen aus dem zeitgenössischen Augsburger Buchholzschnitt, und zwar unter Aufnahme von Motiven, die im Text keine oder nur eine ganz nebensächliche Rolle spielen. Der Fall ist lehrreich, er unterstreicht, was auch aus anderen Studien hervorgeht: Die Miniatur gibt dem Betrachter eine Anweisung, wie er das Gelesene mit Anschauung zu unterlegen hat, sie folgt dabei aber den Traditionen und Möglichkeiten des eigenen Mediums, der Bildkunst, und liefert damit zugleich auch eine eigene Interpretation des Inhalts. Die Differenz muß in all ihren Konsequenzen für die Beurteilung des Rezeptionsvorgangs bedacht und darf nicht etwa unter Vernachlässigung des autonomen Anteils der Bildseite eingeebnet werden.[17]

3. *Sprache*

Erhebliches Gewicht wird in den Überlegungen der ›neuen‹ Philologie einer Erneuerung der Sprachstudien beigemessen.[18]

---

16 VL I, Sp. 931-33 (Karin Schneider).

17 Ich danke Hans Blosen dafür, daß er mir das Typoskript des Vortrags sowie die fertigen Teile seines Buches zur Einsichtnahme überlassen hat.

18 Sammelhinweise auf Äußerungen der ›New Philology‹: Cerquiglini, S. 87 ff., 108 ff. – Fleischman, pass. – Spiegel, S. 60 ff., 69 ff., 77 f.

Die Notwendigkeit gerade dieses Appells kann nicht nachdrücklich genug betont werden. In der Älteren Germanistik, soweit sie nicht mit Texten der althochdeutschen Zeit befaßt ist, sind sprachhistorisch-grammatische Studien weit, allzu weit in den Hintergrund getreten. Der Herausgeber eines kürzlich erschienenen Sonderheftes der ›Zeitschrift für deutsche Philologie‹ über Probleme der mittelhochdeutschen Grammatik hat das in seinem einleitenden Beitrag mit Recht hervorgehoben.[19] In den letzten Jahrzehnten ist ein bedenkliches Übergewicht der literar- und sozialhistorischen Interessen entstanden. Es muß auf die Dauer gefährlich werden für eine Philologie, die sich nicht selbst aufgeben will. Denn ihre erste Aufgabe ist nun einmal die grammatische Interpretation der Texte. So will es das Boeckhsche Viererschema, dem der Philologe auch heute noch den Kanon seiner Aufgaben entnehmen kann.[20]

Wenn die ›neue‹ Philologie eine Wiederaufnahme sprachlicher Untersuchungen empfiehlt, denkt sie nicht an eine Weiterführung der aus dem vorigen Jahrhundert bis in unsere Zeit nachwirkenden junggrammatischen Tradition. Sie verwirft die traditionelle Grammatik aus prinzipiellen Gründen. Denn die Grammatiker haben das gerade nicht getan, was sie nach den Erwartungen der ›neuen‹ Philologie hätten tun sollen: sie haben die Varianz der sprachlichen Erscheinungen in den Handschriften nicht gebührend berücksichtigt, sondern sie weitgehend hinter dem Konstrukt einer daraus abstrahierten sprachlichen Norm verschwinden lassen.

Gefordert wird eine Grammatik, die nicht etwas Statisches, eine in den tatsächlich überlieferten Texten nur unvollkommen anzutreffende Norm, darstellt, sondern eine Grammatik, die anhand der Beobachtung wiederkehrenden Sprachgebrauchs in diesen Texten die Herausbildung einer Norm verfolgt.

---

19 Klaus-Peter Wegera, *Vorwort* zu *Mittelhochdeutsche Grammatik*, hg. v. Klaus-Peter Wegera, in: ZfdPh 110 (1991), Sonderheft, S. 1 f.

20 August Boeckh, *Encyklopädie und Methodologie der philologischen Wissenschaften*, hg. v. Ernst Bratuscheck, Leipzig ²1886, S. 79-168: Grammatische – historische – individuelle – generische Interpretation.

Der einzelne Text mit seiner Einbettung in eine konkrete Situation soll Gegenstand des wissenschaftlichen Interesses sein. Ihr Hauptbetätigungsfeld wird solche von Textlinguistik und Sprechakttheorie inspirierte Sprachforschung auf dem Gebiet der Syntax finden. Auch dieser Impuls, der von der ›neuen‹ Philologie ausgeht, ist zu begrüßen. Denn um die Forschung auf dem Gebiet der mittelhochdeutschen Syntax ist es besonders schlecht bestellt. Zwar ist bei der kürzlich erschienenen Neuauflage der *Mittelhochdeutschen Grammatik* der Syntaxteil überarbeitet und in der Darstellung erheblich verbessert worden. Dennoch bleiben, wie erste Reaktionen zeigen, im einzelnen noch viele Wünsche offen.[21] Ein ungelöstes Problem stellt insbesondere die einseitige Bevorzugung von Belegmaterial aus der Versdichtung der klassischen Zeit dar, die aus der bis ins vorherige Jahrhundert zurückreichenden Vorgeschichte der Grammatik zu erklären ist. Vor allem ist die Prosa nur ungenügend berücksichigt; auch die situationsbedingte Sprachverwendung findet nicht die erforderliche Beachtung.

Bis zur Ersetzung der alten durch eine neue Gesamtdarstellung der mittelhochdeutschen Syntax dürfte es gute Weile haben. Zunächst bedarf es, wie Siegfried Grosse, der für die Neubearbeitung der Syntax verantwortlich zeichnet, bemerkt, umfangreicher Einzelstudien.[22] Sie kommen allmählich in Gang.

Es fehlt in der Germanistik zwar nicht völlig an kommunikationstheoretischen und textlinguistischen Arbeiten über mittelalterliche Texte. Die Zahl ist aber noch recht gering. Als Versuch einer Übertragung von Gesichtspunkten der Sprechakttheorie auf ältere deutsche Texte ist etwa die Zürcher Habilitationsschrift von Alexander Schwarz über die *Liebeserklärungen in mittelalterlichen und modernen Tristan-Dichtungen* zu nennen. Sie läßt bei allen Verdiensten, die einer solchen Pilot-

21 Hermann Paul, *Mittelhochdeutsche Grammatik*, bearb. v. Peter Wiehl und Siegfried Grosse, Tübingen [23]1989. – Vgl. dazu Ernst Dittmer, in: Sprachwissenschaft 17 (1992), S. 222-33. – Kurt Gärtner, in: ZDL 60 (1993), S. 47-66.
22 S. Grosse [Anm. 21], S. 285 f.

studie zukommen, doch vor allem erkennen, daß es weiterer Experimente bedarf, ehe über die generelle Fruchtbarkeit eines solchen Ansatzes im Rahmen einer Mittelalter-Philologie entschieden werden kann.

Sicherer kann man über den Nutzen textlinguistischer Untersuchungen urteilen. Ein Beispiel liefert die Dissertation Burkhard Hasebrinks über die deutschen Predigten Meister Eckharts. Er hat die dort vorgetragenen Überlegungen kürzlich in einer Studie zur Predigt Q 12 Meister Eckharts aufgenommen und weitergeführt. Durch eine Analyse von propositionalem Gehalt und illokutiver Funktion dieser Predigt begründet er darin die These, daß nicht die viel berufene Sprachnot das Verhältnis Eckharts zur Sprache prägt, sondern die Bemühung »um die textuelle Umsetzung der Perspektivität seiner Einheitslehre« (S. 168). Der methodische Gewinn von solchen Arbeiten auf der Schnittstelle zwischen Sprach- und Literaturwissenschaft wird, wie das Beispiel zeigt, beträchtlich sein.

4. *Edition*

Zwei Grundannahmen der ›neuen‹ Philologie, die uns im ersten Abschnitt beschäftigt haben, sind hier weiter zu diskutieren[23]:

1. Die Frage nach dem Autor und einer von ihm etwa gewollten oder gar autorisierten Textfassung ist sinnlos, weil mit der mittelalterlichen Wirklichkeit nicht vereinbar.
2. Alle handschriftlichen Aufzeichnungen eines Textes sind untereinander gleichwertig.

Es liegt auf der Hand, daß sich aus den beiden axiomatischen Festlegungen weitreichende Forderungen nach Veränderungen in der Editionspraxis ergeben. Die *erste* Annahme zieht bei mehrfach überlieferten Texten den vollständigen Verzicht auf

23 Sammelhinweis auf Äußerungen der ›New Philology‹: Cerquiglini, pass., spez. S. 43 ff., 62-69, 74 ff., 84 ff., 94 ff., 105 ff. – Nichols, S. 2. – Wenzel, S. 13 f. – Fleischman, S. 24 ff.

jedwedes rekonstruierende Verfahren nach sich. Dem möchte ich in Anknüpfung an das bereits im ersten Abschnitt Ausgeführte entgegenhalten, daß zu so weitgehender Resignation kein Anlaß besteht, und zwar auch dann nicht, wenn man die Bedingungen in Rechnung stellt, unter denen im Mittelalter Texte produziert und distribuiert wurden. Wer nach dem Autortext eines in der Volkssprache abgefaßten Werks aus dem Mittelalter fragt, verfälscht damit noch nicht die historische Wahrheit. Er muß nur beachten, daß die Bindung der Überlieferung an den vom Autor herrührenden Text sehr verschieden sein kann. Die Spannweite der Möglichkeiten ist groß, sie kann hier nur gerade angedeutet werden. Der Zusammenhang ist vergleichsweise gering, wenn der Rezipient den Ausgangstext nach seinen eigenen Intentionen umgestaltet. Beispiele dafür liefern etwa die jüngeren Fassungen des *Reinhart Fuchs* oder der *Driu liet* des Priesters Wernher. Die alten Fragmente der *Driu liet* zeigen zugleich aber, daß in der Überlieferung eines und desselben Gedichtes auch die treue Bewahrung des Ausgangstextes vorkommen kann.

Eine enge Bindung an den Ausgangstext erwartet man natürlich vor allem bei der Überlieferung von Autoren, die zu ihrer Zeit in besonderem Ansehen standen. Bestätigt wird diese Erwartung im Fall des Wolframschen *Willehalm*. Auch aus Minnesang und Sangspruchdichtung gibt es Beispiele, zu nennen sind etwa Teile der Überlieferung von Strophen Heinrichs von Morungen, Reinmars des Alten oder auch Walthers von der Vogelweide. Daneben treten aber auch mehr oder weniger stark abweichende Fassungen auf. Sie müssen nicht unbedingt auf fremde Bearbeiter zurückgehen, sondern können – wie überall, wo der zeitliche Abstand zwischen den auftretenden Fassungen nicht genau zu bestimmen ist – auch vom Autor selbst herrühren.

Kurz und gut, es gibt eine breite Skala von Möglichkeiten, wie ein Autortext von den Rezipienten aufgenommen und weitergegeben werden konnte. Sie reicht von relativ genauer Wiedergabe bis zur Herstellung weitgehend selbständiger Fassungen. Der Editor kann sich also zwar vornehmen, mit seiner

Edition dem Autortext nahezukommen, wird sich damit aber abfinden müssen, daß er sein Ziel nur mit mehr oder weniger großen Abstrichen zu erreichen vermag. Auf jeden Fall muß er die nach Lachmann benannte, von der ›neuen‹ Philologie mit einem Verdikt belegte Methode verabschieden. Sie beruht auf der Theorie zu einem sehr speziellen Fall, abgekürzt gesagt, auf dem Fall einer Überlieferung, die von einem festen, mit dem Original identischen oder ihm zumindest sehr ähnlichen Archetypus ausgeht, ausschließlich vertikal verläuft, mit Hilfe von Fehlern geordnet werden kann und nicht durch willkürliche Eingriffe von Bearbeitern gestört ist. Dieser Fall ist bei Texten aus dem deutschen Mittelalter nirgends gegeben.[24]

Heute sind zwei Verfahren im Gebrauch, die der verbesserten Einsicht in die Rahmenbedingungen für die Edition mittelalterlicher Texte angepaßt sind. In dem einfacheren Fall zeigt die Recensio, daß man mit der Annahme arbeiten darf, die Überlieferung repräsentiere eine einzige Fassung des Textes. Dann kann die Ausgabe nach dem Leithandschriftenprinzip angefertigt werden. Grundlage ist eine einzige Handschrift. Soweit um des Zieles der Ausgabe willen – Annäherung an den Ausgangstext – Abweichungen nötig sind, werden sie graphisch gekennzeichnet. Der Benutzer kann daher eine etwaige Textmischung jederzeit für sich rückgängig machen und sich ein Urteil über ihre Berechtigung bilden. Ein Beispiel für diesen Typus bildet die Ausgabe der Sangspruchstrophen Heinrichs von Mügeln vom Jahre 1959.

Das zweite Verfahren findet Verwendung, wenn die Grundvoraussetzung für die Anwendung des ersten nicht gegeben ist, weil die Überlieferung nicht restlos als einem einzigen Archetypus entstammend interpretiert werden kann. Verhältnismäßig unproblematisch sind die Fälle, in denen man sich bei einer überschaubaren Überlieferung mit Paralleldrucken der verschiedenen Fassungen helfen kann. Beispiele bieten die Ausgaben des *Reinhart Fuchs* oder der *Driu liet* Priester Wernhers.

---

24 Vgl. dazu Karl Stackmann, *Mittelalterliche Texte als Aufgabe*, in: *Fs. Jost Trier*, Köln und Graz 1964, S. 240-67. – Weiteres bei Bumke, S. 286, Anm. 103.

Anders verhält es sich bei breit und über einen längeren Zeitraum hinweg tradierten Texten, die in mehreren, jeweils durch eine Vielzahl von Handschriften bezeugten Fassungen vorliegen. Für diesen Fall hat die von Kurt Ruh ins Leben gerufene Würzburger Forschergruppe im Rahmen ihrer überlieferungsgeschichtlichen Studien eine überzeugende Lösung gefunden. Georg Steer hat sie unter dem Stichwort ›textgeschichtliche Edition‹ theoretisch begründet und in seiner Edition der Rechtssumme Bertholds von Freiburg praktisch verwirklicht. Es handelt sich um eine ›Mehrtext-Edition‹. Die drei in der Überlieferung festzustellenden Fassungen werden synoptisch dargeboten. Jede ist für sich nach dem Leithandschriftenprinzip gestaltet, soll also ihren jeweiligen Hyparchetypus mit der erreichbaren Genauigkeit abbilden.

In nächster Zukunft steht ein weiteres gravierendes editorisches Problem zur Diskussion und Lösung an. Joachim Bumke hat auf die Merkwürdigkeit aufmerksam gemacht, daß die höfischen Romane niemals konsequent unter überlieferungsgeschichtlichen Gesichtspunkten untersucht worden sind. Das Ergebnis seiner Nachprüfung ist niederschmetternd. Unsere Ausgaben nähren die Illusion, es gebe jeweils eine einzige Fassung, zu der die Überlieferung zwar allerlei Varianten beitrage, die aber das insgesamt einheitliche Bild nicht trüben könnten. In Wahrheit verhält es sich ganz anders. Zumeist liegen die Texte in gleichwertigen Parallelversionen vor, die nach heutigen Maßstäben in den Editionen auch als gleichwertig dargestellt werden müßten. Ein naheliegendes Beispiel ist der *Iwein* Hartmanns von Aue. Schon Henrici hat 1893 in Weiterführung von Überlegungen Lachmanns, Pauls und Böhmes die Möglichkeit erwogen, daß es »mehrere echte Iweine gab« (Bd. 2, S. XXXII). Er zieht daraus aber keine Konsequenz, sondern liefert, gestützt »auf die gesamte handschriftliche überlieferung des gedichts« einen Text »so, wie ihn ein gebildeter leser zu anfang des 13. jahrhunderts als Hartmanns werk kennen lernte« (Bd. 2, S. XXXIX). Henricis Arbeit ist vergessen, wir benutzen die von Benecke begonnene, von Lachmann vollendete und von Ludwig Wolff weiterbetreute Ausgabe. Auch sie unterdrückt das Problem der Fassungen nach Kräften. Es wird nur in den Anmerkungen diskutiert. Der gedruckte Text erweckt nach wie vor den Eindruck, er gebe – mit Lachmanns »Vorrede« zu sprechen – »die worte des dichters [...] so genau und ursprünglich« wie möglich wieder. Dabei hängt die Interpretation des Gedichts in einem wesentlichen Punkt davon ab, ob man es in der idealtypisch von der Handschrift A oder der Handschrift B repräsentierten Fassung liest. Je nachdem, wie man sich entscheidet, endet die Geschichte damit, daß sich Laudine, die Hauptheldin, aus formalen Gründen in die Konsequenzen einer Intrige fügt, auf die sie sich nichtsahnend eingelassen hat, und sich mit dem Helden versöhnt, oder ob sie bekennt, daß ihre Hybris an seinem leidvollen Schicksal schuld war und ihn um Vergebung anfleht. Dem Literarhistoriker, der sich vor ein solches Dilemma gestellt sieht, darf die Entscheidung nicht durch eine Ausgabe abgenommen werden, die eine der beiden Lösungen favorisiert. Sie müssen in der Edition offengehalten werden. Darüber, wie das praktisch geschehen könnte, wird erst zu sprechen sein, wenn die Ergebnisse der Spezialstudien vorliegen, die jetzt in Angriff genommen werden müssen.

Auch auf andern Gebieten der mittelhochdeutschen Literatur ist eine radikale Erneuerung der editorischen Fundamente nötig. Das kann hier nicht weiter ausgeführt werden. Alles in allem glaube ich mich jedenfalls berechtigt zu sagen: verbesserte Einsicht in die Bedingungen, die uns mit der Überlieferung gegeben sind, erzwingt allenthalben eine Revision traditioneller Anschauungen. Ganz allgemein gilt es Abschied zu nehmen von einer Zielvorstellung, die dem Editor die Rekonstruktion eines bis in die Einzelheiten festgelegten Originaltextes vorschreibt. Im Blick auf unser Thema heißt das: Die Leitvorstellungen, denen die Altgermanistik folgt, konvergieren weitgehend mit denen der ›New Philology‹. Die Umsetzung in die Praxis wird freilich, da große Teile der heute benutzten Textausgaben erneuert werden müssen, noch geraume Zeit in Anspruch nehmen.

Ein Unterschied bleibt allerdings. Die Germanistik hält, soweit ich sehe, durchweg daran fest, daß ein Text hergestellt werden soll, der sich in dem jeweils methodisch vertretbaren Maß auf den der Überlieferung zugrundeliegenden Ausgangstext zubewegt. Mit andern Worten, es wird weiterhin rekonstruiert. Das Hauptbedenken dagegen ist nicht die Normalisierung, auf die sich die Kritik der ›neuen‹ Philologie vor allem richtet. Sie spielt aufs ganze gesehen eine viel geringere Rolle, als in den polemischen Auseinandersetzungen darüber angenommen wird. Von Extremfällen wie dem des Konradschen *Engelhard* abgesehen, der aus dem Frühneuhochdeutschen ins Mittelhochdeutsche umgeschrieben wird, läßt sie sich mit relativ wenigen Retuschen zuwege bringen. Viel gravierender wirken sich die Eingriffe aus, die mit der Einführung einer modernen Interpunktion einhergehen. Auf sie ist aber nicht zu verzichten, wenn die Texte für mehr als eine Handvoll Spezialisten benutzbar sein sollen. Die Probleme, die man sich damit einhandelt, sind beträchtlich. Sie sind jedem Editor, aber auch jedem Benutzer von Editionen mittelhochdeutscher Texte geläufig. Ich spreche hier aus persönlicher und sehr lebendiger Erfahrung. Ein Großteil der Änderungsvorschläge, die in den zwölf Jahren seit dem Erscheinen der Göttinger Frauenlob-Ausgabe gemacht worden sind, beziehen sich auf die Interpunktion, und nicht wenige stellen gleichwertige Alternativen zu der gedruckten Fassung dar. –

Die Konsequenzen, die aus der *zweiten* Annahme der ›neuen‹ Philologie zu ziehen sind, hat Cerquiglini am schärfsten formuliert. Da er den Hauptunterschied zwischen mittelalterlicher und moderner Literatur in der Art der Verbreitung der Texte sieht, darin nämlich, daß eine Niederschrift durch einen Abschreiber immer auch eine Veränderung des Ausgangstextes bedeutet, während der Buchdruck die völlige Identität aller Exemplare einer Auflage verbürgt; da er weiter die absolute Gleichwertigkeit aller erhaltenen Textzeugen annimmt, muß er eine Ausgabe fordern, die mit dem Text zugleich seine Varianz darstellt. Das vermögen nach seinem Urteil die gebräuchlichen Editionen nicht zu leisten. Sie schaffen das täuschende Bild eines Textes, der ebenso endgültig fixiert ist wie ein neuzeitlicher gedruckter Text. Die Varianz wird zwar nicht ganz verschwiegen, aber durch die Reduzierung auf die von Stelle zu Stelle fortschreitende Mitteilung von Varianten im Lesarten-Apparat doch gegenüber dem kritisch hergestellten ›Original‹ abgewertet. Aus dieser Verlegenheit hilft die Verwendung von nebeneinander gelegten Faksimiles nicht heraus. Denn auch da bleibt der Eindruck, man habe es mit festen Texten zu tun, und es würde gerade das nicht dargestellt, worauf es für Cerquiglini ankommt, die Unfestigkeit des Textes, seine Bewegung zwischen den verschiedenen Aufzeichnungen.[25]

Er betont, daß in jede Edition eine Theorie eingegangen ist, gemeint: eine Theorie über Textualität in der jeweiligen Kultur. Die herkömmliche Edition, so seine Auffassung, unterstellt, man könne den mittelalterlichen Text behandeln wie einen authentischen, vom Verfasser durch Freigabe für den Druck autorisierten modernen Text. Das sei erweislich falsch, man brauche eine Edition mittelalterlicher Texte, die ihr Fluktuieren unabgemildert zum Ausdruck bringe. Das sei heutzutage keine utopische Forderung mehr. Man müsse nur die Möglichkeiten der Computertechnik nutzen. Sie erlaube es, durch Speicherung aller überlieferten Versionen einschließlich der modernen Ausgaben sowie durch die Bereitstellung von maschinell gefertigten Konkordanzen und Indices im Dialog mit dem Rechner die »mobilité incessante et joyeuse de l'écriture médiévale« (S. 114) zu simulieren und damit der Sprach- und Literaturwissenschaft ihr Objekt in wirklichkeitsgetreuer Gestalt vor Augen zu stellen.

Man wird einräumen müssen, daß eine Umstellung der Mittelalter-Philologie auf das Arbeiten mit Textdatenbanken der von Cerquiglini vorgeschlagenen Art technisch möglich ist. Man wird aber auch fragen dürfen, ob sie nötig oder auch nur wünschenswert wäre. Das möchte ich bezweifeln.

Cerquiglini geht von einer rigiden Auslegung des rezeptionsästhetischen Gesichtspunkts aus: Nur wenn alle in der Überlieferung eines Textes auftretenden Varianten gleich-

25 Cerquiglini, S. 43. – Vgl. auch Wenzel, S. 14.

mäßig und gleichzeitig Gegenstand der Beobachtung sind, kann man sich ein angemessenes Urteil über den Text bilden. Wer eine solche Meinung vertritt, ersetzt, wie ich fürchte, nur das eine Extrem durch ein anderes. An die Stelle einer Theorie, die das ›Original‹ des ›Autors‹, also einen absolut stabilen Text, als alleinigen Gegenstand der editorischen Bemühungen anerkennt, tritt eine andere, die den Editor ebenso einseitig auf die Darstellung der Bewegung zwischen den Fassungen, also eines absolut instabilen Textes, festlegen will. Die Wirklichkeit, die es in der Edition abzubilden gilt, dürfte, wie bereits in der Auseinandersetzung mit der ersten Annahme gesagt, zwischen den theoretisch konstruierten Extremen aufzufinden sein.

Daraus leite ich die Folgerung ab, daß auch bei Anlegung strengster wissenschaftlicher Maßstäbe nichts dagegen spricht, volkssprachliche Texte aus dem Mittelalter mit Hilfe des Buchdrucks zu edieren. Die Ausgabe muß nur den Grad der jeweiligen Unfestigkeit zu erkennen geben. Das ist technisch möglich. Man braucht nur ein Druckbild zu wählen, das alle Unsicherheiten der Rekonstruktion signalisiert, und man muß einen Variantenapparat herstellen, der die Beweglichkeit des Textes in vollem Ausmaß dokumentiert. Bei seiner Anlage ist Cerquiglinis Mahnung zu beherzigen, »la variante n'est jamais ponctuelle« (S. 111). Ihr kann man gerecht werden, indem man zusammenhängende Lesarten zusammenhängend darstellt. In dieser Hinsicht ist gewiß nicht immer und nicht überall das Mögliche getan worden. Es sei aber doch daran erinnert, daß bereits Lachmann in seiner *Nibelungen*-Ausgabe die »*gemeinen* lesarten« (S. X) zusammenhängend, in der Regel im Umfang der syntaktischen Einheit eines Halbverses, dargestellt hat.

Auch sonst ist diese Ausgabe ›moderner‹ als ihr Ruf. Lachmann will kein ›Original‹ herstellen, sondern er strebt nur »nach dem *ältesten*« Text, »der zu erreichen wäre«. Veraltet ist die Ausgabe, gesehen vom heutigen Standpunkt, in anderer Hinsicht: in der Bevorzugung einer Fassung gegenüber allen andern, in der Abdrängung der Fassungen in den Lesarten-Apparat, vor allem aber in der Einschätzung der Lesarten. Sie ergibt sich daraus, daß der Urtext der Fassung A im Denken Lachmanns mit dem ›Original‹ des *Nibelungenliedes* identisch ist. Die Lesarten, die er dem ältesten erreichbaren Text beigibt, haben in seinen Augen nur die Qualität von »conjecturen«, d. h. von mißlungenen Versuchen mittelalterlicher Schreiber, das Original wiederherzustellen, über dessen zu vermutende Gestalt erst die kritische Philologie des 19. Jahrhunderts Auskunft zu geben vermag. Nicht so kraß urteilt er im Fall des *Parzival* mit seiner sehr viel weniger diffusen Überlieferung. Hier kennzeichnet er nicht wenige Lesarten als Präsumtivvarianten, d. h. als Varianten von gleichem Wert mit der Lesung des kritischen Textes. Das tut er freilich nur, wenn sich die beiden von ihm unterschiedenen ›Klassen‹ mehr oder weniger geschlossen gegenüberstehen. Den Lesarten einzelner Handschriften schenkt er wenig Beachtung, »da an sich keine mehr glauben in einzelnen lesarten verdient als die andre« (S. XIX).

Als Indikatoren für die Beweglichkeit der Texte sind die Varianten untereinander gleichwertig. Anders verhält es sich, wenn ihr Wert für die Bezeugung eines autornahen Textes zur Debatte steht. Unter dieser Voraussetzung, aber auch nur dann, ist nicht bloß ein Urteil über die relative Qualität einer Lesart, sondern auch ihre Qualifizierung als ›Fehler‹ gerechtfertigt. Die Verwendung des Begriffs ›Fehler‹ ist in der gegenwärtigen Diskussion des Editionsproblems umstritten. Sie muß daher näher begründet werden. Keinen Streit sollte es darüber geben, daß da, wo eine Handschrift Unverständliches überliefert, von ›Fehler‹ gesprochen werden darf. Dazu ein Beispiel aus der Überlieferung von Frauenlobs Zartem Ton. In der Handschrift F liest man die folgenden Verse, in denen sich ein gleitender Übergang vom Verständlichen zum Unverständlichen vollzieht:

nun mercket hie
wo man den syn hin keret das gescheh doch ye
in manger weiß gar ordenleich
zu hilffe den hochstñ milten fürsten reich
das im sein wie
wirt gar czustŏrt (VIII, 10, 9-14)

Wer nicht den Standpunkt vertritt, die Überlieferung verdiene die kritiklose Anerkennung des Philologen, wird eingestehen müssen, daß hier ein Vorlagentext fehlerhaft wiedergegeben ist.

Aber auch in einem weniger einfachen Fall würde ich mich nicht scheuen, von (relativem) ›Fehler‹ zu sprechen. Dazu ein Beispiel aus einer Strophe Heinrichs von Mügeln zum Lob der *milte*. Der 4. Vers lautet:

die milde lieb gebildet hat in ir rifier. (27,4)

Eine der an der Überlieferung beteiligten Handschriften (h) hat *in ir rifier* durch *vñ auch dy ere* ersetzt. Das ist zwar verständlich, dennoch aber als Fehler zu werten. Denn das Reimwort zu *rifier* ist *tier*. Die Möglichkeit, daß der Autor etwa ein niederdeutsches *dēr* als Reimwort verwendet haben könnte, ist auszuschließen.

Möglich ist auch, daß alle Handschriften erweislich Falsches bieten. So verhält es sich in einer anderen Strophe Heinrichs von Mügeln mit einem Summarium zum Buch Micha des Alten Testaments. Dort ist in Anspielung auf Micha 2,11 und 3,5 ff. von *der pseudopropheten falscher misse* die Rede (102,9). Die Handschriften schreiben übereinstimmend *pseudo der propheten*, d. h. sie dürften von einer Vorlage abgeschrieben sein, in der *pseudo* ausgelassen und mit einem mißverständlichen Verweisungszeichen nachgetragen war.

In dem letzten Fall ist der kritische Text gegen die Überlieferung hergestellt worden, es handelt sich also strenggenommen um eine Konjektur. Die Heilung von Fehlern durch Konjektur stößt allgemein, nicht nur bei der ›neuen‹ Philologie, auf Ablehnung. Sie ist durch übermäßigen Gebrauch um den Kredit gebracht worden, den sie einstmals genoß. Das ist zu bedauern, denn mit dem Verzicht auf konjekturale Besserung von Schäden der Überlieferung begibt sich die Philologie ohne Not eines Mittels, das – vernünftig angewendet – unentbehrlich ist, wenn ein zureichendes Verständnis der überlieferten Texte gesichert werden soll. Hätte man etwa im *Moriz von Craûn* das sinnlose *teůhte jung oder Arn* nur deshalb abdrucken sollen, weil es so in der einzigen Handschrift steht? Doch wohl nicht, denn Moriz Haupts glänzende Konjektur stellt klar, was vom Autor gemeint war: *tiuschiu zunge diu ist arn* (V. 1778).

Derartige Eingriffe können hilfreich auch da sein, wo der Text zwar einen halbwegs erträglichen Sinn hergibt, die Konjektur aber die Unzulänglichkeit der Überlieferung zeigt. Ein Beispiel gibt eine Stelle aus Wolframs *Willehalm*, also aus einem Text mit vergleichsweise guter Überlieferung. Der Held sagt in einem Augenblick, da er in schier auswegloser Situation nach einer katastrophalen Niederlage neuen Mut zu schöpfen beginnt, *mîme gelücke ich des gihe, / ez möhte noch ze krufte komen* (V. 144, 20 f.), »ich sage von meinem Glück, daß es schon noch sein Grab finden wird«. Merkwürdig ist das *ze krufte komen*, es paßt nicht recht in den Zusammenhang. Man erwartet eine Äußerung der Hoffnung. Dem trägt die Konjektur Joachim Heinzles Rechnung: *ze gufte komen*, »triumphieren«. Sie unterstellt, im Ausgangstext, von dem unsere Überlieferung abhängt, sei statt *guft / kuft*, »laute Freude«, fälschlich *gruft / kruft*, »Grab«, geschrieben worden. Die Erklärung ist plausibel, wird aber natürlich denjenigen nicht überzeugen, der aus grundsätzlichen Erwägungen beim überlieferten Wortlaut bleiben will und sich mit der Auskunft bescheidet, hier habe man es mit einer uns nicht mehr voll verständlichen Passage in dem Text zu tun. An solchen diagnostischen Konjekturen, die nicht Sinnvolles an die Stelle von Sinnlosem, sondern nur Besseres an die Stelle von Schlechterem setzen, scheiden sich die Geister. Sie werden immer Anlaß zu kontroversen Diskussionen bieten, aber das ist kein Nachteil. Denn wie immer der Ausgang sein mag, den Gewinn davon hat unser Textverständnis.

*

Damit komme ich zum Schluß. Ich habe zu zeigen versucht, daß das, was die ›neue‹ Philologie vorbringt, sieht man von einigen extremen Positionen und Postulaten ab, vom Standpunkt der Älteren Germanistik aus ohne weiteres als förderlich aufgenommen werden kann. Soweit es sich nicht mit Tendenzen trifft, die ohnehin auch in der germanistischen Mediävistik wirksam sind, gibt es willkommenen Anstoß zur Beseitigung von Einseitigkeiten, die mit dem Anspruch der Philologie auf universelle Erfassung ihres Gegenstandes nicht vereinbar sind.

Das Hauptverdienst der ›neuen‹ Philologie besteht für mich darin, daß sie zu einer sehr fundamentalen Einsicht nötigt, zu der Einsicht darein, daß sich die Mittelalter-Philologie in der Nachkriegszeit aufgrund von tiefgreifenden Veränderungen auf den verschiedensten Teilgebieten viel weiter von ihren Ursprüngen im 19. Jahrhundert entfernt hat, als ihr das im allgemeinen bewußt ist. Diese Einsicht könnte sich als heilsam erweisen, wenn sie, wie zu hoffen, zu einer Neubestimmung des Platzes der Mittelalter-Philologie im Kreise der Geisteswissenschaften und womöglich auch in der Gesellschaft führt.

Will man in allgemeinster Form angeben, was sich verändert hat, so wird man sagen dürfen, daß wir heute ein sehr viel besseres, weil genaueres, Bild von unserem Gegenstand haben als die Begründer unserer Disziplin vor nun bald zweihundert Jahren. Die verbesserten Kenntnisse über das Verhältnis von Mündlichkeit und Schriftlichkeit, über die Bedingungen für Produktion, Distribution und Rezeption von Texten, über die Bedeutung der Überlieferungsgeschichte zeigen uns die mittelalterliche Literatur in ihrer Eigenart, sie befreien uns von falschen Analogien zur Literatur anderer Epochen und ermöglichen uns damit eine bessere Annäherung an die historische Wahrheit. Wir danken das nicht zuletzt dem technischen Fortschritt. Wer heute an überlieferungsgeschichtlichen Problemen arbeitet, kann sich mit beliebig genauen Kenntnissen auch noch über die nebensächlichsten Details versorgen, sei es, daß ihm der moderne Verkehr das Studium der Handschriften an ihrem Bibliotheksort ermöglicht, sei es, daß er sich am heimischen Schreibtisch die nötigen Reproduktionen beschaffen kann. Wir sind daher nicht mehr in einer Lage, die es uns nahelegt, das ›Original‹ zu favorisieren, weil es uns eine Handhabe zur Eliminierung großer Teile der Überlieferung bietet. Man braucht demgegenüber nur an die Schwierigkeiten zu denken, die im Zeitalter von Postkutsche und Gänsekiel beim Studium von Überlieferung aus dem Mittelalter zu überwinden waren, um sich vor einer übereilten Verurteilung der damaligen methodischen Entscheidungen zu bewahren.[26]

Mit der Formulierung von Grundsätzen, die der verbesserten Kenntnis des Gegenstandes angepaßt sind, vollzieht die Mittelalter-Philologie nur einen ganz und gar selbstverständlichen Schritt. Wie anders sollte sie sonst der Aufgabe gerecht werden, ein unseren Erkenntnismöglichkeiten angemessenes Verständnis mittelalterlicher Texte zu gewährleisten? Sie handelt damit aus keinem anderen Geist als die großen Philologen des 19. Jahrhunderts. An dieser Stelle zitiere ich ganz bewußt Karl Lachmann. In seiner Einleitung zur *Iwein*-Ausgabe liest man: »nur wahrhaftigkeit und sich selbst vergessende strenge sorgfalt kann uns fördern«. Das steht am Ende eines längeren Absatzes, der auf eine uns fremd gewordene Weise den Umgang des »deutschen gelehrten« mit dem »alterthum« feiert (S. IV f.). Aber wenn auch die Welt, aus der das gesprochen ist, nicht mehr die unsrige ist, an der Verpflichtung der Philologie einzig auf die mit Sorgfalt zu suchende Wahrheit hat sich nichts geändert. So gesehen tritt gegenüber dem Trennenden, das die ›neue‹ Philologie hervorhebt, das Gemeinsame der einen, ihrer Grundgesinnung nach unteilbaren Philologie hervor.[27]

26 Vgl. dazu Karl Stackmann, *Die Göttinger Abschriften des St. Galler Tatian oder über die Mühsal althochdeutscher Studien in napoleonischer Zeit*, in: Rolf Bergmann u. a. (Hg.), *Althochdeutsch*, 2 Bde., Heidelberg 1987, S. 1504-1520.

27 Zum Schluß sage ich Jens Haustein einen herzlichen Dank dafür, daß er mir mit einer Reihe kritischer Fragen und Einwände bei der Schlußredaktion meines Beitrags wesentliche Hilfe geleistet hat. Danken möchte ich auch Frau Frauke Ebhardt und Herrn Arend Mindermann, die mir die Herstellung der Druckvorlage ermöglicht haben.

Literaturverzeichnis

A. ›New Philology‹

1. *Speculum 65, 1990*
S. 1-10: Stephen G. Nichols, *Introduction: Philology in a Manuscript Culture.*
S. 11-18: Siegfried Wenzel, *Reflections on (New) Philology.*
S. 19-37: Suzanne Fleischman, *Philology, Linguistics, and the Discourse of the Medieval Text.*
S. 38-58: R. Howard Bloch, *New Philology and Old French.*
S. 59-86: Gabrielle M. Spiegel, *History, Historicism, and the Social Logic of the Text in the Middle Ages.*
S. 87-108: Lee Patterson, *On the Margin: Postmodernism, Ironic History, and Medieval Studies.*
2. Bernard Cerquiglini, *Éloge de la variante. Histoire critique de la philologie*, Paris 1989.

B. Weitere wissenschaftliche Literatur

Joachim Bumke, *Untersuchungen zur Überlieferungsgeschichte der höfischen Epik im 13. Jahrhundert*, in: ZfdA 120 (1991), S. 257-304.
Rudolf Genseke, *Die Kolmarer Handschrift und ihre Bedeutung für den deutschen Meistergesang*, Diss. (masch.) Tübingen 1954.
Burkhard Hasebrink, *Formen inzitativer Rede bei Meister Eckhart. Untersuchungen zur literarischen Konzeption der deutschen Predigt*, Tübingen 1992 (TTG 32).
Ders., *Das Predigtverfahren Meister Eckharts. Beobachtungen zur thematischen und pragmatischen Kohärenz der Predigt Q 12*, in: Volker Mertens und Hans-Jochen Schiewer (Hg.), *Die deutsche Predigt im Mittelalter*, Tübingen 1991, S. 150-68.
Joachim Heinzle, s. Anhang C: Wolfram von Eschenbach.
Emil Henrici, s. Anhang C: Hartmann von Aue.
Heinrich Husmann, *Aufbau und Entstehung des Cgm 4997* (Kolmarer Liederhandschrift), in: DVjs 34 (1960), S. 189-243.
Katalog der deutschsprachigen illustrierten Handschriften des Mittelalters, begonnen von Hella Frühmorgen-Voss, fortgeführt von Norbert H. Ott u. a. Bisher erschienen: Bd. 1, München 1991.
Norbert Ott, s. *Katalog.*
Frederick P. Pickering, *Literatur und darstellende Kunst im Mittelalter*, Ber-

lin 1966. (Zusammenfassende Darstellung, darin ältere Publikationen des Verf.s nachgewiesen.)

Kurt Ruh u. a. (Hg.), *Die deutsche Literatur des Mittelalters. Verfasserlexikon*, Berlin ²1978 ff. (bisher Bde. 1-8).

Kurt Ruh (Hg.), *Überlieferungsgeschichtliche Prosaforschung. Beiträge der Würzburger Forschergruppe zur Methode und Auswertung*, Tübingen 1985 (TTG 19).

Karin Schneider, *Gotische Schriften in deutscher Sprache*, Bd. 1: *Vom späten 12. Jahrhundert bis um 1300*, 2 Bde., Wiesbaden 1987.

Alexander Schwarz, *Sprechaktgeschichte. Studien zu den Liebeserklärungen in mittelalterlichen und modernen Tristandichtungen*, Göppingen 1984 (GAG 398).

Wolfgang Stammler, *Wort und Bild. Studien zu den Wechselbeziehungen zwischen Schrifttum und Bildkunst im Mittelalter*, Berlin 1962 (Aufsatzsammlung).

Georg Steer, *Textgeschichtliche Edition*, in: *Überlieferungsgeschichtliche Prosaforschung* [s. o. unter Ruh], S. 37-52.

Helmut Tervooren, *Reinmar-Studien*, Stuttgart 1991.

VL, s. Kurt Ruh u. a.

Burghart Wachinger, *Autorschaft und Überlieferung*, in: Walter Haug und Burghart Wachinger (Hg.), *Autortypen*, Tübingen 1991 (Fortuna Vitrea 4), S. 1-28.

Christine Wulf, *Eine volkssprachige Laienbibel des 15. Jahrhunderts. Untersuchungen und Textedition der Handschrift Nürnberg, Stadtbibliothek, Ms. Solg. 16.20*, München 1991 (MTU 98).

C. Ausgaben mittelhochdeutscher Texte

Die Rechtssumme Bruder Bertholds, hg. v. Georg Steer u. a., 4 Bde., Tübingen 1987 (TTG 11-14).

Frauenlob (Heinrich von Meissen). Leichs, Sangsprüche, Lieder, hg. v. Karl Stackmann und Karl Bertau, 2 Bde., Göttingen 1981 (Abh. d. Akad. d. Wiss. in Göttingen, Phil.-hist. Klasse, 3. Folge, Nr. 119/20). – Zur Rezeption der Ausgabe vgl. GGA 294 (1992), S. 95-143; zu VIII 10,9-14 vgl. Stackmann, in: Beitr. 98 (1976), S. 112.

Hartmann von Aue, *Iwein*, hg. v. G. F. Benecke und K. Lachmann, Berlin ⁶1964. (Aus dieser Ausgabe die Zitate auf S. 416 und 424).

Ders., *Iwein*, hg. v. G. F. Benecke und K. Lachmann. Neu bearbeitet von Ludwig Wolff, 2 Bde., Berlin ⁷1968. – Zu den Problemen des Lesartenapparats vgl.: *Ludwig Wolffs Nachlese zu seiner ›Iwein‹-Ausgabe von 1968*, besorgt von Werner Schröder, Stuttgart 1992 (Sitzungsberichte der wiss. Gesellsch. an der Johann Wolfgang Goethe Univ., Bd. 29,3).

Ders., *Iwein, der Ritter mit dem Löwen*, hg. v. Emil Henrici, 2 Bde., Halle 1891 und 1893.

Heinrich der Elsässer, *Reinhart Fuchs*, hg. v. Klaus Düwel u. a., Tübingen 1984 (ATB 96).

Heinrich von Mügeln, *Die Spruchsammlung des Göttinger Cod. philos. 21*, hg. v. Karl Stackmann, 3 Bde., Berlin 1959 (DTM 50-52).

Heinrich von Neustadt, *Apollonius von Tyrland*, hg. v. Samuel Singer, Berlin 1906 (DTM 7).

Konrad von Würzburg, *Engelhard*, hg. v. Paul Gereke, neubearb. v. Ingo Reiffenstein, Tübingen ^{3}1982 (ATB 17).

Des Minnesangs Frühling, unter Benutzung der Ausgaben von Karl Lachmann und Moriz Haupt, Friedrich Vogt und Carl von Kraus hg. v. Hugo Moser und Helmut Tervooren, 3 Bde. in 4, Stuttgart 1977-81.

Moriz von Craûn, hg. v. Ulrich Pretzel u. a., Tübingen ^{4}1973 (ATB 45). – Zu 1778 vgl. Stackmann, in: FS. Trier [Anm. 22], S. 266.

Der Nibelunge Noth und die Klage, hg. v. Karl Lachmann, Berlin ^{5}1878.

(Priester) Wernher, *Maria [Driu liet von der maget]*, hg. v. Carl Wesle, Halle 1927. – Dass., Kleine Ausgabe, bes. durch Hans Fromm, Tübingen ^{2}1969 (ATB 26).

Wolfram von Eschenbach, *Parzival*, in: Wolfram von Eschenbach, hg. v. Karl Lachmann, Berlin und Leipzig ^{6}1926.

Ders., *Willehalm*, hg. v. Joachim Heinzle, Frankfurt/Main 1991 (Bibl. dt. Klassiker 69).

DIE SCHRIFT DER BILDER

Beat Brenk
Der Concepteur und sein Adressat

oder: Von der Verhüllung der Botschaft

Präliminarien

Die Frage nach der »Funktionalität von Kunst«, die hier diskutiert werden soll, zieht die Frage nach der Bedeutung bzw. Deutung der Bilder nach sich.

Ausgehend von der seit frühchristlicher Zeit verbreiteten Meinung, Bilder sollten denen, die nicht lesen können, die Heilstatsachen vermitteln, entfaltete sich eine nie wirklich begründete und auch nicht generell begründbare Theorie von der Abhängigkeit der Bilder von den Texten bzw. von der Ersetzbarkeit der Bilder durch Texte bzw. von der Ersetzbarkeit der Texte durch die Bilder.[1] Zweifellos besteht heutzutage ein gewisser Konsens darin, daß die Ikonographie zahlreicher Bilder in hohem Maße von Texten bestimmt wird, allein über das »Wie« dieser Relation tappt die Forschung weitgehend im dunkeln. Dennoch legitimiert sich zuweilen die ikonographische Forschung

1 Emile Mâle, *L'art religieux du XII siècle en France*, Paris [5]1947; Hubert Schrade *Frühromanische Malerei*, Köln 1958, S. 105-111; Vittorio Fazzo, *La giustificazione delle immagini religiose dalla tarda antichità al cristianesimo*, Neapel 1977; Walter Elliger, *Zur Entstehung und frühen Entwicklung der altchristlichen Bildkunst*, Leipzig 1934; ders., *Die Stellung der alten Christen zu den Bildern in den ersten vier Jahrhunderten*, Leipzig 1930; Wolfgang Stammler, *Wort und Bild. Studien zu den Wechselbeziehungen zwischen Schrifttum und Bildkunst im Mittelalter*, Bern 1962; Hella Frühmorgen-Voss, *Text und Illustration im Mittelalter. Aufsätze zu den Wechselbeziehungen zwischen Literatur und bildender Kunst*, München 1975 (MTU 50); Meyer Schapiro, *Words and Pictures. On the Literal and the Symbolic Meaning in the Illustration of a Text*, Den Haag und Paris 1973 (Approaches to Semiotics 11); Christel Meier und Uwe Ruberg, *Text und Bild. Aspekte des Zusammenwirkens zweier Künste im Mittelalter und früher Neuzeit*, Wiesbaden 1980.

durch möglichst häufiges Zitieren von Texten. Der Versuch, Bilder und Texte in der Relation 1:1 zu sehen, führt allerdings höchstens zu einem ersten und elementaren Verständnis des Bildgeschehens. Die Sinnfrage ist damit noch lange nicht beantwortet. Häufig weichen Bilder im Detail von den ihnen zugrundeliegenden Texten ab. Außerdem kann der Künstler mit rein darstellerischen Mitteln Akzente setzen, und es stellt sich die Frage, ob der Künstler seine Akzentsetzungen aus eigener Kompetenz oder im Sinne des Auftraggebers vorgenommen hat. Jahrzehntelang ist diese Frage diskussionslos zugunsten des »divino artista« entschieden worden. An seine Stelle tritt heutzutage zuweilen der »divino storico dell'arte«, der sich anheischig macht, die Sinnfrage vollumfänglich aus seiner Perspektive zu beantworten. Es ist daher nicht leicht, einen überzeugenden (d. h. für Nachgeborene und Nicht-Insider nachvollziehbaren) Kurs zwischen der Skylla der Künstlerwarte und der Charybdis einer selbstherrlichen Interpretenoptik zu steuern.

Die Erkenntnis, daß Bilder eine gegenüber Texten eigene Dynamik bzw. Botschaft entfalten, führt jedenfalls über die platte 1:1-Bild-Text-Relation hinaus.[2] Dennoch konnte die Forschung bis jetzt kein verbindliches Instrumentarium für die Analyse der »Eigendynamik der Bilder« entwickeln.

Noch heikler gestaltet sich die Frage nach der Bild-Text-Beziehung, wenn ein ganzes Bildprogramm auf seinen Sinn und damit auf seine Funktion hin untersucht werden muß. Programme können nicht wie Einzelbilder mit einem einzigen Text gedeutet werden, und die Frage, ob überhaupt Texte Programme inspiriert haben, bleibt ohne verbindliche Antwort. Texten sollte man ohnehin keine allgemeine »Virulenz« zuschreiben, denn ohne das Zutun eines Concepteurs bleiben sie wirkungslos. Man hat früher gerne vom beratenden Theolo-

2 Michael Camille, *Some Visual Implications of Medieval Literacy and Illiteracy*, in: Art History 8 (1985), S. 26-49; Wolfgang Kemp, *Sermo Corporeus: Die Erzählung der mittelalterlichen Glasfenster*, München 1987; Madleine H. Caviness, *Biblical Stories in Windows: Were They Bibles for the Poor?*, in: Medieval and Renaissance Texts and Studies 89, (1992), S. 103-147.

gen gesprochen, der dem Künstler beigestanden haben soll. Handelt es sich hier nicht um eine eher einengende Optik im Sinne der Formel »ars ancilla theologiae«? Gar zu gerne erkennt sich der findige ikonographische Forscher in der Phantomgestalt des beratenden Theologen wieder. Menschen, die vornehmlich Bilder deuten, legitimieren sich gerne mit Texten. Da Programme meistens sehr verschiedenartigen Bedürfnissen gleichzeitig Genüge tun müssen – nicht nur religiösen und profanen –, möchte ich den Entwerfer mit »Concepteur« benennen.[3] Diese Benennung hat den Vorteil, daß das Phänomen beim Namen genannt wird: der Entwerfer heckt das Konzept aus, er wählt die Themen, er wählt wohl auch die Vorbilder aus und manchmal vielleicht sogar den Stil. Er muß nicht à tout prix Theologe sein. Gleichgültig ob der Concepteur zwischen dem Künstler und dem Auftraggeber vermittelt oder ob er selbst Auftraggeber ist: der Concepteur wendet sich an einen Adressaten, an ein Publikum, dem er eine Botschaft oder ein ganzes Konglomerat von Botschaften übermitteln will. Der Concepteur als Auftraggeber tritt häufig als Missionar einer öffentlichen Meinung auf, aber gleichzeitig versucht er, diese öffentliche Meinung in seinem Sinne zu verändern und zu beeinflussen. Der Concepteur verwendet die Kunst auch als Medium seiner eigenen Legitimation.[4] Im Bereich der Kunst darf Legitimation nicht in einem strikten juristischen Sinn verstanden werden. Ein Concepteur/Auftraggeber macht zuweilen Ansprüche geltend, die weder juristisch noch mit Gewalt androhung durchzusetzen sind. Diese Ansprüche beziehen sich auf das Selbstverständnis des Concepteurs oder auf eine beliebige Modellfigur, und es geht dem Concepteur nicht um

3 Beat Brenk, *Le texte et l'image dans la vie des Saints au Moyen-Age: rôle du concepteur et rôle du peintre*, in: *Texte et Image. Actes du Colloque international de Chantilly*, Paris 1984, S. 31-39; ders., *Das Lektionar des Desiderius von Montecassino. Ein Meisterwerk italienischer Buchmalerei des 11. Jahrhunderts*, Zürich 1987, S. 27-39, 67-81, 130-132; ders., *Bischöfliche und monastische »committenza« in Süditalien am Beispiel der Exultetrollen*, in: *Settimane di Studio del Centro italiano di studi sull'alto medioevo*, Spoleto 1992, S. 275-302.

4 Brenk, *Bischöfliche und monastische »committenza«* [Anm. 3], S. 276.

das Durchsetzen und Realisieren, sondern um das bloße Propagieren seiner Ansprüche.

Die Analyse des Konzeptes führt uns zurück zur Ideenwelt des Auftraggebers/Concepteurs, und gleichzeitig rückt der Adressat ins Blickfeld, die Funktionalität des Kunstwerks wird greifbarer. Da jedoch im ganzen ersten Jahrtausend und im hohen Mittelalter bis weit ins 15. Jahrhundert meistens detaillierte Quellen fehlen, die Licht auf diese Gestalten werfen könnten, sind unserer Erkenntnis enge Grenzen gesetzt. Dennoch sollte man, selbst wenn der Concepteur, der Auftraggeber, der Künstler und das Zielpublikum unbekannt bleiben, nicht gleich die Augen vor ihrer Existenz und ihrer Wirksamkeit verschließen, denn die »Funktionalität der Kunst« wird durch ebendiese Personen und Kollektive mitbestimmt.

Das Salomoportal der Kathedrale von Chartres

Ich wähle im folgenden als Fallstudie das westliche Nordquerhausportal der Kathedrale von Chartres und frage nach seinem Konzept, seiner Programmatik und seinem Adressaten. Die Programmatik dieses Portals ist in höchstem Maße ungewöhnlich, denn ihre Entität besitzt keine Vorläufer und Nachfolger nur bedingt. Man kann sich beim ersten Anblick des Eindrucks eines ikonographischen Sammelsuriums nicht erwehren. An wen richtete sich die Botschaft dieser selten dargestellten und daher wohl nicht a priori verständlichen Szenen? Wie geht eine Wissenschaft, die per se Logik, Kohärenz und Einheitlichkeit fordert, mit dem Unkanonischen um?

Ich stelle eine Kurzbeschreibung des westlichen Nordquerhausportals an den Anfang. Das Tympanon ist in zwei Register unterteilt (Abb. 1). Im oberen Register erkennt man Hiob auf dem Dunghaufen, der von seinen drei Freunden und seiner Frau besucht wird, während ihn der Teufel mit Geschwüren schlägt. Über der Hiobszene schwebt Christus als Halbfigur in den Wolken. Im unteren Register des Tympanons ist das Urteil Salomos dargestellt. Im linken Portalgewände stehen der König

Salomo, die Königin von Saba und der Prophet Balaam (Abb. 2), im rechten Gewände Jesus Sirach, Judith und Tobias (Abb. 3).[5] In den Archivolten werden Einzelepisoden aus den Viten von Samson (5 Szenen), Gedeon (5 Szenen), Esther, Judith und Tobias dargestellt (Abb. 4-5). In der innersten Archivolte erkennt man zwölf Engel, die vermutlich Christus zuzuordnen sind. Sie bringen zu seiner Ehre Kronen, brennende Fackeln, Schwerter und Schilde sowie Sonne, Mond und Sterne dar.

Das Urteil der Wissenschaft

Aus der »Frühgeschichte« der ikonographischen Forschung Frankreichs stammt die summarische Beschreibung des rechten Nordquerhausportals von Selim Abdul-Hak.[6] Dem Autor lag es daran, für jede Szene möglichst zahlreiche Parallelen anzuführen. Die Gewändefiguren Salomo, Königin von Saba, Balaam, Jesus Sirach, Judith und Tobias deutet Abdul-Hak als »préfigures du Christ et de la Vierge«.[7] Das nämliche Deutungsmuster wird auf die verschiedenen Szenen aus dem Alten Testament angewendet. Einflußreich war das Salomoportal nicht, denn seine Szenen seien »spécifiquement chartrains«.[8]

Das rechte Nordquerhausportal der Kathedrale von Chartres ist bisher nur von Adolf Katzenellenbogen als Gesamtprogramm gedeutet worden. Er hob mit Recht hervor, daß es sich um »a highly original kind of program« handelt, »bold in concept«.[9] Katzenellenbogens eigene Interpretation des Pro-

5 Ich folge der Benennung der Statuen durch Peter Cornelius Claussen, *Chartres-Studien. Zur Vorgeschichte, Funktion und Skulptur der Vorhallen*, Wiesbaden 1975, S. 143-144.

6 Selim Abdul-Hak, *La sculpture des porches du transept de la cathédrale de Chartres*, Paris 1942, S. 88-114.

7 Ebda., S. 90.

8 Ebda., S. 259.

9 Adolf Katzenellenbogen, *The sculptural programs of Chartres cathedral*, New York ²1964, S. 67.

gramms ist dann alles andere als originell. Er kaprizierte sich darauf, die einzelnen Szenen mit Hilfe von Kirchenvätern und Kirchenlehrern des ersten Jahrtausends zu deuten: Gregor d. Gr., Augustinus, Beda, Hrabanus Maurus und die *Glossa Ordinaria* sind Katzenellenbogens Gewährsleute, aber er vermag dem Leser nicht plausibel zu machen, weshalb er überhaupt theologische Traktate und weshalb er gerade diese Autoren für seine Deutung heranzieht. Seine Exegese mündet aus in eine Kurzformel: »the church as the body of Christ«.[10]

Willibald Sauerländer[11] nahm an, daß alle Szenen »entweder auf die Brautschaft [von] Christus und Ecclesia, oder auf das Obsiegen von Christus und Ecclesia über ihre Widersacher« vorausdeuten. Zweifellos bilden Typologie und Heilsgeschichte in diesem Portalprogramm das Hauptthema, weil im Zenith des Tympanons Christus dargestellt ist, der von zwei Engeln verehrt wird, während alle anderen Szenen und Figuren dem Alten Testament entspringen. Aber die Typologie ist nicht das einzige Thema dieses Portals.

Die bisher ausführlichste Analyse der drei Nordquerhausportale der Kathedrale von Chartres lieferte Peter Cornelius Claussen.[12] Er stellte die Frage nach der »Funktion und Symbolik«, und behandelte Probleme wie »Vorhallen und Prozessionen«, »Vorhallen und kirchliche Bußpraxis«, »Vorhallen als Gerichtsstätten und Ratsplätze« im Kontext der Portalikonographie. Mit der Feststellung »Es gibt keine spezielle Vorhallen-Ikonographie«[13] muß man folgende Beobachtung zusammensehen: »Die Häufung von Salomo-Bildwerken an Portalen des 13. Jahrhunderts, die von einer Vorhalle geschützt werden, läßt möglicherweise neben der rechtlichen Bedeutung eine Interpretation zu, die mit der im Mittelalter häufig begegnenden Tendenz zusammenhängt, ein Kirchengebäude dem salomoni-

10 Ebda., S. 73.

11 Willibald Sauerländer, *Gotische Skulptur in Frankreich 1140-1270*, München 1970, S. 119.

12 Vgl. Anm. 5.

13 Ebda., S. 17.

schen Tempel gleichzusetzen.«[14] Erstmals wagt Claussen eine Neuinterpretation des Salomoportals im Sinne einer »Verherrlichung der französischen Krone im alttestamentlichen Königtum«.[15] »Hiob ist [...] nicht primär als Präfiguration Christi gedacht, sondern steht für Patientia und Tolerantia.«[16] »Vielleicht liegt die Lösung in einem Brief Kardinal Hyazinths an Louis VII., den Vater Philipp-Augusts, aus dem Jahre 1161, in dem er dessen Tugenden mit der Demut Davids, der Weisheit Salomos und der Geduld Hiobs vergleicht.«[17] »Sicher hat Katzenellenbogen recht, wenn er den Hiob des Salomo-Portals in Chartres als Präfiguration Christi und als Symbol für die Leiden der Kirche interpretiert. Das ist aber wahrscheinlich nur ein Teil des komplexen Gehaltes. Ein anderer dürfte mit den Tugendidealen zusammenhängen, die man von einem König forderte. Die Zusammenstellung der Weisheit und Gerechtigkeit Salomos mit der Geduld Hiobs in Chartres gewinnt unter diesem Aspekt einen neuen Sinn.«[18] Die Beobachtungen Claussens haben der Chartres-Forschung und der Programmdeutung eine neue Dimension eröffnet. Es gilt nunmehr, die Frage des Konzeptes und des Adressaten zu erörtern. Wenn Heilsgeschichte gleichsam als erste, Königstugenden aber als zweite Aussageschicht intendiert waren, wer – so muß man fragen – war der Adressat einer derart einzigartigen und anspruchsvollen Thematik? Peter Kidson hatte in seiner Analyse der Querhausportale den Aspekt der Königstugenden nicht erkannt, aber er wies auf eine von Claussen wiederum übersehene Quelle hin: »The only evidence we have for exact dates are a reference to a flight of stone steps on one side of the cathedral in 1210 when king Philipp Augustus visited Chartres.«[19]

14 Ebda., S. 20.
15 Ebda., S. 126.
16 Ebda., S. 141.
17 Ebda., S. 142.
18 Ebda., S. 143.
19 Peter Kidson und Ursula Pariser, *Sculpture at Chartres*, New York, 1974, S. 29. Gemeint ist eine Stiftung des Königs von *ducentas libras parisienses ad*

Lévis-Godechot[20] stützt sich wie bereits Katzenellenbogen auf den Kommentar Gregors d. Gr. zum *Buch Hiob* sowie auf die Schrift *Job glossatus* des Chartreser Kanzlers Pierre de Roissy. Sie glaubt, den Freund, der Hiob zunächst steht, als albigensischen Häretiker identifizieren zu können; den mittleren Freund bezeichnet sie ohne schlüssige Beweisführung als Aristoteles, der links stehende Freund, der seinen Bart anfaßt, soll ein häretischer Universitätsprofessor von Paris sein, »trop attentif à la parole d'Aristote«. »En conclusion, au tympan Job est image de la Passion du Christ et par conséquent de l'Eglise mise en question par les hérésies.«[21] »Les sculptures du transept Nord constituent un Exposé doctrinal de la foi de l'Eglise telle qu'elle vient, ou va être réaffirmée au IVe concile du Latran en 1215.«[22] »Le tympan fournit une illustration de la réalité des deux natures de la personne du Christ, telle qu'elle vient d'être définie, une fois encore, mais avec plus de précision, dans le symbole de Latran [...].«[23] Wirklich beweisbar sind alle diese Deutungen von Lévis-Godechot nicht, zumal sie sich bloß auf ausgewählte Szenen und Figuren stützen. Um zu einer schlüssigen Interpretation zu gelangen, müssen sämtliche Elemente des Portals berücksichtigt werden.

Heilsgeschichte und Herrschaftsmetaphorik

Die Vielzahl der dargestellten Szenen am rechten Nordquerhausportal von Chartres kann im Rahmen dieses kurzen Essays nicht erschöpfend analysiert werden. Da Claussen und Ingrid Westerhoff[24] die Königstugenden als Thema des rechten

---

opus edificationis ejusdem ecclesiae; vgl. E. de Lepinois und L. Merlet, *Cartulaire de Notre-Dame de Chartres*, Bd. 2, Chartres 1863, S. 59.

20 Nicole Lévis-Godechot, *Chartres révélée par sa sculpture et ses vitraux*, Saint-Léger-Vauban 1987, S. 120, S. 153, S. 157.

21 Ebda., S. 170.

22 Ebda., S. 182.

23 Ebda., S. 221.

24 Ingrid Westerhoff, *Hiob in der französischen Kathedralskulptur*, in: Wallraf-Richartz Jahrbuch 50 (1989), S. 39-68.

Nordquerhausportals erkannt haben, empfiehlt es sich, die Frage der Herrschaftsmetaphorik präziser zu beantworten. Die von den meisten Autoren in den Vordergrund gestellte typologisch-heilsgeschichtliche Deutung des Salomo-Portals ist insofern berechtigt, als im Tympanon Christus über den Wolken schwebend von zwei Engeln angebetet wird. Christus hält eine Schriftrolle und einen Palmwedel: er lehrt und verkündet Pax, während auf Erden Hiob vom Teufel gepeinigt wird und Salomo Recht spricht. Hiobs Patientia und Salomos Iustitia weisen ganz selbstverständlich auf Christus hin.

Im *Buch Hiob* (2,7) (vgl. Abb. 1) wird berichtet, wie der Satan Hiob mit bösem Geschwür schlug »von der Fußsohle bis zum Scheitel«. Seine Gemahlin, die rechts sitzt, rät ihm, Gott zu verfluchen und zu sterben. Seine drei Freunde weinen laut bei seinem Anblick und streuen Staub auf ihre Häupter. Um die Hiobszene verstehen zu können, muß man die innerste Archivolte näher betrachten. In ihr sind lauter Engel auf Wolken dargestellt, die Kronen, Schilde, Schwerter, Weihrauchgefäße, Sonne, Mond und Sterne tragen. Die beiden obersten Engel links und rechts bringen auf verhüllten Händen Kronen dar. Damit wird a priori eine königliche Thematik evoziert: die Krone wird zunächst als Herrschaftsinsignie Christi herausgestellt. Da auf dem Türsturz das Urteil Salomos verbildlicht wird, möchte man annehmen, daß sich die Königskrone insbesondere auf Salomo bezieht. Da sich Hiob selbst mit einem König vergleicht (*Hiob* 29,25), ist seine königliche Qualität auch im Chartreser Tympanon angesprochen, und zwar nicht nur aufgrund von *Hiob* 29,25. Seit karolingischer Zeit wird Hiob unter den Paradigmen alttestamentlicher Könige aufgezählt.[25] Smaragdus von St. Mihiel nennt Salomo, David und Job in einem Atemzug.[26] Er »sieht bei Job gerechtes Gericht und mitleidvolle Behandlung der Untergebenen exemplarisch verwirklicht«.[27] »In den Widmungsversen der *Viviansbibel* wird

25 Hans Hubert Anton, *Fürstenspiegel und Herrscherethos in der Karolingerzeit*, Bonn 1968, S. 432.

26 PL 102,950 C.

27 Anton [Anm. 25], S. 433.

Karl der Kahle zur Nachahmung seiner [Jobs] Patientia aufgefordert.«[28] »Im *Carmen de Timone comite* ist er [Job] geradezu als Idealherrscher dargestellt, der sich selbst zu lenken und die Untertanen mit Pietas und Iustitia zu leiten versteht.«[29] Das Wissen um diese paradigmatische Funktion Hiobs war im 12. und 13. Jahrhundert selbstverständlich. In dem bereits zitierten Brief, den Kardinal Hyazinthus 1161 an König Ludwig VII. richtete, wird des Königs *Davidicam humilitatem, et Salomonis sapientiam, et Iob tolerantiam*[30] gelobt. Im *Policraticus* von Johannes von Salisbury wird das Hiobleben als Vorbild für den König empfohlen, als *formula regnandi.*[31]

Man könnte leicht weitere Zeugnisse aus dem 12. und 13. Jahrhundert zusammentragen. Die Bedeutung Hiobs als Vorbild für die regierenden Könige war in den gebildeten Kreisen des hohen Mittelalters bekannt. Es erhebt sich daher die Frage, ob im Nordportal von Chartres zwingende bildliche Beweise vorhanden sind, die die für Könige paradigmatische Rolle Hiobs sinnfällig machen. Nur wenn solche Beweise vorhanden sind, kann unsere Interpretation Gültigkeit beanspruchen. Die Schwierigkeit besteht zunächst darin, daß die Kirchenväter und -lehrer ihrerseits ein großes Spektrum an Hiobdeutungen vorgetragen haben. Ernst Dassmann hat in seinem Aufsatz die *Akzente frühchristlicher Hiobsdeutung*[32] behandelt und gezeigt, wie der Vergleich Hiobs mit Christus seit Origenes, Zeno von Verona und Gregor d. Gr. gezogen wurde. Wie Hiob vom Teufel versucht wurde, so Christus in der Wüste. Früh schon werden die Freunde Hiobs als Häretiker bezeichnet.

Im *Neuen Testament* wird Hiob als Vorbild der Geduld gepriesen (Jak. 5,11). Von der frühchristlichen Zeit an wird der

---

28 Ebda., S. 433 (MGH Poet. Lat. III, S. 243-248, Vers 72).

29 Ebda., S. 433.

30 Katzenellenbogen [Anm. 9], S. 116, Anm. 14; Claussen [Anm. 5], S. 107; Westerhoff [Anm. 24], S. 55.

31 Ioannis Saresberiensis *Policratici sive De nugis curialium et vestigiis philosophorum libri VIII*, hg. v. Clemens C. I. Webb, T. 1, Oxford 1909, S. 300-301.

32 Ernst Dassmann, *Akzente frühchristlicher Hiobsdeutung* , in: JbAC 31 (1988), S. 40-56.

Tugendkatalog Hiobs ausgeweitet: Starkmut, Demut, Barmherzigkeit, Langmut, Freigebigkeit, Gastfreundschaft, Vergebungsbereitschaft und Gerechtigkeit werden genannt.[33] Von großer Bedeutung war die bis ins Mittelalter weitverbreitete *Psychomachia* des Prudentius, wo Hiob der Patientia an die Seite gestellt wird. Ingrid Westerhoff[34] hat gezeigt, wie diese Eigenschaft Hiobs an den Sockelzonen gotischer Kathedralen mehrfach verbildlicht worden ist. Auch das Bogenfeld von Chartres evoziert die von Hiob praktizierte Patientia. Nur erhebt sich sogleich die Frage, wer der Adressat dieser Tugendbotschaft sein soll. Wird dem Gläubigen mit dem Hinweis auf Hiob empfohlen, sich der Patientia zu befleißigen? Man kann diese Frage kaum verneinen. Hieran knüpft sich die weitere Frage, ob das Hiobsportal von Chartres neben der Heilsgeschichte vor allem Paradigmen königlicher Tugenden propagiert. Ein gebildeter Kirchgänger war zweifellos in der Lage, solche Deutungen vorzunehmen, zumal die Hiobszene großformatig und lesbar dargestellt ist. Auch hier stellt sich die Frage: an wen richtet sich diese Botschaft und wer fand es so dringlich, sie zu formulieren und weshalb?

Bietet das Nordquerhausportal zwingende bildliche Hinweise, die neben der heilsgeschichtlichen Deutung Hiobs eine weitere Interpretation zulassen? Die beiden Engel im Zenith der innersten Archivolte mit den Kronen weisen auf die Königsherrschaft Christi, Salomos und Hiobs hin. Die Hiobszene und das Urteil Salomos im Bogenfeld (Abb. 1) illustrieren konträre Situationen eines Herrschers: der leidende Herrscher stellt seine Patientia unter Beweis, der richtende Herscher seine Iustitia. Daß das rechte Nordquerhausportal von Chartres neben der Heilsgeschichte die Herrschertugenden thematisiert, machen die monumentalen Gewändefiguren deutlich. Im linken Gewände sind König Salomo und die Königin von Saba in *zeitgenössischer Tracht* dargestellt (Abb. 2). Die Wahl zeit-

33 Ebda., S. 41.

34 Vgl. Anm. 24. – Dazu: J. Durand, *Note sur une iconographie méconnue. Le »saint roi Job«*, in: Cahiers archéologiques 32 (1984), S. 113-135.

genössischer Tracht für ein alttestamentliches Königspaar ist hier zum ersten Mal erfolgt. Offensichtlich muß man diese Tracht als Hinweis auf das regierende Königspaar verstehen, auch wenn die Königin von Saba nicht die Gemahlin Salomos war. Sie hörte von seinem Ruhm und besuchte ihn, um ihn mit Rätseln zu erproben. Sie sagte zu Salomo: »du hast mehr Weisheit und Reichtum, als das Gerücht sagt, das ich gehört habe« (1. *Kön.* 10,7). War im Urteil Salomos seine Iustitia angesprochen, so geht es am linken Gewände um seine Sapientia. Für unseren Zusammenhang ist nicht die Präsenz von Salomo und der Königin von Saba entscheidend, denn ihre gemeinsame Darstellung erfolgte auch an anderen Kirchenportalen, beweiskräftig ist in erster Linie ihre zeitgenössische Tracht.

Dem Entwerfer ging es darum, die alttestamentlichen Paradigmen für die Gegenwart zu aktualisieren, oder im umgekehrten Sinn: das französische Königspaar sollte als neue Inkorporation von Salomo und der Königin von Saba hingestellt werden. Die Wirkung dieser Idee der Wiederverkörperung ist um so eindrücklicher, als alle anderen Gewändefiguren *keine* zeitgenössische Tracht tragen. Es kommt hinzu, daß Salomo und die Königin von Saba deutlich als Paar charakterisiert sind, denn die Königin ist dem König fragend zugewandt, während dieser nicht zur Tür blickt, sondern sich seinerseits leicht seiner Partnerin zuwendet, ohne sie freilich anzublicken. Salomo lauscht den Fragen seiner Partnerin und scheint diese zu überdenken.

Dem unvoreingenommenen Betrachter muß auffallen, daß die übrigen vier Gewändefiguren Rollen tragen und damit als Propheten bzw. Verkünder einer Botschaft auftreten, die sich auf das Königspaar bzw. das Königtum und die Herrschertugenden beziehen dürften.

Die Deutung der Gewändefiguren ist von Bulteau und Claussen geklärt worden. Mit Sicherheit identifizierbar ist Bileam im linken Gewände (Abb. 2), denn er steht auf der Eselin (*Num.* 22,27). Da er sich der Königin von Saba zuneigt, dürfte sich der Text seiner Rolle auf das Königtum bezogen haben. Von ihm wird gesagt: »Wen du segnest, der ist gesegnet, und wen du verfluchst, der ist verflucht« (*Num.* 22,6), weiter: »Der Herr, sein Gott, ist mit ihm und Königsjubel in seiner Mitte« (*Num.* 23,21), sowie: »es geht auf ein Stern aus Jakob, ein Zepter erhebt sich aus Israel« (*Num.* 24,17). Ganz offenkundig beziehen sich diese Prophezeiungen auf die Könige Israels, aber gleichzeitig wohl auch auf die Kapetinger. Da Salomo als gealterter König charakterisiert ist, könnte mit ihm Philippe Auguste gemeint sein. Beweisbar ist diese These nicht, aber abwegig ist sie deshalb nicht, weil Salomo an der Nordquerhauswand nochmals in der Glasmalerei dargestellt ist: dort allerdings auffallend jugendlich, so daß hier Ludwig VIII. gemeint sein dürfte.[35] Im rechten Gewände (Abb. 3) sind Jesus Sirach, Judith und Tobias dargestellt. Claussen[36] hat darauf aufmerksam gemacht, daß »der größte Teil des Buches Jesus Sirach ein Preislied auf die Weisheit« ist. »Dabei spricht er von Salomo (Kap. 47,12–23), über gute und schlechte Herrscher (Kap. 10).«[37] Bei *Jesus Sirach* heißt es: »Ein weiser Herrscher hält sein Volk in Zucht, seine Einsicht festigt seine Autorität. [...] Ein ungebildeter König richtet sein Volk zugrunde« (10,12); »Der Hochmut eines Menschen fängt damit an, daß er sich vom Herrn abwendet und gegen seinen Schöpfer rebelliert« (10,14); »Der Herr stürzt stolze Herrscher und setzt Arme und Geringe an ihre Stelle« (10,17).

Wer nun immer noch daran zweifelt, daß das Hiob-Salomo-Portal von Chartres das gegenwärtige Königtum sowie die Herrschertugenden anspricht, möge einen Blick auf die Archivolten werfen (Abb. 4-5) Die beiden äußeren Archivolten ruhen gleichsam auf überlebensgroßen Königsköpfen. Die vier Köngisköpfe sind bisher zu wenig berücksichtigt worden. Ihre Interpretation fällt vor allem deshalb nicht leicht, weil sie völlig isoliert stehen; sie sind ohne jede Formparallele. Aus Einfallslosigkeit jedenfalls sind sie kaum gemeißelt worden.

35 Beat Brenk, *Bildprogrammatik und Geschichtsverständnis der Kapetinger im Querhaus der Kathedrale von Chartres*, in: Arte medievale 5 (1991), S. 71-94.

36 Claussen [Anm. 5], S. 144.

37 Ebda.

Frappierend ist, daß die Köpfe zuunterst, gleichsam an unrühmlichem Ort, aber auch körperlos und eingeengt von Säulchen, Arkaden und Ornamentik vegetieren müssen. Man kann sie von unten nur schlecht erkennen. Den Schlüssel für die Deutung geben uns die beiden Tiere am Fuß der beiden innersten Archivolten in die Hand. Unter der Samsonarchivolte kauert sinnigerweise ein Löwe, unter der Gedeonarchivolte ein furchteinflößender Drache. Samson und Gedeon personifizieren die Tugend der Fortitudo. Da Samson den Löwen erlegte, kann dem Löwen unter der Samsonarchivolte nur eine negative Bedeutung zukommen. Zweifellos bedeutet der Drache das Böse, die Idolatrie bzw. den falschen Gottesglauben. Den Königsköpfen muß daher eine pejorative Bedeutung zukommen. Bulteau[38] glaubte die Königsköpfe identifizieren zu können: Unter der Esther-Archivolte erkannte er den Kopf Ahasvers, unter der Judith-Archivolte den des Holofernes[39], unter der linken Tobias-Archivolte den des Sanherib und unter der rechten Tobias-Archivolte »on voit une tête de roi nègre, c´est probablement celle de Nabuchodonosor, sous le règne duquel Tobie mourut«.[40] Obwohl diese Deutungen von Bulteau nicht weiter begründet wurden, sind sie von Wilhelm Vöge übernommen worden.[41] Katzenellenbogen[42] und Sauerländer[43] erwähnen die Königsköpfe nicht mehr. Damit geriet ein für das Gesamtverständnis des rechten Nordquerhausportals entscheidendes Element in Vergessenheit. Da die Identität der Königsköpfe ungesichert ist, könnte die Analyse ihres Ausdrucks weiterführen. Der sog. Sanherib[44] runzelt besorgt seine Stirne und blickt betrübt vor sich hin. Der Mund des sogenannten Ahasver ist ängstlich geöffnet. Es ist nicht der Kopf

38 Marcel J. Bulteau, *Description de la cathédrale de Chartres*, Chartres 1850, S. 76.
39 Ebda., S. 77.
40 Ebda., S. 78.
41 Wilhelm Vöge, *Die Bahnbrecher des Naturstudiums um 1200*, in: Zeitschrift für bildende Kunst 25 (1914), S. 193-216.
42 Katzenellenbogen [Anm. 9], S. 67-74.
43 Sauerländer [Anm. 11], S. 118-119.
44 2. *Kön.* 18,13; vgl. Vöge [Anm. 41], Abb. 9.

eines Herrschenden, sondern das Antlitz eines Menschen, dem Schreckliches widerfahren ist. Vöge hat über den sogenannten Nebukadnezar gesagt: »Ein gewaltiger Hasser ist dargestellt, heroischer Wallungen fähig«.[45] Sein Blick wirkt bedrohlich. Auch der sogenannte Mohr[46] hat seine Augen verängstigt aufgerissen. Von diesen vier Königsköpfen unterscheidet sich Salomo im linken Gewände grundsätzlich, denn er wirkt durch und durch selbstsicher. Nicht nur die Ausdrucksgstaltung, sondern auch die unrühmliche Darstellung der Königsköpfe – sie werden wie Bestrafte in der Hölle dargestellt – spricht für ihre negative Bedeutung. Ob man sie als »Bedrücker der Juden« bzw. Feinde Israels oder gestürzte Tyrannen bezeichnen soll, bleibe dahingestellt. Die causa efficiens ihrer Darstellung dürfte in *Sirach* 10, 14: »Der Herr stürzt stolze Herrscher«, zu erblicken sein.

Das Gesamtprogramm erhält seinen Sinn erst, wenn man die Königsköpfe miteinbezieht (Abb. 4-5). Wir haben damit alle bildlichen Beweise am Nordquerhausportal aufgezählt, die uns berechtigen, neben der typologischen Deutung eine zweite Sinnschicht anzunehmen, die das Königtum anspricht. Hiob ist zunächst der Antityp zu Christus, im weiteren aber ein Exempel für Patientia, so, wie Salomo ein Exempel für Iustitia und Sapientia ist. Hierher gehört auch die von Samson und Gedeon personifizierte Fortitudo. Diese exemplarischen Verhaltensweisen sind gleichzeitig Herrschertugenden. Das Portalprogramm sagt mit den Königsköpfen auch etwas aus über schlechte Herrschaft (Tyrannei) und über herrscherliche Untugenden, ohne diese zu präzisieren. Das hervorstechendste Merkmal ist, daß die Aussagen über das Wirken der Heilsgeschichte und der Herrschertugenden ganz ausschließlich mit Figuren und Szenen aus dem Alten Testament formuliert werden. Das Alte Testament ist somit als ein facettenreiches Legitimationsmedium erkannt und ausgebeutet worden. Der Entwerfer benötigte keine Inschriften und Texte, er brachte alles

45 Vöge [Anm. 41], S. 205 mit Abb. 12.
46 Ebda., Abb. 14.

mit den Bildvokabeln aus dem Alten Testament zum Ausdruck. In dieser Hinsicht schuf er etwas völlig Neuartiges. Die Entwerfer der Bibles moralisées sollten von dieser gleichzeitig typologischen und metaphorischen Bildersprache am meisten profitieren.

Der Gebrauch alttestamentlicher Erzählungen wird in der Bildkunst der Ile de France seit dem frühen 13. Jahrhundert immer beliebter. Der *Saint Louis-Psalter* ist ausschließlich mit alttestamentlichen Bildern illustriert.[47] In der Pierpont Morgan Library in New York liegt eine Prachthandschrift, die ursprünglich überhaupt nur Bilder aus dem *Alten Testament* enthielt, keine Texte.[48] In der Sainte Chapelle in Paris überwiegen die Fenster mit alttestamentlichen Zyklen bei weitem. Interessanterweise ergeben sich eine ganze Reihe von frappanten Übereinstimmungen zwischen der Sainte Chapelle und dem rechten Nordportal von Chartres. Oder soll man es dem Zufall zuschreiben, daß in den Fenstern E und D wie in Chartres die selten illustrierten Texte aus den Büchern Tobias, Judith und Hiob ausgewählt worden sind? Das Fenster K mit der Gedeon- und Samsongeschichte findet seine Parallele in der Gedeon- und der Samsonarchivolte von Chartres. Ist es weiter ein Zufall, wenn dem Esther-Fenster C in Chartres eine Archivolte mit fünf Szenen entspricht?[49] Selbst wenn es hier nicht um pure ikonographische Beziehungen geht, wird man annehmen dürfen, daß die beiden Entwerfer von Chartres und der Sainte Chapelle nicht zufälligerweise die gleichen Bücher aus dem *Alten Testament* zur Illustration der Heilsgeschichte auswählten. Über die Grundthematik hinaus müssen sie beide dieselben Sinnschichten im Auge gehabt haben. Da die Programmatik des rechten Nordquerhausportals der Kathedrale von Chartres im Programm der Sainte Chapelle Ludwigs IX. rezipiert, umgeformt und erweitert worden ist, eignete sie sich offen-

47 Marcel Thomas, *Der Psalter Ludwigs des Heiligen*, Graz 1985.

48 Sydney C. Cockerell und John Plummer, *Old Testament Miniatures. A Medieval Picture Book with 283 Paintings from the Creation to the Story of David*, London 1969.

sichtlich für eine Königskapelle; mit anderen Worten: der Rezeptionserfolg des Chartreser Programms in der Sainte Chapelle beweist, daß in Chartres Herrschermetaphorik in der Tat eingefangen werden sollte. Gerne würde man erfahren, welche Person für diesen Rezeptionsvorgang verantwortlich gewesen ist. Am ehesten ist an ein Mitglied des Chartreser Kathedralklerus zu denken, das zur königlichen Entourage gehörte.[50]

Im Vergleich zu den beiden anderen Nordquerhausportalen, die ikonographisch nur wenig Neues oder Ungewöhnliches bieten, muß die Programmatik des Salomoportals als einzigartig angesehen werden. Zweifellos war es nur für wenige Betrachter lesbar. Die Aussage erscheint um so verhüllter als sie mit wenig gebräuchlichen Vokabeln zur Evidenz gebracht wird. Im Mittelportal des Nordquerhauses (Abb. 6) werden demgegenüber geläufige Marienszenen dargestellt (Marienkrönung, Marientod und Grablegung der Maria). Ebenso leicht verständlich ist das östliche Portaltympanon (Abb. 7) mit Magierhuldigung, Geburt Christi und Verkündigung an die Hirten. Die Wahl ungewöhnlicher alttestamentlicher Szenen weist zurück auf den Concepteur/Auftraggeber. Dieser dürfte im Kreis des Kathedralklerus von Chartres zu suchen sein, denn das Kapitel war verantwortlich für den Bau der Kathedrale. Wenn der Concepteur mit den alttestamentlichen Szenen auf Herrschertugenden anspielen wollte, stellt sich die Frage, zu welchem Zweck dies geschah. Sollte damit der die Kathedrale von Chartres betretende französische König, Philippe Auguste, angesprochen werden? Da Philippe Auguste literarisch uninteressiert war[51], hätte die Programmtik ihren Adressaten gar nicht erreicht. Die Interpretation muß einen anderen Weg einschlagen. Das Programm des Salomoportals ist derart elitär, daß es nicht vom Beschauer, sondern vom

49 Marcel Aubert, Louis Grodecki, Jean Lafond, Jean Verrier, *Les vitraux de Notre Dame et de la Sainte-Chapelle de Paris*, Paris 1959.

50 Louis Amiet, *Essai sur l'organisation du chapitre de la cathédrale de Chartres (du XIe au XVIIIe siècle)*, Chartres 1922.

51 John Wesley Baldwin, *The Government of Philip Augustus*, Berkeley 1986, S. 359.

Concepteur und einem kleinen Kreis von Eingeweihten aus verständlich gemacht werden muß. Hier ist daran zu erinnern, daß »König Philipp Augustus im Jahre 1210 bei einer Pilgerfahrt eine erhebliche Summe gestiftet, d. h. 200 Pfund auf einmal zu den Baukosten gegeben und von da an jährlich die für die Errichtung des Nordquerhauses notwendige Summe« gespendet hat.[52] Liegt es nicht nahe, das rechte Nordquerhausportal als Dank und Antwort des bauführenden Kapitels an König Philipp Augustus zu interpretieren? Falls diese Hypothese zutrifft, ergeben sich zwei Szenarien für den Entwurfsvorgang. Entweder sind alle drei Portale des Nordquerhauses gemeinsam oder nur das Salomoportal, das ohnehin vermutlich einer sukzessiven Bauetappe angehört, mit königlichen Mitteln errichtet worden. Der Entwerfer hätte somit aus Anlaß einer königlichen Geldstiftung ein Bild von den weisen und unweisen Herrschern anhand alttestamentlicher Paradigmen entworfen. Es ist bemerkenswert, daß das Salomoportal zahlreiche Form- und Programm-Elemente der beiden Marienportale übernimmt. An allen drei Portalen ist die innerste Archivolte mit Engeln geschmückt, die Kronen, Herrschaftsinsignien, Kerzen, Weihrauchgefäße u. a. m. darbringen. Diese Engel verherrlichen die Jungfrau Maria und Christus als Himmelsherrscher. Zum Entwurfskonzept gehört es offensichtlich, daß der himmlischen Herrschaft Jesu und der Mutter Gottes die irdische Königsherrschaft gegenübergestellt werden sollte. Eine solche Konzeptidee kann nicht direkt mit dem französischen König in Verbindung gebracht werden, sondern viel eher mit dem Kathedralkapitel von Chartres. Der König hätte vermutlich den Vergleich mit der Herrschaft Jesu und der Mutter Gottes nicht angezogen; er war Geldgeber, aber wohl kaum Auftraggeber und Concepteur. Dem Kathedralkapitel als Auftraggeber und Concepteur war die Verherrlichung der Mutter Gottes oberstes Anliegen, denn die Kathedrale von Chartres besaß eine berühmte Marienreliquie. Nach

52 Dieter Kimpel und Robert Suckale, *Die gotische Architektur in Frankreich 1130-1270*, München 1985, S. 244. Vgl. auch Anm. 19.

Abb. 1: Chartres, Kathedrale: westliches Nordquerhausportal, Tympanon

der Schenkung der Annareliquien an die Kathedrale im Jahre 1204/05 wurde das Programm des Mittelportals ausgedacht und ausgeführt. Kurz darauf folgte das linke Nebenportal.[53] Als Philipp Auguste 1210 der Kathedrale Geld spendete, errichtete das Kathedralkapitel vermutlich zum Dank das rechte Nebenportal und assozierte mit der himmlischen Herrschaftsmetaphorik in subtiler Weise die irdische. Am Salomoportal sind mit Hilfe alttestamentlicher Metaphern und Prototypen Ansprüche, Wünsche und Empfehlungen an das regierende Königspaar zur Geltung gebracht worden. Diese Wünsche beziehen sich in diskreter Weise auf Königstugenden und Vorbilder, die systematisch aus dem Alten Testament heraus begründet werden. An allen drei Portalen wird nicht in erster Linie Geschichte erzählt, sondern die himmlische Herrschaft Jesu und der Muttergottes und die irdische Herrschaft der Kapetingerkönige werden ganz aus dem Alten Testament heraus legitimiert.

Als später vor den drei Nordquerhausportalen eine Vorhalle errichtet wurde, nahm man die herrscherliche Thematik des Salomoportals wieder auf, indem man vier Reliefs mit sitzenden Königen zwischen den Bogen einfügte. »Der Löwe und der König I spricht für Salomo. König II ist wahrscheinlich David mit dem Selbstmörder Saul unter seinen Füßen«.[54] Die beiden anderen Herrscher deutet Claussen als Karl d. Großen und Philippe Auguste.[55] Zwischen 1223 und 1226 evozierte das Kathedralkapitel mit der Verglasung der Nordquerhauswand abermals Heilsgeschichte und kapetingisches Geschichtsverständnis, jetzt aber unter Verwendung unmißverständlicher Wappen. Die Auftraggebersituation hatte sich im Querhaus jedoch gründlich verändert, da sich Mitglieder der königlichen Familie (Philippe de Boulogne, Pierre Mauclerc) sowie der Heerführer Ludwigs VIII., Jean Clément, zu einem Stifterkol-

---

53 Roger James Adams, *The Eastern Portal of the North Transept at Chartres*, Frankfurt/Main 1982.

54 Claussen [Anm. 5], S. 153.

55 Ebda., S. 154.

lektiv vereinigten.[56] Da am Salomoportal Stifterfiguren nicht vorkommen, wird man seine Programmatik als ein Werk des Kathedralkapitels ansehen müssen.[57]

56 Brenk, *Bildprogrammatik* [Anm. 35].

57 Korrektur-Nachtrag: Carl Nordenfalk hat kürzlich vorgeschlagen, das Kaiserbild Ottos II. in Chantilly als Pendant zur Gregorminiatur im *Registrum Gregorii* in Trier anzusehen. Auf dem Schreibtäfelchen von Gregors Sekretär steht ein Jesus Sirach-Zitat (14,22), welches aller Wahrscheinlichkeit nach die Weisheit als Herrschertugend Ottos II. preist. Das Frontispiz der Niketasbibel mit dem sitzenden und beratenden Jesus Sirach und dem hoch thronenden König Salomon macht deutlich, daß für die Darstellung von Jesus Sirach im Zusammenhang mit einem Herrscher eine weit zurückreichende Tradition existiert. Vgl. Carl Nordenfalk, *Archbishop Egbert's ›Registrum Gregorii‹*, in: *Studien zur mittelalterlichen Kunst 800-1250. Festschrift für Florentine Mütherich,* München 1985, S. 87-100.

Wolfgang Kemp
Wörtlichkeit und Weltlichkeit

*Beobachtungen an einer schwedischen Bilderdecke des 13. Jahrhunderts**

Die Kunst des Mittelalters ist niemals in jener Funktion aufgegangen, welche die Theologie ihr zugedacht hatte: als Bilderbibel die Unterweisung der Laien zu unterstützen. Die historischen Notwendigkeiten, die ihr einen ungleich weiteren Radius sicherten, waren ganz verschiedener Natur. Ich konzentriere mich hier auf eine und pointiere sie folgendermaßen: Weil die Bibel so ist, wie sie ist, war die Kunst gehalten, den engeren Aufgabenbereich einer Bibelillustration zu überschreiten. Nicht nur die Kunst ist demnach auf die Bibel angewiesen, was hier nicht bestritten wird: es gilt auch die Umkehrung, die sehr viel seltener bedacht wird; die Bibel ist auf die Kunst angewiesen. Sie braucht die Kunst genauso wie sie alle anderen Transformationsprozesse und Vermittlungsinstanzen braucht, die sie als heilige Schrift in die Kreisläufe praktischer Religion integrieren; dazu gehören neben Liturgie, Predigt, Kirchenjahr, Kirchenmusik, geistlichem Spiel auch die Architektur und die bildende Kunst. Aber diese Dimension des Funktionalen und Applikativen steht hier nicht zur Debatte. Es geht vielmehr um die innere ›Insuffizienz‹[1] der ›Schrift‹, die es nötig macht, daß viele Hilfssysteme dieses eine Buch in der Mitte einer religiösen Kultur erhalten. Solche Überlegungen müssen bei der Spezifik der Bibel ansetzen, in diesem Fall bei der Tatsache, daß sie eine histo-

* Wichtige Anregungen verdankt dieser Aufsatz einer studentischen Arbeitsgruppe meines Instituts, die sich mit Fragen der Narrativik beschäftigt.

1 *sufficit sibi:* »sie [die hl. Schrift] genügt sich selber«, haben biblische Theologen von Tertullian bis Luther erklärt und dagegen verstoßen, noch bevor die Tinte dieser Worte trocken war.

rische Erzählung ist. Sicher: als Kompendium unterschiedlichster Textarten umfaßt sie auch zahlreiche nicht-narrative Passagen und Bücher. Gleichwohl wird sie von einer großen Rahmenerzählung, einer tragenden Geschichtskonstruktion motiviert und zusammengehalten, welche zentral das Gottes- und Weltverständnis dieser beiden Religionen betrifft, die sich in sie teilen. Wie Paul Ricoeur so schön gesagt hat: »Not just any theology may be attached to the story form«.[2]

Das konstitutive Merkmal »story form« ist für zwei Defizite verantwortlich, für ein immanentes und für ein von außen herangetragenes. Wenn schon Erzählen großgeschrieben wird, dann könnte eine berechtigte Forderung lauten: Bitte alles und alles richtig Erzählen. Wir wissen, daß beide Testamente auf diese Erwartung ganz ungleichmäßig und in der Mehrzahl der Fälle eher unbefriedigend reagieren; beide lassen vieles ungesagt, vieles offen, beide geben sich oft ohne Not kaustisch, karg, ja herzlich desinteressiert an den Gesetzen eines ›guten Erzählens‹ und an den Motiven und Bedürfnissen des ›human interest‹. Mit anderen Worten: Es gibt einen Mangel schon auf der ureigensten Ebene des biblischen Berichts als Erzählung. Auf ihn antwortet die große Tradition der auffüllenden und komplementären Narratio, die sich in so verschiedenen Gattungen geäußert hat wie: Midrash, Apokryphe, Hagiographie, Legende, Ballade usw. Dieses unkanonische, Bachtin würde sagen: ›anderssprachige‹ Erzählen (Heteroglossia) ist vorrangig damit beschäftigt, seine Hausprinzipien Lebensnähe und Folgerichtigkeit in einem anderen oder gegen ein anderes narratives Habitat zur Geltung zu bringen.[3]

Das zweite Defizit entstand aus einer von außen kommen-

---

2 Paul Ricoeur, zit. bei Kevin J. Vanhoozer, *The Semantics of Biblical Literature,* in: D. A. Carson und John D. Woodbudge (Hg.), *Hermeneutics, Authority and the Canon,* Grand Rapids (Mich.) 1986, S. 81.

3 Michael M. Bachtin, *Die Ästhetik des Wortes,* hg. v. Rainer Grübel, Frankfurt/Main 1979, S. 192 ff. In einen methodologisch weiterreichenden Rahmen gestellt bei Aleida Assmann, *Kultur als Lebenswelt und Monument,* in: Aleida Assmann und Dieter Harth (Hg.), *Kultur als Lebenswelt und Monument,* Frankfurt/Main 1991, S. 15 ff.

den, epochalen Anforderung: Eine Weltreligion, wie es das Christentum seit den Tagen Konstantins ist, läßt sich nicht auf der Basis einer historischen Erzählung legitimieren, eines Geschichtsberichts, der ja nicht wie die mythische Erzählung per analogiam die großen Strukturen der Welt und der sozialen Ordnungen abbildet. Jede Kultur spricht über sich, wie Jurij M. Lotman sagt, durch zwei ›Texte‹: durch einen, der festhält, wie alles geordnet ist, und einen, der erzählt, wie alles geworden ist.[4] Mythische Kulturen pflegen diese Perspektiven ineinander aufgehen zu lassen. Das Christentum ist keine mythische Kultur. Es ist gehalten, diese ›Texte‹, diese Perspektiven auf das Ganze zu synthetisieren und dafür Elemente, Denkmuster, Figuren wiederzuverwenden und christlich umzurüsten, die aus der heidnisch und letztlich mythisch inspirierten Tradition eines Denkens in Analogien stammen. In der Kombination mit dem anderen ›Text‹ der Erzählung bilden sie eine völlig neue und wohl nur in christlicher Kunst zu findende Form der Synthesis.[5] Es gibt also einen Zwang zum thematischen Komplement, zu einer zweiten Ordnung, welche mit Hilfe von übergreifenden Figuren argumentiert.

Das Problem, das sich bei der Adaption solcher Anordnungsfiguren stellte, war nicht ihre nicht-christliche Herkunft, beachtet werden mußte vielmehr das Verbot des »Kosmotheismus« (Jan Assmann), das den Juden und Christen die Anbetung Gottes im Sichtbaren untersagte.[6] Die Vermeidungsstrategie, welche die christliche Kunst einhielt, finden wir im Prolog des Johannes-Evangeliums vorgebildet, welcher ja der klassische Fall einer thematischen Antwort auf die Defizite der historischen Erzählung ist, die noch innerhalb derselben, d. h.

---

4 Jurij M. Lotman, *On the Metalanguage of a Typological Description of Culture,* in: Semiotica 14 (1975), S. 102.

5 Zu dieser Auffassung von christlicher Kunst s. meinen Aufsatz: *Mittelalterliche Bildsysteme,* in: Marburger Jahrbuch für Kunstwissenschaft 22 (1989), S. 121-134, und demnächst mein Buch über die Strukturen christlicher Kunst des Mittelalters.

6 Jan Assmann, *Magische Weisheit,* in: Aleida Assmann (Hg.), *Weisheit. Archäologie der literarischen Kommunikation III,* München 1991, S. 241-257.

genauer: vor derselben eingeht. Vor den logoi, dem ungefestigten Bestand mündlicher Überlieferung, steht der Logos als »foundational stability, a force outside of time and prior to world«[7]. Er begründet nicht nur die Autorität einer Erzählung, welche die beweglichen Worte schriftlich faßt und literarisch zu einer Biographie arrangiert; er gibt zugleich die große Perspektive auf das Problem einer christlichen Kosmo-Logie vor: Der Logos ist auch für die Schöpfung der Welt verantwortlich. Diese Welt-Wort-Gleichung hilft aus allen Nöten, die aus dem Widerspruch von thematischem Defizit und Kosmotheismus-Verbot erwachsen könnten.

Die folgende Analyse gilt einem Werkkomplex, an dem sich ausführlich studieren läßt, wie die ›Schrift‹ und die mit ihr entstehenden Desiderate, wie das Verlangen nach einer besseren Erzählung und das Verlangen nach der großen Synthese mit der Grundanforderung, die Bibel zu visualisieren, zu vereinen sind. Was dem Fall darüber hinaus die Aufmerksamkeit eines akuten Forschungsinteresses sichert, ist die Tatsache, daß Bachtins Begriff ›Heteroglossia‹ mit besonderem Recht auf ein Stück auffüllenden Erzählens angewandt werden kann: seine Form und seine Motivation verdankt es einzig und allein der Kultur der Mündlichkeit.[8] Ich werde von einem Relikt der

7 Werner H. Kelber, *In the Beginning Were the Words,* in: Journal of the American Academic of Religion 58 (1990), S. 90.

8 Einen Überblick über den Stand der Oralität-Forschung bietet der Beitrag von Ursula Schaefer in diesem Band; vgl. auch D. H. Green, *Orality and Reading: The State of Research in Medieval Studies,* in: Speculum 65 (1990), S. 267-280. Nach wie vor wichtig außer den ›Gründungsschriften‹ von Havelock, Lord und Parry: Jack Goody, *The Interface between the Written and the Oral,* Cambridge 1987; Brian Stock, *The Implications of Literacy: Written Language and Models of Interpretation in the Eleventh and Twelfth Centuries,* Princeton N. J. 1983; Franz H. Bäuml, *Varieties and Consequences of Medieval Literacy and Illiteracy,* in: Speculum 55 (1980), S. 237-265; Louis-Jean Calvet, *La tradition orale,* Paris 1984. – Mit einiger Verspätung hat nun die Orality-Debatte auch die Kunstwissenschaft erreicht, s. Michael Camille, *Seeing and Reading: Some Visual Implications of Medieval Literacy and Illiteracy,* in: Art History 8 (1985), S. 26-49; Herbert L. Kessler, *Diction in the »Bibles of the Illiterate«,* in: Irving Lavin (Hg.), *World Art. Acts of the XXVIth International*

rarsten Spezies mittelalterlicher Kunst des Westens sprechen, von einer Bilderdecke. Solche hölzernen Tabulate sind vor der Gotik und ihrer Architektonisierung der Gewölbezonen sicher einmal so häufig und so bilderreich gewesen wie ihre Pendants im Osten und im Süden des christlichen Kunstkreises: man denke nur an die freskierten oder mosaizierten Dekorationssysteme mittelbyzantinischer Kirchen. Die wenigen erhaltenen oder rekonstruierbaren Fälle lassen die Verallgemeinerung zu, daß dieses Medium im Norden eine Art natürlichen Anreiz zum Bau von Bild- und Weltsummen bot.

Gut bekannt, häufig besprochen und abgebildet ist die Decke von St. Martin in Zillis (Graubünden), eine Arbeit des späteren 12. Jahrhunderts (Abb. 2 a, b), deren konstitutive Elemente ich nur kurz aufrufen will, um in Andeutungen die Gesetzmäßigkeiten dieser Bildgattung zur Verfügung zu haben.[9]

Congress of the History of Art, University Park London 1989, S. 297-304; C. G. Thomas, *Greek Geometric Narrative Art and Orality,* in: Art History 12 (1989), S. 257ff.; Karl Clausberg, *Spruchbandaussagen zum Stilcharakter,* in: Städel-Jahrbuch 13 (1991), S. 81-110; Rosemary Muir Wright, *Sound in Pictured Silence: The Significance of Writing in the Illustration of the Douce Apocalypse,* in: Word & Image 7 (1991), S. 239-274; Ilene H. Forsyth, *The Monumental Arts of the Romanesque Period: Recent Research,* in: *The Cloisters. Studies in Honor of the Fiftieth Anniversary,* New York 1992, S. 16 ff. Wenig hilfreich sind die dem Titel nach vielversprechenden Untersuchungen von Karl Hauck, weil sie die Deutung nordischer Goldbrakteaten ausgerechnet am Modell der Renaissance-Ikonologie aufziehen und einzig an der Rekonstruierbarkeit von ›Textvorgaben‹ aus den Bildquellen interessiert sind: die Spezifik mündlicher Überlieferung und der Darstellungsmodi des Bildes in einer oral geprägten Kultur bleibt so ausgeklammert; s. Karl Hauck, *Text und Bild in einer oralen Kultur,* in: FMSt 17 (1983), S. 510-599; ders., *Methodenfragen der Brakteatendeutung. Erprobung eines Interpretationsmusters für die Bildzeugnisse aus einer oralen Kultur,* in: Herrmann Roth (Hg.), *Zum Problem der Deutung frühmittelalterlicher Bildinhalte,* Sigmaringen 1986, S. 273-296. Was hier nottäte, wäre eine Art Semiotik des Pikturalen im Zeichensystem vor- und subliterater Kulturen, für die in der Anthropologie wichtige Vorleistungen existieren. Ich denke an die Veröffentlichungen von Anthony Snodgrass, Whitney Davis, Esther Jacobson, s. aber auch Calvet, a.a.O., S. 59 ff.

9 Zur Decke in Zillis und der Kunstform als solcher s. vor allem: Erwin Poeschel, *Die romanischen Deckengemälde von Zillis,* Erlenbach b. Zürich 1941; Walter Myss, *Bildwelt als Weltbild. Die romanische Bilderdecke von St. Martin zu*

Das Tabulat der kleinen Dorfkirche deckt eine Fläche von knapp 17 mal 9 Metern. Es besteht aus einem Rahmenwerk und 153 gleich großen quadratischen Füllelementen, deren Inhalte sich auf folgende Darstellungsmodi und Positionen verteilen. Es gibt 48 Rahmen- oder Randfelder, die ›Meerstücke‹, welche den Ozean am Rande der viereckigen Welt darstellen und deren durchgezogener Wellenspiegel von vielgestaltigen Seetieren und Meeresszenen belebt ist. Hervorgehoben sind die vier Eckpositionen: an den vier Ecken des Mundus erscheinen die Personifikationen der Himmelsrichtungen und Hauptwinde in Gestalt der vier Posaunenengel der Apokalypse. Dieses Meer umspült »das feste Land des Heilsgeschehens« (Walter Myss), den Innenzyklus, der aus 105 Feldern, genauer aus 15 Zeilen mit je sieben Bildelementen besteht. Er erzählt nach einem kurzen Prolog, zu dem ich zurückkehren werde., aus dem Neuen Testament von der Verkündigung bis zur Dornenkrönung und erlaubt sich dann einen kurzen Nachtrag mit wenigen Szenen aus der Vita des Kirchenheiligen. Was fehlt, vor allem die Höhepunkte des Passionsgeschehens, müssen wir uns an die aufrechten Wände und an die Decke des verlorenen romanischen Altarhauses gemalt denken. Im narrativen Modus werden also Bibel und Ökumene, Schriftlichkeit und Weltlichkeit als Erscheinungsformen desselben Wesens »der sichtbaren Formen« ausgegeben, die, so heißt es in diesem Jahrhundert bei Hugo von St. Viktor, »sowohl die Natur seit der Schöpfung von Weltbeginn aufgeprägt trägt, als auch die hl. Schrift verteilt vorbringt«.[10] »Verteilt«, das heißt für die Bibel, daß sie nicht systematisch, enzyklopädisch geordnet, sondern in historischer Darstellungsweise verfährt, das heißt für den Innenzyklus, daß er als linear konsekutive Bilderordnung organisiert ist, die dem

---

Zillis, Beuron 1965; Ernst Murbach, *Die romanische Bilderdecke der Kirche St. Martin,* Zürich 1967; Friedrich Wilhelm Deichmann, *Kassettendecken,* in: Jahrbuch der Österreichischen Byzantinistik 21 (1972), S. 83-107; S. Brugger-Koch, *Die romanische Bilderdecke von St. Martin, Zillis (Graubünden). Stil und Ikonographie,* o. O., o. J.; Kemp, Bildsysteme [Anm. 5], S. 127f.

10 Hugo von St. Viktor, *Expositio in hierarchia coelestis Dionysii,* PL 175, Sp. 949.

Zeilenschema schriftlicher Texte folgt, also eine künstliche Dispositionsform benutzt und nicht auf die »natürliche« Anordnung räumlicher Gegebenheiten rekurrieren kann. Die dritte Ordnung, die in der Decke vorkommt, ist eine rein zeichenhafte. Durch einen doppelten einheitlichen Ornamentstreifen wird dem Raster der Täferdecke ein monumentales Kreuz einbeschrieben, das beide Ordnungen überlagert und »wie ein Siegel« (Gregor von Nyssa) die Gesamtkomposition zusammenhält.

Ein rundes Jahrhundert nach Zillis entstand in einer ebenso abgelegenen und bescheidenen Kirche Smålands die Bilderdecke von Dädesjö[11] (Abb. 3a-f, 4, 5). Dieses Tabulat will anders als sein Schweizer Pendant als eine aufrecht stehende Bildstruktur gelesen werden: Es gibt ein definiertes Unten (im Osten) und ein Oben (im Westen). Die höchste Sphäre, das von sechs Engeln eingenommene Empyräum, ist durch einen Rahmen und durch eine andere Proportionierung der Bildfelder von der Zone darunter deutlich abgesetzt. Der Mundus hat vier ›Ecken‹ wie der in Zillis, vier gleichfalls mit Engeln besetzte Medaillons. In Dädesjö definieren sie gemäß ihrer Verteilung nach unten und oben die Positionen der Erde und des Firmaments: die beiden unteren Engel sitzen auf bewachsenen Erdhügeln, die beiden oberen auf Himmelsbögen. Damit ist aber ihre Funktion nicht erschöpft. Wie ihre Beischriften besagen und wie ihre Tätigkeit demonstriert – alle vier schreiben auf Rollen –, verkörpern sie die vier Evangelien, die ja nach Aussage der Väter die vier Säulen darstellen, auf denen die Welt ruht. Sie orientieren und fassen diese Bildsumme wie so viele andere der christlichen Kunst. In Zillis füllt die Schrift die bewohnte Erde, die Ökumene, randvoll aus. In Dädesjö wird die Geschichte und die Welt, zumindest die irdische Welt, von der Schrift zusammengehalten. Die Narration hat also an beiden Ordnungen Anteil.

11 Eine umfassende Bestandsaufnahme aller Kunstwerke in Dädesjös Gamla Kyrka in: Sten Karling u. a. (Hg.), *Sveriges Kyrker. Kunsthistorisk Iventarium. Småland,* Bd. II, Stockholm 1967-72, S. 166 ff.; dort auch die ältere Literatur, aus der hervorzuheben sind: Ewert Wrangel und Otto Rydbeck, *Medeltidsmalningarna i Dädesjö,* Stockholm 1918; Bengt G. Söderberg, *Mäster Sighismunder i Dädesjö,* Malmö 1957.

Diese Feststellung ist um so bemerkenswerter, als sich die ›Füllung‹ dieses kosmo-logischen Rahmens an den außen gesetzten Kanon nicht hält. Der Erzähler des kurzen Innenzyklus von 20 Bildfeldern bringt es fertig, Sequenzen einzubauen und Umstellungen im Geschehensablauf vorzunehmen, die im Neuen Testament keine Deckung haben. Der ›umgrenzte‹, der ›zugewiesene Bezirk‹ – so die Wortbedeutung von Kanon – wird von ›draußenstehenden‹ Texten infiltriert, der Logos wird von den logoi durchsetzt. Was Bachtin die »dialogische Beziehung zur Redevielfalt«[12] genannt hat, ist das Kennzeichen einer ganzen Epoche, die Kommunikationsgeschichte gemacht hat: die parallel voranschreitende Offensive der Volkssprachen und der Verkündigung in Wort und Bild an die Laien sind ihre bekanntesten Leistungen. Wenn auch im Rahmen der lateinischen Schriftkultur bleibend, ist damit eng verknüpft die Neubewertung mündlicher und kanonischer Überlieferung durch die Kompendienliteratur. Jetzt schluckt der ›Lehrkörper‹ sukzessive den Korpus der Anderssprachigkeit; er kompiliert einen Kanon der zweiten Ordnung: Petrus Comestors *Historia scholastica* (1169-73), das *Speculum historiale* des Vinzenz von Beauvais (nach 1256) und die *Legenda Aurea* des Jacobus de Voragine (vor 1264), die ja neben der Fixierung vieler Heiligenviten auch die Evangelien und ihre apokryphen Weiterungen zusammenführt, das sind die Haupt- und Sammelstationen einer kirchlichen Öffnungs- und Integrationsbewegung. Gleichwohl sucht jede Weiterung und Abweichung immer die Deckung des autoritativen und kanonisierten Wortes.

Zurück zur Decke in Dädesjö. Die Dualität von Logos-Rahmen und logoi-Füllung wird strukturell in der Komposition des Tabulats wirksam. Die Engel der Evangelien sind nicht als Autoren-Porträt und Exordiumformel zu verstehen, wie wir das aus den Evangeliaren kennen; sie gehören wie der Prolog des Johannes-Evangeliums auf die Seite der thematischen Ordnung. Deren formales Kennzeichen ist eine durch Analogie gestiftete Figur, die über die Entfernung hin wirkt, in die-

12 Bachtin [Anm. 3], S. 279.

sem Fall den ganzen Mundus zusammenhält, während die Narration aus der Folge, sprich Nähe, Nachbarschaft der Einheiten entsteht. Den eigentlichen Anfang machen die beiden ersten Felder des inneren Zyklus, also das zweite und dritte, die in der untersten Zeile auf das Bild des Engels mit dem Schriftband des Markus folgen. Zuerst kommt ein thronender König mit Schwertträger, der einem Pagen ein Buch übergibt oder ein solches von ihm empfängt; daneben sehen wir Abraham, die Seelen in seinem Schoß haltend. Eine historische Reihenfolge kann hier nicht gemeint sein; schließlich geht das Zeitalter der Patriarchen dem der Könige voraus. Es handelt sich um eine Art Wort-für-Wort-Übersetzung des ersten Verses des Evangeliums nach Matthäus: *Liber generationis Jesu Christi filii David, filii Abraham* (»Buch von der Abstammung Jesu Christi, des Sohnes Davids, des Sohnes Abrahams«). David, dem als Autor der Psalmen das Buch attribuiert wird, und Abraham mit den Seelen im Schoß taugen aber auch als thematische Einleitung, als programmierende Figuren am Anfang der Kindheitsgeschichte: In David wird die königliche Herkunft und Natur des Messias angetönt; Abraham erinnert daran, daß in ihm und damit in seinem ›Sohn‹ alle Völker gesegnet worden sind – damit ist die königliche und die universale Rolle des Messias vorgegeben. Auch in Zillis kommen zuerst drei frontal vor herrschaftlichen Architekturen sitzende Könige, die man mit David, Salomon und Rehobeam – Vater, Sohn und Enkel – identifiziert hat.[13] Sie stellen einen kurzen Kursus der Genealogie Christi dar, wie er in Fortsetzung der gerade zitierten Eingangsworte das Evangelium nach Matthäus einleitet: die Zyklen pflegen diese Angaben von dreimal vierzehn Ahnen auf wenige zu verkürzen.

Die Bilderzählung, die in Dädesjö an diesen repräsentativen Vorspann anschließt, ist im Wesentlichen ein Nativitätszyklus mit einem (durchaus begründbaren) Finale in der Anbetung der Könige und einem kleinen mariologischen Epilog: die beiden letzten Medaillons in Zeile 6 sind jedenfalls nur als Fort-

13 Poeschel [Anm. 9], S. 18 ff.

setzung des Lebens der Maria erklärbar. Die bisher vorgebrachten Deutungen gehen weit auseinander[14] – ich tendiere dazu, hier zwei Motive aus dem ikonographischen Bilderkreis des Todes der Maria wiederzuerkennen: der Engel, der zum Zeichen ihres bevorstehenden Hinscheidens ihr einen Palmzweig aus Gottes Paradies überbringt (Abb. 5), und die drei Frauen, »die Gefährtinnen der hochheiligen Jungfrau«, die in der gleichen apokryphen Quelle als diejenigen bezeichnet werden, die den Leichnam waschen und einkleiden.[15] Vor ihrem Tod würde sich für Maria wiederholen, was den Anfangspunkt der Heilsgeschichte setzte, die Verkündigung, und in den drei Frauen mit ihren Gaben würde der doppelte Triumph ihres Sohnes wiederholt bzw. vorweggenommen: die Anbetung durch die drei Könige als Zeichen seiner königlichen Würde (s. Zeile 5) und die drei Frauen am Grabe als Hinweis auf seine Unsterblichkeit – es sei an dieser Stelle hinzugefügt, daß derselbe Maler die Wände unterhalb der Decke mit einem ausführlichen Passionszyklus bemalt hat und daß dort auch die drei Frauen am Grabe vorkommen. Mit dem mariologischen Nachwort stehen wir also schon im Bereich der Legenden bzw. apokryphen Überlieferung.

Genauso wie Einleitung und Epilog als Einheiten erkennbar sind, so ist auch die dazwischen in vier Zeilen aufgebaute Erzählung strophenförmig gegliedert: Zeile 2 berichtet von der Vorgeschichte und vom Ereignis der Geburt des Kindes (Verkündigung, Visitatio, Traum des Joseph, Geburt), Zeile 3 hat die Anerkennung des Heilands durch die Menschen zum Gegenstand (Verkündung an die Hirten, Geschichte des Stephan s. u.), Zeile 4 setzt die gleichzeitig vonstatten gehenden

---

14 Eine Zusammenfassung der Legenden zum Tod der Maria und der ikonographischen Tradition: Gertrud Schiller, *Ikonographie der christlichen Kunst,* Bd. 4/2: *Maria*, Gütersloh 1980, S. 83 ff. Zu Dädesjö s. die abweichenden Deutungen von Söderberg [Anm. 11], S. 48, und Anna-Lisell Stigell, *Medaljongernas gåta,* in: Forvännen 63 (1968), S. 245-256.

15 Siehe hierzu die apokryphe Schrift des 6. Jahrhunderts: *Liber de transitu Virginis Mariae,* in: Alfred Schindler (Hg.), *Apokryphen zum Alten und Neuen Testament,* Zürich 1988, S. 707 ff.

Geschehnisse des Kindermords und der Flucht nach Ägypten ins Bild (Befehl zum Kindermord, Ausführung desselben, Flucht und Rettung durch das Kornfeldwunder), Zeile 5 schließlich ist der Reise und Anbetung der Könige gewidmet.

Auffällig ist sogleich die vom biblischen Bericht abweichende Anordnung der Ereignisse von Zeile 4 und 5. Nach Matthäus besuchen die Magier zuerst Herodes und informieren ihn von der Geburt des Königs der Juden, dann ziehen sie zum Kind und beten es an, dann kehren sie nicht zu Herodes zurück. Motiviert wurde die Umstellung der Bildsequenzen durch die Orientierung an einer anderen großen und autoritativen Sequenz, am Kalender des Weihnachtsfestkreises. Dieser will, daß das Fest der unschuldigen Kinder (28.12) dem Fest der Erscheinung des Herrn (Epiphanias, 6. Januar) vorausgeht. In thematischer Hinsicht leuchtet diese andere Reihenfolge ein: Kindermord und Flucht nach Ägypten, das wäre ein offenes Ende, ein ins Unbestimmte zeigender Vektor. Umgekehrt wird im Erscheinungsfest ein erster Abschluß des Heilsgeschehens erreicht. Nach seiner Geburt in der Verborgenheit des Stalles von Bethlehem offenbart sich an diesem Tag das Kind als Gottkönig dem Erdenkreis. Indem es von Königen angebetet wird, erfüllt sich die Verheißung, die Maria in der Verkündigung gegeben war, rundet sich der Zyklus: »Gott der Herr wird ihm den Thron seines Vaters David geben. Er wird ein König sein über das Haus Jakob in Ewigkeit, und seines Königreiches wird kein Ende sein« (Luk. 1,32-33).

Auf der Ebene der Narration tut sich allerdings mit der Umstellung ein Problem auf. Welches Wissen könnte Herodes zu seiner grausamen Tat veranlaßt haben, wenn seine Informanten, die Könige, erst nach dem Kindermord die Szene betreten?

Nach der Verkündigung an die Hirten wird in Zeile 3 die Geschichte von Stephan, dem Pferdeknecht des Herodes, eingeschoben. Damit sind wir auf dem Boden der mündlichen Überlieferung angelangt. Die ›Legende‹ von Staffan stalledräng, dem Stallknecht Stephan, ist ein rein nordisches Traditionsgut: das Zentrum ihrer Pflege liegt in Schweden, wo das

Thema häufig ins Bild übersetzt worden ist; das Motiv ist aber auch seit dem Mittelalter aus Dänemark, Norwegen, Finnland, England und Schottland bekannt. Er erübrigt sich fast zu sagen, daß die Bildzeugnisse jeder schriftlichen Aufzeichnung um Jahrhunderte vorausgehen.[16]

Der Grund für diesen Einschub ist wiederum ein kalendarischer. Das Fest des ersten Märtyrers begeht die Kirche am Tag nach Christi Geburt, am 26. Dezember. Im Norden Europas war das Anlaß, dem Gefeierten ein Patronat und eine neue Vita anzudichten, die ihn zu einem Mitspieler der Weihnachtserzählung machten. *And therefore is his eveyn* [= eve (»Vorabend des Fests«)] *on Christes owen day*, heißt der letzte Vers der mittelalterlichen Ballade von *St. Stephen and Herod* im Englischen[17]: *therefore* – das ging so: Weil Stephan im Norden die Schutzherrschaft über die Pferde angenommen hatte und sein Tag als der ›große Pferdetag‹ begangen wurde, mußte für ihn eine entsprechende narrative Funktion gefunden werden, die zugleich den Preis seines Lebens einschloß – er konnte also nicht, um ein Beispiel zu nennen, im Gefolge der drei Könige auftreten. Nordischem Brauchtum zufolge führt Stephan, der Stallknecht des Herodes, am Weihnachtstag die Pferde zur Tränke: um ihre Gesundheit im neuen Jahr zu erhalten, ließ man die Tiere dann an anderen Quellen als den gewohnten oder an öffentlichen Wasserstellen trinken. Wie die Schafhirten auf dem Felde wird Stephan dabei des Sterns gewahr und seiner Freudenbotschaft

16 Zum Pferdeknecht Stephan s. Svend Grundtvig (Hg.), *Danmarks gamle Folkeviser,* Kopenhagen 1854-1856, Bd. II, S. 512 ff.; Otto Anderson (Hg.), *Den äldre folkvisan,* Helsingfors 1943, Bd. V/1, S. 136 f.; Bengt R. Jonsson (Hg.), *Sveriges Medeltida Ballader,* Stockholm 1986, Bd II, S. 29-65; Francis James Child (Hg.), *The English and Scottish Popular Ballads,* New York 1965, Bd. I, S. 233 ff. – Zur Ikonographie Ewert Wrangel, *Staffan stalledräng i ord och bild,* in: *Svenska Studier tillägnande Gustav Cederschiöld,* Lund 1914, S. 256 ff.; Johnny Rosvaal, *Die Steinmeister Gottlands,* Stockholm 1918; Hilding Celander, *Staffansvisorna,* in: Folkminnen och folktankar 14 (1927), S. 1-55; ders., *Till Stefanslegendens och Staffansvisornas utvecklings historia,* in: Arv 1 (1945), S. 134-63; Folke Nordström, *Virtues and Vices on the 14th Century Corbels in the Choir of Uppsala Cathedral,* Uppsala 1956, S. 88 ff.

17 Child [Anm. 16], S. 242.

inne. An den Tisch seines Herrn tretend überbringt er die Nachricht von der Geburt des Heilands; sie wird ungläubig aufgenommen: Eher werde der gebratene Hahn vor ihm wieder lebendig werden, antwortet Herodes, was dann auch prompt geschieht. Flügelschlagend kräht der Hahn: »Christus ist geboren!« Der erschrockene König der Juden läßt seinen Stallknecht abführen und zu Tode steinigen.

Im 12. und 13. Jahrhundert hat sich die Kirche die fabulösesten Episoden in ihren Heiligenleben festschreiben lassen, aber dieser Fall liegt anders: Nicht um *amplificatio* der erbaulichen, der spannenden oder der stupenden Art geht es, hier wird eine grundständig andere Vita kreiert, die aus der Überlieferung gerade mal das Ende nimmt, aus einer Überlieferung – das muß man hinzusagen –, die biblisch legitimiert ist. Das macht ja die Stephanus-Vita so verschieden von allen anderen Heiligenleben, die der Apostel ausgenommen, darauf hat schon Augustinus hingewiesen: »Während wir von anderen Märtyrern kaum Berichte haben, die wir an ihren Festen vortragen können, steht seine Passion im kanonischen Buch [der Apostelgeschichte].«[18] Einen Stephan, der nicht als Kirchenmann, als Diakon unter den Steinwürfen ungläubiger Juden, sondern als Stallknecht des Herodes sein Leben läßt, kann die Kirche allenfalls dulden; daß sie ihm durch eigene Textproduktion Vorschub geleistet hat, ist schwer vorstellbar.

Wir sind also gehalten, die Existenz einer mündlichen, volkssprachlichen Version der Weihnachtserzählung, eine Art nordisches Proto-Evangelium anzunehmen, welches, außerhalb der Kirche entstanden, diese mit den Kirchenmalern, Goldschmieden und Steinmetzen wieder betritt. Viel Zeit für die Ausarbeitung und Durchsetzung war ihm nicht gegönnt. Der Norden wird um 1000 christianisiert; aus der ersten Hälfte des 12. Jahrhunderts stammen die frühesten erhaltenen Bildzeugnisse, welche Stephan in der Weihnachtsgeschichte mitspielen lassen. In welcher Form diese nordische Weihnachtslegende verbreitet wurde, ist die nächste Frage. Die Antwort ist einfacher als die

18 Augustinus, *Sermo 315*, PL 38, Sp. 1426.

mit ihr kommenden Probleme, die ich aber hier nicht erörtern möchte: Zur Debatte stünde ein so großer Komplex wie die heute kanonisch gewordenen Ansichten über Alter, Herkunft und Stilistik der nordischen Ballade.[19]

Das in vielen Sprachen und Dialekten aufgegriffene Motiv ist nämlich ausnahmslos in der Form der Ballade überliefert, die im Norden eine epische Dichtungsart, ein Erzähllied ist. In bezug auf unsere Decke scheinen mir zwei Klammern zwischen Wort und Bild gegeben zu sein: eine weitere und eine ganz enge. Wir haben Fassungen, welche die Geschichte von Stephan

---

19 Überblick über den Stand der Balladenforschung, s. Bd. 17 der Harvard English Studies: Joseph Harris (Hg.), *The Ballad and Oral Studies,* Cambridge (Mass.) und London 1991; zu Nordeuropa s. vor allem die Beiträge von V. Ólason und Bengt R. Jonsson; davor umfassend im Sinne der herrschenden Theorie David Colbert, *The Birth of the Ballad,* Stockholm 1989; kontrovers Iørn Piø, *Nye veje til folkevisen,* Kopenhagen 1985. – In aller Kürze: Die Balladenforschung hat den Reflex verinnerlicht, der die literaturwissenschaftliche Mediävistik immer dann packt, wenn sie von etwas handelt, das einmal im Ruf stand, ganz alt, ganz ursprünglich, ganz von unten kommend zu sein. Die ebenso schematische Reaktion lautet heute: sehr spät, durch und durch abgeleitet und von hochliterarischer Herkunft. In diesem Sinne heißt es von den nordischen »Folkeviser«: »they go back to books«, sie sind Derivate französischer chansons de toile, sie entstehen in den 1290er Jahren (»but not earlier«), in Verbindung mit den »höchsten aristokratischen Zirkeln der Zeit um 1300«. Wenn man diese Daten mit der Annahme einer Balladen-Vorlage für Dädesjö korreliert, dann würde diese Decke, die sicher vor 1290 gemalt worden ist, also ganz am Anfang stehen, d. h. eigentlich noch vor dem offiziellen Beginn der balladesken Dichtung. Dies vom Tabulat einer winzigen Dorfkirche anzunehmen, die fernab von Höfen und Bildungszentren liegt, wird wohl niemand vertreten wollen. Diese Bilderdecke ist mit Sicherheit nicht die einzige und die erste Bildsumme dieser Art und mit diesen legendarischen Ergänzungen. Es ist auch überhaupt nicht einzusehen, warum die Untergattung der *»kampeviser«*, der Ritterballaden, an der immer wieder Maß genommen wird, die Eckdaten für das ganze Genre festlegt. Im Zusammenhang unserer *»legendevise«* sei daran erinnert, daß die deutsche mittelalterliche Dichtung biblischer Balladen mit stark mündlicher Prägung schon in der ersten Hälfte des 12. Jahrhunderts aufzuweisen hat, s. Gisela Vollmann-Profe, *Von den Anfängen zum hohen Mittelalter*, Königstein 1986 (Geschichte der deutschen Literatur von den Anfängen bis zum Beginn der Neuzeit, hg. v. Joachim Heinzle, Bd. I/2), S. 83 ff.

Abb. 1: Bergen (Norwegen), Historisk Museum, Relief vom Altarfrontale der Kirche in Flåvoer. Herodes befiehlt das Martyrium des Stephanus

Abb. 2a: Zillis (Graubünden), St. Martin, Bilderdecke (nach Westen)

Osten (Chorseite)

Süden	a	b	c	d	e	f	g	h	i	Norden
I	1	2	3	4	5	6	7	8	9	I
II	48	49	50	51	52	53	54	55	10	II
III	47	56	57	58	59	60	61	62	11	III
IV	46	63	64	65	66	67	68	69	12	IV
V	45	70	71	72	73	74	75	76	13	V
VI	44	77	78	79	80	81	82	83	14	VI
VII	43	84	85	86	87	88	89	90	15	VII
VIII	42	91	92	93	94	95	96	97	16	VIII
IX	41	98	99	100	101	102	103	104	17	IX
X	40	105	106	107	108	109	110	111	18	X
XI	39	112	113	114	115	116	117	118	19	XI
XII	38	119	120	121	122	123	124	125	20	XII
XIII	37	126	127	128	129	130	131	132	21	XIII
XIV	(36)	133	134	135	136	137	138	139	(22)	XIV
XV	(35)	140	141	142	143	144	145	146	(23)	XV
XVI	(34)	147	148	149	150	151	152	153	(24)	XVI
XVII	(33)	32	(31)	(30)	(29)	(28)	(27)	26	(25)	XVII
	a	b	c	d	e	f	g	h	i	

Westen

Abb. 2b: Zillis, St. Martin, Schema der Bilderdecke: 1-48 = äußerer Zyklus, das Meer am Rande der Welt; 49-153 = innerer historischer Zyklus mit der Geschichte Christi und einigen Szenen aus der Vita des hl. Martin. Durch dreifache Linien hervorgehoben das monumentale Kreuz, das im Original durch das doppelte Wellenband ausgewiesen wird. ( ) = die Ergänzungen der Restaurierung von 1939/40

Abb. 3a: Dädesjö (Schweden), Alte Kirche, Bilderdecke. Felder 1: Evangelist Markus; 2: David; 5: Verkündigung; 6: Visitatio

Abb. 3b: Dädesjö (Schweden), Alte Kirche, Bilderdecke. Felder 3: Abraham; 4: Evangelist Lukas; 7: Traum des Josef; 8: Geburt

Abb. 3c: Dädesjö (Schweden), Alte Kirche, Bilderdecke. Felder 9: Die Hirten auf dem Felde; 10: Stephan tränkt die Pferde; 13: Der Befehl des Herodes; 14: Der Kindermord

Abb. 3d: Dädesjö (Schweden), Alte Kirche, Bilderdecke. Felder 11: Stephan vor Herodes ; 12: Martyrium des Stephan; 15: Flucht nach Ägypten; 16: Das Kornwunder

Abb. 3e: Dädesjö (Schweden), Alte Kirche, Bilderdecke. Felder 17, 18: Der Zug der Drei Könige; 21: Evangelist; 22: Drei Gefährtinnen der Maria; 25-27: Engel

Abb. 3f: Dädesjö (Schweden), Alte Kirche, Bilderdecke. Felder 19, 20: Die Drei Könige vor Maria; 23: Stephanus und Maria?; 24: Evangelist; 28-31: Engel

Abb. 4: Dädesjö (Schweden), Alte Kirche, Bilderdecke. Feld 10: Stephan tränkt die Pferde

Abb. 5: Dädesjö (Schweden), Alte Kirche, Bilderdecke. Feld 23: Stephanus und Maria?

in einen größeren Kontext einbetten; so vor allem die dänische Volksweise, welche von elf Strophen nur vier der Legende widmet: davor wird von der Verkündigung und von Weihnachten erzählt, danach vom Kindermord und von der Flucht der hl. Familie nach Ägypten.[20] Außerdem hat diese Ballade eine thematische Einleitung. Zwei Strophen singen den Preis der Jungfrau Maria. Damit sind im Grunde beide Optionen offen, die wir im Hinblick auf den Referenz›text‹ der Bilderdecke denken können: die Möglichkeit eines nordischen Kindheitsevangeliums, in dessen Zusammenhang die Stephan-Episode eine ganz bestimmte, noch genauer zu benennende Funktion erfüllt, und eine eher mariologisch perspektivierte Ausrichtung des gleichen Materials, die für den Epilog des Bilderzyklus von Bedeutung sein könnte. Die engste Beziehung zwischen mündlicher und bildlicher Überlieferung stiftet die charakteristische Durcharbeitung der Szene an der Tränke – darauf hat schon vor Jahrzehnten Hildung Celander verwiesen, als er eine finnische Version des Stoffes hinzuzog. In ihr heißt es:

> Aber die Pferde tranken das Wasser nicht,
> Die Blesse kümmerte sich nicht darum,
> Das Maul richtete sich nach der Wolke,
> Der lange Schweif fegte über den Grund.
> Stephan suchte nach einem Fehler im Wasser,
> Aber er fand keinen Fehler darin.
> Er schaute nach Osten.
> Er sah einen Stern am Himmel,
> Ein Licht glimmend zwischen den Wolken,
> Und das Bild des Sternes im Brunnen.[21]

Das entsprechende Medaillon der dritten Zeile (Abb. 4) realisiert diese Angaben mit großer Einfühlungskraft – anders kann man das nicht nennen, wenn man bedenkt, daß von allen Feldern der Bilderdecke allein dieses ohne ikonographische Vorbilder auskommen mußte.

---

20 Grundtvig [Anm. 16], S. 525.

21 Celander, *Till Stefanslegendens* [Anm. 16], S. 153. Vgl. Nordström [Anm. 16], S. 88 ff.

Die Inserierung der Stephan-Legende bedeutet keine Behinderung oder gar Sprengung des Nativitätsgeschehens. Wie immer ist auffüllendes Erzählen, heiße es Midrash, Apokryphe oder Legende, daran interessiert, den ›ewigen‹ Gesetzen des Erzählens zu ihrem Recht zu verhelfen und die Geschichte besser im doppelten Sinne von kompletter und einschlägiger zu gestalten. Der kanonische Text stellt im vorliegenden Fall das Thema von dem Licht, das in die Welt kommt, von der Menschwerdung eines Gottes und Königs, der es vorzieht, von Menschen und unter Menschen und Tieren und in einem Stall geboren zu werden. Seiner Epiphanie geht voraus eine dreifache Vorbestätigung seines zukünftigen Status: die genealogische Rückbindung zu den Königen und Patriarchen, die Verkündigung, die Visitatio und der Traum des Joseph – das ist die Legitimierung durch die Vorfahren, durch die Familie sowie durch die Ursprungsmacht Gottes. Die postgeburtliche Anerkennung wird dann wiederholt, bis die ›korrekte‹ Zahl Drei erreicht ist, und dabei kommt es – ›gut christlich‹ – zu einer Steigerung. Im ersten Bild der dritten Zeile erfolgt die Verkündigung an die Schafhirten auf dem Felde; damit sind die gesellschaftlich Niedrigsten angesprochen, sie bedürfen der Vermittlung durch den Engel. Stephan, den als nächsten die frohe Botschaft erreicht, steht als Knecht des Königs eine Stufe höher, und er hütet die edelsten Tiere: durch diese und mit diesen zusammen wird er des Sterns gewahr und zieht daraus, so dürfen wir annehmen, auch ohne höhere Weisung den richtigen Schluß. Stephan hätte es nun in der Hand, den Kreis der »Seinen«, die das »Licht der Welt aufnehmen« (Joh. 1, 11-12), um den weltlichen Herrscher zu erweitern und damit noch in der Weihnacht zu erreichen, daß alle Kreatur, alle Stände, die ganze Welt den neuen Herrn anerkennen. Es heißt aber auch von diesem Licht: »die Welt kannte es nicht« (Joh. 1, 10). Weder die Zeugenrede Stephans noch das sie bestätigende Wunder zeigen Wirkung. Das Gesetz des Konsenses, das bis dato galt, wird an dieser Stelle folgenreich gebrochen. Der Widersacher, das Böse erhebt sich, sein untrüglichstes Kennzeichen, der Tod, ist sogleich zur Stelle: Stephan wird gesteinigt, die bethlehemitische Kinder werden ermordet, ein dritter Tod, der Mord am Erlöser wird gerade noch durch ein Wunder verhindert. Reliefs an schwedischen Taufsteinen des 12. Jahrhunderts erinnern daran, daß in des Herodes Zuständigkeitsbereich durchaus noch ein dritter Mord fällt: sie verschmelzen, was Herodes den unschuldigen Kindern, dem Stephan und dem Täufer Johannes antut, »zu einem großen Autodafé«[22]. Erst danach, nach diesem Abyss aus Blut und Grausamkeit, siegt das Gute, zeigt sich wieder der ›transzendente Sender‹, der Stern, wird die Anerkennung des neuen Gottkönigs auf höchster Stufe vollzogen: von *drei* Königen, also von gleich zu gleich und in einem wahrhaft finalen Bild, in dem Maria und das Kind in der Gesellschaft des Sternes mit allen Würdenzeichen ausgestattet erscheinen.

Die Ereignisfolge und der szenische Gehalt werden demnach durch den legendarischen Einschub eher gestärkt als geschwächt; die Erzählung wird spannender, ihr Einzugsbereich weiter. Die Zeilen 2 (von der Verkündigung bis zur Geburt) und 5 (Reise und Anbetung der Könige) sind ikonographischer Standard; hier wird das Bekannte referiert und ohne Widerstände durcherzählt. Was dazwischen geschieht, in den acht Bildern der Zeilen 3 und 4, durchmißt ganz verschiedene Welten und Widerstandszonen, ohne daß die strenge, strophisch gefaßte Erzählform verlassen würde. Schreibt man die Positionen nach ihrer Wertigkeit nieder, erkennt man ein Verteilungsmuster, wie es auch in anderen mittelalterlichen Erzählsystemen wiederbegegnet[23]:

(Befehl zum Kindermord)	(Kindermord)	(Flucht)	(Kornfeldwunder)
–	–	+	+
+	+	–	–
(Die Hirten)	(Stephan und die Pferde)	(Stephan und Herodes)	(Steinigung)

22 Rosvaal [Anm. 16], S. 85.

23 Vgl. Wolfgang Kemp, *Sermo corporeus. Die Erzählung der mittelalterlichen Glasfenster,* München 1987, S. 46 ff.

Es muß nach dem bisher Gesagten der Eindruck entstehen, die logoi der oralen Erzählung könnten gar nicht anders, als sich dem Prä-Text der autorisierten Schrift einzuordnen bzw. deren Sache auf ebenso diskrete wie effektive Weise mit zu besorgen. Das wäre nicht ganz im Sinne von Bachtins Unterscheidung von autoritärem Wort und Heteroglossia, in der zwar die Notwendigkeit der Komplementarität, aber doch auch die Qualitäten Widerstand und Freiheit auf der Seite der Anderssprachigkeit angelegt sind. Erst recht wären all diejenigen enttäuscht, die Oralität in einer Guerilla-Rolle gegenüber der offiziellen Schriftkultur operieren sehen. Nun muß man in diesem besonderen Fall mit berücksichtigen, daß die Integration des legendarischen Materials deswegen so überzeugend gelingt, weil es in eine Textumgebung eingebettet wird, die selbst aus dem Stoff des Legendarischen gefertigt ist – wie kein anderes Erzählstück der Evangelien. Es ist im Grunde schon alles da, was die ›Geistesbeschäftigung‹ (Jolles) der Legende braucht, um tätig zu werden: die großen Oppositionen von Leben und Tod, Natur und Kultur, Himmlisch und Irdisch, Alt und Jung, Niedrig und Hoch; sie werden im Einschub aufgenommen und in hoher Verdichtung durchgespielt. Auf engstem Raum bewegt sich die Narration eifrig wie ein Weberschiffchen hin und her zwischen dem lebenden und dem sterbenden, dem sehenden und dem blinden Stephan, den Menschen und den Tieren, dem Knecht und dem König, den Zeichen des Heils und den Realitäten der Welt usw.

Was kann da die mündliche Legende, die sich der ersten, der schriftlichen einfügt, noch hinzutun? Wie kann sie sich überhaupt eigenständig artikulieren? Ich sagte oben, daß auffüllendes Erzählen besseres Erzählen sein will im doppelten Sinne von kompletter und einschlägiger. Von letzterer Eigenschaft war noch nicht die Rede. Und das heißt: Wir müssen uns mit dem Anlaß bzw. mit dem veranlassenden System beschäftigen, das für den Einschub verantwortlich ist: mit dem Fest bzw. mit dem Festkalender, in dem es einen bestimmten Platz hat. Das Kirchenjahr, um bei der übergreifenden Einheit anzufangen, begründet als »Kreuzung der beiden Richtungen, der göttlichen und weltlichen« (Rosenzweig)[24], in zweifacher Weise das unkanonische Inserat. Indem es seine Sequenz gegen die des Evangelienberichtes durchsetzt, erzeugt es eine Motivationslücke, die der Einschub auf elegante und sinnvolle Weise behebt. Das geschieht in Verfolgung der ›göttlichen Richtung‹: die in der Stephan-Episode angelegte Steigerung des Anerkennungsprozesses kommt genauso der Einsicht in den Heilssinn zugute wie die Klammerbildung, die aus Anfang (Verkündigung) und Ende (Epiphanie) entsteht. Erreicht werden soll, daß der eine der drei Festzyklen, die Weihnachtszeit, sich rundet und »selber schon zur ganzen Offenbarung werden kann«[25]. Die ›weltliche Richtung‹ hat dagegen die Gegebenheiten des Jahreszeitlichen und des eingeführten Brauchtums mit den großen Festzeiten und den punktuellen Daten des Heiligenkalenders zu koordinieren. Was hier im Falle des 26. Dezembers zusammenkam und wie es verrechnet wurde, habe ich aufgezählt. Der Sinneffekt der ›weltlichen Richtung‹ kann bei solchen Applikationen immer nur ein partikulärer und spezifischer sein, von der lokalisierten Wirkung eben, wie sie von Namenstagen, von Festen der Kirchenheiligen, der Patrone und Nothelfer erwartet wird. Die Kultur der Anderssprachigkeit, des Oralen schlechthin, kann darin keinen Mangel sehen, ist sie doch selbst in einem hohe Maße situationsbezüglich verfaßt; als mündliche Überlieferungsform auf Grund ihrer kommunikativen Bedingungen (»the meaning is in the context«), als kulturelle Praxis auf Grund ihrer ›Lebensnähe‹, »assimilating the alien, objective world to the more immediate, familiar interaction of human beings«.[26] Eine Bestimmung Walter J. Ongs, die man für unsere Zwecke auf die Assimilation einer »alien, historical world« ausweiten müßte.

Am 26. Dezember gehört die Aufmerksamkeit der Feiernden dem hl. Stephan nur insofern, als er die Gesundheit der

24 Franz Rosenzweig, *Der Stern der Erlösung,* Frankfurt 1988, S. 417 (zuerst 1921).

25 Ebd., S. 415.

26 Walter J. Ong, *Orality and Literacy,* London und New York 1982, S. 42.

Pferde verbürgen soll. Die Balladen, die außer dem Erzählstrang auch das thematische Moment in ihren Kehrreimen hervortreiben können, machen das unmißverständlich klar: *Hålt dig väl Fålan min!*, »Halte dich gut, mein Fohlen!«, lautet etwa der Refrain in Versionen der schwedischen Ballade.[27]

Der Bilderzyklus kann solche explizite Thematisierung nur schwer leisten. Er artikuliert die Bedeutung des akuten Themas eher immanent und indirekt, durch die Entscheidung für oder gegen bestimmte Argumentationsweisen. Mit dem Tierreich ist zumal im Norden nicht so sehr eine Klasse von Bildgegenständen, als vielmehr ein eigener Modus, eine eigene Sprachform und eine eigene Position im Anordnungsgefüge der Bildsummen gegeben. Ich denke natürlich an die germanische Tierornamentik, die bis 1100 aus eigener Kraft stilprägend bleibt, dann romanisiert, sprich christianisiert wird, ohne daß dadurch das Ornament als ein Medium der Anderssprachigkeit entscheidend geschwächt würde. In Dädesjö wird davon kein Gebrauch gemacht, demonstrativ nicht – oder sagen wir besser: sichtbar nicht. Das Geschlinge aus Tier-, Pflanzen- und Menschenleibern fehlt sogar in den ornamentalen Randpartien, was für den Norden selbst noch im 13. Jahrhundert auffällig ist. In Zillis sind die Tierdämonen an die Peripherie abgedrängt; sie besiedeln als animalisch-diabolische Unwesen in vielgestaltiger Zwitterform das Meer am Rande der Welt. In Dädesjö gibt es das alles auch, aber das Kirchenvolk kann es nicht sehen. Die starken Längsbäume, an denen die Decke aufgehängt ist und über denen sich der Dachstuhl erhebt, sind mit Tierkampfszenen, mit Rankenkämpfern, Fabeltieren und ritterlichen Waffengängen beschnitzt. Ein verstohlener Tribut an das Reich der Elementarwesen und des ewigen Antagonismus *ohne* Stern der Erlösung?[28] Gleichzeitig gilt aber auch, daß die Evangelien nicht durch die vier Wesen repräsentiert werden, die ja die höchste Form symbolischer Beanspruchung des Tierreichs durch die christliche Kunst darstellen. In

27 Jonsson [Anm. 16], S. 29 u. ö.
28 Karling [Anm. 11], S. 170 ff.

Dädesjö beleben die Tiere den Mittelgrund des Narrativen, der Geschehenszusammenhänge der Welt. Was in dieser Welt des Weihnachtsevangeliums nicht ausschließt, daß sie des Göttlichen teilhaftig werden und an Wundern mitwirken. 13 Tiere zählen wir im narrativen Zyklus, aber nur in den beiden ersten Bildern der Stephanus-Legende sind sie mehr als Attribut, nämlich Mitspieler, dies wiederum in Form einer Steigerung. Erst kommen die Pferde und erkennen das Zeichen des neuen Königs noch vor dem Menschen; dann kommt der tote Hahn, der, zum Leben erweckt, von ihm sprechen kann. Die Steigerung gilt allerdings nur auf der Ebene einer volkstümlichen Beliebtheitsskala, auf der Wiederbelebungswunder gerade an Tieren hoch rangieren – worin sich übrigens die Wunderberichte der Evangelientexte und der Legenden und Apokryphen deutlich unterscheiden.[29] In formaler Hinsicht ist dagegen alles getan, daß den Pferden die ihrem Tag gebührende Aufmerksamkeit gehört (Abb. 4). Man betrachte ihre Größe, ihre Stellung im Vordergrund, die Sorgfalt, mit der der Maler darauf achtet, daß bei der Überschneidung keine der Extremitäten verlorengeht, die einfühlsame Umsetzung der Worte des Erzählliedes. Aber da ist noch mehr. In keinem anderen Medaillon des narrativen Zyklus gelingt derart überzeugend die Abstimmung von szenischer Darstellung und Bildformat. Das vordere Pferd beschreibt in Rücken- und Halslinie den Kreisbogen nach, wie er darüber von oben nach unten zieht; die Kontur des hinteren Pferdes vollzieht die umgekehrte Bewegung nach oben: eine Opposition der Richtungssinne entsteht, die aber doch nur anzeigen will, daß die vielfältigen Erscheinungen des Kreatürlichen dasselbe Ziel haben können: das Zeichen des Sterns, des Lichtes der Erlösung und des Lebens, das einmal unten vor dem Maul des Pferdes im Wasser

29 Zu Tierwundern s. zuletzt Jocelyn Price, *La vie de Sainte Modvenne: A Neglected Anglo-Norman Hagiographic Text, And Some Implications For English Secular Literature,* in: Medium Aevum 57 (1988), S. 172-189. Vorher Benedicta Ward, *Miracles and the Medieval World: Theory, Record and Event 1000-1215*, London 1982.

und ein zweites Mal in der Mitte des Bildes erscheint: als Gegenstand nicht nur der Betrachtung des hinteren Pferdes, sondern auch der Anbetung des Menschen und als Attraktionspunkt der Pflanzen, die sich in der Weih-Nacht nach ihm richten, wie am Tag nach der Sonne. Mir ist keine andere Bildschöpfung des Mittelalters gegenwärtig, die auf so konzentrierte Weise dem neuen Konsens von kreatürlicher und menschlicher Welt im Zeichen der Gnade zur Anschauung verhilft, einem Konsens, der wohlgemerkt nicht durch eine gefällige Zusammenordnung, sondern durch eine intensive Beanspruchung aller Elemente und Niveaus entsteht. Auf drei Ebenen wird hier in Abstimmung argumentiert: auf der Ebene des Taxonomischen: Mensch, Tier, Pflanze, Erde und Himmel geben einen ebenso umfänglichen wie gegliederten Begriff von der Schöpfung; auf der Ebene des Funktionalen: die Elemente handeln durchaus in Übereinstimmung; auf der Ebene des Formalen: die kosmisch codierte Kreisform hat ihre erste Ausbildung im Stern und ihre Analogien in der Rahmenform und im Zusammenspiel von Bildelementen und Rahmenform. (Den gleichen Schwung, die gleiche spannungsreiche Vermittlung innerer und äußerer Kreissegmente finden wir übrigens nur noch außerhalb des erzählenden Zyklus in den Medaillons mit den Evangelienengeln, aber das sind Sinnbilder; ihre Bedeutung entsteht aus der Zusammenordnung, nicht aus dem Zusammenwirken.)

Auffällig ist also die Durchdringung und völlige Beanspruchung aller eingeführten Elemente. Die Ökonomie des Oralen, die nicht Sparsamkeit, sondern weisen Verbrauch der richtigen, notwendigen Formeln meint, ist das Kennzeichen einer (Bild)›Sprache‹, die unter anderen Bedingungen funktioniert als die ›Schrift‹ und ihr visuelles Äquivalent. Die Erzählung des Schrifttextes kann sich, von außen durch thematische Komplemente, von innen durch außerbiblisches Erzählgut unterstützt, auf ihre großen Strukturen konzentrieren, die sie souverän gegenüber dem Plot und der ikonographischen Tradition durchsetzt. Dafür instrumentalisiert sie jene Qualität, die Schrift und Bild gemeinsam haben: die Fläche und die ihr eigene Topo-Logik. So werden der Aufbau, das Beziehungsgefüge, kurz: das System zur eigentlichen Botschaft. Die Stimmigkeit, die so produziert wird, veranschaulicht die Einheit und Durchdringung von Logos und Welt. Die ›interne Kosmologie‹, die wir am Medaillon mit Stephan und den Pferden studiert haben, lebt von einer anderen Art von Stimmigkeit, keiner topo-logischen, sondern einer topischen, von einer Konstellation – dürfen wir im Hinblick auf unser Bildfeld sagen –, die ihren ganz bestimmten Ort, ihre ganz bestimmte Zeit und ihre ganz bestimmten Adressaten hat.

Ich möchte zum Schluß noch einmal zu der Doppelgestalt Stephanus-Stephan zurückkehren, die im Grunde die Differenzen, die uns hier beschäftigt haben, schon alle an sich trägt. In der *Apostelgeschichte* (Kap. 6 und 7) gehören der Vita dieses ersten Nachfolgers der Apostel 16 Verse und seiner großen Lehrrede 53. Extensiv wie kein anderer nimmt er das ›Amt des Wortes‹ wahr, aber dieses Wort ist nichts anderes als die ›Schrift‹. Seine Predigt paraphrasiert die Bücher des Alten Testaments vom Bund Gottes mit Abraham bis hin zu Salomon, der Gott ein Haus baut. Auch das Fazit, das Stephanus aus seiner ausführlichen Nacherzählung zieht, geht nicht über eine Wiederholung der Anklagen hinaus, die Gott und die Propheten wieder und wieder gegen das eigene Volk erhoben haben. Auch als Exeget bleibt er also der ›Schrift‹ treu – und dafür stirbt er im Steinhagel der Juden. Er stirbt als einer, der die ›Schrift‹ zu ›wörtlich‹ nimmt. Als deren Repräsentant und als Mann der Kirche geht Stephanus in den Heiligenkalender ein. Seine Attribute sind bekanntlich neben dem Habit des Diakons das Evangelienbuch und (erst seit dem 13. Jahrhundert) die Steine. Stephan, der sein Existenzrecht nicht aus der ›Schrift‹ zieht, gehört grundständig der Welt an – der Welt, die sozial gegliedert ist: er ist der Diener eines Königs, der Welt, die von und mit der Natur lebt: er hütet Pferde, der Welt, die eine zeitliche Ordnung hat: in ihr erfüllt er den Sinn seines Datums. Auch Stephan redet, aber was er sagt, hat er nicht aus der ›Schrift‹; er hat es erst an den Reaktionen seiner Pferde, dann vom Himmel abgelesen und bekommt es schließlich von einem zweiten Tier bestätigt. Er stirbt, weil er das Buch einer nunmehr in den Gnadenstand versetzten Natur zu lesen und zu interpretieren versteht. Stephan ist der neue Adam.

So verschieden die paradigmatische Ausformung und die kulturelle Zuordnung der beiden Heiligen, so verschieden ihre Indienstnahme. Stephan, haben wir gesagt, ist das Produkt seiner Indienstnahme, einer sehr konkreten und welthaltigen. Des Stephanus Transformation vom Heiligen der Schrift zum Heiligen des Kirchenjahres funktionierte ganz anders, aber durchaus seiner Wesensart gemäß. Es bedarf nämlich, kurz gesagt, der christlichen Theologie, um aus der Nachbarschaft der Feste am 25. und26. Dezember geistlichen Sinn zu schlagen. Auf die Geburt im Fleische – ihre höchste Ausprägung ist die Inkarnation Christi – folgt die Geburt im Geiste – die höchste Form ist die Erlösung von den Hüllen des Körpers im Martyriumstod. Der Geburtstag des Heiligen ist sein Todestag. Augustinus hat über diesem Gedanken seine berühmten Predigten auf den ›Geburtstag des Stephanus‹ aufgebaut[30], im Mittelalter war das längst Gemeingut geworden: *Heri natus est Christus in terris, ut hodie Stephanus nasceretur in coelis* (»gestern wurde Christus auf Erden geboren, damit heute Stephanus im Himmel geboren werde«) lautet ein Merkvers des Durandus, der auf frühchristliche Überlieferung zurückgeht und im Norden nicht unbekannt war; in einer norwegischen Homilie der Zeit um 1200 heißt es gleichlautend: *Igaer var Cristr boren à jordu, at Stephanus vaere i dag boren à himni*[31]. Wie konnte die Kirche diesen Heiligen, der ja ihr Patron ist, opfern? Hat sie ihn wirklich ganz geopfert? Der Zyklus wartet am Ende, am Schluß auch des Epilogs, in seiner letzten Figur mit einem Rätsel auf, das wir hier nur noch mit einer kühnen Vermutung frontal angehen können (Abb. 5).[32] Der Engel, der Maria zum Zeichen

30 Augustinus, *Sermones 314-320*, PL 38, Sp. 1425-1442.

31 Celander, *Till Stefanslegendens* [Anm. 16], S. 135.

32 Söderberg [Anm. 11], S. 48, sieht hier den Evangelisten Johannes dargestellt; um die kalendarische Strukturierung der Ereignisfolge bis zum Schluß durchhalten zu können, deutet Stigell [Anm. 14], S. 253 ff., die Szene als »Mariae Lichtmeß«.

ihres nahenden Todes einen Palmzweig überreicht, der negative Verkündigungsengel also, er ist kein Engel. Es erscheint für ihn ein junger Mann in dem Gewand und der Haartracht des Geistlichen; er steht vor einem geschmückten Altar mit Buch und Kelch; auf der anderen Seite, neben Maria, sehen wir ein Taufbecken. Wir sind in der Kirche; Maria kehrt am Ende ihres Lebensweges dort ein, wo sie als Symbolgestalt ein ewiges Zuhause hat. Wer aber ist der priesterliche Bote? Er trägt einen Heiligenschein, was ausschließt, daß es sich um den generischen Priester einer ekklesiologischen Schlußallegorie handeln könnte. Der Heiligenschein dieser unidentifizierten Gestalt bringt uns darauf, daß der Maler, der sonst so freigiebig mit diesem Attribut umgeht, dem Stephan einen solchen nicht austeilt, auch im Moment des Martyriums nicht, da die aus den Wolken kommende Hand Gottes das Opfer des Blutzeugen segnet. Stoßen wir hier vielleicht auf einen inneren Vorbehalt der kirchlichen Autoritäten, die Stephan lizensiert, aber nicht kanonisiert wissen wollen? Will die Kirche das letzte Wort behalten, indem sie Stephanus zum Schluß restituiert, in der Gestalt des ewigen Diakons und desjenigen Heiligen, der als erster die Palme der Märtyrer empfangen hat und sie nun an die Gottesmutter weitergibt? In der nordischen Ikonographie des Stephan/Stephanus wäre das nicht das erste und das einzige Mal, daß der Heilige in seiner korrekten Tracht, aber an der falschen Stelle figuriert, nämlich im Kontext der Weihnachtsgeschichte als Opfer des Herodes. So stirbt er auf dem Relieffeld eines norwegischen Altarfrontale des 12. Jahrhunderts (Abb. 1).

Der Erzähler von Dädesjö ist darin ›genauer‹, daß er sich auf derart hybride Lösungen nicht einläßt, sondern das argumentative Potential einer kompositen und komplementären Ordnung ausschöpft. So wie das weltumspannende Verbum und seine unverrückbaren ›key positions‹ sich mit den Sequenzen der Bilderzählung zu einem System fügen, so wie Bibel und Legende, Schrift und Wort ihre spezifischen Gewichte zusammenlegen, so würde sich also, wenn diese Deutung zu Recht besteht, auch der doppelte Heilige auf die signifikanten Positionen dieser Bildsumme verteilen: Der weltliche Stephan erscheint in der Erzählung und geht ganz in ihr auf; der geistlichen Stephanus zeigt sich so gut wie außerhalb der Erzählung, im symbolischen Feld der Institutionen Kirche und Schrift. Ich verweise auf das erste Bildfeld der Erzählung, wo ein König mit einem Buch attribuiert wird, und auf das letzte, wo der Heilige neben dem mit Kelch und Buch geschmückten Altartisch steht. Die Botschaft scheint unmißverständlich: Die Kirche behält das erste und das letzte Wort, welches die Schrift ist. *Scripta, non verba manent.* Nur: Ein ›Skript‹ hat für die Bilderdecke wohl nie existiert. Wer diesen ›Text‹ lesen will, muß vorher vieles gehört haben.

REGISTER

(von Heike Burmeister, Joachim Jonas, Klaus Klein)

Quellen

Das Register erfaßt die herangezogenen Schriftquellen, also vor allem die antiken, mittelalterlichen und frühneuzeitlichen Autoren bzw. Texte. Die Texte werden grundsätzlich dem Autornamen subsumiert, auch wenn dieser an der betreffenden Stelle nicht genannt ist. Die Bibel bleibt unberücksichtigt; aufgenommen werden jedoch spezielle Bibelausgaben, die in ihrem Werkcharakter Gegenstand der Erörterungen sind. Varianten in der Wiedergabe von Autornamen und Werktiteln bleiben in der Regel unberücksichtigt; in Zweifelsfällen wird die in der deutschsprachigen Forschung am ehesten geläufige Form angesetzt.

Forschung

Das Register erfaßt die Autoren der Forschungsliteratur einschließlich der angeführten Dichter, Philosophen etc. des 17. bis 20. Jahrhunderts (wie Leibniz, Herder, Fichte, Valéry). Herausgeber von Sammelwerken werden nicht, Texteditoren nur insoweit berücksichtigt, als ihre Edition Gegenstand der Erörterungen ist.

Verzeichnis der bibliographischen Abkürzungen

AfK	Archiv für Kulturgeschichte
ASNSL	Archiv für das Studium der neueren Sprachen und Literaturen
ATB	Altdeutsche Textbibliothek
Beitr.	Beiträge zur Geschichte der deutschen Sprache und Literatur
BLG	Blätter für deutsche Landesgeschichte
CCM	Cahiers de civilisation médiévale
DA	Deutsches Archiv für Erforschung des Mittelalters
DTM	Deutsche Texte des Mittelalters
dtv	Deutscher Taschenbuch Verlag
DU	Der Deutschunterricht
DVjs	Deutsche Vierteljahrsschrift für Literaturwissenschaft und Geistesgeschichte
EM	Enzyklopädie des Märchens
FFC	Folklore Fellows Communications
FMLS	Forum for Modern Language Studies
FMSt	Frühmittelalterliche Studien
GAG	Göppinger Arbeiten zur Germanistik
GGA	Göttingische Gelehrte Anzeigen
GRLMA	Grundriß der romanischen Literaturen des Mittelalters
GRM	Germanisch-romanische Monatsschrift
HJb	Historisches Jahrbuch
HZ	Historische Zeitschrift
JbAC	Jahrbuch für Antike und Christentum
JIG	Jahrbuch für Internationale Germanistik
KLD	Deutsche Liederdichter des 13. Jahrhunderts, hg. von Carl von Kraus
LMA	Lexikon des Mittelalters
MF	Des Minnesangs Frühling
MGH	Monumenta Germaniae Historica
Const	Constitutiones et acta publica imperatorum et regum
DC	Deutsche Chroniken
Epp.	Epistolae
Poet. Lat.	Poetae Latini medii aevi

SS	Scriptores
SS rer. Langob.	Scriptores rerum Langobardicarum et Italicarum saec. VI-IX
SSrG	Scriptores rerum Germanicarum

Mlat. Jb.	Mittellateinisches Jahrbuch
MTU	Münchener Texte und Untersuchungen zur deutschen Literatur des Mittelalters
NLH	New Literary History
P./C.	A. Pillet/H. Carstens, Bibliographie der Troubadours
PL	Patrologiae cursus completus, Series Latina, ed. J.-P. Migne
RUB	Reclams Universal-Bibliothek
SOWI	Sozialwissenschaftliche Informationen für Wissenschaft und Unterricht
stw	suhrkamp taschenbuch wissenschaft
TTG	Texte und Textgeschichte
VL	Die deutsche Literatur des Mittelalters. Verfasserlexikon, 2. Aufl.
VSWG	Vierteljahresschrift für Sozial- und Wirtschaftsgeschichte
WdF	Wege der Forschung
ZDL	Zeitschrift für Dialektologie und Linguistik
ZfdA	Zeitschrift für deutsches Altertum und deutsche Literatur
ZfdPh	Zeitschrift für deutsche Philologie
ZfrPh	Zeitschrift für romanische Philologie
ZGO	Zeitschrift für Geschichte des Oberrheins
ZHF	Zeitschrift für historische Forschung
ZRG	Zeitschrift für Rechtsgeschichte

Abbildungsnachweis

Beitrag Wunder: siehe Bildlegenden Tafelteil.
Beitrag Brenk: für alle Abbildungen Hirmer/Fotoarchiv.
Beitrag Kemp: 1 Historik Museum, Bergen (Norwegen); 2a, 3e-f: Bildarchiv Foto Marburg; 2b nach: E. Poeschel, Die romantischen Deckengemälde von Zillis, Erlenbach-Zürich 1941; 3a-d: Antikvarisk-Topografiska Arkivet, Stockholm; 4-5 nach: B.G. Söderberg, Mäster Sighismunder i Dädesjö, Malmö 1957.